Delacroix

les dernières années

À Maurice Sérullaz

Delacroix

les dernières années

Galeries nationales
du Grand Palais
7 avril - 20 juillet 1998

Philadelphia
Museum of Art
10 septembre 1998 - 3 janvier 1999

Réunion
des Musées
Nationaux

Cette exposition a été organisée par la Réunion des musées nationaux,
Paris et le Philadelphia Museum of Art, Philadelphie.

Le projet a été coordonné au département des expositions
de la Réunion des musées nationaux par Catherine Chagneau
et pour le mouvement des œuvres par Isabelle Mancarella.

La présentation de l'exposition a été conçue et réalisée
par l'agence Pylône, avec le concours des équipes techniques
des Galeries nationales du Grand Palais.

Commissariat

Arlette Sérullaz,
conservateur général au département des Arts graphiques
du musée du Louvre

Vincent Pomarède,
conservateur au département des Peintures du musée du Louvre

Joseph J. Rishel,
conservateur des Peintures et Sculptures européennes
du Philadelphia Museum of Art

Administrateur des Galeries nationales du Grand Palais
David Guillet

Que toutes les personnalités qui ont permis par leur généreux concours la réalisation de cette exposition trouvent ici l'expression de notre gratitude, et tout particulièrement

Fondation Collection E. G. Bührle, Zurich
Eric G. Carlson
Dr. Peter Nathan, Zurich
Collection Prat, Paris
Manuel et Robert Schmit
Waterhouse Collection

ainsi que toutes celles qui ont préféré garder l'anonymat.

Nos remerciements s'adressent également aux responsables des collections suivantes :

ALLEMAGNE
Brême, Kunsthalle Bremen
Francfort, Graphische Sammlung im Städelschen Kunstinstitut
Hambourg, Hamburger Kunsthalle
Karlsruhe, Staatliche Kunsthalle
Stuttgart, Staatsgalerie

AUTRICHE
Vienne, Graphische Sammlung Albertina

BRÉSIL
São Paulo, Museu de Arte de São Paulo Assis Chateaubriand

CANADA
Fredericton, Galerie d'art de Beaverbrook
Ottawa, musée des Beaux-Arts du Canada
Toronto, musée des Beaux-Arts de l'Ontario

DANEMARK
Copenhague, Ordrupgaard

ÉTATS-UNIS D'AMÉRIQUE
Baltimore, The Baltimore Museum of Art
        The Walters Art Gallery
Boston, Museum of Fine Arts
Brooklyn, The Brooklyn Museum of Art
Chicago, The Art Institute of Chicago
Fort Worth, Kimbell Art Museum
Hartford, Wadsworth Atheneum
Kansas City, The Nelson-Atkins Museum of Art
Minneapolis, The Minneapolis Institute of Arts
New York, The Metropolitan Museum of Art, Drawings and
        Prints Department, European Paintings Department
        The Pierpont Morgan Library
Norfolk, The Chrysler Museum of Art
Philadelphie, Philadelphia Museum of Art
Phoenix, Phoenix Art Museum
Portland, Portland Art Museum
Princeton, Princeton University, The Art Museum
Providence, Rhode Island School of Design, Museum of Art
Richmond, Virginia Museum of Arts

Saint Louis, The Saint Louis Art Museum
Toledo, The Toledo Museum of Art
Washington, The Corcoran Gallery of Art
        National Gallery of Art
        The Phillips Collection

FRANCE
Amiens, musée de Picardie
Arras, musée des Beaux-Arts
Besançon, musée des Beaux-Arts et d'Archéologie
Bordeaux, musée des Beaux-Arts
Dijon, musée des Beaux-Arts
Lyon, musée des Beaux-Arts
Metz, la Cour d'or, musées de Metz
Montauban, musée Ingres
Montpellier, musée Fabre
Paris, musée Eugène Delacroix
        musée du Louvre, département des Arts graphiques,
        département des Peintures
        musée d'Orsay
        musée du Petit Palais
Reims, musée des Beaux-Arts

GRANDE-BRETAGNE
Birmingham, The Barber Institute of Fine Arts
Cambridge, The Fitzwilliam Museum
Londres, The National Gallery

GRÈCE
Athènes, Pinacothèque nationale, musée Alexandre Soutzos

HONGRIE
Budapest, Szépmüveszeti Muzeum

IRLANDE
Dublin, National Gallery of Ireland

JAPON
Tokyo, National Museum of Western Art

PAYS-BAS
Amsterdam, Rijksmuseum
Rotterdam, Museum Boijmans Van Beuningen

ROUMANIE
Bucarest, Muzeul National de Arta al Romaniel

RUSSIE
Saint-Pétersbourg, musée de l'Ermitage

SUÈDE
Stockholm, Nationalmuseum

SUISSE
Berne, musée des Beaux-Arts de Berne

Les commissaires de l'exposition tiennent à remercier particulièrement Christine André, Marielle Dupont et Pauline Pons, dont l'aide quotidienne et la chaleureuse amitié leur furent indispensables. De même, sans l'attentif, rigoureux et affectueux soutien de Catherine Chagneau, Alain Madeleine-Perdrillat et Céline Julhiet, l'organisation de l'exposition et la publication de ce catalogue auraient été impossibles.

À Françoise Dios, qui a relu les textes de cet ouvrage, et à Cécile Neuville, qui l'a mis en pages, va toute notre reconnaissance.

Comme à l'accoutumée, cette exposition a bénéficié de l'appui et de la bienveillance constantes de Pierre Rosenberg, Irène Bizot, Françoise Viatte et Jean-Pierre Cuzin.

Le travail des commissaires a été évidemment enrichi par le catalogue raisonné de l'œuvre peint et des pastels de Delacroix, rédigé par Lee Johnson. Ce dernier, qui a accepté par ailleurs de participer au présent ouvrage, a été d'une aide précieuse pour la localisation de certaines œuvres disparues. Nous tenons à lui exprimer nos plus sincères et profonds remerciements.

De même, les recherches menées depuis de nombreuses années par Maurice Arama sur Delacroix et le Maroc ont été une fois encore d'une utilité capitale.

Au département des Arts graphiques du musée du Louvre, il convient de remercier tout particulièrement Bruno Alet, Dominique Boizot, Valérie Corvino, Patrick Cyrille, Régine Dupichaud, Anne Giroux, Clarina Guillou, Alain Le Bas, Catherine Legrand, André Le Prat, Norbert Pradel, Richard Renia, Jean-François Sainssard et Philippe Sirop, ainsi que tout le personnel du secrétariat et de la documentation, dirigés par Brigitte Donon et Michèle Gardon.

Au département des Peintures, que soient surtout remerciés Mathieu Bard, Sylvain Laveissière, Stéphane Loire, Philippe Lorentz, Brigitte Lot, Olivier Meslay, Marie-Catherine Sahut, Renzo Sarti, et, plus particulièrement, Aline François, Nathalie Texier et Anne de Wallens, ainsi que le secrétariat et tout le personnel de la documentation, dirigée par Jacques Foucart.

Le service de Restauration, dirigé par France Dijoud et Nathalie Volle, a apporté son professionnalisme à la présentation, à la restauration ou au transport de certaines des œuvres de cette exposition, ainsi qu'une importante collaboration à la recherche en cours concernant la technique de Delacroix ; tous nos remerciements vont ainsi à Marguerite Alain-Launay, Claire Bergeaud, Anne Bouin, Jacqueline Bret, Brigitte Crespelle, Catherine Haviland, Nathalie Houdelin, Annick Lautraite, Christiane Naffah et, d'une manière toute particulière, en raison de leur aide pour l'obtention de certains prêts, à David Cueco, France Dijoud, Regina Moreira et Nathalie Volle. David Liot s'est passionné pour la technique de Delacroix, comme en témoigne son essai dans ce catalogue, et sa participation à la préparation de cette exposition fut constante.

Au laboratoire de Recherche des musées de France, dirigé par Jean-Pierre Mohen, nous tenons à remercier surtout Élisabeth Ravaud et Anne Roquebert, qui se sont spécialement investies dans l'étude de Delacroix, mais également Bénédicte Chantelard, Élisabeth Martin, Jean-Paul Rioux et toute l'équipe du groupe Peintures, ainsi que l'antenne de radiographie et de photographie de Versailles.

Au musée Delacroix, nous avons travaillé en collaboration avec Catherine Adam et Marie-Christine Mégevand.

Travailler au Grand-Palais est toujours un agréable moment ; nous souhaitons remercier tout le personnel de cet établissement, dirigé par David Guillet, et tous ceux qui assurent l'accueil du public, l'installation des œuvres et leur sécurité. Ce travail quotidien, durant toute la durée de l'exposition, est la meilleure garantie de son succès.

Enfin, que toutes les personnes dont les noms suivent reçoivent notre gratitude : Élisabeth Belarbi, Michèle Bellot, Dana Bercea, Gilles Berizzi, Thierry Bodin, Béatrice de Boisséson, Bénédicte Boissonas, Jean-Paul Boulanger, Claude Bouret, France de Charentenay, Sylvie Columbo, Annie Delot, Annick Doutriaux, Annick Dubosc, Frédéric Dumont, Anne-Birgitte Fonsmark, Rosella Froissard-Pezzone, Jean-Luc Gall, Donald Garland, Martine Guichard, Nicholas Hall, Natascha Hanscomb, Sybille Heftler, Christoph Heillmann, Catherine Hély, Caroline Imbert, Caroline Larroche, Isabelle Le Masne de Chermont, Annie Madec, Isabelle Mancarella, Anne de Margerie, Jean Naudin, Jill Newhouse, Marie-Dominique Nobécourt, Michael Pantazzi, Marie Pessiot, Laurence Posselle, Hélène Prigent, Gilles Romillat, Kathy Sachs, Brigitte Scart, Serge Sordoillet, Anne-Elisabeth Wisniewsky et, surtout, Luis Hossaka, Michel Laclotte, Luis Marques, Julios Neves, Beatriz Pimenta Camargo, Eneida Pereira, Margaret Stuffman et Maaro Viera, qui participèrent à l'obtention de certains prêts essentiels.

Préface

Trente-cinq ans après la fameuse rétrospective Delacroix organisée au musée du Louvre par le regretté Maurice Sérullaz à l'occasion du centenaire de la disparition du peintre, il était nécessaire de revenir sur une œuvre qui occupe une place unique et essentielle dans l'histoire de l'art français. Mais si sa notoriété tient pour beaucoup au fait qu'elle exprime à merveille, dans le domaine de la peinture, le romantisme français – comme l'œuvre de Berlioz dans le domaine de la musique –, il a paru passionnant, cette fois, de montrer qu'elle ne se réduit pas à ce rôle et qu'elle porte en elle de singuliers ferments d'avenir.

Aussi bien l'exposition donne-t-elle un panorama des seules treize dernières années de la carrière de Delacroix, qui révèlent tout à la fois dans son œuvre la persistance de certains thèmes et souvenirs – ceux du voyage au Maroc, notamment, intarissable source d'inspiration – et l'émergence de « postulations » nouvelles, pour reprendre le mot de Baudelaire : une crise spirituelle s'y devine en effet, mais aussi une relation plus directe avec la nature, qui annonce bien sûr la révolution impressionniste. À quoi il faut ajouter une technique plus libre, qui privilégie la touche de couleur comme moyen d'expression, et qui exercera l'influence que l'on sait sur des maîtres comme Cézanne, Renoir et Seurat.

Il faut donc remercier les commissaires français, Arlette Sérullaz et Vincent Pomarède, ainsi que leur collègue américain du Philadelphia Museum of Art, Joseph J. Rishel, qui s'est associé avec enthousiasme à leur projet, d'avoir pris l'initiative d'une telle exposition, si propre à renouveler en profondeur la connaissance de Delacroix et à mieux faire sentir et apprécier sa modernité.

Françoise Cachin
Directeur des musées de France
Président de la Réunion des musées nationaux

Anne d'Harnoncourt
Directeur du Philadelphia Museum of Art

Pierre Petit, *Portrait d'Eugène Delacroix*, 1860,
photographie, Paris, musée Delacroix.

Sommaire

Introduction

Eugène Delacroix, dont on célèbre durant cette année 1998 le bicentenaire de la naissance, est mort le 13 août 1863, à Paris, dans son appartement situé 6, rue de Furstenberg. Sa mort fut discrète, troublant modérément l'opinion publique, car l'artiste avait consacré la fin monacale de sa vie au travail et presque toujours au travail seul. Bien sûr, un petit nombre d'amis et de connaisseurs avaient ressenti intensément sa disparition, mais pour la France des officiels de l'art, c'était un peintre honorable certes, mais discuté, qui venait de rendre le dernier soupir, un peintre dont le plus grand mérite, peut-être, avait été seulement de réconcilier le monde du second Empire avec le goût pour la grande peinture décorative.

Le succès inattendu de la vente posthume qui eut lieu à l'hôtel Drouot du 16 au 29 février 1864, au cours de laquelle furent dispersées toutes les œuvres demeurées dans son atelier, relança les débats. Ceux qui avaient affiché une hostilité plus ou moins résolue chaque fois que Delacroix montrait ses œuvres en public, tout comme ceux qui hésitaient à lui reconnaître les plus hautes qualités de peintre et de dessinateur, furent probablement stupéfaits de voir, dès le premier jour des enchères, autant de monde participer en spectateurs ou en acheteurs potentiels à ce qui paraissait davantage qu'un simple événement mondain ; il en fut ainsi jusqu'à la fin de la vente : mêlés aux amis, « une infinité d'artistes, de marchands et de personnes commissionnées, de Paris, de la province et de l'étranger », sans oublier certains critiques, suivirent les enchères « le crayon frais taillé pour marquer le prix de chaque objet à cette vente mémorable », rapporta alors Théophile Silvestre, qui ajoutait : « Tout le monde sentait qu'il avait affaire à un maître dont le nom et l'œuvre resteront. »

Par ailleurs, afin de convaincre définitivement les irréductibles et les sceptiques, la Société nationale des beaux-arts organisa, peu après, une exposition rétrospective dans ses galeries, décidant en même temps de faire exécuter par Carrier-Belleuse un buste en bronze de Delacroix ; « sauf quelques vanités blessées, ou quelques haines survivant à la mort, sauf aussi quelques petitesses de clocher », cette exposition, inaugurée le 13 août 1864, fut, de l'avis des responsables, « splendide », et d'Arpentigny n'hésitait pas à conclure sa préface au catalogue en affirmant : « Il n'est plus à cette heure besoin de lui rendre justice ; depuis longtemps justice est rendue, il ne faut que couronner un génie qui vécut pour la plus grande gloire de la peinture française. »

Les premières biographies qui furent ensuite consacrées à Delacroix, généralement dithyrambiques, montrèrent cependant à quel point les avis demeuraient partagés : « La vérité finira toujours par triompher de certaines hostilités aveugles », écrivait Amédée Cantaloube en 1864, tandis qu'Ernest Chesneau s'interrogeait la même année : « L'heure de la justice est-elle enfin venue pour Eugène Delacroix ? – L'aiguille qui marqua le moment de sa mort marquera-t-elle le moment de son repos ? Autour de son nom, l'apaisement se fera-t-il ? [...] La paix sereine des gloires à jamais refroidies enveloppera-t-elle sa mémoire, ou bien fera-t-on de ce nom un éternel sujet de disputes stériles, propres à troubler l'immobilité dernière de ce corps usé par la flamme intérieure, amaigri par les luttes quotidiennes, miné par la fièvre des longues méditations, sillonné en tous sens par les profonds orages de la pensée, par l'étude permanente de la passion dont il fut le plus grand interprète en ce temps-ci ? »

Passion. Le mot que Charles Baudelaire a lancé le premier et qui exprimait si justement à ses yeux la quintessence de l'inspiration de Delacroix a été depuis lors et sera désormais au cœur de toutes les discussions concernant aussi bien l'homme que l'artiste. Chacune des grandes manifestations organisées pour commémorer tel ou tel moment de sa vie ou de sa carrière a ainsi souligné ce trait particulier de sa personnalité et de son œuvre, sans pour autant que soient clarifiés vraiment le rôle et la place de Delacroix dans l'évolution de la peinture française.

En 1885, afin de récolter les fonds nécessaires à l'érection d'un monument à sa mémoire, une vaste rétrospective lui fut consacrée à l'École nationale des beaux-arts, qui fut considérée par Auguste Vacquerie comme une revanche : « Le réprouvé d'autrefois, le révolutionnaire, le proscrit du Salon prend d'assaut l'École et entre triomphalement dans la citadelle de la tradition. » Pourtant, l'année suivante, Maurice Tourneux émettait un avis différent : « Est-ce à dire que Delacroix soit depuis lors devenu populaire ? Il ne l'est pas et ne le sera jamais. » À cette affirmation catégorique, la gigantesque exposition de 1930, tout entière dédiée à Eugène Delacroix, à l'occasion du centenaire du romantisme, se devait d'apporter un démenti éclatant : 860 peintures, dessins et gravures – sans compter les souvenirs et les documents de toutes sortes – étaient présentés, afin de vaincre l'indifférence du public – le mot est de Paul Jamot. Ce dernier, qui préfaça le catalogue, s'avouait fermement convaincu qu'un tel rassemblement de chefs-d'œuvre allait achever « de vaincre les dernières résistances à l'impérieux prestige de ce génie » et lever le mystère entourant « ce grand homme solitaire parmi les hommes ».

Enfin, en 1963, année du centenaire de la mort de Delacroix, se tint au musée du Louvre, dans le salon Carré et la Grande Galerie, une exposition tout aussi ambitieuse, certes plus limitée dans la sélection des œuvres (164 peintures et 369 dessins), provenant des collections publiques et privées du monde entier, mais qui fut suivie par l'édition d'un véritable catalogue scientifique, somme de la connaissance accumulée durant cette période autour de l'œuvre de Delacroix. Dans le même temps, d'autres manifestations eurent lieu à Paris et à Bordeaux, ainsi qu'en Allemagne, en Suisse, en Angleterre, au Canada et aux États-Unis. Une stimulante émulation internationale se manifesta alors, suscitant d'importantes publications de tout ordre, dont celle du catalogue raisonné de l'œuvre peint par Lee Johnson, et de nouvelles expositions, en France et à l'étranger.

Mais, par-delà la commémoration de ce bicentenaire, pourquoi donc une nouvelle exposition consacrée à l'œuvre d'Eugène Delacroix en 1998 ? N'a-t-on pas tout dit sur cet artiste aux multiples facettes ? Son œuvre n'est-elle pas dûment recensée et étudiée ? Les polémiques du XIXe siècle ne seraient-elles pas apaisées ?

À ces questions, nous voudrions d'emblée répondre en soulignant les particularités d'un projet qui ambitionne de découvrir – ou de redécouvrir – l'essentiel de l'œuvre d'un artiste à partir des peintures et des dessins exécutés durant les dernières années de sa vie, à un moment où, ayant acquis une certaine reconnaissance des professionnels et du marché de l'art – phénomène dont il ne faut pas mésestimer l'importance –, au-delà d'une polémique toujours persistante, le peintre entreprenait une réflexion sur lui-même et sur le parcours esthétique qu'il avait accompli jusqu'alors.

Ainsi, suivre Delacroix de 1850 à 1863, c'est en fait retrouver les principaux aspects d'une œuvre, certes initiée à l'époque du romantisme, mais qui n'avait pas pour autant renié une éducation résolument classique.

La tentation est grande – nous le savons bien – de vouloir limiter les recherches audacieuses et novatrices de Delacroix dans le seul contexte du romantisme, en omettant alors les innombrables références – iconographiques, techniques et esthétiques – à la peinture des grands maîtres. Le public s'est en effet habitué aux tableaux des premières années du peintre, pour certains d'entre eux des manifestes du mouvement artistique de 1830, et de nombreux spécialistes ont privilégié dans leurs commentaires ces créations de jeunesse plutôt que les œuvres puissantes de la maturité. Mais, tout en rééquilibrant les influences et les préoccupations esthétiques du peintre, il serait aussi excessif et fallacieux, à nos yeux, d'adopter la position strictement inverse et de faire de Delacroix un « pur classique ».

À ce propos, convient-il aujourd'hui de trancher dans un sens ou dans l'autre ? Ne faut-il pas au contraire souligner que, dans son œuvre, Delacroix a justement recherché la synthèse entre l'art du passé et l'art moderne ? « Delacroix a lui-même son secret propre », notait Jean Cassou, mais « il le garde jalousement pour sa peinture ». S'il a atteint la gloire, ce que personne ne peut contester, c'est « au prix du labeur quotidien ; [la gloire] s'acquiert par la lente connaissance qu'un créateur peut prendre de sa valeur et de sa différence, la conscience qu'il a au fond de lui-même, de la nouveauté de son message ». Au cours de ses dernières années, Delacroix, soutenu par le désir impérieux de relier le passé au présent, a intensifié sa réflexion sur son activité de créateur ; ainsi, les œuvres qu'il choisit de présenter à l'Exposition universelle de 1855, depuis *La Barque de Dante* du Salon de 1822 jusqu'à la *Chasse aux lions* commandée à cette occasion (cat. 14), illustraient tout à la fois la permanence de ses sources d'inspiration et le renouvellement de celles-ci de 1850 à 1863.

Cette exposition a justement été conçue à partir de l'analyse de cette dualité, qui est la caractéristique du peintre. Ainsi, le parti retenu pour la présentation des œuvres exposées et pour l'organisation du présent catalogue s'est voulu volontairement thématique, privilégiant la confrontation des sujets d'inspiration de Delacroix plutôt que leur déroulement chronologique, dont le lecteur retrouvera cependant les indispensables repères (p. 16 à 25). Nous souhaitons que cette approche permette de distinguer nettement les thèmes qui sont apparus ou se sont développés dans son œuvre durant ses dernières années – les représentations de fauves et les *Chasse*, les paysages et les fleurs ou les sujets religieux – par rapport à ceux qui poursuivaient, de manière plus linéaire, l'évolution esthétique commencée dès 1820 dans les tableaux inspirés de la littérature et du théâtre, dans les scènes orientales et les sujets allégoriques et mythologiques. Et nous espérons, à travers cette mise en perspective des répliques et des variantes exécutées entre 1850 et 1863 à partir de tableaux peints durant sa jeunesse, faciliter la redécouverte de l'œuvre entière de Delacroix, tout en dissociant plus nettement l'héritage qu'il avait reçu des maîtres de la Renaissance et du classicisme, les obsessions esthétiques de son époque et son intense créativité personnelle.

Le visiteur pourra peut-être regretter le choix délibéré de présenter dans l'exposition les grands décors d'Eugène Delacroix seulement dans un espace pédagogique et de ne les traiter dans ce catalogue que dans deux notices (cat. 64 et 65). Cependant, outre le fait que toutes ces grandes compositions – par nature intransportables ! –, se trouvent concentrées dans Paris et sont pour certaines d'entre elles accessibles, nous souhaitons rappeler que cette œuvre décorative, débutée dès 1833 par le salon du Roi, pouvait être considérée comme achevée en 1854 avec l'inauguration du décor du salon de la Paix de l'Hôtel de Ville de Paris (cat. 65). Les préoccupations esthétiques qui guidèrent l'exécution des compositions de la chapelle des Saints-Anges dans l'église Saint-Sulpice s'apparentent en effet davantage à l'œuvre personnelle du peintre qu'aux grandes commandes publiques du palais Bourbon, du palais du Luxembourg ou du Louvre et l'inspiration religieuse de ces peintures murales les rapprochent nettement des recherches spirituelles développées dans les tableaux de chevalet de cette époque.

Durant ses dernières années, pour des raisons autant esthétiques que matérielles – sa santé était sans cesse déclinante –, la créativité de Delacroix semble donc avoir été uniquement mise au service de la peinture de chevalet, qu'elle soit destinée au commerce, aux Salons ou à sa quête esthétique personnelle.

Cette constatation a ainsi renforcé notre conviction de la nécessité de ne sélectionner les dessins, les aquarelles et les pastels confrontés aux peintures à l'huile que pour leur intérêt intrinsèque – iconographique ou esthétique –, en éliminant délibérément les études préparatoires et en ne retenant que les œuvres où la technique de Delacroix parle pour elle-même. Ces dessins sont ainsi regroupés dans plusieurs cabinets graphiques accompagnant, au même titre que les peintures à l'huile, les divers thèmes abordés dans l'exposition : fauves et chasses, paysages et fleurs, nus allégoriques ou mythologiques, scènes religieuses... Les deux seules études préparatoires pour les grands décors de cette période – le plafond de la galerie d'Apollon du Louvre (voir cat. 64) et le caisson central du salon de la Paix de l'Hôtel de Ville (voir cat. 65) – avaient d'ailleurs été retenues dans un esprit identique, leur coloris et leur puissance expressive les imposant de manière autonome. De délicates conditions de conservation ont malheureusement empêché le transport vers Paris de l'étude préparatoire pour le plafond du Louvre. Pour les mêmes raisons, le prêt de l'importante peinture de la Neue Pinakothek de Munich, *Olinde et Sophronie sur le bûcher*, a été impossible, tandis que les obligations juridiques imposées par les donateurs ont empêché la participation des tableaux de la Wallace Collection de Londres et du musée Condé de Chantilly. En revanche, les recherches entreprises pour cette exposition ont permis l'heureux rapprochement de plusieurs tableaux importants redécouverts dans des collections particulières et le public pourra également admirer quelques œuvres capitales de Delacroix rarement – voire jamais – vues en France, à commencer par cette série des *Quatre Saisons* du Museu de Arte de São Paulo, tableaux inachevés et ultime hommage du peintre à la peinture baroque.

En dépit de ces choix thématiques et de cette concentration volontaire sur les dernières années de l'artiste, nous espérons que la réflexion engagée par cette exposition permettra de comprendre et d'apprécier la démarche rigoureuse et la profonde unité de l'œuvre entière d'Eugène Delacroix ; ce besoin d'unité n'a d'ailleurs jamais cessé de le hanter : « C'est ce sentiment de l'unité et le pouvoir de la réaliser dans son ouvrage, qui font le grand écrivain et le grand artiste », écrivait-il ainsi dans son *Journal* le 20 novembre 1857, révélant à quel point romantisme et classicisme, technique graphique et peinture à l'huile, décors et tableaux de chevalet, inspiration personnelle et logique commerciale ou sociale n'étaient en fait que des aspects complémentaires de la même démarche esthétique, le grand peintre étant celui qui sait réconcilier les contraires et dépasser les contraintes.

Arlette Sérullaz, Vincent Pomarède et Joseph J. Rishel

Repères chronologiques

Arlette Sérullaz

1798

26 avril (7 floréal an VI). Naissance à Charenton-Saint-Maurice (fig. 1) de Ferdinand-Eugène-Victor Delacroix, quatrième enfant de Charles Delacroix (1741-1805) (fig. 2), alors ministre plénipotentiaire aux Pays-Bas, et de Victoire Œben (1758-1814) (fig. 3), fille du célèbre ébéniste de Louis XV. Les autres enfants du couple sont Charles-Henry (1779-1845) (fig. 4), qui prit sa retraite à la chute de Napoléon avec le grade de général et le titre de baron de l'Empire, Henriette (1780-1827) (fig. 5), qui épousera Raymond de Verninac, « ancien ambassadeur de la République près la Porte » (1762-1822), et Henri (1784-1807), tué à la bataille de Friedland.

1800

10 avril. La famille Delacroix s'installe à Marseille, dont Charles Delacroix a été nommé préfet.

1803

Avril. La famille Delacroix arrive à Bordeaux. Charles Delacroix y exerce les fonctions de préfet jusqu'à sa mort le 4 novembre 1805.

1806

Janvier. La famille Delacroix revient à Paris et s'installe 50, rue de Grenelle.
Octobre. Le jeune Delacroix entre au Lycée impérial (aujourd'hui lycée Louis-le-Grand).

1813

Août-septembre. Il passe ses vacances à Valmont, chez son cousin Nicolas-Auguste Bataille, propriétaire de l'ancienne abbaye bénédictine (fig. 6).

1814

3 septembre. La mère de Delacroix meurt, laissant ses enfants dans une situation financière très précaire. Il habite chez sa sœur, 114, rue de l'Université.

Fig. 1. La maison natale d'Eugène Delacroix à Charenton-Saint-Maurice, photographie, Paris, Roger-Viollet.

1815

Octobre. Il entre comme élève dans l'atelier de Pierre Guérin (1775-1843). L'année suivante, il étudie à l'École des beaux-arts.

1819

Il reçoit sa première commande, *La Vierge des moissons*, pour l'église d'Orcemont (près de Rambouillet, toujours en place).

1820

Avril. Il s'installe au 22, rue de la Planche (actuelle rue de Varenne).
Juillet. Géricault, qu'il a connu dans l'atelier de Guérin, lui propose de réaliser à sa place la peinture qui lui avait été commandée par le comte de Forbin, directeur des Musées nationaux, pour orner la cathédrale de Nantes : *La*

Vierge du Sacré-Cœur (aujourd'hui dans la cathédrale d'Ajaccio).
Fin août - début septembre. Il fait un bref séjour au Louroux, près de Montbazon (Indre-et-Loire), où son frère, le général Charles-Henry Delacroix, possède une petite propriété (l'ancien presbytère du village).

1821

Été. Il peint *Les Quatre Saisons* pour la salle à manger de l'acteur Talma, rue de la Tour-des-Dames, à Montmartre.

1822

23 avril. Mort de son beau-frère Raymond de Verninac.
24 avril. *La Barque de Dante* (Paris, musée du Louvre), première apparition d'un tableau de Delacroix au Salon, est diversement accueilli par les critiques. L'État s'en porte néanmoins acquéreur pour la somme de 2 000 francs.
3 septembre. En vacances au Louroux, Delacroix commence à rédiger son *Journal* : « Ce que je désire le plus vivement, c'est de ne pas perdre de vue que je l'écris pour moi seul ; je serai donc vrai, je l'espère ; j'en deviendrai meilleur. Ce papier me reprochera mes variations » (*Journal*, p. 19).
Il le continuera jusqu'en 1824, puis le reprendra en 1847, jusqu'à sa mort.

1823

Delacroix habite 118, rue de Grenelle.
23 novembre. Vente du domaine de Boixe près de Mansle, en Charente, où il avait passé plusieurs étés. Delacroix et sa sœur sont ruinés.

1824

Le comte de Chabrol commande à l'artiste une peinture pour la Ville de Paris : *Le Christ au jardin des Oliviers*, exposé au Salon de 1827-1828 et placé ensuite dans une chapelle latérale de l'église Saint-Paul-Saint-Louis, où il se trouve toujours.

25 août. Au Salon, Delacroix expose quatre peintures, dont *Scènes des massacres de Scio* (Paris, musée du Louvre).

Octobre. Il s'installe 20, rue Jacob, chez le peintre anglais Thalès Fielding, qui rentre en Angleterre.

1825

Il prend un nouvel atelier 14, rue d'Assas.

19 mai - fin août. Il fait un séjour en Angleterre. De retour en France, il habite avec son ami Pierret, 46, rue de l'Université.

1827

6 avril. Mort de sa sœur, Henriette de Verninac.

4 novembre. Neuf peintures de Delacroix figurent au Salon, qui dure jusqu'au début de l'année suivante.

1828

Delacroix déménage au 15, rue de Choiseul et loue un atelier 9, passage Saulnier.

14 janvier. Au Salon, il ajoute trois peintures aux neuf déjà exposées, dont *La Mort de Sardanapale* (Paris, musée du Louvre).

Il publie une suite de dix-sept lithographies pour l'illustration du *Faust* de Goethe, précédées d'un portrait de l'écrivain allemand.

Fin octobre. Il se rend à Tours pour voir son frère, le général Charles-Henry Delacroix.

1829

Fin janvier. Il s'installe 15, quai Voltaire, où il dispose aussi d'un atelier.

Mai. Il publie un essai, « Des critiques en matière d'art », dans la *Revue de Paris*.

Mi-octobre. Deuxième séjour à Valmont.

1830

25 février. Exposition à la Royal Academy de Londres de *L'Assassinat de l'évêque de Liège* (Paris, musée du Louvre).

Printemps-été. Publication de ses essais sur Raphaël et Michel-Ange dans la *Revue de Paris*.

Octobre. Le *Jeune Tigre jouant avec sa mère* (Paris, musée du Louvre) fait partie des œuvres exposées au palais du Luxembourg au profit des victimes des journées de Juillet.

1831

Delacroix reçoit la Légion d'Honneur.

1er mars. Parution dans *L'Artiste* d'une longue lettre de Delacroix sur les concours.

14 avril. Huit peintures et trois dessins sont exposés au Salon, dont *Le 28 juillet* ou *La Liberté guidant le peuple* (Paris, musée du Louvre).

Septembre. Troisième séjour à Valmont.

1832

Fin janvier - juillet. Séjour avec la mission diplomatique dirigée par le comte de Mornay en Espagne et en Afrique du Nord.

Fig. 4. EUGÈNE DELACROIX, *Portrait du général Charles-Henry Delacroix*, mine de plomb, Paris, musée Delacroix.

1833

1er mars. Delacroix expose quatre peintures et quatre aquarelles au Salon.

31 août. Il est chargé de décorer le salon du Roi au palais Bourbon, travail qu'il terminera en décembre 1837.

1834

1er mars. Delacroix envoie cinq peintures au Salon, dont *Les Femmes d'Alger dans leur appartement* (Paris, musée du Louvre).

Juillet. Il apprend avec une infinie tristesse la mort à New York de son neveu, Charles de Verninac, victime de la fièvre jaune.

7 septembre - 10 octobre. Chez son oncle Bataille à Valmont, il fait trois essais de fresques, *Bacchus*, *Léda et le Cygne*, *Anacréon et une Jeune Fille* (Paris, musée Delacroix).

1835

1er mars. Il expose cinq peintures au Salon.

Octobre. Il s'installe 17, rue des Marais-Saint-Germain (actuelle rue Visconti), où il dispose au troisième étage de trois ateliers et d'un petit logement. Jenny Le Guillou (1801-1869), recommandée par les Pierret, entre à son service vers cette époque et y restera jusqu'à sa mort en 1863.

1836

1er mars. La seule peinture de Delacroix figurant au Salon est un *Saint Sébastien* que

Fig. 2. JOSEPH CHINARD, *Portrait de Charles Delacroix*, plâtre teinté, Paris, musée Delacroix.

Fig. 3. JOSEPH CHINARD, *Portrait de Victoire Delacroix*, plâtre teinté, Paris, musée Delacroix.

Fig. 5. Jacques Louis David, *Portrait d'Henriette de Verninac*, huile sur toile, Paris, musée du Louvre.

l'État achète et envoie à Nantua (église Saint-Michel).

1837

4 février. Première candidature à l'Institut, au fauteuil de Gérard.

1er mars. Au Salon, l'artiste n'expose de nouveau qu'une seule peinture, *La Bataille de Taillebourg*, commandée pour les Galeries historiques de Versailles, qui sont inaugurées au mois de juin (l'œuvre est toujours en place).

1838

Février. Deuxième candidature à l'Institut, au fauteuil de Thévenin.

1er mars. Delacroix expose cinq peintures au Salon, dont *Médée furieuse* (Lille, musée des Beaux-Arts).

Août. Il est chargé de décorer la bibliothèque du palais Bourbon, travail qu'il terminera en décembre 1847. Le public est autorisé à visiter le salon du Roi en octobre et en novembre.

Septembre. Quatrième séjour à Valmont.

Novembre. L'artiste ouvre un atelier rue Neuve-Guillemin pour former des collaborateurs en vue des décorations dont il est chargé.

1839

Février. Troisième échec à l'Institut, au fauteuil de Langlois.

1er mars. Delacroix expose deux peintures au Salon.

Septembre. Il fait un voyage en Belgique et en Hollande.

1840

5 mars. Une seule peinture de Delacroix est présentée au Salon, *La Justice de Trajan* (Rouen, musée des Beaux-Arts).

4 juin. Le préfet de la Seine, Rambuteau, transfère à l'artiste la commande qui vient d'être refusée par Robert-Fleury pour la décoration de la chapelle de la Vierge à l'église Saint-Denis-du-Saint-Sacrement. Après avoir songé à une *Annonciation* (Paris, musée Delacroix), Delacroix opte finalement pour une *Pietà*, qu'il termine au printemps 1844 avec la collaboration de Lassalle-Bordes (l'œuvre est toujours en place).

Septembre. Il est chargé de décorer la bibliothèque du palais du Luxembourg. Le décor sera achevé en décembre 1846.

1841

15 mars. Delacroix expose au Salon la *Prise de Constantinople par les croisés*, *Un naufrage* et *La Noce juive dans le Maroc* (Paris, musée du Louvre).

1842

Juin. Premier séjour à Nohant, chez George Sand, où il retrouve Frédéric Chopin, dont il avait fait la connaissance en 1836.

1843

Delacroix publie une série de treize lithographies d'après *Hamlet,* de Shakespeare, et termine une autre série de sept lithographies d'après *Goetz de Berlichingen*, de Goethe.

Juillet. Deuxième séjour à Nohant.

1844

Juin. Delacroix loue une petite maison à Champrosay (fig. 7), près de Fontainebleau, appartenant à un certain Rabier.

Octobre. Il s'installe 54, rue Notre-Dame-de-Lorette (fig. 8) : le prix de son loyer annuel est de 600 francs, comme l'atteste la déclaration du concierge chargé de la location : « Je soussigné Déclare avoir loué un logement au 1er sur le devant au prix de six-cent-francs [*sic*] par an au sieur Delacroix. Je m'engage par le présent à livrer le petit logement pour le 15 courant [...]. Paris ce 19 8bre 1844. f. robillard [...] » (document inédit ; archives Piron ; Paris, archives des Musées nationaux).

1845

15 mars. Il expose au Salon quatre peintures, dont *Le Sultan du Maroc et sa garde* (Toulouse, musée des Augustins).

22 juillet - fin août. Delacroix, à la demande de son médecin, fait une cure aux Eaux-Bonnes, petite station thermale des Pyrénées fort réputée.

« La nature est ici très belle, écrit-il à son cousin Léon Riesener ; on est jusqu'au cou dans les montagnes et les effets en sont magnifiques. Ce qui m'a le plus étonné encore que leur beauté, c'est l'indifférence avec laquelle tout le monde les regarde, y compris les

Fig. 6. Vue extérieure de l'abbaye de Valmont.

Fig. 7. La maison de Delacroix à Champrosay.

Fig. 8. « L'atelier de Delacroix rue Notre-Dame-de-Lorette »,
L'Illustration, 1852.

artistes, y compris Roqueplan et Huet, que j'ai trouvés tous deux ici […]. Il y a un tel engouement pour ces eaux à présent, qu'il est de la plus grande difficulté de se loger » *(Correspondance*, t. II, p. 221-222*)*.

À son retour, Delacroix trouve la lettre que lui avait adressée le 14 juillet son cousin Pierre-Antoine Berryer (1790-1868), avocat aux convictions royalistes, qui venait de défendre contre Thiers la liberté des congrégations religieuses :

« Monsieur et cher Cousin,

« Il est bien rare que nous nous rencontrions et à mon grand regret le torrent d'affaires qui emporte ma vie ne me laisse pas la liberté de vous rechercher autant que j'en aurais le désir ; je ne peux cependant oublier une parenté qui réveille en moi de chers souvenirs et qui m'est si parfaitement honorable » (Paris, musée Delacroix, dépôt des archives des Musées nationaux, inv. LA 31631 ; correspondance en grande partie inédite).

Il y répond le 3 septembre :

« Monsieur et cher cousin

« Je reviens des Eaux bonnes [*sic*] où j'ai été passer deux mois pour essayer d'en finir avec une maudite indisposition qui depuis plus de quatre ans me force à une retraite complète où je ne me console que par le travail ; je ne puis donc vous exprimer assez combien je me trouve véritablement heureux que vous ayez bien voulu vous souvenir de moi et combien aussi je suis désolé du retard involontaire de ma réponse. »

Fin décembre. Alarmé par les nouvelles concernant l'état de santé de son frère, le général Charles-Henry Delacroix, Delacroix

part précipitamment pour Bordeaux mais arrive trop tard pour le voir vivant.

1846

2 janvier. Funérailles du général Delacroix. Eugène Delacroix reste à Bordeaux jusqu'à la fin janvier, afin de régler les affaires de son frère – qui l'a institué son légataire universel – et de procéder à la remise en état du tombeau paternel, au grand cimetière de la Chartreuse.

16 mars. Il expose trois peintures et une aquarelle au Salon.

5 juillet. Il est promu officier de la Légion d'honneur.

Août. Troisième séjour à Nohant.

Septembre. Cinquième séjour à Valmont.

1ᵉʳ novembre. Publication dans la *Revue des Deux Mondes* de l'article sur Prud'hon.

1847

19 janvier. Delacroix reprend son *Journal*, qu'il tiendra jusqu'à sa mort.

16 mars. Parmi les six peintures qu'il expose au Salon figure un *Christ en croix*, réalisé l'année précédente (cat. 119).

1848

9 janvier. Ayant terminé en décembre 1847 la décoration de la bibliothèque du palais Bourbon, Delacroix envoie au *Constitutionnel* une description détaillée des peintures des deux hémicycles et des cinq coupoles.

15 mars. Il expose six peintures au Salon, dont *Le Christ au tombeau*, commencé en février 1847 et acheté cette même année par le comte de Geloës (cat. 125).

1ᵉʳ septembre. Publication dans la *Revue des Deux Mondes* de l'article sur Gros.

1849

22 mars. Delacroix se rend à l'église Saint-Sulpice afin d'étudier la disposition de la chapelle qu'il va peut-être devoir décorer. Il s'agit, au début, du transept près de la chapelle qui devait contenir à l'origine les fonts baptismaux, puis de cette chapelle elle-même.

28 avril. L'arrêté est effectivement signé, et l'artiste officiellement averti le 21 mai.

15 juin. Delacroix présente cinq peintures au Salon, dont une *Corbeille de fleurs renversée dans un parc* (cat. 29).

1ᵉʳ septembre. Victor Baltard informe Delacroix que la chapelle dont il est chargé est en fait dédiée à saint Sulpice, patron de la paroisse :

« M. le Curé l'avait oublié lorsque vous lui en avez parlé. C'est lui qui vient de me donner ce renseignement et en même temps, il me remet une notice sur la vie et les faits principaux de la vie de St Sulpice. La chapelle des fonts baptismaux existe déjà à l'une des extrémités du grand porche en deçà de l'église ; ce n'était que provisoirement que la cuve des baptêmes était dans la première chapelle de droite. Je regrette bien cette contrariété ; mais j'ai pensé devoir vous prévenir aussitôt que je l'ai su de ce qui arrivait, pensant que moins il y aurait de retard, moins vous seriez avancé dans votre travail » (lettre inédite ; archives Piron ; Paris, musée Delacroix).

2 octobre. La chapelle change finalement de vocable et devient la chapelle des Saints-

Anges. Ainsi que le curé de Saint-Sulpice avait écrit à Delacroix alors à Champrosay : « Les deux Patrons St Pierre et St Sulpice pourront avoir plus tard leur destination » (lettre du 24 septembre ; archives Piron ; Paris, musée Delacroix). La décoration ne sera achevée qu'en 1861.

Octobre. Sixième séjour à Valmont.

Décembre. Quatrième candidature à l'Institut, au fauteuil d'Étienne Garnier. Retrait d'une cinquième candidature, cette fois-ci au fauteuil de Granet.

1850

8 mars. Delacroix reçoit la commande du plafond central de la galerie d'Apollon au Louvre, terminé en octobre 1851.

6 juillet - 14 août. Il se rend à Ems pour une cure, s'arrêtant à l'aller à Bruxelles, Anvers et Cologne, au retour à Malines et de nouveau à Anvers. Depuis Ems, Delacroix écrit le 3 août à Charles Soulier :
« Ni toi ni lui [Villot] ne vous doutez de ce que c'est que Rubens. Vous n'avez pas à Paris ce que l'on peut appeler des chefs-d'œuvre. Je n'avais pas vu encore ceux de Bruxelles qui étaient cachés quand j'étais venu dans le pays. Il y en a encore qui me restent à voir ; enfin dis-toi brave Crillon que tu ne connais pas Rubens, et crois en mon amour pour ce furibond. Vous n'avez que des Rubens en toilette, dont l'âme est dans un fourreau [...]. Ne me trouves-tu pas redevenu jeune ? Ce ne sont pas les eaux : c'est Rubens qui a fait ce miracle » (lettre passée en vente à Paris, hôtel Drouot, 19 décembre 1985, étude Oger-Dumont, n° 32 ; Johnson, 1991, p. 113-114).

15 septembre. Publication dans la *Revue des Deux Mondes* de l'article « De l'enseignement du dessin », inspiré de la méthode de son élève et amie Élisabeth Boulanger-Cavé.

30 décembre. Ouverture du Salon, qui se prolonge jusqu'au 31 mars 1851. Delacroix y expose cinq peintures, parmi lesquelles *La Résurrection de Lazare* (Bâle, Offentliche Kunstsammlung) et *Le Bon Samaritain* (cat. 109).

1851

Sixième échec à l'Institut, au fauteuil de Drölling. C'est Jean Alaux, dont Delacroix déplorait les restaurations effectuées à Fontainebleau, qui est élu.

Août. À la fin du mois, Delacroix se rend à Dieppe, où il séjourne jusqu'au 12 septembre. Il y retournera trois fois.

Décembre. Il est chargé de la décoration du salon de la Paix à l'Hôtel de Ville, travail qu'il terminera en 1854 (l'ensemble sera malheureusement détruit par un incendie en 1871). Il est élu conseiller municipal de Paris.

1853

15 mai. Trois peintures sont envoyées au Salon, dont *Disciples et Saintes Femmes relevant le corps de saint Étienne* (cat. 111), qui sera acquis par la ville d'Arras en 1859, et *Les Pèlerins d'Emmaüs* (cat. 112), vendu par l'artiste à la miniaturiste Mme Herbelin en avril.

Mai-juin. Séjour à Champrosay.

26-30 juin. Publication dans le *Moniteur universel* de l'article sur Poussin.

Juillet. Septième candidature à l'Institut, au fauteuil de Blondel. C'est Hippolyte Flandrin qui est élu.

16-29 octobre. Séjour à Champrosay.

7 décembre. Delacroix envoie au préfet de la Seine sa démission de membre de l'Académie des beaux-arts.

1854

15 février. Delacroix remercie le président de l'Académie royale des beaux-arts d'Amsterdam de l'avoir inclus parmi ses membres.

15 juillet. Publication dans la *Revue des Deux Mondes* de l'article « Questions sur le Beau ».

17 août - 26 septembre. Deuxième séjour à Dieppe.

23 octobre - 7 novembre. Delacroix est à Augerville, chez son cousin Berryer.

1855

La préparation de l'Exposition universelle absorbe Delacroix, qui s'efforce de réunir le plus de peintures possible afin de montrer non seulement des œuvres récentes mais aussi celles, plus anciennes, qu'il juge essentielles. Pour y parvenir, il s'adresse aux amateurs et aux amis qui possèdent certaines de ses toiles, ainsi qu'aux pouvoirs publics afin d'obtenir le prêt des tableaux achetés par l'État.

2 mars. Delacroix écrit à Berryer pour lui demander de l'aider à retrouver le tableau qu'il avait peint pour la duchesse de Berry, *La Bataille de Poitiers* (Paris, musée du Louvre) : « Ce tableau fut vendu après 1830 avec le reste des tableaux et du mobilier particulier de la famille royale et fut acquis par Mr le marquis ou comte d'Osembray qui était je crois officier supérieur dans les gardes du corps. « Je désirerais exposer s'il est possible ce tableau qui n'a jamais été vu à l'exposition rétrospective qu'on nous promet aux Champs-Élysées » (Paris, musée Delacroix, dépôt des archives des Musées nationaux).
Grâce à l'intervention de Berryer, M. d'Osembray accepta finalement de se dessaisir momentanément du tableau :
« Je ne sais rien refuser à un homme comme vous, il [Delacroix] peut donc l'envoyer chercher à sa volonté, le plus tard possible sera le mieux » (Paris, musée Delacroix, dépôt des archives des Musées nationaux).

14 avril. Delacroix indique à Étienne Haro les travaux à effectuer sur les œuvres qu'il veut présenter à l'Exposition universelle : « Indépendamment du transport des tableaux, il y a à faire le dévernissage *du Justinien* qui est très important. N'oubliez pas en venant chercher les tableaux de rapporter l'esquisse *de la Convention* : elle est sur la notice et je serai bien aise de l'exposer. *J'ai la barricade.* Je ne sçais [*sic*] s'il y aura quelque chose à faire ne l'ayant point vu » (Paris, archives des Musées nationaux, dossier Haro, inv. LA 33455).

15 mai. Inauguration de l'Exposition universelle au palais de l'Industrie ou nouveau palais des Beaux-Arts, avenue Montaigne. Delacroix triomphe avec trente-six peintures (fig. 9). Parmi les œuvres nouvelles, une *Chasse aux lions* (cat. 14).

Fig. 9. La salle où les œuvres de Delacroix étaient exposées à l'Exposition universelle de 1855.

Été. Entre juillet et octobre, Delacroix voyage beaucoup, rendant notamment visite aux membres de sa famille dont il semble vouloir se rapprocher à la suite de la mort de son frère. Il fait un séjour à Augerville, chez Berryer, du 12 au 18 juillet, revient à Paris puis passe quelques jours à Champrosay. Le 10 septembre, il se rend à Croze, dans la Creuse, entre Brive et Souillac, *via* Argenton et Limoges, dans la propriété des Verninac, parents de sa sœur Henriette, qui possèdent là un château. Il y arrive le 12. Il regagne Paris le 17 et repart le 18 au soir pour Strasbourg chez ses cousins Lamey. Le 25 septembre, sur les conseils de ses cousins, Delacroix part le matin pour Baden-Baden d'où il fait quelques excursions. De retour à Strasbourg dans la soirée du 28, il poursuit ses promenades à travers la ville. Le 2 octobre, il quitte Strasbourg pour Paris, mais rejoint le lendemain Jenny Le Guillou à Dieppe, où il reste jusqu'au 14. Inlassablement, malgré la fatigue, le mauvais temps, il reprend ses promenades au bord de la mer.

15 novembre. Delacroix est nommé commandeur de la Légion d'honneur, lors de la distribution des récompenses à la suite de l'Exposition universelle.

17 novembre. Berryer s'empresse de féliciter le peintre :

« Illustre et cher cousin, je vous félicite, autant que vous pouvez en être satisfait, et de la grande médaille et de la croix de Commandeur ; mais je regrette les bonnes journées que m'ont fait perdre les honneurs qui vous sont rendus. Votre gloire est toute dans l'exposition de vos œuvres et je me réjouis du fond du cœur de la puissance qu'a eue cette exhibition pour vous faire triompher et des mauvais vouloirs des esprits jaloux et des faux jugements de l'ignorance. En rendant grâce à cet heureux appel fait au public européen dont les suffrages vous ont couronné, je ne pardonne pas aux vaines cérémonies de vous avoir obligé de nous quitter en trop grande hâte » (Paris, musée Delacroix, dépôt des archives des Musées nationaux).

1856

Delacroix poursuit son travail à la chapelle des Saints-Anges, en compagnie de ses collaborateurs Andrieu et Boulangé.

17-26 mai. Il séjourne à Champrosay, où il revient de nouveau du 28 juin au 8 juillet.

1er octobre. Delacroix part à sept heures du matin pour Ante, près de Sainte-Menehould dans la Meuse, chez son cousin germain le commandant Philogène Delacroix. Il y reste quelques jours, dessinant, chassant et pêchant.

8 octobre. Delacroix se rend à Ivry-en-Argonne, le pays natal de son père :

« Ce lieu, que je ne connaissais que par les récits de tous ceux que j'ai aimés, a réveillé leur souvenir avec une douce émotion. J'ai vu la maison paternelle comme elle est, mais, à ce que je suppose, sans beaucoup de changement. La pierre de ma grand-mère est encore à l'angle du cimetière que l'on va exproprier, comme on fait de tout » (*Journal*, p. 593).

Novembre. Huitième candidature à l'Institut, au fauteuil de Paul Delaroche. Son état de santé l'empêche de faire les visites traditionnelles aux membres de l'Académie.

1857

10 janvier. Delacroix est élu à l'Institut. Constant Dutilleux est un des premiers à le féliciter :

« L'Institut s'est enfin ravisé, il vous admet avec tous les honneurs de la guerre. La réparation est tardive mais enfin elle est venue. […] cet événement (car c'en est un) nous permet de constater le progrès lent mais incessant de notre époque et quand on se reporte à vos premiers débuts qui excitaient une réprobation presque générale et quand on songe qu'aujourd'hui les portes de l'institut vous ont été ouvertes – par les membres de l'Institut, il est vrai, mais par les membres subissant l'influence de l'*opinion publique* et à laquelle bon gré mal gré il faut finir par céder, il y a de quoi réjouir vos amis » (12 janvier 1857 ; lettre inédite ; archives Piron ; Paris, fondation Custodia).

Trois jours auparavant, Berryer l'avait averti que le vote devait cette fois-ci lui être favorable :

« Je suis allé à l'Académie et j'y retourne demain. Il est bien décidé que l'Élection aura lieu samedi et que les malveillants ne vous opposeront que Mr Lehmann ; j'aime assez qu'il en soit ainsi. Vous ne risquez pas d'échouer dans un choix entre deux rivaux. La lutte étant engagée entre un grand talent et une grosse intrigue, votre gloire n'est pas mise en jeu. Je sais que Mr Robert-Fleury montre beaucoup de zèle pour que justice vous soit rendue ; et Mme Czartoryska m'a paru bien partager mon sentiment » (Paris, musée Delacroix, dépôt des archives des Musées nationaux).

11 janvier. Delacroix répond à son cousin :

« La chose s'est passée le mieux du monde ;

16 voix au premier tour et *22* au *second* qui a décidé. Me voici donc votre confrère c'est double joie. Quant à la santé, je ne puis plus dire un mot à cause des camarades qui m'ont apporté la nouvelle et auxquels il a fallu tenir tête » (Paris, musée Delacroix, dépôt des archives des Musées nationaux).

14 janvier. Delacroix écrit à François de Verninac, neveu de son beau-frère, Raymond de Verninac :

« En somme, quoique tardive, cette élection est utile et me semble plus à propos à présent qu'elle est faite, que je ne me le figurais auparavant : aux félicitations que je reçois, je vois qu'elle était presque nécessaire pour qu'une certaine partie du public me mît à une certaine place. Il n'y a rien de changé dans la valeur de l'homme, mais il fallait, à ce qu'il paraît, l'étiquette » (lettre conservée à Malibu, Getty Center ; Johnson, 1991, p. 27-28).

Empêché par une indisposition sérieuse d'envoyer quoi que ce soit au Salon, Delacroix songe de plus en plus à déménager pour se rapprocher de Saint-Sulpice, où son travail n'avance guère. Son marchand, Étienne Haro, lui trouve un logement, 6, rue de Furstenberg, mais il lui faut se montrer particulièrement convaincant pour obtenir de l'artiste qu'il prenne sa décision. Après avoir longuement discuté avec le gérant de l'immeuble, Maître Hurel, et les propriétaires, M. et Mme Bégin, Haro adresse à Delacroix ce rapport circonstancié :

« Puisque vous me permettez de vous donner mon opinion sur cette affaire […], l'important c'est que l'affaire se passe et à 3000 fr c'est admirable. Une fois votre atelier construit vos réparations faites […] vous avez

« 1°   appt complet au premier

« 2°   jardin chose rare à Paris

« 3°   atelier avec tout agrément

« 4°   place convenable p[r] loger toutes vos affaires, débarras, etc.

« 5°   et c'est la meilleure part la jouissance d'être complètement bien logé et cela dignement pour votre position.

« Le tout pour 2 900[F] de principal et un intérêt de 300 [soit] 3 200[F] ce que pour cinq mille vous ne trouverez nulle part et dans un quartier aussi proche de l'Institut » (lettre inédite ; archives Piron ; Paris, archives des Musées nationaux).

Mai-juin. Delacroix est à Champrosay pour reprendre des forces, sans amélioration durable de sa santé.

28 juin. Delacroix écrit à Jules Laroche, architecte demeurant à Corbeil, près de Champrosay, de venir le retrouver rue de Furstenberg afin d'examiner les travaux à entreprendre (lettre conservée à Malibu, Getty Center ; Johnson, 1991, p. 73).

30 juin. Delacroix apprend que l'Académie des beaux-arts de Rio de Janeiro l'a élu comme membre correspondant.

15 juillet. Publication dans la *Revue des Deux Mondes* de l'article « Des variations du Beau ».

21 juillet. Désigné pour faire partie du jury de la cour d'assises pendant la première quinzaine d'août, Delacroix écrit au président pour l'informer que « l'état de souffrance continue » qui est le sien depuis six mois l'oblige à demander à être exempté de ces fonctions (lettre conservée à Malibu, Getty Center ; Johnson, 1991, p. 145). Ce même jour, il verse à Hurel la somme de « 1 518 frs 85 […] pour 6 mois de loyers d'avance imputable sur les 6 derniers mois de jouissance des lieux qu'il occupe dans la maison sise Rue furstenberg n° 6 » (archives Piron ; Paris, archives des Musées nationaux). Dans le même temps, il négocie non sans difficulté son départ de la rue Notre-Dame-de-Lorette. Il diffère jusqu'à la fin juillet son voyage pour Strasbourg, d'où il se rend à Plombières, où le rejoint Jenny Le Guillou. De retour à Paris, il lui faut suivre de près les travaux de rénovation de son futur appartement confiés à l'architecte Laroche, chargé par ailleurs des relations avec les propriétaires, très inquiets de la construction de l'atelier dans le jardin et qui ont exigé des plans détaillés et la garantie « que toutes additions, améliorations ou embellissements, qui seraient faits […] et spécialement la construction dont il s'agit resteraient appartenir aux bailleurs en fin de bail sans indemnité » (lettre de Me Lefer à Hurel, avocat, 7 avril 1857 ; archives Piron ; Paris, archives des Musées nationaux).

Compte tenu des dépenses importantes engagées, Delacroix demande de son côté à Hurel de procéder à la remise en état des façades côté cour et côté jardin (*Correspondance*, t. IV, p. 413-414).

10-30 août. Cure à Plombières.

6-19 octobre. Bref séjour à Augerville-la-Rivière, chez Berryer.

28 décembre. Il s'installe rue de Furstenberg (fig. 10).

1858

11 juillet - début août. Delacroix séjourne à Plombières, où l'empereur se trouve aussi :

« Je suis à présent dans un état plus satisfaisant et la distraction, sotte distraction si vous voulez, celle de vivre dans la place publique comme on fait aux eaux et de rencontrer toutes sortes de figures, cette distraction et ce mouvement, si différents de ma vie habituelle, me redonnent du ressort et de la force. […] La présence du chef de l'état comme on dit, ne dérange rien à la vie qu'on mène ici : lui seul peut être dérangé quand il ne se tient pas suffisamment sur ses gardes. […] Il m'a rencontré par hasard et m'a fait l'honneur de me demander de mes nouvelles » (lettre à Berryer, 23 juillet ; Paris, musée Delacroix, dépôt des archives des Musées nationaux).

15 août. Delacroix achète la maison de Champrosay.

Il explique à son cousin Berryer les raisons qui l'ont poussé à prendre cette décision :

« L'homme qui me louait mon petit pied-à-terre m'apprend au débotté qu'il va vendre la maison et que j'avise d'ici à peu. Me voilà troublé dans mes habitudes quoique je fusse médiocrement, mais enfin j'y suis, et il y a quinze ans que je viens dans le pays, que j'y vois les mêmes gens, les mêmes bois, les mêmes collines. Qu'eussiez-vous fait à ma place, cher cousin, vous qui vous êtes laissé

Fig. 10. L'atelier de Delacroix, 6, rue de Furstenberg, côté jardin.

murer dans l'appartement que vous occupez depuis quarante ans, de peur d'en chercher un autre ? Probablement ce que j'ai fait, c'est-à-dire que j'ai acheté la maison qui n'est pas chère et qui avec quelques petits changements en sus du prix d'achat me composera un petit refuge approprié à mon *humble fortune* » (lettre du 6 septembre 1858 ; Paris, musée Delacroix, dépôt des archives des Musées nationaux).

1er octobre. Ayant lu dans les journaux que Delacroix avait terminé la chapelle des Saints-Anges, Berryer s'inquiète de n'avoir pas été averti. Le 4, Delacroix lui répond :
« Dites-moi quels gueux sont les journalistes qui sur je ne sais quels fondements ont assuré qu'une besogne, qui en mettant toutes les circonstances favorables ne peut être achevée d'un an, allait être vue ces jours-ci ? Cela m'a valu plus d'un dérangement. Ils ont dit l'année dernière que j'étais mort, ce qui a causé une certaine émotion sur bon nombre de gens de champagne et autres qui comptent sans doute sur mon héritage. Ils diront un jour que vous avez enlevé la sultane favorite et vos amis s'étonneront de ne pas être priés à la noce. Tel est ce brillant flambeau, *cette conquête de 89* ! pour parler le langage du jour, qu'on appele [*sic*] la Presse et qui ne me dédommage pas par les romans feuilletons pas plus du peu d'exactitude des nouvelles » (Paris, musée Delacroix, dépôt des archives des Musées nationaux).

Fin octobre. Delacroix est invité à Compiègne.

Novembre-décembre. Séjour à Champrosay :

« J'ai vécu pendant six semaines au milieu de ces petits travaux y compris les plantations. *Passe encore de bâtir* ! mais enfin j'ai planté, gazonné, plaqué et au travers de tout cela j'ai beaucoup travaillé, beaucoup plus que je ne puis faire à Paris » (lettre à Berryer, 16 novembre ; Paris, musée Delacroix, dépôt des archives des Musées nationaux).

1859

15 avril. Delacroix expose pour la dernière fois au Salon, avec huit peintures, dont *La Montée au Calvaire* (cat. 128) et *Le Christ descendu au tombeau* (cat. 127).

Août. Séjour à Strasbourg puis à Ante.

Octobre. Retour à Champrosay, puis séjour à Augerville.

Novembre. De nouveau à Champrosay.

Décembre. Delacroix travaille à Saint-Sulpice.

1860

Au début de l'année, Delacroix, souffrant, ne peut quitter la chambre.

15 février. Il écrit au comte de Nieuwerkerke, directeur général du musée du Louvre, au sujet de la restauration de son tableau *La Barque de Dante* (lettre conservée à Paris, musée du Louvre ; *Correspondance*, t. IV, p. 151). Dans le courant du même mois, à l'occasion d'une exposition organisée par Francis Petit à la galerie Martinet, 26, boulevard des Italiens, Delacroix envoie seize peintures de différentes époques empruntées à divers amateurs. Parmi les sujets religieux figurent un *Christ en croix* (cat. 123) et *Les Pèlerins d'Emmaüs* (cat. 112). Sept tableaux auraient été ultérieurement rajoutés.

Mai. Séjour à Champrosay.

18-27 juillet. Dernier séjour à Dieppe. Delacroix s'installe à l'hôtel Victoria, sur le port, mais le temps pluvieux et froid l'empêche de dessiner sur la jetée.

Septembre. Revenu à Champrosay, Delacroix, après une période d'inaction, reprend son travail à Saint-Sulpice.

14 octobre. Il écrit à Berryer :

« Mon cher cousin, je vous ai promis de vous donner des nouvelles de l'héroïque résolution que j'aie prise et que j'ai tenue jusqu'ici de me lever tous les matins à 5 h $^1/_2$ du matin pour prendre le premier convoi qui me conduit à St Sulpice où je travaille quelques heures pour revenir ici dîner de bonne heure sobrement, se coucher à huit heures pour recommencer le lendemain. Voilà ma vie depuis un mois et qui me réussit au-delà de mes espérances. Non seulement j'ose concevoir l'espoir de terminer ou à peu près, ma grande entreprise pendante depuis si longtemps, mais ma santé est tout à fait remise et j'ai trouvé un remède que les médecins connaissent peut-être aussi bien que moi, mais qu'ils ne recommandent à personne de peur de faire baisser leurs actions. Non seulement je fais de l'exercice qui a l'avantage d'être forcé et de ne pas être simplement une promenade sans autre but qu'elle-même, mais je n'ai pas un seul moment de vide ou d'ennui, grande recette aussi pour la santé, pour la mienne au moins. L'intérêt, la passion pour mon travail m'enivre [*sic*] pendant toutes ces courses et les trajets eux-mêmes qui ne durent pas longtemps, m'amusent plus qu'ils ne me fatiguent » (Paris, musée Delacroix, dépôt des archives des Musées nationaux ; *Correspondance*, t. IV, p. 203-204).

1861

Au cours des premiers mois, Delacroix concentre tous ses efforts pour terminer son chantier à Saint-Sulpice :

« Je me lève avec le jour, je ne fais point ma barbe : finir demande un cœur d'acier : il faut prendre un parti sur tout et je trouve des difficultés où je n'en prévoyais point ; pour tenir à cette vie, je me couche de bonne heure sans rien faire d'étranger à mon propos et ne suis soutenu, dans ma résolution de me priver de tous plaisirs, et au premier rang celui de rencontrer ceux que j'aime, que par l'espoir d'achever. Je crois que j'y mourrai : c'est dans ce moment que vous apparaît votre propre faiblesse et combien ce que l'homme appelle un ouvrage fini ou complet contient de choses incomplettes [*sic*] et impossibles à completter [*sic*]. » (lettre à Berryer, 15 janvier 1861 ; *Correspondance*, t. IV, p. 230 ; Paris, musée Delacroix, dépôt des archives des Musées nationaux).

Il prépare soigneusement sa présentation, convoquant ses amis, ses admirateurs, les journalistes et les officiels.

28 février. Delacroix écrit à Dutilleux qu'il accepte de faire partie de la Société des amis des arts d'Arras en tant que membre honoraire. Celle-ci le nommera en fait président honoraire.

29 juillet. Delacroix invite Berryer à venir voir son travail. Celui-ci, retenu par de nombreuses affaires à plaider, ne s'y rend que le 13 août :

« Cher, j'ai vu ! j'ai vu ! Vu autant que je sais voir de mes yeux ignorans [*sic*]. Je suis ravi. Je vous embrasse mais je pars ce soir. Je vous écrirai mes séjours et je vous attends avant que vous n'alliez à d'autres » (Paris, musée Delacroix, dépôt des archives des Musées nationaux).

À partir du 21 août, la chapelle des Saints-Anges à l'église Saint-Sulpice est ouverte au public : critiques et louanges s'entremêlent dans la plupart des comptes rendus. Des essais photographiques sont tentés, mais le résultat est peu probant. L'indifférence des officiels déçoit profondément le peintre, installé à Champrosay jusqu'au début du mois de septembre.

Fig. 11. Le tombeau de Delacroix au cimetière du Père-Lachaise.

« Je n'ai eu la visite ni du ministre ni du préfet, ni de Nieuwerkerke, ni de personne de la cour et des personnes qualifiées, malgré mes invitations. Quant aux "gens de l'Institut", ils sont venus en petit nombre » (lettre à son cousin Léon Riesener, 1er septembre 1861 ; *Correspondance*, t. IV, p. 269-270).

2-14 septembre. Séjour à Augerville.

15 septembre - fin novembre. Delacroix reste à Champrosay et ne fait que de brefs passages à Paris.

Novembre. Il renonce à ses fonctions de conseiller municipal et de conseiller départemental :

« L'impossibilité où je me suis trouvé depuis longtemps, de concilier avec mes travaux particuliers et mes absences fréquentes de Paris, l'exactitude que demandent impérieusement ces importantes fonctions, m'ont amené à prendre une résolution à laquelle je ne me décide pas sans regretter vivement les honorables relations que j'avais formées dans le sein du conseil » (archives Piron ; archives de la Ville de Paris).

Décembre. Il expose *La Mort de Sardanapale* (Paris, musée du Louvre) chez Martinet, jusqu'à la fin janvier 1862.

1862

À bout de forces après l'achèvement de la chapelle des Saints-Anges, Delacroix se contente de terminer quelques tableaux commencés. *L'Assassinat de l'évêque de Liège* est présenté à l'Exposition universelle de Londres.

1er juillet. Parution de son article sur Charlet dans la *Revue des Deux Mondes*.

Juin. Il s'installe à Champrosay où il demeure jusqu'en novembre, se bornant en septembre à un bref séjour à Ante, d'où il écrit au secrétaire perpétuel de l'Académie des beaux-arts pour s'opposer à la division de la collection Campana, suivi en octobre d'un séjour, aussi rapide, à Augerville.

20 novembre. Delacroix rentre à Paris.

1863

Au cours des premiers mois, Delacroix,

malgré sa hantise du froid, apparaît dans les dîners et les soirées officiels. Au printemps, sa santé s'altère sérieusement et les médecins l'envoient à Champrosay dans l'espoir d'une amélioration qui ne se produit pas.

13 juillet. Delacroix écrit à Berryer :

« Il y a deux mois que je garde la chambre et c'est avec difficulté que je vous écris. J'ai eu tout l'hiver un rhume inguérissable et bref au moment même où vous étiez acclamé, je crachais le sang et depuis je n'ai pu reprendre de forces : au contraire.

« Les principaux accidents et d'autres qui en ont été la conséquence se sont calmés, mais la fièvre qui était latente s'est déclarée avec violence et les sueurs m'affaiblissent au point que je vais de mon lit à mon canapé sans pouvoir me tenir sur mes jambes. Pendant tout cela je n'ai pu ni écrire ni parler. Et aurais-je osé me permettre de dire mon avis à un homme comme vous en si graves circonstances. Vos amis de salon vous disent que c'est un beau succès : on a été trop heureux au contraire de vous avoir et vous êtes trop bon. La liberté bon Dieu ! Elle nous chauffe.

« C'est ce que je vous dis là et ma hardiesse de vous le dire qu'il faut que vous me pardonniez. Quant à ma maladie elle m'excuse du reste auprès de vous. Vous voyez quels projets je puis former. Je devais aller aux eaux, mais je ne pourrais pas seulement monter en voiture » (Paris, musée Delacroix, dépôt des archives des Musées nationaux).

Début août. Delacroix revient à Paris. Sa faiblesse est telle qu'il ne peut plus tenir la plume.

3 août. Le peintre dicte son testament. Son légataire universel est son vieil ami Achille Piron, ancien administrateur des Postes, chargé de l'exécution de ses dernières volontés, et notamment de procéder à la dispersion des œuvres conservées dans son atelier.

6 août. Delacroix dicte quelques mots à Jenny Le Guillou pour Berryer :

« Mon cher cousin.

« Ma faiblesse est si grande que je ne puis plus écrire, mais en revanche tous les autres

Fig. 12. Jules Dalou, *Monument à Delacroix*, 1890, Paris, jardin du Luxembourg.

accidents ont disparu, j'espère à présent qu'il ne me faut plus que de la patience. Je ne vous en dis pas long et je vous embrasse de cœur » (le billet est signé de sa main ; Paris, musée Delacroix, dépôt des archives des Musées nationaux).

13 août. Il s'éteint à 7 heures du matin, veillé par Jenny Le Guillou. Le même jour, celle-ci informe les parents et les amis du peintre du décès de son maître. Décrivant les derniers moments de celui dont il avait suivi la carrière, Théophile Silvestre devait conclure, sous forme d'épitaphe : « Ainsi mourut, presque souriant, le 13 août mil huit cent soixante-trois, Ferdinand-Victor-Eugène Delacroix, peintre de grande race, qui avait un soleil dans la tête et des orages dans le cœur ; qui toucha quarante ans tout le clavier des passions humaines, et dont le pinceau grandiose, terrible ou suave, passait des saints aux guerriers, des guerriers aux amants, des amants aux tigres, et des tigres aux fleurs. »

17 août. Les obsèques du peintre ont lieu à Saint-Germain-des-Prés. Le cortège est conduit par Philogène Delacroix, chef d'escadron d'état-major. Conformément à son vœu, Delacroix est enterré au cimetière du Père-Lachaise (fig. 11). Deux discours sont prononcés, l'un par le sculpteur Jouffroy, au nom de l'Institut, l'autre par Paul Huet, pour les amis du défunt.

1864

17-29 février. Vente publique de l'atelier de Delacroix à l'hôtel Drouot. Le catalogue est préfacé par Philippe Burty. Les tableaux constituent la première vacation (17-19 février), les dessins la seconde (22-27 février) ; la troisième vacation comprend les gravures (29 février). En plus, le 1er mars, au domicile même de Delacroix seront dispersés les plâtres, chevalets, ustensiles et objets d'ateliers.

1885

6 mars - 15 avril. Exposition rétrospective de l'œuvre de Delacroix à l'École des beaux-arts, quai Malaquais, au profit de la souscription destinée à l'érection d'un monument à sa mémoire dans le jardin du Luxembourg. L'avant-propos est rédigé par Auguste Vacquerie avec une préface de Paul Mantz.

1890

5 octobre. Inauguration du monument en l'honneur de Delacroix réalisé par Jules Dalou (fig. 12).

1929

Fondation par Maurice Denis, Paul Signac, André Joubin et le docteur Viau de la Société des amis d'Eugène Delacroix afin de sauver l'atelier de la rue de Furstenberg, menacé de destruction.

1930

Pour commémorer le centenaire du romantisme, une importante exposition des peintures, aquarelles, pastels, dessins, gravures et documents de Delacroix est organisée au musée du Louvre.

1951-1954

L'immeuble de la rue Furstenberg est mis en vente. La Société des amis de Delacroix cède une partie de ses collections à l'État, à charge pour ce dernier de créer un musée dans l'appartement et l'atelier du peintre (fig. 13).

1963

Exposition au musée du Louvre à l'occasion du centenaire de la mort de Delacroix.

1971

Le musée Delacroix devient musée national.

Fig. 13. L'entrée du musée Delacroix vue de la porte cochère de l'immeuble, 6, rue de Furstenberg.

Les dernières œuvres : continuités et variations

Lee Johnson

En ma fin gît mon commencement.
Marie Stuart

Les dernières œuvres de Delacroix, cela va sans dire, n'ont pas surgi pleinement « armées » comme Athéna de la tête de Zeus : elles constituent le point culminant, riche et varié, de quelque trente années d'une carrière exceptionnellement productive, faite d'expérimentation et de réflexion incessantes sur les arts. En toile de fond de cette exposition consacrée à la dernière période du peintre, il paraît donc utile de suivre quelques-uns des nombreux fils qui rattachent les œuvres de ces années à celles de la jeunesse et de la première maturité de l'artiste, de mettre en évidence des analogies, des évolutions et des variations entre les débuts et la fin. Cet essai se concentrera d'abord sur les sujets religieux – qui forment la majorité des peintures et des dessins présentés dans cette exposition – et sur la continuité de l'influence de Raphaël, qui marque à la fois les première et dernière commandes de peinture religieuse reçues par Delacroix. Puis seront évoquées, en prenant en compte l'influence de Rubens, les scènes d'animaux sauvages et de chasse, elles aussi largement représentées dans cette exposition.

Delacroix a peint davantage de sujets bibliques entre 1850 et 1860 qu'en aucune autre décennie de sa carrière – plus de trente, c'est-à-dire trois fois plus que dans ses dix premières années d'activité. C'est apparemment sans enthousiasme qu'il exécuta les deux commandes officielles qu'il reçut dans les années 1820 : le *Triomphe de la religion* (généralement connu à tort sous le nom de *Vierge du Sacré-Cœur*), commande que Géricault lui avait transmise, aujourd'hui à la cathédrale d'Ajaccio, et le *Christ au jardin des Oliviers*, destiné à l'église Saint-Paul-Saint-Louis, à Paris. Il est donc difficile d'expliquer la prolifération des tableaux religieux dans les dernières années, surtout lorsqu'on considère son agnosticisme bien connu. Cependant le second Empire, à Paris, vit une demande croissante de peintures pour les églises : la préfecture en commanda et en installa davantage entre 1850 et 1860 qu'au cours des deux décennies précédentes. Bénie par les pouvoirs publics, cette manifestation de piété dut avoir quelque effet sur l'attitude des collectionneurs et des marchands envers Delacroix, l'encourageant à augmenter sa production d'œuvres religieuses. Mais le choix de ses thèmes obéissait sans doute à des raisons plus profondes et plus personnelles. Il fut souvent malade dans ses dernières années, et son esprit était habité de pensées sur la vieillesse et la mort depuis le début des années 1850 ; qui plus est, il s'est toujours montré soucieux d'assurer son immortalité à travers son œuvre.

C'est à ces préoccupations qu'on peut rattacher son interprétation, en 1852, de la Résurrection du Christ comme une victoire sur la mort : « Le Christ sortant du tombeau (*La mort vaincue*). » Il y a donc peut-être un élément de symbolique personnelle dans *Les Pèlerins d'Emmaüs* (cat. 112), *L'Incrédulité de saint Thomas* et *La Résurrection de Lazare*, qui traitent tous du thème du triomphe sur la mort, absent de ses œuvres antérieures.

La remarquable réussite de sa série du *Christ sur le lac de Génésareth* (cat. 113 à 118) trahit sans doute indirectement ses angoisses quant à la fragilité de la vie humaine et à la survie de sa propre réputation après sa mort. Il a probablement vu dans la figure du Christ, calme et serein face à la tempête qui terrifie les simples mortels, un exemple à suivre pour affronter sa « mer de troubles » (comme aurait dit Hamlet, un de ses personnages préférés). Un passage de son essai de 1830 sur Michel-Ange peut être relié avec le choix du bateau malmené par les flots comme symbole des vicissitudes de la vie. Il y citait le célèbre sonnet de Michel-Ange : « Porté sur une barque fragile, au milieu d'une mer orageuse, je termine le cours de ma vie ; je touche au port où chacun vient rendre compte du bien et du mal qu'il a fait. Ah ! je reconnais bien que cet art, qui était l'idole et le tyran de mon imagination, la plongeait dans l'erreur : tout est erreur ici-bas.

« Pensers amoureux, imaginations vaines et douces, que deviendrez-vous maintenant que je m'approche de deux morts, l'une qui est certaine, l'autre qui me menace ? »

Et il commentait : « Que les esprits dégagés des préjugés vulgaires se moquent, s'ils le veulent, de ce sublime génie doutant aux portes du tombeau s'il a bien employé sa vie. » Telle est précisément, pourrait-on penser, la situation qu'a connue Delacroix dans ses dernières années.

Quels que soient les niveaux de spiritualité que peut contenir cette série sublime, il ne faut pas perdre de vue sa virtuosité technique ; car, tout autant qu'un penseur, Delacroix fut un maître de la science de son art. Dans les versions prêtées par le Metropolitan Museum of Art (cat. 115) et par l'intermédiaire de la galerie Nathan à Zurich (cat. 116), la disjonction spatiale existant dans sa toile la plus controversée des années 1820, *La Mort de Sardanapale* (Paris, musée du Louvre), a été résolue par une synthèse magistrale entre le respect du plan du tableau et une fuite diagonale en profondeur. N'oublions pas non plus que Paul de Saint-Victor salua tout simplement la version de la Walters Art Gallery (cat. 118) comme « la plus belle marine de l'école française ».

Auprès de ces œuvres et des scènes effroyables de martyre et de crucifixion des dernières années (cat. 110, 111 et 119 à 123), le premier tableau religieux de Delacroix, en fait sa première commande connue, *La Vierge des moissons* (fig. 1) – retable peint pour l'église du village d'Orcemont, près de Rambouillet, en 1819 – paraît sage et convenu. Pourtant, profondément influencé par les Madones florentines de Raphaël, il révèle une dette envers le maître de la Renaissance qui devait durer tout au long de la vie de Delacroix pour culminer avec sa dernière grande peinture murale religieuse, *Héliodore chassé du temple*, dans la chapelle des Saints-Anges, à Saint-Sulpice (fig. 2). Tandis que le premier tableau fait penser à l'hommage déférent d'un élève à un grand maître et ressemble davantage à un Ingres qu'à un Delacroix, *Héliodore* est le défi de l'ancien élève devenu maître, désormais assez confiant pour se mesurer délibérément à l'un des monuments les plus vénérés de la Renaissance italienne, la fresque de Raphaël sur le même sujet au Vatican. Une autre comparaison, plus directe encore, s'impose entre son plafond de la chapelle de Saint-Sulpice et les deux versions de Raphaël sur le thème de *Saint Michel terrassant le démon* (Paris, musée du Louvre). Certains critiques trouvèrent son audace présomptueuse et vaine, tandis que d'autres la jugèrent triomphante et glorieuse.

Tandis que *La Vierge des moissons* est raphaélesque dans sa composition, sa facture et ses couleurs, l'*Héliodore* de Delacroix n'a pas grand-chose en commun, hormis le sujet, avec celui de Raphaël, dont il se distingue par sa grande originalité technique : il est l'expression la plus poussée de la façon dont le peintre utilisait les couleurs, fondée sur l'observation des échanges de reflets colorés entre objets et personnages voisins, associée à des touches de couleur arbitraires, sans lien aucun avec la peinture réaliste de la nature, le but étant de réunir les éléments séparés en un tout chromatique et de renforcer la diversité de textures et leur attrait pour l'œil. De même que les tableaux du *Christ sur le lac de Génésareth* marquent une avancée sur *La Mort de Sardanapale* par l'organisation harmonieuse de l'espace, l'*Héliodore* est beaucoup plus subtil et complexe que *La Vierge des moissons* dans son traitement des harmonies de couleurs.

Bien que l'emprise et l'adulation de Raphaël soient plus communément associées à Ingres et que Delacroix puisse sembler avoir plus d'affinités de tempérament avec Michel-Ange, il doit plus au premier qu'au second en termes d'influences picturales spé-

Fig. 1
Eugène Delacroix, *La Vierge des moissons*, 1819, huile sur toile, Orcemont, église.

Fig. 2
Eugène Delacroix, *Héliodore chassé du temple*, 1861, huile et médium à la cire sur mur, Paris, église Saint-Sulpice, chapelle des Saints-Anges.

cifiques sur toute l'étendue de sa carrière. La même année que son article sur Michel-Ange, mais un peu plus tôt, il avait publié un essai sur Raphaël. Il a peint également un *Jeune Raphaël méditant dans son atelier* (localisation actuelle inconnue ; Johnson, t. I, 1981, n° L105), exposé au Salon de 1831, tandis que ce n'est qu'en 1850 qu'il rendit le même hommage à Michel-Ange (Montpellier, musée Fabre), et encore uniquement après – ou parce – qu'un rival venait de représenter la même scène.

Dans la sauvage et païenne *Médée furieuse* de 1838 (Lille, musée des Beaux-Arts), contrastant vivement avec la suavité de *La Vierge des moissons,* se retrouve pourtant l'influence, dans la composition, des Madones florentines de Raphaël, ainsi qu'un emprunt évident à la gravure, par Marcantonio, du *Massacre des Innocents* du même Raphaël, dont, dès 1819 puis de nouveau vers 1824, Delacroix avait fait des esquisses de la mère entraînant son enfant nu sous le bras. Deux sources d'imagerie chrétienne sont ainsi amalgamées dans cette peinture vigoureuse d'une scène empruntée à la mythologie grecque, sorte de renversement de la tradition renaissante consistant à adapter des formes classiques à l'iconographie chrétienne. Dans les dernières années de sa vie, Delacroix peignit trois petites versions de la *Médée*, se contentant de variations mineures et sans raffinement psychologique significatif de sa conception initiale (fig. 3).

Lorsqu'il peignit *Marphise et la Demoiselle* (cat. 87), sujet emprunté à l'Arioste, contemporain de Raphaël, Delacroix se tourna de nouveau vers le maître renaissant, cette fois pour lui emprunter un modèle nu, à la grâce et à l'élégance inspirées de la Minerve d'une gravure du *Jugement de Pâris*. Même un tableau fondé sur l'observation d'une scène réelle en Afrique du Nord en 1832 peut comporter des réminiscences de Raphaël. Ainsi, dans l'aquarelle harmonieuse des *Deux femmes à la fontaine* (fig. 4), Delacroix semble subtilement adapter les porteuses d'eau de *L'Incendie du Borgo* à son thème orientaliste. En 1854, cette aquarelle fut le point de départ d'une charmante peinture du même nom. Perdue de vue pendant soixante-dix ans, cette toile a été dernièrement retrouvée et nettoyée, mais

Fig. 3
Eugène Delacroix, *Médée furieuse*, 1862, huile sur toile, Paris, musée du Louvre.

Fig. 4
Eugène Delacroix, *Deux femmes à la fontaine*, 1832, aquarelle, Paris, musée du Louvre, département des Arts graphiques.

ne figure pas dans l'exposition (coll. part. ; Johnson, t. III, 1986, n° 394, ill. pl. 199, avant nettoyage). La femme de gauche du tableau *Chevaux à l'abreuvoir* (cat. 136) a sans doute aussi été inspirée par une porteuse d'eau de *L'Incendie du Borgo*.

Le nombre de peintures d'animaux sauvages qu'a produit Delacroix dans ses dernières années par rapport à celles qu'il avait exécutées dans sa jeunesse frappe autant que la prolifération des sujets religieux. Il en peignit une trentaine, dont les grandes scènes de chasse (cat. 13, 14, 21 et 23), entre 1850 et 1863, alors que trois toiles seulement furent achevées au cours des dix années qui suivirent sa première participation au Salon en 1822. Comme les peintures religieuses, les dernières toiles animalières sont généralement plus dynamiques, avec des touches plus audacieuses et fragmentaires et un thème souvent plus empreint de sauvagerie. Bien que, dans les années 1820, Delacroix ait exécuté plusieurs aquarelles et une lithographie de tigres attaquant des chevaux, ainsi qu'une petite peinture d'un lion affrontant un tigre (Prague, Galerie nationale), ce sont le naturalisme de ses études et la nature paisible ou ludique de ses félins parfois morts qui ressortent dans ces années-là. À cette époque, il réalisa des études de félins au jardin des Plantes en compagnie de Barye, lesquelles débouchèrent à la fin de la décennie sur les deux célèbres lithographies de fauves allongés, le *Lion de l'Atlas* et le *Tigre royal* – et, de façon surprenante étant donné l'absence d'antécédents et de dessins préliminaires détaillés, sur la grande toile du *Jeune Tigre jouant avec sa mère* (fig. 5). Cette œuvre fut présentée au Salon de 1831, où le critique anonyme du *Journal des artistes* souligna son naturalisme poussé d'un compliment à double tranchant : « Jamais cet artiste singulier n'a peint un homme qui ressemblât à un homme, comme son tigre ressemble à un tigre. »

Dans les dernières peintures de chevalet, de moindre taille, les félins sont généralement plus actifs et plus prédateurs. Même lorsqu'ils sont représentés seuls, et non agrippés à un sanglier ou à des crocodiles (cat. 5) ou malmenant des Arabes et leurs montures, ils paraissent menaçants et grondants, traquant une proie invisible ou sur le point

Fig. 5
EUGÈNE DELACROIX, *Jeune Tigre jouant avec sa mère*, 1830, huile sur toile, Paris, musée du Louvre.

de bondir (cat. 132). Il existe néanmoins des versions à l'huile plus tardives qui répètent les motifs des deux premières lithographies, ne leur apportant que de légers changements : le *Tigre indien* de 1846-1847 (Princeton, Princeton University Art Museum) s'inspire ainsi du *Tigre royal*, et le *Lion dévorant un lapin* (cat. 16) du *Lion de l'Atlas*.

Les dernières années voient aussi la réémergence d'une source d'images d'animaux sauvages que Delacroix, la partageant avec Barye, avait consultée, sans l'exploiter, dans les années 1820. Il s'agit de petites gravures sur bois dessinées par William Harvey pour illustrer *The Tower Menagerie* (1829), dont Delacroix reçut une série peu après sa publication. Bien qu'il n'ait réalisé vers la fin de sa vie qu'un seul tableau de femme malmenée par un carnassier, la bizarre *Jeune Femme emportée par un tigre* de 1856 (cat. 17), il avait apparemment songé à traiter à l'huile un autre thème similaire qui a ses origines dans les gravures de Harvey. Un dessin (Paris, musée du Louvre, département des Arts graphiques, RF 9797) montre une femme qui partage quelques traits de la victime du tigre et qui semble, comme elle, se trouver sur la rive d'un fleuve, mais dont le bras est pris dans la gueule d'un crocodile. Les deux reptiles de cette étude sont empruntés à des images de la *Tower Menagerie*. En outre, le *Tigre effrayé par un serpent* (cat. 20) et le *Tigre attaquant un serpent enroulé à un arbre* (cat. 133) paraissent tous deux avoir été influencés par des illustrations du même livre. On peut se demander s'il n'existe pas une allusion cachée et piquante à des situations personnelles dans ces tableaux de tigres affrontant des reptiles aussi bien que dans celui d'un lion écrasant un serpent (Essen, Museum Folkwang) : par exemple, lorsqu'il peignait le triomphe d'Apollon sur le serpent Python pour le plafond de la galerie d'Apollon au Louvre (voir cat. 64), et profondément irrité de n'avoir pas été élu à l'Institut alors qu'il s'y présentait pour la sixième fois, Delacroix se tourna vers son assistant, Pierre Andrieu, et s'exclama : « Allons, courage, il faut écraser les serpents. » De plus, un serpent figure également parmi les ennemis de la vertu dans son projet inabouti du *Triomphe du Génie* (cat. 63).

L'expression la plus achevée de sa fascination de toujours pour les animaux sauvages est sans conteste la série des *Chasse aux lions,* qu'il peignit entre 1854 et 1861 (cat. 14, 21 et 23). La toile de Bordeaux, la première et la plus grande – dont il ne reste qu'un fragment après sa destruction partielle dans un incendie –, était une commande de l'État pour la rétrospective de son œuvre organisée dans le cadre de l'Exposition universelle de 1855, mais le choix du motif lui appartint et marqua une rupture significative avec les thèmes religieux, historiques ou littéraires qu'il utilisait normalement pour des toiles de cette taille. Bien qu'il s'agisse de fantaisies exotiques (il semble que Delacroix n'a jamais vu de chasse au lion), elles sont l'aboutissement de fort nombreuses études consacrées à l'anatomie équine et féline. Le 7 mai 1852, Delacroix pouvait encore noter dans son *Journal* qu'il avait travaillé au jardin des Plantes, comme il le faisait dans sa jeunesse : « Travaillé au soleil, parmi la foule, d'après les lions » (p. 299). Et le 21 mai 1853 : « Toute la matinée, fait des pastels d'après les lions et les arbres que j'avais étudiés la veille au Jardin des Plantes » (p. 349). Il fit une autre excursion au zoo en avril 1854, quelques semaines après avoir reçu la commande pour l'Exposition universelle, et sans doute en a-t-il fait d'autres, tout en consultant ses nombreuses études antérieures, à l'époque où il préparait ses grandes *Chasse aux lions.*

L'incertitude de l'issue, l'impression que les lions pourraient bien l'emporter ou, tout au moins, prélever un lourd tribut sur leurs assaillants, peuvent s'interpréter comme une métaphore de l'inquiétude constante que Delacroix ressentait envers la précarité de la civilisation, de sa peur que la loi de la jungle ne l'emporte sur les fragiles défenses de l'homme contre la barbarie. Les combats à l'issue fort peu décisive qu'on trouve dans l'œuvre de Delacroix ont inspiré de semblables interprétations. Mais on peut penser également que le suspense est un composant essentiel de maints épisodes dramatiques, au théâtre, dans la littérature ou dans les beaux-arts, sans avoir nécessairement une signification sociale aussi marquée. De surcroît, si l'on veut à tout prix leur prêter ce sens, que dire des chasses et des scènes de bataille de Rubens, qui sont l'une des principales sources de Delacroix ? Rubens était-il aussi pessimiste que lui sur les perspectives de l'humanité ? Face au brio inspiré de l'esquisse à l'huile de la *Chasse* de Bordeaux (cat. 13), avec ses touches virevoltantes et déchaînées et ses éclaboussures de couleurs frénétiques, toute spéculation philosophique paraît quoi qu'il en soit futile. Plus que partout ailleurs dans l'œuvre de Delacroix, on tient là un exemple de ce qu'on peut appeler la peinture pure, de l'art pour l'art, s'il est permis d'employer des expressions condamnées par les tenants de l'histoire sociale de l'art.

De même que Delacroix se mesura à Raphaël à Saint-Sulpice, dans la *Chasse aux lions* de Bordeaux et les autres *Chasse*, il jeta le gant à Rubens, le maître qu'il admirait plus que tout. En janvier 1847, il fit une analyse perspicace et détaillée de l'eau-forte que Soutman avait exécutée d'après la *Chasse au lion* de Rubens, et dont il avait lui-même croqué certains détails dès les années 1820. Il couvrit aussi une feuille (43,5 x 28 cm) de détails scrupuleusement dessinés et fort animés de cinq figures empruntées à l'eau-forte réalisée par Bolswert d'après une autre *Chasse aux lions* de Rubens, celle de l'Alte Pinakothek à Munich. Cette page, qui semblait avoir été perdue de vue depuis que Robaut l'avait répertoriée sans illustration en 1885 (sous le n° 1732), se trouve au musée de Fécamp (fig. 6). Qu'elle constituât ou non un travail préparatoire à la *Chasse* de Bordeaux, Delacroix s'y référa très certainement en travaillant à cette œuvre.

Fig. 6
Eugène Delacroix,
Étude de figures d'après une « Chasse » de Rubens, vers 1847 (?), mine de plomb, Fécamp, musée-centre des Arts.

Tout en trouvant le Rubens qu'il examina à travers l'estampe de Soutman « admirable » dans son exécution et plein de détails merveilleux destinés à frapper l'imagination, Delacroix jugea l'effet final déroutant et désordonné. Sa *Chasse* de Bordeaux fut l'aboutissement pictural de cette critique : il conserva les aspects exotiques et saisissants de la composition de Rubens sans pour autant en recopier littéralement les motifs, mais il en réorganisa la structure afin de lui donner plus de stabilité et d'en souligner les grands traits – chose que, de son point de vue, Rubens n'avait pas su faire et qui, pour lui, marquait profondément la manière dont doit être exécuté un tableau.

Les *Chasse aux lions* de Boston et de Chicago (cat. 21 et 23) sont des réponses inventives et ingénieuses au problème auquel Delacroix lui-même s'était attaqué en peignant celle de Bordeaux : comment conserver la vitalité et la nervosité des *Chasse* de Rubens tout en diversifiant et en clarifiant ses motifs. Dans le tableau de Boston, il imagina une composition en forme d'Y tout en profondeur et, dans la version de Chicago, une autre en ellipse, également en profondeur : dans les deux cas, il rompait avec le dessin en relief de Rubens et de sa propre version de Bordeaux.

Au terme de ce tour d'horizon des continuités et des variations des tableaux religieux de Delacroix et de ses toiles d'animaux sauvages, il faut rappeler, en conclusion, l'élément classique persistant de son art qu'illustrent les deux séries décoratives qu'il réalisa pour des particuliers sur le thème des saisons. En 1821, il peignit le premier ensemble décoratif qui ait survécu : quatre dessus-de-porte semi-circulaires pour la salle à manger de Talma, tragédien célèbre qui venait de se faire construire une maison à Paris (localisation actuelle inconnue ; Johnson, t. I, 1981, n°s 94 à 97, ill. pl. 82 et 83). Chaque saison est représentée par une seule figure sur un fond uni et accompagnée de quelques attributs appropriés. Delacroix s'est inspiré de peintures gréco-romaines d'Herculanum et de Pompéi, de sculptures antiques et de peintures décoratives françaises du XVIIe siècle. De traitement plus libre que *La Vierge des moissons*, peint deux ans plus tôt, elles n'en sont pas moins un peu trop travaillées. En revanche la seconde série de *Saisons* qu'il réalisa pour Hartmann (cat. 151 à 154), un industriel de Munster, de même que les derniers tableaux sur d'autres thèmes, se distingue par une conception plus dynamique et plus complexe, un cadre plus ouvert. Au lieu de représenter chaque saison par une figure unique, Delacroix les symbolise par des couples de personnages mythologiques disposés dans des perspectives en profondeur de marines et de paysages : *Orphée et Eurydice* pour le printemps, *Diane et Actéon* pour l'été, *Bacchus et Ariane* pour l'automne, *Junon et Éole* pour l'hiver. Dans les premières compositions comme dans les secondes, cependant, le serpent est présent et devient toujours plus dangereux. Dans *L'Hiver* de la suite de Talma, il gît apathique dans la neige, à demi-gelé ; dans *Le Printemps* de la série de Hartmann, sa morsure est fatale à Eurydice. La pose de la femme cueillant des fleurs qui assiste à la tragédie est empruntée à la figure même d'Eurydice dans la toile de Poussin sur le même sujet (Paris, musée du Louvre). En 1853, Delacroix avait évoqué en termes admiratifs ce tableau qui « présente si bien [...] ces contrastes éternels de la joie et de la tristesse », un idéal qu'il chercha sans aucun doute à honorer dans cette toile comme dans bien d'autres œuvres, surtout, peut-être, dans ses décorations murales profanes pour des édifices publics à Paris.

Traduit de l'anglais par Pierre-Emmanuel Dauzat.

Delacroix
vu par ses contemporains

Arlette Sérullaz

« À présent que le calme se fait autour de ce grand nom – un de ceux que la postérité n'oubliera pas –, on ne saurait imaginer au milieu de quel tumulte, dans quelle ardente poussière il a vécu. Chacune de ses œuvres soulevait des clameurs assourdissantes, des orages, des discussions furieuses. On invectivait l'artiste avec des injures telles qu'on ne les eût pas adressées plus grossières ni plus ignominieuses à un voleur ou à un assassin. Toute urbanité critique avait cessé pour lui, et l'on empruntait, quand on était à court, des épithètes au *Cathéchisme poissard*. C'était un sauvage, un barbare, un maniaque, un enragé, un fou qu'il fallait renvoyer à son lieu de naissance, Charenton. Il avait le goût du laid, de l'ignoble, du monstrueux ; et puis il ne savait pas dessiner, il cassait plus de membres qu'un rebouteux n'en ait pu remettre. Il jetait des seaux de couleur contre la toile, il peignait avec un balai ivre – ce balai ivre parut très joli et fit en son temps un effet énorme [...]. C'est ainsi que les génies sont salués à leur aurore : étrange erreur dont chaque génération s'étonne après coup, et qu'elle recommence naïvement. »

Ce constat établi par Théophile Gautier à l'occasion de l'exposition rétrospective organisée en 1864 par la Société nationale des beaux-arts, peu après la vente des œuvres demeurées dans l'atelier de Delacroix, fait apparaître fort justement le décalage qui perdura tout au long de la carrière du peintre, d'un côté marquée par une reconnaissance officielle certaine et de l'autre victime d'une incompréhension profonde : « Même ses admirateurs, même ses partisans les plus résolus dans la bataille romantique, même les écrivains qui se faisaient un devoir de rompre des lances en son honneur dans la presse, admettaient volontiers qu'il y eût chez Eugène Delacroix une bizarre contradiction interne entre les tendances de son esprit, qui lui dictaient les opinions les plus sages en art et en littérature comme en politique et la turbulence de son imagination qui seule gouvernait son pinceau », soulignait Paul Jamot en 1930. Sans prétendre évoquer dans les détails la polémique engendrée par chacune des apparitions de Delacroix au Salon, du moins faut-il rappeler que l'artiste lui-même a contribué à l'alimenter, refusant chaque fois qu'il le pouvait de se laisser enfermer dans un mouvement. Revendiqué par les romantiques comme leur porte-parole après la mort de Géricault, Delacroix, on le sait, s'est toujours efforcé de se libérer de cette étiquette. Proche de la seconde génération romantique, comme Baudelaire, il ne lui était pas possible de s'en tenir à l'esthétique et aux espoirs de bouleversement, dans tous les domaines, des premiers romantiques français. Sa culture classique et son humanisme le portaient, bon gré mal gré, vers la reconnaissance de la tradition classique. Et l'évolution de son œuvre comme le déroulement de sa carrière attestent sa volonté de prendre place dans la lignée des grands artistes qui, comme lui, ont apporté du nouveau tout en forgeant les chaînons d'une même transformation de l'art et de l'humanité. En brouillant ainsi les pistes, Delacroix a dérangé l'ordre établi et prêté le flanc à tous ceux qu'exaspéraient son allure de dandy solitaire et hautain, son refus des concessions et sa manière très particulière de peindre, animée de la double volonté lucide d'apporter une impression poétique ou une idée et de satisfaire l'œil.

« Le duel de Delacroix et de la critique a commencé avec son premier tableau et n'a cessé que longtemps après sa mort », indiquait Maurice Tourneux en 1886. Lorsque Delacroix apparut pour la première fois au Salon, en 1822, l'unique tableau qu'il exposa alors, *La Barque de Dante* (Paris, musée du Louvre), ne laissa aucun chroniqueur indifférent, sans pour autant obtenir un accueil vraiment enthousiaste. À l'éloge de Thiers, qui servait de prête-nom au peintre Gérard, répondit le jugement sans appel de Delécluze, porte-parole des nostalgiques de l'école davidienne :

> « La force conduit à l'étude. M. Delacroix l'indique par son tableau de Dante et Virgile ; ce tableau n'en est pas un ; c'est, comme on le dit en style d'atelier, une vraie *tartouillade*. Cependant, au milieu des objets bizarres que le peintre a voulu rendre, il a été forcé de faire des figures dont les contours et la couleur sont pleins d'énergie ; il y a du talent dans les corps des damnés qui s'efforcent d'entrer dans la barque où naviguent les deux poètes. Nous observerons seulement à ce peintre qu'il faut absolument qu'il fasse un bon ouvrage pour le premier Salon, car on ne passe pas deux essais de ce genre[1]. »

Tartouillade, le mot était jeté, qui fera son chemin. Preuve en est donnée en 1853, lorsque Claude Vignon en usa avec délectation :

> « M. E. Delacroix sait qu'il a fait des chefs-d'œuvre et qu'il en fera d'autres. En attendant, il fait des *tartouillades* pour s'entretenir la main, et il les envoie au Salon, ce dont nous ne le félicitons pas.
> « En effet, dans ces *tartouillades*, il n'y a jamais de dessin, c'est ce que personne ne conteste, et il n'y a pas toujours même l'expression convenable au sujet représenté. – Oui ; mais quelle couleur ! s'écrient à l'envi tous nos gourmets de *pochades*, tous nos dégustateurs de palette.
> « Couleur ! messieurs. – Oui, sans doute. Mais, comme il est malheureusement encore une certaine partie du public qui ne comprend pas le colorisme pur :
> « La faute en est aux dieux qui la firent si *bête* !
> « et que la mission de la critique est, [...] de faire, pour ainsi dire, l'éducation du public, en même temps qu'elle se fait, vis-à-vis des artistes, l'écho des gens de goût, permettez-nous d'expliquer à ces déshérités de l'intelligence ce qu'en terme d'art, nous appelons proprement la couleur[2]. »

Chaque fois que Delacroix soumettait ses œuvres au jugement public, les commentaires allaient bon train, nourrissant d'une année sur l'autre un débat qui se figea peu à peu. Une caricature de Bertall, dans le *Journal pour rire*, en donna l'illustration définitive, opposant en un « duel outrancier [...] M. Ingres, le Thiers de la ligne, et M. Delacroix, le Proud'hon [*sic*] de la couleur », devant la façade de l'Institut. Tels deux chevaliers s'affrontant dans une joute, montés sur de puissants destriers caparaçonnés, Ingres, qui brandit un porte-fusain (symbole du dessin), s'élance contre Delacroix, qui est armé d'un pinceau (symbole de la couleur).

La légende précisait la nature de l'enjeu : « Il n'y a point de quartier à espérer. Si M. Ingres triomphe, la couleur sera à proscrire sur toute la ligne. » C'est de cette manière que l'opinion contemporaine s'est laissée prendre au piège d'un dilemme commode : d'un côté Delacroix, réactionnaire et révolutionnaire, de l'autre Ingres, garant d'un héritage, la volonté de style. Cette dichotomie apparut nettement lors de l'Exposition universelle de 1855, dernier moment fort de la carrière de Delacroix, même si Charles Perrier tenta d'élever le débat :

> « La France est, pour le génie, quelque forme qu'il ait revêtue, un panthéon hospitalier qui s'ouvre à toutes les gloires et fait fumer l'encens sur tous les autels. [...] La variété est le signe de la richesse, comme l'union est celui de la force : or aucun pays du monde ne peut revendiquer une gloire composée d'éléments plus hétérogènes, et en même temps plus nationaux que celle du peuple qui sait honorer les Victor Hugo comme il a honoré les Corneille, et qui confond dans un même culte M. Delacroix et M. Ingres.
>
> « Rien de plus différent dans son essence et dans son mode d'action que le talent si profondément original de ces deux peintres. L'idéal que M. Ingres poursuit dans la beauté surnaturelle et qu'il exprime par la pureté de la ligne et l'harmonie du dessin, M. Delacroix le trouve dans la fougue de l'expression et dans la splendeur du coloris. Condamner ces deux méthodes l'une par l'autre, exclure la couleur au nom du dessin ou le dessin au nom de la couleur, serait d'autant plus injuste, que chacun de ces deux peintres, en excellant dans son genre, en a victorieusement démontré les avantages, et que tous deux obéissent d'ailleurs, non point à un parti pris d'avance, non point à une tactique calculée, mais à l'impulsion impérieuse et irrésistible de leur nature individuelle. [...] Sachons donc gré tout d'abord à MM. Ingres et Delacroix d'être restés en tout tels que la nature les a formés, et rappelons-nous qu'à moins d'exercer sur ses propres facultés un empire surhumain, ce n'est jamais impunément que l'homme renonce de plein gré aux destinées qui lui étaient faites[3]. »

Mais il ne sera guère suivi. Paul Mantz, par exemple, prit parti sans état d'âme :

> « Nul, en ce vaste tournoi dont nous devons juger les passe-d'armes, ne s'affirme avec autant d'audace que M. Eugène Delacroix ; nul ne tient plus vaillamment un drapeau qui, quoique criblé de bien des balles, restera sans doute debout longtemps encore. Par la virilité constante de son pinceau, par le profond sentiment qu'il a jeté dans son œuvre, par les défectuosités d'une manière dont les défaillances sont visibles à tous, par les qualités qu'il possède comme par celles qui lui manquent, l'auteur du *Triomphe de Trajan* et de la *Médée* est une des personnalités les plus originales et les plus vivantes de ce temps. Artiste admirable et infirme, il faut le haïr avec vigueur ou l'adorer.
>
> « [...] qu'on le glorifie ou qu'on le déchire, M. Eugène Delacroix reste ce qu'il est, c'est-à-dire un maître violent, un coloriste passionné, un infatigable inventeur[4]. ».

Trente ans plus tard, dans sa préface au catalogue de l'exposition de 1885, il justifiera sa position en termes lyriques :

> « Si nous avons tant aimé Delacroix, ce n'est pas seulement à cause de son génie ; c'est parce qu'il parlait au nom de nos espérances, parce qu'il était l'expression même de nos lyrismes avoués ou latents, parce que nous reconnaissions en lui le charmeur qui instruit et qui console. [...] Précisons la situation. Rien n'est plus amer pour les honnêtes gens que de vivre à une époque où l'on ne sait plus peindre. Nous étions en présence des derniers représentants de l'école de David, prêtres d'un culte arrogé, qui, pour bien des raisons, n'inventaient plus et dont les froides réminiscences nous

glaçaient jusque dans les mœlles. [...] Les personnages qu'ils mettaient en scène, sur un théâtre mal meublé, nous faisaient l'effet de mannequins d'autant plus coupables qu'ils étaient déclamatoires. Delacroix vint, et il nous montra des hommes. [...] Il était de la race choisie à qui les humbles réalités de la prose ne suffisent pas et qui ne respirent librement que dans une atmosphère chargée d'enthousiasme. Delacroix n'est point un naturaliste épris du détail exact : c'est un lyrique, un emporté, quelquefois un visionnaire. [Sa] sérénité apparente cachait des orages intérieurs. Bien que son œil fût savant à voir les formes, les couleurs, les lumières, son esprit et sa main ne lui permettaient pas de compter, comme Holbein, les rides d'un visage ou d'inventorier, comme Breughel, les brins d'herbe d'une prairie. Delacroix transfigurait les choses : il faisait remuer les feuilles, les gestes et les âmes. Du premier jour jusqu'au dernier, il a été un grand agitateur. L'homme était pour lui une passion en mouvement. Delacroix voyait avant tout le drame humain : au besoin, il l'aurait inventé. Voilà pourquoi il a si tendrement aimé les poètes, et pourquoi il les a si bien compris. [...] Delacroix voyait son tableau avant de le peindre ; [...] pendant la période de réalisation, l'artiste avait des impatiences qu'il ne surveillait pas assez, des fièvres qui agitaient sa main. De là, à prendre les choses au point de vue purement graphique, des singularités, des défaillances peut-être, dont se sont jadis étonnés les gens tranquilles. Chez les peintres qui n'expriment rien, ces accidents ne se produisent pas : la nullité les protège contre l'erreur, l'indigence leur est une sûreté. Delacroix ignora toujours ces allures sereines, que quelques-uns trouvent enviables, mais qui rappellent trop le sang-froid du manœuvre, peignant avec calme les panneaux d'une porte cochère [...]. Le dessin de Delacroix et son style amoureux du décor ont provoqué jadis d'interminables querelles ; mais les témoins des anciennes luttes sont là pour affirmer que, même au plus fort de la bataille, le coloriste échappait à toutes les attaques. Il fallait bien reconnaître en lui un musicien habile à la concordance des tons et à la combinaison des ensembles brillants et disciplinés. La couleur et les séductions qu'elle implique sont en effet un des privilèges de Delacroix. Dès sa première jeunesse, il y songea par une sorte de sentiment instinctif, et il eut le violent désir de restituer à l'École française le don qu'elle avait perdu ; bientôt, il joignit à cette prédisposition naturelle une véritable science des accords, fondés sur de longues observations [...]. Ses tableaux vous parlent de très loin : vous êtes averti ; vous savez que le peintre va vous conter une histoire heureuse ou une sinistre aventure. Il a la fanfare ou l'épouvante, le sourire ou le sanglot. Chez Delacroix, la couleur n'a jamais cessé d'être un langage.

« Ainsi a vécu, au milieu des batailles dont il faut aujourd'hui oublier jusqu'à la mémoire, le grand peintre, le grand poète à qui nous élèverons demain un monument mérité et tardif. Les vrais artistes sont toujours de leur temps : l'âme contemporaine les pénètre, elle les inspire, et elle est en fête quand elle se reconnaît dans leur idéal. Delacroix nous a donné cette ivresse. Qu'il en soit remercié[5]. »

En fait, ceux qui se sont rangés résolument du côté de Delacroix n'ont eu de cesse de démontrer l'inanité des reproches adressés au peintre, témoignage à leurs yeux d'un obscurantisme affligeant :

« En présence d'un public qui n'a d'autre éducation dans les arts que l'habitude des formes qu'on lui a exposées et la routine des idées dont il subit le joug, l'homme d'un talent original ne rencontre que l'incrédulité des masses et la malveillance des maîtres, dont il renverse les règles par ses innovations et dont il discrédite les travaux par ses découvertes. Il ne faut donc pas s'étonner de voir, dans toutes les branches de l'art, l'homme qui se distingue des autres devenir l'objet des critiques les plus amères de ses rivaux et des persécutions constantes des académies. La médiocrité peut vivre en famille, mais elle se révolte contre toute espèce de supériorité, car elle y voit une ennemie prête à lui arracher sa couronne et à la renverser du fauteuil où elle gouverne les arts et instruit ses disciples. [...] Les œuvres d'art d'une originalité trop indépendante, d'une exécution hardie, effarouchent les yeux de notre société bourgeoise, dont l'esprit étroit ne peut plus embrasser ni les vastes conceptions du génie, ni les généreux élans de l'amour de l'humanité. L'opinion marche terre à terre ; tout ce qui est trop vaste, tout ce qui s'élève au-dessus d'elle, lui échappe.

« Le public ne repousse pas les hommes plus forts que lui ; il ne les voit pas. Il ne les comprend pas ; le public aime ceux qui courtisent ses goûts et ses penchants, ceux qui descendent à sa taille et lui parlent sa langue. De là le succès de tant d'artistes ; de là l'isolement et les souffrances de quelques hommes supérieurs méconnus[6]. »

Ces critiques ont, comme Gautier, volontiers insisté sur le courage de l'artiste, résolu à ne pas se laisser abattre par les mauvais procès qui lui étaient intentés à chacune de ses apparitions officielles :

« Jamais Eugène Delacroix n'a fait défaut à l'appel de l'art dans sa longue et brillante carrière ; son talent "livré aux disputes" ne s'est pas retiré pour cela dans une chapelle privilégiée. Blâme, éloge, il a tout supporté bravement, et il a vécu au milieu du tumulte. Par amour-propre piqué, le grand peintre contesté n'a pas boudé le public ; l'orage ne lui a pas fait peur ; il sait que les oiseaux à large envergure volent mieux contre le vent ; quelquefois même ce courage va jusqu'à l'insouciance[7]. »

La même affirmation se retrouve sous la plume de Clément de Ris, qui a clamé haut et fort son soutien :

« Toutes les expositions annuelles de 1833 à 1848 virent l'artiste leur apporter fidèlement son contingent. C'est là un des plus beaux éloges à lui adresser. [...] l'artiste ne recula jamais devant la publicité. Chaque Salon le trouva fidèlement sur la brèche, répondant aux attaques par des œuvres nouvelles, défendant son drapeau avec une imperturbable assurance, renouvelant le combat sous toutes les formes, rendant coup pour coup, toujours harcelé, jamais amoindri, forçant enfin ses adversaires à admirer sa constance, sinon son talent [...]. Nous n'avons jamais caché toute notre sympathie pour ce peintre, qui, de tous les contemporains, se rapproche le plus de la grande tradition des Vénitiens et des Flamands. Et cette sympathie ne vient pas seulement de l'admiration que nous inspire son talent, mais encore de la persévérance et de la dignité dont il a fait preuve pour conquérir la position éminente qu'il occupe maintenant. Jamais artiste n'a été attaqué aussi longtemps et aussi aveuglément que celui-là. Refus du jury, agression d'une critique inintelligente ou aveugle, indifférence de la foule, rien ne lui a manqué [...]. Cette loyale façon d'agir lui a réussi, et, s'il n'est pas admiré par tous, – ce que je suis loin de lui souhaiter, – au moins est-il accepté, et c'est là l'important[8]. »

Dans ce combat permanent, certains n'hésitaient pas à mettre en pièces ceux qui reprochaient indéfiniment à Delacroix son indifférence vis-à-vis du beau, et sa méconnaissance du dessin. Théophile Gautier se lança ainsi dans un vibrant plaidoyer :

« Voici déjà plusieurs salons que nous écrivons, et toujours le nom de M. Eugène Delacroix se trouve le premier au bout de notre plume. C'est qu'en effet M. Eugène Delacroix est le peintre aventureux par excellence, et l'on court tout de suite à lui avant tout autre, car il risque plus souvent que personne de faire des chefs-d'œuvre ; il peut déplaire d'abord, mais il faut bien finir par s'avouer que l'avenir de la peinture se débat dans ses toiles ; il est le véritable enfant de ce siècle, et l'on sent que toutes les poésies contemporaines ont jeté leur teinte sur sa palette. Il y a peut-être au salon des tableaux meilleurs que les siens, mais à coup sûr pas un meilleur peintre. [...] Nous ne savons pas, pour notre compte, si M. Delacroix dessine bien ou mal, si ses figures s'éloignent ou non du type classique, si son exécution est bonne ou mauvaise ; il a pour nous une qualité qui les vaut toutes. Il existe, il vit par lui-même ; en un mot, il porte en lui le *microcosme*. Pardon de ce terme hétéroclite et cabalistique, mais il rend parfaitement notre pensée, c'est-à-dire un petit monde complet. Cette précieuse faculté d'une création intérieure n'appartient qu'aux organisations d'élite, et c'est le secret de la puissance que possède M. Delacroix, malgré tous ses défauts. [...] Sa couleur, avant d'arriver de son œil au bout de son pinceau, a passé par sa cervelle et y a pris des nuances qui peuvent sembler d'abord bizarres, exagérées ou fausses, mais chaque touche concourt à l'harmonie générale et rend, sinon un objet dans son côté prosaïque, du moins un sentiment ou une idée du peintre[9]. »

Lorsque Delacroix fut – enfin – nommé à l'Institut, certains de ses partisans – et Clément de Ris était du nombre – y virent la promesse d'un changement inespéré de l'enseignement artistique :

« Quelle sera, sur le mouvement de l'art français, l'influence de M. Delacroix depuis sa nomination à l'Académie ? [...] on peut espérer qu'elle sera favorable aux progrès de nos artistes, et dire rapidement pourquoi. Depuis un nombre d'années trop long déjà, le mouvement de l'école se circonscrit de plus en plus dans la pratique des procédés matériels. L'habileté d'exécution, soit comme dessin, soit comme couleur, fait d'affligeants progrès. Il y a quarante ans, on composait un tableau d'après un *poncif* à l'usage de tout le monde. De nos jours, le *poncif* a passé dans l'exécution. L'adresse de la touche est tout, et la pensée peu de chose. Après cinq années d'atelier et de séjour à Rome, on fait un tableau comme on tourne un balustre ou comme on peint une persienne. Si l'on n'y prend sérieusement garde, cette invasion de la mécanique dans l'art, triste corollaire du débordement de l'industrie dans la littérature, le conduira à marches forcées vers sa décadence. En prêchant d'exemple, M. Delacroix peut l'arracher de cette ornière. Il apprendra aux débutants que, malgré une exécution incorrecte, on est un artiste vraiment digne de ce nom quand on sait mettre une pensée dans son œuvre ; quand, ému soi-même, on parvient à agiter l'âme du spectateur, lorsqu'on y réveille les émotions ou les sentiments qui font la grandeur de l'homme, toutes les fois enfin qu'on élève l'intelligence au bien par le moyen du beau. [...] l'on devrait remercier l'Académie d'avoir donné une chaire à l'appui du corps tout entier au peintre le plus agité, mais le plus penseur et le plus émouvant de notre siècle[10]. »

Mais sur ce point, l'artiste, plus lucide, aura un avis différent, conscient que cette reconnaissance arrivait trop tard : « J'aurais eu le temps de devenir professeur à l'École : c'est là que j'eusse pu exercer quelque influence » *(Correspondance*, t. IV, p. 363). « Je doute que j'y parvienne jamais, attendu que cela serait une concession trop forte pour ces Messieurs, que celle de me donner une part de direction dans un enseignement qu'ils préfèrent conduire à leur guise » *(Correspondance*, t. IV, p. 365). Les événements lui donneront raison. Au Salon de 1859, le dernier auquel il participa, Delacroix dut faire face à un tir croisé de critiques formulées sur un ton persifleur particulièrement déplaisant :

« La mort a-t-elle donc aussi frappé M. Eugène Delacroix ; j'entends cette mort anticipée qui paralyse la main, clôt les yeux et ôte à l'esprit la notion du juste et du vrai ? Quelles sont ces peintures de revenant qu'on expose sous son nom ? C'est une cruelle épreuve que M. Delacroix fait subir aujourd'hui à ses admirateurs. [...] Ceci est un avertissement à M. Delacroix, que le temps du repos est venu pour lui. Voilà qu'aujourd'hui, il remet tout en question. A-t-il le droit de faire repentir ainsi les membres de l'Institut de leurs votes complaisants ? Il est un moment dans la vie où la main défaillante n'obéit plus à la pensée ; il faut alors avoir le courage de rentrer dans le silence [...]. Au milieu de la bataille qui s'est livrée autour de lui, M. Delacroix, saluant les deux corps d'armée alternativement, a suivi avec ténacité la route qu'il s'était proposée ; il est enfin arrivé à son but ; que cela lui suffise ! Dans l'intérêt de sa réputation, qu'il ne sorte plus de sa retraite ; il est mauvais de donner à rire quand on n'a plus les rieurs de son côté[11]. »

De son côté, Jean Rousseau se répandit en propos alarmistes :

« Voici un pénible spectacle. Nous sommes au chevet d'un génie qui s'en va. [...] Jamais peut-être un génie plus richement doué, mieux armé de toutes pièces, n'a parcouru en conquérant et dans toutes les directions l'immense domaine des beaux-arts.

« Poussé par une dévorante activité, servi par une fécondité inépuisable et une facilité inouïe, Delacroix a successivement abordé tous les genres [...]. Delacroix a voyagé dans tous les pays ; il a remonté le cours de toutes les époques ; il a tout vu, tout compris, tout rendu avec une puissance d'intuition dont il est peut-être le seul exemple [...]. Enfin ce génie encyclopédique a fait éclater tour à tour, dans les mille faces de son œuvre colossal, presque toutes les beautés qui sont du domaine de la peinture, et dont une seule suffit d'ordinaire à constituer un talent et à établir une réputation. [...] Nous voici devant ses dernières toiles [...]. Les facultés de Delacroix nous semblent s'éteindre non pas successivement et l'une après l'autre, mais toutes ensembles, – hormis une seule qui survit ; [...] c'est le goût du coloriste. Ce sens particulier, par exemple, il l'a gardé intact, et plus subtil peut-être que jamais. Il semble même presque que le goût de Delacroix se déprave à force de se raffiner. [...] Le temps est proche – si Delacroix ne guérit, – où il ne s'exercera plus qu'à accoupler des tons, sans s'inquiéter de représenter quelque chose, – et à faire des bouquets où l'on ne trouvera pas même des fleurs[12] ! »

Plus nuancé, Ernest Chesneau, qui prendra bien plus tard une part active à l'élaboration du catalogue raisonné publié par Alfred Robaut (1885), avouait son incapacité à se prononcer :

« Je sais qu'il ne saurait convenir à un critique de se montrer embarrassé, encore moins d'avouer son embarras ; cependant je veux, en pénitence de mes nombreux actes de justice sommaire et parfois brutale, m'imposer cette humiliation de me reconnaître, pour le moment, incapable de juger dignement M. Delacroix. Que cet aveu me soit léger devant le public ! Qu'il sache apprécier les causes de ce silence ! Si, auprès de vous, mon ami, je ne m'excuse pas de rester aussi piteusement en défaut, c'est que je suis sûr que vous me saurez gré de m'abstenir dans ce doute où me plonge l'œuvre de cet artiste. Je l'étudie de bonne foi, la lumière ne s'est pas encore faite en moi, les écailles qui couvrent mes yeux ne sont pas encore tombées. Il m'eût été bien facile de ressasser une fois de plus toutes les banalités, toutes les absurdités, toutes les injures qui ont été écrites, bavées et vociférées à propos de M. E. Delacroix ; ce rôle ne pouvait me convenir. J'aurais pu, m'inspirant de tous les articles enthousiastes arrachés à l'admiration réelle ou jouée pour son talent, j'aurais pu vous bâtir une belle et longue page pleine d'exclamations et de discussions sur la ligne et la couleur. Je ne l'ai pas fait : vous le comprendrez. Le jour où j'aborderai publiquement ce sphinx de la peinture moderne, ce sera donc que, ce jour-là, je lui aurai arraché son secret ; c'est qu'il m'aura dit son dernier mot[13]. »

La verve généreuse d'Alexandre Dumas contrebalançait l'arbitraire de tels jugements :

« Sur un homme comme Delacroix, il y a toujours quelque chose à dire.

« Allez au salon et là vous verrez les bourgeois passer en riant, les jeunes gens s'arrêter et se renverser bruyamment en arrière, les demoiselles de la rue Breda accourir en sautillant comme des bergeron-nettes ; mais où vous verrez les artistes s'arrêter, s'incliner sur la barre de fer, causer bas et religieu-sement entre eux en faisant des démonstrations linéaires avec le bout de leur doigt, vous pouvez dire : là, il y a un Delacroix. Et, en effet, le génie de Delacroix ne se discute pas, ne se prouve pas, il se sent [...]. Delacroix est né pour peindre ; enlevez-lui couleur, palette, pinceaux, toile, il peindra sur la muraille, sur le pavé, au plafond, il peindra avec le premier morceau de bois venu, avec du plâtre, avec du charbon, avec de la salive et de la cendre ; mais il peindra, ou il mourra de ne pouvoir peindre[14]. »

Pourtant, Delacroix accusa le coup. Et les remerciements qu'il adressa à ses fidèles mon-trent bien qu'il n'était pas dupe : « Vous me traitez déjà comme installé dans ma petite immortalité », écrivait-il à Dumas, tandis qu'il faisait observer à Baudelaire, son admi-rateur indéfectible : « Vous me traitez comme on ne traite que les grands morts. Vous me faites rougir en me plaisant beaucoup. »

De fait, quatre mois après les funérailles du peintre, paraissait en trois livraisons, dans *L'Opinion nationale*, le plus bel hommage rendu par un poète à la peinture. « L'œuvre et la vie d'Eugène Delacroix », écrit sous le choc de la consternation la plus vive, incitera toute une génération d'artistes et d'écrivains à s'incliner devant le génie de Delacroix :

« Delacroix était passionnément amoureux de la passion, et froidement déterminé à chercher les moyens d'exprimer la passion de la manière la plus visible. Dans ce double caractère, nous trouvons, disons-le en passant, les deux signes qui marquent les plus solides génies, génies extrêmes qui ne sont guère faits pour plaire aux âmes timorées, faciles à satisfaire, et qui trouvent une nourriture suffi-sante dans les œuvres lâches, molles, imparfaites. Une passion immense, doublée d'une volonté for-midable, tel était l'homme. [...] Il est évident qu'à ses yeux l'imagination était le don le plus précieux, la faculté la plus importante, mais que cette faculté restait impuissante et stérile, si elle n'avait pas à son service une habileté rapide, qui pût suivre la grande faculté despotique dans ses caprices impatients. Il n'avait pas besoin, certes, d'activer le feu de son imagination, toujours incandes-cente ; mais il trouvait toujours la journée trop courte pour étudier les moyens d'expression.
« C'est à cette préoccupation incessante qu'il faut attribuer ses recherches perpétuelles relatives à la couleur, à la qualité des couleurs, sa curiosité des choses de la chimie et ses conversations avec les fabricants de couleurs. Par là il se rapproche de Léonard de Vinci, qui, lui aussi, fut envahi par les mêmes obsessions[15]. »

Le succès de la vente posthume des œuvres du maître confirma en quelque sorte ce juge-ment :

« Le jour où l'atelier d'Eugène Delacroix, veuf de son maître, est venu se vider dans les salles banales de l'hôtel des ventes, quand on a vu les murs couverts d'études, de copies, d'esquisses, de tableaux inachevés, de compositions interrompues par la mort et toutes palpitantes de vie, quand plus de six mille dessins, débordant des portefeuilles trop pleins, ont étalé à tous les yeux leurs merveilles, attestant le travail soutenu, fécond, sans cesse renouvelé d'une existence de cinquante années à peine, ce jour-là le public parisien a pu se dire : Nous ne connaissions pas Eugène Delacroix. Critiques, sar-casmes, quolibets, tout a été oublié. Un artiste nouveau se montrait à tous, brillant d'une gloire désor-mais incontestable. C'était une révélation.
« Aussi quel enthousiasme ! Quelle fièvre soudaine et contagieuse ! Les jours d'exposition l'on s'étouf-fait. Les jours de vente on ne respirait plus. Il avait fallu agrandir par des annexes la plus grande salle

de l'hôtel Drouot, et tout se trouvait encore trop étroit. Une foule impatiente se pressait sur les banquettes, sur les tables, aux portes, dans les corridors. Dès que le marteau d'ivoire avait donné le signal, c'était à qui se jetterait le premier dans la mêlée. Jamais les échos de cette bourse des Beaux-Arts n'avaient répété un tel feu roulant d'enchères. Jamais commissaire-priseur ne commanda une armée plus vaillante. La stratégie devenait inutile, l'ardeur des combattants suppléait à tout. À peine l'expert avait jeté son prix, aussitôt dépassé, l'enchère rebondissait d'un coin à l'autre de la salle, volait de main en main, s'élevait à des hauteurs inattendues, et les crieurs enroués s'épuisaient à la ramasser.

« Nous avons vu là, pendant quinze jours, tout ce que Paris compte d'amateurs distingués, d'étrangers opulents, de marchand célèbres. La province, les pays voisins avaient envoyé des renforts. Des princes de toutes les dynasties s'étaient fait représenter par leurs agents. Les artistes eux-mêmes quittaient leurs travaux pour voir ce tableau d'un nouveau genre. Les hommes de lettres voulaient assister à ce drame. Les oisifs accouraient à cette fatigue. Pendant quinze jours, de une heure à six, la foule est venue là, avec une ponctualité exemplaire, donner son temps, ses sympathies, son or, à un artiste auquel on marchandait tout cela de son vivant, et, lorsqu'il s'est agi des dessins, une vacation supplémentaire réunissait encore le soir, pendant deux ou trois heures, les plus dévoués et les plus avides. Avoir un lambeau de Delacroix, l'avoir à tout prix, ç'a été l'ambition de la moitié de Paris le mois dernier. [...] Ce n'est donc pas un peintre vulgaire, c'est un artiste éminent que la France a perdu le 13 août 1863. La postérité a commencé pour lui, et elle a bien commencé, par un retour de justice. Certes, de son vivant les admirateurs ne lui manquaient pas. La critique, plus éclairée que l'opinion, l'a soutenu, et dans ce recueil même, l'écrivain plein de science et de goût, dont les Salons méritent d'être relus, M. Ch. Lenormant, lui a plus d'une fois rendu hommage. Cependant un groupe restreint d'amis intimes pouvait seul le connaître tel que sa vente l'a révélé, parce qu'un sentiment de pudeur jalouse, honorable chez un artiste contesté, s'obstinait à tenir fermés l'atelier et les portefeuilles d'où sont sorties pour le public tant de soudaines lumières. D'autres, plus habiles, savent entre-bâiller la porte du sanctuaire. D'autres, plus généreux, donnent au premier venu ces feuilles légères confidentes de leur pensée. Il semble qu'Eugène Delacroix, en conservant complète la collection de ses dessins, en refusant d'en rien distraire, ait eu peur de perdre une parcelle de sa personnalité. Ou peut-être attendait-il avec confiance l'heure d'une réparation solennelle.

« Cette heure a sonné. Quelques partisans d'une école rivale croiront devoir protester encore pendant un temps plus ou moins long. Pour le public, c'est chose faite. Il a vu Delacroix de près, et il l'a salué comme un des plus grands artistes de notre temps[16]. »

Et pourtant, malgré l'accueil tout aussi satisfaisant réservé à l'exposition organisée peu après cette vente, les détracteurs du peintre ne désarmèrent pas. Le discours prononcé en 1876 à l'Institut par le vicomte Delaborde lors de la séance publique annuelle de l'Académie des beaux-arts est à cet égard significatif, dans ses éloges, bien entendu, mais aussi dans bon nombre de critiques plus ou moins voilées :

« Le nom d'Eugène Delacroix n'est pas de ceux qu'on est tenu d'honorer à heure fixe, sous peine d'en laisser la gloire se prescrire ou le souvenir se dissiper. Il est de ceux, au contraire, dont l'importance propre survit aux faveurs ou aux préventions d'une époque, et qui n'empruntent des circonstances ou des aventures passées que leur origine historique et leur date. [...] Pour apprécier à leur valeur les rares mérites de Delacroix comme pour se résigner aux erreurs qu'il a pu commettre, il faut en effet l'envisager de sang-froid lui-même dans sa personne et dans ses ouvrages ; il faut se rappeler ce qu'il a été, ce qu'il a fait, de préférence à ce qu'ont pu dire de lui non-seulement bien entendu, des ennemis, mais des panégyristes aussi fâcheux parfois que ses plus intraitables adversaires. C'est en réalité desservir les talents que de travailler avec excès à les servir. Delacroix en plus d'une occasion a été victime de ce dévouement à outrance. Au temps où, suivant l'expression consacrée, les classiques et les romantiques étaient aux prises, il eut ce malheur d'être loué à faux presque aussi souvent qu'il était injustement décrié, et l'enthousiasme des uns s'exaltant en proportion du mauvais vouloir où s'opiniâtraient les autres, on en vint bientôt des deux côtés à remplacer les objections par les défis, l'attachement aux principes par les préjugés ou les inimitiés de secte, et les discussions par les querelles. [...] Dans cette vie sévère sans tristesse, laborieuse sans ostentation, glorieuse même avec simplicité, tout exprime l'élévation et la virilité de l'esprit, comme, malgré l'ardeur de son imagination, l'artiste chez Delacroix demeure invariablement supérieur aux passions et aux entraînements de parti. Ceux qui, confondant sa propre cause avec les ambitions affichées ou les intrigues nouées à côté de lui, lui prêtaient l'intention de renier tout le passé de l'art français, d'en réformer toutes les conditions, d'en abroger toutes les gloires, ceux-là le calomniaient sans le vouloir ou lui savaient gré d'un courage que, Dieu merci, il n'avait pas. [...] Quoi qu'il en soit, "nécessaires" ou non, les imperfections que peuvent présenter les œuvres de Delacroix dans la seconde moitié de sa vie se trouvent bien compensées et au-delà par les mérites dont ces œuvres sont pourvues pour tout ce qui tient à l'expression dramatique ou poétique ; par ce don particulier au peintre de déterminer le sens d'une scène, d'en caractériser l'esprit et la physionomie morale au moyen d'un coloris aussi éloquent, aussi persuasif que l'art même avec lequel la scène est inventée et disposée : art tantôt brillant, tantôt profond, toujours original. [...] Lorsqu'on examine l'ensemble des œuvres d'Eugène Delacroix, comment ne pas être frappé, avant tout, de la persistance des inclinations que ces œuvres expriment ? Et cependant jamais peintre a-t-il plus que celui-là travaillé sur des sujets d'ordres différents ? Depuis les scènes évangéliques jusqu'aux anecdotes empruntées aux mœurs contemporaines en Orient, depuis les thèmes fournis par les fables antiques ou par les légendes du moyen âge, par la poésie ou par le drame, par l'histoire ou par le roman, jusqu'aux scènes dont les animaux sont les seuls héros, jusqu'aux marines, aux paysages, aux fleurs même, – Delacroix a tout abordé, tout rendu, mais avec l'originalité intraitable de son sentiment ou, pour parler plus exactement de sa passion.

« La passion : telle est en effet la faculté dominante et comme la raison d'être de ce talent plus puissant par l'énergie spontanée de ses enthousiasmes que par la rigueur préconçue de ses calculs. [...] Delacroix, de son vivant, a rencontré bien des résistances injustes, bien des inimitiés ardentes, en même temps et par cela même qu'il suscitait, il faut le redire, des admirations irréfléchies souvent jusqu'à l'engouement. Les uns ne voulaient voir en lui que le prophète de la destruction, une sorte d'antéchrist venu dans le monde des arts pour en ruiner les croyances et en précipiter la fin ; aux yeux des autres, il accomplissait la mission d'un vengeur de tous les préjugés présents, d'un rédempteur de tous les péchés passés. Que devait-il rester, que reste-t-il aujourd'hui de ces partis pris excessifs, de ces exagérations en sens contraire ? [...] Quelles que puissent être les prédilections particulières pour d'autres talents et pour d'autres travaux, quelque doctrine que chacun professe sur les conditions du beau et sur les moyens de le formuler, nul ne saurait sans aveuglement, sans ingratitude même, déprécier l'héritage de gloire dont Delacroix a enrichi notre siècle et notre pays. [...] Si [...] Delacroix a été un grand peintre et s'il commande l'admiration à ce titre, c'est sans doute parce qu'il a joint une habileté insigne à l'éclat de l'imagination ; mais c'est aussi et surtout parce que, à l'exemple de tous les vrais maîtres, il n'a jamais voulu dire que ce qu'il croyait, traduire que ce qu'il avait senti, et que, même au risque de pousser la franchise jusqu'à l'imprudence, il a toujours eu à cœur de se découvrir et de se livrer tout entier[17]. »

En 1885, l'occasion fut de nouveau donnée de découvrir les aspects divers et multiples de la personnalité de Delacroix, vouée tout entière à la création picturale et mue par une seule volonté, l'édification d'un monde unique et particulier, celui de la grande peinture :

« L'exposition de l'œuvre d'Eugène Delacroix, quai Malaquais, est une réparation définitive, mais bien tardive, vis-à-vis du plus grand génie dont puisse s'enorgueillir la très pauvre École française. [...] A-t-il jamais entrevu, dans une radieuse envolée d'espérance, la triomphale exposition de son œuvre à l'École des Beaux-Arts, dans cette bastille ennemie où fut inventée contre lui la plus sanglante des critiques, la légendaire épithète de "balai ivre" ? Peut-être ; mais à coup sûr, dans un avenir moins prochain. Vingt ans se sont écoulés depuis l'heure de sa mort et dans ce camp hostile qui souligna le buste d'Ingres de la fameuse définition : "Le dessin est la probité de l'art," – phrase prudhommesque aussi ridicule que le serait cette autre : "La syntaxe est la probité de la littérature," mais phrase perfide qui constituait une dernière insulte gravée dans le marbre à l'adresse d'un rival, – l'auteur de la *Barque du Dante* reçoit enfin la consécration due à son génie, qui sut réunir et fondre la magie de la couleur, la hardiesse fougueuse de l'exécution et la profondeur de pensée la plus intense.

« Dans les âpres luttes qui, depuis 1822 jusqu'à la mort de Delacroix, ont signalé l'apparition de chacune de ses œuvres, tout ce qui pouvait et devait être dit à son sujet, l'a été par ces grands clairvoyants, l'honneur de la critique d'art française : Thoré, Paul de Saint-Victor, Théophile Gautier, Théophile Silvestre, Gustave Planche, Charles Blanc, Paul Mantz, Ernest Chesneau et nombre d'autres. Nous n'essayerons donc pas d'ajouter une note personnelle à ce concert d'éloges, mais – tâche plus aisée et plus simple – de le résumer.

« Eugène Delacroix est, dans l'histoire de l'art, une de ces individualités extraordinaires qui, en dehors de toute tradition, n'imitant personne, ne laissant aussi après elles aucun imitateur, découvrent, inventent un nouveau "canon" du beau[18]. »

Incompris de son vivant, desservi peut-être par les louanges excessives d'admirateurs trop zélés, Delacroix, dès la fin du XIXe siècle, devint pour beaucoup d'artistes le garant de la peinture la plus vivante. Sans parler même des impressionnistes ou des symbolistes, Matisse comme Rouault, Dufy comme Bonnard, les cubistes comme les expressionnistes, les tachistes ou les abstraits, tous doivent plus ou moins à son œuvre, dont ils admirent, au-delà des imperfections, la recherche d'absolu : « Malheur à celui qui ne voit qu'une idée précise dans un beau tableau, et malheur au tableau qui ne montre rien au delà du fini à un homme doué d'imagination. Le mérite du tableau est l'indéfinissable : c'est justement ce qui échappe à la précision : en un mot, c'est ce que l'âme a ajouté aux couleurs et aux lignes pour aller à l'âme. La ligne, la couleur, dans leur sens précis, sont les grossières paroles d'un canevas grossier comme en écrivent les Italiens pour y broder leur musique. La peinture est sans contredit de tous les arts celui dont l'impression est la plus matérielle sous la main d'un vulgaire artiste et je soutiens que c'est celui qu'un grand artiste conduit le plus loin vers ces sources obscures de nos plus sublimes émotions, et dont nous recevons ces chocs mystérieux que notre âme, dégagée en quelque sorte des liens terrestres et retirée dans ce qu'elle a de plus immatériel, reçoit sans presque en avoir la conscience » (*Journal*, sans date, p. 850-851).

1. Delécluze, 18 mai 1822.

2. Vignon, 1853.

3. Perrier, 10 juin 1855.

4. Mantz, 10 juin - 10 septembre 1855.

5. Mantz, 1885.

6. Decamps, 18 mars 1838.

7. Gautier, 8 mars 1851.

8. Clément de Ris, 1er février 1851.

9. Gautier, avril 1841.

10. Clément de Ris, 1857, p. 414-424.

11. Du Camp, 1859.

12. Rousseau, 10 mai 1859.

13. Chesneau, mai 1859.

14. Dumas, 22 avril 1859.

15. Baudelaire, 1863.

16. Lagrange, mars 1864, p. 630 et *sq*.

17. Delaborde, 28 octobre 1876.

18. Ponsonailhe, 1885.

Eugène Delacroix, l'État, les collectionneurs et les marchands

Vincent Pomarède

À rebours de l'imagerie imposée par une conception réductrice et romanesque de l'histoire de l'art, le génie pictural ne se construit pas systématiquement sur l'associabilité et le rejet des préoccupations matérielles ; la création, qui implique effectivement une certaine angoisse morale et une part d'effort physique, est loin de provoquer inéluctablement la marginalité ou l'absence d'altruisme. Sans remonter d'ailleurs aux périodes médiévales et monarchiques, durant lesquelles l'artiste fut toujours inséré dans un cadre artisanal ou associé à un centre de pouvoir ecclésiastique ou politique, les historiens ont depuis longtemps démontré que cette prétendue coupure volontaire du créateur avec les milieux sociaux, professionnels et institutionnels de son époque est en définitive un phénomène récent et ponctuel – si tant est qu'il existe d'ailleurs vraiment dans les faits –, souvent identifié, à tort, avec le romantisme. Malgré le mythe de « l'artiste maudit », qui concerne en fait seulement quelques rares créateurs, l'histoire de l'art a donc parfaitement analysé les liens complexes établis par les peintres avec le marché de l'art et les cercles économiques qui les font vivre ; et l'étude des pratiques pécuniaires d'un artiste et de son comportement « commercial » face à ses partenaires professionnels – amateurs, marchands et commanditaires publics – n'a aujourd'hui plus rien d'iconoclaste – elle apporte au contraire des réponses précises à certains de ses choix esthétiques et justifie fréquemment la genèse d'une œuvre. Comprendre comment un artiste organise la dimension matérielle de son métier et quels liens il entretient avec son environnement, parallèlement à l'étude de ses conceptions esthétiques et à l'examen attentif de ses créations, apparaît indispensable.

La connaissance de la situation financière et matérielle d'Eugène Delacroix, à toutes les étapes de sa vie, et la recherche historique et archivistique sur ses rapports avec les collectionneurs et les marchands semblent d'autant plus essentielles que sa personnalité, liée de manière indissoluble et parfois caricaturale avec le romantisme – du moins pour la première partie de sa carrière –, a souvent été décrite comme celle d'un solitaire, voire d'un révolté, rejetant avec hauteur et dédain les préoccupations matérielles et les concessions faites aux milieux artistiques de son temps. L'historien doit alors départager les légendes et les faits avérés, afin de s'approcher davantage de la réalité des choix personnels du peintre dans sa vie et dans sa carrière.

Certes, dès le début de ce siècle, le travail patient d'André Joubin, mené parallèlement à la publication annotée du *Journal*, avait permis la reconstitution de l'état de la fortune familiale des Delacroix, révélant la pauvreté des premières années du peintre[1], sa vie de bohème dans l'atelier de Guérin et sa quête constante de ressources financières, qui paraissaient confirmer son image romantique et légendaire. Mais, plus tard, les publications de Maurice Sérullaz, puis de Lee Johnson, en précisant l'historique de chacune de ses œuvres, ont restitué l'auteur de *La Barque de Dante* au cœur du monde artistique institutionnel et du marché de l'art de son époque[2] et éclairé sa dépendance vis-à-vis des commandes de l'État, ses relations complexes avec quelques marchands et sa souplesse face aux goûts de certains amateurs. Ainsi, à une jeunesse miséreuse et revendicative a sans doute succédé une carrière quelque peu institutionnelle et non dépourvue de réussite. La publication par Henriette Bessis[3] de l'inventaire après décès du peintre, indispensable instrument d'analyse de sa fortune et de ses centres d'intérêt, a entraîné également la reconstitution de la position sociale d'un homme qui jouissait, à la fin de sa carrière, d'un train de vie aisé et régulier, identique à celui des bourgeois de son temps. Progressivement l'image d'un professionnel exigeant et ambitieux, désireux de réussir socialement grâce à son métier, s'est imposée et l'on a pu découvrir un caractère parfois opportuniste, sachant parfaitement utiliser ses amitiés mondaines et les relais commerciaux de son métier, bref un artiste, contrairement aux idées reçues, pour lequel l'imagination créative n'était pas incompatible avec un certain bien-être matériel et avec les compromis économiques.

Cependant, en dépit de ces diverses contributions qui ont présenté une image plus contrastée du peintre et évoqué son insertion sociale, la perception de Delacroix comme un créateur misanthrope, rejetant les contraintes inhérentes à sa profession et à son siècle, demeure fort tenace : pour la postérité, Delacroix est avant tout le peintre de *La Mort de Sardanapale* (1827, Paris, musée du Louvre), donc un romantique et un révolté que l'on peut difficilement imaginer tenant soigneusement ses comptes quotidiens, plaçant son argent en Bourse ou courtisant les puissants afin d'obtenir des commandes publiques. Et pourtant ce créateur soit-disant sombre et asocial parvint à séduire et à convaincre les fonctionnaires de la direction des Beaux-Arts, à négocier les thèmes de ses œuvres avec des marchands et même à être élu par ses pairs à l'Institut – après sept tentatives il est vrai.

Certes l'artiste lui-même a parfois entretenu l'ambiguïté au sujet de son apparente absence d'intérêt pour les choses matérielles, lorsqu'il déclarait par exemple avec panache dans son *Journal*, en 1824, alors qu'il peinait à achever les *Scènes des massacres de Scio* : « Quelle sera ma destinée ? Sans fortune et sans dispositions propres à rien acquérir, beaucoup trop indolent, quand il s'agit de se remuer à cet effet, quoique inquiet, par intervalles, sur la fin de tout cela. Quand on a du bien, on ne sent pas le plaisir d'en avoir ; quand on n'en a pas, on manque des jouissances que le bien procure. Mais tant que mon imagination sera mon tourment et mon plaisir à la fois, qu'importe le bien ou non ? C'est une inquiétude, mais ce n'est pas la plus forte » (6 juin 1824, p. 85). De surcroît, la solitude apparaît durant sa jeunesse comme une véritable obsession, qui l'attirait en tant que créateur et par réflexe de génération, mais qui l'effrayait en même temps, ce qui a amené certains auteurs à en déduire à tort qu'il fuyait les mondanités et les obligations professionnelles et sociales : « Ce qui fait le tourment de mon âme, c'est sa solitude. Plus la mienne se répand avec les amis et les habitudes ou les plaisirs journaliers, plus il me semble qu'elle m'échappe et se retire dans sa forteresse » (*Journal*, 14 mai 1824, p. 81*)*.

Pourtant, à la même époque, songeant à effectuer un voyage exotique et régénérateur en Égypte, où l'on « vit meilleur marché qu'ici », nous le voyons déjà modérer son attirance pour les excès romantiques et son désintérêt apparent pour les biens matériels, et analyser la dépendance entraînée par sa pauvreté : « Est-ce vivre que végéter comme un champignon attaché à un tronc pourri ? » (*Journal*, 20 avril 1824, p. 69). On peut d'ailleurs comprendre que le peintre n'ait pas conservé un excellent souvenir de cette période difficile de son apprentissage, entre 1819 et 1822, puisque, avant de parvenir à la maîtrise de sa vie professionnelle et à l'obtention de divers marchés rémunérateurs, il a connu une adolescence et une jeunesse ressemblant par bien des aspects à une vie de bohème faite, certes, de rejet des conventions, mais aussi de privations et d'angoisses matérielles, identifiées à l'esprit romantique de 1830.

Son père, Charles Delacroix (1741-1805), diplomate, ministre des Relations extérieures du Directoire, puis préfet des Bouches-du-Rhône et de Gironde sous l'Empire, avait amassé une fortune considérable, estimée à sa mort à plus de 800 000 francs[4] et placée pour la majeure partie en biens immobiliers[5]. Mais, après avoir grandi dans le luxe des palais de l'État où résidait son père au gré de ses fonctions administratives et politiques, le jeune homme devait découvrir l'étendue de la faillite familiale seulement à la mort de sa mère, alors qu'il sortait à peine de l'adolescence. En effet, en 1805, la succession de son père avait révélé, d'une part, l'importante dette – presque 175 000 francs – de son associé et fondé de pouvoirs, Jean-Pierre Louis Boucher, un homme d'affaires indélicat – pour ne pas dire véreux – qui devait d'ailleurs aller en prison pour cette affaire, et, d'autre part, les mauvais placements que les deux hommes avaient réalisés. Afin de garantir la créance de Boucher, la mère de Delacroix avait accepté une importante hypothèque sur les biens de ce dernier[6], et particulièrement sur l'immense forêt de Boixe, près d'Angoulême. Mais ces diverses propriétés n'avaient jamais été réellement payées par le spéculateur et s'avérèrent en outre d'une moindre valeur que celle qui avait été annoncée ; la famille Delacroix assista alors, en quelques années, à la disparition totale de cette fortune aussi vite envolée qu'elle avait été acquise. À sa mort, en 1814, Mme Delacroix était ruinée, subsistant seulement grâce aux 2 400 francs d'une pension de veuve de fonctionnaire et aux 2 000 francs provenant de la rente d'un entrepôt de tabacs d'Aix-la-Chapelle, dont elle était concessionnaire.

Cette situation devait profondément marquer le peintre, qui demeura durant toute sa vie littéralement angoissé par les risques de revers de fortune et les mauvais placements financiers et qui fut toujours animé par une véritable quête de stabilité matérielle. Raymond de Verninac (1762-1822), diplomate et préfet, beau-frère du peintre – ayant épousé sa sœur aînée, Henriette –, devait assumer, de la mort de sa mère jusqu'à sa majorité, en 1819, la prise en charge matérielle et financière de Delacroix, alors élève au Lycée impérial et habitant avec le couple au 114, rue de l'Université. Durant toute cette période, Raymond de Verninac a soigneusement tenu le compte des dépenses du mineur[7] : ses carnets nous apprennent que l'adolescent recevait chaque mois 100 francs de nourriture et 12 francs d'argent de poche et qu'il prenait au lycée des cours de dessin et de guitare, sa passion pour la peinture et la musique se manifestant déjà. À partir de 1816, Raymond de Verninac augmentera d'ailleurs la dotation du jeune homme de 96 francs, nécessaires pour quatre mois d'enseignement dans l'atelier de Pierre Guérin. André Joubin[8] a calculé que la dépense moyenne du jeune Delacroix à cette époque de sa vie atteignait environ 1 800 francs par an, y compris les frais d'atelier chez Guérin. Le jeune homme, qui ne pouvait mener grand train avec cette somme, n'était cependant pas obligé de se priver.

Le 26 avril 1819, à sa majorité, son beau-frère lui remit un mémoire détaillé présentant les recettes et les dépenses de la succession de Mme Delacroix, sur laquelle avait été prélevé l'argent nécessaire à l'éducation du jeune homme : aux 70 319 francs de recettes diverses répondaient les 88 033 francs dépensés depuis sa mort. Le peintre commençait donc sa carrière sans argent, et même avec une dette théorique de 17 712 francs envers Raymond de Verninac.

À partir de cette époque – et surtout après 1822, date de la mort de son beau-frère –, Delacroix dut progressivement subvenir seul à ses besoins matériels et, par voie de conséquence, vivre uniquement de son art[9]. Durant ces quelques années, il a sûrement connu la pauvreté. Les souvenirs de cette période difficile expliquent sans aucun doute son attitude ambiguë envers l'argent et ont déterminé son ambition professionnelle, l'amenant à tenter toutes les démarches afin d'obtenir une commande et de ne dépendre ainsi d'aucun protecteur ou marchand en particulier : « J'ai compris de bonne heure combien une certaine fortune est indispensable à un homme qui est dans ma position. Il serait aussi fâcheux pour moi d'en avoir une très considérable qu'il le serait d'en manquer tout à fait. La dignité, le respect de son caractère ne vont qu'avec un certain degré d'aisance. Voilà ce que j'apprécie et qui est absolument nécessaire, bien plus que les petites commodités que donne une petite richesse. Ce qui vient tout de suite après cette nécessité de l'indépendance, c'est la tranquillité d'esprit, c'est d'être affranchi de ces troubles et de ces démarches ignobles qu'entraînent les embarras d'argent », écrivait-il le 4 octobre 1854 (*Journal*, p. 479-480), résumant en quelques phrases ses rapports avec l'argent et ses choix équilibrés dans la gestion de son patrimoine : ni luxe, ni dépenses inutiles, mais aucune privation et aucune dépendance humaine, sociale ou professionnelle.

En outre, une des premières conséquences de la pauvreté de sa jeunesse fut qu'Eugène Delacroix, loin d'être un « flambeur » à la mode romantique, fut toujours très économe, presque pingre, notant avec une précision quasi maniaque tous ses frais quotidiens dans des cahiers de comptes ou dans les agendas de son *Journal*. Un amusant carnet, rédigé du 31 décembre 1819 au 26 août 1820[10], en témoigne : « Le 8 [avril] au tailleur pour façon d'un pantalon et de deux gilets 15 francs. Reçu du locataire un billet de 500 francs. Il ne doit que 472 francs. Rendu de l'argent de mon beau-frère 27 fr. 10 sous. Alors, sur tout l'argent de mon beau-frère, je mettrai 50 fr. dans la bourse de ma sœur. Sur les 65 fr. de ma sœur, j'avais payé 44 fr. son livre de Botanique. Il me reste à payer 3 fr. de courrier. Il lui restait encore 27 francs que j'avais pris pour moi ; je les lui remets aujourd'hui » (*Journal*, sans date, p. 812). Entre 1822 et 1824, le *Journal* du peintre comporte aussi de nombreuses annotations de dépenses : « Il me reste environ 240 francs. Pierret me doit 20 francs. Aujourd'hui, déjeuné œufs et pain 0 fr. 30 / À Bergini 3 fr. / Belot, couleurs 1 fr. 50 / Dîner 1 fr. 20. Total 6 fr. » (9 avril 1824, p. 62). Ces frais étaient souvent d'origine professionnelle, lorsqu'il payait par exemple ses fournitures ou les séances de ses modèles : « Donné à Marie Aubry, après la mort de Géricault 7 ou 8 fr. / À la mendiante qui m'avait posé pour l'étude dans le cimetière 7 / À Nassau aîné 5 / À Nassau jeune 1,50 / À Jucar 5 / À Émilie Robert, hier lundi, dimanche et samedi 14, 15 et 16 février 12. » (17 février 1824, p. 51).

La découverte récente des archives d'Achille Piron[11] – provenant directement de l'exécuteur testamentaire et légataire universel du peintre – a permis de vérifier que ce besoin de notation régulière de ses débours quotidiens était profondément ancré dans sa personnalité et qu'il s'était maintenu durant ses dernières années, une fois la gloire et l'aisance financière amplement acquises. Un petit carnet[12], rédigé cette fois par la gouvernante du peintre, Jenny Le Guillou[13], nous livre, de manière intime et touchante, les dépenses alimentaires de la maisonnée au jour le jour pour l'année 1857 : « 15 [septembre] lait 0,15 / mouton 1,40 / haricots verts 0,35 / beurre 0,60 / huîtres 0,60 / 15 L sucre 14,25 / 2 L café moka 3,60 / 2 L bourbon 3,20 / 12 L huile à brûler 10,20 / 3 L huile surfine 6 / savon de Marseille 0,95 / litre de vinaigre 0,90 / eau gazeuse 0,15 [...] 2 [octobre] flûte 0,10 / lait 0,30 / beurre 1 / veau 1,25 / lapin 1 / chicorée à café 0,15 / haricots mangetout [*sic*] 0,45 / deux oignons 0,50 / eau 0,29 / 3 pain 0,41 / lait 0,20 / bœuf et légumes 1,35 / biftek filet 2,25 / beurre 1 / œuf 0,50 / [...] Quinquina rouge 0,45. »

Indépendamment des indications anecdotiques sur les goûts du peintre – il aimait visiblement les huîtres ! – et les informations sur l'étrange couple qu'il formait avec sa gouvernante – « Donné à monsieur 0,25 » –, ces témoignages sur ses frais journaliers ne constituent pas seulement des renseignements concernant son régime alimentaire, mais ils démontrent aussi que Delacroix vivait de manière extrêmement simple, organisant peu de réceptions chez lui à cette époque – quoique sortant beaucoup –, et qu'il gérait son budget avec la rigueur d'un homme pour qui l'argent compte et se compte. Il demeura toujours locataire de ses logements successifs, y compris de son ultime appartement de la place Furstenberg, où il emménagea en décembre 1857, peu de temps avant de faire la seule acquisition immobilière de sa vie en août 1858, sa petite maison de Champrosay.

C'est dans un tel état d'esprit qu'il allait d'ailleurs gérer l'organisation matérielle de son métier. Les archives Piron comportent des carnets de comptes professionnels dans lesquels lui ou ses collaborateurs marquaient les achats effectués auprès de son fournisseur habituel, Étienne François Haro (1827-1897) : toile, pigments, huiles, essences, cire, etc.

Ses dépenses modestes et cette simplicité de vie ne doivent en aucun cas occulter les gains importants encaissés par Eugène Delacroix grâce à la vente de ses œuvres. Les commandes publiques, les achats de l'État et des amateurs ne furent nullement entravés, bien au contraire, par sa réputation de romantique révolté, qu'il combattait d'ailleurs avec virulence, et, hormis les cinq années qui suivirent le scandale de *La Mort de Sardanapale*, les clients et les commanditaires – sans cesse plus nombreux à partir de 1840 – apprécièrent toujours sa manière, sollicitant décors et tableaux de chevalet. Ses ressources financières profitèrent bien évidemment de ce succès professionnel et de cet engouement pour son œuvre, qui l'étonnaient lui-même : « C'est comme ma petite vogue auprès des amateurs ; ils vont m'enrichir après m'avoir méprisé », écrivait-il le 4 avril 1853 (*Journal*, p. 326), à un moment où les marchands se disputaient ses productions depuis quelques années déjà.

À ce sujet, les choix de Delacroix dans la gestion de ses affaires financières, ainsi que l'augmentation régulière de sa fortune personnelle, constituent les meilleurs témoignages de sa réussite professionnelle. Conscient de la potentialité « commerciale » de son métier et désireux de maîtriser au mieux ses rentrées d'argent, dès ses premières ventes de tableaux à l'État (1822), le peintre avait ainsi confié la gestion de ses affaires, encore bien maigres, à son ami Jean-Baptiste Pierret, comme en témoigne un acte notarié conservé au département des Arts graphiques du musée du Louvre[14]. Mais lorsque les premières commandes de décorations monumentales lui furent passées par le gouvernement, après 1833, pour des sommes d'argent plus importantes, il demanda à un homme d'affaires, un certain Lenoble, de suivre la gestion de son patrimoine. Plusieurs mentions du *Journal* témoignent des placements financiers de plus en plus nombreux effectués par le peintre à partir de 1835, et surtout après 1845 : pour la seule année 1847[15], alors qu'il venait de recevoir les paiements de ses travaux au palais Bourbon, il investit 2 000 francs à la banque Laffitte, puis acheta pour 5 000 francs d'actions, par l'intermédiaire de Lenoble et de son agent de change de l'époque, M. Gavet, un collectionneur éclairé qui avait épousé la fille aînée d'un de ses cousins.

Par la suite, lorsqu'un des plus passionnés amateurs de son œuvre, Adolphe Moreau (1800-1859), devint son agent de change attitré, comme en témoigne le *Journal*, la cadence des placements financiers devait nettement s'accélérer : « Écrit à Moreau, en lui envoyant mes titres, de me vendre à la Bourse de ce jour : 1° Une rente à 4 pour 100 de 3.760 fr. n° 49267, série 3 / 2° Une rente de 900 fr. N° 66509, série 3 / Total : 4.660 fr. / avec demande de m'acheter le même jour pour la somme produite par cette vente de la rente 3 pour 100 » (*Journal*, 29 décembre 1858, p. 734). Une fois encore, les archives d'Achille Piron apportent de précieux renseignements quant aux placements boursiers du peintre effectués par le cabinet d'Adolphe Moreau. Nous y trouvons les bordereaux d'ordres d'achats et de ventes d'actions échangés par Eugène Delacroix avec son agent de change[16], qui témoignent de l'acquisition d'actions des canaux de Bourgogne[17], de « Lyon » – sans doute de la compagnie des chemins de fer de Lyon[18] – et de rente à 3 %[19]. Les fonds placés sont importants : pour la seule année 1856, plus de 40 000 francs en actions des canaux de Bourgogne, une somme correspondant sans doute uniquement à des ventes de tableaux de chevalet, puisqu'il n'a reçu aucun paiement pour une commande publique durant cette période. Une étrange opération d'achat de 4 118 titres de rente à 3 % et de vente de titres de rente à 4 %, effectuée par Adolphe Moreau le 29 décembre 1858, sans doute à la demande du peintre, portait sur 100 000 francs, une somme considérable pour l'époque[20] et qui paraissait correspondre à une partie seulement du capital qu'il avait investi sur le marché boursier. À partir de 1845, l'accélération de ces placements témoigne de l'extension importante de son activité professionnelle et de ses ventes de tableaux – et donc du développement de l'intérêt des marchands et des collectionneurs pour son œuvre.

Le peintre avait d'ailleurs conservé de sa jeunesse l'habitude de considérer ses créations comme son unique capital, ce dont témoignent par exemple les polices d'assurances de ses divers logements[21], souscrites auprès de la Société d'assurance mutuelle parisienne contre l'incendie. En tant que peintre d'histoire, il avait en effet contracté, à partir du 30 novembre 1837[22], une assurance pour son appartement et ses ateliers du 17, rue des Marais-Saint-Germain pour une valeur de 41 000 francs, comprenant seulement 4 000 francs réservés à ses effets personnels, aux meubles et aux bibelots et environ 37 000 francs prévus pour les « marchandises », qui correspondaient aux tableaux invendus stockés dans son atelier : « Études de tigres : 12 000 / [...] Natchez 800 / *Marino Faliero* 6 000 / *Boissy d'Anglas* 2 000 / *Sardanapale* 6 000 / *Grèce* 2 000 / *St Sébastien* 2 000 / *Médée* 1 800, etc. » Cette liste d'œuvres constitue une des meilleures illustrations de la connaissance par Delacroix de la valeur vénale de ses créations.

Il est vrai qu'il estimait parfaitement le coût de l'exécution d'une œuvre, puisque, dès ses débuts, il a été amené à travailler parfois uniquement pour assurer sa subsistance. Il a même, de temps à autre, de manière très commerciale, littéralement « démarché » la clientèle susceptible de lui confier quelques travaux picturaux bien rémunérés : « Je tâche de chauffer le chapitre et les curés pour me faire faire des tableaux d'Église. J'ai fait un prospectus magnifique que je leur ai distribué » (lettre à Jean-Baptiste Pierret, 26 octobre 1828 ; Paris, musée du Louvre, département des Arts graphiques, AR18 L28). Conséquences de ces efforts, ses premières commandes publiques furent des tableaux religieux : en 1819, *La Vierge des moissons*, exécutée pour l'église d'Orcemont pour la somme de 15 francs[23] et, en 1820, *La Vierge du Sacré-Cœur* (Ajaccio, cathédrale), commande reprise de Théodore Géricault et payée en définitive 1 500 francs[24]. Croyant avoir trouvé avec ces tableaux d'église une veine pouvant le tirer de ses difficultés financières, le peintre a également mis à contribution sa sœur, Henriette de Verninac, lui écrivant pour lui demander d'intervenir auprès du clergé d'Angoulême, ville dont elle était voisine depuis son installation dans la forêt de Boixe : « N'y aurait-il pas moyen que l'église d'Angoulême me commandât un tableau ? [...] Si la ville n'était pas en fonds pour faire cette dépense, peut-être en dernier ressort pourrait-elle en demander un de ma main au ministre de l'Intérieur » (lettre du 28 juin 1822 ; *Correspondance*, t. V, p. 137).

Mais ces diverses rentrées d'argent, liées à quelques commanditaires publics ou privés qui lui demandaient de temps à autre la réalisation d'un portrait peint pour quelques sous, n'auraient pas suffi à lancer la carrière d'Eugène Delacroix si des ventes plus substantielles ne lui avaient permis de vivre réellement de son art et de sortir enfin de cette période difficile. Cette tranquillité matérielle allait être conquise progressivement, essentiellement grâce à la politique active de soutien de l'art contemporain menée par les gouvernements de Louis XVIII, puis de Charles X et de Louis-Philippe ; des commandes ou des achats réguliers provenant directement de l'État allaient en effet assurer à Delacroix, durant les dix premières années de sa carrière, en moyenne 2 000 à 4 000 francs de revenus par an. Ainsi, Louis XVIII lui offrit 2 000 francs pour *La Barque de Dante* en 1822 (Paris, musée du Louvre), destiné au nouveau musée royal du Luxembourg, puis 6 000 francs pour les *Scènes des massacres de Scio* en 1824 (Paris, musée du Louvre). Durant les vingt années suivantes, l'État devait fournir à Delacroix, en dépit des scandales provoqués par certaines de ses œuvres au Salon, au moins une commande ou un achat tous les deux ans.

À partir de 1830, le peintre a compris – aidé en cela par les violentes critiques exprimées par les milieux artistiques envers sa *Mort de Sardanapale* – qu'il lui fallait prendre ses distances vis-à-vis du cénacle romantique, aux idées parfois trop « républicaines » pour lui. Depuis quelques années, il se méfiait visiblement des scandales et des provocations provenant de ce petit cercle d'écrivains et d'artistes dont la violence de jugement ne correspondait pas à son ambition professionnelle et il commença alors à se rapprocher davantage, entre 1830 et 1840, des milieux économiques et politiques influents de la monarchie de Juillet, fréquentant avec régularité les dîners mondains et les soirées théâtrales et musicales où se bousculaient les hommes d'affaires et les ministres, c'est-à-dire, en définitive, les acheteurs ou les commanditaires potentiels. L'origine révolutionnaire et bonapartiste de la réputation de sa famille avait dans un premier temps handicapé la carrière de Delacroix, mais la protection d'Adolphe Thiers, un des premiers défenseurs de son œuvre dès 1822, lui donna une légimité dans les milieux monarchistes, lorsque ce dernier devint ministre de l'Intérieur en 1832.

Par la suite, le peintre révéla de réels talents dans l'entretien de ses protections politiques, sachant user de ses liens professionnels et d'amitié, comme le montre la relation solide, faite de services réciproques, entretenue avec le peintre Adrien Dauzats, un proche du pouvoir durant la Restauration, ou celle qui se développa après 1830 avec Frédéric Villot, futur conservateur des peintures au musée du Louvre. Ses appuis politiques furent alors nombreux, développés grâce non seulement à Adolphe Thiers, qu'il continua à fréquenter durant toute sa vie, mais aussi au comte de Mornay, avec lequel le peintre a voyagé en Afrique du Nord en 1832. Avec le retour de l'Empire, Delacroix retrouva d'anciens amis de ses parents et profita sans fausse honte de ses liens avec l'empereur et certains de ses ministres, tel Achille Fould (1800-1863), dont le frère, Benoît Fould, lui commanda le superbe *Ovide chez les Scythes* (cat. 95). Certains proches de l'empereur jouèrent ainsi un rôle considérable en tant que soutien du peintre, comme Narcisse Vieillard

(1791-1857), l'ancien précepteur du frère de Napoléon III, un ami de jeunesse de Delacroix, ou le duc de Morny, le célèbre demi-frère du souverain. Il convient également de rappeler l'appui déterminant apporté par un des cousins du peintre, l'avocat et homme politique Pierre-Antoine Berryer (1790-1868), membre de l'Académie française, qui possédait une réelle influence dans les milieux politiques et économiques parisiens.

Delacroix sut aussi se servir d'appuis plus discrets, comme ceux du directeur de l'Opéra, Charles-Edmond Duponchel (1795-1868), ou de la famille Bertin, propriétaire du *Journal des débats*, journal dirigé par le « Monsieur Bertin » d'Ingres (Paris, musée du Louvre), puis par Édouard Bertin (1797-1871) son fils, talentueux paysagiste, ami de certains peintres tel Corot. Il exploita avec la même intelligence ses nombreuses « amitiés » féminines, parfois femmes ou maîtresses de « grands hommes » ; rappelons le rôle de la mondaine et cultivée Pauline Villot, de la comédienne Mlle Mars, de la chanteuse Pauline Viardot, d'Élisabeth Boulanger, devenue Mme Cavé, épouse du chef de la division des Beaux-Arts au ministère de l'Intérieur, et surtout de sa cousine Joséphine de Forget, qui l'aida affectueusement à retrouver une place au sein du milieu bonapartiste et l'épaula durant toute la période où il postulait pour un siège à l'Institut.

Il est par ailleurs amusant de constater à quel point le peintre veillait, à chaque changement des dirigeants de la direction des Beaux-Arts du ministère de l'Intérieur, à demeurer en excellents termes avec les fonctionnaires occupant les postes influents – aidé en cela par la présence dans ce ministère d'un des amis d'enfance, Jean-Baptiste Pierret, qui y fit toute sa carrière. Ainsi, Delacroix redoubla d'efforts pour s'attirer l'amitié de Frédéric Bourgeois de Mercey (1808-1860), peintre paysagiste et écrivain, qui fut chef de la section des Beaux-Arts au ministère de l'Intérieur en 1840, puis directeur des Beaux-Arts à partir de 1853, ou de Charles Blanc (1813-1882), graveur, écrivain et critique d'art, fondateur de la *Gazette des Beaux-Arts* en 1859, qui occupa cette fonction de 1848 à 1850.

Ces efficaces protections, très diversifiées, et la présence constante du peintre dans les salons littéraires, les soirées musicales et les réceptions mondaines le firent connaître des milieux influents de son époque, lui attirant quelques achats privés, mais elles furent surtout à l'origine de l'obtention de grandes commandes décoratives qui allaient lui permettre d'assouvir enfin son ambition d'égaler les grands maîtres de l'histoire de la peinture, tout en lui apportant un évident confort matériel. Ces chantiers, malgré les dépenses conséquentes qu'ils impliquaient pour le peintre, obligé d'acheter lui-même du matériel coûteux et de nombreuses fournitures et de prévoir la rémunération d'indispensables collaborateurs, s'avérèrent malgré tout très lucratifs. En effet, il encaissa 35 000 francs, en 1837, pour le décor du salon du Roi au palais Bourbon et 60 000 francs pour les peintures de la bibliothèque du même édifice, terminées en 1847, un an après qu'il eut reçu les 30 000 francs correspondant à la décoration de la bibliothèque du palais du Luxembourg.

Pendant les dernières années de sa carrière, Delacroix a poursuivi cette alternance de grands chantiers rémunérateurs – 24 000 francs pour le décor de la galerie d'Apollon au Louvre et 30 000 francs pour le salon de la Paix à l'Hôtel de Ville –, tout en vendant quelques-unes de ses importantes compositions à l'État. La renommée du peintre s'étant alors imposée, il commença à cette époque à recevoir aussi de nombreuses demandes de collectionneurs et de marchands, désireux d'acquérir des tableaux de chevalet de sa main. Après 1850, contrairement à la période précédente de sa carrière, l'État, largement distancé par les marchands parisiens, ne constituait plus son premier client.

En effet, avec le succès, l'œuvre d'Eugène Delacroix avait très tôt attiré des amateurs que nous qualifierons d'institutionnels, comme le duc d'Orléans, qui acheta au peintre dès 1830 plusieurs tableaux importants pour sa galerie d'artistes contemporains (*Le Cardinal Richelieu disant sa messe*, tableau disparu en 1848 ; *L'Assassinat de l'évêque de Liège*, *La Noce juive dans le Maroc*, *Le Prisonnier de Chillon*, Paris, musée du Louvre), la duchesse du Berry, avec qui le peintre ne parvint d'ailleurs jamais à trouver un accord sur le prix du *Roi Jean à la bataille de Poitiers* (Paris, musée du Louvre), ou le duc de Fitz James, qui acquit le superbe *Milton et ses filles* (coll. part. ; Johnson, t. II, 1981, n° 128) à l'issue du Salon de 1827-1828. Par nature proches du pouvoir, ces membres de la famille royale ou ces nobles revenus aux affaires avec la Restauration et la monarchie de Juillet constituaient un lien efficace entre Delacroix et l'État ; tout en collectionnant pour leur propre compte, ils faisaient également partie de ceux qui l'aidaient dans certaines de ses démarches officielles. À ce groupe doivent sûrement être rattachés l'influent financier Benjamin Delessert (1773-1847), qui l'invita fréquemment et chercha de temps à autre à acquérir ses œuvres[25], et, bien évidemment, le comte Charles de Mornay (1803-1878), qui lui commanda ou lui acheta plusieurs de ses tableaux, dont les *Exercices militaires des Marocains* (1832, Montpellier, musée Fabre), *Intérieur d'un appartement avec deux portraits* (localisation actuelle inconnue ; Johnson, t. III, 1986, n° 220) ou *Cléopâtre* (1839, Chapell Hill, The William Hayes Ackland Memorial Art Center). Les deux hommes se brouillèrent par la suite définitivement, le diplomate n'ayant pas payé à Delacroix certaines de ses œuvres, qu'il mit pourtant en vente, sans son autorisation, le 19 janvier 1850[26]. Il faut également citer parmi ces collectionneurs proches du pouvoir les membres de la famille Arago, Étienne (1802-1892) et Emmanuel (1812-1896), ainsi que quelques banquiers, Charles Edwards et les frères Isaac (1806-1880) et Jacob (1800-1875) Pereire, ce dernier achetant à prix d'or en 1862 la réplique de la *Médée furieuse* du Salon de 1838 (Paris, musée du Louvre).

Certains des tableaux de Delacroix ont en outre trouvé tout naturellement preneurs – parfois à titre onéreux, parfois à la suite de dons ou d'échanges amicaux – parmi les artistes, les écrivains ou les collectionneurs faisant partie de ses intimes. Le baron Louis-Auguste Schwiter (1809-1865), ami d'enfance du peintre et un de ses exécuteurs testamentaires, lui a ainsi commandé en 1826 son portrait, aujourd'hui à la National Gallery de Londres. Un autre de ses futurs exécuteurs testamentaires, le baron Charles Rivet (1800-1872), homme politique et député, a eu en sa possession plusieurs de ses tableaux, dont une esquisse essentielle pour *La Mort de Sardanapale* (1827, Paris, musée du Louvre). De même, Frédéric Villot (1809-1875), peintre, graveur et historien d'art, devenu en 1848 conservateur des peintures au Louvre, lui a demandé de le représenter et collectionna ses œuvres, comme *L'Assassinat de l'évêque de Liège* (1831, Paris, musée du Louvre) ou *La Mort d'Ophélie* (1838, Munich, Neue Pinakothek). Quelques peintres, dont Paul Huet, Philippe Rousseau, Henri Lehmann, Narcisse Diaz de la Peña, Adrien Dauzats et Constant Troyon (cat. 7 et 118) possédèrent également ses toiles. L'un de ses collectionneurs les plus passionnés, son marchand de couleurs, Étienne François Haro, acquit aussi des œuvres majeures de Delacroix, à commencer par *La Mort de Sardanapale*, *La Sibylle au rameau d'or* (localisation actuelle inconnue ; Johnson, t. III, 1986, n° 263), *Démosthène au bord de la mer* et *Les Quatre Saisons* (cat. 151 à 154), achetées à la vente posthume du peintre. Certains amis de la génération romantique ont également continué à admirer l'œuvre du peintre après que ce dernier eut pris quelque distance par rapport à leur mouvement ; Alexandre Dumas père lui a, par exemple, acheté plusieurs œuvres, tels un *Christ en croix* (cat. 119), acquis en 1845, ou *Hamlet devant le corps de Polonius* (1855, Reims, musée des Beaux-Arts), payé 1 000 francs vers 1855, et Alexandre Dumas fils possédait *Le Tasse dans la prison des fous* (1830, Winterthur, collection Oskar Reinhart). L'écrivain, poète et critique Auguste Vacquerie (1819-1895), ami et admirateur de Victor Hugo, devait lui aussi acquérir plusieurs toiles capitales de Delacroix, comme *Le Lever* (localisation actuelle inconnue ; Johnson, t. III, 1986, n° 168) ou *Le Bon Samaritain* (cat. 109), ainsi que de nombreux dessins ou aquarelles.

Mais, progressivement, les amateurs de l'œuvre de Delacroix avaient largement débordé le petit cercle des représentants du pouvoir et des amis ; de nombreux collectionneurs, devinant son importance dans l'art de son temps ou recherchant quelques bons placements, se mirent à acheter les tableaux qu'il exposait au Salon et à lui commander des compositions originales. Durant les dernières années de sa carrière, des amateurs étrangers fréquentèrent ainsi assidûment le peintre ; un archéologue et collectionneur polonais, le comte Tyszkiewicz, emporta *Les Naufragés abandonnés dans un canot* (Moscou, musée Pouchkine) pour 550 francs en 1847 (*Journal*, 26 mai 1847, p. 157*)*, tandis que le comte Grzymala, grand ami de Frédéric Chopin, acquit plusieurs tableaux directement auprès de lui (dont cat. 116). Certains de ces collectionneurs étrangers, attirés par sa célébrité, se présentaient spontanément dans son atelier, comme le fit en 1847 le comte Théodore de Geloës, un amateur hollandais, qui acheta *Le Christ au tombeau* (cat. 125) pour 2 000 francs[27], puis passa un véritable marché avec lui, afin de retenir le *Daniel dans la fosse aux lions* (1849, Montpellier, musée Fabre) pour 1 000 francs, un portrait du collectionneur Alfred Bruyas pour le même prix et un portrait du comédien Talma pour 1 500 francs (*Journal*, sans date, p. 317*)*. La même année surgit également dans son atelier un amateur d'Anvers, collectionneur éclairé de peinture contemporaine : « M. Van Isaker venu me demander quels étaient ceux de mes tableaux à vendre. Le *Christ* [cat. 120], l'*Odalisque* lui convenaient. Je lui montre les *Femmes d'Alger* et le *Lion avec le chasseur mort* en train ; il me prend les premiers pour quinze cent. M. Van Isaker à Anvers ; – à Paris rue d'Amsterdam, 29. Le prévenir quand j'aurai achevé » (*Journal*, 16 mars 1847, p. 144). La *Chasse au tigre* du musée d'Orsay (cat. 11) permet d'évoquer l'importante collection de l'agent de change bruxellois Prosper Crabbe, qui contenait ce chef-d'œuvre de la maturité de Delacroix.

Parallèlement aux acquéreurs de passage, de plus en plus nombreux, avec lesquels le peintre n'entretenait que des relations d'affaires, négociant souvent âprement le prix de ses œuvres, quelques « fidèles » collectionnèrent de manière régulière les toiles de Delacroix, se fournissant soit directement auprès de lui, soit auprès des marchands qui, après 1850, parvenaient à lui arracher la majorité de ses productions. Ainsi, J. P. Bonnet, qui a acquis quelques tableaux essentiels du peintre, comme *Marphise et la Demoiselle* (cat. 87), une réplique réduite de la *Prise de Constantinople par les croisés* (cat. 88) et l'une des réductions du plafond de la galerie d'Apollon au Louvre (voir cat. 64), ou l'homme d'affaires John Wilson, qui acheta en 1845 pour 6 000 francs le mythique *Mort de Sardanapale*, représentent deux personnalités attachantes d'amateurs ayant visiblement compris les recherches de Delacroix et collectionnant ses œuvres sans esprit apparent de spéculation. Les ventes effectuées du vivant de l'artiste virent également apparaître régulièrement les noms de quelques collectionneurs moins célèbres, Davin, Collot ou Henri Didier, qui achetèrent plusieurs de ses tableaux les plus importants.

Enfin, il serait impardonnable d'omettre, parmi les passionnés de l'œuvre du peintre, son agent de change, Adolphe Moreau, qui a constitué en une vingtaine d'années un des plus beaux ensembles de tableaux de Delacroix, comprenant de nombreux chefs-d'œuvre, dont une majorité fut donnée en 1906 au Louvre par son petit-fils, Étienne

Moreau-Nélaton : *Turc assis au manteau rouge, Turc à la selle, Le Naufrage de Don Juan, Les Musiciens juifs de Mogador, Odalisque couchée, La Nature morte aux homards*, la réplique réduite des *Croisés* (cat. 88) et *Le Prisonnier de Chillon* (tous ces tableaux étant aujourd'hui au musée du Louvre), ainsi que quelques tableaux revendus plus tard par son fils, *La Lamentation sur le Christ mort* (cat. 126), *Persée et Andromède* (cat. 67) et *Pirates africains enlevant une jeune fille* (1853, Paris, musée du Louvre)[28]. Les provenances des œuvres en la possession d'Adolphe Moreau, acquises pour la plupart entre 1843 et 1854, révèlent la valorisation du rôle joué, à cette époque, par les marchands dans la carrière d'Eugène Delacroix. Une dizaine de marchands de tableaux, profitant de la célébrité du peintre et de sa cote ascendante, sont ainsi devenus des intermédiaires obligés pour les amateurs. Adolphe Moreau, qui était en relation constante avec le peintre et aurait pu aisément se fournir directement dans son atelier, n'acheta ses œuvres, soit par délicatesse – pour ne pas forcer Delacroix à en négocier le prix –, soit parce que les plus intéressantes étaient déjà sur le marché de l'art, que dans des ventes publiques[29] ou bien des galeries, chez Durand-Ruel (*Turc à la selle*), Chéradame (*Le Naufrage de Don Juan*) et Weill (*Lamentation sur le Christ mort, Odalisque couchée, Femme debout dans la campagne de Tanger* et *Pirates africains enlevant une jeune fille*)[30].

Les premières relations d'Eugène Delacroix avec les marchands de tableaux remontent à sa jeunesse – une époque où cette profession n'était pas encore réellement organisée – et nous trouvons, par exemple, en 1829 la mention de la vente de *La Femme au perroquet* (Lyon, musée des Beaux-Arts), effectuée par l'expert Francis Petit – qui fut d'ailleurs en 1863 le conseiller de la vente posthume du peintre. Mais l'engouement des marchands pour son œuvre ne s'est réellement développé qu'après 1850. À cette époque, ceux-ci achetaient ses œuvres à l'issue des Salons et dans les ventes publiques, mais ils n'hésitaient pas non plus à lui commander des compositions précises, des peintures animalières, des thèmes orientaux et des sujets religieux, attirant ainsi les amateurs, qui souhaitaient avoir une réplique d'œuvres exposées par Delacroix au Salon ou des variantes de ses mises en scène les plus réussies. Plusieurs marchands se partageaient les toiles du peintre, fréquentant régulièrement son atelier et lui passant des marchés pour plusieurs tableaux aux sujets déterminés à l'avance, ce que Delacroix paraît avoir toujours accepté en dépit des limitations évidentes que cette pression imposait à sa créativité.

Par ailleurs, les marchands demeuraient tributaires de l'évolution ascendante des prix obtenus par le peintre pour ses toiles[31]. Les sommes qu'ils dépensaient pour acquérir ses œuvres prouvent à quel point ils étaient assurés de pouvoir les revendre ensuite aisément. Ainsi, Weill vendit 205 francs *La Lamentation sur le Christ mort* (cat. 126), acheté chez lui par Adolphe Moreau en 1849, mais dut donner 2 000 francs en 1856 pour obtenir *Olinde et Sophronie sur le bûcher* (Munich, Neue Pinakothek). Et si Lefebvre pouvait emporter le 13 mars 1849 (*Journal*, p. 186) une *Odalisque* et un *Christ à la colonne* pour 150 francs chacun, il fallut 2 500 francs à Vaisse pour avoir la *Chasse aux lions* de Chicago (cat. 23) en 1860 et 4 700 francs à Durand-Ruel pour acquérir celle de Boston (cat. 21) le 30 mars 1863, alors que la cote du peintre atteignait des sommets à quelques mois de sa mort.

Quoi qu'il en soit, Eugène Delacroix semble avoir entretenu d'excellentes relations avec les marchands, qui s'arrachaient ses tableaux ; et soit en raison de son professionnalisme, soit par amitié, soit, sûrement aussi, par intérêt, il estimait ne pas avoir à refuser leurs requêtes, même lorsqu'ils lui demandaient la troisième ou quatrième version d'un thème qu'il avait déjà illustré, voire exposé au Salon. Ainsi, le peintre, qui avait vendu à Beugniet, un de ses principaux acheteurs, le ravissant *Lélia* (coll. part. ; Johnson, t. III, 1986, n° 289) pour seulement 150 francs en 1847, accepta sans doute de lui livrer en 1853 des répliques du *Christ en croix* (cat. 123), du *Christ sur le lac de Génésareth* (cat. 118) et une des innombrables variantes des lions attaquant leur proie, un *Lion terrassant un sanglier* (Paris, musée du Louvre). Beugniet, qui devait payer 1 000 francs le *Christ en croix* et le *Lion terrassant un sanglier* en avait d'ailleurs précisé la dimension – « toile de 6 pour le *Christ* » –, songeant déjà sans doute à un acquéreur précis.

Deux autres marchands, Weill et Georges Thomas, furent parmi les acheteurs les plus réguliers des œuvres de Delacroix, choisissant parfois de lui proposer un marché regroupant plusieurs toiles, qui devaient être livrées à une date précise. Weill, qui posséda *La Fiancée d'Abydos* (cat. 84), peut-être *Les Convulsionnaires de Tanger* (cat. 104), *Arabes guettant un lion* (cat. 10) et la *Chasse au tigre* (cat. 11), emporta le même jour, le 21 mars 1849 (*Journal*, p. 186), quatre œuvres du maître commandées quelques mois auparavant : *L'Odalisque* (200 francs), *Hommes jouant aux échecs* (200 francs), *Homme dévoré par le lion* (500 francs, Oslo, Nasjonalgalleriet) et *Berlichingen écrivant ses mémoires* (100 francs). Eugène Delacroix, aussi rigoureux dans la tenue de ses comptes professionnels que dans celle de ses dépenses domestiques, notait dans ses agendas l'état de chacun des marchés passés avec ses clients : « Le 1er février, reçu de Weill, à compte sur mon marché de 1 500 fr. 500 [...] Le 4 avril, reçu de Weill un second acompte 500 fr (reste 500 fr.) » (*Journal*, p. 316). Il détaillait également les œuvres prévues pour chacune de ces transactions : « 1er marché avec Weill : *Vue de Tanger* / *Marchand d'oranges* / *Saint Thomas* / *La Fiancée d'Abydos* 1 500 / De Weill : J'ai reçu à compte le 1er février, en lui livrant la *Vue de Tanger* 500 / Depuis, il m'a demandé *Saint Sébastien* 500 » (*Journal*, p. 317). Il tenait aussi la même comptabilité pour les commandes de Thomas[32] : « Marché avec Thomas : *Desdémone aux pieds de son père* 400 fr / *Ophélia dans le ruisseau* 700 / *Deux lions* sur le même tableau 500 / *Michel-Ange dans son atelier* 500 / 2 100 fr. / (En avril) *Desdémone dans sa chambre* 500 fr. » (*Journal*, sans date, p. 317). Travaillant également à cette époque à l'exécution du décor pour le salon de la Paix de l'Hôtel de Ville de Paris, le peintre préparait dans le même temps trois tableaux importants pour le Salon de 1853. Pourtant, malgré cette charge de travail, aucun de ces tableaux, tous livrés dans les délais, ne fut exécuté sans inspiration et ces œuvres – *Desdémone aux pieds de son père*, *La Fiancée d'Abydos* (cat. 84) ou *Michel-Ange dans son atelier* – comptent au contraire parmi les meilleures et les plus poétiques de cette période.

Les archives Piron confirment que Delacroix n'hésitait pas à accepter de nombreuses concessions, de format ou de technique, mais également de contraintes liées au sujet, souvent imposé, et même à l'iconographie, comme le prouvent l'étonnant échange de lettres au sujet des *Femmes turques au bain* (voir cat. 102) ou les atermoiements de l'industriel Frédéric Hartmann lors de la commande des *Quatre Saisons* (cat. 151 à 154).

Loin d'être un peintre révolté et marginal, Delacroix a fait preuve d'un évident pragmatisme et d'une rare compréhension du cadre professionnel et économique de son époque. Ainsi, il paraît avoir fait sienne cette maxime copiée dans son *Journal* en 1823, qui sonne comme une parfaite illustration de l'évolution programmée de sa carrière et de l'organisation méthodique nécessitée par cette quête d'équilibre entre son intense créativité personnelle et les contraintes de ses relations avec le marché de l'art : « L'habitude de l'ordre dans les idées est pour toi la seule route au bonheur ; et pour y arriver, l'ordre dans tout le reste, même dans les choses les plus indifférentes, est nécessaire » (*Journal*, 16 mai 1823, p. 35).

1. André Joubin, « Documents nouveaux sur Delacroix et sa famille », *Gazette des Beaux-Arts*, mars 1933, p. 173-186.

2. À ce sujet, hormis les deux ouvrages indispensables publiés par Maurice Sérullaz et Lee Johnson, cités de nombreuses fois dans ce catalogue – M. Sérullaz, 1963 et Johnson, 1981-1989 –, nous souhaiterions évoquer l'intéressante biographie publiée par Maurice Sérullaz en 1989, qui a cherché justement à replacer de façon systématique le peintre dans le contexte historique et artistique de son temps.

3. Bessis, 1969, p. 199-222.

4. Le chiffre a été avancé par André Joubin dans art. cité, p. 177.

5. Charles Delacroix avait sûrement dû profiter de son passage à la Commission d'aliénation des biens nationaux pour observer attentivement les mouvements immobiliers parisiens.

6. D'après Joubin (art. cité, p. 178), les biens de Boucher étaient constitués d'un domaine à Vassy, de l'hôtel de Bazancourt à Paris, de 5 500 mètres carrés aux Champs-Élysées et de nombreux terrains. Il était de plus propriétaire de la forêt de la Boixe et du bois de la Madeleine, près d'Angoulême.

7. Joubin, art. cité, p. 181 et 182 : du 4 septembre 1814, date de la prise en charge de Delacroix, au 1er août 1815, Raymond de Verninac a, par exemple, versé 1 378 francs.

8. Joubin, art. cité, p. 184.

9. Sa sœur et son beau-frère, eux aussi quasi ruinés, quittèrent Paris et s'installèrent en 1819 dans une maison située dans la forêt de la Boixe, dont ils tentèrent d'exploiter les revenus. À sa mort, Raymond de Verninac laissait environ 50 000 francs de dettes.

10. Ce carnet de comptes a été publié en supplément du *Journal* (p. 810-814).

11. Cet important fonds d'archives a été mis en vente le samedi 6 décembre 1997 à l'hôtel des ventes du Théâtre de Caen par Tancrède et Lô Dumont, commissaires priseurs associés (Alliances Enchères). L'État, à travers diverses administrations patrimoniales, a acquis une partie importante de ce fonds documentaire.

12. Archives Piron ; Paris, archives des Musées nationaux.

13. Le peintre donne, par exemple, à Jenny Le Guillou, pour le mois de septembre, 288 francs pour les dépenses quotidiennes (il restera 1 franc) et, pour le mois d'octobre, 170 francs (il restera 9,24 francs).

14. Paris, musée du Louvre, département des Arts graphiques, papier notarié du 17 octobre 1831 (AR19 L57).

15. « Donné à Lenoble 1 000 francs pour acheter des chemin de fer de Lyon, plus 2 000 francs pour mettre chez Laffitte » (*Journal*, 4 avril 1847, p. 148). « Demander à Lenoble où en sont les actions sur Lyon qu'il m'a achetées il y a quelques mois » (*Journal*, 4 avril 1847, p. 148). « Donné à Lenoble 4 000 francs pour acheter trois actions de canaux et faire le versement des actions du Nord » (*Journal*, 24 août 1847, p. 161). « Lenoble emporte quatorze actions de Lyon et six du Nord pour faire les versements. Comme les actions seront dorénavant au porteur, il les fera conserver sous mon nom, dans la caisse de l'agent de change. » (*Journal*, 24 septembre 1847, p. 164). « Lenoble m'a apporté les quatorze actions du chemin de fer de Lyon qu'il a dû placer dans la caisse de l'agent de change, M. Gavet, attendu qu'elles sont au porteur » (*Journal*, 29 octobre 1847, p. 167).

16. Archives Piron ; Paris, archives des Musées nationaux.

17. Les archives Piron conservent divers bordereaux d'ordres d'achats de canaux de Bourgogne : le 29 octobre 1855, 6 canaux de Bourgogne à 955 francs : 5 730 francs ; le 12 février 1856 (livré 23 février), 16 canaux de Bourgogne à 975 francs : 15 600 francs ; le 24 mars 1856, 16 canaux de Bourgogne à 975 francs : 15 600 francs ; le 19 février 1857, 4 canaux de Bourgogne à 950 francs : 3 800 francs.

18. Les archives Piron témoignent de ces achats d'actions : le 9 avril 1861, 12 Lyon à 948 francs : 11 392 francs ; le 29 mars 1861, 20 Lyon à 945,62 francs : 18 936 francs.

19. Le 1er mai 1863, le peintre achète de la rente à 3 % : 3 460 titres à 69,30 francs, soit un total de 80 027 francs.

20. Les archives Piron conservent également un coupon au porteur (n° 1492) de 1/10° d'une action (1er avril 1853) de l'Union centrale de la Guadeloupe. Nous y trouvons également un brouillon d'une lettre du peintre, qui a perdu un coupon et qui réclame sur l'honneur 2 046 francs de la Caisse du commerce et d'industrie au moment de la faillite de cette entreprise.

21. Archives Piron ; Paris, archives des Musées nationaux.

22. Cette police d'assurances sera régulièrement reconduite après 1840, comme le prouvent divers documents des archives Piron (Paris, archives des Musées nationaux).

23. Le peintre raconta plus tard à Achille Piron qu'il était vraiment à bout de ressources lorsque cette commande d'une œuvre peinte dans le goût de Raphaël lui avait été signifiée par un « Mécène tombé du ciel ».

24. Le comte de Forbin avait commandé à Géricault, en 1819, cette œuvre destinée au couvent des dames du Sacré-Cœur à Nantes. Le peintre du *Radeau de la Méduse* n'ayant pu l'exécuter, il en avait chargé son jeune collègue, qui l'a peinte d'ailleurs de manière anonyme.

25. Les archives Piron ont entraîné la redécouverte d'une lettre non datée de Benjamin Delessert à Delacroix, dans laquelle le financier l'interroge sur ses œuvres disponibles : « Monsieur, Auriez-vous la

bonté de me dire si votre tableau de Lara qui n'est pas encore terminé, est encore à votre disposition et dans ce cas si vous ne le verriez plus avec regret dans vos mains ? Je voudrais bien aussi savoir si votre tableau de Marino Faliero est encore à vous et dans ce cas si vous voudriez en disposer un jour... » (archives Piron ; Paris, archives des Musées nationaux).

26. À cette vente, le comte de Mornay avait cédé sept tableaux de Delacroix : *Charles Quint au tombeau de saint Just*, *Cléopâtre et le Paysan*, *Le Combat du Giaour et du Pacha*, *Les Femmes d'Alger*, *Cavaliers arabes*, *Famille juive* et *Raphaël dans son atelier*.

27. « Ensuite M. de Geloës, qui venait me demander le *Christ* ou *Le Bateau*. Entré dans mon atelier, il me demande le *Christ au tombeau*, et nous convenons de 2 000 francs, sans la bordure. M. le comte Théodore de Geloës d'Elsloo, ou château d'Osen, près Rocremonde, Limbourg hollandais » (*Journal*, 28 avril 1847, p. 150).

28. Au sujet des relations de Delacroix et d'Adolphe Moreau, lire les contributions d'Arlette Sérullaz, François Fossier et Vincent Pomarède dans cat. exp. *De Corot aux impressionnistes, donations Moreau-Nélaton*, Paris, Galeries nationales du Grand Palais, RMN, 1991.

29. Adolphe Moreau acheta *Turc assis au manteau rouge* à la vente Mennemare en février 1843, la réplique des *Croisés* à la vente Bonnet en mars 1853, *Le Prisonnier de Chillon* à la vente de la duchesse d'Orléans en janvier 1853 et *Persée et Andromède* à la vente Henri Didier en décembre 1854. *La Nature morte aux homards* fut acheté directement au peintre Philippe Rousseau en mars 1853.

30. Les provenances des achats d'Adolphe Moreau nous sont connues grâce aux livres de compte, partiellement inédits, que lui-même et son fils avait tenus au fur et à mesure de leurs achats et qui sont aujourd'hui encore conservés dans la descendance d'Étienne Moreau-Nélaton.

31. Maurice Rheims a analysé en détail les fluctuations de la cote de Delacroix, de son vivant comme après sa mort, dans un texte amusant et érudit publié en 1963 : Maurice Rheims, « La cote de Delacroix », *Eugène Delacroix*, Paris, Hachette, 1963, p. 239-253.

32. Les mentions consacrées aux achats de Thomas sont particulièrement nombreuses dans le *Journal*. Ce dernier avait acquis le *Saint Georges* (Grenoble, musée des Beaux-Arts) pour 400 francs. Il avait commandé ensuite en 1853 une *La Mise au tombeau*, le « *Petit Christ aux oliviers* et *Une Femme turque* payés tous les deux 100 francs chacun » (*Journal*, 13 mars 1849, p. 186). Plus tard, Delacroix signalait diverses ventes : « Le 27 décembre 1852, reçu de Thomas, pour un *Petit tigre* 300 fr. » (*Journal*, p. 316) ; « Le 3 mars, reçu de Thomas, à compte sur mon marché de 2 100 fr. 1 000 » (*Journal*, p. 316) ; « Le 10 avril, reçu de Thomas 1 100 (J'ai à lui donner les *Lions* sur ce marché, et en lui livrant la *Desdémone dans sa chambre*, il n'aura à me donner que 500 fr. » (*Journal*, p. 316) ; « 1er mai, reçu de Thomas pour solde (sauf la répétition du *Christ au tombeau*) 500 » (*Journal*, p. 317).

Delacroix et l'Amérique

Joseph J. Rishel

En 1895, l'académicien Paul Bourget évoqua en ces termes sa visite de la collection James J. Hill à Saint Paul, dans le Minnesota (fig. 1) :

> « Des tableaux partout, et encore des tableaux : un Courbet colossal, de Delacroix les *Convulsionnaires* et une vue des côtes du Maroc devant laquelle je m'arrête, croyant rêver. J'ai vu cette toile, il y a des années. Je l'ai recherchée depuis dans des vingtaines de musées publics et privés, sans qu'aucun livre pût me renseigner sur son possesseur actuel, et je le retrouve ici !... [...] Quel chemin a fait cette toile entre l'atelier du peintre et cette galerie d'un millionnaire du bord de l'Ouest[1] ? »

James J. Hill (1838-1916) avait fait fortune en prolongeant les lignes de chemins de fer du Midwest jusqu'à l'État de Washington[2]. Sa collection de tableaux, qu'il commença véritablement en 1881, était dominée par des artistes français : Corot (vingt-deux œuvres répertoriées), Millet (sept) et l'École de Barbizon. Son goût était typique à bien des égards de celui des collectionneurs nord-américains de sa génération[3]. Sa focalisation sur Delacroix – il acquit onze toiles attribuées au peintre entre 1887 et 1916[4] – était cependant sans précédent par la qualité des œuvres comme par leur nombre et témoignait d'un autre courant, plus discret, dans la longue histoire d'amour entre l'art français et les collectionneurs d'Amérique du Nord.

La première œuvre de Delacroix mentionnée aux États-Unis et la seule qui, semble-t-il, ait été présentée de ce côté-ci de l'Atlantique du vivant de l'artiste, est une « esquisse » à l'aquarelle intitulée *Deux pères* (toujours non identifiée), que Hector Tyndale prêta en 1855 à l'Exposition annuelle de la Pennsylvania Academy of the Fine Arts de Philadelphie[5]. Elle sortait totalement du contexte de cette exposition et même de celui de la collection Tyndale, bien que le collectionneur possédât d'autres œuvres romantiques comme *Naufrage dans la tempête* d'Eugène Isabey ou *Combat de chevaux* d'Alfred Dedreux. Cependant, il semble que ce « Delacroix » de la collection du général Tyndale – décrit un quart de siècle plus tard comme « une esquisse grossière et satirique représentant un couple de moines impies paresseusement étendus sur un banc et fumant des cigarettes sous un crucifix étique et tourmenté[6] » – ne mérite pas son attribution, ce qui reflète la grande naïveté des collectionneurs (et des auteurs de catalogues) américains dans les années 1850.

On se trouve sur un terrain plus ferme avec la deuxième apparition publique d'un Delacroix dans la même institution, à l'occasion de sa quarante-cinquième exposition annuelle, en 1868[7]. La *Chasse aux lions* (cat. 21) peut être identifiée avec certitude (bien que le catalogue indique que l'œuvre est de « L. Delacroix ») et se trouve aujourd'hui exposée au Museum of Fine Arts de Boston[8]. Elle avait appartenu à Adolph E. Borie (1809-1880), Philadelphien dont la fortune, comme celle de nombre des personnalités qui allaient dominer les collections américaines au cours de la génération suivante, avait prospéré au cours de la guerre de Sécession. Étroitement lié à Ulysses S. Grant, qui le nomma Secretary of the Navy, il était à l'époque de l'exposition une personnalité très en vue dans sa ville. À sa mort, en 1880, il possédait quatre Delacroix, ce qui fait sans conteste de lui le premier collectionneur sérieux de l'artiste de ce côté-ci de l'Atlantique[9]. Borie était d'origine belge : J. J. Borie, son père, avait été le premier consul de Belgique à Philadelphie. Adolph lui-même avait fait ses études à Paris de 1825 à 1828, et il est tentant de penser que son goût pour l'art remonte à cette époque, même si l'on ne sait rien des œuvres qu'il

Fig. 1
La maison de James J. Hill, 240, Summit Avenue, Saint Paul, vers 1905 (à gauche, la galerie avec son châssis vitré), repr. dans *Homecoming : The Art Collection of James J. Hill*, Jane H. Hancock, Sheila Ffolliott et Thomas O'Sullivan, Saint Paul, Minnesota Historical Society, 1991, fig. 31, p. 44.

vit alors. Rappelons, cependant, que c'est au Salon de 1827-1828 que Delacroix présenta sa toile la plus spectaculaire, *La Mort de Sardanapale*.

Peu après la mort de Borie, Edward Strahan, chroniqueur de la vie artistique, observa :

> « La collection [...] suit les traditions françaises. Divers artistes qui sont très, très médiocrement représentés en Amérique se retrouvent là et y semblent à l'aise. Il est trois autographes que l'on aperçoit rarement sur les toiles accrochées dans les salons aux États-Unis : celles de Delacroix, de Decamps et de Millet. Chacun de ces artistes a inventé un style : il faut avoir vu bon nombre de leurs œuvres avant de porter un jugement[10]. »

Comme l'a montré l'exemple de Hill, cette situation ne devait pas durer. Dès janvier 1872, Henry James rendit compte, dans les pages de l'*Atlantic Monthly*, d'une grande exposition de peintures françaises organisée à Boston dans les « salons de Messrs. [*sic*] Doll et Richards[11] ». Il réserva des éloges appuyés au *Camp arabe, la nuit* (cat. 138) de Delacroix, « un peintre dont la puissance d'imagination commence où s'arrête celle de la plupart de ses confrères[12] ». Cependant W. Sheldon, dans sa défense des artistes américains, se félicite du prix élevé atteint par les *Niagara Falls* de Frederick Church, dans la collection, par ailleurs dominée par les Français, de John Taylor Johnson, à New York : « Douze mille cinq cents dollars [...] et cela, aussi, dans une ville où les acheteurs de tableaux sont généralement censés souscrire à un credo dont le tout premier article est : Je crois à l'excellence transcendante de l'art parisien[13]. »

À partir des années 1870, souvent par le biais d'un réseau très dense de ventes et d'héritages, Delacroix fit son entrée dans les grandes collections de New York, Philadelphie, Baltimore, Saint Paul, Chicago, Montréal et Boston. En 1900, la présence d'une cinquantaine d'œuvres de l'artiste était attestée en Amérique du Nord[14].

Il serait cependant imprudent d'attribuer à ces collectionneurs des années 1880 et 1890 un goût en avance sur l'époque ou particulièrement progressiste, à l'instar de Horace Havemeyer et de son épouse qui, à New York, allaient lancer Courbet et Manet en même temps que les impressionnistes, et grâce à qui les collections américaines de peintures françaises allaient devenir justement célèbres. En comparaison des grands collectionneurs de la génération précédente, ils semblent avoir montré peu d'intérêt pour Delacroix[15].

Les principaux collectionneurs de Delacroix des deux dernières décennies du siècle – William T. Walters (Baltimore), Erwin Davis, L. C. Delmonico, A. Clarke, R. Austin Robertson, George I. Seney (New York), Adolph E. Borie, John G. Johnson et H. S. Henry (Philadelphie), Mrs. Potter Palmer (Chicago), James J. Hill (Saint Paul) – accrochaient sans état d'âme ses œuvres au milieu de maîtres anciens plus conventionnels et populaires. Dans ces conditions, on comprend que l'on ait cherché à expliquer le goût de ces hommes (et d'une femme de marque) par leur position sociale ou politique.

Dès 1868, dans un panorama de la peinture française moderne publié dans l'*Atlantic Monthly*, Eugene Benson défendit vigoureusement la valeur de certains artistes :

> « Hier, en France, Delacroix exerçait son génie dans les sphères les plus hautes de l'imagination et consacrait son art aux souffrances de l'humanité. [...] Il faut bien voir que l'époque du gouvernement constitutionnel et de la Révolution est présente dans la peinture de Géricault, de Delacroix, de Scheffer, de Delaroche, de Decamps et de Vernet, dont la réputation est surfaite. L'Empire est représenté par Gérôme, Meissonier, Cabanel, Baudry, Chaplin, Diaz et Hamon[16]. »

Mais rien ne prouve que Hill, si grande que fût sa passion pour Delacroix, ait nourri de solides convictions républicaines (au contraire), ni que des collectionneurs comme Vanderbilt, Stewart, Morgan ou Frick – qui n'avaient aucune œuvre majeure de Delacroix – aient été particulièrement favorables à l'Empire.

Si l'on peut faire des généralisations concernant la génération des collectionneurs d'après la guerre de Sécession, c'est sur leur fortune qu'il faut attirer l'attention, la prédilection des plus riches allant aux artistes contemporains les plus célèbres du second Empire ou de la troisième République. C'était clair en 1876, lorsque Stewart paya le *Friedland* de Meissonier[17] 80 000 dollars tandis que *La Mort de Sardanapale* fut acquis pour 30 000 dollars en 1887[18].

Les collections publiques du XIXe siècle suivirent, dans l'ensemble, le précédent créé par les collectionneurs privés qui, le plus souvent, en furent les maîtres d'œuvre. La première toile de Delacroix à entrer dans un musée fut *L'Amende honorable* (fig. 2), achetée en 1894 par le Pennsylvania (puis « Philadelphia » à partir de 1921) Museum of Art sur ordre de John G. Johnson. Boston suivit, avec la *Chasse aux lions* (cat. 21) de la collection Borie en 1895 et le grand *Christ au tombeau* (cat. 125) en 1896 ; enfin, le Metropolitan acquit *Rébecca enlevée par le Templier* (cat. 91) en 1903[19].

La quasi-totalité des Delacroix qui traversa l'Atlantique avant 1900 fut achetée à New York, d'abord chez Knœdler, qui avait ouvert une succursale de Goupil, Vibert et Compagnie en 1846, devenue M. Knœdler and Co en 1857, ou, à la fin des années 1880,

Fig. 2
EUGÈNE DELACROIX, *L'Amende honorable (Intérieur d'un couvent de dominicains à Madrid)*, 1831, huile sur toile, Philadelphie, Philadelphia Museum of Art, acquis par le W. P. Wilstach Fund.

chez Durand-Ruel. En 1887, lors de sa seconde tentative pour « prendre » New York, ce dernier établit ce qui pourrait bien avoir été une pierre de touche dans la connaissance de l'œuvre de Delacroix en Amérique.

En mai et juin 1887, à la National Academy of Design de New York, l'American Association for the Promotion and Encouragement of Art organisa une exposition simplement intitulée *Celebrated Paintings of Great French Masters* (« Toiles célèbres de grands maîtres français »). Le maître d'œuvre en fut Durand-Ruel. Sur la couverture du catalogue figurait cet avertissement : « Apportées de Paris exclusivement pour cette exposition. » La fiscalité très lourde qui frappait les importations d'œuvres d'art (entre 10 et 30 % de leur valeur) avait en effet obligé Durand-Ruel à solliciter des autorisations d'importation temporaire, dont la négociation avait beaucoup retardé l'ouverture de l'exposition[20]. Au total furent présentées deux cent quatorze œuvres d'artistes divers, allant d'Eugène Accard à Eugène Verboekhoven, dont beaucoup étaient déjà bien connus des collectionneurs américains. Les onze toiles de Monet et *L'Exécution de Maximilien* de Manet durent alors paraître étonnamment nouvelles. Delacroix suscita moins de commentaires, alors même que le catalogue le présentait « comme le plus grand, le plus noble et le plus illustre des peintres de l'École française du XIXe siècle[21] ».

Il était représenté par deux œuvres : *L'Amende honorable*, qui devait se retrouver à Philadelphie sept ans plus tard (après un retour en France d'où le tableau avait été réimporté, fiscalité oblige), et *La Mort de Sardanapale.* L'introduction d'Ernest Chesneau au catalogue de l'exposition insistait avec éclat sur le tournant que marquait cette œuvre dans l'histoire de l'art. La présence pour deux mois à New York de cette toile colossale et la trace qu'elle laissa dans le goût public et privé semble sans précédent, du moins du point de vue de la fin du XIXe siècle. Le compte rendu paru trois ans plus tard dans l'*Art Journal* et dans *The Collector* donne une idée de l'accueil bienveillant, quoique fade et sans discernement, qui lui fut réservé :

> « Mr. Durand-Ruel a fait suivre son exposition inaugurale d'une présentation réellement glorieuse du grand art français à la National Academy of Design. Hélas pour elle et pour notre public, elle s'est tenue lors d'une saison où la ville était presque morte, mais elle n'en a pas moins semé quelques graines en terre fertile. C'est ici que New York a découvert Puvis de Chavannes et a vu le prodigieux *Sardanapale* de Delacroix. C'est ici, durant les grosses chaleurs du début de l'été, que nous a été présentée la splendide *Diane surprise* de Lefèbvre, la noblement symphonique *Églogue* de Henner, toute une série de subtiles harmonies grises d'Eugène Boudin, la *Mort du taureau* de Falguière, une toile d'un sculpteur digne d'un monument à lui-même, des chefs-d'œuvre de Gaillard, des scènes africaines de Huguet, pareilles à des tableaux dans un miroir, *L'Exécution de Maximilien* de Manet, aussi puissante que terrible par le sentiment qui l'inspire et le défi radical lancé à toutes les traditions picturales, ainsi que bien d'autres toiles également dignes d'être énumérées, si l'espace ne nous était pas compté[22]. »

Sardanapale avait déjà eu droit à New York à un commentaire plutôt critique. Sous le titre de « Parisian Topics », le *New York Tribune* du 13 mai 1872 avait en effet publié un entrefilet de Henry James sur les œuvres qui venaient d'être présentées chez Durand-Ruel à Paris :

> « Une œuvre immense, peinte dans sa prime jeunesse. Le sujet n'était pas facile, et Delacroix n'a pas su en résoudre les difficultés. Pour l'essentiel, c'est un très mauvais tableau, même de la part d'un néophyte. Mais, ici ou là, un passage est presque magistral et, considérée dans son ensemble, l'œuvre atteste la naissance d'une grande imagination[23]. »

Une exposition de 1889, également à New York, eut encore plus d'impact et permit, quoique par exclusion, de mettre en évidence, pour le public américain, un courant central de l'art français (ce que n'avait pu faire l'Academy of Design en 1887 dans son souci de sophistication). L'American Art Association organisa cette exposition dans le but de financer un monument à Antoine-Louis Barye, qui devait être finalement érigé derrière Notre-Dame, sur l'île Saint-Louis. Conçue par William T. Walters, de Baltimore, et son agent à Paris, George Lucas, elle réunissait essentiellement des œuvres empruntées à des collections privées. Si l'espace était dominé par des sculptures de Barye lui-même, la sélection des autres artistes témoigne d'un remarquable discernement : Millet — l'*Angélus* étant la principale attraction de l'exposition —, Théodore Rousseau, Daubigny, Diaz, Decamps, Corot, Troyon, Dupré, Delacroix et Géricault. Sur les dix-huit Delacroix, deux seulement avaient été prêtés par des marchands : Cottier and Co et Knoedler and Co. Les autres venaient de collections particulières, des deux œuvres relativement mineures – un *Lion* et un *Tigre* – prêtées par W. T. Blodgett jusqu'à des tableaux majeurs comme le *Christ en croix* (William T. Walters), *Les Convulsionnaires de Tanger* (George I. Seney), *Rébecca enlevée par le templier* (D. C. Lyall, Brooklyn) et *Le Combat du Giaour avec le Pacha* (Mrs. Potter Palmer, Chicago) [24].

D'autres œuvres importantes devaient traverser l'Atlantique avant la Première Guerre mondiale, la plupart à destination de collections privées déjà constituées dans les années 1890. Au tournant du siècle, la concurrence internationale était vive parmi ces collectionneurs, qui déjà semblaient conservateurs dans leur attachement à la peinture narrative et romantique.

Mis à part les premiers collectionneurs et les institutions qu'ils devaient fortement influencer par leurs dons, Delacroix fut alors en Amérique l'objet d'un intérêt croissant de la part des artistes et, par extension, des critiques les plus attentifs à leurs avis.

Dans cet engouement pour l'œuvre du peintre, l'influence des Américains vivant momentanément en France fut grande. Dès le milieu du XIXe siècle, en 1852, l'artiste américain William James Stillman s'installa à Paris. Né à Schenectady (État de New York), il eut une carrière en tous points remarquable, même si ses talents artistiques y sont sans doute pour peu de chose[25]. Douloureusement conscient de ses limites – faute d'avoir reçu une formation technique solide aux États-Unis et d'œuvres pouvant lui servir de modèle –, il entra dans l'atelier d'Yvon et se lança dans le monde parisien de l'art :

> « En semaine, l'après-midi était consacrée aux galeries et aux visites dans les ateliers des peintres, dont le travail m'attirait et qui admettaient des visiteurs. C'est ainsi que je fis la connaissance de Delacroix, de Gérôme, de Théodore Rousseau et qu'un hasard me fit rencontrer Delaroche et Ingres ; mais c'est Delacroix qui m'intéressait le plus et je le priai de m'accepter comme élève, ce qu'il refusa de la plus aimable des manières ; en revanche, il parut soucieux de me mettre sur le droit chemin et me gratifia de ses conseils comme on peut le faire dans une conversation à bâtons rompus. Quand je lui demandai quel était, à son avis, le principal défaut de l'art moderne en comparaison de l'art antique, il répondit "l'exécution". Dans son cas, il s'est efforcé d'y remédier en copiant systématiquement les maîtres anciens, et il me fit voir nombre de ses copies : des passages d'œuvres différentes, manifestement réalisés dans l'intention de saisir la qualité d'exécution.
>
> « [...] En admettant, donc, comme moi, que la critique de Delacroix était fondée, il est clair qu'on ne saurait espérer que le peintre moderne en herbe atteigne une puissance d'exécution comparable à celle des Italiens de la Renaissance tant qu'on ne lui aura pas donné une formation analogue à celle des anciens[26]. »

Comme le laisse deviner la teneur de ses propos, Stillman était alors plongé dans les écrits de John Ruskin, qui devint un ami intime et son mentor. Ce goût de la pensée spéculative et théorique l'amena à fonder avec John Durand la première revue d'art américaine qui ait connu le succès, *The Crayon*, publiée à Boston entre 1855 et 1862. C'est dans ses pages que T. P. Rossiter écrivit un compte rendu de l'Exposition universelle de 1855, marquée par une grande rétrospective des œuvres d'Ingres et de Delacroix. On aura une idée, en le lisant, de la critique confuse, puritaine et verbeuse que devait ingurgiter le lecteur américain : la théorie était très en avance sur l'expérience d'une manière typiquement anglo-saxonne, mais l'auteur faisait grand cas des principes dans une prose malgré tout formidablement stimulante pour un public naïf et avide de connaissance :

« On peut diviser l'art pictural en quatre grands domaines : l'épique, ou l'enseignement le plus élevé ; l'idéal ; l'instructif ; l'informatif et le divertissant, dont le langage universel est la technique. Dans la première catégorie, je rangerais des artistes comme Kaulbach, Cornelius, Ary Scheffer, Gérôme ; dans la deuxième, Turner et Delacroix ; dans la troisième, Horace Vernet, Gallais, Chassériau, Muller et tous les peintres de l'humanité ou de paysages ; et dans la quatrième, des œuvres de genre et des compositions paysagères. Les neuf dixièmes des toiles présentées relevaient de la dernière catégorie, dont l'objectif principal semblait être de rendre quelque chose de l'effet pittoresque et de maîtriser les difficultés techniques, exception faite d'une dizaine d'hommes qui visent le grand art au sens vrai du terme. [...] [Delacroix s'efforce] de saisir et de retenir dans une étincelante servitude l'attention de la multitude [...] avec d'amples coups de brosse et une large palette de couleurs, de diaprures et de fioritures à n'en plus finir, produisant d'immenses et brillantes incohérences — de prodigieux cauchemars de toutes les couleurs — sans nul doute impressionnantes pour les imaginations fantasques –, mais totalement dépourvues de formes, classiques ou caractéristiques ; c'est là une manière susceptible de faire de grands torts chez un peuple avide de nouveauté et qui exercera une influence des plus pernicieuses sur les jeunes esprits. Enseigner que cette confusion scénique de traits, de mélanges et de tons est du grand art ne saurait qu'entretenir le néophyte dans le plus désastreux des mirages. Qu'il faille un grand talent, une organisation vigoureuse et originale pour produire de telles œuvres, tous l'admettront ; mais l'éclat de la fièvre, la frénésie de l'agitation sont si évidentes qu'un esprit sain doit se détourner avec tristesse et regret de pareilles entreprises[27]. »

À peu près à la même époque, vers 1856, avaient débarqué à Paris deux autres jeunes Américains. Leur réaction à la ville et à Delacroix fut tout à la fois moins morale et plus sensuelle, propre à donner de l'allant à un collectionneur ou à un critique de la génération suivante dans leur pays.

« Cette promenade précise ne nous était pas recommandée, pourtant il semble que nous y tenions ; après avoir traversé les Champs-Élysées, nous allions jusqu'au fleuve, puis sur le pont le plus proche, ensuite nous prenions les quais rive gauche jusqu'à la rue de Seine qui, d'une certaine manière, détenait le secret de notre futur [...]. Avec *toute* la vue et *toute* l'intensité de tons qu'elle offrait à cette époque [...] ; "L'art, l'art, l'art, vous ne voyez pas ? Apprenez donc, petits pèlerins ébahis, ce que c'est que l'art[28] !" »

L'auteur n'est autre que Henry James, qui avait treize ans lors de son deuxième voyage en France avec son frère William, d'un an son aîné. Déterminé à devenir peintre, ce dernier étudiera plus tard la peinture à Newport, auprès de William Morris Hunt, dont Henry nous a laissé ce portrait :

« Le génie de Nouvelle-Angleterre, le "peintre de Boston" dont l'autorité prima à partir de 1857 environ et durant une trentaine d'années, et avec qui, pendant un temps, au début de cette période, devait travailler avec le plus grand dévouement William James, avait prolongé ses études à Paris sous l'inspiration de Couture et de Édouard Frère ; les maîtres d'un groupe complété par trois ou quatre de ces si délicatement intéressants paysagistes de l'époque et de l'époque immédiatement précédente, Troyon, Rousseau, Daubigny, même Lambinet et d'autres, et qui résumait pour le collectionneur américain et les marchés new-yorkais et bostonien l'idée du moderne dans le magistral[29]. »

Mais les frères James ne tardèrent pas à dépasser le maître (ou à s'en éloigner) :

« Pour Eugène Delacroix, l'objet suivant de notre jeune admiration, bien qu'il fût bien plus intelligemment celui de mon frère que le mien, il s'était déjà produit et arrêté, car nous allions continuer à le voir, et jusqu'à la fin, porter, inébranlable, sa couronne, et à prendre même, je crois, un plaisir innocent à l'idée d'en avoir depuis si longtemps été convaincu.

« [...] Bien que je me souvienne qu'il [William] ne cessait de se faire la main sur Delacroix, qu'il trouvait toujours intéressant — au point même de s'essayer à des effets, au fusain et au pastel [...]. Ils [ces peintres] étaient touchés par l'ineffable, l'insondable, et Delacroix en particulier, par l'imprévisible ; catégories, donc, auxquelles nous avions déjà alors, par le biais d'une heureuse transition, commencé à aspirer et qui nous faisaient languir. Nous n'avions pas encore conscience de ce qu'était le style, bien que nous fussions sur la voie, mais nous avions conscience du mystère, qui certes était une de ses manifestations[30]. »

À en croire Henry James, la double influence – artistique et critique – que William Morris Hunt exerça sur ses compatriotes lorsqu'il retourna dans son pays en 1858 devait jeter un pont crucial entre l'Amérique et la France, bien que son enseignement et sa critique fussent plus enracinés dans l'œuvre de Couture et de Millet que dans celle de Delacroix. On peut en dire autant de l'évolution de son style pictural. Il n'en est pas moins amusant, mais aussi navrant, de citer une lettre enflammée qu'il adressa au *Boston Daily Advertiser* à propos de l'accueil général réservé aux œuvres de Millet, de Rousseau, de Troyon et d'autres artistes français présentées au Boston Athenaeum :

« Le niveau de l'enseignement artistique atteint des hauteurs vertigineuses à Harvard University, lorsque des hommes tels que Jean-François Millet sont rangés au nombre des velléitaires. [...] En l'espace de trente ans, la terre et les écoles de France ont présenté au monde les œuvres honorées de Géricault, Delacroix, Ingres, Rousseau, Troyon, Decamps, Meissonier, Regnault, Michel et Gérôme, Corot, Courbet et Couture, Millet et Diaz, Jules Dupré, Baudry, Daubigny et de cent autres dont le monde ne saurait jamais oublier l'œuvre profonde ; tandis que ceux qui font profession d'enseigner l'art dans notre Université prétendent nous faire oublier tout cela d'un coup de plumeau. L'impardonnable vanité de ces fadaises vous fouette le sang de honte [...]. Il ne vaut pas la peine de s'alarmer de l'influence de l'art français. Il ne serait guère mortifiant qu'un Millet ou un Delacroix surgisse à Boston[31]. »

Si Hunt a été pour la culture française un ambassadeur outre-Atlantique, John La Farge (1835-1910), qui fut un temps son élève, fut, pour Delacroix, un lien plus direct tant par son travail d'artiste que par son œuvre de critique. Issu d'une famille de Français immigrés qui avait fait fortune aux États-Unis, il quitta New York pour Paris en 1856, où il fut chaleureusement accueilli par la famille de sa mère, notamment par son cousin, le critique Paul de Saint-Victor. Il rejoignit l'atelier de Thomas Couture et rencontra Pierre Puvis de Chavannes, pour lequel il lui arriva même de poser. Comme il devait le rappeler beaucoup plus tard, c'est Delacroix qui fit sur lui la plus forte impression :

« Chez Chassériau, la guerre faisait rage. Sitôt entré, on vous demandait ce que vous pensiez de M. Ingres ou de M. Delacroix, car le maître de céans avait été l'un des élèves préféré d'Ingres, ce qui lui promettait un bel avenir académique, puis il s'était soudainement converti, comme Paul [de Saint-Victor], à Delacroix, auquel il portait, à juste raison, une extraordinaire admiration. Je regrette aujourd'hui de n'avoir pu, à travers lui ni à travers mon cousin, mon oncle ni aucune relation, voir le grand homme dont je connais les œuvres de première main, surtout par la littérature, et dont les stupéfiantes peintures ont été, avec celles des maîtres anciens, l'une des premières sensations fortes de mes premiers jours à Paris[32]. »

Ce parti pris fut sans doute renforcé lorsque John La Farge retourna à New York puis, en 1859, s'installa à Newport (Rhode Island) afin de travailler avec William Morris Hunt. On peut dire qu'il est le seul peintre américain à avoir perçu toute la portée de l'œuvre de Delacroix et celui qui sut le mieux en assimiler les leçons dans son œuvre propre (fig. 3). Une réflexion qu'il fit à la fin de sa vie prouve aussi qu'aucun artiste américain n'écrivit sur Delacroix avec autant de pénétration :

> « Comme Rodin, qui est un grand exemple, comme Barye, l'ami de Delacroix, comme les Grecs, comme les grands hommes de tous les temps, sauf aujourd'hui, Delacroix a perçu cette règle tacite, à savoir que l'être humain n'évolue jamais librement dans l'espace, mais toujours, étant un animal, en fonction de l'endroit où il se trouve, des gens qui l'entourent, des influences sans nombre de la lumière, de l'air, du vent, de sa posture et de la possibilité de toucher les autres. Telle est la contradiction absolue de la peinture d'atelier, si digne soit-elle : la figure est libre de toute entrave, et personne ne viendra jamais la contrarier[33]. »

Il y a quelque chose de typiquement américain dans cette observation sainement pragmatique, mais colorée par une sensibilité subjective. En ce sens, La Farge est très proche de Henry et surtout de William James, à la vie desquels il fut si étroitement mêlé. À plus d'un titre, il est curieux que William James, qui formula ses idées sur les choses extérieures et les états intérieurs, l'expérience et le spiritualisme, dans une philosophie de l'« empirisme radical », n'ait jamais été assez sensible aux problèmes artistiques pour élaborer une esthétique formelle. De manière plus intuitive et suggestive, et peut-être plus adéquate, Henry fut son porte-parole quand il exposa les vues qu'ils partageaient avec La Farge[34].

Des spéculations philosophiques ou des intuitions esthétiques d'une telle élévation ont-elles pu avoir une influence directe sur les faits et gestes des collectionneurs américains avant le tournant du siècle ? Nombre de ces idées ayant connu une large diffusion en Amérique du Nord à travers les comptes rendus de Henry James, il est tentant de penser que la presse naïve et parfois xénophobe des années 1870 laissa place à une intelligence critique plus subtile et profonde. Dans le même article envoyé de Paris en 1872, où il expliquait que *Sardanapale* laissait à désirer, Henry James évoquait la *Mise au tombeau* de 1848 (cat. 125) :

> « L'un de [ses] chefs-d'œuvre est une œuvre d'une beauté réellement inexprimable ; Delacroix est là au meilleur de sa forme, avec la profondeur singulière de son imagination et son extraordinaire harmonie de couleurs. C'est la seule œuvre religieuse moderne que j'aie jamais vue qui m'ait parue peinte de bonne foi, et comme ces choses-là se font sur une telle échelle, je souhaiterais qu'elle puisse être achetée en Amérique[35]. »

On aimerait croire que Martin Brimmer, le premier président du Boston Museum, et son équipe avaient ce plaidoyer subtil et sincère présent à l'esprit lorsqu'ils acquirent la toile en 1895.

L'arrivée des Delacroix en Amérique du Nord se tarit après la Première Guerre mondiale, et plusieurs œuvres majeures quittèrent le pays à destination de collections européennes et japonaises. Si l'on peut invoquer la limitation de l'offre, tout indique cependant qu'un changement de goût, particulièrement en Amérique, rejeta pour un temps Delacroix dans l'ombre.

La meilleure illustration de cette évolution est peut-être l'article que Julius Meier-Graefe, alors âgé, publia en 1930 dans une revue anglo-américaine sous le titre « Qu'est devenu Delacroix ? » :

> « Il n'y en a plus, de nos jours, que pour Manet, Cézanne, Renoir et d'autres peintres de la même période. Les gens se disputent frénétiquement la moindre vétille de ces messieurs, et Delacroix, dont ils ont tous été les émules et qui leur a transmis plus qu'ils n'ont pu assimiler, est quelque peu délaissé. Année après année, il s'enfonce dans l'oubli, comme s'il avait jadis été un talent surestimé[36]. »

Fig. 3
JOHN LA FARGE, *The Three Wise Men (Les Trois Sages)*, huile sur toile, Boston, Museum of Fine Arts, don de Edward W. Hopper.

La première phrase du catalogue de l'exposition Delacroix à Chicago, en 1930, est également significative de ce changement : « "Pourquoi ressusciter Delacroix ?" s'interrogeront beaucoup de personnes en présence de cette rétrospective, la première de son œuvre en Amérique[37]. »

Ce sentiment n'était pas propre au monde anglo-saxon. Au début du catalogue d'une autre rétrospective en 1930, parisienne celle-là, à laquelle celle de Chicago servit de prélude en même temps que de point de ralliement des prêts américains, Paul Jamot expliquait :

> « C'est un nom illustre, c'est un grand nom, ce n'est pas un nom populaire. L'hostilité violente que Delacroix a rencontrée dès ses débuts, si éclatants, et qui ne désarma jamais tant qu'il vécut, a laissé des traces jusqu'à nos jours. Il n'y a pas bien longtemps que Degas pouvait dire dans une de ses boutades familières : "C'est le meilleur marché des grands maîtres." Alors que, à l'étranger, les musées et les collections les plus célèbres s'ouvraient largement aux peintres français du XIXe siècle, à tous

les originaux, à tous les indépendants, depuis Corot jusqu'aux impressionnistes, Eugène Delacroix n'y pénétrait guère. Le nombre et la qualité des œuvres qui nous sont venues d'Amérique prouvent qu'il y a aujourd'hui quelque chose de changé dans l'opinion du monde[38]. »

Comme le suggérait Jamot, ce retournement est la rançon de l'histoire de l'art moderniste du XXᵉ siècle. Pour toute la génération des collectionneurs, des critiques et des conservateurs de musée qui s'imposa au lendemain de la Première Guerre mondiale, en particulier aux États-Unis, Delacroix – surtout dans ses toiles les plus romantiques et narratives – était trop étroitement lié au goût et aux valeurs du XIXᵉ siècle. Il fallut encore une génération, aux États-Unis tout au moins, pour arracher ces tableaux aux préférences de leurs grands-pères – comblés par le caractère littéraire et sentimental de ces œuvres qui cadraient si bien avec leurs autres œuvres, pan-européennes – et changer de vision. Il est intéressant de constater que c'est avec les mêmes moyens, grâce aux mêmes arguments modernistes qui avaient miné sa position dans les années 1920, que Delacroix devint une figure centrale du canon moderniste.

« Que signifie Delacroix pour nous aujourd'hui ? », demanda Walter Pach, l'influent critique new-yorkais qui publia la première édition anglaise du *Journal* en 1937. « À mon sens, sa valeur a toujours résidé dans la merveilleuse conjonction de ses qualités créatrices et novatrices et de cette faculté qui permet au génie de perpétuer des qualités comme l'unité, la diversité et la proportion qui ont atteint leur plus haut point chez les Grecs... » La reconfirmation de son classicisme avec l'exposition parisienne de 1930 « corroborerait assez bien cette observation d'André Suarès que j'ai plus d'une fois citée : "Tout l'art moderne vient de Delacroix"[39] ». Et ce classicisme fait bon ménage avec le formalisme – la question du sujet était discrètement laissée en suspens – qui a fait de Delacroix un précurseur de l'impressionnisme.

Le lien entre Delacroix et l'impressionnisme devint un facteur essentiel de sa « résurrection », par exemple pour Charles C. Cunningham, élève de Paul Sachs au Fogg Art Museum (Harvard), où l'on enseignait l'art du connaisseur avec beaucoup d'acuité. Lorsqu'il acheta les *Femmes turques au bain* pour le Wadsworth Atheneum dont il était directeur, il observa en effet, citant le *Journal* :

« "Plus je réfléchis sur la couleur, plus je découvre combien cette *demi-teinte reflétée* est le principe qui doit dominer, parce que c'est effectivement ce qui donne le vrai ton, le ton qui constitue la valeur, qui compte dans l'objet et le fait exister." Ces théories ne surprendraient pas sous la plume de Monet ou de Pissarro, mais formulées une génération plus tôt, par Delacroix, elles montrent pourquoi les peintres français, de Redon à Rouault, lui ont prodigué leur admiration[40]. »

Tel est l'esprit dans lequel on célèbre et recherche aujourd'hui Delacroix, surtout dans les musées américains, tandis que les succès de Salon, les peintures de genre divertissantes des collectionneurs du XIXᵉ siècle qui ont fondé ces institutions, sont relégués au sous-sol, voire carrément vendus.

Des années 1930 aux années 1960, les acquisitions de Delacroix par les musées ont fortement augmenté, alors même que les grandes œuvres se faisaient de plus en plus rares sur le marché. Dans les années 1950, par exemple, les musées de Los Angeles, de Hartford, de Chapel Hill (Caroline du Nord), de Saint Louis et de Philadelphie acquièrent ainsi des œuvres majeures du peintre. À l'inverse de ce qui s'était produit après la Première Guerre mondiale, les collectionneurs privés suivirent le mouvement, les plus avisés, tel Grenville

Winthrop, se rabattant sur les dessins et les aquarelles – domaine dans lequel restait encore à explorer un large éventail d'œuvres[41].

La plus grande exception à cet ascendant du goût public (c'est-à-dire « professionnel ») sur celui des amateurs fut l'entrée en 1910, dans la collection Albert Gallatin, à New York, des quatre monumentales *Saisons*. Elles rejoignirent des antiquités grecques et égyptiennes ainsi que des œuvres de Whistler, de Degas et de Gauguin[42]. Il est tentant de penser qu'elles forcèrent l'admiration du cousin germain d'Albert, Albert E. Gallatin, l'un des collectionneurs modernistes les plus précis et les plus disciplinés, célèbre par son goût pour les œuvres cubistes de Braque et de Picasso et par sa passion pour Mondrian et Léger. Les collectionneurs de Delacroix semblent donc entrés dans la modernité grâce aux Gallatin. Dans les Mémoires d'Albert, on apprend par exemple que, peu après son achat des *Quatre Saisons* à l'American Art Galleries, James J. Hill – le collectionneur de Saint Paul qui ouvre notre histoire des « fortunes » américaines de Delacroix – lui proposa de les lui acheter le double[43].

Le départ des *Saisons* pour l'Amérique du Sud, en 1952, porta un coup dur à une politique, par ailleurs active, d'acquisition d'œuvres de Delacroix en Amérique du Nord. L'épisode suggère que s'est ouvert un nouveau chapitre dans l'histoire de l'évaluation du peintre... Tel est en partie le sujet de cette exposition.

Traduit de l'anglais par Pierre-Emmanuel Dauzat.

1. Paul Bourget, *Impressions d'Amérique*, éd. définitive, Paris, sans date, Plon, p. 201-202. Il s'agit d'une anthologie d'articles initialement écrits pour le *New York Herald*. *Les Convulsionnaires de Tanger* (1835-1838) est la première version du sujet, actuellement au Minneapolis Institute.

2. Voir Richard S. Davis, « The Collection of James J. Hill », *The Minneapolis Institute of Arts Bulletin*, Minneapolis, vol. 47, n° 2, 1958, p. 15-27 ; Gregory Hedberg et Marion Hirschler, « The Jerome Hill Bequest : Corot's *Silenus* and Delacroix's *Fanatics of Tangiers* », *The Minneapolis Institute of Arts Bulletin*, vol. 61, 1974, p. 92-104 ; Jane H. Hancock, Sheila Ffolliott et Thomas O'Sullivan, *Homecoming : The Art Collection of James J. Hill,* Saint Paul, Minnesota Historical Society Press, 1991.

3. Voir Edward Strahan (Earl Shinn), *The Art Treasures of America*, Philadelphie, Gebbie and Barrie, 1878-1880, 3 vol. ; René Brimo, *L'Évolution du goût aux États-Unis*, Paris, James Fortune, 1938 ; Aline B. Saarinen, *The Proud Possessors*, New York, Random House, 1958 ; William George Constable, *Art Collecting in the United States of America ; an outline of a history*, Londres, Thames Nelson and Sons Ltd., 1964.

4. Davis, art. cité, p. 27. Sur les onze œuvres que l'on peut faire remonter à Hill, il en est une qu'a rejetée Johnson (1981-1989), trois qui ne sont pas répertoriées par lui, et quatre qui sont présentées dans cette exposition : *Combat d'Arabes dans les montagnes* (cat. 139), *Vue de Tanger prise de la côte* (cat. 106), *Vue de Tanger avec deux Arabes assis* (cat. 100), *Tigre effrayé par un serpent* (cat. 20).

5. *Catalogue of the Thirty-Second Annual Exhibition of the Pennsylvania Academy of the Fine Arts*, Philadelphie, T. K. et P. G. Collins, Printers, 1855, p. 20, n° 310.

6. Strahan, *op. cit.*, vol. 3, p. 36.

7. *Catalogue of the Forty-fifth Annual Exhibition of the Pennsylvania Academy of the Fine Arts*, Philadelphie, T. K. et P. G. Collins, Printers, 1868, p. 10, n° 75.

8. Johnson, t. III, 1986, n° 204.

9. Les indications sur Borie proviennent des coupures de presse de l'Historical Society of Philadelphia.

10. Strahan, *op. cit.*, vol. 2, p. 15. Strahan ajoute que la collection de Borie contient les plus précieuses œuvres d'art des collections publiques et privées d'Amérique du Nord.

11. Henry James, *The Painter's Eye, Notes and Essays on the Pictorial Arts by Henry James,* textes choisis, édités et

présentés par John L. Sweeney, Madison, University
of Wisconsin Press, 1989, p. 43.

12. *Ibid.* Johnson, t. III, 1986, n° 418.

13. G. W. Sheldon, *American Painters*, New York, 1879,
p. 10.

14. Voir Johnson, *op. cit.*, index des collectionneurs.

15. The Metropolitan Museum of Art, New York, *Splendid
Legacy : The Havemeyer Collection*, 1993. Des trois Delacroix
de la collection Havemeyer, seul le *Christ sur le lac de
Génézareth* (cat. 115) n'a pas été rejeté. Ce chiffre est à
rapprocher des quarante Courbet et des vingt-cinq Manet
de leur collection.

16. Coupures de presse du Philadelphia Museum of Art.

17. Strahan, *op. cit.*, vol. 1, p. 27. DeCourcy E. McIntosh,
« The Pittsburgh Art Trade and M. Knoedler & Co »,
*Collecting in the Gilded Age : Art Patronage in Pittsburgh,
1890-1910*, Pittsburgh, Frick Art and Historical Center,
1997, p. 114.

18. Le prix de *La Mort de Sardanapale* en 1887 nous a été
communiqué par Caroline Durand-Ruel Godfroy, de la
maison Durand-Ruel et Cie à Paris.

19. Johnson, t. III, 1986, n° 326.

20. Voir Frances Weitzenhoffer, *The Havemeyers :
Impressionism Comes to America*, New York, Harry
N. Abrams, Inc., 1986, p. 41.

21. *Catalogue of Celebrated Paintings by Great French
Masters,* National Academy of Design, 25 mai - 30 juin
1887, New York, The American Association for the
Promotion and Encouragement of Art, 1887, p. 3.

22. « Picture Sellers and Picture Buyers », *The Collector*,
15 décembre 1890, p. 44. Cité par Weitzenhoffer, *op. cit.*,
p. 43.

23. James, *op. cit.*, p. 113.

24. *Catalogue of the Works of Antoine-Louis Barye, exhibited
at the American Art Galleries, for the benefit of the Barye
Monument Fund,* American Art Association Managers,
15 novembre 1889 - 15 janvier 1890.

25. Voir Edgar P. Richardson, « William J. Stillman :
Artist and Art Journalist », *Union Worthies,* n° 12, Union
College, 1958, p. 9-15 ; Brooklyn Museum of Art,
The New Path : Ruskin and the American Pre-Raphaelites,
1985, p. 274.

26. William James Stillman, *The Autobiography of a
Journalist*, Cambridge (Mass.), 1901, vol. 1, p. 165-166.

27. T. P. Rossiter, « Notes on the Universal Exposition
of Fine Arts in Paris », *The Crayon : A Journal Devoted to
the Graphic Arts and the Literature Related to Them*, vol. I,
janvier-juin 1855, p. 390-391.

28. Henry James, « A Small Boy and Others », *Henry
James : Autobiography*, Princeton, 1913, p. 190-191 ;
Mémoires d'un jeune garçon, trad. Ch. Bouvart, Paris,
Rivages, 1989, p. 266-267.

29. *Ibid.*, p. 193 ; trad., p. 269.

30. *Ibid.*, p. 195 ; trad., p. 271-272.

31. Cité par Helen W. Knowlton, *Masters of Art (William
Morris Hunt)*, août 1908, vol. 9, part 104, p. 332.

32. Royal Cortissoz, *John La Farge : A Memoir and a Study*,
New York, p. 85-88.

33. *Ibid.*, p. 149.

34. Sur ce point, voir Robert M. Crunden, *American
Salons : Encounters with European Modernism, 1885-1917*,
Oxford, 1993 ; et Henry Adams, « William James, Henry
James, John La Farge, and the foundations of Radical
Empiricism », *The American Art Journal*, vol. XVII, n° 1,
hiver 1985, p. 60-67.

35. *Op. cit.*, p. 113.

36. Julius Meier-Graefe, « What has Become of
Delacroix », *International Studio*, Londres et New York,
mai 1930, p. 25.

37. Daniel Catton Rich, « Delacroix and Modern
Painting », *Loan Exhibition of Paintings, Water Colors,
Drawings and Prints by Eugène Delacroix, 1798-1863*,
Chicago, The Art Institute, 20 mars-20 avril 1930, p. 5.

38. Paul Jamot, *Catalogue de l'exposition E. Delacroix*, Paris,
musée du Louvre, juin-juillet 1930, Musées nationaux,
palais du Louvre, p. 1.

39. Walter Pach, « Delacroix Today », *Magazine of Art*,
New York, vol. 31, janvier 1938, p. 17.

40. Charles C. Cunningham, « Eugène Delacroix (1798-
1863) *Turkish Women Bathing* », *Wadsworth Atheneum
Bulletin*, Hartford, deuxième série, n° 35, novembre 1952,
p. 1. Pour la citation, voir *Journal*, 1996, p. 418.

41. Dorothy W. Gillerman, Gridley McKim et Joan
R. Mertens, *Grenville L. Winthrop : Retrospective for a
Collector*, Cambridge, Fogg Museum of Art, 23 janvier -
31 mars 1969, p. XV-XVI.

42. Gail Beth Stavitsky, *The Development,
Institutionalization, and Impact of the A. E. Gallatin
Collection of Modern Art*, New York, New York University,
vol. 1, 1990, p. 22.

43. Albert Gallatin, *The Pursuit of Happiness by Albert
Gallatin, The Abstract and Brief Chronicles of the Time*, New
York, 1950, p. 201.

CATALOGUE

Les historiques, les bibliographies
et les expositions des œuvres figurent
dans les notices techniques en fin
d'ouvrage (p. 352 à 383).

Les dimensions des œuvres sont
indiquées en mètres, la hauteur
précédant la largeur.

L'édition de référence du *Journal* de
Delacroix est celle de Plon, 1996.

Les textes ont été rédigés par :
Vincent Pomarède *(V. P.)*
Louis-Antoine Prat *(L.-A. P.)*
Arlette Sérullaz *(A. S.)*

Eugène Delacroix,
Portrait de l'artiste
ou *Autoportrait au gilet vert*,
vers 1837, huile sur toile,
Paris, musée du Louvre.

I

FÉLINS ET CHASSES

Contrairement aux idées reçues et hormis quelques notables exceptions – comme le *Lion attaquant un cheval* de l'Anglais Georges Stubbs (1724-1806) –, les grands fauves, montrés isolément ou mis en scène dans des tableaux de chasses, n'ont pas été en peinture un élément constitutif de la thématique romantique. Bien que l'étrange et exotique beauté des lions et des tigres ait sûrement fasciné les artistes de cette génération, les félins ne sont redevenus un sujet de compositions picturales que vers 1840 – d'ailleurs en partie grâce à Eugène Delacroix –, alors qu'ils avaient été régulièrement représentés par les peintres des XVIIᵉ et XVIIIᵉ siècles. En fait, la noblesse du cheval avait davantage passionné les premiers romantiques, qui s'inspirèrent tantôt de la lutte violente entre l'homme et sa monture indomptée, comme le fit Théodore Géricault (1791-1824) avec sa série consacrée aux courses de chevaux barbes, tantôt de ces moments dramatiques où l'animal partage les destinées humaines, comme dans les grandes pages de l'épopée napoléonienne peintes par Antoine Jean Gros (1771-1835).

Tandis que la peinture avait partiellement délaissé à cette époque le thème du félin, la sculpture l'avait abordé plus régulièrement, surtout grâce à Antoine-Louis Barye (1795-1875), qui remporta un de ses premiers succès au Salon de 1833 avec son célèbre *Lion au serpent* (Paris, musée du Louvre), commandé par Louis-Philippe. La similitude entre les scènes animalières que peignit Delacroix après 1850 et celles que sculpta Barye a d'ailleurs été peu commentée, bien que le sculpteur ait traité dès 1835 certains des thèmes décrits plus tard par le peintre : lion guettant un serpent (cat. 20), lion dévorant un sanglier, félin attaquant un caïman (cat. 15). Chez Barye, la confrontation du prédateur avec sa victime était ainsi devenue un thème à part entière, comme pour Delacroix, et le traitement de la matière – plâtre et surtout bronze – s'attachait à rendre l'expression réaliste des attitudes animales. Mais si l'histoire de l'art n'a pas systématiquement recherché dans l'œuvre de Barye certaines des sources d'inspiration de Delacroix, elle a insisté sur l'amitié entre le peintre et le sculpteur, amitié qui explique certains aspects de la passion de Delacroix pour les animaux sauvages. Ainsi a-t-on souvent rappelé l'importance des séances d'études accomplies par les deux hommes à la ménagerie du Muséum d'histoire naturelle, à la foire de Saint-Cloud et, peut-être, au théâtre de la Barrière, rebaptisé « théâtre du Combat » en raison des combats d'animaux qui y furent organisés jusqu'en 1837.

Grâce à Barye donc, mais aussi en raison de sa quête personnelle constante de motifs variés et inhabituels, Delacroix avait accumulé durant sa jeunesse les esquisses anatomiques d'après des félins, qui aboutirent d'ailleurs à l'exécution de quelques lithographies. Cependant ces croquis animaliers destinés à préparer d'éventuelles compositions historiques ne représentaient pas une fin en soi et se concrétisèrent rarement dans des tableaux à cette période. En fait, hormis le superbe *Jeune Tigre jouant avec sa mère* (Paris, musée du Louvre), exposé au Salon de 1831, et la *Jeune Lionne marchant* de 1832 (fig. 1 cat. 7), le thème du félin, en action ou au repos, ne trouva réellement son autonomie dans l'œuvre de Delacroix que dix ans plus tard, après 1840.

À cette date, Delacroix s'essaya à un genre nouveau, sorte de transposition picturale des œuvres animalières sculptées par Barye, enrichie par son imagination et ses préoccupations techniques personnelles. *Un lion à la source* (1841, Bordeaux, musée des Beaux-Arts), *Cheval attaqué par une lionne* (1842, Paris, musée du Louvre) ou *Lion dévorant une chèvre* (Salon de 1848, coll. part. ; Johnson, t. III, 1986, n° 179) révélèrent alors ses intentions esthétiques : rendre les attitudes physiques des fauves, peindre leur pelage à l'aide de touches vivantes et colorées, animer la composition par des anecdotes – composition parfois paisible lorsque le félin est au repos, parfois violente lorsqu'il dévore sa proie – et fondre la description de l'animal dans un paysage très élaboré.

Après 1850, ces sujets animaliers devinrent, par leur quantité et leur qualité, une véritable obsession, résultant sans doute des motivations esthétiques de la dernière période de la carrière de Delacroix, qui l'entraînaient vers un renouvellement et une simplification des thèmes représentés et le renforçaient dans sa conviction de la primauté de l'imaginaire par rapport au réel.

Première de ces motivations, le voyage au Maroc de 1832 lui avait donné le goût des scènes exotiques et des paysages sauvages, dont témoignaient les nombreux tableaux peints à cette période en « souvenir » de l'Afrique du Nord ; Delacroix avait conservé en mémoire non seulement les éblouissants et désertiques paysages entourant Meknès (ou Méquinez), qui allaient devenir parfois le décor de ses scènes animalières, mais aussi les animaux étranges découverts durant ce voyage : « une lionne, un tigre, des autruches, des antilopes, une gazelle » (lettre à Pierret, 2 avril 1832 ; *Correspondance*, t. I, p. 326-327). Ainsi la représentation animalière constituait-elle de fait une variante subtile de la thématique orientaliste, même lorsque Delacroix étudiait ses fauves au jardin des Plantes et les mettait en scène dans un paysage d'Île-de-France…

D'évidentes motivations commerciales expliquent également le développement de ce thème après 1850. Les amateurs appréciaient ces tableaux, peints dans un esprit très romantique, mais sans les complications littéraires, psychologiques et sentimentales de ce mouvement, et les commandes des marchands alimentèrent constamment cette production picturale. Le *Journal* montre que Delacroix n'hésitait pas à multiplier des œuvres aux sujets très proches pour satisfaire ses divers clients. Par exemple, il écrivait, à la fin de l'agenda de l'année 1852 : « Le 27 décembre 1852, reçu de Thomas, pour un *Petit Tigre* 300 [...]. Le 22 mars, reçu de Beugniet, pour le *Petit Christ* et le *Lion et Sanglier* 1 000 [...] Le 10 avril, reçu de Thomas 1 100 (J'ai à lui donner les *Lions* sur ce marché...) [...] Marché avec Thomas : [...] *Deux lions* sur le même tableau » (*Journal*, p. 316-317). Nous ne développerons pas davantage cette question des relations de Delacroix avec le marché de l'art, déjà abordée dans ce catalogue (voir « Eugène Delacroix, l'État, les collectionneurs et les marchands »), sinon pour rappeler que ce contexte commercial explique souvent les répétitions et les variantes d'un même motif, ainsi que certaines facilités d'exécution.

Mais la motivation « commerciale » ne saurait être suffisante : il est clair que Delacroix, dont on connaît l'esprit indépendant – même dans sa quête assidue et obstinée d'un fauteuil à l'Institut –, n'aurait pu s'intéresser longtemps à un thème pictural si des préoccupations esthétiques primordiales n'avaient animé sa démarche. Les recherches passionnées qu'il mena en 1849 pour la préparation d'un tableau mettant en scène *Daniel dans la fosse aux lions* (Montpellier, musée Fabre) – un sujet nécessitant par nature la description de félins – prouvent la subtilité et la complexité de son inspiration, ainsi que la place centrale dans son œuvre de cette thématique animalière, y compris dans des tableaux à sujets religieux. Et l'apparition en 1854 des scènes de chasse, variantes ultimes de cette description des grands fauves en action, constitue une preuve supplémentaire de ses ambitions esthétiques dans ce genre.

Contrairement à son ami Géricault, peintre passionné des chevaux et lui-même cavalier fougueux, Delacroix n'avait que peu de penchant pour les exercices cynégétiques, même s'il avait conservé quelques souvenirs de ses chasses de jeune homme, dont témoignent plusieurs lettres : « Mon cœur palpite avec force et je cours après mes timides proies avec une ardeur de guerrier qui franchit des palissades et s'élance au carnage », écrivait-il le 18 septembre 1818 à son ami Pierret *(Correspondance*, t. I, p. 18*)*, reconnaissant tout de même : « Décidément, la chasse est une chose qui ne me convient pas », et ajoutant dans une autre lettre, écrite cette fois à Félix Guillemardet : « Comme je suis peu adroit [...], je me dégoûte facilement » *(Correspondance*, t. I, p. 17*)*.

En fait l'intérêt d'Eugène Delacroix pour ce thème de la chasse était apparemment intellectuel et purement esthétique. Corps torturés, sang et sueur des chasseurs et bave des fauves, il retrouvait dans ces descriptions violentes des préoccupations picturales identiques à celles des scènes de bataille ou de massacre de sa jeunesse. Sa *Chasse aux lions* de l'Exposition universelle (cat. 14) représentait ainsi une variante ultime d'œuvres telles que *Scènes des massacres de Scio* (1824, Paris, musée du Louvre), *La Mort de Sardanapale* (1827-1828, Paris, musée du Louvre) ou, plus précisément, l'un de ses chefs-d'œuvre orientalistes, *Le Combat du Giaour et du Pacha* (1827, Chicago, The Art Institute).

On a beaucoup commenté cet intérêt soudain de Delacroix pour les scènes de chasse après 1850, et on a cherché dans un événement du moment des sources d'inspiration possibles. Ainsi Maurice Sérullaz a-t-il rappelé la publication concomitante de l'amusante *Chasse aux lions*, récit de voyages écrit par Jules Gérard, curieux personnage surnommé « le tueur de lions ». Ce texte ne semble avoir été découvert par Delacroix, dans un article du *Moniteur universel*, qu'en 1854 *(Journal*, 30 septembre 1854, p. 478*)*, alors que son grand tableau destiné à l'Exposition universelle de 1855 était déjà très avancé, mais ce récit de chasses orientales participait véritablement d'une mode contemporaine des recherches de Delacroix, dont témoignaient d'ailleurs les gravures de Gustave Doré illustrant l'ouvrage de Gérard publié l'année suivante à partir des articles regroupés.

Parmi les sources de l'époque moins fréquemment citées, il convient de mentionner aussi un célèbre surtout de table exécuté par Barye entre 1834 et 1838 pour le duc d'Orléans, formant une série de cinq scènes de chasse – dont une superbe *Chasse au lion* (modèle au musée du Louvre et tirage en bronze à Baltimore, Walters Art Gallery). La violence du combat entre l'animal et les chasseurs, ainsi que l'équilibre des corps en mouvement constituent de nouveau d'indéniables points communs entre les *Chasse* du sculpteur et celles du peintre.

Cependant ce dernier a clairement fixé la limite des similitudes de son œuvre avec celle du grand sculpteur romantique. Dans une des notes prises en 1857 pour préparer la publication de son *Dictionnaire des Beaux-Arts*, il commentait ainsi les réalisations de ses confrères dans le genre animalier : « Il ne faut pas y apporter la perfection de dessin des naturalistes, surtout dans la grande peinture et la grande sculpture. Géricault trop savant. Rubens et Gros supérieurs. Barye mesquin dans ses lions » (*Journal*, 13 janvier 1857, p. 610-611). Ses intentions étaient donc exprimées avec netteté : ne pas rechercher une description réaliste des animaux, comme pouvait le faire Barye, mais s'intéresser davantage à leur expressivité, à ce que leur attitude recèle d'éternel et d'artistique. Loin d'imposer un thème romantique supplémentaire, Delacroix voulait au contraire prouver que son génie personnel lui permettait d'égaler, dans cette description de l'affrontement entre l'homme et l'animal, les maîtres de l'histoire de la peinture, qui s'étaient affranchis en leur temps des contraintes spatiales et chromatiques des scènes de bataille ou de chasse : Léonard de Vinci dans *La Bataille d'Anghiari*, Raphaël et ses élèves dans les scènes de la vie de Constantin, Charles Le Brun dans la série des batailles d'Alexandre et dans les cartons de tapisserie de l'*Histoire de Méléagre*.

Ainsi les références picturales à la peinture ancienne dans les scènes de chasse de Delacroix sont-elles nombreuses. On a maintes fois cité, à juste titre, celles de Pierre Paul Rubens (1577-1640), qui avait abordé ce thème à plusieurs reprises. La série la plus connue en France était alors celle que le peintre flamand avait exécutée entre 1615 et 1617 pour l'électeur Maximilien de Bavière, afin de décorer le château de Schleissheim. Ces grandes compositions avaient été rapportées en France en 1800 par les armées révolutionnaires – hormis *La Chasse au crocodile*, demeuré à Munich – et avaient été déposées en 1803 dans plusieurs musées de province : *La Chasse au tigre* à Rennes, *La Chasse au sanglier* à Marseille et *La Chasse aux lions* à Bordeaux – cette œuvre fut d'ailleurs détruite en 1870 dans l'incendie qui endommagea *La Chasse aux lions* de Delacroix (cat. 14) –, où le peintre l'a peut-être étudiée, en 1846, alors qu'il y séjournait en raison de la mort de son frère, Charles-Henri Delacroix (1779-1845).

Même s'il n'a pas vu tous les tableaux consacrés par Rubens à ce thème – il a pourtant copié une autre *Chasse* du maître, conservée à Dresde (vers 1615-1620 ; la copie de Delacroix est à la Neue Pinakothek de Munich) –, Eugène Delacroix connaissait parfaitement les gravures exécutées d'après ses scènes de chasse par Pieter-Claesz Soutman (1580-1657), pour les avoir lui-même reproduites (*Journal*, 23 janvier 1847 et 6 mars 1847, p. 119 et 140 : « Il y a autant à apprendre dans ses exagérations et dans ses formes boursouflées que dans des imitations exactes »). Il nous a d'ailleurs laissé une mémorable description de *La Chasse aux lions* : « On voit la lance plier en s'enfonçant dans le poitrail de la bête furieuse. Sur le devant, un cavalier maure renversé ; son cheval, renversé également, est déjà saisi par un énorme lion : mais l'animal se retourne avec une grimace horrible vers un autre combattant étendu tout à fait par terre, qui, dans un dernier effort, enfonce dans le corps du monstre un poignard d'une largeur effrayante ; il est comme cloué à terre par une des pattes de derrière de l'animal, qui lui laboure affreusement la face en se sentant percer. Les chevaux cabrés, les crins hérissés, mille accessoires, les boucliers détachés, les brides entortillées, tout cela est fait pour frapper l'imagination, et l'exécution est admirable » (*Journal*, 25 janvier 1847, p. 121).

Cependant, malgré son admiration pour Rubens, qui inspira tant son œuvre, Delacroix conservait un étonnant sens critique, révélateur de la place qu'il souhaitait occuper lui-même dans l'histoire de la peinture. Parlant toujours de *La Chasse aux lions* gravée par Soutman, il ajoutait : « Mais l'aspect est confus, l'œil ne sait où se fixer, il a le sentiment d'un affreux désordre ; mais il semble que l'art n'y a pas assez présidé, pour augmenter par

une prudente distribution ou par des sacrifices l'effet de tant d'inventions de génie »
(*Journal*, 25 janvier 1847, p. 121). Ses recherches picturales eurent donc pour finalité
d'éviter de semblables « confusions » de construction et c'est, semble-t-il, dans ce but qu'il
a étudié les œuvres de nombreux autres peintres animaliers.

On note ainsi chez Delacroix l'influence incontestable des gravures d'Antonio
Tempesta (1555-1630), spécialiste des scènes de chasse, et de Jan Van der Straeten, dit
Stradanus (1523-1605), qui dessina des cartons de tapisseries pour Cosme Iᵉʳ de Médicis.
Delacroix a-t-il également étudié les scènes de chasse du peintre hollandais Abraham
Hondius (1625-1695)? celles de François Desportes (1661-1743) et de Jean-Baptiste
Oudry (1686-1755)? L'art du XVIIIᵉ siècle – la musique et la littérature, mais aussi la
peinture – le passionnait depuis sa jeunesse et il est vraisemblable qu'il a dû apprécier éga-
lement la célèbre série des *Chasse* commandée en 1739 par le jeune roi Louis XV pour la
Petite Galerie du château de Versailles (Jean-François de Troy, *La Chasse au lion*, Amiens,
musée de Picardie).

Mais une des sources d'inspiration les plus importantes de Delacroix pour ses *Chasse*,
moins commentée par l'histoire de l'art que celle de Rubens, fut sûrement la série des gravures exécutées à l'eau-forte par Rembrandt (1606-1669) : *La Petite Chasse avec un lion* (vers
1629), *La Petite Chasse avec deux lions* (vers 1632) et *La Grande Chasse aux lions* (1641). La
comparaison entre le personnage central de la *Chasse aux lions* du musée des Beaux-Arts
de Bordeaux (cat. 14) – un cavalier sur son cheval cabré – et la figure, presque identique,
du cavalier de *La Grande Chasse aux lions* de Rembrandt montre la dette de Delacroix. De
même, dans la *Chasse au tigre* (cat. 11), la figure du personnage tenant une lance dans la
main gauche est directement tirée de l'un des chasseurs gravés par Rembrandt dans *La
Petite Chasse avec deux lions*.

Cette passion de Delacroix pour Rembrandt datait de sa jeunesse, mais il a apparemment découvert plus tardivement les quelques essais animaliers du maître hollandais. En 1847, il acheta ainsi sur les quais à Paris un dessin de Dominique-Vivant Denon
(1747-1825) exécuté d'après un lion de Rembrandt, manifestant son intérêt pour cette
dimension marginale de l'œuvre de ce peintre (*Journal*, 3 avril 1847, p. 147). L'esthétique
de Rembrandt a animé en tout cas cette période de maturation des *Chasse* et, lorsqu'il s'exprimait dans son *Journal*, Delacroix insistait sur l'une des qualités principales du maître
hollandais, son sens de la hiérarchie entre l'accessoire et l'essentiel : « Véritablement ce
n'est qu'à Rembrandt qu'on voit commencer, dans les tableaux, cet accord des accessoires
et du sujet principal, qui me paraît à moi une des parties les plus importantes, si ce n'est
la plus importante » (*Journal*, 5 juillet 1854, p. 440). Et il ajoutait quelques jours plus
tard, après avoir critiqué Rubens pour sa difficulté à maîtriser les relations entre les figures
et les paysages, relations qui l'obsédaient dans ses propres peintures animalières : « Chez
Rembrandt même – et ceci est la perfection – le fond et les figures ne font qu'un » (*Journal*,
29 juillet 1854, p. 444).

Ces diverses références à l'art du passé permettent de comprendre l'étrange synthèse
recherchée par Eugène Delacroix entre la *terribilità* de ces affrontements primitifs et l'effet
esthétique obtenu par la rigueur de l'organisation spatiale et de l'intensité des couleurs
utilisées. L'œuvre et la personnalité de Delacroix s'expriment alors tout entières dans ces
terribles chocs de félins et de cavaliers, où se rejoignent l'expression du sentiment romantique et l'hommage pictural rendu aux maîtres de la peinture.

Vincent Pomarède

1. *Lion déchirant le corps d'un Arabe*

Vers 1847-1850
Aquarelle sur traits à la mine de plomb;
0,220 x 0,270 m
Collection particulière (courtesy galerie
Nathan, Zurich)
Exposé à Paris seulement

Fig. 1
EUGÈNE DELACROIX, *Lion
déchirant la poitrine d'un Arabe*,
1847, huile sur toile, Oslo,
Nasjonalgalleriet.

Cette aquarelle illustre un thème qui fut particulièrement cher à Delacroix dans les années 1840-
1855, celui du combat d'un Arabe et d'un félin,
dont la version la plus grandiose devait être la *Chasse
aux lions* présentée à l'Exposition universelle de
1855 (cat. 14).

Delacroix évoque l'issue fatale de l'affrontement
d'un Arabe avec un lion, sujet également traité,
mais avec des variantes importantes, dans une peinture exécutée en 1847 et exposée au Salon l'année
suivante (fig. 1). En plus d'un léger décalage du
groupe vers la gauche, il y a en effet dans le tableau
une modification sensible du paysage, conséquence
des souvenirs toujours vivaces du séjour de l'artiste
en Afrique du Nord. L'adjonction, au premier plan
à droite, d'un fusil noir renforce du reste la connotation « africaine » de la toile, déjà perceptible
dans l'aquarelle. Il émane au demeurant de cette

dernière un sentiment dramatique beaucoup plus intense, rien ne venant distraire l'attention de ce lion au regard cruel, ramassé sur sa proie inerte, dont les membres ne sont pas encore raidis. Dans une seconde version du tableau (localisation actuelle inconnue ; Johnson, t. III, 1986, n° 77, pl. 10), sans doute réalisée à la même époque, l'atmosphère dramatique devait être encore plus forte, Delacroix ayant alors choisi de représenter l'Arabe terrassé, les jambes pendant au-dessus d'un précipice.

En 1849, l'artiste reprit de nouveau ce thème, cette fois-ci à l'eau-forte, substituant au lion une lionne, au rictus tout aussi féroce (Delteil, 1908, n° 25, repr.).

A. S.

2.   *Tigre couché*

Vers 1847-1849
Plume et encre brune ; 0,121 x 0,202 m
Paris, musée du Louvre, département des Arts graphiques (RF 36 803)
Exposé à Philadelphie seulement

Il n'est pas toujours aisé de proposer une datation précise pour les nombreuses études de félins exécutées par Delacroix dans la seconde partie de sa carrière. C'est le cas pour cette étude prestement esquissée à la pointe de la plume, renforcée çà et là par un encrage plus soutenu. Visiteur assidu du jardin des Plantes dès lors qu'il avait reçu d'Isidore Geoffroy Saint-Hilaire l'autorisation exceptionnelle de « faire des études d'après les animaux féroces, soit hors de l'heure des repas des animaux, soit même pendant les repas » (lettre inédite du 23 août 1841 ; archives Piron, vente, Caen, 6 décembre 1997, n° 55, repr.), Delacroix avait eu l'occasion une dizaine d'années plus tôt de travailler aux côtés de son ami le sculpteur Barye, lors du passage d'une ménagerie ambulante à Saint-Cloud. La maîtrise du trait inclinerait néanmoins à situer un tel dessin aux alentours des années 1847-1849.

A. S.

3.   *Têtes de lions et de lionnes rugissant*

Vers 1850
Plume et encre noire sur traits de crayon ;
0,210 x 0,267 m
Dijon, musée des Beaux-Arts (DG 105)
Exposé à Philadelphie seulement

Ce dessin offre un bel exemple des croquis exécutés sur le vif par Delacroix au cours de ses visites au jardin des Plantes, l'œil rivé sur les mufles des félins menaçants ou franchement en colère.

A. S.

4. *Lionne prête à attaquer, une autre couchée*

Vers 1850
Plume et encre brune ; 0,175 x 0,220 m
Signé en bas à droite à la plume et à l'encre
brune : *Eug. Delacroix*
Zurich, collection Dr. Peter Nathan

C'est sans doute à partir de ce type de croquis nerveux – exécutés sur le vif ou de mémoire – que
Delacroix a réalisé, en 1856, une lithographie représentant un *Tigre qui se lèche* (Delteil, 1908, n° 130,
repr.). Si le motif n'est pas exactement le même, le
rendu des formes puissantes au moyen d'un entrecroisement de traits souples, plus ou moins rapprochés, est identique. Il n'est pas rare de trouver
dans les dessins animaliers de cette époque pareille
opposition entre un félin au repos et un autre dressé.

A. S.

5. *Lion guettant sa proie* ou *Lion regardant des gazelles*

Vers 1850

Huile sur toile ; 0,245 x 0,335 m

Signé en bas à gauche : *Eug. Delacroix.*

Collection particulière

La datation de cette œuvre repose sur deux sources historiques différentes mais non contradictoires. Si ce tableau est effectivement celui qui fut donné par Eugène Delacroix à son ami Jean-Baptiste Pierret le dimanche 24 février 1850, comme le suggère Lee Johnson, une date d'exécution postérieure à ce jour apparaît évidemment injustifiable. Mais Alfred Robaut, qui avait daté l'œuvre de 1854 – ne la rapprochant pas du tableau ayant appartenu à Pierret –, a signalé l'existence d'un dessin, aujourd'hui au Louvre après être longtemps resté en sa possession (fig. 1), montrant un félin dans une position absolument similaire à celle du tableau. Une annotation sur ce dessin, peut-être préparatoire au tableau, avait d'ailleurs suggéré à Robaut de donner un titre identique aux deux œuvres : *Lion regardant des gazelles*. Grâce aux pieuses annotations de ce dernier sur le verso du dessin, nous connaissons assez précisément les conditions d'exécution de cette superbe esquisse à la plume : « Ce croquis avait été fait l'un des nombreux soirs que Delacroix passait chez M. Fr. Villot son ami intime duquel je le tiens, par échange. Alfred Robaut. » Bien qu'il n'ait pas daté

précisément ce souvenir, il est vraisemblable que la date de 1854 donnée au tableau par Robaut dans son catalogue provienne de celle du dessin, obtenue peut-être après une conversation avec Frédéric Villot.

La relation chronologique entre les deux œuvres – relation indéniable en ce qui concerne la ressemblance des deux félins – n'apparaît donc pas évidente, d'autant que le dessin, qui ne semble pas avoir été exécuté d'après nature, n'est pas nécessairement une esquisse préparatoire pour le tableau. Ainsi la synthèse des informations fournies par Robaut et des suggestions de Lee Johnson montre que Delacroix aurait pu exécuter le dessin chez Villot avant 1850, reprenant ensuite de mémoire la figure du lion pour son tableau, mais il aurait pu également peindre son tableau en 1850 et dessiner plus tard ce motif pour Villot afin de le lui décrire. Il aurait pu enfin exécuter les deux œuvres vers 1854 et aurait alors donné à Pierret un autre tableau représentant un lion. Notons que la facture superbe du pelage du lion et de sa crinière rappelle celle d'un autre tableau (cat. 7), peint entre 1852 et 1854, ce qui ne permet pas d'ailleurs d'affiner sa datation. L'historique du présent tableau après la mort de Delacroix, relativement linéaire, nous amènerait plutôt à suivre la position de Lee Johnson et à envisager avec lui la date de 1850, ce qui implique que le dessin, dans lequel Delacroix semblait plutôt chercher à décrire l'attitude du félin, a pu être exécuté par la suite pour Villot en souvenir du tableau.

Délaissant les descriptions pittoresques du paysage et les habituelles mises en scène juxtaposant un félin avec un autre animal, Delacroix a concentré son travail sur le lion : les teintes subtiles – passant du blanc au marron clair et au marron foncé – de sa crinière, l'expression vivante et animée de son corps prêt à bondir et l'étrange sentiment d'attente tranquille que son œil reflète. Cette richesse de facture et cette aisance de traitement pictural du corps du félin placent cette œuvre parmi les plus belles réussites de Delacroix dans le genre de la peinture animalière.

V. P.

Fig. 1
Eugène Delacroix, *Lion guettant sa proie*, vers 1850-1854, plume, encre brune et lavis brun, Paris, musée du Louvre, département des Arts graphiques.

6. *Lion tenant une proie*

1852
Plume et encre noire ; 0,125 x 0,200 m
Daté en bas à droite à la plume et à l'encre
noire : *27 f r. 52.*
Dijon, musée des Beaux-Arts (DG 377)
Exposé à Philadelphie seulement

Fig. 1
EUGÈNE DELACROIX, *Lion rugissant*, 1852, plume et encre noire, Amsterdam, Historische Museum.

Parallèlement à son travail pour le salon de la Paix à l'Hôtel de Ville (voir cat. 65), Delacroix poursuivait sur le papier, durant l'année 1852, ses études de félins, dont certaines donnèrent naissance à de petits tableaux qui trouvèrent vite acquéreurs. Ainsi, le 8 février, le peintre nota dans son *Journal* : « Chez Halévy le soir. Peu de monde. – J'avais travaillé toute la journée à finir mes petits tableaux : *Le Tigre et le Serpent*, *Le Samaritain*, et travaillé à mon esquisse de mon plafond de l'Hôtel de Ville » (p. 287). Le 16 février, il dessina, entre autres, un lion rugissant, dressé sur les pattes avant (fig. 1). En mai, il se rendit selon son habitude au jardin des Plantes, ne semblant éprouver aucune fatigue à travailler en plein soleil, « parmi la foule, d'après les lions » *(Journal*, 7 mai 1852, p. 299)*. Le musée du Louvre conserve un croquis de félin, daté du 10 octobre 1852, au graphisme identique (département des Arts graphiques, RF 9683 ; M. Sérullaz, t. I, 1984, n° 1089, repr.).

A. S.

7. *Lionne guettant une proie* ou *Le Puma*
ou *Lionne près d'un arbre*

Vers 1852-1854
Huile sur bois ; 0,415 x 0,305 m
Signé en bas à droite : *Eug. Delacroix*
Paris, musée d'Orsay, legs Alfred Chauchard
(RF 1815)

L'identification de ce félin n'a pas été résolue depuis la première apparition publique du présent tableau en 1864, lors de l'exposition posthume accompagnant la vente de l'atelier de Delacroix. Prêtée par Mme Troyon, la mère du paysagiste et peintre

Fig. 1
Eugène Delacroix, *Jeune Lionne marchant*, 1832, huile sur toile, Copenhague, Ny Carlsberg Glyptotek.

Fig. 2
Eugène Delacroix, *Le Puma*, 1852, plume et encre brune, Paris, musée du Louvre, département des Arts graphiques.

animalier Constant Troyon (1810-1865), l'œuvre avait alors reçu le titre de *Lionne*, sous lequel Alfred Robaut l'a inventoriée en 1885. Lors de la vente du peintre Émile Van Marcke (1827-1890) en 1891, les auteurs du catalogue croyaient voir un « Tigre aux aguets », tandis que les conservateurs du musée du Louvre, accueillant le legs d'Alfred Chauchard en 1909, reconnaissaient plutôt un « Puma ». Depuis lors, certains historiens d'art ont attiré l'attention sur l'allure trop ramassée (Maurice Sérullaz) et le pelage trop long (Lee Johnson) de l'animal pour être ceux d'une lionne et sur la mâchoire trop lourde pour être celle d'un puma (Lee Johnson).

Quel qu'il soit, lionne, puma ou lynx – le tigre semblant exclu –, l'animal représenté dans cette œuvre apparaît très proche du félin peint en 1832 dans un autre tableau, *Jeune Lionne marchant* (fig. 1), au point que nous pourrions nous demander si le peintre n'a pas effectivement pris pour modèle une jeune lionne, encore revêtue des longs poils qui tombent à la maturité. De toute manière, il apparaît vraisemblable, comme le suggère Lee Johnson, que Delacroix, peignant cette toile, peut-être inspirée de dessins d'après nature, partiellement de mémoire, a pris quelques libertés par rapport à l'anatomie de l'animal, préférant s'intéresser à son

expressivité et à son intégration dans un paysage plutôt qu'à l'évocation réaliste d'une espèce précise. Le peintre ne remarquait-il pas dans son *Journal*, révélant ainsi les libertés qu'il prenait avec la nature : « J'ai remarqué qu'en général le ton clair qui se remarque sous le ventre, sous les pattes, etc. [des fauves], se mariait plus doucement avec le reste de la peau que je ne le fais ordinairement : j'exagère le blanc » (7 juin 1855, p. 511-512).

En rapprochant ce tableau d'un dessin à la plume daté du 10 décembre 1852 (fig. 2) représentant un félin à la posture fort proche, Maurice Sérullaz – tout en confirmant d'ailleurs la difficulté d'identification de l'espèce figurée par Delacroix – a apporté en 1963 des éléments nouveaux quant à sa datation. En effet, dans son catalogue de 1885, Alfred Robaut avait retenu pour cette œuvre la date de 1859, qui paraît difficilement compatible avec la facture du paysage, à l'exécution dense et empâtée, évoquant les toiles peintes autour de 1850-1855 plutôt que celles des cinq dernières années de la carrière de Delacroix, brossées de manière plus fluide et dans des tons plus clairs. La comparaison entre le tableau et le dessin de 1852 a permis d'envisager une nouvelle datation, l'œuvre ayant pu être peinte entre l'exécution du dessin, en 1852, et 1854, l'année du cadeau fait à Constant Troyon – qui l'avait reçu en remerciement de l'achat chez Beugniet du *Christ sur le lac de Génésareth* (cat. 118). Comme le remarquait Lee Johnson, il semble en effet peu probable que l'œuvre ait été offerte à Troyon longtemps après que celui-ci eut acheté *Le Christ sur le lac de Génésareth* – déjà signalé en 1855 lors d'une exposition à Bordeaux comme lui appartenant – et si Delacroix avait donné ce tableau en 1854 ou 1855, la date d'exécution de 1859 proposée par Robaut deviendrait de toute façon fausse.

Notons enfin l'existence d'une série de trois dessins (Bayonne, musée Bonnat), signalés par Lee Johnson, montrant les pattes antérieures d'un félin, sans doute exécutés d'après nature, qui ont peut-être constitué une source d'inspiration pour cet animal. Malheureusement, ces dessins ne nous apportent aucun élément de datation et l'espèce décrite n'est pas davantage identifiable à partir d'esquisses rapides de simples membres.

Caractérisée par une facture brillante et une vigueur agressive dans la représentation du félin, cette œuvre constitue une des plus belles illustrations des qualités de peintre animalier d'Eugène Delacroix, fasciné par l'étude de l'expressivité des grands fauves davantage que par l'évocation réaliste

de leur anatomie. Mais le rôle du paysage est tout aussi important et l'on comprend aisément le désir de Delacroix d'offrir cette œuvre à un paysagiste. Les touches épaisses et vibrantes, identiques dans les feuillages et dans le pelage du fauve, favorisent l'intégration du corps de l'animal dans la végétation, au point que l'arbre, sur la droite, concurrence presque la figure du félin. On a suggéré que Delacroix avait pu s'inspirer pour cet arbre du célèbre chêne d'Antin, dans la forêt de Sénart, située près de sa maison de Champrosay. Même si ce rapprochement paraît hâtif – le chêne d'Antin étant à cette époque déjà plus monumental –, les arbres et les végétations décrits dans cette œuvre évoquent effectivement les forêts d'Île-de-France et contrastent étrangement avec l'exotisme de l'animal.

V. P.

8. Combat d'un lion et d'un tigre

Vers 1854
Mine de plomb ; 0,313 x 0,242 m
New York, The Metropolitan Museum of Art, Bequest of Gregoire Tarnopol, 1979, and Gift of Alexander Tarnopol, 1980 (1980.21.13).
Exposé à Philadelphie seulement

Ce dessin, ainsi que la double étude suivante (cat. 9), fait partie d'une série de variations sur le thème de l'affrontement brutal de deux félins, soudés en un bloc monolithique. Citons notamment en comparaison le dessin de même technique conservé à l'Albertina de Vienne (24.094) ou encore le rapide croquis exposé en 1978 chez Prouté (catalogue *Centenaire*, 2ᵉ partie, nº 70, repr.), l'aquarelle de l'ancienne collection Adolphe Moreau (Rudrauf, 1963, p. 305, fig. 8), l'admirable dessin à la plume qui appartint à Alfred Robaut à la fin du siècle dernier, sans oublier la peinture de la collection Oskar Reinhart à Winterthur, à laquelle Delacroix travailla « avec frénésie » durant l'automne 1854 (*Journal*, 12 octobre 1854, p. 483). Rien ne permet de deviner l'issue de ce combat mortel, tant les deux félins se mordent et se déchirent avec le même élan farouche : le lion enserre lourdement son ennemi de ses pattes aux griffes acérées tandis que le tigre se débat dans une torsion désespérée.

A. S.

9. *Deux études du combat d'un lion et d'un tigre*

Vers 1854
Mine de plomb ; 0,218 x 0,309 m
Paris, musée du Louvre, département des Arts graphiques (RF 9482)
Exposé à Paris seulement

Cette double recherche pour le combat d'un lion et d'un tigre peut être considérée comme le point de départ du dessin conservé au Metropolitan Museum of Art (cat. 8). Mais le corps à corps des deux félins est ici rendu avec une sauvagerie beaucoup plus accentuée, la pointe du crayon soulignant de façon très suggestive la violence du choc entre les deux combattants.

A. S.

10. *Arabes guettant un lion*

1854
Huile sur toile ; 0,740 x 0,920 m
Signé et daté en bas à droite : *Eug. Delacroix.*
1854.
Saint-Pétersbourg, musée de l'Ermitage
(inv. 3853)

Cette peinture, commandée par le marchand Weill, un des principaux clients d'Eugène Delacroix après 1850, était déjà entrée dans la collection de Nikolai Kusheleff-Besborodko à Saint-Pétersbourg avant la mort de l'artiste et de ce fait elle demeura inconnue de ses deux premiers biographes, Adolphe Moreau et Alfred Robaut, qui ne purent faire le rapprochement avec diverses citations du *Journal* la mentionnant.

Dans ses notes intimes, à la date du 24 mars 1854, Delacroix faisait en effet allusion à une œuvre commandée par Weill, qui pourrait être ce tableau : « Travaillé à ébaucher les *Chasseurs de lions* pour Weill » (*Journal*, p. 405). Le mois suivant, il parlait d'une toile à laquelle il donnait un autre titre, mais qui semble bien être la même œuvre : « Travaillé aux *Guetteurs de lions* » (*Journal*, 14 avril 1854, p. 411). Quinze jours plus tard, il lui attribuait encore un nouveau titre : « Cette étude des arbres de ma route m'a aidé à remonter le tableau des *Tueurs de lions*, que j'avais mis hier, au milieu de ma fâcheuse disposition, dans un mauvais état, quoique la veille, il fût en bon train. J'ai été pris d'une rage inspiratrice, comme l'autre jour, quand j'ai retravaillé la *Clorinde*, non pas qu'il y eût des changements à faire, mais le tableau était venu subitement dans cet état languissant et morne qui n'accuse que le défaut d'ardeur en travaillant. Je plains les gens qui travaillent tranquillement et froidement » (*Journal*, 27 avril 1854, p. 415-416).

Cette dernière citation permet de rappeler la liberté de travail de Delacroix lors de l'exécution de ses scènes de chasse orientalisantes, lui qui n'hésitait pas à juxtaposer des animaux exotiques et des paysages d'Île-de-France. Pour ce tableau, un bosquet situé au bord de la route reliant Mainville à Champrosay, à travers la forêt de Sénart, qu'il avait dessiné durant une promenade précédant les séances de travail sur ce tableau, lui a inspiré le groupe d'arbres à l'ombre duquel les chasseurs arabes surveillent le lion : « J'ai beaucoup étudié les feuillages des arbres en revenant ; les tilleuls y sont en abondance et développés plus tôt que les chênes. Le principe est plus facile à observer dans ce genre de feuilles » (*Journal*, 27 avril 1854, p. 415).

Malgré les évidentes concessions commerciales impliquées par ce genre de commandes – nous y retrouvons deux des thèmes picturaux qui avaient attiré l'admiration des amateurs : les félins et les scènes orientales –, Delacroix maîtrise avec talent la juxtaposition spatiale des trois plans principaux du paysage : le premier plan, dans l'ombre, avec le groupe d'arbres et les Arabes à l'affût ; le second plan, violemment éclairé, avec un petit torrent qui traverse les rochers et le lion se léchant la patte au pied d'un escarpement sauvage ; la vallée et les chaînes montagneuses du fond de la composition, inspirées quant à elles de souvenirs marocains, au milieu desquelles on distingue une rivière qui serpente à travers la végétation dans cette nature grandiose. Par sa complexité et sa sauvage beauté, le paysage participe à la réussite de cette œuvre, au même titre que le drame qui s'y déroule.

Délaissant la cruauté des fauves triomphant des chasseurs et dévorant les hommes (cat. 1 et 17), Delacroix a volontairement choisi un thème contraire : l'animal semble inoffensif, occupé à sa toilette, tandis que le prédateur, cette fois, est devenu l'homme qui, refusant la confrontation physique, se prépare à tuer le félin lâchement, sans combat, avec un fusil.

Malgré cette originalité thématique, Delacroix a cependant repris un sujet déjà abordé plusieurs fois, comme le prouvent le petit tableau *Arabe à l'affût* (Londres, coll. part. ; Johnson, t. III, 1986, n° 180), sans doute peint en 1849, et un autre tableau, *L'Affût arabe* (localisation actuelle inconnue ; Johnson, t. III, 1986, n° L127). Il reviendra en 1859 à cette source d'inspiration dans *L'Affût au lion* (coll. part. ; Johnson, t. III, 1986, n° S3), mettant également en scène des Arabes guettant au pied d'un arbre un lion se dirigeant vers une mare.

V. P.

11. *Chasse au tigre*

1854
Huile sur toile ; 0,735 x 0,925 m
Signé et daté en bas à droite : *Eug. Delacroix. /
1854.*
Paris, musée d'Orsay, legs Alfred Chauchard
(RF 1814)

De même que la toile représentant des *Arabes guettant un lion* (cat. 10), terminée quelques semaines
auparavant, Eugène Delacroix a exécuté cette *Chasse
au tigre*, peinte en mai et juin 1854, dans le cadre
d'une commande passée par le marchand Weill.
Pourtant, malgré cette origine commerciale, l'œuvre
participait nettement à sa réflexion esthétique
autour du thème de la chasse aux félins, engagée
depuis qu'il mûrissait le sujet retenu pour la com-

mande par l'État de la toile destinée à l'Exposition
universelle de 1855 (cat. 14).

Dans son *Journal*, Delacroix mentionnait le
30 mai 1854 qu'il travaillait sur ce tableau, parallèlement aux esquisses pour la grande *Chasse aux
lions* de l'Exposition universelle : « Repris le tableau
de Weill : *Tigre attaquant le cheval et l'homme* »
(p. 430). Il précisait un mois plus tard : « Presque
achevé, dans la journée, le *Cavalier arabe et le tigre*
de Weill » (*Journal*, 27 juin 1854, p. 436). Au-
delà de la commande commerciale, la composition
de cette œuvre le préoccupait particulièrement
– sans doute parce qu'il voulait en faire un premier
essai pour le grand tableau destiné à l'Exposition
universelle –, au point qu'il transmit à son ami, le
peintre Paul Chenavard, le 1er août, un croquis
représentant « la première idée du *Tigre attaquant
un cheval* [qu'il a] fait pour Weill » (*Journal*, p. 447),

afin de recueillir son avis (ce dessin serait, d'après Maurice Sérullaz et Lee Johnson, celui qui est aujourd'hui conservé au Fogg Art Museum de Cambridge, Mass.).

Il convient d'insister sur la préparation patiente de cette œuvre – nous connaissons au moins deux dessins de la composition entière (Cambridge, Fogg Art Museum et New Haven, Yale University Art Gallery) – et sur la parfaite harmonie entre la violence du sujet et l'équilibre de la composition. Contrairement à sa grande *Chasse aux lions* (cat. 14), dans laquelle l'imbrication des divers groupes de personnages et le mouvement violent des corps enlacés allaient constituer le véritable sujet du tableau, l'action est ici plus concentrée, entièrement organisée à partir du groupe central élaboré autour d'un cavalier, qui s'apprête à percer de sa lance un tigre qui a attaqué son cheval. Au fond, sur la droite, un homme à pied et un autre cavalier se précipitent vers l'avant du tableau afin de lui prêter main-forte ; leur présence accentue évidemment l'animation de la composition. La scène principale se déroule dans une sorte d'abri rocheux, tandis que l'on devine au fond, sur la droite du tableau, un paysage montagneux d'une sauvage grandeur, évoquant un site d'Afrique du Nord. Delacroix a enrichi certaines zones du tableau, jugées trop vides – le premier plan –, avec des plantes aux origines géographiques indéfinies qui fournissent un alibi exotique.

Comme dans la gravure de Rembrandt *La Petite Chasse avec deux lions*, et dans celle de Tempesta, *La Chasse aux lions*, dont nous avons vu (voir l'introduction à ce chapitre) qu'elles étaient des références pour Delacroix, le chasseur tient sa lance dans sa main gauche, afin de trouver un angle favorable à l'attaque de l'animal. Le dessin préparatoire de New Haven prouve que le peintre avait cependant, dans un premier temps, envisagé de placer la lance dans la main droite du chasseur, avant d'en revenir à l'iconographie de Rembrandt et Tempesta.

Cédée à Weill aussitôt après son achèvement, cette œuvre fut peu connue du vivant d'Eugène Delacroix, mais acquit sa célébrité en 1890, lorsque l'on publia à titre posthume un texte de Charles Baudelaire, écrit en 1864 durant un de ses séjours à Bruxelles, où le poète commente une visite de la collection de l'agent de change Prosper Crabbe, qui possédait alors ce tableau : « *Chasse au tigre* ; Delacroix alchimiste de la couleur. Miraculeux, profond, mystérieux, sensuel, terrible ; couleur éclatante et obscure, harmonie pénétrante. Le geste de l'homme et le geste de la bête. La grimace de la bête, les reniflements de l'animalité. Vert, lilas, vert sombre, lilas tendre, vermillon, rouge sombre, bouquet sinistre. » Une fois encore, la gamme chromatique de Delacroix, rapprochant des couleurs surprenantes et raffinées, avait profondément ému le poète. Quelque temps plus tard, Alfred Chauchard (1821-1909) faisait revenir ce chef-d'œuvre sur le territoire français, avant de le léguer au musée du Louvre en 1909.

V. P.

Autour de la *Chasse aux lions* de Bordeaux

L'Exposition universelle de 1855, où les organisateurs voulaient offrir une confrontation entre les deux courants esthétiques dominants du siècle – classicisme et romantisme, représentés par Ingres et Delacroix –, fut aussi le moment choisi par l'État pour commander à ce dernier un tableau de grand format destiné à participer à la rétrospective de son œuvre organisée à cette occasion. Cette œuvre violente, inspirée par un thème fréquemment traité par les maîtres flamands et italiens des XVIᵉ et XVIIᵉ siècles, a été sa dernière grande composition picturale montrée dans une exposition publique – son ultime participation au Salon en 1859 ne comportait pas d'œuvres aussi ambitieuses dans leur propos et leur format.

Dans son *Journal,* Delacroix signalait à la date du 20 mars 1854 (p. 403) qu'il s'était rendu personnellement le jour même chez M. de Mercey, le chef de la section des Beaux-Arts, qui lui avait remis la lettre de commande d'un tableau pour l'Exposition universelle. Ce document administratif

12. *Chasse aux lions* (esquisse)

1854
Huile sur toile ; 0,860 x 1,150 m
Paris, musée d'Orsay (RF 1984-33)

13. *Chasse aux lions*

1855
Huile sur toile ; 0,540 x 0,740 m
Signé et daté en bas vers la droite :
Eug. Delacroix. 1855 [ou *1856 ?*]
Stockholm, Nationalmuseum (NM 6350)
Exposé à Paris seulement

(Archives nationales, F^{2}174) est d'ailleurs d'une grande sobriété, laissant au peintre toute liberté pour le choix du sujet du tableau : « Monsieur, J'ai l'honneur de vous annoncer que M. le Ministre d'État vient de décider sur ma proposition que vous serez chargé d'exécuter pour le compte de son ministère et moyennant la somme de douze mille francs, un tableau dont vous devrez me soumettre le sujet et l'esquisse. » Notons que le paiement fut nettement repoussé par rapport à l'achèvement de l'œuvre, puisque l'arrêté annonçant le versement

de la somme due est daté du 20 novembre 1855, soit six mois après l'inauguration de l'Exposition universelle : « Une somme de douze mille francs sera ordonnancée au nom de M. Eugène Delacroix, peintre, à titre de paiement de celle qui lui a été allouée par décision du 20 mars 1854, pour l'exécution du tableau représentant une Chasse aux lions. Cette somme de douze mille francs est imputable sur le crédit des ouvrages d'art et décorations d'édifices publics, exercice 1855 » (Archives nationales, F^{2}174).

Le thème de son œuvre fut sans doute choisi rapidement par Delacroix – peut-être d'ailleurs avait-il négocié en amont avec l'administration – puisque, le lendemain de la commande, il signalait déjà dans son *Journal* : « Travaillé toute la journée à l'*Antée* pour Dumas, aux compositions de *Chasses de lions*, etc. » (21 mars 1854, p. 403). Même si cette mention ne fait pas forcément référence à l'œuvre commandée la veille – il travaillait déjà depuis quelques jours à la commande pour Weill d'*Arabes guettant un lion* (cat. 10) –, elle confirme son intérêt pour ce thème qui l'obsédait depuis plusieurs mois.

De nombreux dessins préparatoires des différents groupes de personnages témoignent ensuite de la première phase de ses recherches. Le musée du Louvre possède neuf esquisses essentielles pour ce tableau, révélant l'évolution de la pensée de Delacroix pour la composition d'ensemble (fig. 1), mais aussi pour les divers groupes de personnages : le lion maintenant à terre un chasseur allongé et son cheval au premier plan, à gauche (RF 9473,

Fig. 1
Eugène Delacroix, *Cavalier désarçonné dans un paysage*, 1854-1855, mine de plomb, Paris, musée du Louvre, département des Arts graphiques.

14. *Chasse aux lions*
(fragment)

1855
Huile sur toile ; 1,73 x 3,60 m (taille originale : 2,60 x 3,59 m)
Signé et daté en bas à droite de la partie centrale : *Eug. Delacroix 1855*.
Bordeaux, musée des Beaux-Arts (Bx E 469, puis Bx M 6994)

RF 9474, RF 9478, RF 4979 et RF 9485), le cavalier de droite attaqué par une lionne (fig. 2) et le lion rugissant à gauche (RF 9479 et RF 30035). D'autres esquisses sont conservées au Fogg Art Museum à Cambridge (Mass.), représentant un Arabe à cheval attaqué par un lion, au musée Bonnat à Bayonne (N.I. 599 et N.I. 600) et au Nationalmuseum de Stockholm (258/1972 et 259/1972), ces deux derniers dessins étant des études pour les corps sanglants des Arabes attaqués par les fauves.

Delacroix paraît alors entièrement absorbé par la maturation de son œuvre, prévenant son élève et collaborateur Pierre Andrieu de perturbations possibles entraînées par cette commande sur le chantier de Saint-Sulpice (lettre à Pierre Andrieu, 24 avril 1854 ; *Correspondance*, t. III, p. 207). Son *Journal* reflétait d'ailleurs une angoisse créative quotidienne : « Je roule dans ma tête les deux tableaux de *lions* pour l'Exposition », écrivait-il ainsi le 27 avril (p. 416), constatant avec satisfaction le 3 mai : « Le matin, dans un beau feu, repris l'esquisse du *Combat des lions*. J'en ferai peut-être quelque chose » (p. 420). Le 7 juin, il signalait avoir « repris la petite esquisse du *Combat des lions* » (p. 431).

Durant quatre mois, d'avril à la fin juillet 1854, il a donc multiplié les études pour diverses parties de son tableau. Sans doute l'esquisse dont il parle le 7 juin (cat. 12), peinte cette fois à l'huile, représente un des premiers stades de la recherche pour la composition générale de la scène, le placement des principales lignes entraînant le mouvement d'ensemble et les masses colorées. Exécutée avec une fougue et une vigueur de tons étonnantes, elle montre à quel point Delacroix voulait organiser avec rigueur l'espace pictural et l'équilibre chromatique de son œuvre. Ayant reproché à Rubens, quelques années auparavant, une certaine confusion dans l'agencement de ses scènes de chasse, il souhaitait clarifier la violence de la scène et maîtriser le mouvement des groupes de personnages et d'animaux grâce à une répartition significative des couleurs dans les diverses zones de sa toile. N'a-t-il pas écrit plus tard à propos du *terrible* en peinture : « La sensation du *terrible* et encore moins celle de l'horrible ne peuvent se supporter longtemps. [...] Le *terrible* est dans les arts un don naturel comme celui de la grâce » (*Journal*, 25 janvier 1857, p. 623). Ainsi la mise au point des diverses couleurs nécessaires l'obsédait-elle véritablement, comme le prouvent les notes prises dans son *Journal* à la date du 15 juillet 1854, deux semaines avant le début de l'ébauche de sa composition sur la toile définitive : « Ton du cheval du premier plan dans la *Chasse aux lions*. – Pour les crins : *laque brûlée, Sienne naturelle, Sienne brûlée*. – Pour le corps : *momie, laque de gaude, chrome foncée*. Tous ces tons jouent dans la peinture. – Sabots : *terre de Cassel, noir de pêche, jaune de Naples* » (p. 440).

Quelques jours auparavant, comme cela était prévu dans la lettre de commande, il avait sans doute soumis au gouvernement, pour acceptation, l'esquisse de son œuvre. Lee Johnson a suggéré que le tableau de Stockholm (cat. 13) pourrait être cette esquisse, plus achevée que celle du musée d'Orsay (cat. 12), destinée au commanditaire. La composition et les choix esthétiques apparaissent en effet très aboutis et la construction générale de la scène, les intentions chromatiques et les divers éléments du drame et de sa mise en scène sont parfaitement maîtrisés. Cette étude permet de retrouver l'intégrité de la composition de l'œuvre définitive – la grande *Chasse* de Bordeaux ayant été amputée de sa partie supérieure lors d'un incendie – et de comprendre la qualité du paysage servant de décor à la scène, inspiré une fois encore d'une synthèse des vues du Maroc et des forêts d'Île-de-France.

Le *Journal* mentionne ensuite fidèlement les diverses phases de l'élaboration de l'œuvre, dont Delacroix a commencé le 30 juillet l'exécution définitive : « Hier et avant-hier, fait les deux premières séances sur la *Chasse aux lions*. Je crois que cela marchera vite », écrivait-il le 1er août 1854 (p. 447), déclarant le lendemain : « Mauvaise journée : c'est la troisième sur le grand tableau. Cependant, au demeurant, avancé encore. Travaillé au coin de droite, le cheval, l'homme et la lionne, sautant sur la croupe » (p. 447). Le *Journal* revient également avec insistance sur ses choix chromatiques : « Depuis un jour ou deux repris le tableau de la *Chasse aux lions*. Je vais le mettre, je crois, en bonne voie. – Éviter le *noir* ; produire les tons obscurs par des tons francs et transparents : ou *laque* ou *cobalt*, ou *laque jaune* ou *terre de Sienne naturelle* ou *brûlée*. Dans le cheval café au lait, je me suis bien trouvé, après l'avoir trop éclairci, d'avoir repris les ombres, notamment avec des tons verts et prononcés. Se rappeler cet exemple » (21 novembre 1854, p. 492). À la fin de l'hiver, le peintre pouvait s'estimer satisfait, ayant suffisamment avancé son travail, entrecoupé pourtant par l'exécution de quelques commandes pour des marchands (cat. 10 et 11) : « Depuis moins de quinze jours, j'ai travaillé énormément [...]. J'avais auparavant donné aux *Lions* une tournure que je crois enfin la bonne et je n'ai plus qu'à terminer en changeant le moins possible » (*Journal*, 7 février 1855, p. 500).

Malgré ce rythme soutenu, les finitions furent longues et l'œuvre ne fut achevée que quelques jours avant le commencement de l'Exposition universelle. Ainsi, le 14 mars, il était encore à l'ouvrage, alors qu'il devait déjà approuver l'installation de la salle destinée à accueillir son tableau à cette occasion : « J'ai quitté mon travail acharné sur mes *Lions* pour aller à une heure voir la salle d'exposition » (*Journal*, p. 501).

Nous ne reviendrons pas sur les sources iconographiques de cette œuvre essentielle (voir l'introduction à ce chapitre), sinon pour signaler l'incompréhension quasi générale de la critique devant la violence du sujet et la vigueur de sa réalisation. Ainsi, Maxime Du Camp résumait assez fidèlement l'impression générale, parlant « d'étranges pêle-mêle de chevaux tombés par morceaux, de cavaliers attaquant des lions héraldiques à coups de surin, de marchands de dattes contrefaits qui rampent sur les genoux ». Plus nettement encore, il condamnait le parti esthétique de Delacroix : « La couleur est arrivée là à son dernier degré d'extravagance. C'est de la folie presque furieuse, l'har-monie même est négligée, car tous les tons ont une valeur analogue. [...] M. Delacroix ne restera ni comme peintre d'histoire, ni comme peintre de genre ; s'il reste, ce qui est peut-être douteux, ce sera uniquement comme peintre de pittoresque. Un classique disait : M. Delacroix n'est pas un chef d'école, mais un chef d'émeute. Cette *Chasse aux lions* est le dernier degré de l'aberration et dispute le grotesque à l'impossible. »

Même certains de ses partisans, choqués par l'agi-tation de la scène et les audaces chromatiques, n'adhérèrent pas à la violence du tableau et à son traitement pictural. Paul Mantz lui trouvait de réels défauts d'exécution : « Le paysage seul est superbe ; les fonds sont d'un éclat incomparable. Mais la composition s'explique mal, et ce n'est que par un long effort d'attention que l'œil, faisant de l'ordre avec du désordre, peut se reconnaître dans cette confusion d'hommes et d'animaux enchevêtrés. Le dessin est mou, les formes se chiffonnent comme des étoffes inconsistantes ; les lignes flamboient et se contournent ; c'est plutôt la comédie de la force que la force elle-même. »

Seuls trois de ses critiques les plus fidèles allaient défendre Delacroix à cette occasion : « On vient chez lui [Delacroix] pour chercher des émotions austères, des souvenirs profonds, des idées fortes », constatait Edmond About, tandis que Théophile Gautier admirait le « chaos de griffes, de dents, de coutelas, de lances, de torses, de croupes, comme les aimait Rubens ; tout cela d'une couleur rutilante et si pleine de soleil qu'elle vous fait presque baisser les yeux », précisant, afin de répondre aux nombreux détracteurs : « Quant à nous, nous en sommes fort contents, c'est de l'énergique et vaillante peinture. » Enfin, Charles Baudelaire retenait surtout les effets de couleurs, qui faisaient pour lui de cette œuvre un des sommets de l'art de son créateur : « La *Chasse aux lions* est une véritable explosion de couleurs (que le mot soit pris dans le bon sens). Jamais couleurs plus belles, plus intenses, ne péné-trèrent jusqu'à l'âme par le canal des yeux ; on dirait que cette peinture, comme les sorciers et les magné-tiseurs, projette sa pensée à distance. Le singulier phénomène tient à la puissance du coloriste, à l'ac-cord parfait des tons, et à l'harmonie entre la couleur et le sujet. »

À l'issue du Salon, la *Chasse aux lions* fut envoyée au musée des Beaux-Arts de Bordeaux, sans doute en raison de la présence dans ce musée d'une œuvre de Rubens au thème identique, déposée depuis 1803. C'est là que Pierre Andrieu la vit de nouveau en 1861, écrivant aussitôt à Delacroix pour lui donner ses impressions et insister sur l'indéniable succès local remporté par l'œuvre. Ce dernier réagit par une jolie lettre aux commentaires de son élève, révélant les regrets accumulés devant l'incompréhension des critiques de l'Exposition universelle : « Je suis bien aise de ce que vous me dîtes de mes tableaux de Bordeaux et de Toulouse. Il est malheureux qu'ils fassent de l'effet quand il y a peu de public pour les apercevoir et qu'ils en manquent totalement quand ils sont en présence des critiques du Salon » *(Correspondance*, t. IV, p. 277*)*.

À Bordeaux, l'œuvre fut copiée plusieurs fois par Odilon Redon, le paysagiste Charles-François Daubigny ou Pierre Andrieu. Malheureusement elle fut détruite partiellement lors de l'incendie de la mairie de Bordeaux en 1870. La commission du musée avait pourtant pris la décision de mettre en sécurité certaines œuvres importantes dans une annexe de la mairie, mais ce local disparut aussi dans le feu durant les événements. À cette occasion, vingt autres œuvres furent d'ailleurs anéanties, dont *La Chasse aux lions* de Rubens, tandis qu'une soixantaine, dont ce tableau, furent endommagées gravement. Seule la partie inférieure de la toile échappa à l'incendie.

Malgré les échecs critiques qu'elle a encourus, cette œuvre constitue indéniablement l'aboutissement de toutes les recherches de Delacroix, qui y a effectué une sorte de combinaison de trois thèmes essentiels de sa carrière : l'orientalisme, les scènes de bataille et de chasse et la peinture animalière. Plus profondément, cette toile représente également une étonnante synthèse entre ses études sur le mouvement et l'expression, son sens du drame et de la violence des couleurs – bref des pulsions romantiques qu'il avait poursuivies, malgré ses dénégations, durant toute sa carrière – et son attirance pour les scènes issues de la grande tradition classique, évoquant les chefs-d'œuvre des maîtres de la Renaissance et du XVIIIᵉ siècle.

V. P.

15. *Lion et Caïman*
ou *Lion maintenant un lézard*
ou *Lion dévorant un alligator*

1855
Huile sur acajou ; 0,32 x 0,42 m
Signé et daté en bas à droite : *Eug. Delacroix / 1855.*
Paris, musée du Louvre (RF 1395)

Mise en scène dans un paysage d'arbustes et de monticules rocheux évoquant davantage la forêt de Sénart que les déserts de l'Afrique, cette œuvre a été peinte à des fins visiblement commerciales, mais elle constitue pourtant un excellent exemple de la qualité des recherches de Delacroix lorsqu'il étudiait la technique picturale adaptée à la représentation physique des grands fauves. Certes, l'attitude presque joueuse du lion, contrastant avec les convulsions d'effroi de sa « victime », est le thème central de cette composition, non dépourvue d'un effet dramatique malgré tout secondaire. Mais la facture animée et d'une grande liberté, l'évidente volonté de mouvement, ainsi que la fraîcheur des couleurs du paysage, renforcent nettement le réalisme des postures animales, constituant la finalité principale – uniquement picturale et technique – de cette œuvre attachante.

Certaines des qualités picturales des œuvres ultimes de Delacroix sont déjà présentes dans le paysage de ce tableau, comme la fluidité de la touche et le choix volontaire de teintes claires et lumineuses, telles que les verts et les marrons légers de la végétation et le bleu intense du ciel. Une esquisse très enlevée, conservée au musée du Louvre (fig. 1), témoigne de surcroît de la première pensée du peintre pour les figures du lion et du « caïman », révélant déjà toute la vigueur du dessin de la composition définitive.

L'identification de l'animal capturé par le lion a toujours posé problème aux historiens d'art, comme cela s'est produit fréquemment pour les œuvres animalières de Delacroix, en raison de sa rapidité d'exécution et de sa réticence à suivre fidèlement les canons anatomiques. Certains y ont vu un alligator, d'autres un caïman, alors que le titre choisi lors de

la rétrospective de 1885 (*Lion maintenant un lézard*) suggérait qu'il pouvait s'agir d'un simple lézard, un saurien d'une taille tout de même un peu exceptionnelle...

Quoi qu'il en soit, Delacroix semblait être particulièrement fier de l'exécution de ce groupe animalier et, après l'avoir sans doute vendu avant 1860, il en a peint une deuxième version en 1863 (fig. 2) – à la composition inversée et plus structurée –, qu'il devait donner quelques semaines avant sa mort au peintre Constant Dutilleux, un de ses amis les plus fidèles : « Je me suis rappelé après votre départ que vous aviez regardé avec plaisir le *Petit lion* qui était sur un chevalet. Je souhaite bien ne pas me tromper en pensant qu'il a pu vous plaire ; je vous l'aurais envoyé tout de suite sans les petites touches nécessaires à son achèvement et que j'ai faites hier », lui écrivait-il ainsi le 8 mai 1863 (*Journal*, p. 808 ; voir introduction au chapitre « Les œuvres ultimes »). En réponse, Constant Dutilleux constatait avec amusement que son instant de doute devant un autre tableau lui « avait valu le *Lion* » (lettre de Dutilleux à Delacroix, 8 mai 1863 ; archives Piron ; Paris, fondation Custodia).

V. P.

Fig. 1
EUGÈNE DELACROIX, *Lion dévorant un caïman*, vers 1855, mine de plomb, Paris, musée du Louvre, département des Arts graphiques.

Fig. 2
EUGÈNE DELACROIX, *Lion dévorant un alligator*, 1863, huile sur toile, Hambourg, Kunsthalle.

16. *Lion dévorant un lapin*

Vers 1851-1856
Huile sur toile ; 0,465 x 0,555 m
Signé en bas à droite : *Eug Delacroix.*
Paris, musée du Louvre (RF 1394)
Exposé à Paris seulement

Le thème du lion allongé dévorant un animal a été traité plusieurs fois par Eugène Delacroix, qui appréciait la cruauté de ces scènes mouvementées, évoquant de manière quotidienne les réalités violentes et éternelles de la nature. On songe à une lithographie de 1829, *Lion de l'Atlas* (Delteil, 1908, n° 79), ou bien à une aquarelle datée par Robaut de 1837 (Alger, musée des Beaux-Arts), qui mettent en scène des lions s'acharnant sur leur proie. De même, Delacroix avait déjà préparé la présente composition dans une étonnante sanguine datée du 21 août 1851, *Lion dévorant un lièvre* (fig. 1), qui pourrait remettre en cause la datation plus tardive du tableau du Louvre (si tant est que son authen-

ticité puisse être confirmée). Mais ce sujet a surtout été illustré dans de nombreuses œuvres picturales : *Lion dévorant un cheval* en 1844 (coll. part. ; Johnson, t. III, 1986, n° 174), *Lion dévorant une chèvre* en 1847 (coll. part. ; Johnson, t. III, 1986, n° 179), *Lion et Sanglier* en 1853 (fig. 2) ou *Lion dévorant un crocodile* en 1863 (coll. part. ; Johnson, t. III, 1986, n° 208), pour ne citer que les versions les plus intéressantes.

Lion dévorant un lapin, considéré par Alfred Robaut comme un des chefs-d'œuvre du maître, constitue indéniablement une des plus belles réussites picturales d'Eugène Delacroix dans le genre de la peinture animalière, en raison de la concentration de la scène, peinte de manière réaliste et expressive, autour de la cruauté tranquille du félin et de l'œil affolé du lapin. Mais il faut également remarquer la parfaite intégration de l'action dans un paysage sauvage et tourmenté évoquant les montagnes désertiques de l'Afrique du Nord. Située dans une sorte de caverne obscure, éclairée par la seule lumière provenant d'une gorge rocheuse, cette toile possède une évidente force dramatique. Peinte dans une gamme chromatique plus sombre et théâtrale que certains autres de ses tableaux animaliers, cette œuvre fut très célèbre au XIXᵉ siècle, sans doute en raison des commentaires passionnés de Robaut, mais aussi de son inspiration plus « romantique ».

Le financier et industriel Georges-Thomy Thiéry (1823-1902) avait considéré son acquisition comme une victoire, lors du legs au Louvre de l'ensemble de sa collection non sans fierté patriotique ; Louis Legrand en témoignait dans ses commentaires : « On m'a rapporté que, lorsqu'il était devenu propriétaire du *Lion dévorant un lapin* de Delacroix, il [Thomy Thiéry] s'était écrié : "Quel bonheur ! Ce sera un tableau de plus pour la France" » (Louis Legrand, *Les Donateurs du Louvre, Thomy Thiéry*, Paris, Imprimerie générale Lahure, 1907, p. 10).

V. P.

Fig. 1
EUGÈNE DELACROIX, *Lion dévorant un lièvre*, 1851, sanguine, Brême, Kunsthalle.

Fig. 2
EUGÈNE DELACROIX, *Lion et Sanglier*, 1853, huile sur toile, Paris, musée du Louvre.

17. *Jeune Femme emportée par un tigre*
ou *Indienne mordue par un tigre*

1856
Huile sur toile ; 0,510 x 0,613 m
Signé et daté en bas au centre vers la droite :
Eug. Delacroix. 1856.
Stuttgart, Staatsgalerie (inv. 2695)

Dans cette œuvre d'une facture vigoureuse et vibrante, Delacroix s'essaie de façon quasi maniériste à la représentation conjointe de la violence d'un fauve et de la sensualité d'un corps féminin. Comme fasciné par l'horreur de la scène, l'artiste s'est passionné pour cette description presque lascive du corps de la jeune Indienne, qui paraît se livrer sans espoir et avec grâce, la poitrine découverte, à la cruauté du félin qui la dévore. Il a composé sa toile avec élégance, travaillant sur la correspondance de la courbe accentuée du corps de la jeune femme – surprise alors qu'elle allait chercher de l'eau à la source, comme en témoigne son vase abandonné – avec celle des hautes herbes aquatiques, à droite. Plusieurs dessins préparatoires pour ce tableau (fig. 1) montrent d'ailleurs l'évolution subtile de Delacroix dans la recherche du traitement pictural de cette scène, caractérisé dès l'origine par l'étude du mouvement complexe et gracieux de la jeune femme, qui contraste avec la force sauvage du félin.

Michel Florisoone (s. d. [1938]) a suggéré comme source pour le traitement du corps féminin un dessin de Goya. Delacroix appréciait en effet le peintre espagnol depuis sa jeunesse, ayant découvert ses œuvres grâce à son ami Félix Guillemardet, dont le père avait été ambassadeur en Espagne et possédait des œuvres de Goya. Dès 1824, Delacroix signalait d'ailleurs dans son *Journal* (p. 57) ses études d'après

Fig. 1
Eugène Delacroix, *Indienne mordue par un tigre*, études, vers 1856, mine de plomb sur papier beige, Paris, musée du Louvre, département des Arts graphiques.

des gravures de Goya et, lors de son séjour à Séville, en marge du voyage au Maroc de 1832, il avait admiré des tableaux de l'artiste conservés à la cathédrale de la ville. Une telle relation paraît donc envisageable et, même si la gravure citée par Florisoone – *Femme enlevée par un cheval* – a été éditée après la mort de Delacroix, celui-ci avait évidemment pu voir un dessin préparatoire ou une épreuve (concernant Goya et Delacroix, lire Florisoone, s. d.).

Mais la posture très étudiée du corps de la jeune femme semble également provenir de sources classiques – on songe aux corps torturés des femmes enlevées dans les tableaux de Rubens – et même asiatiques – Delacroix s'est toujours intéressé à la statuaire indienne, qui a fréquemment soumis le corps féminin à de semblables contorsions. D'autres références iconographiques plus étonnantes peuvent être envisagées, comme le suggère la similitude du corps de la jeune Indienne avec la posture du héros attaqué par un lion dans la *Chasse aux lions* de Bénigne Gagneraux (1756-1795), peinte vers 1790 (Brême, Kunsthalle). Nancy Anne Finlay a également signalé la ressemblance du corps de la jeune femme avec un relief du temple d'Apollon à Bassae, conservé au British Museum.

V. P.

18. *Lion jouant avec une tortue*

1857
Plume, encre brune et lavis brun sur traits à la mine de plomb ; 0,192 x 0,242 m
Signé en bas à droite à la plume et à l'encre brune : *Eug Delacroix*
Localisé et daté en bas à gauche à la plume et à l'encre brune : *Augerville 17 oct. 57.*
Rotterdam, Museum Boijmans Van Beuningen
Exposé à Paris seulement

Du 6 au 19 octobre 1857, Delacroix séjourna à Augerville-la-Rivière (Loiret), propriété qui appartenait à son cousin, l'avocat Pierre-Antoine Berryer (1790-1868). En 1845, ce dernier avait manifesté son désir de renouer avec lui, sans doute en souvenir de l'aide que le père de l'artiste – Charles Delacroix – avait apportée à son propre père, Pierre-Nicolas, lors de ses débuts au barreau, puis durant la Révolution, alors qu'il plaidait avec trop de zèle la cause des proscrits.

À partir de cette année-là, les deux hommes entretinrent une correspondance régulière, conservée au musée Delacroix, qui montre bien que Berryer aida à maintes reprises son cousin lorsque celui-ci cherchait à obtenir, pour des manifestations officielles, le prêt de peintures qui lui avaient été achetées par des amateurs. Il est à peu près certain, de surcroît, que Berryer joua un rôle dans l'élection de son cousin à l'Institut en 1857.

Chaque fois qu'il pouvait se rendre à Augerville-la-Rivière, Delacroix en éprouvait un vif plaisir, car il se retrouvait au milieu de gens de bonne compagnie dont il goûtait la conversation et avec qui il se plaisait à parcourir le domaine de son cousin. Parmi les habitués, le violoncelliste hollandais Alexandre Batta (1814-1902) reçut des mains du peintre plusieurs dessins, tous à la plume, souvent dédicacés : un *Coin du parc de Berryer à Augerville*, signé du fameux rébus « 2 la + » (Robaut, 1885, n° 1180, repr.), un *Cavalier arabe*, dédicacé « à mon cher Batta / Augerville » (Robaut, 1885, n° 1235, repr.), un *Tigre assis guettant une proie*, accompagné de ces lignes : « Eugène Delacroix / à Alexandre Batta petit souvenir reconnaissant pour le plaisir qu'il m'a fait. Augerville, mai 1854 » (Robaut, 1885, n° 1260, repr.).

Composé comme un petit tableau – la mise en scène n'est pas sans rappeler celle du *Lion maintenant un serpent* (fig. 1) –, ce dessin fut probablement réalisé pour le violoncelliste en souvenir de la soirée du 16 octobre, que Delacroix relata dans son *Journal* : « Supériorité de la musique : absence de raisonnement (non de logique). Je pensais tout cela en entendant le morceau bien simple d'orgue et de basse que nous jouait Batta ce soir, après l'avoir joué avant le dîner. Enchantement que me cause cet art ; il semble que la partie intellectuelle n'ait point part à ce plaisir » (p. 681).

De retour à Paris le 20 octobre, Delacroix écrivait à Batta sept jours plus tard une longue lettre, se terminant ainsi : « Je ne puis m'empêcher de penser à chaque instant au plaisir que j'ai éprouvé pendant mon trop court séjour chez l'homme excellent, chez l'homme incomparable que nous venons de quitter. Je vous ai dû, mon cher ami, une bien grande partie de cet agrément et je dirai de ce bonheur » (lettre conservée à Malibu, Getty Center ; Johnson, 1991, p. 147).

A. S.

19. *Félin assis, de dos, se léchant la patte*

Vers 1855-1863
Plume et encre brune sur papier bleu ;
0,131 x 0,102 m
Paris, musée du Louvre, département des Arts graphiques (RF 9682)
Exposé à Paris seulement

Par son sujet comme par son graphisme incisif, ce dessin peut être rapproché du *Tigre qui se lèche,* lithographie exécutée en 1856 (Delteil, 1908, n° 130, repr.). Rappelons par ailleurs qu'au premier plan du tableau représentant *Daniel dans la fosse aux lions* (vers 1849-1850, Montpellier, musée Fabre), Delacroix a placé une lionne se léchant dans une position similaire, mais inversée.

A. S.

20. *Tigre effrayé par un serpent*

Vers 1858
Huile sur papier marouflé sur acajou ;
0,324 x 0,403 m
Signé en bas à droite : *Eug. Delacroix*
Hambourg, Kunsthalle (inv. 2400)
Exposé à Paris seulement

Cette œuvre, comme la plupart des peintures animalières non annotées par Delacroix, pose un délicat problème de datation : située en 1858 par Alfred Robaut dans son ouvrage de 1885, elle évoque pourtant de manière directe un cliché-verre, daté de 1854 (fig. 1), où le tigre était figuré dans une position similaire.

En 1854, lorsqu'il a été initié au cliché-verre – grâce au peintre Constant Dutilleux – par les inventeurs de ce nouveau procédé de gravure, Cuvelier et Grandguillaume, Eugène Delacroix a souhaité réaliser quelques essais afin d'acquérir le langage technique particulier de ce nouveau mode de reproduction : « J'ai doublement à vous remercier et du procédé d'eau-forte photographique et de la connaissance que vous avez bien voulu me procurer de M. Cuvelier. La complaisance avec laquelle il a présidé à mon très imparfait essai, m'a rendu très heureux » (lettre à Constant Dutilleux, 7 mars 1854 ; *Correspondance,* t. III, p. 195-197). Et, parmi ces premiers clichés-verres, Delacroix avait gravé le tigre évoqué plus haut.

Il existe tout de même quelques différences notables entre le cliché-verre et l'œuvre peinte : l'aspect du félin est plus ramassé dans la gravure que dans le tableau ; une vallée montagneuse et escarpée, absente du cliché-verre, anime le côté gauche de la peinture à l'huile ; le serpent, surgissant des hautes herbes, au premier plan du tableau, est absent de l'estampe. Ainsi Delacroix, pour des raisons évidemment commerciales, a travaillé davantage son tableau, cherchant à l'animer par une anecdote dramatique.

En fait, un dessin de tigre en arrêt (fig. 2), mais inversé, a vraisemblablement inspiré le choix de la position du félin, aussi bien pour le cliché-verre que pour le tableau. Dans ce dessin, Delacroix a d'ailleurs donné une attitude plus souple au fauve, au museau plus allongé rappelant nettement la tête du tigre dans le tableau. Un autre dessin, conservé au musée Marmottan, est probablement une étude pour le corps élancé du félin – à condition que son attribution soit exacte.

De toute façon, la datation proposée par Alfred Robaut, qui a possédé une épreuve unique du premier état de ce cliché-verre, avant la signature, pourrait être cohérente, Delacroix ayant pu exécuter la gravure en premier, avant de reprendre quatre ans plus tard un motif similaire dans une œuvre peinte à l'huile. Sa technique dans cette œuvre est d'ailleurs très proche de celle du *Tigre attaquant un serpent enroulé à un arbre* (cat. 133), daté quant à lui de l'année 1862, ce qui confirmerait cette hypothèse d'une datation tardive.

Fig. 1
EUGÈNE DELACROIX, *Tigre en arrêt*, 1854, cliché-verre, Paris, Bibliothèque nationale de France, département des Estampes et de la Photographie.

Fig. 2
EUGÈNE DELACROIX, *Tigre en arrêt*, vers 1854, mine de plomb, Paris, musée du Louvre, département des Arts graphiques.

Rappelons pour conclure que Lee Johnson a suggéré que la pose du tigre pourrait provenir d'une
gravure sur bois de 1828, exécutée d'après un dessin
de William Harvey *(Puma hunted)* et publiée dans
The Tower Menagerie. Delacroix, pour ces figures de
fauves, ne s'inspirait effectivement pas systématiquement d'études d'après nature, même s'il
passait de nombreuses heures à la ménagerie du
Muséum d'histoire naturelle ; des recueils de
planches gravées anatomiques et des ouvrages
d'érudition zoologiques ont attiré son attention
– comme *The Tower Menagerie*, dont il signale lui-
même l'intérêt –, lui suggérant peut-être telle ou
telle attitude animalière.

V. P.

21. *Une chasse aux lions*

1858
Huile sur toile ; 0,917 x 1,175 m
Signé et daté en bas à droite : *Eug. Delacroix
1858.*
Boston, Museum of Fine Arts, S. A. Denio
Collection (95-179)

Nous ne connaissons pas les raisons qui ont amené
Eugène Delacroix à revenir à ce thème de la chasse
aux lions, qu'il avait longuement étudié trois ans
auparavant. Sans doute la commande d'un marchand fut-elle à l'origine du présent tableau et de
la reprise dans son œuvre des combats d'hommes et
de fauves qui l'avaient hanté autour de 1855. À sa
mort en 1863, cette toile était en tout cas depuis
quelques années déjà sur le marché de l'art.

Quoi qu'il en soit, ce retour aux sources de la
peinture animalière semblait l'enchanter, puisqu'il
écrivait dans son *Journal* le 26 avril 1858 : « La
journée a été bonne. Beaucoup travaillé avec bonne

humeur à la *Chasse aux lions* qui est comme finie ce
jour-là » (p. 717). Profitant des remarques formulées dans les violentes critiques adressées lors de
l'Exposition universelle à sa grande *Chasse aux lions*
(cat. 14), Delacroix a simplifié et structuré sa composition autour de quatre groupes principaux, qui
animent avec rigueur la violence de la scène : à
gauche un cavalier, détaché du groupe, va planter
sa lance dans le corps d'un lion ; au centre, au premier plan, un lion attaque un homme à terre ; au
centre, au fond, trois hommes à pied tentent de
tuer une lionne ; à droite, deux cavaliers combattent
le lion du premier plan.

La rigueur de l'organisation spatiale et chromatique de cette œuvre, associée à un paysage d'une
simplicité exemplaire qui évoque les étendues désertiques de l'Orient, accentue encore son classicisme,
qui rappelle, davantage que la toile de l'Exposition
universelle, les gravures de Tempesta et les *Chasse*
de Rembrandt.

V. P.

22. *Trois études de lionnes*

1859
Plume et encre noire ; 0,175 x 0,222 m
Signé en bas à gauche à la plume et à l'encre
noire : *ED*
Dijon, musée des Beaux-Arts (DG 526)
Exposé à Philadelphie seulement

En reproduisant cette feuille dans son catalogue, Alfred Robaut a modifié la disposition des félins et inversé celui de gauche. Pareille anomalie résulte sans doute de l'habitude qu'il avait de recourir au calque pour réaliser ses vignettes. Dans le tome V des « Documents Robaut » conservés à la Bibliothèque nationale de France (département des Estampes et de la Photographie, Dc 183 L folio), on trouve en effet une feuille composée de trois calques reproduisant ces études (1859/1392). De plus, une note manuscrite sur cette feuille indique : « L'original provient de la vente Lebas. Communiqué par Rapilly en octobre 71. La feuille des 3 placés différemment 80 F. »

Robaut estimait que de tels croquis traduisaient non seulement la science du maître, mais aussi sa pensée profonde, ajoutant : « Delacroix a toujours saisi, avec une force d'intuition qui est la marque de son génie, le grand côté des choses ; c'est par la puissance de la vision qu'il excelle. » Tandis que l'animal au centre est à peine esquissé – un seul et même trait de plume large et continu suffit à cerner la courbure de l'épine dorsale –, le dessin en haut à droite atteste la virtuosité du dessinateur qui, dans le troisième croquis, suggère plus qu'il ne décrit l'attitude de la lionne ramassée sur elle-même.

A. S.

23. *Chasse aux lions*

1861
Huile sur toile ; 0,763 x 0,982 m
Signé et daté en bas à gauche : *Eug. Delacroix / 1861.*
Chicago, The Art Institute, Potter Palmer Collection (1922.404)

Ultime variation menée autour du thème de la *Chasse aux lions*, cette œuvre doit avoir été commandée par un marchand, puisque le seul document qui pourrait lui être associé est une note d'un prix de vente porté dans le *Journal*, à la date du 28 avril 1860 : en face d'un tableau intitulé « Une toile de trente, *Fantasia ou chasse* », le peintre a mentionné le prix de 3 000 francs (p. 781).

Malgré cette origine commerciale, Delacroix, reprenant des éléments iconographiques qu'il avait déjà utilisés abondamment (cat. 14 et 21), retrouve une étonnante vigueur dans le mouvement des groupes de personnages et une habileté sans égale dans l'organisation de la gamme colorée, qui font de cette œuvre un de ses ultimes chefs-d'œuvre. La toile avait d'ailleurs été préparée par de nouvelles études systématiques des groupes de personnages,

dont témoigne un dessin conservé au musée du Louvre (RF 9477).

Tout comme dans le tableau de Boston (cat. 21), Delacroix a organisé avec rigueur sa composition, plaçant l'action dans un paysage de bord de mer, plutôt crédible par rapport à un cadre oriental. Il a de nouveau ordonné l'espace autour de quatre groupes de personnages : à gauche, un cavalier est désarçonné par un lion, qui a attaqué son cheval, tandis qu'un autre cavalier tente de percer une lionne de sa lance – le thème rappelle celui, inversé, de la partie gauche de la gravure de Rembrandt *La Petite Chasse avec deux lions* ; au centre, au fond, un cavalier accourt vers le combat ; au centre, en bas cette fois, un homme est écrasé par un lion rugissant, tandis qu'un deuxième essaie de le dégager ; à droite, deux hommes se précipitent vers ce lion, un autre gisant à terre.

Si la scène a perdu en sauvagerie et en violence, elle a gagné en lisibilité et en efficacité, Delacroix dominant alors parfaitement les divers éléments de son récit. Les références classiques soulignent la cruauté éternelle des relations entre l'homme et l'animal.

V. P.

II

*LE SENTIMENT
DE LA NATURE*

Bien que Delacroix n'ait jamais exposé au Salon de paysages « purs » et malgré le caractère discontinu de ses essais dans ce genre pictural, les représentations de la nature qu'il
a peintes durant les dernières années de sa carrière nous renseignent sans doute davantage
que la plupart de ses tableaux d'histoire sur ses conceptions artistiques, ses choix esthétiques et même sa personnalité. Et le regard intense et débarrassé de tout intellectua-
lisme qu'il portait sur la nature, dont témoignent aussi bien ses rapides croquis sur le motif
que les pages de son *Journal*, nous permet de réaliser l'importance prise à partir de 1840
par la pratique du paysage dans l'organisation de sa vie professionnelle : « Il faut venir au
mois de mars dans un village pelé des environs de Paris comme ils sont tous, pour renverser en esprit tous les systèmes sur le beau, l'idéal, le choix, etc. », écrivait-il le 5 mars
1842 à son ami Pierret *(Correspondance*, t. II, p. 91-92*)*, prouvant ainsi que ses séances de
travail dans les bois entourant sa maison de Champrosay ou sur les rivages normands, durant
lesquelles il se livrait à un examen systématique, presque scientifique, des phénomènes
naturels et de leurs conséquences sur les techniques de son métier, étaient en effet deve-
nues à cette époque absolument indispensables à sa créativité.

    La connaissance des études de paysage de Delacroix, un genre auquel il s'était exercé
dès sa jeunesse avant d'en renforcer la pratique après 1840, favorise certes de manière
indéniable le décryptage de certaines de ses compositions décoratives et de ses tableaux
littéraires ou historiques ; mais ses choix esthétiques de paysagiste ont aussi un intérêt intrinsèque, que l'on perçoit à travers sa passion pour les problèmes techniques, le traitement
des ombres et de la lumière et l'élaboration de la gamme chromatique, ainsi que dans l'équilibre rigoureux qu'il cherchait à établir entre le travail « d'après nature », exécuté presque
instinctivement en plein air, et la maturation nécessaire des séances en atelier, mettant en
valeur plutôt le rôle de la mémoire et de l'imagination.

    En outre, en nous permettant de comprendre certaines de ses émotions poétiques
et sa relation philosophique avec l'univers, la découverte des tableaux de paysage de
Delacroix, ainsi que de ses « portraits » de fleurs, favorise une approche plus intime de
la sensibilité de cet homme exigeant et austère, qui détestait les concessions affectives et
rejetait par exemple les épanchements de Lamartine sur les lacs tranquilles et les « orages
désirés » : « Je commence à prendre furieusement en grippe les Schubert, les rêveurs, les

Chateaubriand (il y a longtemps que j'avais commencé), les Lamartine, etc. [...] Est-ce que les amants regardent la lune, quand ils tiennent près d'eux leur maîtresse ? » (*Journal*, 14 février 1850, p. 223). À ces poncifs du romantisme contre lesquels il s'emportait, Delacroix préférait en effet la relation sereine et quotidienne établie avec une nature rustique, fidèle et apaisante. Il constatait d'ailleurs à cette époque qu'il devenait, « en vieillissant, moins susceptible des impressions plus que mélancoliques que [lui] donnait l'aspect de la nature » (*Journal*, 24 juin 1849, p. 198) et que, rompant avec une certaine excitation de sa jeunesse, il cherchait surtout à profiter dans ses promenades et ses séances de travail à travers la campagne de « la sensation la plus délicieuse [qui] est celle de l'entière liberté [...]. Là, les ennuyeux ne peuvent venir [le] trouver » (*Journal*, 26 avril 1850, p. 232-233).

En raison de l'intimité et de la complexité de cet aspect de l'œuvre d'Eugène Delacroix, le rôle de l'historien d'art doit alors demeurer modeste et rigoureux lorsqu'il étudie ses esquisses d'arbres, de plantes ou de fleurs, dont la datation est fréquemment impossible. En les peignant certes avec amour, mais dans le cadre d'un processus technique ardu – il ne les exposa jamais au public pour cette raison –, le peintre ne recherchait visiblement pas la renommée ou une quelconque reconnaissance de ses pairs, même s'il a choisi de montrer au Salon de 1849 plusieurs tableaux de fleurs d'une ambition plus grande que ses études de paysage (cat. 29 et 30). En revanche, l'attention portée à la représentation de la nature a participé de façon déterminante – quoique latente – à la transformation progressive et inexorable de sa carrière, durant ses années de maturité et de vieillesse.

On a souvent souligné, à juste titre, l'importance des relations de jeunesse d'Eugène Delacroix avec les peintres anglais, son amitié avec Richard Parkes Bonington (1802-1828) et les frères Fielding, ainsi que son admiration pour les paysages de John Constable (1776-1837), découverts au Salon de 1824. Rappelons qu'il n'a jamais effectué le nécessaire voyage en Italie et n'a donc pas été confronté aux actifs paysagistes qui y renouvelèrent le genre autour de 1820, mais il a séjourné en 1826 en Angleterre, ce qui a encore renforcé son intérêt pour l'aquarelle et le traitement réaliste d'une nature lumineuse enfin comprise pour elle-même. Sa relation avec les paysagistes anglais contemporains, jugés avec quelque dédain par leurs homologues néo-classiques français, a d'ailleurs renforcé cette image de membre actif de l'avant-garde du romantisme à laquelle on l'a progressivement identifié.

Dès cette époque, le paysage était clairement situé au cœur de ses préoccupations de peintre d'histoire. L'arrière-plan des principaux tableaux de sa jeunesse révèle qu'il savait insuffler autant de passion et de violence dans les décors de ses compositions littéraires ou historiques que dans les mises en scène des personnages de leur premier plan. Quels mots peuvent décrire la présence sombre, splendide et flamboyante de la ville de Dité que l'on devine au fond de *La Barque de Dante* (1822, Paris, musée du Louvre), la transparence du ciel dominant la ville grecque de Scio ravagée par les Turcs dans les *Scènes des massacres de Scio* (1824, Paris, musée du Louvre) ou l'architecture archéologiquement inexacte, mais dramatiquement indispensable, de *La Mort de Sardanapale* (1827-1828, Paris, musée du Louvre) ? Et comment ne pas admirer le rôle déterminant de la vue de Paris dans *La Liberté guidant le peuple* (1830, Paris, musée du Louvre) ou des murailles de la cité marocaine dans *Les Convulsionnaires de Tanger* (1837, Minneapolis Institute of Arts, voir cat. 104) ?

Avant 1840, Delacroix avait donc toujours conçu les décors de ses compositions historiques, comme plus tard de ses séries décoratives, en adaptant l'environnement naturel

– paysage, architecture ou végétation – à ses ambitions de metteur en scène des drames humains. Par ailleurs, durant ces années-là, dans des œuvres aussi diverses que le *Portrait du baron Louis-Auguste Schwiter* (1826, Londres, The National Gallery) ou les décors de la salle à manger du comédien Talma (localisation actuelle inconnue ; Johnson, t. I, 1981, nᵒˢ 94 à 97), il avait exécuté également de superbes natures mortes de fleurs, montrant son intérêt pour ces morceaux de technique pure qui forcent le peintre à maîtriser totalement la touche et la couleur adaptées à chacune des essences florales.

Cependant Delacroix, à cette époque, ne pratiquait pas encore pour eux-mêmes les genres du paysage et du tableau de fleurs. Si l'on excepte les deux œuvres ayant appartenu à Frédéric Villot *(Bouquet de fleurs*, 1833, Édimbourg, National Galleries of Scotland*)* et George Sand *(Nature morte, bouquet de fleurs dans un vase en grès*, 1842, Vienne, Kunsthistorisches Museum*)*, il n'existe pas de tableaux de fleurs peints avant 1848. Et même si l'on découvre que l'artiste glanait de temps à autre quelques études lors d'un voyage, souvent poussé par la nécessité de peindre un décor pour l'une de ses compositions, il a de fait peu pratiqué avant 1840 les techniques du paysage, après avoir pourtant révélé un potentiel étonnant en 1826 avec la célèbre *Nature morte aux homards* (Paris, musée du Louvre), une œuvre unique qui se voulait justement une synthèse des genres de la nature morte et du paysage.

En fait, le développement croissant de cet intérêt pour la représentation autonome de la nature a coïncidé avec des évolutions parallèles de sa personnalité. Un évident besoin d'isolement se manifesta chez cet homme mûr, quelque peu misanthrope, qui désirait faire le point au milieu de l'agitation suscitée par les intérêts de sa carrière. Et il ne faut pas ignorer non plus les premières manifestations de la maladie qui devait affaiblir considérablement sa santé, entraînant à partir de 1840 de nombreuses cures à la montagne, à la mer et à la campagne. Il est clair que les divers séjours accomplis alors à Frépillon, en 1841, auprès des Riesener, puis à Nohant, chez George Sand, en 1842 et 1843, ou aux Eaux-Bonnes en 1845 – séjours durant lesquels il se consacra avec un plaisir évident à l'étude du paysage – avaient initialement des motivations thérapeutiques ou amicales, et nullement professionnelles. George Sand nous a pourtant laissé un remarquable témoignage concernant les premières séances de peinture de paysage – et surtout les premières études de fleurs – effectuées par Delacroix lors de séjours de repos accomplis à Nohant, autour de 1845 : « J'ai vu Delacroix essayer pour la première fois de peindre des fleurs. Il avait étudié la botanique dans son enfance, et comme il avait une mémoire admirable, il la savait encore. [...] Je le surpris en extase de ravissement devant un lis jaune dont il venait de comprendre la belle *architecture* ; [...] Il se hâtait de peindre, voyant qu'à chaque instant son modèle accomplissant dans l'eau l'ensemble de sa floraison, changeait de tons et d'attitudes. Il pensait avoir fini et le résultat était merveilleux ; mais le lendemain, lorsqu'il compara l'art à la nature, il fut mécontent et retoucha. Le lis avait complètement changé. [...] Le jour suivant, la plante était belle tout autrement. Elle devenait de plus en plus architecturale » (George Sand, *Nouvelles Lettres d'un voyageur*, Paris, Calmann-Lévy, 1877).

Cependant cette passion accrue pour l'évocation picturale de la nature ne saurait s'expliquer par de simples promenades touristiques, des séjours amicaux ou les obligations dues à son état de santé. À cette période, les recherches de Delacroix paraissent en effet animées par deux véritables obsessions, qui avaient déjà guidé l'exécution de ses tableaux d'histoire et de ses compositions décoratives, mais allaient conditionner aussi les petites études réalisées durant ses promenades à Champrosay ou sur la plage de Dieppe. D'une part, il ambitionnait de parvenir à la maîtrise de toutes les contraintes techniques et de tous les aspects matériels de son métier et, lorsqu'il écrivait le 10 mars 1850 que « le vrai peintre est celui qui connaît toute la nature » *(Journal*, p. 184), il énonçait parfaitement son ambition de parvenir à *tout* peindre, y compris ces paysages qu'il avait quelque peu délaissés jusque-là. Et d'autre part, il tentait plus que jamais d'équilibrer les éléments secondaires de ses tableaux – entre autres, le décor naturel ou architectural qui accompagne le récit pictural – avec le sujet central de sa composition. La principale découverte artistique de sa maturité demeurait toujours cette « question de l'accord des accessoires avec l'objet principal » – qui, d'après lui, « manque à la plupart des grands peintres » *(Journal*, 15 avril 1853, p. 328) – et il essayait alors de répondre à cette difficile interrogation professionnelle, qui allait guider sa démarche esthétique jusqu'à sa mort : comment un peintre peut-il rendre avec autant de talent et d'intensité les détails d'une œuvre – par exemple le paysage de l'arrière-plan – et les éléments principaux de son discours esthétique ? Ainsi, quel que fût son investissement personnel dans l'exercice du paysage pratiqué pour lui-même, sa conception de la nature demeura toujours étroitement liée à ses recherches pour l'élaboration de tableaux historiques ou religieux.

Afin de satisfaire ces enjeux complexes Delacroix a donc cherché à perfectionner ses qualités dans le genre du paysage en faisant appel aux méthodes traditionnelles de l'apprentissage et de la pratique du genre, méthodes parfaitement rodées par les paysagistes néo-classiques, puis les peintres de l'école de Barbizon. On considérait alors que le paysagiste devait commencer par une imprégnation poétique et visuelle globale du site qu'il avait choisi de représenter, suivie de plusieurs séances de travail en plein air, au crayon, à l'aquarelle ou à l'huile, durant lesquelles il notait de manière plus ou moins rapide ses impressions visuelles. Puis, une fois ces séances sur le motif achevées, une autre phase du travail – aussi importante – pouvait alors débuter pour le peintre : la reprise des études en atelier, qui permettrait enfin d'aboutir à un tableau achevé.

Delacroix a suivi avec une fidélité sans faille cette démarche technique ; comme la plupart des peintres d'histoire et certains paysagistes de son temps, il considérait que son art ne pouvait se contenter de copier servilement des notes recueillies en plein air et de reproduire sur une toile de plus grandes dimensions de simples études exécutées d'après nature : « L'indépendance de l'imagination doit être entière devant le tableau. Le modèle vivant, en comparaison de celui que vous avez créé et mis en harmonie avec le reste de votre composition, déroute l'esprit et introduit un élément étranger dans l'ensemble du tableau », écrivait-il à ce sujet le 26 avril 1853 *(Journal*, p. 332), rappelant ainsi ses convictions, qui lui dictaient certes de maintenir le « cordon ombilical » vital avec la nature, mais qui lui faisaient également valoriser le rôle de la mémoire et de l'imagination, et douter du réalisme, situé pour lui « à l'antipode de l'art » (p. 765). Il a d'ailleurs développé ce jugement dans une réflexion encore plus explicite du *Journal*, affirmant que « le vrai peintre est celui chez lequel l'imagination parle avant tout » et rappelant que « la nature rendra toujours le peintre plus froid que la nature qu'il croit imiter » (12 octobre 1853, p. 366).

Afin de ne pas demeurer trop dépendant du travail sur le motif et pour stimuler sa créativité, Delacroix a donc multiplié les études dites de « ressouvenir », c'est-à-dire la reprise des études exécutées d'après nature, entièrement retravaillées de mémoire, en atelier. Cet exercice favorisait le travail conjoint de l'œil et de la main et, surtout, permettait d'entretenir les souvenirs visuels et de nourrir l'imagination. « Ce travail d'idéalisation se fait même presque à mon insu chez moi, quand je recalque une composition sortie de mon cerveau. Cette seconde édition est corrigée et plus rapprochée d'un idéal nécessaire » *(Journal*, 12 octobre 1853, p. 366-367).

Delacroix ne faisait d'ailleurs qu'appliquer les conseils de Pierre-Henri de Valenciennes (1750-1819), grand praticien et théoricien du paysage, qui avait décrit les qualités et les conditions d'exécution de cet exercice dans un traité de paysage essentiel, publié en 1800 : « Nous vous exhortons en conséquence, lorsque vous aurez fait une étude quelconque, à la refaire sans regarder le modèle ; et après vous être appliqué à ne rien oublier, quand votre mémoire ne vous fera plus rien, vous ferez alors la comparaison avec l'original » (*Réflexions et conseils à un élève sur la peinture et particulièrement sur le genre du paysage*, Paris, Dessene et Duprat, 1800 [an VIII], p. 418). Ainsi les nombreuses séances de travail menées par Delacroix au jardin des Plantes, auprès des animaux, des plantes et des fleurs, furent-elles fréquemment suivies de quelques heures passées en atelier à reprendre les études exécutées à cette occasion. Il s'y rendit par exemple, le 20 mai 1853, afin de faire « des études de lions et d'arbres, en vue du sujet de *Renaud*, par une chaleur très incommode, et au milieu d'un public très désagréable » (*Journal*, p. 348), et il dessina, dès le lendemain, des pastels « d'après les lions et les arbres [qu'il avait] étudiés la veille au Jardin des Plantes » (*Journal*, p. 349). De même, les séjours réguliers à Champrosay, sa villégiature préférée, où il a trouvé, à partir de 1844, un véritable laboratoire pour la pratique du paysage, inspiraient d'étonnantes études de ciels (cat. 58 à 62), exécutées en plein air, qu'il retravaillait ensuite longuement en atelier, avant de les réutiliser pour certains décors – pour celui de la galerie d'Apollon au Louvre, par exemple.

Contrairement aux scènes animalières, qui représentèrent souvent une simple source de revenus, les « portraits » de fleurs que Delacroix a réservés au public du Salon de 1849 et de l'Exposition universelle de 1855 et les paysages qu'il conserva jusqu'à sa mort dans son atelier pour son seul plaisir et sa documentation personnelle se situaient réellement au cœur de sa réflexion technique. Ainsi, son jugement concernant le paysage s'affina de plus en plus après 1850 et cette pratique régulière, entretenue par des conversations fréquentes avec ses confrères paysagistes – surtout Paul Huet et Théodore Rousseau –, a clarifié de nombreuses questions techniques, dont il avait confié la difficulté dans son *Journal*. Il rappelait, par exemple, dans ses notes du 5 mai 1852, la primauté de la mise en place des valeurs – que Corot jugeait lui aussi essentielle (voir cat. 38) –, avant d'insister sur la nécessité de synthétiser les couleurs proposées par la nature : « Il faut ébaucher le tableau comme serait le sujet par un temps couvert, sans soleil, sans ombres tranchées. Il n'y a radicalement ni clairs ni ombres. Il y a une masse colorée pour chaque objet, reflétée différemment de tous côtés. Supposez que, sur cette scène, qui se passe en plein air par un temps gris, un rayon de soleil éclaire tout à coup les objets : vous aurez des clairs et des ombres comme on l'entend, mais ce sont de purs accidents » (*Journal*, p. 297). Dans une autre mention du *Journal*, datée du 29 avril 1854, il précisait : « Je comprends mieux [...] le *principe* des arbres. Il faut les modeler dans un reflet coloré comme la chair » (p. 418).

Dans le même esprit, il a parfaitement décanté ses conceptions concernant les « portraits de fleurs », au point de résumer en quelques lignes, dans une célèbre lettre écrite à Constant Dutilleux le 6 février 1849 (*Correspondance*, t. II, p. 372-373), le programme des cinq tableaux qu'il préparait alors pour le Salon (dont cat. 29, 30 et 31) : « Vous avez la bonté de me parler des tableaux de fleurs que je suis en train d'achever. J'ai [...] subordonné les détails à l'ensemble autant que je l'ai pu. [...] J'ai essayé de faire des morceaux de nature comme ils se présentent dans des jardins, seulement en réunissant dans le même cadre et d'une manière très peu probable la plus grande variété possible de fleurs. »

Cette ambition esthétique n'empêchait pourtant pas le peintre d'observer modestement les fleurs dans la campagne, dans des conditions parfois très bucoliques : « Je me suis mis en tête de faire un bouquet de fleurs des champs que j'ai formé à travers les halliers, au grand détriment de mes doigts et de mes habits écorchés par les épines » (*Journal*, 24 juin 1849, p. 198*)*. La résolution de ses problèmes techniques dans le traitement du paysage n'occupait effectivement pas en permanence les pensées de Delacroix durant ses séances de travail en plein air ; la nature était progressivement devenue pour lui un lieu familier dans lequel, encouragé par la « charmante musique des oiseaux du printemps : les fauvettes, les rossignols, les merles si mélancoliques » (*Journal*, 9 mai 1850, p. 237*)*, il trouvait des sources d'inspiration multiples. Ainsi, lorsqu'il se plongea dans la fascinante contemplation d'un combat miniature durant une promenade en forêt de Sénart le 17 mai 1856, il témoigna de la gratuité du plaisir que la nature pouvait lui apporter : « J'ai vu là le combat d'une mouche d'une espèce particulière et d'une araignée. Je les vis arriver toutes deux, la mouche acharnée sur son dos et lui portant des coups furieux ; après une courte résistance, l'araignée a expiré sous ses atteintes ; la mouche, après l'avoir sucée, s'est mise en devoir de la traîner je ne sais où, et cela avec une vivacité, une furie incroyables. [...] J'ai assisté avec une espèce d'émotion à ce petit duel homérique. J'étais le Jupiter contemplant le combat de cet Achille et de cet Hector. » Mais à l'issue de cette scène amusante, le peintre reprenait ses droits et notait avec précision, dans le cas où cela pourrait lui servir pour une composition à venir, que « cette mouche était noire, très longue, avec des marques rouges sur le corps » (*Journal*, p. 238-239*)*.

Ainsi, tout en dessinant les arbres de la forêt de Sénart, les vagues de la mer en Normandie ou les couchers de soleil sur la Seine à Champrosay, Delacroix songeait toujours à la composition de ses tableaux futurs, aux lois de son métier et aux exercices nécessaires à la pratique du paysage. Mais heureusement, malgré l'aridité de ses recherches techniques et par-delà la contemplation sentimentale des forêts de France et de leurs couchers de soleil, il semble qu'il a tout de même découvert durant ses journées de travail sur le motif une réelle joie de vivre, qui a éclairé ses dernières années : « Je ne sais pourquoi il m'est venu la fantaisie d'écrire sur le *bonheur* », notait-il ainsi le 29 avril 1850 au retour d'une séance de travail dans la forêt de Sénart (*Journal*, p. 233*)*.

Vincent Pomarède

24. *Études de fleurs*

Vers 1845-1850
Aquarelle sur traits à la mine de plomb ;
0,310 x 0, 209 m
Paris, musée Eugène Delacroix (M.D.1980.1)
Exposé à Philadelphie seulement

Proche, par sa mise en page, des planches illustrant les livres de botanique du XIXᵉ siècle, ce dessin aérien et subtil annonce les études de fleurs qu'Odilon Redon, grand admirateur de Delacroix, entreprit à ses débuts, dans les années 1860, lorsqu'il s'astreignait à « ausculter avec myopie le brin d'herbe et le caillou » (voir par exemple certaines études conservées au musée du Louvre et pro-venant de la donation Arï et Suzanne Redon, RF 40 751 et RF 40 756 ; R. Bacou, cat exp. *Dona-tion Arï et Suzanne Redon*, Paris, RMN, 1984, nᵒˢ 357 et 360, repr.). Une telle méthode lui permettait de passer ensuite de la réalité à l'imaginaire : « Après un effet pour copier minutieusement un caillou, un brin d'herbe, une main, un profil ou toute autre chose de la vie vivante ou inorganique, je sens une ébullition mentale venir : j'ai alors besoin de créer, de me laisser aller à la représentation de l'imagi-naire » (Odilon Redon, *À soi-même. Journal {1867-1915}. Notes sur la vie, l'art et les artistes*, intro-duction de Jacques Morland, Paris, Floury, 1922, nouv. éd. 1961, p. 30.)

A. S.

25. *Bouquet de fleurs*

1848 (?)
Aquarelle sur traits de crayon noir ;
0,205 x 0,264 m
Montpellier, musée Fabre (876.3.101)
Exposé à Paris seulement

Estimé sans raison par Robaut de 1843, ce bouquet de fleurs composé d'une rose, d'un tournesol, de reines-marguerites, de soucis et de coquelicots,

difficilement datable tant sa composition est intemporelle, nous paraît devoir être comparé à l'étude suivante, exécutée en 1848. Théophile Silvestre avait été chargé par le collectionneur montpelliérain Alfred Bruyas d'intervenir pour lui à la vente Dutilleux : « L'aquarelle des Fleurs coûte 410 fr., plus les frais d'adjudication. Ce n'est pas (non plus) bon marché, mais quelle délicatesse et quelle fraîcheur de tons. Ce n'est pas l'éclat de Diaz, mais quelle supériorité de sensations et de distinction dans les fleurs, même peu faites, comme celles-ci, chez Delacroix. Vu à quatre pas, et non le nez dessus, ce bouquet de Delacroix est d'un aspect ravissant... Rare morceau, volontairement imparfait mais d'une poésie et d'une simplicité étonnantes. Je le disais à Corot avant hier, devant ce bouquet et Corot me répondait : "C'est délicieux, tout à fait délicieux"... Les feuilles de la rose qui semble gauchement épanouie, dans des volutes et des écarquillements primitifs, dont l'imagination asiatique de Delacroix était seule capable et que saint Jean eut méprisée... Voyez quelle naïveté et quel amour des choses sauvages et désertes dans ce bouton de souci encore fermé ! Plus encore dans cette fleur des bords du grand chemin dont les âpres pétales semblent sortir d'une tige si dure et en forme de thyrse, entre ce

Fig. 1
EUGÈNE DELACROIX, *Bouquet de fleurs*, 1848, aquarelle sur traits de crayon noir, localisation actuelle inconnue.

bouton de souci et cette scabieuse ! Et quelle divine courbure dans la tige de ce coquelicot à peine en petit bouton » (lettre à Alfred Bruyas, 27 mars 1874 ; Montpellier, Bibliothèque municipale, mss 365). Une aquarelle d'après un bouquet similaire, mais dont les fleurs étaient plus enfoncées dans le col du vase, a figuré en 1956 à la Biennale de Venise (n° 55, alors dans une collection particulière ; fig. 1).

A. S.

26. *Étude de fleurs : roses d'Inde, soucis et géraniums*

1848
Mine de plomb ; 0,255 x 0,380 m
Daté en bas à droite à la mine de plomb :
13 oct. [barré] *nov 1848*
Annoté de haut en bas à la mine de plomb :
rose d'inde / rose d'inde / rose d'inde / souci souci
Paris, collection Prat
Exposé à Philadelphie seulement

L'agenda de l'année 1848 n'a pas été retrouvé. Selon Pierre Andrieu, l'un des plus proches collaborateurs de Delacroix, qui en avait fait part à Adolphe Moreau, le peintre l'aurait perdu dans un fiacre en revenant de la gare de Lyon chez lui. André Joubin, quant à lui, s'est interrogé sur l'existence de cet agenda, constatant sur les dernières pages de celui de 1847 des notes écrites à des dates postérieures, en 1848 et 1849 (*Journal*, p. 168-170). Mais on sait, grâce à la *Correspondance*, que Delacroix se trouvait depuis septembre à Champrosay, où il travaillait assidûment aux tableaux de fleurs qu'il comptait exposer au Salon de 1849 (cat. 29 et 30) : « L'entreprise que j'ai en train est si lourde, vu la rapidité de la saison, que je ne veux pas être troublé par l'idée du désordre public ; en outre, j'ai des modèles qui se fanent du jour au lendemain et qui ne me laissent pas respirer » (lettre à Mme de Forget, 3 octobre 1848 ; *Correspondance*, t. II, p. 369). La répartition des différents croquis – plus ou moins esquissés – sur la feuille illustre bien dans quel état d'esprit Delacroix menait alors ses observations sur le motif.

A. S.

étude réalisée au printemps 1849 au jardin des Plantes, grâce à l'obligeance du botaniste Adrien de Jussieu (1797-1853), que Delacroix avait rencontré chez le prince-président le 14 février : « J'ai une longue conversation après dîner avec Jussieu, sur les fleurs, à propos de mes tableaux. Je lui ai promis d'aller le voir au printemps. Il me montrera les serres et me fera obtenir toute permission pour l'étude » (*Journal*, p. 177).

Peu soucieux de dessiner avec exactitude chacune des fleurs sélectionnées, Delacroix a porté toute son attention sur la diversité de leurs formes éclairées en pleine lumière, ainsi que sur la subtilité de leurs couleurs.

A. S

27. *Étude de fleurs*

Vers 1848-1849
Pastel ; 0,240 x 0,309 m
Collection particulière (avec le concours de la galerie Schmit, Paris)
Exposé à Paris seulement

Constatant l'organisation particulière de cette feuille, où les fleurs sont soigneusement alignées, Lee Johnson a suggéré qu'il devait s'agir d'une

28. *Feuillages et Liserons en arceaux*

Vers 1848-1849
Pastel sur papier gris ; 0,306 x 0,457 m
New York, The Metropolitan Museum of Art, Bequest of Miss Adelaide Milton de Groot
(67.187.4)
Exposé à Paris seulement

Le motif de ces arceaux se retrouve, avec de sensibles variantes, dans la peinture *Corbeille de fleurs renversée dans un parc* (cat. 29).

A. S.

29 et 30. Tableaux de fleurs et de fruits au Salon de 1849

Nous ignorons en fait les motivations profondes d'Eugène Delacroix lorsqu'il se détermina à présenter au Salon de 1849 cinq tableaux de fleurs – il ne devait en exposer finalement que deux, réservant à l'Exposition universelle de 1855 un envoi plus conséquent (voir cat. 31). Sans doute sa passion pour les jardin fleuris et pour le jardinage, partagée tour à tour avec George Sand, puis avec sa grande amie, Joséphine de Forget – avec laquelle il « rôdait autour des rosiers » – l'avait-elle prédestiné à peindre de telles compositions. Peut-être le peintre avait-il mis au point un programme pictural ou déco-

ratif, aujourd'hui oublié, unissant les trois tableaux rassemblés ici – *Corbeille de fleurs renversée dans un parc* (cat. 29), *Corbeille contenant des fruits posée dans un jardin* (cat. 30) et *Vase de fleurs sur une console* (cat. 31) – et les deux œuvres disparues, *Marguerites et Dalhias* et *Hortensias sur le bord d'un étang* (Johnson, t. III, 1986, nᵒˢ L213 et L214). Les références – parfaitement commentées par Théophile Gautier – aux chefs-d'œuvre du genre peints par Jean-Baptiste Monnoyer, Jan Davidz de Heem ou Jan Van Huysum, ainsi que l'admiration pour certaines natures mortes espagnoles ou italiennes, expliquent

29. *Corbeille de fleurs renversée dans un parc*

Vers 1848-1849
Huile sur toile ; 1,073 x 1, 422 m
New York, The Metropolitan Museum of Art,
Bequest of Miss Adelaide Milton de Groot
(1876-1967), 1967 (67.187.60)

également cette passion pour un genre pictural qu'il avait peu étudié jusque-là. De même, il faudrait sûrement prendre davantage en considération le désir, dominant le travail de Delacroix durant cette période, de s'essayer à tous les genres picturaux et d'expérimenter toutes les techniques, afin de se présenter comme un grand maître, un « pur classique ». Notons cependant que l'intérêt qu'il portait à ces essais de nature morte fut suffisamment motivé et personnel pour qu'il ait choisi de conserver jusqu'à sa mort, sans les vendre ou les donner, l'ensemble des œuvres florales peintes pour le Salon de 1849.

Profitant d'une pause dans ses grandes commandes décoratives – il venait d'achever la bibliothèque du palais Bourbon et n'avait pas encore commencé les décors de la galerie d'Apollon et ceux de l'église Saint-Sulpice –, Eugène Delacroix a donc travaillé durant tout le premier semestre 1849 à l'élaboration de ces tableaux. En outre, bien que le *Journal* de 1848 ait été perdu par le peintre – d'après Andrieu dans un fiacre –, nous laissant dépourvus d'indications sur son travail durant cette année, de nombreuses esquisses (voir cat. 32) montrent que l'artiste avait préparé l'exécution de ses futures œuvres dès l'automne 1848 et qu'il avait aussi débuté durant cette période la réalisation de l'une ou de l'autre des compositions définitives puisqu'il était allé le 7 février 1849 chez le marchand Beugniet, afin de trouver un cadre pour « [ses] *Fleurs* » (*Journal*, p. 175), ce qui suppose qu'une des œuvres au moins était déjà presque achevée à cette date.

30. *Corbeille contenant des fruits posée dans un jardin*

Vers 1848-1849
Huile sur toile ; 1,084 x 1,433 m
Philadelphie, Philadelphia Museum of Art,
John G. Johnson Collection (2308)

Nous connaissons d'ailleurs plusieurs dessins, dont un daté du 13 novembre 1848 représentant des « soucis » et des « roses d'Inde », qui témoignent de ses préoccupations constantes dès l'automne précédant le Salon. Durant toute cette période, sa correspondance avec Joséphine de Forget fourmille de références aux aménagements fleuris du jardin de Champrosay.

Quoi qu'il en soit, le *Journal* nous donne une idée assez précise des diverses étapes du travail de Delacroix, commentant par exemple une discussion que le peintre a eue le 14 février 1849 avec le botaniste Adrien de Jussieu (1797-1853), fils du célèbre « classificateur » de plantes Antoine Laurent de Jussieu, mort en 1836 : « J'ai une longue conversation après dîner avec Jussieu, sur les fleurs, à propos de mes tableaux. Je lui ai promis d'aller le voir au printemps. Il me montrera les serres et me fera obtenir toute permission pour l'étude » (*Journal*, p. 177). Cet échange amical lui a peut-être redonné confiance en lui-même, puisqu'il signalait le lendemain avoir repris son travail sur les tableaux de fleurs, avançant surtout la « corbeille de fruits » (cat. 30) : « J'étais souffrant et n'ai fait que peu. Cependant, cela m'a remis en goût et je crois qu'en terminant avant peu ce qui n'est point fait du tout, les parties déjà avancées se trouveront terminées d'elles-mêmes » (*Journal*, p. 178). Le 16 février 1849, il ajoutait avoir également « travaillé aux *Fleurs et fruits* » (*Journal*, p. 178). Bien que ne retrouvant pas durant le printemps de cette année le calme de la nature et l'inspiration de modèles réels, puisqu'il n'a pas séjourné à Champrosay et ne semble pas s'être rendu à cette période à l'invitation de Jussieu au jardin des Plantes, Delacroix continua à travailler régulièrement ses tableaux en atelier, comme le prouvent diverses mentions dans le *Journal* : « Dimanche 11 mars [1849]. – Travaillé de bonne heure au tableau des *Hortensias et de l'Agapanthus*. Je ne me suis occupé que de ce dernier » (p. 184 ; le tableau mentionné dans cette dernière citation est l'une des deux œuvres non localisées aujourd'hui).

Malgré ses déclarations d'intentions, exprimées à Constant Dutilleux, concernant la nécessité de peindre ces « morceaux de nature comme ils se présentent dans les jardins » (voir l'introduction à ce chapitre), Eugène Delacroix a tout de même appliqué dans ses compositions pour le Salon la plupart des préceptes du genre, imposés depuis le XVIIe siècle : un mélange de fruits et de fleurs ou d'essences de fleurs très diversifiées, qui permet une plus grande variété des effets picturaux et des choix chromatiques ; un arrangement raffiné des fleurs dans la corbeille qui les accueille, renversée dans un cas (cat. 29) et orgueilleusement dressée sur une console dans l'autre (cat. 31) ; une mise en scène calculée de la relation entre les plantes et le paysage qui sert de décor, avec, dans le cas du tableau de New York, l'utilisation d'une architecture naturelle dominant la composition (voir aussi cat. 28) et, pour l'œuvre de Philadelphie, cette ouverture vers le ciel que l'on aperçoit à travers les rideaux d'arbres et de fleurs encore sur pied qui animent le fond de la composition. Ces procédés plastiques accentuent évidemment la théâtralité – d'ailleurs quelque peu maniérée – recherchée par Delacroix dans ces tableaux, dont la construction a été mûrement réfléchie si l'on en juge par diverses études au pastel ou à l'aquarelle préparatoires aux tableaux.

À l'approche du Salon, alors que quatre tableaux étaient déjà parfaitement achevés (dont cat. 31), Eugène Delacroix devait décider, sans que nous connaissions les raisons profondes de cette résolution, de ne présenter que deux œuvres sur les cinq qu'il avait peintes durant l'hiver. Étant membre du jury, il était en fait absolument souverain dans ses choix et il a pu aisément demander à son parent et ami Léon Riesener de retirer au dernier moment les deux tableaux qu'il ne souhaitait plus montrer au public du Salon (lettre du 9 juin 1849 ; *Correspondance*, t. II, p. 380). Notons qu'Alfred Robaut et André Joubin ont tous les deux affirmé par erreur que Delacroix avait exposé trois œuvres au Salon de 1849, alors que le livret ne mentionne que les deux tableaux rassemblés ici (cat. 29 et 30).

En dépit de cette limite donnée à ses ambitions, Delacroix n'entrava pas l'enthousiasme des critiques qui, pour une fois, se trouvèrent presque unanimes cette année-là à encenser son travail – rappelons qu'il exposait trois autres tableaux à ce Salon : *Femmes d'Alger dans leur intérieur* (Montpellier, musée Fabre), *Othello et Desdémone* (coll. part.) et *Arabe syrien avec son cheval* (coll. part. ; Johnson, t. III, 1986, n° 348). Ainsi, Cailleux affirmait que « Delacroix a surpris les secrets des fleurs et leur désinvolture, qu'il nous retrace ensuite avec cette verve primesautière qu'on lui connaît », tandis que Louis Peisse s'enthousiasmait littéralement, trouvant les deux tableaux « éclatants de couleurs, gracieusement composés et agencés, largement et vigoureusement peints » et notant que « ce sont des fleurs et des fruits excellents et parfaits pour leur destination, qui est d'être, non pas cueillis ou mangés, mais simplement regardés ». Champfleury considérait qu'il n'avait « jamais vu de fleurs comparables à celles de Delacroix », tandis que Théophile Gautier énonçait, une fois encore, les commentaires les plus raffinés et les plus judicieux : « Il faudrait remonter à Baptiste, à Monnoyer, ou plutôt encore aux tableaux de fruits et de fleurs de Juan de Avellaneda et de Velazquez [...] il ne faut pas chercher là des nervures rendues une à une, le duvet des feuilles [...]. C'est tout simplement une débauche de palette, un régal de couleur, donné aux yeux. Ce qu'on peut louer aussi dans ces deux toiles, outre le mérite du ton, c'est le style imprimé aux fleurs, traitées ordinairement d'une façon toute botanique, sans s'inquiéter de leur port, de leur allure, de leur physionomie et de leur caractère. Les fleurs ont chacune leur expression particulière, il y en a de gaies, de tristes, de silencieuses, de bruyantes, d'effrontées, de modestes, de pudiques et de lascives, d'épanouies et de concentrées, de douces et de féroces, d'énervantes et de balsamiques ; elles ont des attitudes spéciales, des coquetteries et des fiertés à elles, toutes choses que ne rendent pas les fleuristes vulgaires occupés de la petite bête. » Hormis une ou deux critiques négatives, l'ensemble des réactions étaient donc parfaitement positives, rejoignant celle d'Haussard : « Rien n'égale dans aucune œuvre des maîtres du genre l'éclat de touche, le sentiment délicat de ces *Fleurs*, ni la tendre harmonie de verdure qui les encadre ; rien ne surpasse la gravité du style, la largeur d'exécution de ces *Fruits*, ni l'habile ordonnance de leur mise en scène. »

Véritables fenêtres ouvertes sur une nature sereine, d'une grande fraîcheur en dépit de cette recomposition intellectuelle des éléments utilisés par l'artiste en hommage aux peintres nordiques et français des XVIIe et XVIIIe siècles, ces deux œuvres, dont l'une fut sans doute exposée de nouveau durant l'Exposition universelle de 1855 (voir cat. 31), constituent des « morceaux de bravoures » techniques dans lesquels se révèle l'ambition profonde de Delacroix : régénérer le genre grâce à une facture réaliste, en mettant les conventions stylistiques et le parti décoratif au service de la contemplation de la nature – et non l'inverse.

V. P.

31. *Vase de fleurs sur une console*

1849-1850
Huile sur toile ; 1,35 x 1,02 m
Montauban, musée Ingres (M.N.R. 162 ;
D. 51.3.2)

En abordant le genre du tableau de fleurs, Eugène Delacroix a souhaité, comme il l'a lui-même affirmé dans une lettre très précise écrite le 6 février 1849 à son ami Constant Dutilleux, « sortir un peu de l'espèce de poncif qui semble condamner tous les peintres de fleurs à faire le même vase avec les mêmes colonnes ou les mêmes draperies fantastiques qui leur servent de fond ou de repoussoir » *(Correspondance*, t. II, p. 372-373*)*. Les deux seuls tableaux qu'il exposa finalement au Salon de 1849 (cat. 29 et 30), prenant pour décor un jardin à l'entretien savamment désordonné et proposant une combinaison recherchée de plantes sur pied et de fleurs coupées, reflétaient d'ailleurs cette quête d'une apparence – toute relative – de naturel, dédaignant les symboles et les mises en scène apprêtées.

Cependant, au même moment, comme pour ses scènes animalières, Delacroix voulut aussi démontrer sa capacité à égaler les maîtres de l'histoire de la peinture en exécutant avec toute sa virtuosité des bouquets de fleurs de manière entièrement décorative. Sans doute est-ce pour cette raison qu'il a commencé durant ce premier semestre de l'année 1849 ce tableau révélant un univers pictural parfaitement traditionnel, dont la mise en scène est directement liée aux natures mortes du XVIIe et du XVIIIe siècle. Delacroix a ainsi placé un vase débordant de fleurs sur une console richement sculptée et il a évoqué autour de ce bouquet un intérieur bourgeois agrémenté de boiseries, d'une glace et d'un rideau au tissu raffiné. Détail quelque peu anecdotique, il a aussi disposé sur la console un tissu blanc et un collier de perles, deux accessoires rappelant avec discrétion la vie mondaine. Daniel Ternois a signalé l'existence d'une aquarelle qui semble être une étude pour le coin de pièce et la console représentés dans ce tableau, l'espace étant traité seul, sans la présence si vivante du bouquet de fleurs.

Commencé au début du mois de mars 1849, comme le prouvent divers extraits du *Journal* (p. 184, 185), cet aristocratique tableau de fleurs, regroupant une dizaine d'essences de plantes

différentes – marguerites, glaïeuls, giroflées, digitales, cinéraires, campanules, crêtes de coq, pavots et roses d'après Daniel Ternois –, posa sans doute divers problèmes techniques à Delacroix, qui poursuivait parallèlement l'exécution des quatre autres tableaux de fleurs prévus pour le Salon, et il n'était toujours pas achevé le 3 mai de la même année. Ce jour-là, le peintre écrivit à son encadreur, le marchand de couleurs Souty *(Correspondance*, t. II, p. 375*)*, pour lui signaler qu'il allait peut-être renoncer à exposer ce tableau, toujours inachevé : « Je m'aperçois à présent que j'aurai peine à achever celui des cinq tableaux de fleurs qui est plus petit que les autres (celui qui est en hauteur) je m'empresse donc de vous en avertir pour que vous suspendiez la bordure pour celui-ci. [...] Si à la rigueur, je me trouvais plus de temps que je ne prévois, il serait temps de la faire après la réception des tableaux et dans le courant du mois jusqu'au 15 juin. »

On a beaucoup disserté sur la décision de l'artiste de ne pas envoyer au Salon cette œuvre, qui n'était d'ailleurs pas davantage terminée au mois de juin 1849, alors que l'exposition était déjà ouverte au public. Certains auteurs ont mis cette attitude sur le compte d'une insatisfaction technique ou esthétique de Delacroix, qui aurait considéré ce tableau comme un échec ou une toile imparfaite (Daniel Ternois), d'autres ont plutôt insisté sur les contraintes du manque de temps (Lee Johnson) – ces deux thèses n'étant d'ailleurs nullement incompatibles. De toute façon, son achèvement préoccupait suffisamment le peintre pour qu'il ait recommencé à y travailler un an plus tard, comme le prouve son *Journal*, dans lequel nous apprenons, à la date du 11 mars 1850, qu'il a « repris le dernier *tableau de fleurs* » (p. 227).

Malgré un certain classicisme et d'évidentes conventions, le résultat final a dû cependant apparaître particulièrement probant à Eugène Delacroix, puisqu'il décida en 1855 d'ajouter cette toile à sa sélection d'œuvres exposées à l'Exposition universelle, où il montrait trois natures mortes florales (cat. 30 et 31 et localisation actuelle inconnue, Johnson, t. III, 1986, n° L214) lui accordant l'honneur d'être montrée entre *La Justice de Trajan* (Rouen, musée des Beaux-Arts) et les *Scènes des massacres de Scio* (Paris, musée du Louvre).

Lee Johnson a rapproché en 1986 ce tableau de l'œuvre léguée en 1863 par Eugène Delacroix à Eugène François Charles Legrand, l'homme de loi qui avait été chargé par le peintre de conseiller son exécuteur et légataire universel, Achille Piron. Mais Geneviève Lacambre *(Les Oubliés du Caire*, cat. exp., Paris, musée d'Orsay, RMN, 1993, n° 15, p. 52*)*, suivant en cela Henriette Bessis, qui a publié l'inventaire après décès de Delacroix (Bessis, 1969, n° 151, p. 314), a suggéré que le « grand tableau de fleurs en hauteur » (Burty, 1878, p. IX) légué à Legrand par Delacroix – en même temps qu'une réduction de *La Mort de Sardanapale*, un vase du Japon et deux lampes Barbedienne – devait être plutôt le *Bouquet de fleurs dans un vase en grès* conservé au musée Guézireh du Caire (fig. 1). Malgré l'intérêt de cette nouvelle proposition, nous suivrons plus volontiers Johnson dans sa réflexion, puisque la définition de « grand tableau en hauteur » paraît s'appliquer davantage au présent tableau, mesurant tout de même 1,35 m de hauteur, alors que l'œuvre du Caire, par ailleurs de fort belle facture et sans aucun doute datable de la même période, est deux fois plus petite.

V. P.

32. *Bouquet de fleurs dans un vase* ou *Deux vases de fleurs*

Vers 1848-1849
Huile sur carton ; 0,45 x 0,59 m
Brême, Kunsthalle (796-1959/15)
Exposé à Philadelphie seulement

Dans son catalogue de l'œuvre de Delacroix, Alfred Robaut avait déjà noté en 1885 la médiocre qualité du support de ce tableau – « mauvais carton tout

bombé » –, d'une facture vibrante et instinctive, comme pour une esquisse, sans aucune recherche de mise en scène des diverses essences de fleurs et de plantes groupées dans deux vases en verre ou en terre vernissée tout à fait ordinaires. Le carton et le papier étaient encore à cette époque des supports surtout utilisés pour l'exécution d'esquisses et d'études d'après le modèle ou d'après nature, que l'on rangeait ainsi plus aisément dans des cartons à dessin et qui n'étaient de toute manière pas destinées à être exposées au public. Compte tenu de la nature de son support et de certaines zones de la couche picturale volontairement non travaillées, ce tableau peut donc être considéré comme une étude « d'après le modèle », préparatoire à la série des cinq tableaux sur lesquels Delacroix travailla pour le Salon à la fin de l'année 1848 et au début de l'année 1849.

L'effort important qu'il fournissait alors et l'ambition de régénérer ce genre pictural avaient en fait été préparés depuis quelques années – bien avant qu'il n'ait arrêté ses choix pour le Salon de 1849 – et, parallèlement à ses réalisations décoratives, il avait exécuté depuis 1842 de nombreuses études, au crayon, au pastel, à l'aquarelle et, bien sûr, à l'huile. Ces études avaient été glanées au cours de promenades, de voyages à travers la France ou de séjours à Nohant ou Champrosay, mais aussi durant quelques séances de travail en atelier, sans aucune idée préconçue de la manière dont il pourrait les utiliser plus tard dans des tableaux destinés à être montrés au public. De même, lorsqu'il eut décidé d'exposer au Salon cinq tableaux de fleurs, à l'automne 1848, Delacroix avait sûrement débuté aussitôt ses recherches par un renforcement du travail patient d'après nature, afin de maîtriser les moyens

techniques nécessaires à l'imitation des couleurs et de la texture de fleurs de toutes espèces. Son désir de venir peindre de nouveau dans les serres du jardin des Plantes (voir l'introduction à ce chapitre) témoignait évidemment de cette préoccupation.

Ainsi, parallèlement aux études au crayon ou à l'aquarelle, enlevées sur le vif, et en amont des tableaux du Salon, conçus plutôt de mémoire et exécutés en atelier, il existe plusieurs œuvres peintes à l'huile qui ont dû constituer une étape intermédiaire du processus de création durant laquelle, tout en travaillant encore modestement d'après nature, Delacroix affrontait déjà les conditions réelles d'exécution de compositions achevées. Sans doute cette démarche a-t-elle été à l'origine de ce *Bouquet de fleurs* de Brême, de même que de la *Corbeille de fleurs* du musée des Beaux-Arts de Lille (fig. 1) et peut-être même du *Bouquet de fleurs dans un vase en grès* du Kunsthistorisches Museum de

Vienne (fig. 2), qui ne furent d'ailleurs pas exposés du vivant du peintre.

Peut-être est-ce dans un tel esprit d'étude que Delacroix a, pour ce tableau, rassemblé dans les deux vases, posés côte à côte, une « gamme » étendue d'espèces de fleurs – « dahlias, chicorée sauvage, coréopsis, datura, graine de sureau », comme le précise Alfred Robaut –, mélangeant sans motivation précise ni souci d'organisation quelques fleurs décoratives (les dahlias et les coréopsis) et des plantes médicinales (la chicorée sauvage et le datura) à des branches d'arbustes plus sauvages, comme le sureau aux jolies baies noires et rouges. Grâce à sa variété et à la complémentarité chromatique qu'il favorisait, cet assortiment de plantes et de fleurs naturelles apportait au peintre, qui ne se préoccupait pas de « récit pictural » ou de disposition plastique, des éléments visuels lui permettant de se concentrer uniquement sur des questions techniques.

Dans son testament du 3 août 1863, Eugène Delacroix avait souhaité léguer ce tableau de fleurs, qui témoignait de la qualité de ses recherches, à l'un de ses exécuteurs testamentaires, le baron Charles Rivet (1800-1872). Sans doute le peintre avait-il voulu prolonger ainsi quelques souvenirs intimes, partagés au moment où il travaillait à ses bouquets de fleurs, avec cet ami très proche – qui posséda entre autres une superbe esquisse de *La Mort de Sardanapale*, aujourd'hui au musée du Louvre. Pour preuve de cette amitié, Delacroix lui légua également une copie qu'il avait exécutée vers 1850 d'après un portrait de Charles II par Velazquez et deux études du peintre anglais Bonington.

V. P.

33. *Bouquet de fleurs*

1849
Aquarelle, gouache et rehauts de pastel sur
croquis au crayon noir sur papier gris ;
0,650 x 0,654 m (sur deux feuilles de
grandeurs inégales)
Paris, musée du Louvre, département des Arts
graphiques (RF 31 719)
Exposé à Philadelphie seulement

De toutes les compositions florales réalisées par
Delacroix sur papier, celle-ci est indiscutablement
la plus impressionnante et la plus originale, tant par
ses dimensions que par le caractère novateur de sa
mise en page. Toujours encadrée dans l'atelier de l'artiste (lettre à Vollard, Aix-en-Provence, 23 janvier
1902 ; voir *Paul Cézanne. Correspondance recueillie,
annotée et préfacée par John Rewald*, Paris, Bernard
Grasset, 1978, p. 243-244), elle fut incluse, conformément à ses dernières volontés, dans les œuvres
destinées à être vendues après sa mort : « J'entends

expressément qu'on comprenne dans la vente un grand cadre brun représentant des fleurs comme posées au hasard sur un fond gris. » Un jour où Cézanne rendait visite à Ambroise Vollard, la découverte de ce bouquet dans une des pièces de la galerie lui causa une impression si forte qu'il n'eut de cesse d'obtenir du marchand l'autorisation de l'emporter afin de pouvoir l'étudier tout à son aise. Quelque temps après, Émile Bernard devait avoir l'occasion de l'admirer à son tour : « Ce que je vis de beau dans cette chambre [celle de Cézanne] ce fut une aquarelle de fleurs de Delacroix, qu'il avait acquise de Vollard, après la vente Choquet. Il l'avait toujours admirée chez son vieil ami le collectionneur, et il y avait souvent puisé de bonnes leçons d'harmonie. Il entourait cette aquarelle de très grands soins : elle était encadrée, et, pour éviter la décoloration à la lumière, il la tenait face au mur, à portée de la main » (Émile Bernard, *Souvenirs sur Paul Cézanne. Une conversation avec Cézanne*, Paris, R. G. Michel éditeur, 1926, p. 40). Le souvenir de ce « coup de cœur » est la copie libre à l'huile qu'en réalisa Cézanne (Moscou, musée Pouchkine).

A. S.

34. *Parterre de fleurs, avec hortensias, scylles et anémones*

1849 (?)
Aquarelle sur traits à la mine de plomb ;
0,187 x 0,296 m
Annoté en bas au centre à la mine de plomb :
feuille d'hortensia jaune / les autres sur le devant plus foncé
Paris, musée du Louvre, département des Arts graphiques (RF 4508)
Exposé à Philadelphie seulement

Ce pan de végétation sombre d'où émerge une touffe d'hortensias roses, avec des scylles bleutés et des anémones rouges, qui avait attiré l'attention d'Edgar Degas, compte parmi les créations les plus séduisantes de Delacroix, observateur infatigable de la nature. On peut l'associer au groupe des coins de jardins exécutés à l'aquarelle ou au pastel à Nohant, dans le parc entourant la maison de George Sand, ou à Valmont, tout autour de l'abbaye, propriété de ses cousins Alexandre-Marie Bataille, puis Louis-Auguste Bornot.

A. S.

35. *Marguerites blanches et Zinnias*

1849 ou 1855 (?)
Aquarelle et gouache sur traits au crayon noir
sur papier gris ; 0,250 x 0,200 m
Paris, musée du Louvre, département des Arts
graphiques (RF 3440)
Exposé à Philadelphie seulement

Cette aquarelle a probablement été exécutée à
Champrosay en 1849, au moment où Delacroix travaillait aux compositions florales qu'il envisageait
de présenter cette année-là au Salon, à moins qu'elle
ne fasse partie de la série d'aquarelles réalisées en septembre 1855, au cours d'un séjour de l'artiste au château de Croze (Creuse), résidence de la famille
Verninac (voir à ce propos la feuille d'études passée
dans la vente Verninac, Paris, hôtel Drouot,
8 décembre 1948, n° 10, repr.).

Elle fait en quelque sorte pendant à une étude de
technique et de support identiques représentant
des soucis, des hortensias et des reines-marguerites,
également conservée au musée du Louvre (département des Arts graphiques, RF 3441 ; M. Sérullaz,
t. II, 1984, n° 1229, repr.). Dans les deux cas, il ne
s'agit nullement de bouquets traditionnels, mais
de fleurs poussant dans un coin de jardin, comme
l'artiste aimait alors les dessiner.

A. S.

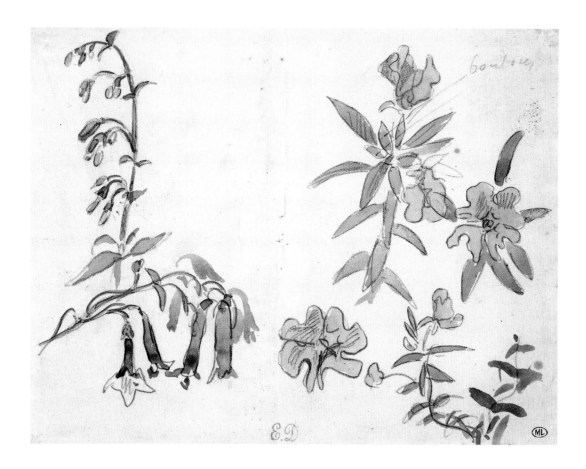

36. *Études de fleurs avec une branche de fuchsias*

1855

Mine de plomb et aquarelle ;

0,150 x 0,196 m

Annoté en haut à droite à la mine de plomb :
boutons

Au verso autres études de fleurs et de
feuillage à la mine de plomb et à l'aquarelle

Paris, musée du Louvre, département des Arts
graphiques (RF 9803)

Exposé à Paris seulement

Délicatement rehaussée à l'aquarelle, cette étude
remarquable par sa simplicité peut être comparée
à une aquarelle représentant un *Pot de fuchsias* (coll.
part. ; M. Sérullaz, 1963, n° 480, repr.) ainsi qu'à
l'étude de lauriers roses du musée Bonnat à Bayonne
(fig. 1). Particulièrement attiré par le charme des
fleurs, Delacroix, à l'approche des dernières années
de sa vie, en peignit partout, pour son plaisir mais
aussi, d'une certaine manière, pour son propre enseignement. Il est souvent difficile de déterminer en
quel lieu l'artiste exécuta la plupart de ces études,
mais dans le cas présent, on peut supposer que cette
aquarelle a été faite à Croze, chez François de Verninac, où Delacroix demeura quelques jours en septembre 1855. Le fuchsia fleurit en effet jusqu'en
automne, et dans la vente de la collection Verninac
(Paris, hôtel Drouot, 8 décembre 1948, n° 11, repr.)
figurait précédemment le *Pot de fuchsias* mentionné
plus haut. La simplicité de la mise en page ne nuit
en rien à la qualité de cette étude où le peintre s'est
appliqué à varier chacune de ses touches de couleur en fonction de l'orientation de la lumière.

A. S.

Fig. 1
EUGÈNE DELACROIX, *Lauriers
roses*, 1848 (?), aquarelle sur
traits à la mine de plomb,
Bayonne, musée Bonnat.

37. *Coin de jardin*

Vers 1855
Pastel ; 0,300 x 0,420 m
Angleterre, collection particulière

Librement esquissé dans une harmonie de tons sou-tenus où dominent des bleus intenses parsemés de quelques taches de blanc, de jaune et de rouge vifs, ce paysage en apparence banal retient l'atten-tion par la modernité de sa facture et la justesse de ses notations lumineuses. Dans son testament, Delacroix avait précisé que Ferdinand Leroy pour-rait choisir à son gré « un beau pastel » parmi ses études de paysages. Les motifs de cette décision sont assez faciles à comprendre. Si l'on se reporte au *Journal*, le peintre semble avoir, en effet, entretenu avec Leroy des relations amicales, sans pour autant préciser dans quelles circonstances il l'avait ren-contré : « J'ai été dans la journée inviter F. Leroy à venir dîner lundi avec Bouchereau ; j'ai eu grand plaisir à le revoir » (*Journal*, 30 mai 1856, p. 582) ; ou encore : « F. Leroy est venu me voir dans la

matinée. Autre homme que je revois toujours avec plaisir » (*Journal*, 26 septembre 1857, p. 679). Du reste, en juin 1856, le nom de Leroy figurait dans la liste des personnes que Delacroix envisageait de coucher sur son testament (*Journal*, p. 586).

En raison d'évidents analogies de sujet, de dimen-sions et de style existant entre ce pastel et un autre *Coin de jardin* daté *juillet 1855* – malheureusement indisponible pour l'exposition (fig. 1) –, on peut supposer que l'un et l'autre ont été exécutés à Auger-ville, durant la semaine que Delacroix passa chez son cousin l'avocat Berryer, du 12 au 18 juillet.

A. S.

38. *Sous-bois, environs de Sénart*

Vers 1850
Huile sur toile ; 0,322 x 0,460 m
Collection particulière (courtesy galerie
Nathan, Zurich)

Lee Johnson a avancé l'idée que cette étude, rapidement esquissée, pouvait être une des vues exécutées par Delacroix en forêt de Sénart vers 1849-
1850, au moment où le peintre recherchait des
paysages susceptibles de servir pour les décors de ses
tableaux religieux, et plus particulièrement pour
les esquisses des peintures commandées pour l'église
Saint-Sulpice. La forêt de Sénart recèle effectivement de nombreux arbres similaires à ce chêne
orgueilleux, qui rappelle plutôt le célèbre chêne
d'Antin que le chêne Prieur, « ce gigantesque
doyen » (Moreau-Nélaton) ayant servi plusieurs fois
de modèle au peintre. Cet arbre est d'ailleurs le
principal acteur de ce petit tableau, brossé à coups
de pinceaux nerveux et précis, à partir d'une gamme
étroite de teintes vertes et brunes, rehaussées par
le bleu du ciel que l'on devine entre les branches.

Par son exécution rapide et synthétique, cette
toile, sans doute travaillée partiellement – voire
entièrement – en atelier, évoque étrangement certaines des petites études peintes par Jean-Baptiste

Camille Corot en forêt de Fontainebleau entre 1830
et 1840 (Pau, musée des Beaux-Arts et Brême,
Kunsthalle). Il est vrai que Delacroix avait pu voir
les esquisses de Corot peintes sur le motif lors d'une
visite à l'atelier du paysagiste le 14 mars 1847,
alors que son intérêt pour le paysage se renforçait :
« Corot est un véritable artiste. Il faut voir un
peintre chez lui pour avoir une idée de son mérite »
(*Journal*, p. 143), écrivait Delacroix ; Corot lui pro-
digua d'ailleurs alors quelques conseils au sujet de
la technique du paysage : « Il m'a dit d'aller un
peu devant moi, et en me livrant à ce qui viendrait ;
c'est ainsi ce qu'il fait la plupart du temps. [...]
Corot creuse beaucoup sur un objet : les idées lui
viennent et il ajoute en travaillant ; c'est la bonne
manière » (*Journal*, p. 143-144). À cette occasion,
Delacroix, qui demeurait malgré son expérience
un novice dans la pratique du paysage, avait admiré
dans l'atelier de Corot le paysage du *Baptême du
Christ* (Paris, église Saint-Nicolas-du-Chardonnet),
dont le souvenir devait apparaître quelques années
plus tard dans la composition de *La Lutte de Jacob
avec l'ange* de l'église Saint-Sulpice.

Malgré cette forte influence, il est étonnant de
voir Delacroix demeurer, en tant que peintre de la
nature, un artiste très personnel par la fraîcheur de
son regard, non dépourvu de maladresses, mais
aussi en raison de sa passion pour la lumière et les
couleurs naturelles.

V. P.

39. *Coin de forêt avec un chêne*

Vers 1853
Aquarelle sur traits à la mine de plomb ;
0,315 x 0,225 m
New York, The Pierpont Morgan Library,
Thaw Collection
Exposé à Paris seulement

Dans le même esprit que l'étude peinte à l'huile d'après un site des environs de Champrosay, (cat. 40), ce paysage a sûrement été exécuté dans les bois de Sénart, sans que le modèle en soit un des deux chênes les plus célèbres de cette forêt, le chêne d'Antin ou le chêne Prieur, situés tous deux à quelques minutes de marche de la maison occupée par Delacroix durant ses villégiatures champêtres.

Cara Denison a rapproché cette aquarelle d'un autre paysage, daté du 9 mai 1853, également dessiné à Champrosay (coll. part.), tout en suggérant qu'elle pouvait être une première pensée pour l'arbre abritant la lutte de Jacob et de l'ange de l'église de Saint-Sulpice. Si la datation de 1853 apparaît effectivement convaincante, cette œuvre doit plutôt être envisagée, dans sa spontanéité et son réalisme, comme une simple étude d'après nature, exécutée par plaisir ou pour le seul apprentissage de l'œil et de la main, sans que le peintre songeât à ce stade à l'utiliser comme le décor d'une scène précise.

V. P.

40. *Paysage d'automne, Champrosay*

1853-1856
Huile sur toile ; 0,275 x 0,405 m
Collection particulière

Bien que sans aucune preuve, les biographes de Delacroix ont traditionnellement situé à Champrosay cette ravissante étude d'un jardin au soleil couchant. Il est vrai que l'univers poétique et la technique d'une telle œuvre évoquent les études – exécutées d'après nature ou recomposées en atelier – inspirées au peintre par les environs de sa petite propriété, située à la lisière de la forêt de Sénart.

Maurice Sérullaz a rapproché cette étude d'une citation du *Journal*, contemporaine de l'élaboration de la seconde version de *L'Éducation de la Vierge* (Tokyo, National Museum of Western Art), une œuvre pour laquelle Delacroix avait multiplié les esquisses d'après des paysages de la forêt de Sénart : « Après une journée de travail et un peu, je crois, de sommeil, parti tard vers Soisy. La pluie a détrempé les routes. J'ai fait les croquis du lavoir au soleil couchant. [...] J'ai travaillé toute la journée par la pluie à la petite *Sainte Anne*, et j'ai fait une esquisse du *Soleil couchant* que j'ai dessiné hier au lavoir » (17 octobre 1853, p. 368-369). Certes, comme l'a fait remarquer Lee Johnson, ce tableau ne décrit aucune construction évoquant un lavoir, mais il est possible que ce terme ait désigné à cette époque un lieu-dit et non un lavoir réellement existant. De toute façon, comme il le faisait fréquemment à cette époque (voir cat. 58 à 62), Delacroix a exécuté dans un premier temps, en plein air, un dessin d'après le site qui l'avait inspiré, avant de reprendre le même motif à l'huile dans le confort de l'atelier – dans le cas présent, peut-être le jour même.

Avec une maîtrise évidente, le peintre a construit ce paysage à partir d'une opposition plastique entre la partie droite, bouchée par un rideau d'arbres, et la partie gauche, ouverte à travers un étrange portail vers un superbe ciel du soir. Au milieu, deux peupliers décharnés constituent une frontière habilement placée pour atténuer ces oppositions de construction. D'une inspiration très classique – le Lorrain ne procédait pas autrement dans ses paysages composés et Jean-Baptiste Camille Corot utilisa jusqu'à l'excès de telles mises en image –, la rigidité de cette construction est cependant adoucie par une facture nerveuse et légère, ainsi que par une gamme chromatique raffinée. Dans ce paysage de Champrosay, comme dans d'autres œuvres de la même période, Delacroix semblait également rechercher la maîtrise du traitement pictural des « lointains », travaillant les effets de perspective aérienne et la transparence colorée de l'atmosphère, dans la partie gauche ouverte vers l'horizon. La description des branches d'arbres et de la végétation demeure assez allusive et synthétique, liée à l'étude des couleurs, des ombres et des lumières et délaissant l'imitation réaliste des essences d'arbres et de plantes.

Maurice Sérullaz a suggéré un rapprochement entre cette étude et un commentaire du *Journal* : « Donné à Haro : [...] l'étude sur toile pour rentoiler, faite à Champrosay, de la fontaine de Baÿvet, effet de soleil couchant » (2 avril 1856, p. 573). Nous savons par le *Journal* que ce Baÿvet était un voisin de Delacroix à Champrosay, rencontré d'ailleurs lors de la séance de travail du 17 octobre 1853 qui avait peut-être abouti à cette étude, et il est vraisemblable que cette vue montre un des murs et le portail de sa propriété.

Après 1864, cette œuvre se trouvait dans la collection du peintre Frédéric Bazille (1841-1870), fervent admirateur de Delacroix, qui lui inspira quelques-unes de ses compositions orientalisantes et certains de ses bouquets de fleurs. Lee Johnson

a fait remarquer que Bazille ne figurait pas parmi
les acheteurs de la vente posthume et avait donc
pu acheter cette œuvre plus tard chez un marchand.
Mais si nous ne possédons pas effectivement la
preuve que Bazille fut acquéreur durant cette vente
historique, nous sommes en revanche assurés qu'il
y assista, puisqu'il l'a affirmé dans une lettre adressée
à sa mère au mois de février 1864 : « Je n'ai passé
la Seine que hier pour aller voir la vente des esquisses
de Delacroix. » Il semble donc probable que Bazille
ait pu acquérir à la vente posthume cette étude faisant partie d'un lot de dessins, d'huiles et d'aquarelles. Au cours de la même période, peut-être
encore sous le choc de la découverte des tableaux de
fleurs de Delacroix aperçus à la vente, le peintre
montpelliérain réalisait d'ailleurs une étude de
fleurs placée sous l'influence du maître.

V. P.

41. *Vue panoramique sur la vallée de la Tourmente*

1855
Aquarelle ; 0,210 x 0,263 m
Paris, musée du Louvre, département des Arts
graphiques (RF 9448)
Exposé à Paris seulement

L'identification de ce vaste paysage, où dominent les
verts sombres, a été rendue possible par comparaison avec une des vues contenues dans un album
de l'Art Institute of Chicago, précisément datée
15 7bre / Croze 55 (fig. 1).

Durant l'été 1855, après son éclatant succès à
l'Exposition universelle, Delacroix voyagea beaucoup, rendant visite notamment aux membres de sa
famille dont il souhaitait se rapprocher à la suite de
la mort de son frère. Du 12 au 16 septembre, il
séjourna ainsi à Croze, dans la propriété que pos-
sédaient les Verninac, apparentés à sa sœur Henriette
(Mme de Verninac était la belle-sœur de cette dernière), et qui se trouvait entre Brive et Souillac :
« Promenade avec François dans les allées d'herbes,
les arbres fruitiers, les figuiers ; cette nature me
plaît et réveille en moi de douces impressions »,
notait Delacroix dans son *Journal*. « L'avant-dernier jour, le 15, je dessine une partie de la journée
les montagnes, de ma fenêtre. Je dessine après

Fig. 1
Eugène Delacroix, *Vue de la vallée de la Tourmente*, 1855, aquarelle, folios 1 verso et 2 recto, album Delacroix, Chicago, The Art Institute.

déjeuner et par la chaleur le joli vallon où François a planté des peupliers. Je suis charmé de cet endroit ; je remonte par un soleil que je trouve cuisant et qui me fait toujours une impression de fatigue pour la journée […]. Comment décrire ce que je trouve charmant dans ce lieu ? C'est un mélange de toutes les émotions agréables et douces au cœur et à l'imagination » (*Journal*, 15 septembre 1855, p. 536).

Exécutée, selon la technique chère à Delacroix, en larges aplats colorés soulignés par quelques traits de pinceau allusifs, cette aquarelle montre la vue que l'on avait depuis la façade nord du château des Verninac.

A. S.

42. *Paysage des environs d'Ante*

1856
Huile sur toile ; 0,275 x 0,595 m
Collection particulière (avec le concours de la galerie Schmit, Paris)

Du 1er au 7 octobre 1856, Eugène Delacroix avait répondu à l'invitation de son cousin germain, le commandant Philogène Delacroix, un ancien officier supérieur d'état-major qui s'était retiré à Ante, petit village des environs de Sainte-Menehould. Fils d'un oncle paternel du peintre, Jean Delacroix,

le cousin Philogène possédait une jolie propriété située au cœur des forêts de la Meuse, où Delacroix passa un séjour reposant et détendu, jusqu'à l'arrivée quelque peu tapageuse, le 6 octobre, d'autres cousins venus importunément en voisins. Malgré cela, le peintre a profité durant une semaine des bons repas de son cousin, ainsi que de longues promenades et de quelques séances de pêche. Ces plaisirs champêtres étaient agrémentés par la lecture des fables de La Fontaine et la redécouverte des œuvres de Dante, entrecoupées de l'étude des paysages environnants que Delacroix dessinait avec entrain, découvrant même au détour d'un chemin le spectacle d'un troupeau de moutons qui l'amusa au point d'inspirer un petit croquis.

En 1961, ce tableau a été rapproché par Maurice Sérullaz d'un dessin à la mine de plomb (fig. 1), présentant le même cadrage et les mêmes groupements d'arbres, qui est précisément daté du 6 octobre 1856 (M. Sérullaz, 1961, p. 59). Le peintre a d'ailleurs lui-même signalé les circonstances de l'exécution de ces deux œuvres, commentant le

Fig. 1
EUGÈNE DELACROIX, *Vue des environs d'Ante*, 1856, mine de plomb, collection particulière.

6 octobre le dessin d'après nature : « J'avais été sur la hauteur revoir la vue de la maison du cousin. […] J'avais dessiné le matin une vue très étendue, vers la droite, marquée au 6 octobre dans l'album » (*Journal*, p. 593). Et le 9 octobre, de retour à Paris, précisément le jour où il apprit la triste nouvelle de la mort du peintre Théodore Chassériau – il assista le lendemain au convoi funèbre en compagnie de plusieurs amis, Adrien Dauzats, Narcisse Diaz de la Peña et Gustave Moreau –, Delacroix s'est inspiré du dessin des abords de la maison pour en tirer ce tableau, quant à lui peint à l'huile, entièrement en atelier : « Fait de souvenir deux vues à l'huile de chez le cousin » (*Journal*, p. 594).

Cet exercice technique traditionnel était une étape indispensable du travail du paysagiste à laquelle Delacroix s'est fréquemment consacré durant ces années 1850. Ce paysage d'Ante apparaît comme une des meilleures illustrations de cette pratique : en effet, le dessin exécuté chez son cousin contenait suffisamment d'indications griffonnées au crayon, au milieu des éléments du paysage, pour lui permettre ensuite de se remémorer en atelier les diverses essences d'arbres (bouleau, pommier,

sapin) et la gamme des couleurs (vert vif, jaune, gris-bleu).

Malgré cette méthode de travail menée en deux étapes, le peintre a su conserver la spontanéité et la fraîcheur de l'exécution d'après nature, grâce à une touche nerveuse, une description précise des effets lumineux et des choix chromatiques d'un grand raffinement, alternant les bruns, les verts et les gris.

V. P.

43. *Arbres dans un parc*

1856 (?)
Pastel sur papier gris ; 0,260 x 0,365 m
Ancienne collection David David-Weill,
collection particulière
Exposé à Paris seulement

Ce paysage automnal, qui n'a pas été exposé depuis 1930, a peut-être été exécuté au cours de la semaine que Delacroix passa auprès de son cousin germain, le commandant Philogène Delacroix, propriétaire

d'une maison située près de Sainte-Menehould, à Ante, dans la Meuse. On sait en effet que l'artiste rendit visite à son cousin entre le 1er et le 7 octobre 1856 et qu'il dessina à plusieurs reprises les arbres qui se trouvaient dans les environs (cat. 42). Le cadrage resserré adopté pour la circonstance, qui fait penser à la mise en page de plusieurs croquis esquissés dans un album aujourd'hui conservé à l'Art Institute of Chicago (folios 3 verso et 4 recto ; M. Sérullaz, 1961, t. II, p. 35), met en valeur la masse imposante des arbres au feuillage touffu, qui se détachent à contre-jour sur une ligne d'horizon très haute. Et l'on ne peut qu'être séduit par l'équilibre des harmonies colorées, où les verts très sombres du centre sont subtilement réchauffés par le roux éclatant d'un arbuste à gauche que contrebalancent le jaune, le rouge et le vert clair des massifs à droite.

A. S.

44. *Sous-bois à Champrosay* ou *Le Jardin de George Sand à Nohant*

1858
Mine de plomb ; 0, 261 x 0, 403 m
Daté en bas à droite à la mine de plomb :
14 mai Samedi 58
Amsterdam, Rijsksmuseum (RP-T-1956-38)
Exposé à Philadelphie seulement

Le samedi 14 mai 1858, date à laquelle fut exécuté ce dessin – comme nous l'indique l'inscription autographe portée sur le bord inférieur droit –, Eugène Delacroix séjournait une fois encore dans sa villégiature de Champrosay, où il était arrivé le 11 mai, signalant dans son *Journal* ce « grand bonheur de [s]'y voir » (p. 719). Même si le cadrage de ce dessin, sans aucun doute esquissé en plein air, évoque certains des motifs étudiés quelques années auparavant dans le jardin de George Sand à Nohant, cette clairière et ces deux bosquets ont donc été dictés par un morceau de nature retrouvé dans la forêt de Sénart, durant une des promenades quotidiennes que Delacroix y effectuait avec passion.

L'année précédente, le peintre avait d'ailleurs joliment résumé son sentiment pour cette jolie campagne, proche de Paris et de ses obligations professionnelles tout en demeurant dispensatrice de calme et d'isolement, à proximité de quelques amis fidèles : « Je jouis beaucoup de ce charmant lieu. Le matin c'est un plaisir inexprimable d'ouvrir ma fenêtre » (*Journal*, 12 mai 1857, p. 661). En mai 1858, son séjour ne fut troublé par aucune contrariété ; il a été entièrement consacré à la détente, à la préparation de divers sujets pour ses tableaux – il notait le 23 mai une impressionnante liste de thèmes littéraires pour des tableaux envisageables (p. 719-720) – et, bien évidemment, à la pratique constante du paysage.

V. P.

45. *Paysage aux environs de Cany*

1849
Aquarelle sur traits à la mine de plomb ;
0,118 x 0,188 m
Daté et localisé en bas à droite à la mine de plomb : *10 oct. / Cany*

Annoté de haut en bas à la mine de plomb :
ciel à travers les arbres / croissant d'érable [?] / *ocr*[e] *oc*[re] / *bl*[anc] / *v*[ert] / *v*[ert]
Au verso, croquis de gréements à la mine de plomb
Paris, musée du Louvre, département des Arts graphiques (RF 9790)
Exposé à Paris seulement

Découverte à l'âge de quinze ans – il fit alors un séjour près de Fécamp, chez ses cousins Bataille, propriétaires de l'abbaye de Valmont –, la région normande a tenu, dans la vie comme dans l'œuvre de Delacroix, une place fondamentale. À chaque séjour – il y en eut quinze entre 1813 et 1860 –, le peintre y a trouvé quiétude et évasion : quiétude des haltes à l'intérieur des terres, marquées par une observation apaisée de la nature, évasion savourée avec ivresse face aux vastes espaces marins dont la contemplation engendrait la plupart du temps des rêveries sans fin. Bien que les séjours fussent de durée inégale (le plus court, en septembre 1838, ne dura que quelques jours, à Valmont), le programme des journées était plus ou moins immuable : beaucoup de promenades et d'excursions, quelques visites

de musées (à Rouen), d'églises (à Dieppe, à Rouen, à Caen notamment), des soirées passées à converser en famille, avec quelques amis ou des voisins, et, selon l'humeur ou le temps, de longs moments réservés à la méditation et au travail.

Probablement extraite d'un album, cette aquarelle évoque la promenade que fit Delacroix à Cany le 10 octobre 1849. Arrivé à Valmont quatre jours plus tôt, après un voyage ponctué d'incidents, l'artiste fut déconcerté de constater les changements survenus dans la végétation. Le temps médiocre contribua à accentuer sa mélancolie latente mais ne l'empêcha point de sortir. Le 10 octobre, il se rendit donc à Cany, situé à une quinzaine de kilomètres de Valmont, et se promena dans le parc du château édifié sur des plans de Mansart : « Quelques futaies ont disparu le long de la route ; mais elles ne font pas encore de tort à la vue qu'on a du château. Ce lieu enchanteur ne m'avait jamais fait autant de plaisir. Se rappeler ces masses d'arbres, ces allées ou plutôt ces percées qui, se continuant sur la montagne et sur les allées qui sont en bas, produisent l'effet d'arbres entassés les uns sur les autres. » Sur le retour, Delacroix ajoutait dans son *Journal* : « En remontant de Cany, belle vue : tons de *cobalt* apparaissant dans les masses de verdure du fond opposées aux tons de vert vigoureux et parfois doré des devants » (p. 209).

A. S.

46. *Paysage aux Petites-Dalles*

1849
Aquarelle sur traits à la mine de plomb ;
0,118 x 0,343 m
Localisé et daté en bas à gauche à la mine de plomb : *petites dalles 14. 8.*
Annoté de gauche à droite à la mine de plomb : *vert / vert jaune herbes / id brun / mont à travers les arbres*
Au verso, paysage à la mine de plomb et taches d'aquarelle ; daté en bas vers la droite à la mine de plomb : *14. 8*
Paris, musée du Louvre, département des Arts graphiques (RF 9426)
Exposé à Paris seulement

À l'évidence, cette aquarelle a été exécutée sur une double page d'album. Au cours de son avant-dernier séjour à Valmont (6-24 octobre 1849), Delacroix se rendit aux Petites-Dalles en compagnie de son cousin Louis-Auguste Bornot. Après avoir dépassé le château de Sassetot, les deux hommes descendirent au bord de la mer : « Effet de ces grands bouquets de hêtres. Arrivé à la mer par une ruelle étroite ; on la découvre tout d'un coup au bout du chemin » (*Journal*, 14 octobre, p. 210*)*. Le village de pêcheurs des Petites-Dalles, non loin de Sassetot-le-Mauconduit, est en effet situé au débouché d'un vallon verdoyant, planté d'arbres et couvert de jardins.

A. S.

47. *Falaises en Normandie*

1849 (?)
Aquarelle sur traits à la mine de plomb ;
0,174 x 0,229 m
Annoté en haut à droite à la mine de plomb
de la main d'Alfred Robaut : *J*
Paris, musée du Louvre, département des Arts
graphiques (RF 35 828)
Exposé à Philadelphie seulement

Fuyant les bruits et les mille désagréments de la
capitale, mettant provisoirement en sourdine ses
angoisses de créateur, Delacroix, dans son refuge
normand, n'est pas demeuré inactif. Le moindre
détail de nature ou d'architecture repéré par son
œil attentif et curieux a fait l'objet de croquis ; il en
a été de même pour le bord de mer. Les formes
grandioses des falaises surplombant la mer qui vient
se fracasser à leur pied, l'animation du port de
Dieppe (cat. 52), les mouvements des marées, et
surtout le passage des nuages au-dessus de la mer,
leurs transparences irisées et leurs réflexions sur
l'eau (cat. 55 à 57), tout est noté, afin de ne rien
perdre qui puisse alimenter sa veine créatrice.

Delacroix a repris le motif de ces falaises dans une
petite toile ayant appartenu à son cousin Bornot

Fig. 1.
EUGÈNE DELACROIX, *Falaises en
Normandie*, 1849 (?), mine de
plomb, ancienne collection
Pierre Bérès.

(localisation actuelle inconnue). L'aquarelle du Louvre – ainsi que la version peinte – doit avoir comme point de départ un petit croquis à la mine de plomb estompée, accompagné de notations de couleurs, tracé sur une page d'un carnet comprenant diverses vues prises à Valmont et au bord de la mer (fig. 1).

A. S.

48. *Falaises d'Étretat*

1849 (?)
Aquarelle sur traits à la mine de plomb;
0,150 x 0,199 m
Montpellier, musée Fabre (876.3.102)
Exposé à Philadelphie seulement

Au cours des différents séjours qu'il fit à Valmont, Delacroix eut maintes occasions de se rendre à Étretat. Malheureusement aucune indication, ni dans le *Journal*, ni dans la *Correspondance*, ne permet de dater avec certitude l'exécution de cette vue des plus célèbres falaises de la côte normande. Comme tous les artistes venus travailler dans la région, Delacroix a été séduit par leur découpe singulière. Selon son humeur, il les a dessinées le plus souvent à marée basse, soit du côté de Fécamp, depuis la porte d'Amont – c'est le cas de cette aquarelle –, soit de l'autre côté, celui de la porte d'Aval (cat. 49).

C'est sur les conseils de Théophile Silvestre, qui l'avait repérée en compagnie de Corot, qu'Alfred Bruyas décida d'acquérir cette œuvre, lors de la dispersion de la collection Dutilleux. Au lendemain de la vente, Silvestre devait confirmer en ces termes le bien-fondé de ce choix : « C'est cher, mais c'est charmant et d'une délicatesse infinie [...]. *La falaise d'Étretat* par la matinée d'été la plus limpide, est le portrait le plus aimable possible du lieu fait sur place, avec délices, par Delacroix un moment en vacances [...]. Évidemment, malgré sa supériorité relative, Delacroix, faisant ce petit morceau, n'avait pas oublié le temps de sa jeunesse où il faisait quelques aquarelles avec son ami Bonington » (lettre du 27 mars 1874 ; Montpellier, bibliothèque de la Ville, mss 365).

A. S.

49. *Falaises d'Étretat*

1849 (?)
Aquarelle et rehauts de gouache ;
0,145 x 0,238 m
Rotterdam, Museum Boijmans Van
Beuningen (F 11 163)
Exposé à Paris seulement

Delacroix s'est approché de très près pour dessiner
la masse imposante de la falaise d'Aval ; à cette distance, la grande Aiguille au sommet pointu, dite
Aiguille d'Étretat, qui se dresse à proximité de la
falaise, en mer, semble ne faire qu'un avec elle.

Une aquarelle également rehaussée de gouache,
conservée au musée Marmottan à Paris (inv. 5063),
présente une vue similaire, mais prise d'un peu plus
loin (cat. exp. 1993-1994, Paris, n° 71, repr. p. 48).
Le même point de vue, sous un angle légèrement différent, a été traité dans une aquarelle de l'ancienne
collection Maurice Gobin (M. Gobin, *L'Art expressif
au XIXe siècle*, Paris, 1960, repr.).

A. S.

50. *Bateaux échoués au bord d'un fleuve*

1852
Aquarelle sur traits à la mine de plomb ;
0,118 x 0,196 m
Daté en bas à droite à la mine de plomb :
6 7ᵇ lundi
Annoté au centre à la mine de plomb : *galet /
sable / talus / sable / lac* ; en bas : *jaune g. de
Suède*
New York, The Pierpont Morgan Library,
Bequest of John S. Thacher (1985.35)
Exposé à Paris seulement

Esquissée en quelques coups de pinceau souples,
dans une gamme réduite de couleurs, cette aquarelle
fluide fut probablement réalisée en 1852. Cette
année-là, en effet, le 6 septembre tombait un lundi
et l'on trouve dans le *Journal* de Delacroix la mention suivante : « *Dieppe. – Lundi 6 septembre.* – Parti
pour Dieppe à huit heures : [...] Arrivé à Dieppe
à une heure. [...] Logé l'hôtel de Londres avec la vue
sur le port que je souhaitais et qui est charmante.
Ce me fera une grande distraction » (p. 304). La
rivière représentée serait l'Arques, qui se jette dans
la mer à Dieppe.

A. S.

51. *Vue du quai Duquesne à Dieppe*

1854
Mine de plomb ; 0,175 x 0,342 m
Localisé et daté en bas à droite à la mine de
plomb : *du quai Duquesne 2 7ᵇʳᵉ. 54.*
Paris, musée du Louvre, département des Arts
graphiques (RF 3710)
Exposé à Philadelphie seulement

Après avoir terminé la décoration du salon de la Paix
à l'Hôtel de Ville (voir cat. 65), Delacroix s'accorda
une longue cure marine à Dieppe, où il demeura du
17 août au 26 septembre 1854. Installé avec Jenny
Le Guillou au 6, quai Duquesne, l'artiste occupait ses
journées à se promener dans Dieppe, au Pollet, au
bord de la mer ou sur les falaises. De sa chambre, il
observait l'activité du port et notait le mouvement
des marées ainsi que les allées et venues des bateaux :
« J'ai été ballotté de logement en logement, avant de
me fixer. Enfin, me voici sur le quai Duquesne, en
pleine marine : je vois le port et les collines du côté
d'Arques : c'est une vue charmante, et dont la variété
donne des distractions continuelles, quand on ne
sort pas », écrivait-il à Mme de Forget le 25 août
(*Correspondance*, t. III, p. 220*)*.

Ce dessin célèbre, maintes fois reproduit et
exposé, fait partie d'une série d'études exécutées

par Delacroix posté devant la fenêtre de sa chambre :
« La vue qu'on a de la fenêtre me transporte »,
avouait-il le 18 août et, le 1ᵉʳ septembre : « Travaillé
dans la journée. Dessiné de ma fenêtre, avant dîner,
des bateaux » (*Journal*, p. 454 et 461).

A. S.

52. *Vue du port de Dieppe*

1854
Aquarelle et gouache sur traits à la mine de
plomb ; 0,237 x 0,313 m
Daté et annoté en bas à droite au pinceau :
7 7ᵇʳ. jeudi / Chanteurs.
New York, The Pierpont Morgan Library,
Bequest of John S. Thacher (1985.44)
Exposé à Philadelphie seulement

L'annotation quelque peu elliptique apposée en bas
à droite du dessin et qui avait été mal déchiffrée
dans le catalogue de la vente de 1962 (*Chartreux* au
lieu de *Chanteurs*) est explicitée dans le *Journal*. Le
7 septembre 1854, Delacroix, après avoir laissé
Jenny Le Guillou à l'établissement de bains de
Dieppe, entra dans l'église Saint-Jacques où la messe
était accompagnée par un groupe de chanteurs pyré-
néens. De son propre aveu, l'artiste éprouva autant

de surprise que de plaisir à les entendre : « C'était un spectacle fort touchant pour un simple homme comme moi que celui de ces jeunes gens et de ces enfants sous des habits pauvres et uniformes, formant un cercle, et chantant sans musique écrite et en se regardant. » Après la messe, surmontant le malaise causé par un « maudit cigare », Delacroix exécuta cette aquarelle, sans en pousser vraiment les détails :

« Une petite aquarelle inachevée du port rempli d'une eau verte. Contraste, sur cette eau, des navires très noirs, des drapeaux rouges, etc... » (*Journal*, p. 464). Le jour de son départ, le 26 septembre, Delacroix dessinera sur les pages d'un petit carnet, qu'il devait avoir constamment dans sa poche, une vue assez semblable, à la mine de plomb (fig. 1).

A. S.

Fig. 1
EUGÈNE DELACROIX, *Vue de la baie de Dieppe*, 1854, mine de plomb, folios 31 verso et 32 recto, carnet de Dieppe, Amsterdam, Rijksmuseum.

53. *La Mer à Dieppe*

1852
Huile sur bois ; 0,35 x 0,51 m
Paris, musée du Louvre (RF 1979-46)

Bien que cette peinture ait été intitulée *La Mer vue des hauteurs de Dieppe* dans le catalogue de la vente après décès de l'artiste, la position de la barque dans le coin gauche de la composition montre à l'évidence que Delacroix ne s'était pas placé en haut de la falaise pour mémoriser tous les détails qui allaient engendrer ce petit chef-d'œuvre. Sans doute s'agit-il du tableau auquel l'artiste fait allusion dans son *Journal* à la date du 14 septembre 1852 : « J'ai été faire ma dernière visite à la mer, vers trois heures. Elle était du plus beau calme et une des plus belles que j'aie vues. Je ne pouvais m'en arracher. J'étais sur la plage et n'ai point été sur la jetée de toute la journée. L'âme s'attache avec passion aux objets que l'on va quitter. C'est d'après cette mer que j'ai fait une étude de mémoire : ciel doré, barques attendant la marée pour rentrer » (p. 308).

Lors de sa présentation à la vente de l'atelier de Delacroix, cette marine exerça une forte impression sur ceux qui suivaient l'évolution des enchères. Selon Théophile Silvestre (1864, p. 13), son adjudication – à un prix élevé – au profit du comte Duchâtel fut saluée dans la salle par des applaudissements. Depuis, elle n'a cessé, à juste titre, d'être admirée. Ce fut le cas, notamment, en 1970, lorsqu'elle fut exposée au musée Delacroix, dans l'atelier du peintre, à côté du célèbre *Impression. Soleil levant* de Claude Monet (Paris, musée Marmottan). Exécutée ou non sur le motif, cette « marine » présente en effet l'apparence d'une étude directe et annonce par le morcellement de sa touche les rapides notations des impressionnistes.

A. S.

54. *La Mer à Dieppe*

1854 (?)
Aquarelle et rehauts de gouache ;
0,230 x 0,305
Collection particulière (courtesy galerie
Nathan, Zurich)

Delacroix a sans doute exécuté cette aquarelle lors
de son second séjour à Dieppe (17 août - 26 sep-

tembre 1854). On retrouve en effet dans le carnet
conservé au Rijksmuseum d'Amsterdam, précisément utilisé durant ce séjour, une vue similaire,
mais prise de plus loin, esquissée à la mine de plomb
sur une double page (fig. 1). On notera que le recours
à la gouache pour souligner l'écume des vagues
n'alourdit nullement la facture de cette aquarelle à
la coloration soutenue.

A. S.

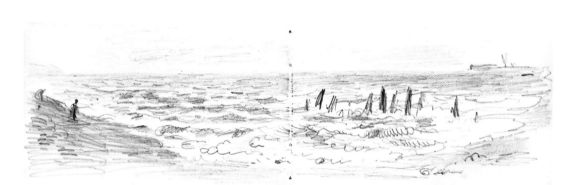

Fig. 1
EUGÈNE DELACROIX, *La Mer à Dieppe*, 1854, mine de plomb, folios 25 verso et 26 recto, carnet de Dieppe, Amsterdam, Rijksmuseum.

55. Soleil couchant sur la mer

1854 (?)
Aquarelle sur traits à la mine de plomb ;
0,228 x 0,354 m
Annoté en bas à droite à la mine de plomb :
sur la pointe des vagues verticalement sous le soleil,
paillettes / lumineuses dans un espace très
circonscrit
Vienne, Graphische Sammlung Albertina
(24 099)
Exposé à Philadelphie seulement

« Lorsqu'il avait à composer un ciel, Delacroix employait plus volontiers l'aquarelle ; il en a exécuté par ce procédé un certain nombre », indique Alfred Robaut dans son catalogue raisonné (n° 1084). Au cours de ses différents séjours à Dieppe, et plus particulièrement de celui de 1854, Delacroix a en effet multiplié les variations sur ce thème, s'approchant ou s'écartant de la grève pour avoir le meilleur angle de vision, opacifiant l'aquarelle avec de légers empâtements à la gouache ou s'ingéniant, à l'inverse, à diluer au maximum les pigments colorés afin de restituer le plus fidèlement possible sur le papier les moindres nuances du ciel se reflétant dans la mer.

A. S.

56. Coucher de soleil sur la mer

1854 (?)
Aquarelle ; 0,255 x 0,345 m
Collection particulière (avec le concours de la
galerie Schmit, Paris)
Exposé à Philadelphie seulement

Plus aboutie que l'aquarelle précédente, cette marine illustre de façon tout aussi significative « l'hypersensibilité » de l'œil de Delacroix, jamais lassé d'observer le spectacle du « soleil couchant dans des bandes de nuages rouges et dorés sinistrement, se réfléchissant dans la mer, sombre partout où ce reflet ne se portait pas » (*Journal*, 17 septembre 1854, p. 473).

A. S

57. Marine

1854 (?)
Aquarelle ; 0,280 x 0,456 m
Annoté le long du bord droit à la mine de
plomb : *presque toujours brume grisatre violete*
[sic] / à l'horizon entre le ton de la mer / et le bleu
du ciel / par le beau temps / les montagnes /
violatres / le ton de la mer / paraissant d'un vert /
charmant mais / melé de vert [ces deux derniers
mots barrés] *d'arc en ciel / où le vert domine*
Collection particulière
Exposé à Paris seulement

Les annotations apposées le long du bord droit de cette aquarelle évanescente attestent avec quelle acuité et quelle sensibilité Delacroix, au cours de ses séjours à Dieppe, enregistrait les moindres variations des nuances de la mer selon les éclairages de la journée. C'est sans doute au cours du séjour qu'il fit à Dieppe du 17 août au 26 septembre 1854 que l'artiste a réalisé cette marine, si l'on se réfère aux notes du *Journal*, qui comportent des réflexions similaires sur les couleurs et les reflets, ainsi qu'aux rapides croquis esquissés à la mine de plomb dans un carnet utilisé durant cette période et conservé au Rijksmuseum d'Amsterdam (inv. 1968-85). Ainsi, au folio 19 verso de ce carnet, une rapide indication de vagues datée *25 août {1854}* est accompagnée des annotations suivantes : « ombre violette / bleu vert / ombre violatre verte / vert plus jaune / jaune reflet bleu blanc / violet doré agathe / reflet du ciel dans l'ombre / paraît plus froid et métallique / le soleil derrière le spectateur / ombre de la falaise / nappe d'écume. » De même au folio 27 recto, de part et d'autre d'un croquis de vagues moutonnantes : « Le soleil étant / derrière le spectateur / la valeur du ton vert / est faible / le même ton clair partout / qui est le ciel réfléchi – ombre vert / d'une faible valeur dans le / clair / – ombre violette / dans l'ombre portée / du quai / reflet du q [uai] / les vagues vertes ont / le même ton. »

De semblables observations sont visibles sur l'aquarelle *Soleil couchant sur la mer* (cat. 55).

A. S.

55

56

57

Études de ciel

58. *Étude de ciel au soleil couchant*

Vers 1849
Pastel ; 0,190 x 0,240 m
Francfort, Städelsches Kunstmuseum (16728)
Exposé à Paris seulement

Durant son apprentissage solitaire de la technique du paysage, à partir de 1840, Eugène Delacroix avait assimilé l'expérience conjointe de la liberté de facture des aquarellistes anglais et des règles précises de la grande tradition classique, incarnée à la fois par les maîtres du XVIIᵉ siècle – Claude Gellée, dit le Lorrain, et Nicolas Poussin – et par les paysagistes néo-classiques (voir l'introduction à ce chapitre). Rappelons que ces derniers dominaient le genre autour de 1820, lorsque Delacroix avait suivi l'enseignement de Guérin et que, malgré ses amitiés romantiques qui le rapprochèrent plus tard de quelques « révoltés » comme Théodore Rousseau, il avait évidemment appris davantage de l'exemple de Paul Huet et de Jean-Baptiste Camille Corot, qui se situaient quant à eux plutôt dans la continuité – certes relative – de la tradition.

Quelle que soit sa conception personnelle du genre du paysage, qu'il mettait indéniablement au service de ses ambitieuses entreprises de peintre d'histoire, Delacroix avait parfaitement intégré l'obligation faite au paysagiste de pratiquer régulièrement l'exercice périlleux de l'étude d'après nature et de l'observation attentive des phénomènes

59. *Étude de ciel au soleil couchant*

Vers 1849
Pastel sur papier gris ; 0,190 x 0,240 m
Paris, musée du Louvre, département des Arts
graphiques (RF 3706)
Exposé à Paris seulement

atmosphériques, suivies de leur délicate reproduction picturale. Ainsi, comme un musicien effectuant chaque jour ses gammes, le paysagiste doit-il profiter quotidiennement de toutes les occasions pour étudier les sites les plus banals, de même qu'il se doit de peindre le spectacle sans cesse renouvelé des différentes heures du jour. Et, parmi les études dessinées ou peintes dans cet esprit que Delacroix nous a laissées, les plus spectaculaires et les plus intéressantes esthétiquement, en raison de leur sensibilité flamboyante et de l'intensité de leur analyse chromatique, furent sans aucun doute les études

de ciels, de soleils couchants et de scènes nocturnes qu'il a exécutées autour de 1850, en s'inspirant des paysages de la forêt de Sénart et des environs de Champrosay.

Dès 1800, Pierre-Henri de Valenciennes avait parfaitement démontré la nécessité de soigner particulièrement l'exécution des ciels dans les tableaux de paysages, puisque « c'est du ton du ciel que dépend tout l'ensemble du tableau [...] et [...] si l'on manque de rendre la vérité de ce ton, le reste sera nécessairement faux ». Le paysagiste doit donc toujours « commencer son étude par le ciel [...] qui

60. *Vaste Plaine sous un ciel au soleil couchant*

Vers 1849
Pastel ; 0,190 x 0,240 m
Paris, musée du Louvre, département des Arts graphiques (RF 3770)
Exposé à Philadelphie seulement

donne le ton des fonds [...] », puis « venir progressivement jusque sur les devants, qui se trouvent en conséquence toujours d'accord avec le ciel qui a servi à créer le ton local » (Pierre-Henri de Valenciennes, *Réflexions et conseils à un élève sur la peinture et particulièrement sur le genre du paysage*, Paris, Dessene et Duprat, 1800 [an VIII], p. 407). Ces conseils pouvaient d'ailleurs servir également pour la préparation des décors mis en scène par les peintres d'histoire dans leurs tableaux bibliques, antiques ou historiques.

Bien qu'il ne l'ait jamais cité dans son *Journal*, Delacroix avait sûrement dû lire dans sa jeunesse le traité du paysage de Valenciennes, un des ouvrages théoriques les plus célèbres ; il en appliquait les préceptes à la lettre, comme ceux que le paysagiste avait édictés pour la longueur de la séance de travail d'après le motif, nécessairement courte afin de saisir

la luminosité d'un site avant qu'elle n'évolue : « Toute étude d'après nature doit être faite rigoureusement dans l'intervalle de deux heures au plus et si c'est un effet de soleil levant ou couchant, il n'y faut pas mettre plus d'une demi-heure » (Valenciennes, *op. cit.*, p. 408). De même, Delacroix pratiquait couramment ce que Valenciennes appelait les « études de ressouvenir », c'est-à-dire l'exercice de reprise en atelier d'éléments ou de sites naturels précédemment travaillés lors d'une séance en plein air.

D'ailleurs, en dépit de ses engagements néoclassiques, Valenciennes n'avait fait que rappeler quelques-unes des exigences primordiales du travail du paysagiste et tous les peintres de la nature allaient suivre ses conseils, pratiquant cet exercice indispensable de l'étude des ciels, saisis le matin, un jour nuageux ou au soleil couchant. À la suite de Valenciennes, les Anglais John Constable et Joseph

61. *Éude de ciel au crépuscule*

Vers 1849

Pastel sur papier gris ; 0,190 x 0,240 m

Paris, musée du Louvre, département des Arts graphiques (RF 23 315)

Exposé à Philadelphie seulement

Mallord William Turner, les paysagistes néoclassiques français Achille-Etna Michallon et Jean-Joseph Xavier Bidauld, et même la plupart des romantiques, comme Théodore Rousseau et Paul Huet, ont multiplié à leur tour, en plein air, les séances de travail sur les ciels de toutes les régions d'Europe. Il était donc logique que Delacroix ait suivi leur exemple au moment où il choisissait justement de renforcer le rôle de la pratique du paysage dans son œuvre.

Du reste, cet instant où le soleil se couche au milieu des nuages était visiblement un spectacle dont Eugène Delacroix ne se lassait pas, un moment à la fois poétique et théâtral, mais aussi purement visuel, qui entraînait parfois le peintre à des promenades tardives dans les environs de ses villégiatures franciliennes ou normandes : « Le soir, clair de lune ravissant dans mon petit jardin. Resté à

me promener très tard. Je ne pouvais assez jouir de cette douce lumière sur ces saules, du bruit de la petite fontaine et de l'odeur délicieuse des plantes qui semblent, à cette heure, livrer tous leurs trésors cachés » (*Journal*, 23 mai 1850, p. 240).

Mais, par-delà les émotions intimes et les lieux communs sentimentaux, Delacroix retrouvait rapidement les réflexes et les préoccupations techniques de son métier, comme le prouve ce récit d'une soirée de novembre 1853 partagée avec Frédéric Villot à Champrosay, durant laquelle les deux hommes n'ont visiblement échangé que des réflexions purement picturales, s'attachant à trouver le pigment adapté à l'imitation de telle ou telle nuance du ciel en feu au moment du coucher du soleil : « Nous avons, dans cette promenade, observé des effets étonnants. C'était au soleil couchant : les tons de *chrome*, de *laque* les plus éclatants du côté du clair, et les ombres

62. *Coucher de soleil*

Vers 1850
Pastel ; 0,208 x 0,260 m
Collection particulière
Exposé à Philadelphie seulement

bleues et froides outre mesure. Ainsi l'ombre portée des arbres tout jaunes, *terre d'Italie*, *brun rouge* et éclairés en face par le soleil, se détachant sur une partie de nuages gris qui allaient jusqu'au bleu. [...] Ce qui faisait que cet effet paraissait si vif dans le paysage, c'était précisément cette loi d'opposition. « Hier, 13 novembre, je remarquais le même phénomène au soleil couchant : il n'est plus éclatant, plus frappant le midi, que parce que les oppositions sont plus tranchées. Le gris des nuages, le soir, va jusqu'au *bleu* ; la partie du ciel qui est pure est *jaune* vif ou orangé. Loi générale : *plus d'opposition, plus d'éclat* » (*Journal*, p. 269).

Lorsque ses études de ciel étaient exécutées à l'aquarelle, il est visible que Delacroix recherchait avant tout à imiter avec réalisme un nuage ou à mettre au point précisément un ton de bleu, mais quand il maniait ses pastels, travaillant alors plutôt en atelier et convoquant ses souvenirs de plein air,

il poursuivait davantage la synthèse des deux ou trois couleurs dominantes, les effets de répartition de la lumière déclinante et les changements subtils des ombres et des clairs.

Cette synthèse volontaire d'un coin de ciel d'Île-de-France peint à l'heure du coucher du soleil, découlant d'une impression visuelle pure, pouvait ensuite trouver son aboutissement dans une composition plus ambitieuse, comme décor d'un tableau religieux, allégorique ou littéraire. Ainsi, le *Journal* (8 mai 1850, p. 237) nous apprend que le ciel doré qui domine le char d'Apollon dans le plafond de la galerie d'Apollon au palais du Louvre (voir cat. 64, p. 175) avait été inspiré justement par cette série d'études au pastel exécutées durant l'année 1849.

V. P.

III

*ALLÉGORIES ET
MYTHOLOGIES*

Par une de ces phrases lapidaires dont il parsemait, avec une maîtrise parfaite, les pages
de son *Journal* consacrées à son métier – à cette époque, il songeait du reste à la publication de ce dernier et, plus précisément, à l'édition de ses écrits intimes concernant les beaux-
arts –, Eugène Delacroix a exprimé le 9 avril 1856 un jugement simple et sévère sur l'art
néo-classique qui, d'après lui, persistait à chercher, toujours vainement, trente ans après
la mort de Jacques Louis David (1748-1825), sa justification dans l'art de l'Antiquité. Reprenant un mot de Voltaire, un de ses auteurs favoris, Delacroix s'écriait ainsi avec humeur
– et non sans humour : « *Les tragédies des Grecs sont bonnes pour des Grecs* [...]. De là, le ridicule de tenter de remonter le courant et de faire de l'archaïsme » (*Journal*, p. 574-575).
Et, précisant sa pensée dans une autre de ses notes, rédigée l'année suivante, il attaquait
directement l'école néo-classique, opposant de manière originale la notion de classicisme
à celle de copie de l'antique : « L'École de David s'est qualifiée à tort d'école classique par
excellence, bien qu'elle ait été fondée sur l'imitation de l'antique. C'est précisément cette
imitation souvent peu intelligente et exclusive qui ôte à cette école le principal *caractère*
des écoles classiques, qui est la durée. Au lieu de pénétrer l'esprit de l'antique et de joindre
cette étude à celle de la nature, etc., on voit qu'il a été l'écho d'une époque où on avait la
fantaisie de l'antique » (*Journal*, 13 janvier 1857, p. 615). Quelques années auparavant,
il s'était d'ailleurs plaint dans un article paru dans la *Revue des Deux Mondes* (« Questions
sur le Beau », 15 juillet 1854) du caractère dogmatique de cette école, qui, d'après lui,
ambitionnait « d'enseigner le beau comme on enseigne l'algèbre ».

Ces déclarations de principe – non dépourvues de provocation –, associées aux lieux
communs de la critique artistique concernant la relation du jeune Delacroix avec le romantisme, pourraient amener l'historien d'art à croire que le peintre avait définitivement
rejeté non seulement les doctrines néo-classiques, mais aussi les sujets antiques et mythologiques. D'ailleurs les œuvres peintes durant les premières années de sa carrière, entre 1820
et 1830, tirées de la littérature ou d'événements strictement contemporains – telles que
la guerre des Grecs contre les Turcs dans *Scènes des massacres de Scio* (1824, Paris, musée du
Louvre) ou la révolution des Trois Glorieuses dans *La Liberté guidant le peuple* (1830, Paris,
musée du Louvre) –, semblent confirmer cet abandon volontaire par Delacroix
des thèmes mythologiques et des préoccupations archéologiques qui continuaient à

passionner au même moment Jean Auguste Dominique Ingres (1780-1867) et ses nombreux élèves.

Pourtant, malgré ces divers témoignages autographes et les preuves fournies par ses tableaux eux-mêmes, il serait fallacieux de confondre dans une même analyse les critiques violentes adressées par Delacroix aux peintres de son temps, qu'il accusait de copier trop aveuglément les préceptes antiques et de croire que le beau se transmet « comme l'héritage d'une ferme », avec son jugement personnel sur ces préceptes eux-mêmes et sur l'art de l'Antiquité en général. Comme en toute chose, la conception artistique de Delacroix n'était nullement unilatérale ou tranchée : il a au contraire élaboré, au gré des articles qu'il publiait de temps à autre dans la presse et des notes de son *Journal*, une définition raffinée des liens que devait entretenir selon lui l'art de son époque avec les thèmes et l'esthétique de l'Antiquité.

Ainsi, en même temps qu'il condamnait avec force les disciples de David, Delacroix affirmait sa propre définition du classicisme en peinture : « J'appellerais volontiers classiques tous les ouvrages réguliers, ceux qui satisfont l'esprit non seulement par une peinture exacte ou grandiose ou piquante des sentiments et des choses, mais encore par l'unité, l'ordonnance logique, en un mot par toutes ces qualités qui augmentent l'impression en amenant la simplicité » (*Journal*, 13 janvier 1857, p. 615). À partir de cette conception précise de l'art classique, à laquelle il adhérait entièrement et qu'il allait s'efforcer d'appliquer durant toute sa carrière dans sa peinture, Delacroix envisageait alors la thématique antique, ses sujets allégoriques et mythologiques, comme une source d'inspiration inévitable pour le peintre moderne, à condition que ce dernier parvienne à respecter deux règles esthétiques essentielles : d'une part, la prise en compte des principes de simplicité de l'Antiquité, associée à l'absence d'artifices ; et, d'autre part, l'enrichissement de la connaissance de l'art antique par l'expérience du travail d'après nature et d'après le modèle.

Pour Delacroix, le véritable artiste demeurait avant tout celui qui se refusait à l'imitation gratuite de l'art grec et romain, à « la caricature de ses draperies », sachant inventer des formes réellement originales, et, surtout, celui qui ne s'arrêtait pas à la représentation des formes extérieures de cet art, mais qui, au contraire, ambitionnait d'en posséder essentiellement l'esprit, comme le firent « Titien et les peintres flamands » (*Journal*, 25 janvier 1857, p. 636). Et il avait d'ailleurs étayé en 1854 ce rejet de la copie servile de l'antique en délimitant précisément les frontières de la reproduction de l'art grec et romain et en valorisant les qualités intrinsèques de celui-ci (« Questions sur le Beau », 15 juillet 1854) : « On a raison de trouver que l'imitation de l'antique est excellente, mais c'est parce qu'on y trouve observées les lois qui régissent éternellement tous les arts, c'est-à-dire l'expression dans la juste mesure, le naturel et l'élévation de l'ensemble » – et il ajoutait aussitôt, séparant l'esthétique et le thématique : « Ces moyens peuvent être employés à autre chose qu'à reproduire sans cesse les dieux de l'Olympe, qui ne sont plus les nôtres, et les héros de l'Antiquité. »

Emporté par la logique de son raisonnement, Delacroix, qui admirait pourtant passionnément ces artistes, en arriva même à accuser « Raphaël, Corrège et la Renaissance en général » d'avoir trop cédé « à la grâce », puisque l'esprit antique « n'a pas cette affectation ». Constatant que ces maîtres de la Renaissance – autant que la plupart des artistes modernes d'ailleurs – avaient « dans leurs ouvrages des parties surannées », il résumait enfin son attirance pour l'art de l'Antiquité en une formule limpide : « Rien de tel dans l'antique [...] ; chez l'antique, toujours même sobriété et force contenue » (*Journal*, 25 janvier 1857, p. 636).

Peindre un sujet mythologique ne représentait donc nullement pour Delacroix une quelconque concession, même s'il a su utiliser habilement, à quelques moments clés de sa carrière, les grands thèmes classiques qui plaisaient tant à son époque. Son attirance pour ces thèmes du passé découlait au contraire d'une solide conviction esthétique : le sujet d'une œuvre, en définitive, importe moins que la manière de le mettre en scène, la « manière de le sentir », comme l'écrivait en 1846 Charles Baudelaire dans sa définition du romantisme dans l'art. « Qui dit romantisme, dit art moderne, c'est-à-dire intimité, spiritualité, couleur, aspiration vers l'infini, exprimées par tous les moyens que contiennent les arts », affirmait le poète, qui résumait parfaitement les convictions de toute une génération, convictions auxquelles Delacroix avait adhéré durant sa jeunesse et dont il n'avait pas remis en cause certains principes qui correspondaient à la conception esthétique de sa maturité.

Pour lui, le génie artistique, ayant vocation à devenir universel, ne devait donc pas rejeter les thèmes et l'esthétique antiques, mais plutôt les assimiler, dans leur subtilité, leur sobriété et leur grandeur, de manière à parvenir ensuite à les régénérer, grâce à la sensibilité et à la modernité du regard porté par le peintre sur l'homme et la nature.

Ainsi, cet intérêt de Delacroix pour les sujets mythologiques et allégoriques constitue une des plus belles illustrations de la réconciliation dans son œuvre, après 1845, du reliquat des pulsions romantiques de sa jeunesse – qui s'étaient nettement atténuées après qu'il se fut lassé de la « côterie romantique », de ses excès et de ses intrigues, et qu'il se fut vexé de l'incompréhension de la critique à son égard – avec la noblesse de l'art des grands maîtres de l'histoire de la peinture, qu'il voulait égaler et, en quelque sorte, « moderniser ». Sa célèbre réplique « Je suis un pur classique », lancée au bibliothécaire du palais Bourbon qui croyait le flatter en le comparant à Victor Hugo, se comprend alors aisément dans un tel contexte. Il synthétisait sa pensée, d'une manière aussi évocatrice, dans une autre note de son *Journal* : « Beaucoup de gens ne séparent pas l'idée de froideur de celle de classique. Il est vrai qu'un bon nombre d'artistes se figure[nt] qu'ils sont classiques parce qu'ils sont froids. Par une raison analogue, il y en a qui se croient de la chaleur parce qu'on les appelle des romantiques. La vraie chaleur est celle qui consiste à émouvoir le spectateur » (13 janvier 1857, p. 615).

Quoi qu'il en soit, les sujets antiques, les thèmes tirés de l'histoire grecque et romaine ou de la mythologie se développèrent tardivement dans l'œuvre d'Eugène Delacroix. Certes, sa formation classique auprès de l'académique Pierre Guérin (1774-1833) – un esprit indépendant, original et pédagogue, qui avait cherché, avant la génération romantique, à unir la rigueur néo-classique et la *terribilità* de Michel-Ange – lui avait permis de s'imprégner de la tradition prêchée à l'École des beaux-arts de Paris et de pratiquer le nu académique, et, même s'il n'avait pu découvrir en Italie le modèle antique dans toute sa perfection, Delacroix avait parfaitement assimilé les « canons » de l'Antiquité et leur métamorphose à travers les théories de la Renaissance. C'est d'ailleurs durant sa jeunesse – entre 1818 et 1820 – qu'il a peint ses premiers tableaux antiquisants, souvent exécutés dans le cadre de sa formation, par exemple pour le concours d'esquisse de l'École des beaux-arts : *Némésis*, en 1817, *Dames romaines* et *La Mort d'un général romain*, en 1818, trois œuvres aujourd'hui non localisées.

Mais ce n'est en fait qu'en 1827, après deux importants succès au Salon – en 1822, avec *La Barque de Dante* (Paris, musée du Louvre), et en 1824, avec les *Scènes des massacres de Scio* (Paris, musée du Louvre) –, inspirés l'un d'un sujet littéraire et l'autre d'un thème contemporain, que Delacroix a peint, pour le Salon, ses deux premiers véritables sujets antiques, *La Mort de Sardanapale* (1827-1828, Paris, musée du Louvre) et *L'Empereur Justinien composant ses lois* (tableau brûlé durant l'incendie du Conseil d'État en 1871 ; Johnson, 1986, t. II, n° 123, pl. 107), choisissant alors une approche esthétique et thématique nouvelle.

Dans le premier de ces deux tableaux, livré d'ailleurs avec un grand retard au Salon, le peintre a voulu visiblement renouveler les thèmes antiques, en cherchant son sujet – certes inspiré, plus ou moins directement, du drame publié en décembre 1821 par Lord Byron – non pas dans la mythologie grecque ou romaine, mais dans l'histoire assyrienne et babylonienne, dont les archéologues commençaient à peine à découvrir les vestiges. Son indépendance d'esprit, forgée à l'école critique et lyrique d'écrivains modernes – Byron et Gœthe – ou du passé – Dante et Shakespeare –, qui avaient adapté, chacun à sa manière, l'histoire antique, a entraîné Delacroix dans une quête des origines de la civilisation grecque, qui lui a permis de s'intéresser à l'Égypte avant l'Assyrie : « L'art grec était fils de l'art égyptien. Il fallait toute la merveilleuse aptitude du peuple de la Grèce pour avoir rencontré, en suivant toutefois une sorte de tradition hiératique comme celle des Égyptiens, toute la perfection de leur sculpture » (*Journal*, 23 février 1858, p. 707). Les mystères et les excès de cette Antiquité « primitive », en total contraste avec l'image sereine et équilibrée que donnaient de l'Antiquité classique certains élèves d'Ingres, enthousiasmèrent le jeune Delacroix – nullement les critiques du Salon, en revanche ! –, qui pensait assouvir de cette manière sa quête de modernisation des thèmes traditionnels. Ainsi, *La Mort de Sardanapale* a constitué à la fois une flamboyante tentative de synthèse entre l'esthétique romantique et les sujets antiques, une proposition de renouvellement de l'iconographie de la grande peinture d'histoire et un laboratoire de propositions plastiques nouvelles, pleines de fureur et de sang. Delacroix devait d'ailleurs reprendre, quelques années plus tard, le fil de cette réflexion originale dans sa *Médée furieuse* (1838, Lille, musée des Beaux-Arts ; réplique, 1862, Paris, musée du Louvre), tirée cette fois des tragédies d'Euripide et de Corneille.

À ce sujet, notons une divergence supplémentaire de Delacroix avec la plupart de ses confrères néo-classiques : suivant en cela l'exemple de sa démarche pour *La Mort de Sardanapale*, le peintre a fréquemment recherché son inspiration initiale pour des tableaux à sujets antiques non pas dans l'histoire ou dans les récits mythologiques, mais plutôt dans l'œuvre des écrivains et des poètes, conférant à son sujet une légitimé intellectuelle et littéraire qui devait participer, dans son esprit, au renouvellement de la thématique classique. Ainsi, un de ses envois au Salon de 1839, *Cléopâtre et le Paysan* (États-Unis, Chapell Hill), a été inspiré par le drame de Shakespeare *Antoine et Cléopâtre* (acte v, scène 2), tandis que *La Justice de Trajan*, exposé au Salon de 1840 (Rouen, musée des Beaux-Arts), était, quant à lui, tiré du chant x du *Purgatoire* de Dante.

Et dans le même esprit, la philosophie grecque et romaine, qu'il avait étudiée avec passion dès son adolescence, constituait pour lui une référence picturale fréquente, comme le prouve *Les Dernières Paroles de l'empereur Marc Aurèle*, exposé au Salon de 1845 (Lyon, musée des Beaux-Arts). Il a confié d'ailleurs souvent à son *Journal* cette passion pour les philosophes antiques, qui allaient devenir plus tard, dans les décors du palais Bourbon et les tableaux de chevalet qu'il en tira (cat. 95 et 97), un de ses sujets picturaux privilégiés : « Les moralistes, les philosophes, j'entends les véritables, tels que Marc-Aurèle [*sic*], le Christ, en ne le considérant que sous le rapport humain, n'ont jamais parlé politique. [...] ils n'ont recommandé aux hommes que la résignation à la destinée, non pas à cet obscur *fatum* des anciens, mais à cette nécessité éternelle que personne ne peut nier, et contre laquelle

les philantropes ne prévaudront point, de se soumettre aux arrêts de la sévère nature »
(*Journal*, 20 février 1847, p. 133*)*.

Parallèlement au *Sardanapale*, Delacroix a d'ailleurs exprimé, dès 1827, dans une commande institutionnelle pour le Conseil d'État, les nouvelles préoccupations artistiques qu'il avait mûries à partir de thèmes philosophiques antiques. Dans *L'Empereur Justinien composant ses lois*, qui mettait en scène l'empereur byzantin Justinien Ier, célèbre pour la rédaction d'importants textes législatifs, le décor n'était plus l'embrasement d'un palais assyrien, mais la grandeur décadente des derniers feux de l'Empire romain à Byzance ; le peintre a pu ainsi décrire une « autre » Antiquité, cette fois tardive et baroque, qui contrastait totalement avec les récits à la mode tirés d'Homère ou des premiers temps de l'histoire romaine. Avec son *Justinien*, délaissant les sujets moralisants ou les épopées héroïques, Delacroix a traité un thème intellectuel et philosophique parfaitement original, qui participait, autant que la violence sensuelle du *Sardanapale*, au renouveau de l'idéal antique en peinture. C'est cette approche personnelle de l'Antiquité, présentant des situations nobles, sereines et sérieuses, mises en scène par un peintre intellectuel et esthète, qui allait s'imposer en définitive durant les dernières années de sa carrière, dans des chefs-d'œuvre comme *Ovide chez les Scythes* (cat. 95) ou *Démosthène harangue les flots de la mer* (cat. 97).

Dans la logique de cette recherche, Delacroix a aussi abordé à partir de 1833 les thèmes allégoriques, liés pour lui de manière indissoluble aux sujets antiques, pour la première fois – si l'on excepte les décors de *Saisons* peints en 1821 pour la salle à manger du comédien Talma (localisation actuelle inconnue ; Johnson, t. I, 1981, nos 94 à 97) –, à l'occasion de la commande, obtenue grâce à Adolphe Thiers, de la décoration du salon du Roi au palais Bourbon. Le peintre y a exécuté des décors symboliques, repris directement de l'antique et illustrés par des personnages et des accessoires inspirés de la mythologie grecque et romaine : *La Justice, L'Agriculture, La Guerre* et *L'Industrie*. À cette commande succédèrent bientôt les importants chantiers des bibliothèques du palais Bourbon (1838-1847, voir cat. 95 et 97) et du palais du Luxembourg (1840-1846), puis de la galerie d'Apollon au musée du Louvre (1850-1851, voir cat. 64) et du salon de la Paix de l'Hôtel de Ville de Paris (1851-1854, voir cat. 65) ; ces décors exploitaient à la fois une iconographie et une esthétique classiques, inspirées des modèles antiquisants, et une série de sujets provenant tantôt de la mythologie – parfois relue par Ovide, comme dans le cycle d'Hercule au salon de la Paix (voir cat. 65 et 135) ou *Orphée* au palais Bourbon –, tantôt de l'histoire grecque et romaine – la mort de Pline l'Ancien ou Alexandre, également au palais Bourbon –, tantôt de la philosophie et de la poésie antiques – *Hippocrate, Archimède, Hérodote, Sénèque, Socrate, Cicéron, Démosthène, Ovide chez les Barbares, Hésiode, Homère* ou *Aristote*, développés au palais du Luxembourg et au palais Bourbon. En utilisant ces références, d'ailleurs parfaitement adaptées à la fonction décorative telle que la concevait le goût du temps, dans les grandes compositions qu'il a exécutées à cette époque pour divers monuments parisiens, Delacroix était alors cohérent avec les réflexions théoriques de son *Journal*. Lorsqu'il constatait, le 23 février 1858, que « l'antique est toujours égal, serein, complet dans ses détails et l'ensemble irréprochable en quelque sorte », au point qu'il « semble que ces ouvrages soient ceux d'un seul artiste » (*Journal*, p. 707*)*, il justifiait autant la vaste description symbolique du triomphe de la lumière sur les ténèbres peinte dans son *Apollon vainqueur du serpent Python* (voir cat. 64) que les élégiaques paysages habités de dieux et de nymphes des *Quatre Saisons*, exécutés entre 1857 et 1863 (cat. 151 à 154).

Entre 1830 et 1850, sa réflexion esthétique s'était par ailleurs enrichie d'une étude constante et approfondie des modèles anatomiques proposés par les maîtres de la

Renaissance et du XVIIe siècle et de leurs propres « lectures » des formes plastiques de l'Antiquité. Et les nus qu'il a peints régulièrement à partir de 1845, à l'occasion de ses compositions allégoriques – un exercice académique par excellence –, mais aussi par pur plaisir de recherche formelle, montrent de façon passionnante à quel point les études picturales que Delacroix menait alors à partir du corps humain aboutirent, durant ses dernières années, à un équilibre parfait entre sa quête de modernisme dans les choix chromatiques et plastiques et sa référence directe aux modèles et aux canons antiques et classiques – que certains dessins illustrent à la perfection (cat. 69 à 71).

Les nus exécutés à la manière antique dans les scènes mythologiques étaient ainsi préparés à la fois par des copies d'œuvres classiques et de marbres antiques, par l'analyse des maîtres anciens et modernes, mais également grâce au recours fréquent de clichés photographiques. Cette récente invention, qui permettait un réalisme moderne et sans concession, n'entravait en rien l'imagination du peintre, sans cesse en quête de formes nouvelles élaborées en rupture ou dans la continuité des valeurs esthétiques éternelles définies depuis l'Antiquité. Cependant lorsqu'il peignait de tels nus, ni sa culture artistique, ni la référence antique n'imposaient leur dictature et, dans ces moments privilégiés, seul comptait son regard porté sur le corps humain, le sujet comme son traitement pictural devenant secondaire, éclipsés par l'étude de la palpitation de la chair et de sa couleur, évidemment liées de manière indissoluble : « La chair n'a sa vraie couleur qu'en plein air » (*Journal*, 23 janvier 1857, p. 618), écrivait-il ainsi, en rappelant l'importance de l'étude d'après le modèle et de l'observation de la nature.

L'antique disparaissait alors derrière le réel, comme le classicisme et le romantisme derrière le maniement du pinceau et la redécouverte des formes corporelles éternelles. Parlant de Michel-Ange quelques années auparavant (« Questions sur le Beau », 15 juillet 1854), Delacroix avait d'ailleurs formulé une constatation qui peut s'appliquer aussi bien à lui-même : « Michel-Ange avait vu les statues antiques comme nous ; l'histoire nous parle du culte qu'il professait pour ces restes merveilleux, et son admiration valait bien la nôtre ; cependant la vue et l'estime de ces morceaux n'a [*sic*] rien changé à sa vocation et à sa nature ; il n'a pas cessé d'être lui, et ses inventions peuvent être admirées à côté de celles de l'antique. » Et le peintre répondait définitivement dans son *Journal* à la question principale posée par sa relation avec l'Antiquité : « D'où vient cette qualité particulière, ce goût parfait qui n'est que dans l'antique ? Peut-être de ce que nous lui comparons tout ce qu'on a fait en croyant l'imiter » (25 janvier 1857, p. 635).

Vincent Pomarède

63. *Le Triomphe du génie*

1849-1851

Plume et encre brune sur traits à la mine de
plomb ; 0,263 x 0,351 m

Annoté au crayon en bas au centre : *serpent*,
et en bas à droite : *plus grand le monstre*

New York, The Metropolitan Museum of Art,
Rogers Fund, 1961 (Inv. 61.160.1)

Exposé à Paris seulement

Durant toute sa vie, à intervalles réguliers, Eugène
Delacroix est revenu dans son *Journal* sur le thème
allégorique du génie accueilli par la postérité, lié
intimement à sa propre personnalité et à son expérience individuelle. Ainsi, dès 1823, alors qu'il
débutait à peine sa carrière et ne confiait ses impressions à son *Journal* que depuis une année à peine, il
y écrivait : « Ne pas perdre de vue l'allégorie de
l'*Homme de génie aux portes du tombeau* [...]. Un œil
louche l'escorte à son dernier soupir, et la harpie le
retient encore par son manteau ou linceul. Pour
lui, il se jette dans les bras de la Vérité, déité
suprême : son regret est extrême, car il laisse l'erreur
et la stupidité après lui : mais il va trouver le repos.
On pourrait le personnifier dans la personne du
Tasse. Ses fers se détachent et restent dans les mains
du monstre. La couronne immortelle échappe à ses
atteintes et au poison qui coule de ses lèvres sur
les pages du poème » (16 mai 1823, p. 37). Cette
description, d'une prémonition étonnante par
rapport aux préoccupations de sa maturité, semble
annoncer, quelque vingt ans plus tôt, l'iconographie
orgueilleuse de ce dessin.

Le 17 octobre 1849, il a d'ailleurs reparlé de
cette iconographie dans son *Journal*, déclarant, non
sans fierté : « J'ai pensé avec plaisir à reprendre certains sujets, surtout le *Génie arrivant à l'immortalité*.
Il serait temps de mettre en train celui-là et le
Lethé » (p. 212) ; il revint une fois encore le 14 juin
1851 sur ce thème, qui apparaît décidément comme

Fig. 1
EUGÈNE DELACROIX, *Feuille d'études avec deux personnages, un chien et un loup*, 1849-1851, mine de plomb et rehauts d'aquarelle, Paris, musée du Louvre, département des Arts graphiques.

Fig. 2
EUGÈNE DELACROIX, *Études de monstres à têtes humaines*, 1849-1851, mine de plomb sur papier calque, Paris, musée du Louvre, département des Arts graphiques.

un des plus personnels et constants de sa carrière : « *Allégorie sur la Gloire.* – Dégagé des liens terrestres et soutenu par la *Vertu*, le *Génie* parvient au séjour de la *Gloire*, son but suprême : il abandonne sa dépouille à des monstres livides, qui personnifient l'envie, les injustes persécutions, etc. » (p. 281). Cet intérêt passionnel se manifestait de nouveau le 27 avril 1854 : « Je pense aussi à l'allégorie du *Génie arrivant à la gloire* » (p. 416).

Alfred Robaut a signalé deux dessins exécutés par Delacroix d'après ce thème, datés pour lui de 1840. Maurice Sérullaz, commentant les dessins du Louvre ayant un sujet identique, a suggéré plutôt la date de 1849, année où Delacroix est revenu plus longuement sur ce thème dans son *Journal*. Le musée du Louvre conserve en effet plusieurs témoignages des recherches pour la mise en place de cette allégorie – qui ne devait jamais voir le jour en peinture, demeurant au stade de l'esquisse graphique –, dont un dessin (fig. 1), avec des variantes notables, et deux autres qui apparaissent comme des études préparatoires pour un éventuel développement en peinture (fig. 2 et RF 9362).

V. P.

64. *Apollon vainqueur du serpent Python* (esquisse)

1850
Huile sur toile ; 1,375 x 1,020 m
Bruxelles, musées royaux des Beaux-Arts de Belgique (Inv 1727)
N'a pas été prêté

En 1849, Eugène Delacroix fut informé par son ami Frédéric Villot (1809-1875), alors conservateur au musée du Louvre en charge des peintures, des travaux envisagés dans la galerie d'Apollon, une des salles les plus prestigieuses du palais, ornée depuis le XVIIe siècle d'importantes compositions décoratives conçues par Charles Le Brun (1619-1690). En effet, à la suite de la loi du 12 décembre 1848 affectant deux millions de francs à la rénovation de diverses salles du Louvre, l'administration du musée et la direction des Beaux-Arts avaient prévu, d'une part, de faire restaurer les décors anciens de la galerie d'Apollon et, d'autre part, de confier à un ou à plusieurs peintres contemporains l'exécution de nouvelles peintures décoratives dans cet espace historique. Ainsi, dans son *Journal*, Eugène Delacroix mentionnait dès le 13 avril 1849 une éventuelle commande : « Villot venu le matin. Il me parle du projet de Duban de me faire faire dans la galerie restaurée d'Apollon la peinture correspondante à celle de Lebrun. Il lui a parlé de moi dans des termes très flatteurs » (p. 192). En fait, la commande officielle n'allait être annoncée au peintre qu'un an plus tard.

Le 20 février 1850, une lettre de Félix Duban (1797-1870), l'architecte en charge de la coordination des travaux de restauration et de la surveillance des nouvelles peintures monumentales, recommandait effectivement au ministre des Travaux publics de confier ce travail à Eugène Delacroix (Archives nationales, F^{21}1510-1511). Le 8 mars 1850, le ministre écrivait officiellement au peintre pour l'informer de la commande (18 000 francs ; Archives nationales, F^{21}1510-1511).

Ainsi l'amitié de Frédéric Villot, l'appui politique de Joséphine de Forget, une amie de cœur de Delacroix, et son propre réseau de relations mondaines et professionnelles – à commencer par l'amitié amoureuse entretenue, non sans orages, depuis 1833 avec Élisabeth Cavé, autrefois la femme du peintre Clément Boulanger, mais devenue entre-temps celle du chef de la division des Beaux-Arts au ministère

de l'Intérieur, François Cavé – avaient une fois encore permis à Delacroix de surmonter les oppositions de l'Institut et les inimitiés de certains critiques, afin d'obtenir une commande institutionnelle essentielle.

Ayant mûri sa composition avant même d'en avoir reçu la confirmation officielle, Delacroix a décidé rapidement du sujet définitif de cette œuvre ambitieuse, reprenant le projet initialement prévu par Charles Le Brun, qui avait envisagé de peindre dans ce plafond central un Apollon sur son char. Eugène Delacroix ne pouvait ignorer ce choix iconographique – dont Chennevières parla d'ailleurs en 1851 dans sa *Notice sur la galerie d'Apollon* –, même s'il ne connaissait pas le dessin préparatoire – retrouvé plus tard – de Le Brun pour cette composition jamais réalisée. Mais la définition précise du thème, tiré des *Métamorphoses* d'Ovide, ne s'est pas faite sans hésitations : « Je m'étais d'abord arrêté sur les *Chevaux du soleil dételés par les nymphes de la mer*. J'en suis revenu jusqu'à présent à Python » (*Journal*, 21 mars 1850, p. 229).

En définitive, tel que nous le livre un petit texte, accompagnant l'invitation à l'inauguration du plafond en 1851, le programme pictural s'est avéré nettement éloigné des intentions de Le Brun : « Le

dieu, monté sur son char, a déjà lancé une partie de ses traits ; Diane, sa sœur, volant à sa suite, lui présente son carquois. Déjà percé par les flèches du dieu de la chaleur et de la vie, le monstre sanglant se tord en exhalant dans une vapeur enflammée les restes de sa vie et de sa rage impuissante. Les eaux du déluge commencent à tarir et déposent sur les sommets des montagnes ou entraînent avec elles les cadavres de hommes et des animaux. »

Le peintre a non seulement enrichi sa composition de quelques figures purement décoratives – comme le groupe d'Amours, de la Victoire et d'Iris, « la messagère des dieux », volant dans le ciel, ou bien la figure du dieu-fleuve, en bas à gauche de la composition –, ces personnages secondaires étant placés dans certaines parties de l'œuvre afin d'en stabiliser ou d'en animer la composition, mais il a également exécuté d'autres figures de dieux participant pleinement à l'action : « Les dieux se sont indignés de voir la terre abandonnée à des monstres difformes, produits impurs du limon. Minerve, Mercure, s'élancent pour les exterminer, en attendant que la sagesse éternelle repeuple la solitude de l'univers. Hercule les écrase de sa massue ; Vulcain, le dieu du feu, chasse devant lui la nuit et les vapeurs impures, tandis que Borée et les Zéphyrs sèchent les eaux de leur souffle et achèvent de dissiper les nuages. »

Par-delà ce thème mythologique et les nombreuses références littéraires ou poétiques qu'il favorisait, c'est une véritable évocation allégorique et philosophique du combat de la lumière contre les ténèbres, de la victoire des forces de l'esprit et de la vie contre l'obscurantisme et la mort, que Delacroix a cherché à décrire dans « un ouvrage très important qui sera placé dans le plus bel endroit du monde, à côtés des belles compositions de Le Brun » (lettre du 5 octobre 1850 à Constant Dutilleux ; *Correspondance*, t. III, p. 36).

Malgré la fatigue et l'angoisse causées par la réalisation de cette commande, Eugène Delacroix travailla avec soin et ardeur, peignant d'abord une esquisse à l'huile d'avril à juin 1850 – sans doute une sorte de *modello* destiné à être présenté à ses commanditaires, comme l'a suggéré Maurice Sérullaz en 1963. Elle allait lui permettre non seulement d'établir la construction définitive de son décor, avec l'emplacement et les relations des diverses figures, mais également de mettre au point les choix chromatiques audacieux qu'il avait souhaité développer dans cette œuvre. Il estimait seulement le 8 juin de la même année que son travail était enfin engagé dans la bonne voie : « Je me disais, en regardant ma composition du plafond qui ne me plaît que depuis hier, grâce aux changements que j'ai faits dans le ciel avec du pastel, qu'un bon tableau était exactement comme un bon plat composé des mêmes éléments qu'un mauvais : l'artiste fait tout » (p. 241). Avant même d'avoir achevé ce modello et après avoir exécuté un dessin précis à la mine de plomb (fig. 1) du décor, Delacroix a également peint à l'huile une autre esquisse – au moins – du plafond, plus petite (citée par Johnson, janvier 1988, p. 35-36) ; nous laisserons de côté celle de la Kunsthalle de Hambourg, qui paraît définitivement être une réplique d'Andrieu.

Grâce à ces nombreux travaux préliminaires, Delacroix pouvait synthétiser avec précision dans son *Journal*, le lundi 10 juin 1850, la liste des divers pigments nécessaires à la réalisation de son décor, rédigeant ainsi une sorte d'aide-mémoire pour l'exécution de l'œuvre en grandeur réelle : « La partie du ciel après les plus grands clairs du soleil, c'est-à-dire déjà foncé : *Jaune chrome foncé blanc – blanc laque et vermillon*. La *terre de Cassel* et *blanc* forme la demi-teinte décroissante. En général, excellente pour toute demi-teinte. Les *clairs* jaune clair sur les nuages au-dessous du char : *Cadmium, blanc,* une pointe de *vermillon*. La partie du ciel plus orangée [...], frôler à sec un ton de *jaune de Naples, vert bleu et blanc*, en laissant un peu paraître le ton orangé. Ton orangé, très beau pour le ciel : *Terre d'Italie naturelle, blanc, vermillon. – Vermillon, blanc, laque* et quelquefois un peu de *Cadmium* et de *blanc* » (p. 241).

Ce ciel a en fait été inspiré d'une étude exécutée en plein air, lors d'un séjour à Champrosay (voir cat. 58 à 62). Et son *Journal* précise qu'elle a été entièrement recomposée – littéralement recréée – de « souvenir », dans son atelier à la campagne : « J'ai fait, en rentrant, une espèce de *pastel* de l'*effet de soleil* en vue de mon plafond » (8 mai 1850, p. 237).

À partir des éléments amassés dans de nombreuses études préparatoires au crayon – un ensemble de

dessins, déterminant pour la compréhension de cette œuvre, est aujourd'hui conservé au musée du Louvre (RF 9488, RF 11964, RF 37303, RF 1927, RF 11965, RF 3711 [fig. 2], RF 29108, RF 11966, RF 11967, RF 11969, RF 9491, RF 9492, RF 9490 et RF 11968) –, et en se référant sans cesse à cette esquisse à l'huile, il continua de préciser dans son *Journal* tous les pigments envisagés pour l'exécution définitive : « *Apollon*, la robe peinte d'un *ton rouge* un peu fade dans les clairs, glacé avec *laque jaune* et *laque rouge*. Localité des *chairs de la Diane* : ton de *Terre de Cassel, blanc* et *vermillon*. Assez gris partout. Clairs : *blanc vermillon, un peu de vermillon*. Les reflets ton chaud, *presque citron* ; il y entre un peu d'*antimoine*, le tout très franchement. Localité des *cheveux d'Apollon : Terre d'ombre, blanc, cadmium*, très peu de *terre d'Italie* et d'*ocre*. [...] Demi-teinte du *Cheval soupe de lait* (l'*Arabe passant un gué*) : *Terre d'ombre naturelle* et *blanc, antimoine, blanc* et *brun rouge* : le rouge ou le jaune prédominant, suivant la convenance » (10 juin 1850, p. 242).

Il compléta d'ailleurs cette liste, qui allait s'avérer indispensable au déroulement technique de son travail, le 17 août 1850, après avoir passé plusieurs semaines en Belgique – étudiant à Anvers quelques tableaux importants de Rubens, à propos desquels il notait le 10 août : « Cela me sera utile pour mon plafond » (p. 263) –, à l'occasion d'une cure estivale effectuée à Ems : « Ton jaune pour le ciel après le ton très clair de *jaune de Naples* et *blanc*, qui entoure l'Apollon : *ocre jaune blanc, chrome* n° 2 » (*Journal*, p. 265).

À son retour, l'esquisse étant achevée, suffisamment détaillée dans son dessin et dans les nuances colorées les plus subtiles, Delacroix pouvait débuter, le 3 septembre, la nécessaire mise au carreau sur

Fig. 2
Eugène Delacroix, *Apollon sur son char*, vers 1850, mine de plomb sur papier calque, Paris, musée du Louvre, département des Arts graphiques.

un carton préparatoire. Ce carton pourrait ensuite être reporté sur la toile définitive – la composition a été peinte sur une toile, d'abord tendue sur un châssis provisoire, puis marouflée sur le plafond de la galerie – grâce à un calque, tout en suivant fidèlement les contours et les déformations imposées par l'architecture. Il arrivait d'ailleurs fréquemment que, à ce stade, Delacroix en vienne à modifier sa pensée initiale par des repentirs portés directement sur le calque. Dès cette étape de la mise au carreau, le peintre fut aidé par un élève qui allait devenir par la suite un de ses plus fidèles collaborateurs, Pierre Andrieu (1821-1892). Pendant cette période, Delacroix échangea avec lui une enrichissante et amusante correspondance, le peintre « grondant » parfois son collaborateur, tenu de suivre fidèlement ses préceptes. Au 23 septembre 1850, son *Journal* révèle ainsi un véritable « plan de combat » définissant les étapes du travail, nécessaires pour la transposition de l'esquisse sur le carton préparatoire, puis du carton sur la toile définitive : « Pour préparer les figures sur le tableau : partir d'un bon trait, et quand A[ndrieu] aura appliqué la couleur et commencé à *tourner* sa figure, le redresser dans ce premier travail et tâcher d'obtenir qu'il en vienne à bout avec cette aide. Les retouches que je ferai seront plus faciles. Il faudrait conserver le trait du poncif et le perfectionner même avant de s'en servir, de manière à poncer de nouveau sur la préparation peinte, quant le dessin se perdra » (p. 267).

Le décor fut ouvert officiellement au public le 23 octobre 1851 – Delacroix reçut trois semaines plus tard, le 8 novembre, une somme de 25 000 francs, correspondant aux 18 000 francs de la commande, augmentés de 7 000 francs de dépassements. La critique, unanime – y compris le sévère Delécluze –, salua le tour de force du peintre, les uns y retrouvant l'inspiration de Véronèse ou de Tiepolo, les autres la touche de Rubens. Pour sa part, l'administration souhaitait poursuivre sa collaboration avec Delacroix en lui confiant le décor de la petite loge située au bout de la galerie de Diane au Louvre. Mais dans une lettre inédite (archives Piron ; Paris, archives des Musées nationaux), Duban expliquait au peintre que ce second chantier était annulé « en dépit de la glorieuse prise de possession de la galerie d'Apollon ».

Cette esquisse – sans doute le *modello* présenté à l'administration –, qui permet de juger toute la fougue et la maîtrise technique de Delacroix et de goûter la subtilité et l'originalité de ses choix chromatiques – les rouges et les jaunes violents répondant à la subtilité du ciel bleu-vert –, évoque également l'influence évidente des compositions décoratives françaises du XVIIe siècle, à commencer bien sûr par celles de Charles Le Brun et d'Eustache Le Sueur (1616-1655), ainsi que des références volontaires, signalées en 1963 par Maurice Sérullaz, aux compositions monumentales des peintres bolonais Carrache, Guerchin et Guido Reni.

Mentionnons enfin la réplique réduite du décor commandée à Delacroix en 1853 par le collectionneur Bonnet – peut-être la version conservée aujourd'hui à la fondation Bührle à Zurich (fig. 3) – et rappelons que l'inventaire après décès du peintre signalait d'une part deux esquisses du plafond de la galerie du Louvre (estimées 15 et 1 500 francs, peut-être celle que cite Johnson et l'œuvre commentée ici) et d'autre part une réplique réduite du même décor (estimée 1 000 francs), qui pourrait bien être celle de la fondation Bührle à Zurich ou celle que cite Lee Johnson.

V. P.

65. *La Paix vient consoler les hommes et ramène l'abondance*
ou *La Terre éplorée levant les yeux au ciel pour obtenir la fin de ses malheurs*
Plafond central du salon de la Paix à l'Hôtel de Ville de Paris (esquisse)

1852
Huile sur toile ; diam. 0,77 m
Paris, Ville de Paris, musée du Petit Palais
(Inv. P.I.550)

Le plafond de la galerie d'Apollon à peine inauguré (voir cat. 64), Eugène Delacroix annonçait déjà son projet décoratif suivant dans une lettre du 20 octobre 1851 écrite à son amie George Sand (*Correspondance*, t. III, p. 90-91), affirmant alors qu'il recherchait une « place importante à décorer » et révélant à son entourage dans les semaines

suivantes qu'il envisageait d'exécuter un ensemble pictural pour le salon de la Paix de l'Hôtel de Ville de Paris.

Les importants décors exécutés à cette époque pour l'ancien Hôtel de Ville, entre autres par Delacroix et Ingres, ont été détruits en 1871 dans l'incendie de l'édifice, durant la Commune, et les ravages causés aux bâtiments municipaux ont aussi entraîné la destruction des archives administratives de la Ville de Paris, de sorte que des précisions concernant la commande (date, circonstances) nous échappent, si ce n'est les 30 000 francs de rémunération. Cependant, il est vraisemblable que son élection municipale au conseil de Paris, depuis décembre de la même année, ait aidé Delacroix à obtenir ce chantier décoratif – qui allait l'occuper jusqu'en mars 1854 –, en plus de son important réseau de relations mondaines et politiques.

Bien que nous ignorions la qualité, le coloris et l'aspect général des œuvres définitives, nous connaissons parfaitement le programme iconographique élaboré par le peintre pour le salon de la Paix, d'une part grâce à une série de dessins exécutés par Pierre Andrieu, qui a travaillé auprès de Delacroix pour ce chantier, et d'autre part grâce à diverses descriptions de journalistes, à commencer par celles de Théophile Gautier et de Pierre Petroz. Par ailleurs, il existe également de nombreuses études originales exécutées pour la préparation de cette importante entreprise. En fait, les regroupements de thèmes des vingt peintures décoratives exécutées dans le salon de la Paix de l'Hôtel de Ville furent

partiellement dictés par les contraintes architecturales : un grand plafond central de cinq mètres de diamètre, dont cette esquisse constitue le meilleur témoignage, développait le thème de la Paix venant consoler les hommes et ramener l'abondance ; huit caissons situés autour de ce plafond reprenaient diverses figures de dieux et de déesses antiques – Cérès, la muse Clio, Bacchus, Vénus, Mercure, Neptune, Minerve et Mars ; onze tympans entourant les portes et les fenêtres, de forme cintrée, décrivaient des scènes de la vie de Hercule (cat. 135).

Dès le 2 février 1852, Delacroix notait avoir « trouvé à peu près sur la toile la composition du plafond de l'Hôtel de Ville » (p. 286). Il travaillait alors sans doute constamment à l'esquisse peinte du plafond central (*Journal*, dimanche 8 février 1852, p. 287) tout en dessinant au crayon plusieurs figures du décor (fig. 1 ; Paris, musée du Louvre, RF 9949, RF 9543 et RF 9544 ; Paris, musée Carnavalet, Inv. D 7 864). La maturation de son œuvre paraît de toute manière extrêmement rapide, puisque le 10 du même mois il pouvait annoncer au marchand Haro, qui lui avait fourni comme à l'accoutumée les toiles nécessaires à ces décors, que son esquisse était achevée (*Correspondance*, t. III, p. 105-106).

Tout en travaillant aux autres compositions pour les caissons et les tympans, Delacroix notait précisément dans son *Journal* les pigments souhaités pour le plafond central, préparant ainsi le travail fourni plus tard par lui-même et ses collaborateurs et concrétisant par écrit les recherches menées dans son esquisse (*Journal*, 26 février 1852, p. 294 ; les pigments pour les autres compositions seront cités les 1er juin, 11, 12 et 13 juillet).

Débutée en mars 1852, l'exécution des œuvres de cette décoration était limitée par des délais extrêmement courts – comme cela avait d'ailleurs été le cas pour le plafond de la galerie d'Apollon – et, une fois encore, Delacroix choisit de s'entourer de collaborateurs, de nouveau Pierre Andrieu (voir cat. 64), mais également le peintre-décorateur Louis Boulangé (1812-1878). Les peintures définitives ayant été achevées le 18 octobre 1852, le peintre put, durant l'hiver suivant, assister à leur marouflage dans la salle, avant de débuter sur place au printemps 1853 la longue période des retouches, qui allait durer jusqu'en mars 1854, travail entrecoupé de nombreuses pauses. Avant ce perfectionnement ingrat de ses compositions, qui le déprimait profondément alors qu'il était déjà contrarié par la mauvaise lumière du salon et mécontent de certaines parties de son travail, Delacroix a souhaité revoir l'ensemble de ses esquisses afin de les comparer avec le résultat final (*Journal*, 20 octobre 1852, p. 312, et 27 novembre 1852, p. 315).

Révélé au public en mars 1854, le décor de Delacroix, apprécié par la majorité des critiques, ne devait pourtant pas remporter le même succès enthousiaste que celui du Louvre, malgré d'excellentes analyses de Gustave Planche et de Théophile Gautier. En fait, les commentaires s'attardèrent parfois sur l'iconographie de l'œuvre plutôt que sur sa facture, et insistèrent sur la confrontation entre les décors peints pour l'Hôtel de Ville par les deux « chefs d'école » de la peinture française, Eugène Delacroix bien sûr et son salon de la Paix, et Jean Auguste Dominique Ingres et son salon de l'Empereur.

Une description heureuse, à la fois littéraire et très précise, de l'iconographie de ce décor et de son plafond central – et par voie de conséquence de cette esquisse – nous a été laissée par Théophile Gautier : « Le sujet du plafond principal est la Terre éplorée, levant les yeux au ciel pour en obtenir la fin de ses malheurs. En effet, Cybèle, l'auguste mère, a parfois de bien mauvais fils qui ensanglantent sa robe et la couvrent de ruines fumantes ; mais le temps de l'épreuve est passé ; un soldat éteint sous son talon de fer la torche de l'incendie ; des groupes de parents, des couples d'amis séparés par les discordes civiles, se retrouvent et s'embrassent ; d'autres, moins heureux, ramassent pieusement de tristes victimes. Au-dessus, dans un ciel bleu d'azur, doré de lumière, d'où s'enfuient les nuages, derniers vestiges de la tempête balayée par un souffle puissant, apparaît la Paix, sereine et radieuse, ramenant l'abondance et le chœur sacré des Muses, naguère fugitives ; Cérès [...] repousse l'impitoyable Mars et les pygmées, qui se réjouissent des calamités publiques ; la Discorde, que blesse cette tranquillité lumineuse, s'enfuit comme un oiseau nocturne surpris par le jour et cherche pour s'y cacher les ténèbres de l'abîme, tandis que, du haut de son trône, Jupiter, de ce même geste qui foudroya les Titans, menace encore les divinités malfaisantes, ennemies du repos des hommes. »

L'éventuel conformisme iconographique de ce plafond central de l'Hôtel de Ville, dont le programme apparaît nettement moins original que celui du salon du Roi du palais Bourbon ou celui de la galerie d'Apollon du Louvre, qui comportaient également des sujets allégoriques chargés de références mythologiques, disparaît évidemment dans l'esquisse, très enlevée et d'un coloris affirmé, mêlant les rouges et les bleus avec habileté et raffinement. Les gravures du décor définitif, publiées par Victor Caillat (*Monographies de l'Hôtel de Ville*, Paris, 1856) et par Marius Vachon (*L'Ancien Hôtel de Ville de Paris*, Paris, Quantin, 1882), ainsi qu'une série de dessins de Pierre Andrieu, nous permettent de toute manière, par comparaison, de constater sa fidélité par rapport à la composition finale, une variante seulement étant discernable dans la partie supérieure droite. Cette esquisse demeure donc aujourd'hui, avec celles des caissons et des tympans, ainsi que quelques répliques (cat. 135), un irremplaçable témoignage de cet important ensemble décoratif.

Alfred Robaut a signalé deux autres esquisses de la composition d'ensemble du plafond central (n° 119) – toutes les deux mesurant 0,46 m de diamètre –, appartenant l'une à Andrieu et l'autre à Diot, et l'inventaire après décès du peintre mentionnait également deux esquisses du plafond central, léguées à Pierre Andrieu, tandis que d'autres – dont celle-ci – passèrent à la vente posthume. En raison de cette multiplicité d'études, une certaine confusion s'est installée à la fin du XIXe siècle entre les esquisses à l'huile peintes par Eugène Delacroix au moment de l'exécution du décor et léguées par lui à Pierre Andrieu et des copies de ces esquisses faites par le même Andrieu – gardées par Delacroix, elles furent rendues à son élève par testament. Une des copies par Andrieu de l'esquisse du plafond central est aujourd'hui conservée au musée Carnavalet, qui a acquis plusieurs œuvres à la vente posthume de Pierre Andrieu en 1892.

Dans la notice consacrée à cette esquisse dans le *Mémorial* de 1963 (n° 459), Maurice Sérullaz a parfaitement dégagé les certitudes quant aux esquisses originales connues et les zones d'ombre de l'historique de certaines d'entre elles, ainsi que l'ambiguïté entourant les copies de Pierre Andrieu.

V. P.

66 et 67. *Persée et Andromède*

Cassiopée vantait trop la beauté de sa fille, Andromède, et prétendait qu'elle surpassait celle des Néréides, les filles de Poséidon ; pour la punir, ce dernier envoya un monstre marin ravager le royaume de Cassiopée et de son époux Céphée, le roi d'Éthiopie. Après avoir consulté un oracle, Céphée décida de sacrifier sa fille au monstre envoyé par Poséidon, afin de lever la vengeance du dieu marin. Attachée à un rocher, Andromède attendait d'être dévorée par le monstre lorsque le héros grec Persée, fils de Zeus et de Danaé, survint près des côtes éthiopiennes, tua le monstre, délivra la jeune fille et l'épousa.

Fig. 1
Eugène Delacroix, *Saint Georges combattant le dragon*, vers 1847, huile sur toile, Grenoble, musée des Beaux-Arts.

Fig. 2
Eugène Delacroix, *Andromède*, 1852, huile sur toile, Houston, Museum of Fine Arts.

Eugène Delacroix, dont la culture littéraire et picturale était fort étendue, connaissait bien sûr la similitude entre le thème de Persée délivrant Andromède, inspiré des *Métamorphoses* d'Ovide, celui de Roger délivrant Angélique, tiré du *Roland furieux* de l'Arioste – que le peintre songeait encore à adapter en 1860 (*Journal*, 1er mars 1860, p. 769) – et celui de saint Georges combattant le dragon, qu'il illustra vers 1847, dans le cadre d'une commande du marchand Thomas (fig. 1 et esquisse au musée du Louvre), avant l'époque où il peignit l'un des deux tableaux de *Persée et Andromède* rassemblés ici (cat. 67). Durant cette période, le peintre paraissait donc particulièrement préoccupé par ces divers sujets, peut-être en raison de l'univers fantastique qu'ils présentaient, ainsi que de la belle description d'un paysage marin qu'ils permettaient.

Cependant, dans ces deux versions successives adaptées de l'épisode mythologique de Persée et Andromède, Delacroix semblait essentiellement attaché à travailler avec émotion et sensualité le superbe nu de la figure élancée d'Andromède, qui constitue l'élément esthétique central de sa composition. Ainsi le rouge de sa robe, jetée sur les rochers, répondant au roux des cheveux de la princesse, qui contrastent avec le bleu-vert des vagues et la teinte dorée du ciel, sont en fait divers éléments chromatiques destinés surtout à mettre en valeur le corps de la jeune fille, auquel les rochers servent d'écrin. Le peintre exécuta d'ailleurs au même moment une autre version du thème en ne conservant cette fois que la jeune femme enchaînée (fig. 2).

Delacroix avait sans doute également étudié, à travers des gravures et parfois d'après les tableaux eux-mêmes, certaines des versions picturales anciennes les plus célèbres de ce thème de Persée délivrant Andromède, comme celle qu'avait peinte, par exemple, Titien pour Philippe II (Londres, Wallace Collection). De même la similitude du traitement pictural de la figure de Persée imaginé par Delacroix – le corps du héros grec étant hardiment figuré en perspective, volant dans le ciel – avec celui qu'avait retenu Véronèse dans une version célèbre (Rennes, musée des Beaux-Arts) qui a influencé la plupart des peintres français du XVIIIe siècle ayant traité ce sujet, de François

66. *Persée et Andromède*

1849-1853
Huile sur carton marouflé sur un panneau
de bois ; 0,432 x 0,336 m
Baltimore, The Baltimore Museum of Art,
The Cone Collection, formed by Dr Claribel
Cone and Miss Etta Cone of Baltimore,
Maryland (BMA 1950.207)

67. *Persée et Andromède*

1853

Huile sur papier marouflé sur toile ;

0,438 x 0,322 m

Signé en bas à gauche : *Eug. Delacroix.*

Stuttgart, Staatsgalerie (Inv. n° 2636)

Lemoyne à Charles Natoire, constitue une preuve supplémentaire des références directes faites par Delacroix aux maîtres de l'histoire de la peinture. Enfin la ressemblance étonnante de l'attitude physique – à défaut de l'anatomie et de la facture – de l'Andromède peinte par Delacroix avec celle de Rembrandt (1631, La Haye, Mauritshuis) révèlent la diversité de ses sources d'inspiration.

Par ailleurs, le peintre a également signalé dans son *Journal*, le 8 avril 1860, avoir particulièrement apprécié la manière dont Rubens avait su faire évoluer l'iconographie du thème de Persée délivrant Andromède : « Il [le miniaturiste Carrier venu rendre visite à Delacroix] remarque la petite *Andromède* ; et à ce propos je me rappelle celle de Rubens que j'ai vue il y a longtemps. J'en ai vu deux, au reste, une à Marseille chez Pellico, l'autre chez Hilaire Ledru à Paris, très belles de couleurs toutes les deux ; mais elles me font songer à cet inconvénient de la main de Rubens qui peint tout comme à l'atelier » (p. 777). Ces deux œuvres étaient en fait des copies ou des répliques d'atelier – dont l'une se trouve à présent au musée d'Arles – d'un original célèbre de Rubens, conservé au Kaiser Friedrich Museum à Berlin. Cette influence des tableaux de Rubens en ce qui concerne précisément ce thème de Persée et Andromède doit tout de même être relativisée, puisque les diverses versions exécutées par le maître flamand représentent la délivrance d'Andromède par Persée après que ce dernier a tué le monstre marin, ce qui n'est pas l'instant retenu par Delacroix dans sa mise en image.

Enfin la découverte au Salon de 1849 du *Persée et Andromède* de Jules Jollivet (1794-1871), dont Delacroix se souvenait avec un certain intérêt lorsqu'il établissait le 31 mai une liste de « beaux sujets » de tableaux à peindre dans l'avenir – « *Le héros sur un cheval ailé qui combat le monstre pour délivrer la femme nue* (Voir dans le livret le sujet du tableau de *Jollivet*) » (*Journal*, p. 195) – explique peut-être de manière précise les raisons du développement de ce thème à cette époque.

Quoi qu'il en soit, Alfred Robaut a daté par erreur ces deux œuvres puisqu'il les mentionne en 1847, alors que les diverses citations du *Journal* qui les concernent sont toutes rédigées durant la période 1851-1853 et qu'une des deux versions

(cat. 67) fut vendue par Delacroix en 1853. Ainsi, le *Journal* apporte le 13 mai 1851 une intéressante précision concernant les pigments utilisés par Delacroix dans ces œuvres : « Dans l'*Andromède*, probablement à cause du fond très chaud, mêler beaucoup de *jaune de Naples* avec le *vermillon* dans le clair » (p. 278). Et le peintre fait ensuite référence à la technique de Titien dans un autre passage du *Journal*, daté du 15 janvier 1853 et consacré cette fois à la couche préparatoire du personnage d'Andromède : « Les ombres chaudes étant placées et les saillies du clair avec des tons convenables, l'effet était complet. (Pourrait s'appliquer avec succès à toute préparation faite à la Titien avec ton de *Sienne* ou *brun rouge*, etc., comme, par exemple, était celle de la petite Andromède) » (p. 321).

Il est vraisemblable que la version conservée par le peintre dans son atelier (cat. 66) ait été la première, suivie par une œuvre identique destinée au marché de l'art (cat. 67). Ce fut sans doute le 10 mars 1853 – si l'on se fie à une note rédigée par Delacroix à la fin de l'agenda de l'année 1852 : « Le 10 mars, reçu de M. Didier, pour l'*Andromède*... 600 francs » (*Journal*, p. 316) – que le peintre céda cette dernière à un collectionneur parisien, Henri Didier. Parqueté par Haro en juin 1854 (*Journal*, p. 433), l'autre tableau, sans doute peint à partir de 1849 et dans tous les cas avant 1853, est mentionné dans l'inventaire après décès du peintre et fut estimé lors de la prisée préparant cet inventaire à 300 francs.

V. P.

68. *Triton portant sur ses épaules un génie ailé*

Vers 1860

Plume et encre brune ; 0,170 x 0,220 m

Annoté au crayon d'une main étrangère
(peut-être Alfred Robaut ?) : *1863 / 1421*

Paris, musée du Louvre, département des Arts
graphiques (RF 9552)

Exposé à Paris seulement

Cette amusante composition mythologique, représentant un petit génie ailé porté par un Triton à l'imposante stature, appartient à la période tardive du peintre ; elle fut sans doute exécutée autour de 1860. Alfred Robaut, qui l'a peut-être eue en sa possession après son beau-père, le peintre Constant Dutilleux, l'avait d'ailleurs datée de 1861.

Maurice Sérullaz a rappelé en 1984 la similitude de ce dessin avec un tableau inachevé trouvé dans l'atelier d'Eugène Delacroix à sa mort, *Le Triomphe d'Amphitrite* (fig. 1), dans lequel un motif semblable était traité à l'huile, de manière quasi identique au dessin, dans la partie gauche du tableau – seuls diffèrent la tête du triton et la position du génie ailé sur ses épaules. Bien que nulle mention

d'archive ne signale une telle commande, on a parfois identifié ce tableau, ainsi que son pendant *Le Triomphe de Bacchus* (également conservé à la fondation Bührle à Zurich), comme étant deux dessus-de-porte achetés par le collectionneur Hartmann à la vente posthume (voir cat. 151 à 154). Plus tard, d'autres auteurs ont jugé l'attribution à Delacroix de ces deux œuvres douteuse. Pourtant, un *Bacchus* et une *Amphitrite* sont effectivement signalés dans l'inventaire après décès de Delacroix, encore « ébauchés », leur présence étant mentionnée dans la prisée juste après celle des compositions des *Quatre Saisons* (Bessis, 1969, p. 199-222). Et si ces deux œuvres de Zurich peuvent apparaître faibles dans leur facture, c'est vraisemblablement plutôt en raison de

leur inachèvement et, surtout, à cause de nombreuses retouches, probablement exécutées par Andrieu après la mort de Delacroix, comme cela fut peut-être le cas pour *Les Quatre Saisons* (cat. 151 à 154).

Quoi qu'il en soit, le présent dessin, qui pourrait donc se révéler être une étude préparatoire pour le tableau de Zurich, constitue un émouvant et ultime témoignage de la verve encore intacte de Delacroix après 1860, alors qu'il s'inspirait des peintres baroques du XVIIᵉ siècle italien et des artistes rococo du XVIIIᵉ siècle français afin d'inventer des images aussi évocatrices et humoristiques que celle-ci.

V. P.

69.   *Homme nu, à l'affût*

Vers 1850 (?)
Plume et encre brune ; 0,158 x 0,203 m
Annotations en haut à la mine de plomb, de la main d'Alfred Robaut, pratiquement effacées, et croquis à droite d'une composition, dans un encadrement
Au verso de l'ancien montage se trouvait une annotation d'une autre main, à la plume et à l'encre noire : *Arabe à l'affût / provenant de la vente d'Eugène Delacroix n° 453 du catalogue / ce dessin a appartenu à Monsieur Robaut / et a été publié par lui dans le catalogue / raisonné et illustré de l'œuvre du Maître / sous le n° 1229*
Paris, musée du Louvre, département des Arts graphiques (RF 9462)
Exposé à Paris seulement

Robaut voyait en ce dessin une première pensée pour le tableau intitulé *Arabe à l'affût* (1849-1850, Londres, coll. Mr. and Mrs. Eliot Hodgkin ; Johnson, t. III, 1986, n° 180, pl. 12), mais le rapprochement n'est pas totalement convaincant. Il existe en revanche dans les collections du musée du Louvre une figure d'Arabe en observation, à la mine de plomb sur papier calque (MI 892 ; M. Sérullaz, t. I, 1984, n° 378, repr.), qui à l'évidence est en relation directe avec la peinture. Vraisemblablement exécutée dans les années 1850, cette étude magistrale illustre l'insistance avec laquelle Delacroix n'a cessé d'analyser la morphologie du corps humain en faisant fi cependant de toute notation naturaliste. À partir d'un premier tracé remarquable par sa concision, l'artiste a souligné, à l'aide d'un jeu de hachures énergiques, la tension des muscles.

A. S.

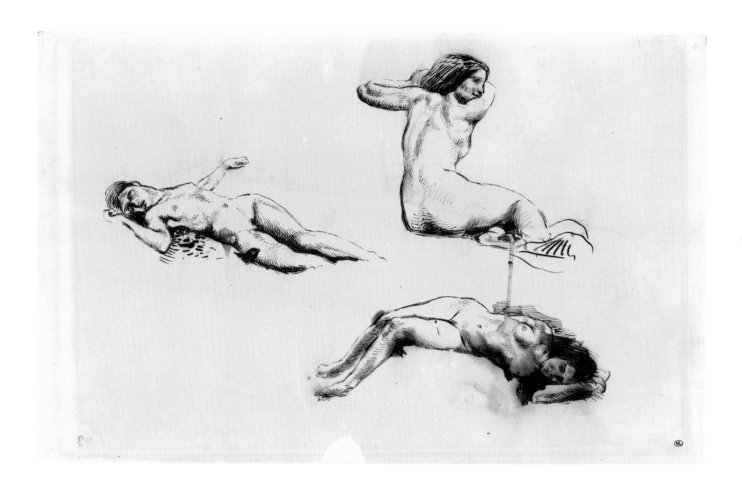

70. *Trois études d'une femme nue, étendue, et croquis d'une tête*

1850-1855
Plume, encre brune et mine de plomb (tête) ;
0,265 x 0,423 m
Paris, musée du Louvre, département des Arts
graphiques (RF 4617)
Exposé à Philadelphie seulement

Parce qu'elle présente des analogies stylistiques
avec certains dessins conservés au Louvre (par
exemple la double étude de femme nue assise,
RF 9623 ; M. Sérullaz, t. I, 1984, n° 906, repr.) et
à Besançon (étude d'homme nu assis ; D 2402),

exécutés d'après des photographies, il a été suggéré que cette feuille devait avoir la même origine.
Mais le modèle exact n'a pas été identifié. Quoi
qu'il en soit, cette triple étude offre un exemple
accompli de la maîtrise que Delacroix dessinateur
a atteinte dans sa maturité, transposant en traits
multipliés la stricte représentation des formes pour
ne retenir que l'effet de plénitude dans l'espace.

A. S.

71. *Femmes nues se baignant*

1854
Plume et encre brune sur traits de crayon ;
0,252 x 0,392 m
Annoté en bas à droite à la mine de plomb :
les nus empresses d'oublier les maux de la vie,
d'autre avec regret
Cambridge, The Syndics of the Fitzwilliam
Museum (n° 2031B)
Exposé à Philadelphie seulement

L'identification du sujet de ce dessin reste à éclaircir.
Les annotations apposées en bas à droite de la feuille
permettent de suggérer que Delacroix a pu illustrer
ici les âmes se baignant dans les eaux de Léthé (cat.

exp. *Cent dessins français du Fitzwilliam Museum de
Cambridge*, Paris, galerie Heim, 1976, n° 21, repr.).
Cette hypothèse semble corroborée par une note
particulièrement concise du *Journal*, à la date du
3 janvier 1860 – « Pour les âmes dans le Léthé »
(p. 748) –, qui fait référence à un thème de la mythologie. Fille d'Éris (la Discorde), Léthé (l'Oubli)
avait donné son nom à une source située aux Enfers,
dont les eaux avaient la propriété de faire oublier le
passé à ceux qui en avaient bu ne serait-ce qu'une
fois ; les ombres des morts y trouvaient l'oubli des
maux et des plaisirs de la vie terrestre.

Le dessin a été par ailleurs rapproché du tableau
exécuté en 1854 *Baigneuses* ou *Femmes turques au
bain* (cat. 102), mais rien ne permet d'affirmer qu'il
s'agisse véritablement d'une étude préparatoire.

A. S.

72. *Homme à demi-nu, de dos, et Lion couché*

1856
Plume, encre brune et lavis brun ;
0,233 x 0,358 m
Daté à droite à la plume et à l'encre brune :
5 nov. 56.
Annoté au verso en bas à droite à la mine de
plomb, d'une autre main : *voir tableau 37ᶜ [?] /
chez M. Brun* [une ligne effacée] / [un mot
illisible] *1898 = 6. 400 / 0ᵐ 31 x 0,50*
Paris, musée du Louvre, département des Arts
graphiques (RF 9483)
Exposé à Paris seulement

L'annotation qui figure au verso du dessin nous renvoie à la vente après décès du compositeur Antoine
Marmontel (1816-1898), où figurait notamment un
Lion couché (Paris, 11 mai 1898, n° 7 du cat. de cette
vente, adjugé 6 400 francs à M. Brun), tableau que
Alfred Robaut place en 1848, mais sans le reproduire (localisation inconnue depuis 1938 ; Johnson,

t. III, 1986, n° L 128). Le même Robaut a décrit au
n° 1301 de son catalogue raisonné un dessin à la
plume, pareillement daté *5 nov. 56*, mais de dimensions plus petites (0,16 x 0,18 m) : « Ce croquis, si
simple, si complet, rappelle par sa disposition le
tableau intitulé : *Lion devant une chèvre* [...] ainsi
que la belle toile qui appartenait à M. Brun. »

De retour à Paris après trois semaines passées à
Augerville chez son cousin Berryer, puis à Champrosay, du 21 octobre au 2 novembre 1856, Delacroix
semble avoir sacrifié la première semaine de
novembre à différentes obligations mondaines. La
lecture de la notice que venait de lui consacrer
Théophile Silvestre, qui lui causa un plaisir évident, incita néanmoins le peintre à y apporter, non
sans esprit, quelques rectificatifs (lettre du 1ᵉʳ novembre 1856 ; *Correspondance*, t. III, p. 341-342).

D'une certaine manière, ce dessin peut être considéré comme le contrepoint de *Lion couché et Homme
à demi-nu, de dos* (cat. 73) : l'accent est mis d'un
côté sur l'étude du félin, de l'autre sur la morphologie de l'homme, vu de dos.

A. S.

73. *Lion couché et Homme à demi-nu, de dos*

Vers 1857 (?)
Plume et encre brune ; 0,213 x 0,307 m
Rotterdam, Museum Boijmans Van
Beuningen (F II 83)
Exposé à Philadelphie seulement

Daté de 1840 par Alfred Robaut, qui l'avait inclus dans sa publication de fac-similés, ce dessin a été situé par Lee Johnson vers 1857, par comparaison avec un dessin de même technique comportant deux études de nus masculins daté 77^{br} 57 (ancienne coll. Henri Rouart ; Badt, 1946, pl. 26).

Delacroix semble avoir affectionné à cette époque ce type de mise en page, réunissant sans lien apparent deux de ses préoccupations constantes jusqu'à la fin de sa vie, l'observation des animaux et l'étude de nu (voir cat. 72).

A. S.

74. *Homme barbu à mi-corps, de dos, tourné vers la gauche, et Croupe de cheval*

1857

Plume et encre brune ; 0,209 x 0,271 m

Daté en bas à droite à la plume et à l'encre brune : *3. 7bre 57* ; annoté au-dessous : *rev^t.* [revenant] *de Pl.^{res.}* [Plombières]

Paris, musée du Louvre, département des Arts graphiques (RF 9511)

Exposé à Paris seulement

L'état chancelant de sa santé contraignit Delacroix à faire une cure à Plombières, en compagnie de Jenny Le Guillou, du lundi 10 août au mardi 30 août 1857. Quatre jours après son arrivée, l'artiste livrait à Joséphine de Forget ses premières impressions : « On me dit des merveilles de ces eaux pour le genre de maladie dont je souffre, et j'en suis déjà à mon cinquième bain. Je ne fais rien que manger et marcher quand certain mal de pied, goutte ou rhumatisme me le permet » (lettre du 14 août 1857 ; *Correspondance*, t. III, p. 403-404).

Les notes du *Journal* attestent néanmoins qu'au fur et à mesure de son séjour Delacroix reprit goût au travail, dessinant au cours de ses promenades arbres, rochers ou bords de ruisseau. Rentré à Paris le 2 septembre, l'artiste reçut le lendemain la visite de son médecin, le docteur Laguerre. Les jours suivants, il poursuivit ses études d'hommes nus et de chevaux, usant de la même technique et prenant des papiers de dimensions plus ou moins identiques. Le musée du Louvre conserve ainsi le dessin d'une *Femme nue allongée tenant un miroir*, daté du 7 septembre 1857 (département des Arts graphiques, RF 9629 ; M. Sérullaz, t. I, 1984, n° 832, repr.). Robaut reproduit en outre dans son catalogue une feuille comportant trois silhouettes d'hommes nus dans diverses positions, datée du 7 septembre 1857, et une feuille regroupant sur deux rangées trois croquis de chevaux et une étude de jeune homme nu, assis, datée du 5 septembre 1857.

A. S.

75. *Vieux Berger et Jeune Homme nu conversant dans un paysage*

Vers 1858-1862

Plume et encre brune ; 0,201 x 0,306 m

Annoté en bas à la mine de plomb de la main d'Alfred Robaut : *M.V.* [Villot] *doit en avoir la peinture à la détrempe*, et, au verso : *Villot n'en avait-il pas une peinture à la détrempe ?* (à la mine de plomb) : *reproduit dans l'ART 1882* (à la plume et à l'encre brune)

Paris, musée du Louvre, département des Arts graphiques (RF 9527)

Exposé à Paris seulement

Alfred Robaut a mis ce dessin – qui fut gravé sur zinc pour *L'Art* du 23 avril 1882 – en rapport avec l'une des peintures exposées au Salon de 1859, *Herminie et les Bergers* (cat. 94), idée reprise par Eugène Véron, qui reproduit la feuille en pleine page (Véron, 1887, p. 97). Un tel rapprochement paraît assez surprenant puisque l'on ne retrouve aucun des deux personnages dans le tableau. Le sujet de la composition demeure énigmatique. Faut-il y voir une recherche pour une scène d'inspiration mythologique ou tout simplement l'interprétation d'une œuvre d'un artiste de la Renaissance ?

A. S.

76. *Trois personnages demi-nus dont une femme tenant une fleur*

1859
Plume et encre brune ; 0,230 x 0,291 m
Localisé et daté en bas au centre à la plume et
à l'encre brune : *Str^g. 27 aout / 59.*
Paris, musée du Louvre, département des Arts
graphiques (RF 9526)
Exposé à Paris seulement

« Quand Delacroix allait à Strasbourg, c'était pour
voir son parent M. Lamey. Le maître y dessinait
beaucoup de croquis, à la table de famille, tout en
causant ; il y travaillait aussi, avec son âme de poète,
soit à la cathédrale, dont les vieilles statues et les
mystérieux tombeaux l'intéressaient, soit dans la
ville dont il aimait le pittoresque » (Robaut, 1885,
n° 1401). À l'appui de son commentaire, Robaut a
catalogué et reproduit d'autres dessins exécutés à
Strasbourg au cours de la journée du 27 août 1859,
variations sur le thème des femmes à leur toilette
(voir cat. 77), ainsi que le croquis d'un *Lion se léchant
la patte*.

A. S.

77. *Trois études de femmes nues à leur toilette*

1859
Plume et encre brune ; 0,220 x 0,350 m
Daté et localisé en bas à droite à la plume et à l'encre brune : *27 aout Stras^b 59.*
Collection Eric G. Carlson
Exposé à Philadelphie seulement

Cette interprétation d'un thème cher à bien des artistes annonce les variations obsédantes et audacieuses d'Edgar Degas, qui fut à la fin du XIXe siècle l'un des collectionneurs de Delacroix les plus avisés.

Profondément réfractaire à toute forme de réalisme – « Le réalisme devrait être défini l'antipode de l'art. Il est peut-être plus odieux dans la peinture et dans la sculpture que dans l'histoire et le roman » (*Journal*, 22 février 1860, p. 765) – Delacroix, dans son observation de l'homme, a souvent fait preuve d'une hardiesse extrême, n'hésitant pas à recourir à toutes les ressources de son imagination : « Les formes du modèle, que ce soit un arbre ou un homme, ne sont que le dictionnaire où l'artiste va retremper ses impressions fugitives ou plutôt leur donner une confirmation, car il doit avoir de la mémoire » (Delacroix, 1923, t. I, p. 58).

A. S.

78. *Deux études d'un homme nu sur une pierre*

1860
Plume et encre brune ; 0,235 x 0,357 m
Daté au centre à la plume et à l'encre brune :
6 f. 1860.
Besançon, musée des Beaux-Arts et
d'Archéologie (D 2401)
Exposé à Philadelphie seulement

Dans les premiers mois de l'année 1860, Delacroix réfléchit de nouveau intensément au projet de dictionnaire des Beaux-Arts qu'il avait commencé d'entreprendre en 1857. Il est fort possible que les études d'académie qu'il semble avoir particulièrement travaillées au cours de ces années soient liées à ce projet, qui lui tenait à cœur mais qui n'aboutit jamais (voir cat. 74 et 76) : « Le but principal d'un Dictionnaire des Beaux-Arts n'est pas de récréer, mais d'instruire » (*Journal*, 16 janvier, p. 755). N'oublions pas, en outre, qu'au début de cette année, Delacroix avait décidé de classer les dessins dont il ne s'était jamais séparé. Étude d'après le modèle ou d'après un fragment de sculpture, cette feuille, dans laquelle l'artiste n'a utilisé que les seules ressources de la plume, retient l'attention par sa facture énergique et puissante, où l'influence de Rubens est manifeste. Elle doit être rapprochée

d'un dessin de même technique (fig. 1), daté *31 janvier 1860*, reproduit en fac-similé par Léon Marotte et Charles Martine (Marotte et Martine, 1928, pl. 55). C'est un exemple significatif des recherches tardives de Delacroix concernant le nu, où le rendu des formes est obtenu par un entrecroisement très élaboré de hachures (voir aussi la double étude d'homme nu assis, Paris, musée du Louvre, département des Arts graphiques, RF 9591 ; M. Sérullaz, t. I, 1984, n° 883, repr.).

A. S.

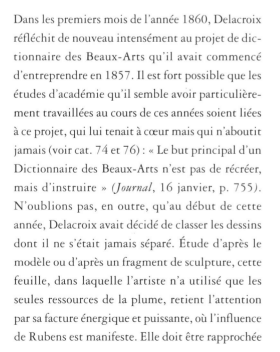

79. *Feuille d'études avec homme à demi-nu et félin avançant vers la droite*

1860
Plume et encre brune ; 0,314 x 0,213 m
Daté et localisé en bas à droite à la plume et à l'encre brune : *9 aout Champrosay / 60.*
Paris, musée du Louvre, département des Arts graphiques (RF 9733)
Exposé à Paris seulement

Arrivé à Champrosay dans la soirée du 27 juillet 1860, après un court séjour à Dieppe, Delacroix y demeura jusqu'en octobre, partageant son temps entre le travail, les promenades en forêt et les invitations de ses voisins. Il notait ainsi dans son *Journal*, à la date du 9 août : « Je retourne chez Mme Barbier, qui m'invite. Elle était seule avec son fils, et j'ai passé une agréable soirée » (p. 788).

Comme dans le dessin de Rotterdam de quelques années antérieur (cat. 73), mais en privilégiant cette fois-ci l'étude du nu, cette feuille présente les recherches inlassablement menées par Delacroix, plume en main, sur le rendu des formes humaines et animales. Le traitement du modelé reflète, à n'en pas douter, l'admiration que Delacroix portait à Rubens : « Je remarque [...] que sa principale qualité, s'il est possible qu'il en faille préférer quelqu'une, c'est la prodigieuse saillie de ses figures, c'est-à-dire leur prodigieuse vie » (*Journal*, 21 octobre 1860, p. 790).

A. S.

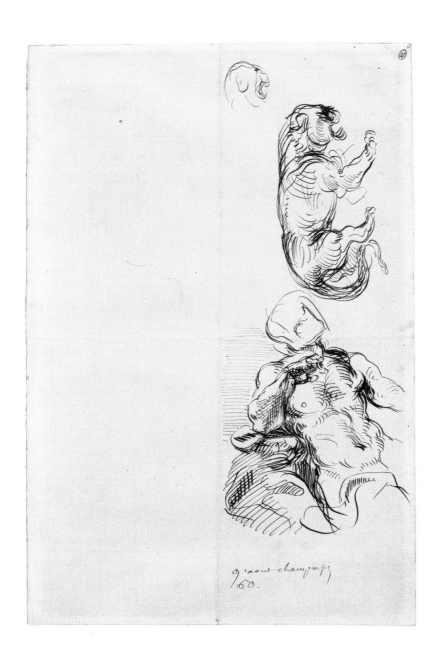

IV

L'INSPIRATION LITTÉRAIRE

Peintre passionné par profession, Eugène Delacroix était un homme érudit et raffiné, qui, dès son adolescence et ses études au Lycée impérial (actuel lycée Louis-le-Grand), avait trouvé dans la lecture et la réflexion philosophique – comme dans la musique, qu'il aimait tant – une vitalité intellectuelle constante et quotidienne, cultivée avec délectation et application durant les moments de loisirs que lui laissait sa carrière tourmentée et fertile.

Non content de savourer la prose des auteurs de toutes les époques, Delacroix a en fait utilisé l'écriture, pendant toute sa vie, comme un de ses moyens d'expression les plus naturels. Ainsi, rare exemple d'un peintre qui entretint avec le verbe de véritables relations intimes, il a sans aucun doute laissé à la postérité, avec son indispensable *Journal*, un instrument unique pour la compréhension de son œuvre picturale, de sa personnalité et de son époque, grâce à un flot inextinguible de références biographiques et artistiques jetées régulièrement dans les pages de ses carnets. En outre, cette vocation latente d'écrivain, qui se manifestait déjà dans l'admiration des textes des autres et dans la rédaction quotidienne de ce *Journal* d'une réelle ambition littéraire, fut entretenue avec assiduité, surtout durant les vingt dernières années de sa carrière, par la publication dans la presse – spécialement dans la *Revue des Deux Mondes* et le *Moniteur universel* – de nombreux articles consacrés aux questions générales de l'esthétique (« Questions sur le Beau » en 1854) ou à ses peintres de référence (Prud'hon en 1846, Gros en 1847, Poussin en 1852 et Charlet en 1862). La rédaction du monumental *Dictionnaire des Beaux-Arts*, entreprise dès son élection à l'Institut, le 10 janvier 1857, et jamais achevée, prouve également la relation déterminante, dans la vie et l'œuvre de Delacroix, entre la peinture et l'esthétique, d'une part, et l'écriture et la littérature, d'autre part.

D'une manière ou d'une autre – ne serait-ce que pour la volumineuse correspondance échangée avec ses amis et ses relations professionnelles –, Eugène Delacroix consacrait donc plusieurs heures par jour à l'écriture. Ayant très tôt constaté, avec lucidité, qu'il se trouvait « dans une position où [il n'avait] pas le loisir d'apprendre le métier d'écrivain », il avait adopté, instinctivement ou non, « la méthode de Pascal » et il écrivait « chaque pensée détachée sur un petit morceau de papier », ce qui lui permettait d'avoir « toutes ces divisions et subdivisions sous les yeux comme un jeu de cartes » et d'être ainsi « frappé plus facilement de l'ordre à y mettre » (*Journal*, 12 mai 1853, p. 342*). Ces morceaux de papier épars – dont certains ont été publiés dans le « Supplément » du *Journal* (p. 810-881) – et, bien sûr, les fameux agendas de son *Journal*, plus organisés dans leur rédaction et leur classement, recueillaient quotidiennement ses pensées intimes, ses projets de tableaux ou des listes de pigments utilisés pour telle ou telle œuvre.

Le peintre recopiait également, avec une précision et une persévérance qui forcent l'admiration, toutes les citations littéraires qui lui paraissaient significatives, qui l'agaçaient ou piquaient sa curiosité et, surtout, qui pouvaient lui fournir matière à des réflexions théoriques à venir. Le *Journal* constitue donc le meilleur outil de connaissance des jugements portés par le peintre sur les écrivains qu'il lisait « la plume à la main » et qui formaient son univers littéraire, confortant ses propres convictions esthétiques, éthiques et sociales en lui inspirant parfois des sujets pour ses tableaux. Ces notes innombrables révèlent à quel point Delacroix lisait tout et tout le temps.

Depuis les philosophes antiques jusqu'aux romans contemporains de ses anciens amis romantiques, en passant par les poètes de la Renaissance italienne et les auteurs français du Grand Siècle, les styles littéraires l'intéressaient tous, y compris ceux des jeunes écrivains de son époque, encore méconnus, qui pouvaient parfois retenir son attention durant des jours entiers : « J'ai lu toute la journée *la Foire aux idées*, dans la *Revue*, traduite et abrégée par Chasles d'après Thackeray. Cela m'a intéressé au dernier point. Il est à souhaiter qu'on traduise tout ce que fera cet auteur », écrivait-il le 4 mars 1849 (*Journal*, p. 181), à propos de l'œuvre satirique de William Thackeray, publiée en 1847 dans la traduction d'un de ses amis, Philarète Chasles, sous le véritable titre de *La Foire aux vanités* – le peintre ayant déformé le titre original. Dans le même esprit, il découvrait avec intérêt, aussitôt leurs traductions publiées en France – entre autres par son ami Louis Viardot –, les romans d'Ivan Tourgueniev, dont il lut en 1853 *Les Nouvelles russes* : « Après avoir fait cent tours et regardé mes peintures, je me suis enfoncé dans mon fauteuil, au coin de mon feu et dans ma chambre ; j'ai mis le nez dans les *Nouvelles russes* ; j'en ai lu deux : le *Fataliste* et *Doubrowski*, qui m'ont fait passer des moments délicieux » (*Journal*, 28 octobre 1853, p. 377).

D'une manière générale, lorsqu'il débutait la lecture d'un des grands « classiques » de l'histoire de la littérature ou de la philosophie, Delacroix semblait ne pouvoir s'arrêter qu'une fois achevée la lecture des œuvres complètes de cet auteur, aussi prolixe fût-il. Ainsi, profitant en octobre 1849 d'un séjour de détente à Valmont pour reprendre la lecture de l'œuvre de Montesquieu, déjà effectuée durant sa jeunesse, il relut d'abord ses écrits philosophiques et politiques les plus célèbres avant de se lancer dans la découverte de textes plus rares, comme cet *Arsace et Isménie* qui lui suggéra le 13 octobre des commentaires plutôt sévères : « Tout le talent de l'auteur ne peut vaincre l'ennui de ces aventures rebattues, de ces amours, de cette constance éternelle : la mode et, je crois aussi, un sentiment de la vérité, ont relégué ces sortes d'ouvrages dans l'oubli » (*Journal*, p. 210). Le mois de janvier 1860 fut entièrement consacré à la lecture des *Mémoires d'outre-tombe* de François-René Chateaubriand, dont les citations allaient noircir onze pages de son agenda du moment (*Journal*, p. 749-754). Dans le même esprit, la redécouverte des fables de Jean de La Fontaine, durant son séjour à Ante, en octobre 1856, chez son cousin Philogène Delacroix, entraîna une remise en question de son opinion sur l'ensemble de l'œuvre du poète, « qui dit tout sans ornements parasites et sans périphrases » (*Journal*, p. 592).

Cette complicité assidue avec les plus beaux textes du passé et du présent – soutenue par de solides études classiques, complétées durant sa formation dans l'atelier de Guérin – a fini par donner à Delacroix une connaissance aiguë des contrainte stylistiques et un réel sens critique vis-à-vis des œuvres littéraires et de leur traduction.

Le peintre, qui s'estimait suffisamment compétent pour cela, attaquait ainsi souvent avec force « la fausseté du système moderne dans les romans » pratiquée par les auteurs de son époque, c'est-à-dire « cette manie de trompe-l'œil dans les descriptions de lieux, de costumes, qui ne donne au premier abord un air de sévérité que pour rendre plus fausse ensuite l'impression de l'ouvrage, quand les caractères sont faux, quand les personnages parlent mal à propos et sans fin » (*Journal*, sans date, p. 871). Cette conception personnelle et rigoureuse des contraintes et des obligations stylistiques de l'écrivain a amené Delacroix à privilégier dans ses lectures, d'une manière générale, la littérature du passé par rapport à celle de son temps, ce qui l'entraînait parfois à juger avec une grande sévérité les œuvres des auteurs contemporains, dont certains étaient pourtant des amis intimes.

L'affection qu'il avait pour eux s'effaçait alors entièrement derrière des opinions d'une lucidité et d'une sévérité acérées et définitives. Ainsi, lui qui entretenait avec la romancière une chaleureuse amitié émettait dans son *Journal* des critiques violentes sur les livres de George Sand, à laquelle il reprochait de ne pas travailler suffisamment (17 octobre 1853, p. 371), d'écrire trop – et à « tant la page » – et surtout d'entretenir dans ses ouvrages une réelle ambiguïté dans les caractères de ses personnages et une trop grande affectation dans la description des situations. Certes Delacroix dévorait systématiquement tous les romans de son amie, lisant certains d'entre eux avec émotion, comme *Consuelo* qu'il redécouvrit avec plaisir vingt ans après sa publication (*Journal*, 3 janvier 1860, p. 748), ou copiant pieusement des extraits d'*Elle et Lui* (*Journal*, 1859, p. 864), mais il était en même temps agacé à un point extrême par ces paysans « assommants » et ces personnages trop « vertueux », qui participaient à des « situations ridicules » (30 novembre 1853, p. 387).

Séparant ainsi, avec une intelligence et une clairvoyance étonnantes, les relations d'amitié de celles qui se bâtissent avec un auteur au gré de ses lectures, Eugène Delacroix confiait de la même manière aux pages de son *Journal* son sentiment sur deux autres écrivains, connus durant sa jeunesse romantique et qu'il fréquentait encore de temps à autre après 1840, Alexandre Dumas et Honoré de Balzac. Ayant tout lu de Dumas (il appréciait les rebondissements et la vivacité de l'action de ses romans), il reprochait cependant à son ami – qui l'a pourtant tellement célébré dans ses propres *Mémoires* ! – un style trop relâché, d'innombrables facilités d'écriture et une absence de profondeur psychologique. *Le Comte de Monte-Cristo* a, par exemple, amusé le peintre durant les mois de février et mars 1847, mais il constatait tout de même que « quand on a lu cela, on n'a rien lu » (*Journal*, 5 février 1847, p. 128). Dans le même esprit, le peintre, qui avait apprécié Honoré de Balzac durant sa jeunesse, admirant la puissance descriptive et le réalisme des textes les plus célèbres de l'écrivain (*Eugénie Grandet* ou *Un provincial à Paris*) comme de certains de ses ouvrages plus confidentiels (*La Fausse Maîtresse*), se lamentait sur son style et sur les situations psychologiques de certains de ses romans. À propos d'*Ursule Mirouet*, qu'il lisait – ou relisait – en juillet 1860, il écrivait avec dureté : « Toujours ces tableaux d'après des pygmées dont il montre tous les détails, que le personnage soit le principal ou seulement un personnage accessoire. Malgré l'opinion surfaite du mérite de Balzac, je persiste à trouver son genre faux d'abord et faux ensuite ses caractères. [...] Quoi de plus faux que ces caractères arrangés et tout d'une pièce ? » (22 juillet 1860, p. 785-786).

Quoi qu'il en soit, à travers la multiplicité des auteurs qu'il appréciait et dans la diversité des genres littéraires qu'il disséquait, par devoir ou par plaisir littéraire pur, il est fascinant de constater que Delacroix a spontanément – et inconsciemment sans doute – ordonné les écrivains en trois catégories distinctes, perceptibles dans les commentaires qu'il confiait à son *Journal* à l'issue de leur lecture.

Les uns nourrissaient avant tout sa culture générale littéraire et satisfaisaient essentiellement son penchant pour la jouissance gratuite du beau verbe, comme Molière, Corneille et, surtout, Racine, avec ses tragédies *Athalie*, *Mithridate*, *Britannicus* ou *Iphigénie*, citées de nombreuses fois. Le peintre reprenait également de temps à autre la lecture des grands auteurs du XVIIe siècle, tels Fénelon et ses *Aventures de Télémaque*, La Bruyère ou La Rochefoucauld. Mais il lisait aussi dans cet esprit certains poètes antiques, le théâtre grec d'Eschyle et d'Euripide et, par-dessus tout, Homère, qui, pour lui, annonçait déjà Shakespeare et Dante par son sens du « sublime, ces naïvetés étonnantes qui poétisent les détails vulgaires et en font des peintures pour l'imagination et qui la ravissent » (*Journal*, 3 septembre 1858, p. 731). Sans doute faut-il rapprocher aussi de ses préoccupations purement littéraires – quoique les rebondissements romanesques et les maximes philosophiques y soient omniprésentes – les *Mémoires* de Casanova, qu'il trouvait en 1847 « plus adorables que jamais » (5 février 1847, p. 129) et dont il appréciait autant les épisodes dramatiques, comme la célèbre évasion de la prison des Plombs (8 juin 1850, p. 241), que les sentences à l'emporte-pièce : « *J'ai aimé les femmes à la folie, mais je leur ai toujours préféré la liberté* » (8 mars 1857, p. 645).

D'autres auteurs ensuite, également des maîtres du style, représentaient plutôt pour Delacroix des références philosophiques, éthiques et métaphysiques. Ainsi, les philosophes du siècle des Lumières, Rousseau, Voltaire, Kant et Diderot, étaient en définitive, au même titre que Platon, les « dieux » de la pensée qui occupaient une des premières places dans la fréquence des citations de son *Journal* et qui alimentaient ses réflexions, ses rêveries et ses angoisses intimes – n'écrivait-il pas le 22 septembre 1854 : « Cette nuit, je retourne dans ma tête le *Cogito, ergo sum*, de Descartes » (p. 476) –, au point de lui dicter parfois ses convictions morales et les règles de son comportement personnel. Il justifiait ainsi sa méfiance vis-à-vis du mariage et des attachements sentimentaux excessifs par une réflexion misogyne de Socrate : « Il faut combattre l'amour par la fuite » (mai 1823, p. 37), ou bien il recherchait un écho de son ambition professionnelle dans une phrase de Tacite : « La dernière passion dont les gens, même les plus sages, se dépouillent est le désir de la gloire » (9 septembre 1859, p. 745). De la même manière, Plutarque, en analysant « l'utilité qu'on peut retirer de ses amis », confirmait la légitimité intellectuelle et morale de son propre réseau de protections politiques et de relations mondaines : « Il n'y a qu'une manière de tirer parti de ses amis : c'est d'abord de les avoir puissants et ensuite de les faire intriguer pour soi ou de s'accrocher à leur fortune » (14 septembre 1854, p. 470).

Ce vagabondage philosophique et éthique l'amena à copier dans son *Journal* avec autant d'intérêt une maxime de Confucius – « L'homme supérieur vit en paix avec tous les hommes, sans toutefois agir absolument de même » (sans date, p. 868) – qu'une réflexion autobiographique de Benjamin Constant concernant la solitude – « L'indépendance a pour conséquence l'isolement » –, longuement disséquée ensuite (14 mai 1850, p. 238).

Mais les ouvrages de ces divers auteurs, aussi déterminants soient-ils pour la compréhension de la personnalité de Delacroix et aussi importants fussent-ils dans l'élaboration de ses choix philosophiques et littéraires personnels, n'ont en aucun cas enrichi directement la thématique de son œuvre picturale et abouti à des sujets pour ses tableaux ; il existe en effet une troisième catégorie d'écrivains qui paraissent, quant à eux, avoir inspiré le travail du peintre. Alors que l'étendue de ses lectures semble quasiment infinie, sans cesse alimentée par cette quête d'érudition qui a orienté toutes ses décisions intellectuelles, le nombre des auteurs qu'il a sélectionnés pour lui fournir des thèmes de tableaux apparaît étrangement restreint, comportant en fait moins d'une dizaine de noms, que l'on pouvait déjà citer en 1820, au commencement de sa carrière, et qui demeuraient toujours les mêmes après 1850, constituant de fait un choix extrêmement limité de sujets.

Il convient certes de signaler quelques exceptions, comme les adaptations de textes d'Euripide *(Médée furieuse*, 1838, Lille, musée des Beaux-Arts ; réplique au musée du Louvre, 1862)*, de George Sand *(Lélia*, 1848, coll. part.)* et même de François-René de Chateaubriand *(Les Natchez*, 1835, New York, The Metropolitan Museum of Art)*, mais ces écrivains furent seulement l'espace d'un tableau les inspirateurs de Delacroix.

D'ailleurs le peintre a lui-même nettement délimité le genre de sujets romanesques, historiques ou littéraires qui pouvaient être adaptés en peinture, posant comme préalable le pouvoir du texte initial sur l'imaginaire du peintre, pouvoir existant si les images proposées par l'écrivain étaient suffisamment puissantes, suggestives et originales : « Si la lecture d'un livre éveille nos idées, et c'est une des premières conditions d'une semblable lecture, nous les mêlons involontairement à celles de l'auteur ; ses images ne peuvent être si frappantes que nous ne fassions nous-même un tableau à notre manière à côté de celui qu'il nous présente », expliquait-il le 23 septembre 1854 *(Journal*, p. 477-478)* ; cela implique que seuls des livres susceptibles d'engendrer des visions picturales immédiates et fortes pouvaient devenir ensuite, de manière naturelle, des sujets de tableaux : « Le poète se sauve par la succession des images ; le peintre par leur simultanéité » *(Journal*, 16 décembre 1843, p. 860)*.

Il est vrai que Lord Byron, un des poètes les plus fréquemment utilisés par Delacroix dans ses œuvres – *Le Combat du Giaour et du Pacha* de 1826 (Chicago, The Art Institute), *La Mort de Sardanapale* (Paris, musée du Louvre) et *L'Exécution du doge Marino Faliero* (Londres, The Wallace Collection), exposés en 1828, *Le Prisonnier de Chillon* de 1835 (Paris, musée du Louvre) et *Le Naufrage de Don Juan* de 1841 (Paris, musée du Louvre) –, possédait cette capacité d'imagination qui transcendait les avatars les plus tortueux de ses héros et provoquait symptomatiquement chez Delacroix le réveil de « cet insatiable désir de produire » *(Journal*, 14 mai 1824, p. 81)*. De même, l'horreur hallucinée des textes lyriques de Dante Alighieri, et particulièrement de sa *Divine comédie*, a suggéré au peintre, dès sa jeunesse, des solutions plastiques originales, qui animaient déjà en 1822 *La Barque de Dante* (Paris, musée du Louvre), puis, en 1840, *La Justice de Trajan* (Rouen, musée des Beaux-Arts). Quant à William Shakespeare, dont il a illustré, dans des gravures, des lithographies et des tableaux, plusieurs drames parmi les plus célèbres – *Antoine et Cléopâtre*, *Hamlet*, *Othello* et *Roméo et Juliette* –, ce furent surtout ses qualités narratives et éminemment théâtrales – sa violence, son réalisme, sa profonde connaissance du cœur humain, où le comique se mêle au pathétique – que Delacroix aima par-dessus tout : « L'indigence de nos poètes nous prive de tragédies faites pour nous ; il nous manque des génies originaux [...]. Shakespeare est trop individuel, ses beautés et ses exubérances tiennent trop à une nature originale pour que nous puissions en être complètement satisfaits quand on vient faire à notre usage du Shakespeare. C'est un homme à qui on ne peut rien dérober, comme il ne faut rien lui retrancher. [...] il a un génie propre à qui rien ne ressemble : il est Anglais » *(Journal*, 23 février 1858, p. 708)*. Ayant assisté, lors de son séjour à Londres en 1825, à diverses représentations de *La Tempête*, d'*Othello* et de *Richard III*, interprétées par les acteurs les plus réputés de l'époque, Kean et Young, Delacroix en avait gardé un souvenir extrêmement vivace. Trente ans plus tard, en se livrant dans son *Journal* à une analyse détaillée du génie de Shakespeare, il donnait une des clés de son admiration indéfectible : « Je crois que [Philarète] Chasles avait raison quand il me disait dans une conversation sur Shakespeare [...] : "Ce n'est ni un comique ni un tragique proprement dit ; son art est à lui, et cet art est autant psychologique que poétique. Il ne peint point l'ambitieux, le jaloux, le scélérat consommé, mais un certain jaloux, un certain ambitieux, qui est moins un type qu'une nature avec ses nuances particulières. [...] Shakespeare possède une telle puissance de réalité qu'il nous fait adopter son personnage comme si c'était le portrait d'un homme que nous eussions connu" » (25 mars 1855, p. 505).

Pour être complet, il convient d'ajouter aux côtés de ces trois écrivains les noms de Gœthe, dont Delacroix a magnifiquement lithographié le *Faust* en 1826 et le *Goetz de Berlichingen* en 1836, et de Walter Scott, dont les romans furent souvent utilisés par le peintre, depuis *Ivanhoé* (cat. 91) jusqu'à *Quentin Durward* (*L'Assassinat de l'évêque de Liège*, 1831, Paris, musée du Louvre ; *Quentin Durward et le Balafré*, vers 1828, Caen, musée des Beaux-Arts) ou *La Fiancée de Lamermoor*. Si, du maître de Weimar, Delacroix n'a retenu que les drames de *Faust* et de *Goetz de Berlichingen*, les notes de lecture qui parsèment le *Journal* attestent la permanence de son intérêt pour la personnalité et les idées de Goethe, même s'il lui arrive de porter un jugement critique : « La belle idée d'un Goethe, avec tout son génie, si c'en est un, d'aller recommencer Shakespeare trois cents ans après !... La belle nouveauté que ces drames remplis de hors-d'œuvre, de descriptions inutiles et si loin, au demeurant, de Shakespeare, par la création des caractères et la force des situations » (24 avril 1846, p. 875).

Ainsi seulement cinq auteurs nourrirent la majorité des sujets littéraires choisis par Eugène Delacroix durant sa jeunesse ; il n'est donc pas surprenant de les retrouver, après 1850, parmi les écrivains dont il s'attachait, de manière presque obsessionnelle, à reconstituer l'univers poétique et dramatique dans ses tableaux. *La Fiancée d'Abydos* (cat. 83 à 85) ou *La Mort de Lara* (cat. 80 et 81) illustrent parfaitement la passion constante du peintre pour Byron, bien que les éloges vibrants formulés durant toute sa période « romantique » aient fait place ensuite à des critiques plus ou moins sévères. « Les héros de Lord Byron sont des matamores, des espèces de mannequins, dont on chercherait en vain les types dans la nature », constatait-il brutalement le 21 juin 1844 (*Journal*, p. 869). Deux ans plus tard, ses commentaires ont une tournure plus ambiguë : « J'établis que, en général, ce ne sont pas les plus grands poètes qui prêtent le plus à la peinture ; ceux qui y prêtent le plus sont ceux qui donnent une plus grande place aux descriptions. [...] Pourquoi l'Arioste [...] incite-t-il moins que Shakespeare et Lord Byron, par exemple, à représenter en peinture ses sujets ? Je crois que c'est, d'une part, parce que les deux Anglais, bien qu'avec quelques traits principaux qui sont frappants pour l'imagination, sont souvent ampoulés et boursouflés » (*Journal*, 17 septembre [1846], p. 880). À vrai dire, ces fluctuations de jugement, loin de freiner l'élan inventif de Delacroix, eurent plutôt un effet stimulant, l'incitant à puiser chez Byron, autour des années 1850, de nouveaux sujets, toujours violents ou sensuels, mais traités avec un sens de la mise en scène qui n'exclut pas un certain maniérisme. Preuve en est donnée par la toile *Les Deux Foscari* (Chantilly, musée Condé), exposée en 1855, dont l'opulence des couleurs contraste avec l'intensité dramatique de la scène. De la même façon, *Lady Macbeth* (cat. 82), *Hamlet et Horatio au cimetière* (cat. 93) et *Desdémone maudite par son père* (cat. 86) évoquent la poursuite de la transposition en peinture des émotions ressenties par le peintre durant les représentations des pièces de Shakespeare ou des opéras qui en furent tirés. Et à cette époque, Delacroix s'intéressait de nouveau aux possibilités narratives de œuvres de Walter Scott (cat. 91) et de Dante (cat. 98).

Tout en poursuivant l'exploitation des sources d'inspiration littéraire de sa jeunesse, Delacroix cherchait visiblement à créer à cette époque, pendant les dix dernières années de sa carrière, une esthétique nouvelle et personnelle, quasiment académique dans sa finalité – retrouver la grandeur des sujets classiques mis en scène par les maîtres de la Renaissance et du XVIIe siècle –, quoique très moderne dans les moyens techniques mis en œuvre. Un puissant désir de renouvellement iconographique et esthétique le préoccupait alors de manière constante, entretenu par l'expérience des grandes décorations, qui avaient bouleversé la relation existant dans son œuvre entre le sujet et la composition. Il cherchait dans cet esprit à introduire plusieurs auteurs nouveaux ou peu traités jusque-là dans le cercle intime des écrivains susceptibles d'être traduits en tableaux. L'Arioste (cat. 87), le Tasse (cat. 94) ou Ovide (cat. 64, 66 et 67), des classiques par excellence, jugés plus respectables qu'un Walter Scott et moins barbares qu'un Shakespeare, lui fournirent des sujets, le peintre prenant visiblement un immense plaisir à découvrir une iconographie et une esthétique adaptées à ces thèmes rarement illustrés en peinture. Par ailleurs, le *Journal* témoigne tout au long de ses années de maturité et de vieillesse de cette recherche constante de nouveauté, qui révèle un réel désir d'accroître ses capacités d'invention picturale. Ainsi, après avoir disséqué toutes les éventualités offertes par ses romans favoris, comme *Ivanhoé* dont il avait noté toutes les scènes intéressantes, il s'interrogeait sur les potentialités d'auteurs qu'il n'avait jusque-là jamais songé à adapter en peinture, comme Racine ; il évoqua *Athalie interroge Eliacin* et *Junie entraînée par les soldats* (23 mai 1858, p. 720). Il relisait des textes aussi divers que le *Gil Blas* de Lesage ou les *Contes des mille et une nuits* (23 mai 1858, p. 720 et 23 décembre 1860, p. 793), dont il envisagea pour d'éventuels tableaux toutes les possibilités visuelles et dramatiques. Ces divers projets demeurèrent sans suite et d'autres thèmes, comme les tableaux de fleurs, les chasses aux félins et les sujets religieux, lui apportèrent, durant les dix dernières années de sa carrière, la régénération technique et thématique qu'il estimait alors vitale pour son œuvre.

Quoi qu'il en soit, la littérature l'accompagnait toujours quotidiennement dans son travail, renforçant ses choix artistiques et apaisant les angoisses de ses dernières années. Et les pages du *Journal* continuèrent à se noircir jusqu'à la fin, agrémentées autant de réflexions esthétiques, comme celles tirées d'*Obermann* de Pivert de Senancour – « La régularité, la proportion, la symétrie, la simplicité, selon que l'une ou l'autre de ces convenances se trouve plus ou moins essentielle à la nature du tout que ces rapports composent. Ce tout est *l'unité*, sans laquelle il n'y a pas de résultat, ni d'ouvrage qui puisse être beau » (22 mars 1857, p. 652) –, que de pensées métaphysiques annonciatrices des angoisses de sa vieillesse, dans l'esprit de celles qu'il empruntait alors à Montesquieu – « Les réflexions que j'écris ici m'ont été suggérées par cette pensée de Montesquieu, que je trouvais ici ces jours-ci, à savoir qu'au moment où l'esprit de l'homme a atteint sa maturité, son corps s'affaiblit » (9 octobre 1849, p. 207) – ou à Marc Aurèle – « Mourir est aussi une des actions de la vie ; la mort, comme la naissance, a sa place dans le système du monde ; la mort n'est peut-être qu'un changement de place » (6 juin 1855, p. 511).

Vincent Pomarède et Arlette Sérullaz

80 et 81.   Les *Mort de Lara*

Lara, un des quatre contes orientaux écrits par Byron et qui parut pour la première fois en 1814, inspira deux fois Delacroix à dix ans d'intervalle. L'histoire imaginée par Byron est celle d'un homme étrange, le comte Lara, de retour chez lui après une très longue absence, et qui vit en compagnie d'un jeune page, Khaled, qui ne le quitte jamais. Au cours d'une soirée chez un de ses voisins, le comte Otto, Lara est reconnu par un certain Ezzelin, mais celui-ci disparaît à tout jamais après la fête. Lara prend la tête de paysans révoltés qui, après avoir remporté quelques succès, perdent finalement l'avantage. Mortellement blessé par une flèche, Lara agonise dans les bras de son page, qui perd connaissance. En le relevant, les vainqueurs du combat découvrent que Khaled est en réalité une femme. Celle-ci ne survit guère à l'homme dont elle a partagé la ténébreuse existence.

Les deux versions de *La Mort de Lara*, inspirées des stances XV, XVII et XX, sont de composition et de conception radicalement différentes. Dans la première (cat. 80), Delacroix, qui avait sans doute eu connaissance des illustrations réalisées par l'Anglais Thomas Stothard pour une édition des poèmes de Byron, a mis l'accent sur le groupe de Lara et de son page, qui occupent tout le premier plan d'une vaste plaine où l'on aperçoit çà et là les traces d'un combat : « Sous un tilleul écarté de cette scène sanglante, était un guerrier respirant encore, mais blessé à mort dans ce cruel combat, dont il fut seul

80.   *La Mort de Lara*

1847-1848
Huile sur toile ; 0,51 x 0,65 m
Signé et daté en bas à gauche : *Eug. Delacroix / 1857.*
Collection particulière

81. *La Mort de Lara*

1858
Huile sur toile ; 0,615 x 0,500 m
Signé et daté en bas à gauche : *Eug. Delacroix.
/ 1858.*
Collection particulière (courtesy galerie
Nathan, Zurich)
Exposé à Paris seulement

la cause. C'était Lara, dont la vie s'éteignait peu à peu. Kaled, qui jadis suivait ses pas, devenu maintenant son seul guide, est à genoux auprès de lui. Les yeux fixés sur son sein entr'ouvert, il cherche à étancher avec son écharpe le sang qui en sort à gros bouillons, et dont la teinte devient plus noire à chaque effort convulsif. Bientôt, à mesure que son souffle s'affaiblit, ce n'est plus que goutte à goutte que le sang s'échappe de la fatale blessure. Lara peut à peine parler, et fait signe que tout secours est inutile : ce signal est encore un mouvement pénible. Dans sa douleur, il presse la main qui voudrait calmer sa souffrance, et remercie par un triste sourire le page désolé. Kaled ne craint rien, ne sent rien ; il ne voit que ce front affaissé qui s'appuie sur ses genoux, et ce visage pâle dont les yeux obscurcis étaient jadis la seule lumière qui brillât pour lui sur la terre » (stance XVII).

Lors de sa présentation au Salon de 1848, l'œuvre a été accueillie avec enthousiasme par Thoré : « *La Mort de Lara* est terrible et mystérieuse comme le poème de Byron. [Lara] paraît gigantesque comme une statue de Michel-Ange à cause du caractère des formes. Sur lui se penche aux cheveux dénoués, – sa maîtresse, – un ange désolé, dont l'âme traverse déjà la matière visible pour s'envoler vers le ciel. Le paysage est d'une grandeur sublime et le ciel en parfaite harmonie avec cette tempête morale. Personne n'a mieux que M. Delacroix traduit la poésie déchirante de Shakespeare dans *Hamlet*, de Byron et de Gœthe. » F. de Mercey, de son côté, s'est montré particulièrement sensible à la douleur exprimée par l'énigmatique Khaled, dont l'identité était dévoilée dans la notice du livret du Salon (« Le page mystérieux qui l'accompagnait ordinairement et qui n'était autre qu'une femme ») : « L'attitude passionnée et presque maternelle du page mystérieux dont le sexe, à ce moment suprême, est subtilement révélé ; l'inexprimable désolation qui se peint sur son visage, ce regard ardent et désespéré qu'il attache sur la face de son maître expirant, tout cela ne peut être trouvé si heureusement et reproduit à si peu de frais que par un homme de génie. » Plus réservé quant à la rigueur de l'exécution, Théophile Gautier reconnaissait cependant : « La *Mort de Lara* n'est qu'une toute petite esquisse assez négligée, mais le mouvement plein de passion avec lequel le page mystérieux se précipite sur le corps de son maître, trahissant son sexe par les sanglots qui font éclater son corsage, la rend aussi précieuse qu'un vaste tableau achevé avec soin. »

Reste le problème de la date apposée sur la toile, incompréhensible dans la mesure où celle-ci est considérée comme l'œuvre du Salon de 1848. Sans écarter l'idée qu'il puisse s'agir d'une réplique originale de dix ans postérieure à la peinture du Salon qui aurait donc disparu, Lee Johnson a proposé deux hypothèses pour éclaircir cette bizarrerie. Dans le cas où l'œuvre serait bien celle du Salon, la date aurait pu être apposée soit par Delacroix après l'avoir

retravaillée, soit par une autre main (mais alors pour quelle raison ?).

Lorsqu'il reprit le sujet en 1858 (cat. 81), Delacroix représenta cette fois non la mort du comte, mais le moment où celui-ci tombe de cheval, blessé à mort. Il choisit alors un format en hauteur, plus adapté au paysage accidenté composé pour la circonstance et dont il reprit la disposition en 1863 pour *Combat d'Arabes dans les montagnes* (cat. 139). Contrairement à la version de 1847, le groupe de Lara et du page s'intègre dans le cadre naturel – un des éléments essentiels du tableau –, dont la liberté d'exécution est remarquable : cette fois le pinceau suggère plus qu'il ne décrit.

Le caractère profondément tragique de la première version a cédé le pas à un lyrisme poétique diffus, significatif des fluctuations de l'imagination de Delacroix vers la fin de sa vie. Avec ce tableau, le peintre mit par ailleurs un point final à la suite des sujets byroniens qu'il avait interprétés pendant plus de trente ans.

A. S.

82. *Lady Macbeth somnambule*

1849-1850
Huile sur toile ; 0,408 x 0,325 m
Signé en bas à droite : *Eug. Delacroix.*
Fredericton (New Brunswick), Galerie d'art Beaverbrook, Gift of Mr. and Mrs. John Flemer

Ce tableau, l'une des deux œuvres d'inspiration littéraire exposées par Delacroix au Salon de 1850-1851 (l'autre était *Le Giaour*, d'après le poème de Byron), fut l'objet de très nombreux commentaires élogieux en dépit de son format. Comme le précisait le livret du Salon, il s'agissait d'une illustration de la première scène de l'acte V : « Lady Macbeth / Elle retourne dans son appartement, toujours en état de somnambulisme, après la scène effrayante dont le médecin et la suivante ont été les témoins

involontaires / To bed, to bed, to bed… / Au lit, au lit, au lit. (Shakespeare). » Les critiques louèrent la justesse de l'interprétation de la scène, dépouillée de tout élément anecdotique, et félicitèrent le peintre d'avoir su tirer aussi habilement parti des dimensions réduites de sa toile. Pour Théophile Gautier, à qui Delacroix aurait offert la toile (mais à quelle date ?), « La *Lady Macbeth*, toute petite figurine qui se meut dans une toile d'une dimension de vignette, a plus de grandeur et d'énergie que bien des œuvres énormes : il y a quelque chose d'étrange, de hâve, de fou, d'automatique dans cette

promeneuse nocturne enveloppée d'un bout de draperie livide, éclairée d'une lueur jaune, et que son ombre suit comme le fantôme noir de la conscience sur les sanglantes parois du château de Dunsinane. Toute l'horreur du drame de Shakspeare [*sic*] est là rendue en quelques coups de pinceaux ». Clément de Ris renchérissait dans des termes équivalents : « *Lady Macbeth* […] démontre jusqu'à l'évidence que la grandeur d'une œuvre n'est pas dans la dimension, mais dans l'effet produit. Toute la fantasmagorie terrible que Shakspeare [*sic*] a mise dans la scène du somnambulisme se trouve dans ce tableau. C'est un grand poëte [*sic*] commenté par un grand artiste. » Auguste Desplaces fut frappé par le côté sombre et lugubre de la scène : « Cette petite toile est le meilleur des cinq envois du peintre. [...]. La lumière blafarde, très bien distribuée, ajoute, par une concordance fantasmagorique, aux impressions du spectateur. » Paul Mantz, de son côté, estima que Delacroix avait cette année-là su conserver « dans toute sa plénitude ce don précieux d'interprétation et de poétique intelligence qui lui a été si largement octroyé ».

Pierre Petroz se montra lui aussi satisfait de l'éclairage projeté sur la figure tragique de Lady Macbeth : « Personne de notre temps ne sait trouver l'effet vrai aussi heureusement que M. Delacroix, et par des moyens plus variés. Dans la *Lady Macbeth*, c'est par le jeu de la lumière, par l'entente admirable du clair obscur, et par la sobriété de la couleur. » À l'appui de son analyse, Petroz proposait du reste de comparer le tableau de Delacroix avec celui, de même sujet, exposé au Salon précédent par Charles Muller, prenant en cela l'exact contre-pied d'Alfred Dauger pour qui « La *Lady Macbeth* de M. Muller avait encore dans son égarement une dignité, une grandeur, une délicatesse, qui n'ôtaient cependant rien à la terreur du sujet ». Même si la toile de Delacroix n'était après tout qu'une esquisse, « Il faut avouer », constatait Petroz, « que tout y est indiqué d'une façon magistrale ». F. Sabatier-Ungher, rapportant avec humour certaines remarques « d'horreur comique » entendues devant la peinture, fit preuve du même enthousiasme : « Toute la scène sublime de Shakspeare [*sic*] est condensée ici en un étroit espace. Par d'autres moyens que le poëte [*sic*], le peintre arrive à la même terreur, à la même pitié. [...] Cette petite toile est immense. » Dans ce concert de louanges, quelques fausses notes se glissèrent néanmoins, allant du sarcasme au commentaire franchement négatif : « *Lady Macbeth* est l'ouvrage qui me plaît le moins », déplora Anatole de Montaiglon, tandis que Paul Rochery s'avouait déçu par la laideur de l'héroïne : « Pourquoi avoir donné ces grosses et horribles mains à celle qui dit d'elle-même : *All the perfumes of Arabia will not sweeten this little hand*. Tous les parfums de l'Arabie ne pourraient *blanchir* cette *petite* main ! M. Delacroix pense-t-il que la beauté soit incompatible avec

l'expression et verrons-nous toujours ce triste divorce entre la pensée et le sentiment, entre la ligne et la couleur, entre le ciel et la terre ? »

Auguste Galimard, quant à lui, tourna en ridicule les amis « maladroits » du peintre qui osaient affirmer qu'il n'avait jamais été « si grand, si noble, si pathétique ». Car devant *Lady Macbeth*, « l'émotion ôte la parole aux adeptes, ils se contentent de faire des gestes très grotesques qui pourraient devenir le sujet d'une production picturale de la nouvelle école ». Et Courtois dut prendre plaisir à son persiflage facile : « C'est une excellente charge que la *Lady Macbeth* de M. Delacroix ; cela vaut le *Bon Samaritain*. Léonard de Vinci a si souvent dit que la caricature lui avait été fort utile, qu'il n'est pas étonnant que d'autres tentent le succès par la même voie. Cependant je risquerai une critique : le rocher qui sert de manteau à cette pauvre femme ne manque-t-il pas un peu de légèreté ? – Serait-il donc impossible d'estropier avec plus de grâce cette pauvre humanité déjà si peu idéale ? » La palme de l'injure revint toutefois à Claude Vignon : « M. Delacroix a été écrasé sous le poids des éloges de ses idolâtriques admirateurs et la plus insignifiante ébauche empâtée par son pinceau a été déclarée par les plus touffus des rapins échevelés, valoir à elle seule tous les travaux de notre Académie ; [...]. *Lady Macbeth* [...] c'est M'ame Gibon ou M'ame Grisolourd en état de somnambulisme ! voilà tout. »

On possède très peu d'informations sur la genèse du tableau. D'après le *Journal*, Delacroix y travaillait à Champrosay le 17 juin 1849, menant de front, semble-t-il, plusieurs autres tableaux, ce qui lui causait quelques problèmes d'organisation : « Je me trouve souvent dans l'embarras le matin, quand il faut reprendre une besogne, dans la crainte de ne pas trouver mes peintures assez sèches » (p. 197). Ce fut du reste sa seule incursion d'importance dans la pièce de Shakespeare, mis à part la lithographie de 1825 *Macbeth et les Sorcières* (Delteil, 1908, n° 40, repr.), qui lui aurait inspiré deux peintures aujourd'hui non localisées (Johnson, t. I, 1981, n°s 107 et 108).

A. S.

83 à 85. Les *Fiancée d'Abydos*

Avec *Le Giaour*, *La Fiancée d'Abydos* est celui des quatre contes orientaux composés par Byron qui inspira le plus Delacroix. C'est sans doute dans la traduction d'Amédée Pichot, parue entre 1819 et 1824, que l'artiste avait pris connaissance des œuvres du poète anglais. Publié à la fin de l'année 1813, ce petit poème en deux chants raconte les amours tragiques de Sélim – fils délaissé du pacha Giaffir et d'une esclave – et de sa demi-sœur Zuleika, promise

83. *La Fiancée d'Abydos*

Vers 1849-1851
Huile sur bois ; 0,56 x 0,45 m
Signé en bas à droite : *Eug. Delacroix*
Lyon, musée des Beaux-Arts (B-1039)

au vieux bey de Karasman. Ayant décidé de s'enfuir, les deux amants se réfugient dans une grotte au bord de la mer. Sélim révèle alors à Zuleika qu'il est le chef d'une bande de pirates qui l'attendent au large. Mais, rejoint par Giaffir et ses hommes, le couple ne peut s'échapper : Sélim est tué par Giaffir et Zuleika, désespérée, s'effondre sans vie.

À quatre reprises, entre 1849 et 1857, Delacroix a peint le moment dramatique où Sélim et Zuleika

84. *La Fiancée d'Abydos*

Vers 1852-1853 (?)
Huile sur toile ; 0,353 x 0,270 m
Signé en bas à gauche : *Eug Delacroix*
Paris, musée du Louvre (RF 1398)

85. *La Fiancée d'Abydos*

1857

Huile sur toile ; 0,470 x 0,380 m

Signé et daté en bas à gauche : *Eug. Delacroix.*

/ 1857.

Fort Worth, Kimbell Art Museum

Fig. 1
Eugène Delacroix, *La Fiancée d'Abydos*, 1849, huile sur toile, Cambridge, King's College.

vont être cernés par la troupe de Giaffir (Chant II, stance XXIII) : « Il demeura intrépide… "le moment est venu… bientôt passé… un baiser, Zuléika… c'est mon dernier… Cependant ma troupe, qui n'est pas loin du rivage, peut entendre ce signal et distinguer le feu de mon pistolet ; mais le nombre est contre nous, l'entreprise est téméraire… n'importe, encore un effort ! "

« Il s'élance à l'entrée de la caverne, et l'écho retentit au loin de la décharge de son pistolet. Zuléika ne tremble pas, ne verse pas une larme, le désespoir a glacé son œil et son cœur ! "Ils ne m'entendent pas, ou s'ils abordent, ce sera pour me voir mourir ! Ce bruit a attiré tous mes ennemis… Sors de ton fourreau maintenant, ô cimeterre de mon père ! tu n'as jamais eu à soutenir un combat plus inégal. Adieu Zuléika ; ma douce amie, retire-toi : tiens-toi cependant dans la grotte et restes-y en sûreté ; pour toi la fureur de Giaffir se bornera à des reproches. Ne fais aucun mouvement, de peur d'être atteinte par quelque épée ou par quelque balle égarée loin de son but. Crains-tu pour les jours de ton père ? Crains-tu pour Giaffir ?… Puissé-je expier avant de chercher ton père dans le combat : rassure-toi, quoiqu'il ait versé le poison ; et quand même il me traiterait encore de lâche ! mais recevrai-je timidement l'acier des autres dans mon sein ?… non, leurs têtes vont sentir mes coups… celle de Giaffir exceptée." »

Le 1er juin 1849, l'artiste notait dans son *Journal* : « Travaillé beaucoup ce matin et les jours précédents pour terminer la petite *Fiancée d'Abydos* » (p. 195), et le 17 juin : « Travaillé à la petite *Fiancée d'Abydos* » (p. 197). Ainsi que l'a montré Lee Johnson (1972),

cette mention concernait vraisemblablement la peinture – en largeur et de petit format – conservée en Angleterre (fig. 1). Vers le même temps, Delacroix a dû réaliser la version du musée des Beaux-Arts de Lyon (cat. 83), optant cette fois pour un format en hauteur et des dimensions un peu plus importantes. La peinture du musée du Louvre, qui appartint à George Sand (cat. 84), fut sans doute réalisée vers 1852-1853. Selon toute probabilité, il s'agit de l'œuvre mentionnée par Delacroix dans le récapitulatif de ses comptes pour l'année 1852-1853 : « 1er marché avec Weill : – *Vue de Tanger* – *Marchand d'oranges* – *Saint Thomas* – *La fiancée d'Abydos*. 1 500 frs » (*Journal*, p. 317). Le 1er février, Weill lui avait remis un acompte de 500 francs pour la *Vue de Tanger avec deux Arabes assis* (cat. 100). Le 4 avril, il lui avait versé un second acompte équivalent. Les dates des deux autres versements ne sont malheureusement pas connues et Delacroix n'a pas davantage noté à quel moment et dans quel ordre les toiles furent livrées à Weill.

En 1857, l'artiste reprit encore une fois le sujet. Sans doute était-ce pour se concilier les bonnes grâces du propriétaire de son nouveau logement, Hurel, qu'il décida de lui offrir dès son installation 6, rue de Furstenberg cette ultime variation (cat. 85). Le 15 mars 1858, Delacroix, qui avait quitté à la fin de l'année précédente l'appartement et l'atelier qu'il occupait rue Notre-Dame-de-Lorette depuis 1844, écrivait en effet à M. Hurel, avocat de son métier, qui faisait aussi fonction de gérant de l'immeuble : « Vous devriez être depuis longtemps en possession de la petite peinture que je suis heureux de vous adresser. Ce retard n'a pas dépendu de ma volonté : une inadvertance de M. Haro en est cause, car il y a deux mois et demi que je lui avais demandé la bordure et il a fait confusion avec une autre commande. Du reste, il est aussi fâché que je puis l'être de ce malentendu. Si le tableau vous plaît, le tout sera à moitié réparé. Il représente un sujet tiré de Lord Byron ; ce sont les dernières stances d'un de ses poèmes intitulé : *la fiancée d'Abydos*. Un jeune Grec est surpris au bord de la mer avec sa fiancée, au moment où il se disposait à l'enlever au moyen d'une barque dont l'absence les livre tous deux à leurs ennemis » (Johnson, 1991, p. 151). À l'automne 1857, le peintre avait demandé à Hurel

« de rapproprier autant que possible l'extérieur [de l'immeuble] sur la cour, sur le jardin [...] et sur la porte cochère qui s'ouvre sur la rue » *(Correspondance*, t. III, p. 413-414*)*. La dégradation de son appartement ayant entraîné – pour sa remise en état – des travaux imprévus et coûteux, Delacroix estimait être en droit d'obtenir que l'immeuble « pût se trouver dans une certaine harmonie avec cette nouvelle physionomie de l'appartement du premier ».

Si l'on n'a pas connaissance de la réaction de Hurel devant cette requête formulée en termes courtois certes, mais pressants, on sait à présent, grâce aux archives récemment réapparues d'Achille Piron (Paris, archives des Musées nationaux), que l'arrivée de l'artiste rue de Furstenberg a suscité quelque émotion dans l'immeuble, principalement à cause de la construction de l'atelier dans le jardin. C'est donc bien pour avoir un allié dans la place que Delacroix a décidé de proposer un de ses tableaux à Hurel.

Quoi qu'il en soit, c'est indiscutablement la plus séduisante des quatre versions dont ce dernier prit involontairement possession. Les modifications apportées successivement ont permis en effet à Delacroix de rendre la scène plus compréhensible et par là plus dramatique. L'adoption d'un format en hauteur a eu pour conséquence le resserrement de la composition sur le couple promis à une mort inéluctable, et celui-ci, après avoir occupé presque toute la surface de la toile (cat. 83), finit par se détacher sur un encadrement de rochers dont la découpe affinée a laissé plus de place à un ciel délicatement transparent et lumineux (cat. 85). Les figures de Sélim et de Zuleika, dont les mouvements se répondent harmonieusement, la masse rocheuse, l'eau qui vient mourir sur le rivage – souvenir des observations faites sur la plage de Dieppe – ont été esquissées en 1859 avec un pinceau souple, particulièrement habile à faire vibrer les contrastes des teintes chaudes et froides. L'apparition du groupe armé dont on devine les silhouettes en pleine lumière, au fond à gauche, dans les versions du Louvre et de Fort Worth, a renforcé le caractère tragique de la scène, ainsi que son pouvoir émotionnel.

A. S.

86. *Desdémone maudite par son père*

1852
Huile sur toile ; 0,59 x 0,49 m
Signé et daté en bas à droite : *Eug. Delacroix / 1852*
Reims, musée des Beaux-Arts

La genèse de ce tableau, un des fleurons de la collection léguée à Reims par Henry Vasnier, n'est pas connue. Le musée du Louvre conserve néanmoins deux dessins – ayant appartenu à Alfred Robaut – qui, à l'origine, n'en formaient en réalité qu'un seul, offrant alors une disposition très proche de la peinture, sauf pour le groupe d'Othello et de ses amis, finalement repoussé à l'arrière-plan dans l'encadrement d'une porte (département des Arts graphiques, RF 9360 et RF 10 041 ; M. Sérullaz, t. I, 1984, nᵒˢ 435 et 436, repr.). Robaut possédait aussi un dessin à la plume représentant Desdémone aux pieds de son père (1885, nᵒ 699). De l'avis général, Delacroix a manifestement mêlé dans cette composition des emprunts au drame de Shakespeare, auquel il avait assisté à Londres en 1825, et à l'opéra de Rossini, dont il avait vu les actes II et III en compagnie de Mme de Forget le 30 mars 1847 *(Journal,* p. 146*)*. Si la malédiction proférée par le père de Desdémone prend place à la fin du premier acte de l'œuvre de Rossini, elle est en revanche au cœur de la scène 3 de l'acte I de la pièce de Shakespeare. En fait, chaque fois que Delacroix a illustré les amours tragiques d'Othello et de Desdémone, il semble s'être produit le même amalgame, dont le peintre lui-même était conscient. Le 1ᵉʳ avril 1853, se remémorant une visite de son ami Rivet, l'artiste évoquait l'émotion de ce dernier devant la « petite *Desdémone aux pieds de son père* », émotion qui le poussait à fredonner « le *Se il padre m'abandonna* », air de la scène 6 de l'acte II de l'opéra *(Journal,* p. 325*)*. En revanche, lorsqu'il s'appliqua le 23 mai 1858 à établir une longue liste de sujets à traiter, parmi lesquels « *Brabantio maudit sa fille* (après la séance du doge) » *(Journal,* p. 720*)*, c'est évidemment à Shakespeare qu'il faisait référence, puisque Brabantio est le nom donné dans la pièce au père de

Desdémone, alors que, dans le livret de Berio pour l'opéra, son nom est Elmiro.

Le tableau du musée de Reims doit sans doute beaucoup aux sources musicales évoquées plus haut, mais on ne peut exclure l'influence des souvenirs shakespeariens, tant les attitudes des deux personnages, éclairés par une lumière contrastée, paraît relever de la gestuelle théâtrale. Les regards tout comme les bras s'opposent. Lourdes et menaçantes, les mains du père de Desdémone – superbe dans son long manteau rouge – semblent prêtes à écraser la jeune femme agenouillée qui essaie vainement, de ses mains fines et blanches, d'arrêter l'imprécation funeste. Par son austérité et sa rigueur, le décor

contribue à renforcer l'émotion qui émane de la scène.

D'après une note du *Journal*, Delacroix avait reçu du marchand Thomas la commande de quatre tableaux, pour lesquels il avait touché le 3 mars 1853 un acompte de 1 000 francs à valoir sur la somme de 2 100 francs qui avait été fixée pour les quatre œuvres (p. 316-317). Parmi celles-ci figurait *Desdémone aux pieds de son père*. Exécutée, semble-t-il, au même moment que le tableau de Reims, cette seconde version, qui devait être de dimensions plus petites, n'est plus localisée de nos jours (Johnson, t. III, 1986, n° L 152).

A. S.

Marphise et la Femme impertinente
ou *Marphise et la Demoiselle*
ou *La Femme capricieuse*

1850-1852
Huile sur toile ; 0,820 x 1,010 m
Signé et daté en bas à gauche : *Eug. Delacroix / 1852*
Baltimore (Maryland), The Walters Art Gallery (37.10)

À partir de 1850, Eugène Delacroix a élargi sa recherche de thèmes pour ses tableaux aux aventures héroïques de quelques-uns des personnages du *Roland furieux* de l'Arioste (1474-1533) ; il a choisi

d'adapter non seulement certaines scènes de ce récit chevaleresque fréquemment utilisées par les peintres des XVIIᵉ et XVIIIᵉ siècles, comme les désarrois amoureux de Roger, Médor et Angélique, mais également les péripéties, rarement mises en image, de personnages secondaires, telles celles d'Astolphe, du prince Léon et, surtout, de Marphise et de Pinabel.

Roland furieux, long poème en italien commencé vers 1502 et présenté en 1507 par l'Arioste, sous forme d'extraits, à sa protectrice Isabelle d'Este, fut publié avec succès en 1516, les six derniers chants étant parus en 1532. Rédigé dans une langue simple et épique, *Roland furieux* reprenait la figure de Roland, le fameux chevalier légendaire du temps de Charlemagne, héros de *La Chanson de Roland* ; mais, tout en conservant le principe des successions d'exploits guerriers du texte médiéval original, l'Arioste a surtout cherché à prolonger l'esprit

littéraire et le ton poétique – lyrique, direct, parfois quotidien, voire humoristique – d'un autre poème de la Renaissance, *Roland amoureux*, publié par Matteo Maria Boiardo (1441-1494) entre 1476 et 1495. Dans le même esprit que Boiardo, mais avec une verve accrue, l'Arioste a ainsi multiplié les personnages secondaires, entraînant le lecteur dans un véritable labyrinthe d'intrigues et d'actions parallèles qui firent la notoriété de cette épopée aussi sentimentale que guerrière.

Parmi les figures extravagantes et attachantes imaginées par le poète, le personnage de Marphise a inspiré Delacroix à plusieurs reprises ; rare exemple littéraire d'une femme guerrière (voir aussi cat. 94), elle porte une armure comme un homme et traverse à cheval les campagnes italiennes et françaises dans une errance aussi consciemment militaire qu'inconsciemment amoureuse. « Marchant nuit et jour, armée, sans tenir de route certaine, cherchant partout des chevaliers errants qui servissent à rendre sa gloire encore plus brillante en cédant à ses coups », Marphise, « dont l'innocence de cœur égalait les sentiments élevés », apparaît de manière inattendue dans le chant XVIII du *Roland furieux*, au détour d'un chemin, croisant Astolphe et Sansonnet, deux paladins, amis de Roland, en route pour Damas, où doit se dérouler un célèbre tournoi. Séduits par cette indépendante jeune femme, qu'ils avaient d'abord prise pour un homme en raison de « son air fier et martial », les deux chevaliers lui proposent de les accompagner et de participer au tournoi avec eux, ce qu'elle accepte sur-le-champ.

Fig. 1
EUGÈNE DELACROIX, *Marphise*, 1849-1850, mine de plomb, Lille, musée des Beaux-Arts.

Delacroix, qui retrouvait peut-être dans ce personnage de Marphise quelques-uns des traits de caractère qu'il appréciait chez son amie George Sand, a donc retenu un épisode décrit dans le chant XX (stances 108 à 116) du poème de l'Arioste, épisode intervenant après de nombreux événements survenus depuis la rencontre de la jeune femme avec Astolphe et Sansonnet ; de retour de Syrie, Marphise voyage alors en France, dans la vallée du Rhône : « Après avoir passé la Durance, le Rhône et la Saône, en arrivant au pied d'une montagne assez agréable, elle voit venir de loin une vieille femme couverte d'habits noirs très sales et déchirés ; [...] Les armes, les habits de Marphise lui faisant juger que ce chevalier était étranger, elle cessa de fuir [...] et lui demanda d'avoir la bonté de la passer à l'autre bord sur la croupe de son cheval. Marphise, née obligeante, non seulement la passe ; mais voyant que le terrain de l'autre rive était très fangeux, elle la garde toujours derrière elle pour le lui faire traverser, et c'est dans ces entrefaites qu'elle croise un cavalier couvert d'armes brillantes. »

C'est donc avec cette vieille femme en croupe que Marphise rencontre Pinabel : « Ce cavalier marchait vers le gué du torrent, avec une demoiselle et son écuyer : cette demoiselle était belle, mais elle avait un air vain et dédaigneux ; [...] Cette fille était fière de quelques traits de beauté, mais naturellement peu polie ; dès qu'elle aperçut la vieille que conduisait Marphise, elle ne perdit pas cette occasion d'en rire et de s'en moquer ouvertement. Marphise, peu patiente, fut très choquée de son impertinence, et prenant le parti de sa vieille, elle dit à la demoiselle que sa vieille était mille fois plus jolie, et qu'elle le prouverait à son chevalier, s'il osait prendre querelle, sous la condition que s'il était vaincu, elle lui prendrait ses habits et son palefroi pour le donner à cette vieille. » Le combat inévitable a donc lieu et Marphise atteint Pinabel de « la pointe de sa forte lance à la visière [...] et le fait voler et rouler à terre privé de tout sentiment », ce qui lui permet d'user « aussitôt de tous les droits de la victoire ; elle fait ôter tous les beaux habits, tous les ornements de la demoiselle ; elle en fait revêtir sa vieille, et veut que toutes ces couleurs, ces parures brillantes, faites pour la jeunesse, ornent les cheveux gris et le front ridé de cette vilaine créature ».

Cet instant précis où Marphise force la jeune femme à se déshabiller tandis que Pinabel demeure inconscient sur le sol est celui que retint Eugène Delacroix, qui montre Marphise victorieuse, à cheval, tenant encore la lance avec laquelle elle vient de désarçonner le chevalier Pinabel, et, derrière elle, la vieille qui guette les riches vêtements dont elle va pouvoir se vêtir. La demoiselle – dite impertinente, puisqu'elle s'est moquée de la vieille femme – est debout aux pieds du cheval, de dos et déjà nue, ses vêtements à ses pieds ou déployés devant elle. Au fond du tableau, les figures de Pinabel, étendu à terre, et de son cheval qui s'enfuie rythment la perspective ouverte dans la partie droite de la composition, à la manière des étranges constructions de Paolo Uccello, accentuant ainsi la profondeur du paysage. Ultime détail, presque humoristique, voulu par Delacroix pour cette jolie mise en scène : le cheval de Marphise en profite pour manger les feuilles d'un arbre.

En rapprochant le texte de l'Arioste de plusieurs extraits du *Journal* dans lesquels Delacroix évoquait un tableau mettant en scène la « femme capricieuse » ou la « femme impertinente », Maurice Sérullaz a daté de 1850 l'exécution de ce tableau et l'a mis en rapport avec une querelle amusante et amicale survenue entre le peintre et la piquante princesse Delphine Potocka, amie de Frédéric Chopin, que Delacroix avait surnommée « l'enchanteresse ». Elle rendit visite à Delacroix un jour où il travaillait à *Marphise* et fut visiblement choquée par la sensualité de ce nu : « Mme P.[otocka] est venue avec sa sœur, la princesse de B.[eauvau]. La nudité de la *Femme impertinente* […] [lui a] sauté aux yeux : "Que pouvez-vous trouver là de si attrayant, vous autres artistes, vous autres hommes ? Qu'est-ce que cela a de plus intéressant que tout autre objet vu dans sa nudité, dans sa crudité, une pomme par exemple ?" » (*Journal*, 14 février 1850, p. 223).

Commencé au début de l'année, ce tableau était vraisemblablement achevé le 13 mai 1851, puisque Delacroix parle au passé du choix raffiné des pigments utilisés pour la chair de la jeune fille : « La *Femme impertinente* était préparée très empâtée et d'un ton très chaud et surtout très rouge. Passé dessus un glacis de *terre verte*, peut-être un peu de *blanc*. Cela a fait la demi-teinte gris opale irisée ; là-dessus, touché simplement des clairs avec l'excellent ton *terre Cassel*, *blanc* et un peu de *vermillon* ; puis quelques tons orangés francs par places. Tout ceci n'était encore qu'une préparation, mais de la plus grande finesse. La demi-teinte était complètement chair » (*Journal*, p. 278).

Bien que destinée à un amateur – le collectionneur Bonnet, qui posséda plusieurs autres tableaux de l'artiste (cat. 88 et voir cat. 64), l'avait acquise dès son achèvement – et donc peinte avec une

arrière-pensée « commerciale », cette œuvre représente une étape importante des recherches esthétiques et thématiques de Delacroix. Dans le travail raffiné et complexe du nu occupant le centre de la composition, le peintre a retrouvé la sensualité de *La Mort de Sardanapale* ou des femmes orientales qu'il avait représentées dans sa jeunesse.

Ce nu a d'ailleurs inspiré les historiens d'art, qui y virent tantôt une reprise de statues antiques, tantôt une variante picturale effectuée librement à partir d'une des déesses (Minerve) du *Jugement de Pâris* de Raphaël, dont Delacroix connaissait la gravure qu'en avait tirée Marcantonio Raimondi (Johnson, t. III, 1986, n° 309). Le peintre avait sans doute également en mémoire les deux tableaux somptueux adaptés de ce même *Jugement de Pâris* par Pierre Paul Rubens, en 1600 et 1635 (tous deux à la National Gallery de Londres). Dans la version la plus tardive, la figure d'Héra – la plus à droite des trois déesses – présente d'ailleurs de réelles ressemblances techniques et plastiques, jusque dans la coiffure, avec la jeune *Femme impertinente* de Delacroix.

René Huygue, puis Sara Lichstenstein ont également signalé, dans un tout autre esprit, la similitude entre la mise en scène générale du tableau et l'iconographie traditionnelle de saint Martin partageant son manteau et, plus particulièrement,

Fig. 3
Eugène Delacroix,
*La Rencontre de Marphise et
Pinabel*, vers 1850, huile sur
toile, collection particulière.

88. *Prise de Constantinople par les croisés* (12 avril 1204) ou *Entrée des croisés à Constantinople*

1852
Huile sur toile ; 0,815 x 1,050 m
Signé et daté en bas à gauche : *Eug. Delacroix 1852.*
Paris, musée du Louvre, donation Moreau-Nélaton (RF 1659)
Exposé à Paris seulement

la ressemblance avec le *Saint Martin* de Van Dyck (église de Saventhem, Belgique), dont Delacroix avait possédé une copie par Théodore Géricault (aujourd'hui conservée à Bruxelles, musées royaux des Beaux-Arts de Belgique).

Quoi qu'il en soit, en raison de l'intérêt personnel qu'il plaçait dans cette œuvre, Delacroix l'a longuement mûrie, exécutant plusieurs dessins préparatoires (sept dessins pour cette œuvre passèrent à la vente posthume [regroupés sous le n° 364], dont cinq nous sont encore connus aujourd'hui : Vienne, Albertina, inv. 24.104 ; Chicago, The Art Institute, inv. 57.332 ; coll. part. ; fig. 1 et 2) et il a ainsi préparé avec soin l'attitude de la jeune femme nue, qu'il avait initialement songé à peindre de face, avant de choisir cette ravissante pose où elle est vue de dos.

Il existe deux autres tableaux inspirés à Delacroix par cet épisode mettant en scène le personnage de Marphise, l'un sans la vieille femme (coll. part.) et l'autre montrant l'épisode de la rencontre entre Marphise et Pinabel (fig. 3).

V. P.

Datée de 1852, cette réplique réduite du grand tableau commandé à Eugène Delacroix le 30 avril 1838 par le roi Louis-Philippe afin d'orner la salle dite des Croisades du pavillon du Roi du château de Versailles (fig. 1) était intégrée le 19 février 1853 à la vente prestigieuse du collectionneur J. P. Bonnet, ce qui permet de supposer que ce dernier, qui l'avait sûrement acquise dès son achèvement, l'avait peut-être aussi commandée au peintre, comme il le fit, par exemple, pour une réduction du plafond de la galerie d'Apollon du Louvre (voir cat. 64).

Quoi qu'il en soit, cette œuvre est mentionnée dans une lettre écrite par Eugène Delacroix à Bonnet le 9 février 1853, dans laquelle le peintre sollicitait de ce dernier une autorisation pour Théophile Silvestre de la reproduire en photographie : « Il [Silvestre] serait très désireux d'obtenir la permission de photographier le *Christ* que vous avez de moi pour le joindre aux autres photographies importantes de son ouvrage. [...] Une réflexion me vient que vous seriez assez bon pour lui accorder la même chose pour l'*Entrée des Croisés*, que je trouve pour ma part plus intéressante dans mon œuvre que celle de Versailles » *(Correspondance*, t. III, p. 39). Lors de la vente Bonnet, cette toile fut achetée par l'agent de change et collectionneur Adolphe Moreau (1800-1859), qui la fit d'ailleurs graver joliment par Achille Sirouy *(Journal*, 2 juin 1855, p. 510) ; elle devait demeurer par la suite dans la collection de cette étonnante famille d'amateurs d'art et de mécènes, avant d'être donnée en 1906 au musée du

Louvre par le petit-fils d'Adolphe Moreau, Étienne Moreau-Nélaton, en même temps qu'un ensemble unique de toiles et de dessins illustrant les principaux courants picturaux du XIXᵉ siècle, du néoclassicisme à l'impressionnisme.

Lorsqu'il avait exposé sa grande toile pour Versailles au Salon de 1841, Delacroix avait résumé dans le livret (nᵒ 509) le thème de cette composition historique en un récit qui s'applique évidemment tout autant à la réplique de 1852 : « Baudoin, comte de Flandres, commandait les Français qui avaient donné l'assaut du côté de la terre, et le vieux doge Dandolo, à la tête des Vénitiens, et sur ses vaisseaux, avait attaqué le port, les principaux chefs parcourent les divers quartiers de la ville, et les familles éplorées viennent sur leur passage invoquer leur clémence. » Rappelons que, durant la quatrième croisade (1202-1204), organisée par le pape Innocent III afin de libérer Jérusalem occupée

Fig. 1
EUGÈNE DELACROIX, *Prise de Constantinople par les croisés*, 1841, huile sur toile, Paris, musée du Louvre.

depuis 1187 par les musulmans, les croisés avaient été détournés de leur objectif initial – la délivrance du tombeau du Christ – par divers complots, animés notamment, pour des raisons commerciales, par les Vénitiens. Les armées chrétiennes avaient ainsi

établi le siège devant Constantinople, afin de replacer sur son trône l'empereur qui venait d'être détrôné par un usurpateur. Prise en 1203, Constantinople retomba entre les mains des opposants à l'empereur après le départ des armées du pape, mais, en 1204, les croisés s'emparèrent de nouveau de la cité byzantine et, cette fois, la mirent à sac. C'est cet épisode que Delacroix a représenté, mettant en scène, au premier plan, les habitants de la cité, effrayés par les horreurs du pillage, qui viennent solliciter la protection de Baudouin IX, comte de Flandre (1171-vers 1206), un des chefs de la quatrième croisade, qui allait d'ailleurs, la même année, être couronné empereur de Constantinople sous le nom de Baudouin Ier.

Dans les deux versions, le personnage central est Baudouin, pénétrant dans la ville à la tête de ses chevaliers, aux pieds desquels se jettent les vaincus ; mais le cadrage de la grande toile de 1841 est beaucoup plus resserré, concentrant l'action autour de quatre groupes principaux de personnages : un riche notable de Constantinople tiré violemment par un garde hors de son palais ; un autre, à genoux dans la rue, maintenant sa femme ou sa fille du bras droit, qui implore les croisés ; le groupe de Baudouin et de ses soldats ; une femme nue, ayant visiblement subi un viol, tenant dans ses bras une autre femme morte ou évanouie. Le plan intermédiaire est enfin structuré autour de trois figures d'assiégés, auxquelles Delacroix a conféré un rôle dramatique autant que plastique : une femme est étendue sur les marches du palais byzantin, à gauche ; une autre est affaissée à terre, à droite, en contrepoint du corps de la première femme, tandis qu'au-dessus d'elle une troisième s'enfuit, les bras levés. Le ciel orageux et la lumineuse vue de Constantinople et du Bosphore est partiellement cachée par la frise des personnages occupant les trois quarts de la hauteur du tableau.

Par opposition, la composition de la réplique de 1852 est plus animée, plus complexe et constituée plus en largeur ; Delacroix a rajouté des bâtiments, à droite du tableau, qui cassent la dissymétrie volontaire de la version de 1841 et accentuent la profondeur de l'œuvre. La vue de Constantinople est cette fois développée plus en détail, occupant toute la partie supérieure du tableau, et la frise de personnages est plus étendue, de nouvelles figures ayant apparu, comme ce nain errant et ce soldat essayant d'emporter sa victime, à gauche, ou ces autres soldats continuant le massacre dans le sillage des chevaliers de Baudouin. À la manière des tableaux de la Renaissance, la partie droite de l'œuvre est d'ailleurs construite à partir d'une succession de personnages placés avec raffinement à divers endroits de la perspective – jusque sur le toit du bâtiment de droite. Plus narrative, plus sauvage – les viols et les massacres y sont suggérés de manière plus nette encore –, plus dispersée aussi dans sa structure, la réplique de 1852 a perdu cependant la théâtralité du grand tableau exposé en 1841, ce que Delacroix ne semblait visiblement pas regretter, si l'on en juge par ses commentaires adressés à Bonnet dans la lettre de 1853 citée ci-dessus.

Lorsque le peintre exécuta cette passionnante réplique, la grande toile des *Croisés* était encore conservée au château de Versailles – elle y fut remplacée par une copie de Charles de Serres en 1885 et transportée au musée du Louvre, où elle est aujourd'hui présentée – et Delacroix a dû sans aucun doute travailler de mémoire et d'après une ou plusieurs esquisses du tableau du Salon, plutôt que d'après le tableau lui-même en raison de la fermeture du musée. Peut-être a-t-il alors utilisé une petite étude (fig. 2), aujourd'hui conservée au musée Condé de Chantilly après avoir appartenu au peintre Dauzats et au duc d'Aumale, présentant une composition fort proche du tableau de 1852. En raison de cette similitude, certains auteurs (Alfred Robaut et Maurice Sérullaz) ont d'ailleurs avancé que cette étude de Chantilly pourrait être une première pensée pour la répétition plutôt que pour le grand tableau de 1841, mais nous continuerons cependant à la considérer pour l'instant comme une véritable esquisse pour la composition commandée en 1841, dont Delacroix a pu effectivement se servir pour peindre sa réplique, dix ans plus tard, retrouvant spontanément des propositions esthétiques qu'il n'avait pas retenues pour la première version.

V. P.

89. *Weislingen capturé par les gens de Goetz*

1853
Huile sur toile ; 0,733 x 0,593 m
Signé et daté en bas à gauche : *Eug. Delacroix / 1853*
Saint Louis, The Saint Louis Art Museum, Emelie Weindal Bequest Fund (75:1954)

Le sujet est tiré de *Goetz de Berlichingen*, drame en cinq actes en prose que Goethe avait écrit en 1773 et qui avait été traduit en français en 1823 (G. de Baer, *Chefs-d'œuvre des théâtres étrangers. 25ᵉ livraison. Chefs-d'œuvre du théâtre allemand.* GOETHE, tome I, à Paris chez Ladvocat, Libraire, éditeur des œuvres de Shakespeare et Schiller au Palais-Royal, MDCCCXXIII). Parce que son fils a été enlevé par l'évêque de Bamberg, Goetz s'est emparé de son favori, le chevalier de Weislingen. Ce dernier tombe amoureux de la sœur de Goetz, Marie, à qui il promet le mariage, mais succombe aux charmes de l'émissaire de l'évêque, la redoutable Adélaïde de Walldorff, qu'il épouse. Weislingen doit alors se débarrasser de son ennemi. La guerre des paysans éclate. Goetz, qui a été mis au ban de l'Empire, est fait prisonnier et condamné à mort. Marie obtient sa grâce tandis que Weislingen, empoisonné par Adélaïde de Walldorff, agonise. Goetz est libéré mais, brisé par les épreuves qu'il vient de traverser, il meurt à Jaxthausen.

Pour sa pièce, Goethe s'est inspiré de la vie aventureuse d'un chevalier allemand surnommé Main de fer qui, au XVIe siècle, avait pris la tête d'une révolte dite « guerre des paysans », après avoir successivement servi le margrave Frédéric de Brandebourg, l'électeur Albert V de Bavière et le duc Ulrich de Wurtemberg. Ayant dû être amputé de la main droite, il avait été muni d'une main de fer afin de pouvoir manier de nouveau l'épée. Sublimant le personnage, Goethe l'a dépeint comme le dernier défenseur du droit et de la justice face aux princes, l'incarnation de l'artiste ou du jeune poète créateur se révoltant contre la convention ou, plus symboliquement, de l'humanité en lutte contre sa destinée. Le tableau illustre un passage de la scène 3 de l'acte I. Pierre, un des hommes de Goetz, raconte à la femme de celui-ci, Élisabeth, de quelle manière Weislingen a été capturé alors qu'il traversait avec quatre cavaliers la forêt d'Haslach : « Mon camarade et moi, suivant l'ordre de notre maître, nous le prenons par le milieu du corps, et nous nous cramponnons si bien, que nous ne faisons plus qu'un avec lui ; il ne pouvait remuer ni pied ni pate [sic]. Pendant ce temps-là, notre maître et Jean tombent sur les cavaliers, et s'en rendent maîtres ; l'un d'eux s'est échappé. »

D'après une note du Journal, l'artiste travaillait à sa toile le 28 août 1853, tout en poursuivant le plafond du salon de la Paix à l'Hôtel de Ville : « Avancé [...] le Barlichingen [sic] ou Weislingen » (p. 360) ; mais aucune autre information ne permet de savoir quand et comment il l'a terminée. Le 26 septembre 1853, en effet, on trouve la simple mention « – Tableau de Beugniet (Berlichingen) » dans une liste d'œuvres diverses (Journal, p. 361) et, le 16 octobre, le peintre, alors à Champrosay, se bornait à écrire : « Achevé ou presque achevé le Weislingen » (Journal, p. 368). Enfin, dans une autre liste de tableaux, malheureusement non datée, la toile est mentionnée sous le titre Weislingen enlevé (Journal, p. 873). Delacroix avait déjà traité cet épisode dans une des sept lithographies d'après Goetz de Berlichingen exécutées entre 1836 et 1843 (Delteil, 1908, nos 119 à 125) et qui

concrétisaient tardivement l'idée qui lui était venue en 1824, sans doute à la suite d'une conversation avec son ami Jean-Baptiste Pierret : « J'ai ce soir le désir de faire des compositions sur le Goetz de Berlichingen » (Journal, 28 février 1824, p. 52).

En effet, dans un carnet utilisé vers 1827, Delacroix avait bien inscrit sept sujets potentiels d'après le Goetz (Paris, musée du Louvre, RF 9150, f° 25 verso ; M. Sérullaz, t. II, 1984, n° 1753, repr.), mais ce n'est que douze ans plus tard environ qu'il se mit finalement au travail, confiant à l'imprimeur Villain le soin de tirer les dessins gravés sur la pierre. La comparaison avec la lithographie (Delteil, 1908, n° 120, repr.) montre que si Delacroix a conservé sans grands changements dans sa peinture toute la partie droite de la composition, l'atmosphère de la scène est différente. Dans la lithographie, l'intérêt était concentré sur le groupe compact de Weislingen et de ses agresseurs, qui occupait presque toute la feuille. En plaçant ce même groupe sur un chemin montant vers un bosquet d'arbres à droite, le peintre a non seulement modifié la construction rigoureuse adoptée dans la version gravée mais, selon un procédé qui lui était devenu coutumier, il a sensiblement dégagé au fond à gauche le paysage où se déroule en contrebas un autre combat. De surcroît, la violence de l'attaque a gagné en intensité, tant les chevaux et les cavaliers paraissent sur le point de perdre l'équilibre. Cette instabilité – voulue – est contrebalancée par la correspondance harmonieuse des lignes et des couleurs. « On sent, à l'aspect clair et mat du tableau, à la qualité plus épaisse de la pâte, au blanc mêlé des ombres, que [...] l'artiste a beaucoup pratiqué la peinture murale. L'aspect général est à la fois celui de la fresque et de la tapisserie. Le ciel est d'un bleu turquoise aussi fin que le ciel de l'Apothéose de Venise par Paul Véronèse, au palais ducal. Quant au groupe de chevaux et de cavaliers qui s'assaillent, il a la turbulence farouche que Delacroix sait donner aux scènes de ce genre. Cela est vrai et singulier : une des principales conditions de l'art, qui doit être la transcription idéalisée et non la photographie. Un combat peint a besoin d'être plus terrible qu'un combat réel, s'il veut en produire la sensation dans l'âme du spectateur », constatait Théophile Gautier en 1860, commentant pour le Moniteur universel l'exposition

du boulevard des Italiens. Il devait ajouter par ailleurs dans l'article destiné à la *Gazette des Beaux-Arts* à propos de la même manifestation : « Eugène Delacroix brille d'un éclat sans pareil dans cet écrin de coloristes [...] la scène tirée de Goethe [*sic*] de Berlichingen, que nous n'avons vu figurer à aucune Exposition, [...] a cette profonde vie du moyen âge si bien rendue par Goethe. » Selon Théophile Silvestre, Delacroix s'était à l'évidence inspiré des arbres de la forêt de Sénart puisqu'il avait en partie élaboré sa toile à Champrosay. Si l'on se réfère à un croquis signalé par Lee Johnson (vente, Sotheby's, New York, 12 juin 1982, n° 201), Delacroix aurait très tôt pensé à l'épisode de l'embuscade – pourtant non cité dans la liste de sujets établie vers 1827 –, car le croquis en question est accompagné de quelques lignes vraisemblablement extraites de l'ouvrage de G. de Baer paru en 1823.

A. S.

90. *Épisode de la guerre en Grèce*

1856
Huile sur toile ; 0,657 x 0,816 m
Signé et daté en bas à gauche : *Eug. Delacroix / 1856.*
Athènes, Pinacothèque nationale, musée Alexandre Soutzos (5618)

Les événements dramatiques qui jalonnèrent la guerre menée par les Grecs de 1821 à 1827 pour se libérer du joug ottoman suscitèrent à l'époque à travers toute l'Europe, et plus particulièrement en France, un mouvement de sympathie qui prit diverses formes dans l'opinion publique. Les artistes, quant à eux, y participèrent activement : sur une trentaine d'années, près de cent cinquante tableaux

d'inspiration philhellène furent présentés au Salon et dans les manifestations organisées « au profit des Grecs » à la galerie Lebrun à Paris, 4, rue du Gros-Chenet (actuelle rue du Sentier). L'intérêt de Delacroix pour la cause grecque devait s'exprimer de façon éclatante avec deux œuvres majeures, *Scènes des massacres de Scio* (Salon de 1824, Paris, musée du Louvre) et *La Grèce sur les ruines de Missolonghi* (1826, Bordeaux, musée des Beaux-Arts), puis de façon anecdotique par de petits tableaux orientalistes où dominaient les études de costumes, prétexte à mettre en valeur la richesse de sa palette. L'admiration du peintre pour le poète anglais Byron, mort à Missolonghi en 1824, avait par ailleurs fortement contribué à fixer les rêveries du peintre sur un « Orient grec » luxuriant et tragique. La fin de la guerre d'Indépendance du peuple hellène ne tarit pas cette inspiration. Jusqu'à sa mort, en effet, Delacroix est revenu sur certains des sujets qui avaient enflammé sa jeunesse. Preuve en est donnée par ce tableau, auquel il travailla sans doute dès la fin de l'année 1856, comme l'a suggéré Lee Johnson (1991, p. 62) en publiant une lettre adressée au marchand Thomas le 28 novembre [1856] : « Votre tableau est en bon train : je ne peux vous préciser encore quand il sera terminé, mais j'espère que cela ne tardera pas trop. »

Il s'agit d'une reprise de la peinture présentée au Salon de 1827 (nº 299) sous le titre *Scène de la guerre actuelle des Grecs contre les Turcs* (fig. 1), que la critique de l'époque avait peu appréciée. Trente ans plus tard, Delacroix a composé sur le même thème une œuvre d'un esprit totalement différent, où l'évo-

cation plutôt allusive de la révolte des Grecs – le combat représenté n'est pas identifiable – est quelque peu altérée par la juxtaposition de souvenirs marocains évidents, tels que le paysage montagneux qui ferme l'horizon. Si les dimensions des deux tableaux sont identiques, tout comme l'organisation générale de la composition – le Grec à cheval enjambant le corps d'un Turc allongé sur le devant de la scène demeure la figure centrale –, l'imagination de Delacroix s'est enrichie au fil des années. En modifiant légèrement la position du cavalier grec et de sa monture fougueuse – l'un et l'autre jettent un bref regard sur l'adversaire abattu –, le peintre a doté le second tableau d'une symbolique plus forte. Dans la première version, l'attention était surtout attirée par l'impétuosité de la course de l'attaquant, l'éclairage étant assez uniforme, alors que dans la seconde version, la lumière, savamment modulée, accentue le papillotement de la touche qui souligne chaque mouvement des corps ; enfin, le ciel alourdi de nuages assez denses charge la scène d'une émotion intense.

A. S.

91. *Rébecca enlevée par le templier, pendant le sac du château de Frondebœuf* ou *L'Enlèvement de Rébecca*

1858
Huile sur toile ; 1,050 x 0,815 m
Signé et daté en bas au centre sur une pierre : *Eug. Delacroix 1858.*
Paris, musée du Louvre (RF 1392)

En 1846, Eugène Delacroix a exposé au Salon un tableau, attaqué violemment par la critique, qu'il a adapté d'un épisode animé du roman de Walter Scott *Ivanhoé* (chap. XXXI). Cette œuvre, intitulée *Rébecca enlevée par les ordres du templier Boisguilbert,*

pendant le sac du château de Frondebœuf (fig. 1), mettait en scène une des jeunes héroïnes du roman de Scott, Rébecca, fille du banquier et marchand juif Isaac, et le chevalier félon Brian de Boisguilbert, commandeur de l'Ordre des templiers, dont le romancier anglais a donné, dans le premier chapitre de son livre, une inquiétante description physique : « Âgé d'au moins quarante ans [...], c'était un homme maigre, grand, vigoureux ; ses formes étaient athlétiques, mais les fatigues et les travaux qu'il avait subis et qu'il paraissait prêt à braver encore l'avaient réduit à une maigreur remarquable [...]. Ses traits, naturellement très prononcés, avaient pris, sous le soleil des tropiques, une couleur basanée et presque aussi noire que le teint d'un nègre. »

Le templier a participé à l'enlèvement de Lady Rowena, dont Ivanhoé est amoureux, et de Rébecca, retenues toutes deux, avec Ivanhoé blessé, dans le château d'un ami de Boisguilbert, le seigneur de Frondebœuf. Walter Scott a décrit avec précision l'architecture de ce château, que Delacroix allait

finalement décider de ne pas imiter dans son tableau : « Une petite forteresse, consistant en un donjon ou vaste tour carrée d'une hauteur considérable, entourée de bâtiments moins élevés, bordés d'une cour circulaire. Autour du mur de clôture régnait un fossé profond auquel un ruisseau voisin fournissait de l'eau. » Durant le siège du château de Frondebœuf par les amis d'Ivanhoé, Boisguilbert, profitant de la faiblesse de ce dernier, enlève la jeune Rébecca, dont il est tombé amoureux, et s'enfuit : « À ces mots, il [Boisguilbert] la prit dans ses bras et l'emporta hors de la chambre, malgré ses prières et ses cris, sans faire la moindre attention aux menaces et aux imprécations d'Ivanhoé. » Eugène Delacroix a lui-même décrit, dans le livret du Salon de 1846, l'instant précis qu'il a retenu pour son tableau : « Elle [Rébecca] est déjà entre les mains des deux esclaves africains chargés de la conduire loin du théâtre du combat. »

Delacroix a également traité, dans un petit tableau de plus modeste conception, la scène du roman placée immédiatement avant celle décrite dans le tableau de 1846, *Rébecca et Ivanhoé blessé* (coll. part.).

La première mention de la reprise par Delacroix de ce thème déjà traité en 1846 apparaît dans son *Journal* à la date du 26 mai 1856, sans que le peintre s'explique sur les circonstances de son exécution – une commande ou un tableau peint en vue du Salon : « J'ai travaillé beaucoup à Champrosay. [...] J'y ai ébauché le *Templier emportant Rebecca du château de Frondebœuf pendant le sac et l'incendie de ce repaire* » (p. 581). Ensuite nous pouvons suivre, au gré de quelques commentaires laconiques, l'évolution de son élaboration : le 29 juin 1856, parlant de son séjour à Champrosay, le peintre se plaint de son travail : « J'ai été mécontent hier, en arrivant, de ce que j'avais laissé ici l'*Herminie*, le *Boisguilbert enlevant Rebecca*, les esquisses pour Hartmann » (*Journal*, p. 587), et le 5 septembre 1858, deux ans après avoir débuté cette réplique, Delacroix signalait être toujours en train de travailler à cette œuvre : « J'ai avancé beaucoup quelques tableaux [...] le *Petit Ivanhoé et Rebecca* » (*Journal*, p. 731).

Il est vrai que les variantes innombrables introduites dans cette seconde version par rapport à celle de 1846 – on peut véritablement parler de deux toiles différentes –, provenant sans doute du désir de Delacroix d'affronter de nouveau la critique avec un sujet identique sans que l'on puisse lui opposer d'avoir peint le même tableau, ont dû alimenter ses angoisses créatrices, au point qu'il a exécuté plusieurs dessins préparatoires (fig. 2) de sa composition définitive. La version du Metropolitan Museum est entièrement organisée autour des quatre personnages, qui occupent la majorité de la surface de l'œuvre : Boisguilbert, à cheval, suit ses deux serviteurs arabes, qui vont charger sur une autre monture Rébecca évanouie. Leurs costumes sont parfaitement typés géographiquement ou historiquement : Boisguilbert porte la grande cape blanche ornée d'une croix rouge de l'Ordre des templiers, tandis que ses deux esclaves sont vêtus à l'orientale et que Rébecca est habillée à la manière des juives d'Afrique du Nord, dans une tenue que Delacroix avait étudiée durant son voyage au Maroc en 1832. Le château de Frondebœuf est à peine visible à travers les fumées de l'incendie du siège et les combats, et le paysage a été rapidement enlevé par le peintre au point de laisser volontairement indéfinie la topographie du site.

Dans la version de 1858, l'architecture massive de la forteresse médiévale, imaginaire certes mais parfaitement crédible, joue un rôle essentiel, occupant tout le fond du tableau, définissant l'espace pictural et permettant aux teintes vives du ciel et des vêtements des protagonistes de se détacher sur le marron clair des façades en pierre. Les quatre protagonistes ne sont pas regroupés dans une forme pyramidale, comme dans la première version, mais placés les uns derrière les autres, en une étrange procession : cette fois, c'est Boisguilbert qui porte la jeune femme sur ses épaules ; cette dernière, consciente, se débat d'ailleurs avec énergie ; un des deux esclaves attend le templier et sa captive près du cheval blanc qui va les emporter, tandis que l'autre ferme la marche, se protégeant le visage avec son bouclier, l'épée sortie du fourreau. Plus équilibrée et plus savamment organisée autour de teintes violemment colorées – le bleu-vert du ciel, le rouge des vêtements des deux esclaves maures, le blanc de la cape du templier, de la robe de Rébecca et du cheval –, la scène a perdu en mouvement et en efficacité, mais a nettement gagné en expressivité et en esthétisme.

Après divers chefs-d'œuvre comme *La Mort de Sardanapale* (Paris, musée du Louvre), peint en 1827, ou *Pirates africains enlevant une jeune fille* (Paris, musée du Louvre), exposé au Salon de 1853, Delacroix a développé dans ce tableau le thème du rapt de jeunes filles, un sujet qui a hanté sa jeunesse quelque peu exaltée. Loin des raffinements de *L'Enlèvement des Sabines* de Nicolas Poussin (Paris, musée du Louvre) ou de la sensualité élégiaque de

L'Enlèvement des filles de Leucippe de Pierre Paul Rubens (Munich, Neue Pinakothek), la barbarie et la férocité d'un enlèvement brutal et apparemment sans espoir l'ont inspiré, accompagnées dans cette seconde version de la scène d'une allusion érotique à peine voilée au viol prochain de Rébecca par le templier, suggéré par la rude étreinte qu'il impose à la jeune fille.

Exposé au Salon de 1859, le tableau fut applaudi avec enthousiasme par Zacharie Astruc : « Il est impossible d'être plus voyant, plus clair, plus dramatique, plus juste d'effet et merveilleux d'intérêt dans la vision comme lumière et couleur. [...] Quel songe d'or, Rebecca et le Templier, et le cheval blanc si hardi, si fier, dont la robe blanche étincelle comme une nacre. » Tandis que Perrier envisageait, non sans quelques réticences cependant, ce tableau comme un hommage rendu par Delacroix à la musique qu'il appréciait tellement – « C'est la musique transportée dans le domaine de l'art plastique » –, quelques autres critiques, comme Paul Mantz, étaient surtout fascinés par la sauvage grandeur de cette scène tirée d'un simple roman d'aventures : « Il y a un charme étrange, une grâce virile et touchante dans la figure à demi ployée de la jeune prisonnière qui se débat aux mains de son ravisseur, et qui, délicieusement vêtue d'étoffes bleues, orangées ou blanches, brille au milieu de cette scène de carnage comme une fleur dans un champ dévasté par la tempête. »

Mais la majorité des commentaires dans la presse furent cette année-là franchement hostiles à Delacroix. Les remarques acerbes de Paul de Saint-Victor semblent résumer à elles seules l'état d'esprit des critiques : « Une répétition malheureuse d'un sujet déjà traité par M. Delacroix. – Ici, l'ébauche tourne à la débauche ; les personnages ont perdu leurs membres dans la bagarre ; ils les rattrapent et les rajustent au hasard. Rebecca flotte dans les bras de son ravisseur, comme une robe accrochée aux branches d'un arbre difforme. L'esclave du Templier allonge une jambe de sept lieues. Le cheval qu'il contient rentre dans le bestiaire de l'art héraldique. Un jour plombé, tel qu'on se figure celui des planètes mortes privées d'atmosphère, aggrave la tristesse de cette morne scène. »

Ainsi, par un étrange retournement de situation, après le succès remporté lors de l'Exposition universelle de 1855 et son élection à l'Institut en 1857, le Salon de 1859 fut donc pour Eugène Delacroix un véritable échec, dont Alfred Robaut a résumé la violence et l'injustice dans la notice qu'il a consacrée en 1885 à *L'Enlèvement de Rébecca* : « On a peine à se défendre d'un mouvement d'irritation quand on a été témoin, comme nous, de l'attitude du public dans les galeries du Salon de 1859, devant les huit tableaux, plus admirables les uns que les autres, que le maître y avait envoyés. [...] et l'on riait, et l'on faisait des échanges de quolibets. Je n'ai pas souvenir, dans ma vie de critique déjà longue, d'un si honteux scandale. » Quelques années auparavant, Philippe Burty (1878, p. 312) avait évoqué également ce « véritable Waterloo », rappelant que, à la suite de cet affront, « Delacroix, blessé à fond, n'exposa plus ».

Sans doute vendue de son vivant, peut-être d'ailleurs au marchand Tedesco, qui lui commanda en décembre 1860 un autre tableau adapté du roman de Walter Scott *(Correspondance,* t. IV, p. 79*)*, la seconde version de *L'Enlèvement de Rébecca* était encore dans l'atelier de Delacroix au moment de sa mort, peut-être afin d'en exécuter une nouvelle réplique, ce que semble suggérer l'inventaire après décès. Cette œuvre avait été vendue en 1858 au collectionneur Frédéric Hartmann, comme le prouve une lettre conservée dans les archives Piron (Paris, archives des Musées nationaux) datée du 10 octobre 1858 : « Monsieur, Mr Jacques Hartmann de Munster m'ayant chargé de vous voir au sujet d'un tableau de Rébecca, qu'il pense être achevé. Je viens, Monsieur, vous demander s'il en est en effet ainsi, pour dans ce cas vous prier de l'envoyer chez Mr Hartmann et fils, rue du Sentier au 32. » Le 29 janvier 1859, l'auteur de cette lettre, J. Hirth, réitère sa demande et il est vraisemblable que le tableau ne sera livré à Hartmann qu'en 1861, avant de revenir dans l'atelier du peintre à une date inconnue.

Les modifications effectuées autour de ce thème de l'enlèvement tiré du roman de Walter Scott illustrent parfaitement le renouvellement étonnant entrepris par Delacroix, durant les dernières années de sa carrière, à partir de sujets qu'il avait mûris durant sa jeunesse et qu'il paraissait alors, au seuil de sa vieillesse, vouloir recréer de toutes pièces.

V. P.

92. *La Mort de Desdémone*

1858
Huile sur toile ; 0,65 x 0,55 m
Collection particulière (courtesy galerie Nathan, Zurich)
Exposé à Paris seulement

Demeurée à l'état d'esquisse, cette toile, qui n'a pas été vue à Paris depuis sa mise en vente à l'hôtel Drouot le 27 octobre 1975, est le dernier témoignage connu de l'intérêt porté par Delacroix à la tragédie de Shakespeare *Othello*. Le sujet est tiré de la scène 2 du dernier acte. Desdémone gît sur le lit où Othello vient de l'étouffer. Émilie, à peine entrée dans la chambre, découvre le More près du corps de sa femme. C'est en août 1858 à Champrosay, où Delacroix était revenu après un séjour d'un mois environ à Plombières, que l'œuvre avait été commencée. Le 5 septembre, en effet, Delacroix notait dans son *Journal* : « Je suis souffreteux depuis quelques jours. J'ai interrompu la peinture. J'ai avancé beaucoup quelques tableaux. Les *Chevaux sortant de la mer*. L'*Arabe blessé au bras et son cheval*. Le *Christ au tombeau dans la caverne*, flambeaux, etc. Le *Petit Ivanhoé et Rebecca*. Le *Centaure et Achille*. Le *Lion et les chasseurs embusqués*, effet de soir. L'ébauche de l'*Othello sur le corps de Desdémone* » (p. 731-732). Faut-il regretter que le peintre, très absorbé par son travail à Saint-Sulpice et souvent à bout de force, ait laissé cette œuvre inachevée ? Cela n'est pas certain. Telle quelle, la scène s'impose en effet par son atmosphère fantastique, exacerbée par les contrastes d'un éclairage qui tombe violemment, comme le ferait un projecteur bien orienté, sur le corps livide de Desdémone et laisse dans une semi-obscurité oppressante les deux figures qui se tiennent de part et d'autre du lit funèbre. En metteur en scène confirmé, le peintre a construit sa composition de façon à frapper l'imagination du spectateur, mais en le laissant libre de reconstituer à sa guise le drame qui vient de se produire. Silhouettés par un pinceau rapide, fiévreux, les personnages ont une présence étonnante. À l'expression ambiguë d'Othello agenouillé au premier plan – est-il toujours sous l'emprise de sa jalousie criminelle ou

bien en proie au désespoir ? –, s'oppose l'élan épou-
vanté d'Émilie saisissant le bras de sa maîtresse
inanimée. Comparée aux deux dessins de Delacroix
représentant la mort de Desdémone, vraisemblablement exécutés dans les années 1820 (l'un d'eux
est conservé à Paris, musée du Louvre, département des Arts graphiques, RF 10 004 ; M. Sérullaz,
t. I, 1984, n° 548, repr. ; l'autre se trouvait chez
Wildenstein, à New York, en 1978), l'ébauche fait
preuve d'une force tragique significative de l'évolution du peintre dans les dernières années de sa
vie.

                                          A. S.

93. *Hamlet et Horatio au cimetière*

1859

Huile sur toile ; 0,295 x 0,360 m

Signé et daté en bas à droite : *Eug. Delacroix / 1859.*

Paris, musée du Louvre (RF 1399)

Avec ce tableau, dont il n'existe aucune mention dans le *Journal* ou dans la *Correspondance* de Delacroix, prend fin la série des œuvres (peintures, lithographies) réalisées par l'artiste d'après le célèbre dialogue d'Hamlet et du fossoyeur (*Hamlet*, acte V, scène I). En 1828, Delacroix avait fait paraître une lithographie intitulée *Hamlet contemplant le crâne de Yorick* (Delteil, 1908, n° 75, repr.). Vers le même temps, il en aurait tiré une toile, qui figura en 1840 dans la vente posthume du peintre Vauzelle (localisation actuelle inconnue ; Johnson, t. III, 1986, n° L140). Dans la suite des seize lithographies consacrées à la pièce de Shakespeare, achevées en 1843 (Delteil, 1908, n°ˢ 103 à 118, repr.), figurait également cette scène (Delteil, 1908, n° 116, repr.). Par ailleurs, l'artiste avait présenté en 1836 au jury du Salon une toile représentant *Hamlet au cimetière* (Francfort, Städelsches Kunstinstitut), mais l'œuvre n'avait pas été acceptée. Il devait récidiver en 1839, cette fois-ci avec plus de succès, puisque son *Hamlet* (Paris, musée du Louvre) fut accepté et même bien jugé par la critique. En 1844, l'artiste réalisa pour Mme Cavé une petite toile en hauteur, qui figura à l'exposition du boulevard des Italiens en 1864 (n° 80, localisation actuelle inconnue ; Johnson, t. III, 1986, n° L148).

La version de 1859, qui reprend pour l'essentiel, mais en l'inversant, la composition de la lithographie de 1828, fut modérément appréciée. À vrai dire, les critiques regardèrent surtout – mais pas toujours avec bienveillance – les autres peintures envoyées par Delacroix – *Ovide chez les Scythes* (cat. 95), *Herminie et les Bergers* (cat. 94) et *La Montée au Calvaire* (cat. 128) –, sans doute parce qu'ils estimaient que le peintre n'avait cette fois-ci guère innové par rapport à ses précédentes représentations du sujet. Telle fut par exemple l'opinion de A.-J. Du Pays dans *L'Illustration*.

La comparaison avec le tableau exposé au Salon de 1839 fait apparaître cependant des modifications assez sensibles, notamment en ce qui concerne le format et le fond de la composition, qui comporte l'adjonction d'un élément d'architecture – à gauche – et d'une procession de moines – à droite – portant le cercueil d'Ophélie. L'éclairage diffusé par la flamme vacillante des torches renforce en outre l'atmosphère mélancolique de la scène, dans laquelle Delacroix a de nouveau juxtaposé deux moments distincts du drame, l'enterrement d'Ophélie et la découverte du crâne de Yorick.

Tandis que Paul Mantz déclarait péremptoirement : « C'est une peinture médiocrement significative, regain hâtivement fauché dans un champ qui a produit jadis de si splendides moissons », Mathilde Stevens, pourtant gagnée à la cause de Delacroix – « M. Ingres est un versificateur, Delacroix est un poète ; l'un a du talent, l'autre du génie » –, avouait sa déception : « L'exécution en est plus lâchée, et l'impression produite est moins saisissante, malgré le souffle shakspearien [*sic*] qui règne sur cette petite toile. [...] Je conçois qu'il ne faille pas toujours exiger que le peintre mette tous les points sur les *i*, mais ce n'est pas trop demander que de désirer les *i* sous les points. » Théophile Gautier, généralement louangeur, se montra lui aussi plutôt circonspect : « *Hamlet* est encore une de ces figures passées pour Delacroix à l'état de spectre obsesseur. Le prince de Danemark porte bonheur à l'artiste qui lui doit plus d'un chef-d'œuvre. La toile exposée cette année sous ce titre n'a pas l'importance des autres. C'est une petite esquisse prise à un autre moment : le convoi d'Ophélie se retire du cimetière, Laërte, dans la fosse jusqu'aux genoux, exhale en cris emphatiques sa douleur exagérée. »

Indiscutablement, la facture en apparence relâchée de la toile en choqua plus d'un : « M. Delacroix [...] a huit tableaux. La *Montée au Calvaire*, esquisse réduite d'une fresque inexécutée, *Herminie et les bergers*, *Rebecca enlevée*, une variante d'*Hamlet*, *Ovide chez les Scythes*, *Les bords du fleuve Sébou*, *Saint Sébastien*, *Le Christ au tombeau*. Nous ne parlerons que des quatre dernières toiles ; les autres ne sont guère que des esquisses malheureuses. » Exprimée en termes volontairement ambigus, la position de H. Dumesnil trahit la même réserve : « Il n'y a pas à insister sur l'*Enlèvement de Rébecca*, sur *Hamlet*, ni sur l'*Herminie* ; nous ne voulons pas nous départir de notre profond respect pour M. Delacroix. Nous voyons des erreurs, mais il ne nous appartient pas de nous permettre des conseils ; si nous avions à en donner, ils s'adresseraient à quelques-uns de ses détracteurs qui n'ont gardé aucune mesure dans leurs critiques. » Parmi les commentaires plus élogieux, ceux d'Édouard Cadol dans *L'Univers illustré*, tout en reflétant un certain désarroi, méritent d'être relevés : « Vous souvient-il de son *Hamlet* ? c'est l'un de ses plus beaux : c'est celui qui a fait dire que Delacroix est le Shakespeare de la peinture. [...] Comparer Delacroix à Shakespeare est juste. Tous deux ont la même puissance, la même impétuosité, les mêmes défauts. Ils resteront unis dans l'avenir. Ils se ressemblent encore par un autre point ; il y a des gens qui avouent ne pas comprendre Shakespeare, comme il y en a qui avouent ne pas comprendre les Delacroix. Il faut se borner à plaindre les uns et les autres. » Un seul homme, en fait, livra sans le moindre état d'âme son admiration, c'est Zacharie Astruc : « Cette scène d'*Hamlet*, vous la connaissez : elle est la plus forte de cet athlétique drame qui devrait être familier à la foule comme l'air, l'espace, le ciel, l'immensité, les plantes. Il résume l'âme humaine, ce me semble, dans un accord souverain. Rien ne manque au tableau moral et physique de sa vie. [...] La lithographie a popularisé le premier *Hamlet*. Celui-ci me paraît plus complet comme action. Comme sentiment, il est au-delà par une plus intime philosophie ; comme couleur, je crois qu'il ne peut être surpassé.

« Il faudrait tout indiquer pour être scrupuleusement juste : la vigueur incisive de l'Hamlet, la tournure puissante du fossoyeur assis, l'Horatio, le coucher de soleil, les tours dans le rayon, ainsi que les pierres tumulaires, – ce beau fond de paysage vert, – et les moines d'une si juste allure. Rien de précieux, de tourmenté, de petitement rendu. Tout est ample, tout est largement tracé dans le juste sentiment de l'idée. Shakspeare [sic] ne l'eût pas tracé autrement. Mais regardez le ciel : il est triste, indécis, et pourtant vibrant d'une secrète ardeur !...

« N'est-ce pas le reflet du caractère d'Hamlet ?... Ainsi se traduisent les poëtes [sic] qui savent s'écouter. »

A. S.

94. *Herminie et les Bergers*

1859
Huile sur toile ; 0,82 x 1,045 m
Signé et daté en bas à droite : *Eug. Delacroix 1859.*
Stockholm, Nationalmuseum (NM 2246)

Au moment où il recherchait dans les vers épiques de l'Arioste un renouvellement de ses sujets (cat. 87), Eugène Delacroix relisait aussi le récit héroïque de la prise de Jérusalem imaginée par le Tasse et il trouva dans ce texte, admiré par les intellectuels du XIXᵉ siècle, quelques sujets picturaux potentiels, dont l'univers poétique et fantastique pouvait répondre à la perfection aux aspirations lyriques et maniéristes imposées par la conception esthétique de ses dernières années.

Ainsi, le vendredi 9 décembre 1853, il nota dans son *Journal* diverses sources d'inspiration envisageables pour ses œuvres futures : « *Olinde et Sophronie. – Clorinde. – Herminie et les bergers* et les autres sujets de la *Jérusalem* » (p. 390). Et dès le 14 avril 1856, il avait entériné ce choix : « Il me reste à faire [...], l'*Herminie*, 2 000 francs » (*Journal*, p. 577). La composition du tableau, comme cela fut le cas pour toutes les œuvres exécutées durant cette période, devait cependant connaître de bonnes et de mauvaises périodes lors de son élaboration et si, le 29 juin 1856, il se désespérait réellement de parvenir à achever son projet – « J'ai été mécontent hier, en arri-

vant [à Champrosay], de ce que j'avais laissé ici l'*Herminie*, le *Boisguilbert enlevant Rébecca* » (*Journal*, p. 587) –, il pouvait se réjouir quelques jours plus tard, le 4 juillet 1856, d'avoir trouvé enfin les solutions techniques permettant d'aboutir dans cette entreprise : « Je passe la journée à la maison. Je remonte dans ce seul jour le tableau de l'*Herminie*, à ma grande satisfaction » (*Journal*, p. 588).

Inspiré par un personnage secondaire de *La Jérusalem délivrée* du poète italien Torquato Tasso (1544-1595), dit le Tasse, qui avait livré entre 1573 et 1581, avec ce poème chevaleresque et amoureux, un chef-d'œuvre inspiré de la prise de Jérusalem par Godefroi de Bouillon en 1099, le présent tableau conte un court épisode des aventures d'Herminie, fille du roi d'Antioche, une jeune guerrière éperdument amoureuse du héros du récit, Tancrède. Ce dernier, qui rivalise avec les plus célèbres chevaliers de la croisade par sa bravoure et son sens de l'honneur et de la justice, aime de son côté la jeune Clorinde, une guerrière sarrasine qu'il finira d'ailleurs par tuer par erreur. Redoutant de troubler l'homme qu'elle aime au moment où il doit affronter un redoutable combat singulier, Herminie décide de s'enfuir et voyage dans les campagnes de Palestine. Là, séduite par les chants étranges de jeunes bergers, elle s'approche de quelques maisons de paysans pour les écouter. Ceux-ci sont apeurés par l'allure martiale, l'armure et les armes de la jeune femme, qui cherche à les rassurer par la douceur de son attitude et des propos bienveillants. Le Tasse a finalement supprimé cet épisode de son récit dans la version ultime de son texte, publiée en 1593 sous le titre définitif – que l'histoire n'a pas retenu – de *La Jérusalem conquise*.

Eugène Delacroix a peint l'instant précis de la rencontre entre Herminie et les bergers, insistant sur le contraste entre l'aspect aimable de la jeune femme et la peur des bergers, moment d'inquiétude qu'il a décrit dans le livret du Salon de 1859 (n° 823), où cette œuvre fut exposée, en reprenant quelques vers du chant VIII de *La Jérusalem délivrée*, qui résument parfaitement l'action qu'elle décrit : « À la vue soudaine d'armes inconnues, ils se troublent et s'effraient ; mais Herminie les salue et les rassure : " Heureux bergers, dit-elle, continuez vos jeux et vos ouvrages ; ces armes ne sont pas destinées à troubler vos travaux et vos chants." » Delacroix retrouvait donc le thème de la rencontre entre la civilisation et le monde primitif, qu'il affectionnait particulièrement et a traité aussi dans *Ovide chez les Scythes* (cat. 95) – thème rousseauiste par

excellence que le peintre, admirateur des philosophes du siècle des Lumières, ne pouvait qu'apprécier.

Une fois de plus, il apparaît délicat de définir les motivations de Delacroix lors de la composition de cette œuvre, puisque, si son sujet semble relever de ses recherches intimes durant cette période pour régénérer ses sources d'inspiration, ce tableau a dû lui être commandé – ou du moins réservé – par le marchand Tedesco, qui a payé, le 29 mars 1859, 2 000 francs pour l'acquérir définitivement (*Correspondance*, t. IV, p. 90). Delacroix se plaignait d'ailleurs au marchand, le 6 mars de la même année, de la pauvre qualité du cadre choisi pour le Salon : « Je viens de mettre votre tableau (le plus grand) dans la bordure, elle fait un effet affreux et tuera le tableau à l'exposition. Je ne sais où Gamba a été chercher ce pauvre motif. Il faut absolument en

faire un autre. On me laisse du temps pour finir mes tableaux et on pourra faire le changement » (*Correspondance*, t. IV, p. 81).

En effet, preuve de sa réelle fierté face aux nouveaux choix thématiques de son œuvre, qui renouait avec les sujets nobles de la Renaissance italienne – le Dominiquin (1581-1641) n'était-il pas un des rares peintres à avoir traité ce sujet d'*Herminie et les Bergers* (Paris, musée du Louvre) ? –, Delacroix avait sélectionné ce tableau pour le représenter lors de l'exposition annuelle.

Cependant rares furent les critiques qui adhérèrent à cette nouvelle proposition esthétique, en apparence tellement éloignée de la personnalité de Delacroix ; Zacharie Astruc fut un des seuls défenseurs de la nouvelle orientation de son œuvre, influencée par les peintres de la Renaissance italienne et ceux du XVIIIe siècle français : « Les groupes des Bergers sont d'une souveraine grandeur, le paysage ne le cède en rien à celui d'Ovide, la couleur, la lumière ont une intensité, une vigueur toute particulière, les personnages vivent et s'agitent, le sentiment général est une rudesse aimable, une farouche grâce, une naïveté, une grandeur simple et bonne, une paix austère et bienveillante à l'âme agitée de passions qui sont le pur écho de l'âme du Tasse. »

En revanche, Maxime Du Camp manifestait son opposition violente à cette mise en scène : « C'est une cruelle épreuve que M. Delacroix fait subir à ses admirateurs, comment pourraient-ils défendre cette Herminie vêtue en zouave et qui a quinze têtes de hauteur ? » Du Pays, souvent plus favorable au peintre, reprochait quant à lui à Delacroix d'avoir introduit dans ce tableau « le sentiment et la manière des peintres français de la décadence, du dix-huitième siècle ».

Il est vrai que les choix de composition – la partie droite animée par un paysage indéfini et la partie gauche « bouchée » par la maison des bergers –, la théâtralité volontaire de la scène, montrant Herminie esquissant un geste d'apaisement devant les paysans raidis dans leur inquiétude, et des nuances chromatiques plus conventionnelles que d'ordinaire, témoignent d'un certain maniérisme, qui, heureusement, allait demeurer isolé dans l'œuvre de Delacroix. Cependant une certaine langueur, la poésie du paysage et la simplicité rustique du lieu forcent l'admiration et permettent de comprendre la subtilité de cette tentative, sans suite dans l'évolution intime du peintre.

V. P.

dire seulement deux ans après l'achèvement de cette imposante entreprise décorative. Le mardi 10 avril 1849, le peintre dressait en effet une liste hypothétique de projets envisageables pour quelques tableaux futurs, dans laquelle il prévoyait déjà de reprendre « le sujet d'*Ovide en exil* composé plus en grand » (*Journal,* p. 190).

Le plafond de la bibliothèque de la Chambre des députés au palais Bourbon, qui fut pour Eugène Delacroix un de ses plus importants chantiers de décoration architecturale, comportait deux immenses hémicycles, qui avaient reçu deux compositions picturales aux thèmes allégoriques opposés (*Attila, suivi de ses hordes barbares, foule aux pieds l'Italie et les arts* et *Orphée vient policer les Grecs encore sauvages et leur enseigner les arts de la Paix*), et une série de « cinq petites coupoles ou travées, présentant chacune quatre pendentifs ». Le peintre avait décoré chaque pendentif de ces cinq travées de peintures allégoriques, regroupées en cinq thèmes qui « [rappellaient] les divisions adoptées dans toutes les bibliothèques, sans toutefois en suivre la classification exacte » : les sciences, la philosophie, la législation, la théologie et la poésie (Delacroix, 31 janvier 1848).

Les sujets de la cinquième travée avaient été consacrés à la poésie et Delacroix avait mis en scène, aux côtés de trois compositions montrant *Alexandre et les poèmes d'Homère*, *L'Éducation d'Achille* et *Hésiode et la Muse*, un *Ovide en exil* (fig. 1), dont il décrivait l'iconographie, en 1848, de manière très précise : « Il est assis tristement sur la terre nue et froide, dans une contrée barbare. Une famille scythe lui offre de simples présents, du lait de jument et des fruits sauvages » (Delacroix, 31 janvier 1848).

La réalisation de ce pendentif a peut-être laissé au peintre un certain sentiment de frustration, causé

95. *Ovide chez les Scythes*
ou *Ovide en exil*

1859
Huile sur toile ; 0,876 x 1,302 m
Signé et daté en bas à droite : *Eug. Delacroix / 1859.*
Londres, The National Gallery (NG 6262)

Le désir de reprendre le thème d'Ovide en exil, qu'il avait déjà traité dans un des pendentifs du plafond de la bibliothèque du palais Bourbon, semble s'être imposé à Delacroix dès 1849, c'est-à-

par la contrainte du format hexagonal imposée par l'architecture – qu'il avait d'ailleurs utilisé avec une grande virtuosité : la figure d'Ovide allongé, à gauche, et celles des paysans scythes lui portant de la nourriture, à droite, encadraient un paysage de bord de mer – mais également par la contribution restreinte qu'il aurait, d'après les témoignages de ses élèves, apportée à son exécution. En effet, le pendentif consacré à l'exil d'Ovide fut sans doute peint, autour de 1845, par un des collaborateurs du peintre, Philippe Lassalle-Bordes ou, plus vraisemblablement, Louis de Planet, d'après une esquisse détaillée à l'huile (au sujet de la répartition des travaux entre les collaborateurs de Delacroix pour ce décor, voir M. Sérullaz, 1963, p. 57-59).

Quoi qu'il en soit, même s'il n'a pas trouvé le temps – ou l'occasion – de revenir à ce sujet durant les années suivantes, Delacroix songeait régulièrement à l'*Ovide* du palais Bourbon, comme le prouve une autre note du *Journal* (vendredi 9 décembre 1853, p. 390), dans laquelle il citait de nouveau ce thème comme devant être traité dans une œuvre

à venir. Ce n'est pourtant qu'en 1856 que, grâce à une commande passée par un de ses amis du moment, Benoît Fould, le frère du banquier Achille Fould et ministre de Napoléon III, Delacroix allait avoir enfin la satisfaction d'y revenir. Le 6 mars 1856, il signalait avoir fait « le croquis pour [...] Benoît Fould » (*Journal*, p. 571), dessin qui pourrait être, comme le suggère Lee Johnson, l'esquisse d'un tableau, reprenant le thème du pendentif du palais Bourbon et qui aurait été exécutée pour obtenir l'accord de son commanditaire. Le 11 mars suivant (*Journal*, p. 572), le peintre se rendit d'ailleurs chez Benoît Fould – les deux hommes se voyaient au moins une ou deux fois par mois –, peut-être pour lui présenter cette esquisse achevée cinq jours auparavant.

De mars à mai 1856, Delacroix était très absorbé par ce tableau, dont il parlait dans sa *Correspondance* (21 mars 1856 ; t. III, p. 323 : « Je me suis occupé de la commande de M. Fould ») et qu'il envisageait d'emporter à Champrosay pour y travailler plus sereinement (*Journal*, 27 mars 1856, p. 573), mais il ne semblait pas en avoir encore commencé véritablement l'exécution, puisqu'il signalait le 14 avril qu'il lui restait « à faire l'Ovide de M. Fould », pour 6 000 francs (*Journal*, p. 577). Le 26 mai 1856, il pouvait enfin annoncer fièrement dans son *Journal* qu'il avait « avancé [...] le tableau d'Ovide » (p. 581), et le 24 novembre de la même année, il maîtrisait suffisamment l'exécution de son tableau pour envisager de l'envoyer au Salon suivant : « Je pourrais mettre au Salon : le *Petit paysage avec Grecs*, le *Christ de Troyon* [cat. 118] et le *Paysage* que j'ai donné à Piron. L'*Ovide* de M. Fould » (*Journal*, p. 598).

Le décès de Benoît Fould, en juillet 1858, aurait pu compromettre l'achèvement de cette œuvre, remettant en cause la commande initiale, mais la veuve de celui-ci, également amie du peintre, confirma cet achat à Delacroix au début de l'année 1859 (lettres inédites d'Hélène Fould, 21 mars et 19 juin 1859 ; archives Piron ; Paris, archives des Musées nationaux). Le 17 juin de la même année, Mme Fould avait d'ailleurs payé le peintre : « Permettez-moi, monsieur, de m'acquitter envers vous et de vous redire encore combien je suis charmée de votre beau tableau que je mettrai à votre disposition aussitôt que vous en aurez besoin pour l'exposition. [...] Ci-joint 6 000 francs » (lettre inédite de Mme Fould, 17 juin [1859] ; archives Piron ; Paris, archives des Musées nationaux).

La lenteur de l'exécution de ce tableau – sur lequel Delacroix a travaillé durant presque trois ans – semble refléter la passion du peintre pour ce sujet antique, qui reprenait en fait deux de ses obsessions poétiques et iconographiques : la rencontre de l'artiste de génie avec des hommes incultes ou sauvages, évoquée déjà dans *Le Tasse dans la prison des fous* (1839, Winterthur, coll. Oskar Reinhart), et la confrontation de la civilisation avec la barbarie ou l'état de nature, mise en scène dans quelques-unes de ses grandes décorations (cat. 64 et les deux œuvres peintes en pendant dans l'hémicycle du palais Bourbon, *Attila* et *Orphée*).

Delacroix a porté au crayon le titre de ce tableau en face d'un extrait non daté du *Journal* qui traitait justement de cette solitude terrible et revigorante d'un homme face à des peuplades sauvages : « Cadre pour l'histoire du sentiment d'un cœur et d'une imagination malade, celle d'un homme qui après avoir vécu de la vie du monde se trouve devenu esclave chez les barbares, ou jeté dans une île déserte comme Robinson, forcé d'user des forces de son corps et de son industrie, – ce qui le fait revenir aux sentiments naturels et calme son imagination » (p. 839). Ce thème du retour à l'état de nature avait d'ailleurs été développé largement par les philosophes du siècle des Lumières – et particulièrement par Jean-Jacques Rousseau –, que Delacroix relisait régulièrement et qu'il admirait avec passion, et celui du poète vivant au milieu des sauvages évoquait de manière évidente sa propre personne. Ainsi, par son sujet, cette œuvre essentielle représentait, quelques années avant sa mort, une véritable synthèse des convictions philosophiques et esthétiques du peintre.

Publius Ovidius Naso (43 avant J.-C.-17 ou 18 après J.-C.), plus connu sous le nom d'Ovide, avait été un des poètes les plus appréciés par la classe aristocratique au début de l'Empire romain et avait connu la célébrité grâce à des recueils élégiaques tirés de la tradition mythologique et des poètes grecs : *L'Art d'aimer*, *Les Métamorphoses* et *Les Héroïdes*. Eugène Delacroix s'est d'ailleurs servi à plusieurs reprises de ses *Métamorphoses* (cat. 64, 66 et 67). Banni de Rome par l'empereur Auguste, en 8 après J.-C., pour une raison demeurée obscure, Ovide fut envoyé en exil aux confins de l'Empire, à Tomis, dans l'actuelle Roumanie, sur les bords de la mer Noire. Dans cette région vivait alors un peuple de guerriers et de cavaliers sauvages, de langue iranienne, les Scythes, établis dès le XIIᵉ siècle avant J.-C. dans les régions s'étendant entre le Danube et le Don. Ovide demeura parmi eux jusqu'à sa mort, implorant, sans succès, son pardon et rédigeant ses ultimes et superbes textes poétiques, comme *Les Tristes* et *Les Pontiques*.

Inspiré par cet épisode rarement traité de l'histoire littéraire antique, Eugène Delacroix a choisi de mettre en scène, dans son décor pour le palais Bourbon, puis dans ce tableau qui reprenait le même sujet – nous ne pouvons parler de réplique, en raison des variantes fondamentales de composition par rapport à la première version du thème –, l'accueil des Barbares scythes, lorsque Ovide, venant d'arriver sur les côtes roumaines, se désespère de son exil : « Ovide en exil chez les Scythes. Les uns l'examinent avec curiosité, les autres lui font accueil à leur manière et lui offrent des fruits sauvages, du lait de jument, etc... » (texte du livret du Salon de 1859, nº 822).

Afin de résumer les diverses réactions des Scythes découvrant le poète romain, aisément reconnaissable dans la partie gauche du tableau, légèrement décentré, allongé et vêtu d'une sorte de toge, le peintre a placé, au premier plan de sa composition, plusieurs groupes de personnages : à gauche, un enfant avec un gros chien regarde Ovide avec curiosité ; au centre, deux bergers ou chasseurs et une femme tenant un enfant lui parlent et lui proposent à manger ; à l'avant du tableau, sur la droite, un homme trait une jument pour en donner le lait à Ovide ; à la droite de la composition, deux bergers assis commentent la scène ; dans le lointain, au centre gauche du tableau, un cavalier et un homme à pied s'avancent vers le poète.

La disposition des personnages a visiblement été travaillée avec soin. Delacroix a recherché, en structurant les figures dans une composition en frise, savamment équilibrée et placée à l'avant-plan de l'œuvre, une harmonie esthétique et mentale composée dans l'esprit des tableaux de la Renaissance italienne ou, plus nettement encore, des paysages de Nicolas Poussin, comme le *Paysage avec un homme tué par un serpent* (Londres, The National Gallery) ou le *Paysage avec Orphée et Eurydice* (Paris, musée du Louvre), dont il a d'ailleurs repris les proportions des personnages par rapport au paysage.

Le décor de la scène participe lui aussi pleinement de la poésie étrange et sereine qui se dégage de cette toile. Le paysage a sans doute été inspiré par des souvenirs marocains – que paraissent évoquer les montagnes sauvages de l'arrière-plan – ou, comme l'ont suggéré les commissaires de l'exposition d'Édimbourg et de Londres en 1964, imaginé à partir d'un des paysages illustrant les récits des voyages de James Cook (1728-1779) dans l'Océan pacifique, paysages dont Delacroix aurait mentionné l'intérêt sur un des croquis correspondant à ce tableau.

Exposé au Salon de 1859, pour lequel Delacroix a sélectionné plusieurs œuvres fort différentes dans leur iconographie et leur esthétique, *Ovide chez les Scythes* fut en définitive une des œuvres les mieux accueillies par la critique cette année-là – malgré quelques remarques négatives concernant les proportions des personnages du premier plan –, alors que le peintre fut par ailleurs attaqué violemment pour le reste de son envoi à l'exposition annuelle. Ainsi, hormis les commentaires de Paul de Saint-Victor, qui fulminait contre cette « bête gigantesque qui encombre le premier plan », animal ressemblant pour lui à « la jument du Cheval de Troie », les réactions à cette œuvre furent plutôt positives, à l'exemple du jugement enthousiaste de Paul Mantz, qui louait « l'un des plus beaux, l'un des plus poétiques paysages qu'ait jamais transfigurés son rêve », tout en regrettant par ailleurs certains partis étranges de la composition.

Mais la critique la plus pertinente et poétique rédigée au sujet de ce tableau demeure sûrement la longue dissertation publiée par Charles Baudelaire dans la *Revue française*, un des plus beaux textes consacrés à Eugène Delacroix par le poète, qui a parfaitement compris l'importance constitutive du thème proposé dans *Ovide en exil* : « Le voilà couché sur des verdures sauvages, avec une mollesse et une tristesse féminines, le poète illustre qui enseigna l'art d'aimer. Ses grands amis de Rome sauront-ils vaincre la rancune impériale ? Retrouvera-t-il un jour les somptueuses voluptés de la prodigieuse cité ? Non, de ces pays sans gloire s'épanchera vainement le long et mélancolique fleuve des *Tristes* ; ici il vivra, ici il mourra. [...] Tout ce qu'il y a dans Ovide de délicatesse et de fertilité a passé dans la peinture de Delacroix ; et, comme l'exil a donné au brillant poète la tristesse qui lui manquait, la mélancolie a revêtu de son vernis enchanteur le plantureux paysage du peintre. Il m'est impossible de dire : Tel tableau de Delacroix est le meilleur de ses tableaux ; car c'est toujours le vin du même tonneau, capiteux, exquis, *sui generis* ; mais on peut dire qu'*Ovide chez les Scythes* est une de ces étonnantes œuvres comme Delacroix seul sait les concevoir et les peindre. L'artiste qui a produit cela peut se dire un homme heureux, et heureux aussi se dira celui qui pourra tous les jours en rassasier son regard. L'esprit s'y enfonce avec une lente et gourmande volupté, comme dans le ciel, dans l'horizon de la mer, dans des yeux pleins de pensée, dans une sentence féconde et grosse de rêverie. »

Quoi qu'il en soit, malgré les paroles enflammées et réconfortantes de Baudelaire, Eugène Delacroix fut profondément blessé du mauvais accueil reçu par ses œuvres cette année-là et, lorsqu'il recopia dans son carnet, à la date du 25 août 1859, la préface de la première édition des œuvres de Boileau, il songeait sûrement à sa propre expérience en écrivant : « J'avoue néanmoins, et on ne le saurait nier, que quelquefois, quand d'excellents ouvrages viennent à paraître, la cabale et l'envie trouvent moyen de les rabaisser et d'en rendre en apparence le succès douteux ; mais cela ne dure guère, et il en arrive de ces ouvrages comme d'un morceau de bois qu'on enfonce dans l'eau avec la main : il demeure au fond tant qu'on l'y retient, mais bientôt la main venant à se lasser, il se relève et gagne le dessus » (*Journal* p. 741).

V. P.

96. *Amadis de Gaule délivre la demoiselle prisonnière du seigneur de Galpan*
ou *Amadis de Gaule délivre la princesse Grindaloia, prisonnière du château d'Arcalaüs à Valderin*

1860
Huile sur toile ; 0,546 x 0,654 m
Signé et daté en bas à gauche : *Eug. Delacroix 1860*
Richmond, Virginia Museum of Fine Arts, The Adolph D. et Wilkins C. Williams Fund (57.1)

Le récit épique *Amadis de Gaule* – parfois intitulé *Amadis de Galles* – fut un des textes les plus célèbres en Europe dès la fin du Moyen Âge. Longtemps attribué au poète portugais Vasco de Lobeira – surtout pour les quatre premiers livres qui racontent les aventures du chevalier Amadis, les neuf autres livres détaillant la destinée de ses descendants –, il fut publié en fait pour la première fois sous sa forme définitive, en langue espagnole, à Saragosse en 1508 par l'écrivain Garcia Rodriguez de Montalvo, sous le titre original de *Los Quatro libros del virtuoso cavalerro Amadis de Gaula*. On admet aujourd'hui que les aventures chevaleresques de cet invincible et généreux guerrier ont été inspirées à Rodriguez de Montalvo par une tradition médiévale espagnole – ou peut-être provençale – et que ce dernier aurait combiné des textes anciens, datant sans doute du milieu du XIVe siècle, adaptés lointainement des exploits du chevalier Lancelot contés au XIIe siècle par le Français Chrétien de Troyes. Ainsi, la traduction espagnole du *De regimine principum* d'Egidio Colonna, par exemple, comportait déjà dès 1350 de nombreuses allusions directes aux exploits d'Amadis.

Comme l'ont d'ailleurs prouvé la fréquence des traductions successives – le texte fut édité pour la première fois en français par Nicolas de Herbelay au début du XVIe siècle – et, surtout, l'adapation lyrique faite par Jean-Baptiste Lully pour un opéra créé avec succès en 1684 à la cour de Versailles, la renommée de ce texte avait largement dépassé, dès le XVIIe siècle, les frontières de la péninsule Ibérique, avant de s'imposer à travers les âges comme un des textes de chevalerie par excellence.

Selon Lee Johnson, il est vraisemblable qu'Eugène Delacroix a découvert ce récit, dont la très belle qualité littéraire ne pouvait que l'enthou-siasmer, dans la traduction du comte de Tressan, éditée en 1779, qui demeurait encore au milieu du XIXe siècle la plus raffinée. Cependant, même s'il a proposé avec ce tableau un thème extrêmement rare, peu ou pas développé auparavant par les beaux-arts, Delacroix suivait malgré tout la mode d'une saison littéraire : une version populaire de ce texte était justement publiée en 1859 sous le titre évocateur du *Chevalier de la mer (Première série d'Amadis de Gaule. Réimpressions des romans de chevalerie..., sous la direction d'Alfred Delvau, Paris, 1859)*. L'acquéreur de cette toile, le marchand Cachardy, avait peut-être justement une passion pour ce texte, que l'on pouvait alors redécouvrir aisément en librairie, ou pour les récits médiévaux que la mode « troubadour », puis romantique, avait imposés dès 1800. Cependant, il semble que l'inspiration initiale de Delacroix pour cette œuvre lui ait été toute personnelle : cette toile est en effet signalée pour la première fois le 6 août 1859 par ce marchand de tableaux, qui la découvrit dans l'atelier du peintre, l'acquit et la revendit sans doute ensuite à Claudius Gérantet, un collectionneur stéphanois : « Je n'ai point oublié, lors de ma dernière visite chez vous, que vous avez eu la bonté de me promettre pour le courant de cet été un tableau qui était commencé, un sujet tiré d'*Amadis*, je crois. Cette toile me plaisait. J'en ai gardé le souvenir et je viens vous demander si, confiant dans votre parole, je dois espérer bientôt de vos nouvelles. Je suis toujours impatient quand il s'agit de posséder une de vos œuvres » (lettre inédite de Cachardy à Delacroix, 6 août 1859 ; archives Piron ; Paris, archives des Musées nationaux). Le 27 novembre de la même année, Delacroix n'avait toujours pas livré le tableau que Cachardy lui réclamait et dont il négociait de plus avec âpreté le prix définitif : « Je suis cependant dans l'âge de raison, les passions chez moi devraient être affaiblies. Et bien, chaque fois que je vois un de vos tableaux, je suis transporté, et je le couvrirai d'or si je le pouvais et si vous l'exigiez, mais rentré chez moi, je suis forcé de consulter mes ressources et mon budget. C'est pour vous dire, cher monsieur, que ma sagesse avait (je vous l'ai dit) économisé 2 000 fr. pour votre marché. Si il [*sic*]

vous est impossible de donner votre tableau pour cette somme, il m'est difficile d'aller au-delà. Si vous me refusez, j'aurai de la peine, et je crois que s'il y a sacrifice, il doit être du côté de celui qui possède… » (lettre inédite du marchand Cachardy à Delacroix, 27 novembre 1859 ; archives Piron ; Paris, archives des Musées nationaux). Le 20 décembre, l'affaire était faite.

Enfant naturel de parents de la plus haute noblesse – son père étant roi de France et sa mère reine de la « Petite Bretagne » –, Amadis de Gaule représente un des plus beaux exemples de preux chevalier, valeureux, juste, combattant l'injustice et défendant les pauvres, et, comme il se doit, amoureux d'une jeune femme douce et belle, Oriana, la fille du roi du Danemark, qu'il a connue à l'âge de douze ans et pour laquelle il doit accumuler les

épreuves et les pénitences courtoises afin de conquérir son affection. Surnommé tour à tour le « chevalier du lion » ou le « beau ténébreux », Amadis voyage beaucoup, combattant sans cesse les guerriers les plus redoutables et traversant des épreuves initiatiques insurmontables, dont il sort à chaque fois plus fort, courageux et fidèle. Cependant, malgré son amour sans faille pour son éternelle fiancée, Amadis consacre aussi une partie de son temps et de son énergie à sauver de troublantes et mystérieuses jeunes filles, enlevées ou violentées par de sombres chevaliers. Ainsi, il délivre la belle princesse Grindaloia, prisonnière du château d'Arcalaüs à Valderin, et il venge une autre demoiselle en détresse, déshonorée par le traître Galpan – que le valeureux Amadis s'empresse de décapiter. Quelle que soit sa connaissance du texte original, Eugène

Delacroix semble, comme l'a remarqué Lee Johnson dès 1962, avoir confondu deux extraits du roman en arrêtant les choix narratifs de son tableau. En effet, dans une jolie lettre écrite au premier propriétaire de cette œuvre, Claudius Gérantet, le peintre résumait ainsi son sujet : « Mon cher Monsieur, je vous remercie beaucoup de votre attention. Je suis moi-même un peu indisposé et il m'eut été difficile d'aller vous voir. Je suis très heureux que le tableau vous plaise : vous ne pouviez rien m'annoncer qui me fût plus agréable : ne pas le vernir, même légèrement, est tout ce que je souhaite. Votre dévoué serviteur, Eug. Delacroix. Voici le sujet du tableau : Amadis de Gaule s'empare du château du traître Galpan et délivre la princesse qui y était enfermée » (lettre de Delacroix à Claudius Gérantet, 4 janvier 1860, transcrite par Alfred Robaut et conservée dans le Robaut annoté, à Paris, Bibliothèque nationale de France).

En comparant le texte original d'*Amadis de Gaule* et le tableau de Delacroix, Lee Johnson a fort justement signalé que la jeune fille vengée par Amadis dans cet épisode, rencontrée sur une route de campagne, n'était pas retenue à l'intérieur du château de Galpan et qu'elle n'était nullement une princesse. En revanche, dans un autre chapitre du livre I du roman, l'épisode de la délivrance de Grindaloia, retenue prisonnière, enchaînée, dans un château que le chevalier a dû conquérir après d'héroïques combats, apparaît nettement plus proche de la mise en scène du tableau de Delacroix.

D'ailleurs, le peintre avait scrupuleusement noté, dix ans plus tôt, l'éventualité d'utiliser ce passage du roman pour un tableau : « *Parmi les prisonniers qu'il délivre, après avoir massacré la garde, Amadis trouve une jeune personne couverte de haillons et attachée à un poteau. Dès qu'il l'eut délivrée, elle embrassa ses genoux* » (*Journal*, sans date [vers 1850-1852], p. 873*)*. Il semble donc que, volontairement ou non, Eugène Delacroix a mélangé deux extraits du récit chevaleresque, peut-être parce que, ne possédant plus le texte original chez lui, il n'avait qu'un souvenir lointain et déformé de ses nombreux rebondissements narratifs, ou bien parce qu'il avait délibérément choisi de fondre deux épisodes en un seul, par simple efficacité iconographique et dramatique.

Le peintre a sans doute commencé à mûrir son tableau au moins deux ans avant de l'avoir signé et vendu, puisqu'il en mentionnait le sujet dans son *Journal* – cette fois de manière nettement plus fidèle au récit initial – à la date du 23 mai 1858 : « *La dame infortunée aux pieds d'Amadis* dans le sac du château » (p. 720).

Ayant peint une architecture médiévale qui sert de décor à la scène, dans le même esprit que celle de *L'Enlèvement de Rébecca* (cat. 91), exposé au Salon l'année précédente, Delacroix a visiblement cherché à animer sa composition par plusieurs groupes de soldats combattant, placés à des distances très variées, afin d'accentuer la profondeur de l'espace pictural. Mais, en plus de ces scènes mouvementées et expressives, de la composition calculée et de la virtuosité de traitement des quelques accessoires placés, comme au hasard, au premier plan de l'œuvre, le peintre a surtout travaillé l'attitude des deux acteurs principaux de la scène : Amadis, debout, et la jeune fille qu'il relève, agenouillée, encore enchaînée, aux vêtements déchirés qui révèlent une carnation lumineuse et sensuelle. Un dessin préparatoire, conservé au musée du Louvre (département des Arts graphiques, RF 9736), témoigne d'ailleurs du soin apporté par Delacroix à l'exécution de ces deux figures, derrière lesquelles on devine, gisant à terre, le cadavre d'un homme qui rappelle la lutte accomplie par le chevalier pour arriver jusqu'à la prisonnière.

Indépendamment d'un certain conformisme esthétique et iconographique et de ce choix d'un sujet quelque peu naïf et maniéré, quoique rare, Delacroix, qui n'a pas hésité dans cette œuvre à faire d'évidentes concessions au goût pour un Moyen Âge légendaire apprécié par certains bourgeois de son époque, y a intégré cependant de jolis effets chromatiques, tels que les deux taches d'un rouge violent des justaucorps de deux soldats, situés de part et d'autre d'Amadis et de Grindaloia, qui valorisent l'opposition raffinée du bleu du vêtement du chevalier et du rouge orangé de la jupe de la jeune femme.

V. P.

97. *Démosthène harangue les flots de la mer*

1859

Huile sur papier marouflé sur bois ;

0,490 x 0,595 m

Signé et daté en bas à gauche sous le rocher :

Eug. Delacroix. 1859.

Dublin, The National Gallery of Ireland

(Inv. 964)

À partir de 1850, Eugène Delacroix a fréquemment été sollicité par des marchands ou par des amateurs afin de peindre des répliques, réduites et comportant des variantes plus ou moins nombreuses, des décors qu'il avait exécutés pour divers monuments publics de Paris (voir cat. 64 et 95). Ainsi a-t-il été amené à reprendre, peut-être pour le marchand Francis Petit qui possédait cette œuvre en

1860, le thème de *Démosthène harangue les flots de la mer*, un sujet déjà traité dans un des pendentifs de la bibliothèque du palais Bourbon, placé dans la partie de ce décor consacrée aux allégories de la Législation et de l'Éloquence (voir cat. 95).

Le Grec Démosthène (384-322 av. J.-C.), qui avait connu tant de difficultés d'élocution avant de devenir un avocat et un orateur réputé, ainsi qu'un des plus importants hommes politiques d'Athènes – il osa s'opposer à Philippe de Macédoine, puis à son fils Alexandre le Grand –, incarnait à merveille pour Delacroix ces thèmes qu'il avait choisi de mettre en scène dans le décor de la Chambre des députés. En 1847, à l'inauguration de cette imposante décoration, qu'il avait débutée presque dix ans auparavant, le peintre avait d'ailleurs commenté ainsi le pendentif qui allait servir de modèle à ce tableau : « Démosthène harangue les flots de la mer pour s'aguerrir au tumulte et à l'agitation des

assemblées du peuple d'Athènes. Il est debout, à peine enveloppé d'un manteau, que le vent furieux élève autour de sa tête. Cachés à moitié par les rochers, deux jeunes paysans l'observent avec surprise. »

En dépit de la rareté iconographique de ce sujet, la réplique de 1859 comporte de nombreuses différences par rapport au décor de 1847, à commencer par son format – ici rigoureusement rectangulaire, tandis que le décor suivait bien entendu une architecture polygonale –, l'importance donnée au ciel et au paysage, cette fois nettement lyriques, et l'attitude de Démosthène, qui se rapproche davantage dans cette seconde version de l'iconographie traditionnelle utilisée pour l'épisode évangélique du Christ marchant sur les eaux, iconographie évoquée de manière encore plus évidente dans le dessin préparatoire de ce tableau conservé au musée du Louvre (fig. 1).

Delacroix a repris plusieurs fois, au même moment, cet épisode de la carrière de Démosthène et nous en connaissons aujourd'hui au moins deux autres répliques (coll. part. ; Johnson, t. III, 1986, nos 347 et R48, cette deuxième version ayant été considérée par Lee Johnson comme une réplique d'atelier).

Lors de la découverte par le public de cette nouvelle œuvre inspirée par le décor du palais Bourbon au moment de l'exposition du boulevard des Italiens, où Delacroix montrait plusieurs tableaux récents, Théophile Gautier en a surtout admiré le paysage : « Une des plus admirables marines que nous sachions. Ce serait, dit-on, une étude d'après nature, où le peintre aurait ajusté après coup une figure antique pour en faire le tableau ! La mer ondoie, se brise, écume, retentit et fait de son mieux pour

couvrir la voix de l'orateur. » Et, au même moment, Zacharie Astruc ne pouvait retenir un naïf et sympathique cri d'admiration : « Qui fera comprendre comme Delacroix la grande voix de l'Océan ! Il est le poète des philosophies et des crises de la nature. »

V. P.

98. *Ugolin et ses fils*

1856-1860
Huile sur toile ; 0,50 x 0,61 m
Signé et daté en bas à droite : *Eug Delacroix 1860.*
Copenhague, Ordrupgaard

Au terme de sa carrière, trois années avant sa mort, trente-huit ans après avoir exposé au Salon de 1822 *La Barque de Dante* (Paris, musée du Louvre) et juste vingt ans après le succès de *La Justice de Trajan* (Rouen, musée des Beaux-Arts), Eugène Delacroix retrouvait avec ce tableau un des auteurs favoris de sa jeunesse, l'Italien Dante Alighieri (1265-1321). Certes, il est extrêmement délicat d'établir, dans les circonstances qui ont participé à l'élaboration de cet *Ugolin et ses fils,* peint pour le marchand Estienne (*Journal*, 14 avril 1860, p. 780), la distinction entre les motivations commerciales du peintre, les pulsions de son inspiration personnelle et le désir de visiter de nouveau les thèmes de sa jeunesse. Mais on perçoit tout de même, à travers la vigueur de la mise en scène et la virtuosité de la facture de cette toile, une étrange similitude avec les engagements romantiques passés de son auteur, comme si Delacroix souhaitait une dernière fois retrouver le souffle exalté et les excès dramatiques de 1830, qu'il avait partiellement rejetés avec la maturité et l'exécution des grandes commandes décoratives.

Ce thème de la mort dramatique d'Ugolin, tiré de *L'Enfer* de Dante, semble avoir littéralement obsédé le peintre durant quinze ans, puisque nous apprenons, grâce au *Journal*, qu'il travaillait déjà au mois de juin 1847 à un tableau inspiré de ce sujet, sans que l'on sache d'ailleurs s'il faisait référence à celui-ci ou à une version précédente. En effet, Lee Johnson a signalé que certaines des citations du *Journal*, parsemé jusqu'en 1850 de mentions rapides, régulières et précises à propos de l'exécution d'un *Ugolin*, pouvaient être mises en relation avec un autre tableau – sans doute d'ailleurs une première version de ce sujet, ayant peut-être appartenu à Paul

Tesse et qui pourrait être datée de 1849 : « Repris du goût pour [...] *Ugolin* » (29 juin 1847, p. 159) ; « Repris l'*Ugolin* ; fait quelques changements qui feront mieux » (3 février 1849, p. 174) ; « Travaillé [...] à l'*Ugolin* » (17 juin 1849, p. 197) ; « Travaillé ce jour, hier et avant-hier au *comte Ugolin* » (6 mai 1850, p. 235). Une étrange lettre adressée par le marchand Estienne à Delacroix (non datée, inédite ; archives Piron ; Paris, archives des Musées nationaux) apporte un éclairage supplémentaire quant à cette œuvre : « Ce matin, j'ai oublié de vous prier de ne pas dire à M. Tesse quand il ira vous voir que vous me faites deux tableaux, ainsi s'il les voit, vous aurez la complaisance de ne pas lui dire qu'ils sont pour moi parce que je ne veux pas lui vendre un de ceux-là. »

Rappelant que Cantaloube avait signalé en 1864 l'existence de deux versions de cette œuvre, Johnson a de plus remarqué que le dessin conservé au musée du Louvre (fig. 1), généralement considéré comme une étude préparatoire pour le tableau de Copenhague, révèle des différences trop importantes par rapport à lui et devrait donc plutôt être rapproché d'une première version de ce sujet, aujourd'hui non localisée.

Fig. 1
Eugène Delacroix, *Ugolin et ses fils*, esquisse, 1850-1860, plume, encre brune et mine de plomb sur papier calque, Paris, musée du Louvre, département des Arts graphiques.

Il devient alors possible de rattacher deux autres mentions du *Journal*, plus tardives, avec ce tableau, daté quant à lui de 1860, ce qui implique que cette seconde version aurait été commencée par Delacroix autour de 1856, si l'on prend en compte la note du 4 juillet 1856, dans laquelle le peintre signale : « Je remonte dans ce seul jour le tableau de l'*Herminie* [...]. La veille, ç'avait été celui d'*Ugolin* » (p. 588) ; et son exécution aurait été achevée au mois de juin 1860, comme le confirme un autre extrait du *Journal* : « Ce que j'ai fait dans l'espace de trois semaines ou un mois et davantage jusqu'à ce

moment 14 juin [*sic*]… est incroyable. J'ai fini pour Estienne […] *Ugolin* » (14 avril 1860, p. 780).

C'est un épisode cruel et dramatique de *L'Enfer* de Dante, le chant XXXIII, que Delacroix a choisi de mettre en scène : l'histoire du comte Ugolino della Gherardeschi – ou Ugolino della Gheradesca –, mort en 1288. Ce personnage historique, tyran pisan affilié au parti des gibelins qu'il avait trahi au profit des guelfes – aux côtés desquels Dante s'était lui-même rangé durant ses dernières années – afin de s'emparer du pouvoir dans la ville de Pise, était demeuré dans les mémoires comme un des plus sanguinaires hommes politiques d'Italie. Accusé de trahison par son principal adversaire, l'archevêque de Pise Ruggiero Degli Ubaldini, Ugolin fut arrêté et enfermé dans une tour avec ses enfants et ses neveux pour y mourir de faim.

Lors de leur promenade imaginaire à travers les enfers, Dante et Virgile, qui croisent de nombreuses figures de damnés, rencontrent Ugolin qui leur raconte les derniers jours d'horreur dans l'attente de la mort : « Quand je fus réveillé avant l'aurore, j'entendis mes enfants, qui étaient avec moi, pleurer en dormant et demander du pain. […] Déjà ils étaient réveillés, et l'heure approchait où l'on nous apportait notre nourriture, et chacun de nous tremblait de son rêve, quand j'entendis clouer sous moi la porte de l'horrible tour ; alors je regardai fixement mes enfants sans prononcer un mot. Je ne pleurais pas ; mon cœur était devenu de pierre. […] Comme un faible rayon se fut glissé dans la prison douloureuse, et que j'eus reconnu mon propre aspect sur leurs quatre visages, je me mordis les deux mains de douleur, et mes enfants croyant que c'était de faim, se levèrent tout à coup en disant : "O père ! il nous sera moins douloureux si tu manges de nous ; tu nous as vêtus de ces misérables chairs, tu peux nous en dépouiller." Alors, je m'apaisai pour ne pas les contrister davantage. […] Lorsque nous atteignîmes le quatrième jour, Gaddo se jeta étendu à mes pieds en disant : "Tu ne m'aides pas, mon père !" Là il mourut, et comme tu me vois, je les vis tomber tous les trois, un à un entre le cinquième et le sixième jour, et je me mis, déjà aveugle, à les chercher à tâtons l'un après l'autre, et je les appelais pendant trois jours alors qu'ils étaient déjà morts… Puis la faim emporta la douleur. »

Dans ce récit halluciné et sans espoir, où le père finit par manger la chair de ses enfants morts avant de mourir lui-même, Delacroix a retenu l'instant précis où un des fils, le jeune Gaddo, se jette aux pieds de son père avant de mourir, marquant le commencement de la longue agonie, à la fois physique et morale, d'Ugolin. Composé avec force et doté d'un puissant sens dramatique, le tableau rappelle de manière évidente certaines œuvres de jeunesse de Delacroix, comme *Le Prisonnier de Chillon* (fig. 2), sujet tiré des poèmes de Lord Byron pour le duc et la duchesse d'Orléans en 1834, ou *Le Tasse dans la maison des fous* (Winterthur, coll. Oskar Reinhart), exposé au Salon de 1839. Comme dans ces deux œuvres, dont les univers thématiques et esthétiques étaient nettement romantiques, Delacroix a retenu pour son *Ugolin* des choix lumineux contrastés : la pièce est plongée dans la pénombre d'où émergent, seules et pathétiques, les figures désespérées des personnages, éclairées par une fenêtre située à gauche de la pièce. Les corps d'Ugolin et de trois des enfants sont savamment disposés par Delacroix dans la partie inférieure gauche du tableau, chacun étant peint dans une posture différente, évoquant un état psychologique : tandis que Gaddo implore son père, un autre adolescent, les bras en croix, semble déjà mort et un autre est recroquevillé sur lui-même aux pieds de son père, comme écrasé par la douleur ; le quatrième enfant s'est isolé dans l'ombre au fond de la cellule à droite, souffrant seul loin de sa famille.

Dans l'esprit de ses œuvres de jeunesse, ce sont donc essentiellement l'expression corporelle des personnages, l'évocation de leurs douleurs physiques et mentales et la théâtralisation de l'action que Delacroix a privilégiées dans ce tableau. Il est vrai qu'il pouvait difficilement échapper à la tradition romantique d'un sujet déjà peint par deux des précurseurs de ce courant esthétique dont il fut très proche durant sa jeunesse, Antoine Jean Gros et Théodore Géricault, et qui allait être traité deux ans plus tard par un des sculpteurs les plus romantiques de la nouvelle génération, Jean-Baptiste Carpeaux (1827-1875).

V. P.

V

LA LEÇON MAROCAINE

« Mon cher ami, Je suis en train de courir pour un assez grand projet. Je serai probablement parti pour [le] Maroc la semaine prochaine. Ne riez pas trop, c'est très vrai. Je suis donc très ahuri » *(Correspondance*, t. I, p. 502*)*. En écrivant ces lignes à son ami Frédéric Villot, le 8 décembre 1831, Delacroix, qui venait d'être sollicité au débotté pour accompagner le comte Charles de Mornay, envoyé par le roi Louis-Philippe auprès de l'empereur du Maroc, Moulay Abd er-Rhaman, n'était nullement conscient des répercussions qu'allait avoir sur son œuvre à venir cet expatriement temporaire. Mais l'imprévu de l'invitation l'excitait au plus haut point, lui dont l'imagination avait été durablement séduite dès sa jeunesse par les féeries d'un Orient plus ou moins imaginaire.

S'il ne saurait être question de revenir en détail sur les multiples péripéties d'un séjour qui dura près de six mois (de fin janvier à juin 1832) et qui a fait l'objet d'une exposition organisée à Paris à l'Institut du monde arabe en 1994-1995, du moins convient-il de rappeler que l'ambassade dépêchée au Maroc avait pour mandat de clore plusieurs dossiers brûlants. Parmi ceux-ci, le plus urgent concernait le tracé des frontières, source de conflit permanent entre les deux pays depuis la récente occupation de l'Algérie par la France. L'objectif fut partiellement atteint mais les tensions demeurèrent si vives que seule une confrontation militaire devait parvenir à les dissiper ultérieurement. Tout avait concouru, d'ailleurs, à rendre aléatoire la mission de Charles de Mornay. À peine les Français avaient-ils posé le pied sur le sol marocain (25 janvier 1832) que le début du ramadan les empêchait de se mettre en route pour Meknès, où se trouvait l'empereur. Lorsque l'autorisation de partir fut enfin accordée (15 février 1832), l'annonce, dix jours plus tard, du décès du frère du souverain, Moulay Meimoun, devant Marrakech, remit tout en question, la cour marocaine ayant pris le deuil. Et si, le 5 mars, la mission pouvait enfin prendre la route, c'était solidement encadrée par une troupe de cent à cent vingt cavaliers de la garnison de Tanger, car les régions parcourues n'étaient pas sûres. À l'arrivée à Meknès, le 15 mars, survint un autre contretemps qui allait mettre les nerfs du diplomate à rude épreuve. Par ordre de Moulay Abd er-Rhaman, peu enclin à courir le risque d'une confrontation périlleuse entre la députation de Tlemcen venue lui faire acte d'allégeance et les envoyés du roi des Français, ceux-ci furent assignés à résidence. Le 22 mars, l'audience tant attendue fut enfin accordée, permettant aux négociations de débuter : il ne fallut pas moins de onze conférences pour parvenir à une promesse d'accord, promesse qui ne fut définitivement confirmée qu'au début du mois de juin, alors que Mornay et ses compagnons avaient regagné Tanger le 12 avril ! Le 10 juin, la mission quittait le Maroc à bord du même bateau qu'à l'aller *(La Perle)* et faisait escale à Oran, puis à Alger, avant d'arriver le 5 juillet à Toulon, où les règles sanitaires la contraignirent à rester cloîtrée dans le lazaret jusqu'au 20 juillet.

Comme il n'était lié par aucune obligation officielle, Delacroix eut toute latitude pour assouvir la curiosité qui s'empara de lui dès son arrivée à Tanger : « Je viens de parcourir la ville. Je suis étourdi de tout ce que j'ai vu […]. Nous avons débarqué au milieu du peuple le plus étrange. Le pacha de la ville nous a reçus au milieu de ses soldats. Il faudrait avoir vingt bras et quarante-huit heures par journée pour faire passablement et donner une idée de tout cela » (lettre à Pierret, 25 janvier 1832 ; *Correspondance*, t. I, p. 307). Au fur et à mesure des journées qui s'écoulaient dans l'attente d'un message de l'empereur, le peintre se familiarisait avec les mœurs d'un pays riche de traditions séculaires. Stimulé et émerveillé par tout ce qu'il découvrait, il s'efforça de ne rien oublier, ainsi que l'atteste l'accumulation de notes et de croquis qui font de ses carnets un journal illustré remarquablement vivant : « Je m'insinue petit à petit dans les façons du pays, de manière à arriver à dessiner à mon aise bien de ces figures de Maroc. Leurs préjugés sont très grands contre le bel art de la peinture, mais quelques pièces d'argent par-ci par-là arrangent leurs scrupules. Je fais des promenades à cheval aux environs qui me font un plaisir infini, et j'ai des moments de paresse délicieuse dans un jardin aux portes de la ville, sous des profusions d'orangers en fleurs et couverts de fruits » (lettre à Pierret, 8 février 1832 ; *Correspondance*, t. I, p. 310-311).

Cette éducation de l'œil et des sens, Delacroix l'a poursuivie au rythme des étapes et des multiples incidents qui émaillèrent le trajet entre Tanger et Meknès. Malgré la fatigue et l'inconfort, le peintre n'a pas perdu un seul détail du panorama grandiose qui se déroulait devant lui, dessinant rapidement, parfois même sur le pommeau de la selle, les contours bleutés ou violâtres – selon l'heure – des montagnes de l'Atlas, les mouvements des cavaliers, l'effervescence de l'installation des campements et le désordre bruyant des courses de poudre (fantasias)… Dès que l'autorisation de circuler librement dans Meknès fut accordée et malgré l'hostilité des habitants – « Vous êtes entouré d'une foule exécrable à qui l'habit et la figure de chrétien sont exécrables et qui vous dit au nez toutes les injures possibles » (lettre à Armand Bertin, 2 avril 1832 ; *Correspondance*, t. I, p. 327) –, Delacroix n'a eu de cesse d'arpenter la ville, comme il l'avait fait précédemment à Tanger. S'il n'a pu qu'esquisser à la hâte l'apparition de Moulay Abd-er-Rahman sur la grande place, il s'est hasardé à franchir les portes de Meknès pour se promener à cheval à travers champs, lorsqu'il n'allait pas chercher sur les terrasses du quartier juif *(Mellah)*, non loin du Palais royal, les points de vue les plus intéressants. L'animation des marchés et des rues finit par ne plus avoir de secrets pour lui.

Sur le chemin du retour, identique à celui de l'aller, Delacroix a noté les changements qui s'étaient opérés dans la végétation, que le printemps avait colorée à profusion : « Traversé beaucoup de montagnes ; grandes places jaunes, blanches, violettes de fleurs (6 avril 1832) ; « Fleurs sans nombre de mille espèces formant les tapis les plus diaprés » (8 avril) ; « Beau pays montagnes très bleues violettes à droite. Montagnes violettes le matin et le soir. Bleues dans la journée. Tapis de fleurs jaunes, violettes avant d'arriver à la rivière de Whad el Maghazin. […] très belles montagnes bleues à gauche plaine à perte de vue, tapis de fleurs blancs, jaunes clair, jaune foncé, violets » (notes de l'album conservé à

Paris, musée du Louvre, département des Arts graphiques, RF 1712 *bis*, fᵒˢ 28 recto, 29 recto, 30 recto ; M. Sérullaz, t. II, 1984, nᵒ 1756, repr.).

Jusqu'au jour du départ définitif pour la France, s'adonnant à son exercice quotidien – le dessin –, Delacroix a largement profité de l'hospitalité de la communauté juive de Tanger pour enrichir son répertoire de formes et de couleurs : costumes et bijoux, boiseries ou mosaïques aux tons intenses décorant l'intérieur des maisons, rituels des cérémonies traditionnelles, rien n'a été oublié. Mais la découverte essentielle de ce séjour fut la lumière – qu'il avait eu bien du mal au début à supporter : « Quoique le soleil ne soit pas encore très fort, l'éclat et la réverbération des maisons qui sont toutes peintes en blanc me fatiguent excessivement » (lettre à Pierret, 8 février 1832 ; *Correspondance*, t. I, p. 310). Au Maroc, Delacroix a eu la révélation des rapports existant entre la lumière et la couleur. Frappé par l'éclat des blancs d'un mur peint, d'une faïence, d'un marbre, d'une étoffe ou même des arbres en fleurs, l'artiste a perçu également la subtilité des interférences entre l'ombre et la lumière ainsi que l'importance des reflets colorés. Toutes ses notes montrent à quel degré sa vision a gagné sur ce point en acuité : « L'ombre des objets blancs, très reflétée en bleu. Le rouge des selles et du turban presque noir », « observé les ombres que forment les étriers et les pieds. Ombre toujours dessinant le contour de la cuisse et de la jambe en dessous. [...] l'étrier et l'agraphe [*sic*] du poitrail très blanc sans brillant. Cheval gris. Bride à la tête velours blanc usé » (notes de l'album conservé à Paris, musée du Louvre, département des Arts graphiques, RF 1712 *bis*, fᵒˢ 5 verso et 31 recto ; M. Sérullaz, t. II, 1984, nᵒ 1756, repr.).

Premier peintre à avoir pénétré au cœur de la civilisation marocaine, Delacroix en a assimilé les multiples facettes. Des événements marquants de son séjour, il a tiré un grand nombre de toiles (Lee Johnson en a catalogué près de soixante-cinq, sans compter celles qui ne sont pas localisées), qui témoignent toutes de l'intensité des impressions ressenties. Conscient d'avoir croisé « à chaque pas des tableaux tout faits qui feraient la fortune et la gloire de vingt générations de peintres » (lettre à Armand Bertin, 2 avril 1832 ; *Correspondance*, t. I, p. 327), il s'est efforcé, jusqu'à son dernier souffle, de transmettre au public parisien son admiration pour un peuple qui lui était apparu comme l'incarnation vivante des héros antiques (cette comparaison revient tel un leitmotiv pendant tout son séjour). Mais l'accueil réservé à ses toiles marocaines ne répondit pas toujours à son attente. Parce qu'il a éliminé de ses compositions tout ce qu'il considérait comme relevant d'un pittoresque trop facile, et parce qu'il a voulu avant tout mettre l'accent sur la grandeur et la noblesse des Arabes qu'il avait côtoyés, le peintre a été en butte à l'incompréhension de tous ceux qui s'attendaient à voir des scènes particulièrement animées et hautes en couleurs. À dire vrai, pour apprécier à leur exacte valeur toutes les toiles sorties du vivier marocain et revivre ainsi en compagnie de Delacroix les moments forts de son aventure africaine, il faut avant tout comprendre dans quel état d'esprit le peintre a travaillé à son retour en France. Contrairement aux artistes qui, après lui, ont voulu coûte que coûte transposer sur la toile, en usant d'artifices, ce qui leur paraissait être les aspects caractéristiques de ces contrées lointaines, inondées de lumière et traversées par des peuplades aux coutumes singulières, Delacroix, sans jamais cesser de recourir à ses souvenirs, a délibérément laissé le pas à son imagination, et ce d'autant plus que s'estompaient dans sa mémoire les détails qu'il avait engrangés soigneusement sur le vif et qu'il jugeait désormais sans intérêt.

Si l'on passe en revue cette partie de son œuvre, une première constatation s'impose : les scènes apaisées, prétextes à d'admirables compositions où l'homme et la nature sont en parfaite harmonie (cat. 103, 105 et 107), l'emportent sur les scènes violentes, belliqueuses, centrées sur des jeux, des luttes ou des combats (cat. 104, 108 et 139). Par ailleurs, les compositions « solaires », brillant d'un éclat intense, sont rares (la première version des *Convulsionnaires de Tanger* constitue à cet égard une exception magistrale). La plupart sont enveloppées par une lumière chaude, parfois assourdie, qui peut surprendre lorsque l'on pense à l'éclat de la lumière méditerranéenne. En fait, au retour d'Afrique du Nord, Delacroix s'intéressa de plus en plus aux incidences que peuvent exercer les rapports des couleurs entre elles, ainsi qu'au jeu des complémentaires et au problème des reflets : « Venez en barbarie, écrivait-il à Frédéric Villot, [...] vous y sentirez [...] la précieuse et rare influence du soleil qui donne à toute chose une vie pénétrante » (lettre du 29 février 1832 ; *Correspondance*, t. I, p. 317).

L'originalité profonde du peintre et la clé de sa démarche, qui en ont déconcerté plus d'un, peuvent se résumer ainsi : ne jamais décrire, suggérer seulement, à partir d'éléments empruntés au prestigieux répertoire de formes et de couleurs accumulées pendant six mois, mais transformés par le pouvoir du rêve et de l'émotion : « Je n'ai commencé à faire quelque chose de passable, dans mon voyage d'Afrique, qu'au moment où j'avais assez oublié les petits détails pour ne me rappeler dans mes tableaux que le côté frappant et poétique ; jusque-là, j'étais poursuivi par l'amour de l'exactitude, que le plus grand nombre prend pour la vérité » (*Journal*, 17 octobre 1853, p. 369).

Arlette Sérullaz

99. *Le Signal*
ou *Chef marocain faisant un signal*
ou *Chef marocain appelant ses compagnons*

1851
Huile sur toile ; 0,559 x 0,460 m
Signé et daté en bas à gauche : *Eug Delacroix / 1851*
Norfolk (Virginie), The Chrysler Museum of Art, Gift of Walter P. Chrysler, Jr. (83.588)

Parti pour Champrosay le 5 juin 1849 à la fin de la journée, Delacroix y demeura jusqu'au début du mois de juillet, partageant son temps entre les promenades dans la forêt de Sénart, les soirées chez les Villot et l'élaboration – à un rythme constant – d'un certain nombre de tableaux. Le 26 juin, récapitulant le travail accompli depuis son arrivée, Delacroix notait dans son *Journal* : « J'ai ébauché depuis mon arrivée et jusqu'au 26, jour où je retourne à Paris pour deux jours : *Tam O'Shanter.* – une petite *Ariane*. – *Daniel dans la fosse aux lions,* – sur papier. Un *Giaour au bord de la mer.* – Un *Arabe à cheval* descendant une montagne. – Un *Samaritain* » (p. 197). Selon Lee Johnson, il y a tout lieu de penser d'après cette liste que Delacroix a travaillé à ce tableau dès 1849 : comme il menait de front non seulement les commandes qui émanaient de collectionneurs ou de marchands mais aussi les grands décors qui lui étaient attribués par la voie officielle, il est fort possible que l'achèvement de ces peintures ait pris un certain temps.

Après avoir admiré la toile à l'occasion de l'exposition du boulevard des Italiens en 1860, Zacharie Astruc exprima son émerveillement en ces termes choisis : « Toile éblouissante de lumière, pompeuse et vive. Les mouvements du cheval et du cavalier sont trouvés par un homme d'action. Encore un joyau, c'est l'*Arabe suivi de son cheval*. L'Arabe marche en avant, portant sa lance ; le cheval, à la robe gris perle, vient après, la tête inclinée. Dans une coquette attitude il secoue sa crinière, il raye le sol avec son sabot avant de le broyer, il joue avec ses muscles comme un jeune tigre sur ses pattes. L'accoutrement de l'Arabe est d'une grande finesse d'exécution. Quant au cheval, il faut s'étonner de ce travail, qui a toutes les hardiesses. Comme il vit et s'agite ! quel feu ! quelle intelligence ! Delacroix aime les chevaux comme les Arabes, et sa passion d'artiste lui fait créer des êtres incomparables. »

A. S.

Fig. 1
EUGÈNE DELACROIX, *Arabes devant les murs de Tanger*, 1836-1837, aquarelle, New York, The Pierpont Morgan Library, The Thaw Collection.

100. *Vue de Tanger avec deux Arabes assis*

1852
Huile sur toile ; 0,472 x 0,564 m
Signé en bas à gauche : *Eug. Delacroix*
Minneapolis, The Minneapolis Institute of Arts, Gift of Georgiana Slade Reny (93.67)

Delacroix a repris dans cette toile, avec un certain nombre de variantes, le sujet d'une aquarelle (fig. 1) réalisée au retour de son séjour en Afrique du Nord, et dont on trouve la mention, de sa main, dans l'un des carnets utilisés sur place : « Vue de Tanger, des Maures assis, tombeau de Saint. Aquarelle déjà ancienne : 1836 ou 37 » (Chantilly, musée Condé ; Arama, t. IV, 1992). Bien des années plus tard, le peintre aurait prêté celle-ci à son élève et collaborateur Pierre Andrieu : « Prêté à Andrieu la petite aquarelle des *Murs de Tanger* ; *deux Arabes assis*, un debout dans son haïk, etc., pour en faire une lithographie. (Rendu en avril.) » (*Journal*, 1er janvier 1859, p. 735) ; il en avait, entre-temps, transposé la composition sur la toile, en la modifiant sensiblement. Non seulement la figure de l'Arabe debout, de dos, est remplacée par celle d'une femme avançant, de face, près d'un aloès, mais le format proche du carré qui est adopté pour la peinture donne ainsi une plus large place au ciel traversé de nuages. Enfin, dans le fond, à l'extrême droite, la diminution d'un monticule a permis de dégager une échappée lumineuse sur la mer.

La date précise de la commande passée par le marchand Weill n'est pas connue. En publiant en 1932 le *Journal* de Delacroix, Joubin mentionnait qu'à la fin de l'agenda de 1852 se trouvaient différentes notes concernant des rentrées d'argent émanant de marchands ou de collectionneurs. Parmi celles-ci figurait l'indication suivante, que Johnson date de janvier 1853 : « 1er marché avec Weill : *Vue de Tanger*, *Marchand d'oranges*, *Saint Thomas*, *La fiancée d'Abydos* : 1500 frs », et au-dessous : « De Weill, j'ai reçu à compte le 1er février, en lui livrant la *Vue de Tanger* 500 frs » (*Journal*, p. 317). L'œuvre devait être terminée depuis l'été 1852, puisque

Adolphe Moreau dit l'avoir vue dans l'atelier qu'occupait Delacroix, 54, rue Notre-Dame-de-Lorette, au moment où Édouard Renouard (1802-1857) dessinait la vue de l'atelier du peintre qui parut dans *L'Illustration* du 25 septembre 1852, accompagnant un article de Du Pays intitulé *Visite aux ateliers* (1873, p. 155, note 1).

A. S.

101. *La Leçon d'équitation*

1854
Huile sur toile ; 0,64 x 0,81 m
Signé et daté en bas à gauche : *Eug. Delacroix
1854.*
Chicago (Illinois), collection particulière
Exposé à Philadelphie seulement

Également intitulé *La Famille arabe*, *L'Éducation
arabe* ou encore *L'Équitation* (cat. exp. *Une collection
particulière {Mme de Cassin}*, galerie Georges Petit,
Paris, octobre-novembre 1884, n° 17), ce tableau
était mentionné différemment par Delacroix dans
son *Journal* : « Travaillé le matin à l'*Arabe et l'enfant
à cheval* » (28 juin 1854, p. 436). Si l'on en croit Paul
Mantz, « ce tableau […] n'a été pour le pinceau de
l'artiste que le caprice d'une matinée », mais le
sujet aurait été suggéré au peintre bien des années
auparavant, peut-être après avoir vu en Angleterre
une toile représentant « an arabian man putting
his horse back » (note écrite en anglais sur le f° 43
verso de l'album conservé à Paris, musée du Louvre,
département des Arts graphiques, RF 23 355 ;
M. Sérullaz, t. II, 1984, n° 1749). En tout cas,
l'œuvre devait être terminée en août 1854 puis-

qu'elle a été envoyée à l'exposition de l'Académie
des beaux-arts d'Amsterdam, inaugurée le 5 septembre de la même année (n° 61 du cat.). Delacroix
escomptait, précise André Joubin, trouver un acquéreur à cette occasion – le prix demandé était de
4 000 francs –, mais son espoir fut déçu et l'artiste
en éprouva une certaine amertume.

Lors de sa présentation à l'Exposition universelle de 1855, *La Leçon d'équitation* séduisit la plupart des critiques. Tandis que Paul Mantz n'hésitait
pas à affirmer qu'il s'agissait d'une « merveille de
couleur et de grâce spirituelle », Pierre Petroz
constatait de son côté : « Il est impossible de souhaiter à cette scène naïve un paysage plus frais et plus
tranquille. » Et les lecteurs du *Moniteur universel*
pouvaient rêver tout à loisir en lisant ce commentaire lyrique de Théophile Gautier : « C'est la première leçon d'équitation donnée à un petit Bédouin
de sept ou huit ans par son père. L'enfant, juché sur
le garrot d'un beau cheval à robe alezane qu'embrassent à peine ses jambes, cherche à se tenir en
équilibre, comptant, en cas de chute, sur les bras de
son père pour le recevoir : l'air profondément ravi
du gamin, la satisfaction grave du père, la complaisance intelligente du noble animal qui semble
se prêter à ce badinage, sont très- habilement rendus.
Les ardeurs de l'été n'ont pas encore changé en peau

de lion le tapis vert étendu à perte de vue sur la campagne, et cette teinte fraîche fait valoir les tons riches du premier plan. – Dans un coin se tient la mère, enveloppée de son burnous, qui sourit à cette scène avec une joie mêlée de crainte. Ce n'est là qu'un échantillon de la galerie africaine de M. Delacroix ; mais il suffit pour montrer sa supériorité en ce genre. »

A. S.

102. *Les Baigneuses*
ou *Femmes turques au bain*

1854
Huile sur toile ; 0,927 x 0,787 m
Signé et daté en bas à gauche : *Eug. Delacroix / 1854*
Hartford, Wadsworth Atheneum,
CT. The Ella Gallup Sumner and Mary Catlin Sumner Collection Fund (1952.300)

Le 12 août 1854, Delacroix écrivait dans son *Journal* : « J'ai été l'après midi porter mon tableau des *Baigneuses* chez Berger. J'ai vu là un tableau de de Keyser, qui est très estimé des amateurs. Le mien, que je méprise assez, l'ayant fait dans des conditions qui ne me plaisent pas, m'a paru un chef-d'œuvre » (p. 451). À présent que l'on connaît, dans le détail, les circonstances particulières de la genèse du tableau, la connotation autocritique de la dernière phrase, que personne ne semble avoir jusqu'à présent remarquée, devient compréhensible. Deux documents inédits, trouvés dans les archives d'Achille Piron dernièrement réapparues, permettent en effet de reconstituer toute l'histoire de la toile. Le 1er février 1854, Delacroix avait reçu une lettre signée « Berger rue de la Douane n° 7 » ainsi rédigée : « Un de mes correspondants qui possède une galerie de tableaux de peintres modernes me charge de vous demander si pour le prix de 3 000 à 3 500 francs vous voulez bien lui faire un tableau d'après le programme ci dessous, dans le genre de Van de Werff gravé dans le Musée français, et à quelle époque vous pourriez le livrer. Je vous le paierai comptant à la réception. Pour renseignement vous pouvez vous adresser à Messieurs Diaz & Le Baron G. Wappers de Bruxelles qui ont exécuté dernièrement des tableaux pour moi. En vous priant de m'indiquer un rendez-vous et dans l'attente de votre réponse […]. Programme :

sur une toile de 0m, 91 sur 0,76 [le croquis est joint dans la marge] Sur le devant 2 ou 3 nymphes dansant dans des postures gracieuses un homme ou berger sur le côté jouant de la flûte ou de tout autre instrument figures d'une bonne grandeur, et drapées en partie (voir l'esquisse) dans le fond une statue, des arbres &… ».

Le 14 mars, le même Berger adressait à Delacroix une seconde lettre, plus circonstanciée : « Programme toile de 0m, 90 sur 1m03 [le croquis est joint dans la marge avec l'indication *Le bain champêtre*]

« 5 à 6 jeunes filles de figures et de formes très gracieuse [*sic*] se baignent ou se disposent à se baigner dans un ruisseau d'eau courante au milieu d'un bois ou d'un bosquet. L'une est représentée au moment de se jeter à l'eau, la seconde est déjà dans l'eau jusqu'à la ceinture, une troisième nage, 2 ou 3 autres sur l'arrière plan se tiennent sur le bord du ruisseau debout ou assises dans des postures diverses & gracieuses.

« Le sujet doit être d'intention chaste, les personnages vetus [*sic*] de draperies autour des reins, et quand ils sont debouts de face au dessous de la ceinture de manière à ce que la nudité soit encore modeste. On peut s'inspirer du tableau des baigneuses [le mot est barré] de Lehmann ; voir la gravure de l'Artiste de janvier 1850 ou du tableau de Diaz les baigneuses ; voir la gravure de l'Artiste 1er novembre 1852 : Pour le prix de fr 3 800 et pour etre [*sic*] livré en août prochain, Berger rue de la Douane n° 7, Paris 14 mars 1854.

« Monsieur Eugène Delacroix, Paris

« Je vous remets ci dessus le programme d'un tableau que je vous prie d'exécuter pour moi, avec le plus grand soin ; c'est pour une galerie particulière de peintres modernes il sera mis à une exposition public [*sic*] au prix de trois mille huit cent [*sic*] francs » (archives Piron ; Paris, archives des Musées nationaux).

Ainsi, contrairement à ce qui a toujours été écrit, *Les Baigneuses*, que Moreau puis Robaut cataloguèrent sous le titre *Femmes turques au bain*, sans doute à cause de l'aspect oriental des vêtements et des bijoux portés par les cinq femmes, n'est pas une œuvre d'imagination, bien au contraire. Si étonnant que cela puisse paraître, Delacroix s'est plié aux exigences de son mystérieux commanditaire. La comparaison avec les compositions de même sujet du peintre hollandais Adriaen van der Werff (1659-1722), d'Henri Lehmann (1814-1882) ou de Narcisse Diaz (1808-1876), est à cet égard éloquente. Certes rien ne prouve que Delacroix ait poussé le zèle jusqu'à consulter les reproductions dont les références étaient indiquées dans la lettre de Berger (les *Baigneuses* de Lehmann ont bien été gravées par G. de Montaut, pour *L'Artiste* du 1er janvier 1850, p. 80 ; celles de Diaz ont paru dans *L'Artiste* du 1er novembre 1852, face à la p. 112), mais rien ne prouve *a contrario* que cette hypothèse doive être écartée. Entre le tableau de Diaz et celui de Delacroix, des analogies existent.

Si l'on se reporte au *Journal*, le peintre dut se mettre au travail assez vite, profitant du calme de sa petite maison de Champrosay : « 13 avril [...]. Travaillé aux *Baigneuses* toute la matinée, en interrompant de temps en temps mon travail pour descendre dans le jardin ou dans la campagne » (p. 410-411). Les jours suivants, l'élaboration de la toile était en bonne voie, grâce aux observations que Delacroix avait poursuivies en se promenant dans la forêt : « Repris les *Baigneuses*. Je comprends mieux, depuis que je suis ici, quoique la végétation soit peu avancée, le principe des arbres. Il faut les modeler dans un reflet coloré comme la chair : le même principe paraît ici encore plus pratique. Il ne faut pas que ce reflet soit complètement un reflet. Quand on finit, on reflète davantage là où cela est nécessaire, et quand on touche par-dessus les clairs ou gris, la transition est moins brusque. Je remarque qu'il faut toujours modeler par masses tournantes, comme seraient des objets qui ne seraient pas composés d'une infinité de petites parties, comme sont les feuilles : mais comme la transparence en est extrême, le ton du reflet joue dans les feuilles un très grand rôle.

« Donc observer :

« 1° Ce ton général qui n'est tout à fait *ni reflet, ni ombre, ni clair*, mais *transparent presque partout* ;

« 2° Le bord plus froid et plus sombre, qui marquera le passage de ce reflet au *clair*, qui doit être indiqué dans l'ébauche ;

« 3° Les feuilles entièrement dans l'ombre portée de celles qui sont au-dessus, qui n'ont *ni reflets ni clairs*, et qu'il est mieux d'indiquer ;

« 4° Le *clair mat* qui doit être touché le dernier.

« Il faut raisonner toujours ainsi, et surtout tenir compte du côté par où vient le jour. S'il vient de derrière l'arbre, celui-ci sera reflété presque complètement. Il présentera une masse reflétée dans laquelle on verra à peine quelques touches de *ton mat* ; si le jour, au contraire, vient de derrière le spectateur, c'est-à-dire en face de l'arbre, les branches qui sont de l'autre côté du tronc, au lieu d'être reflétées, feront des masses d'un ton d'*ombre uni* et *tout à fait*

plat. En somme, plus les tons différents seront mis à plat, plus l'arbre aura de légèreté » (*Journal*, 29 avril, 1854, p. 418*)*.

Le tableau fut sans doute terminé le 22 juin 1854, Delacroix écrivant ce jour-là : « Terminé les tableaux de l'*Arabe à l'affût du lion* et des *Femmes à la fontaine*. – Il faut au moins dix jours pour mettre le *siccatif* » (*Journal*, p. 435). Le 12 août, il le portait chez Berger qui, selon Joubin, serait le préfet de la Seine, Jean-Jacques Berger (1790-1859). À relire les deux lettres soigneusement conservées par Piron, cette identification s'avère pourtant sujette à caution. On voit mal en effet un préfet servir d'agent pour un marchand désireux de conserver l'anonymat, et accepter non seulement de signer à sa place un contrat, mais aussi d'en régler – comptant – le prix.

Quoi qu'il en soit, le choix imposé du thème des *Baigneuses*, plutôt inhabituel dans l'œuvre de Delacroix, lui a permis de rivaliser avec Gustave Courbet, consciemment ou non, ou plutôt de le surpasser sur ce point. Delacroix n'avait-il pas en effet violemment reproché à son confrère la vulgarité de ses *Baigneuses* exposées au Salon de 1853 (Montpellier, musée Fabre) : « Que veulent ces deux figures ? Une grosse bourgeoise, vue par le dos et toute nue sauf un lambeau de torchon négligemment peint qui couvre le bas des fesses, sort d'une petite nappe d'eau qui ne semble pas assez profonde seulement pour un bain de pieds. Elle fait un geste qui n'exprime rien, et une autre femme, que l'on suppose sa servante, est assise par terre occupée à se déchausser. On voit là des bas qu'on vient de tirer : l'un d'eux, je crois, ne l'est qu'à moitié. Il y a entre ces deux figures un échange de pensées qu'on ne peut comprendre. Le paysage est d'une vigueur extraordinaire, mais Courbet n'a fait autre chose que mettre en grand une étude que l'on voit là près de sa toile ; il en résulte que les figures y ont été mises ensuite et sans lien avec ce qui les entoure » (*Journal*, 15 avril 1853, p. 328). Le thème excepté, il n'y a rien de commun entre les deux œuvres, Delacroix ayant à l'évidence particulièrement soigné chaque détail. La transparence de l'eau, le frémissement de la lumière filtrée par les frondaisons, le raffinement des couleurs et le rythme harmonieux des poses adoptées par chacune des femmes, tout contribue à donner à cette toile un aspect précieux et chatoyant.

A. S.

103. *Arabes en voyage*

1855
Huile sur toile ; 0,540 x 0,650 m
Signé et daté en bas à gauche : *Eug. Delacroix.
1855*
Providence, Rhode Island School of Design,
Museum of Art (35.786)

Le 5 avril 1832, quittant Meknès pour Tanger avec
la mission du comte de Mornay, Delacroix avait
rencontré, près du fleuve Sébou, des Arabes en
voyage accompagnés de leurs familles : « Belle
vallée à droite. À perte de vue. [...] Les femmes qui
voyageaient. Courbées sur leurs chevaux. Celle qui
était isolée du côté de la route pour nous laisser
passer. Un noir tenant le cheval. Les enfants à cheval
devant le père » (notes de l'album conservé à Paris,
musée du Louvre, département des Arts graphiques,
RF 1712 *bis*, f°s 27 verso et 28 recto ; M. Sérullaz,

t. II, 1984, n° 1756, repr.). Vingt-trois ans plus
tard, le souvenir de cette rencontre inspira au peintre
cette toile, sans doute peinte pour le comte Anatole
Demidoff si l'on en croit la note du *Journal* à la date
du 1er février 1856 – « A. Demidoff, *Arabes en
voyage* » (p. 568) –, mais qui n'apparaît dans aucune
des ventes Demidoff (janvier 1863, février 1870,
mars 1880).

Comme dans *Le Passage du gué* (cat. 105), commandé précisément par le comte Demidoff, on est
frappé au premier regard par la beauté paisible de
la scène. Avançant lentement dans un cadre grandiose, chaque figure paraît enfermée dans une méditation que rien ne peut distraire. Par la magie de son
pinceau, Delacroix transforme une fois de plus un
sujet anecdotique en une évocation presque intemporelle. Les notations colorées qui parsèment les
pages des carnets utilisés au Maroc ont pris un
caractère d'éternité.

A. S.

104. *Les Convulsionnaires de Tanger*

1857
Huile sur toile ; 0,47 x 0,56 m
Signé et daté en bas vers la gauche, sur une
marche : *Eug. Delacroix. 1857.*
Toronto, Art Gallery of Ontario (62.5)

La scène représente des membres de la secte des
Aïssaouas sortant de la ville de Tanger à l'occasion
de leur fête traditionnelle appelée *moussem*. L'habitude a été prise d'admettre que Delacroix avait bel
et bien assisté au rassemblement des religieux avant
leur pèlerinage annuel au mausolée de Sidi Aïcha,
le fondateur de la confrérie, à Meknès. Ce spectacle
totalement déroutant pour un Européen lui aurait
inspiré à son retour d'Afrique du Nord une aquarelle et deux peintures, la première exposée au Salon
de 1838 (fig. 1), la seconde, celle de Toronto, réa-

lisée vingt ans plus tard. Maurice Arama, à qui l'on
doit une chronologie précise du séjour de la mission
française au Maroc, a montré que cette hypothèse
était peu vraisemblable. Le pèlerinage des Aïssaouas
se tenait en effet au moment des cérémonies com-
mémorant la naissance du Prophète. En 1832
celles-ci furent célébrées en août. Delacroix n'ayant
pris aucune note sur le sujet, comme ce fut le cas
pour la noce juive et pour l'audience de Moulay

Fig. 1
Eugène Delacroix,
*Les Convulsionnaires
de Tanger,* 1838, huile
sur toile, Minneapolis,
Minneapolis Institute
of Arts.

Abd er-Rahman, on peut tout au plus supposer qu'il a pu observer cet épisode lors des derniers jours qu'il passa sur le sol marocain (1er-8 juin 1832). À Tanger, les Aïssouas avaient coutume de se rassembler près du jardin du consulat de Grande-Bretagne. Cette année-là, ils se seraient alors donné plus de deux mois pour gagner Meknès ; faute de documents précis, on ne peut exclure l'éventualité que l'artiste se soit documenté auprès de son entourage à propos de ces coutumes stupéfiantes (Arama, t. V, 1992, p. 249-250).

Moins connue que la peinture de 1838, cette petite toile en présente une version complètement renouvelée et, tout compte fait, beaucoup plus impressionnante. La comparaison des deux œuvres montre que Delacroix, en adoptant un format plus petit, a dû resserrer sa composition et, par là même, en modifier sensiblement l'organisation. La représentation haute en couleurs de la danse extatique des Aïssaouas a fait place à une évocation intensément dramatique de leur cérémonie rituelle. Au lieu de nous faire assister en spectateurs à leurs contorsions étranges, Delacroix nous force à les suivre dans leur progression hurlante hors de la ville. L'agitation est à son paroxysme, à la limite du débordement incontrôlé, alors que dans la première version les participants avançaient en gesticulant le long des maisons, à la manière des processions antiques. Les regards hallucinés de certains protagonistes, qui ne sont pas sans rappeler ceux des damnés agrippés au bateau dans *La Barque de Dante* (Salon de 1822, Paris, musée du Louvre), renforcent l'atmosphère maléfique de la scène, dont on ne peut se détacher sans un certain malaise.

Delacroix avait inclus le tableau parmi un certain nombre de toiles à transporter à Champrosay, le 27 mars 1856 : « Emporter à la campagne tableau pour Beugniet, esquisse pour Dutilleux ; l'*Arabe blessé descendu de cheval*. [...] Emporter Edgar Pœ, les *Quatre Saisons*, de M. Hartmann [...] les *Convulsionnaires* » (*Journal*, p. 573). Dans sa préface au catalogue de la vente de 1858, Théophile Gautier estimait que cette version était de la même qualité que la première : « Par une des portes de la ville, le cortège hurlant, écumant, trépignant, débouche dans la campagne escorté de dévots en extase devant ces contorsions diaboliques qu'ils

croient excitées par l'Esprit-Saint ; on ne saurait imaginer avec quelle verve, quelle furie et quelle puissance M. Delacroix a mêlé et tordu ces groupes et combien son exécution tumultueuse et farouche donne de la réalité à cette scène étrange comme un rêve, à laquelle nous ne croirions pas si nous n'avions vu à Blidah les cérémonies des *Aïssaouas* et à Constantinople les exercices des derviches tourneurs. » Plus tard, Charles Ponsonailhe, à l'occasion de l'exposition à l'École des beaux-arts en 1885, devait formuler un jugement plus nuancé, considérant la toile comme une « ébauche très poussée, mais absolument merveilleuse de mouvement ».

A. S.

105. *Le Passage du gué*

1858
Huile sur toile ; 0,60 x 0,73 m
Signé et daté en bas à gauche : *Eug. Delacroix / 1858*
Paris, musée d'Orsay, legs du comte Isaac de Camondo, dépôt du musée du Louvre
(RF 1987)

Si le souvenir de certaines traversées de rivières effectuées à l'aller et au retour du voyage de Tanger à Meknès au printemps 1832 est vraisemblablement à l'origine de cette peinture, force est de constater que Delacroix n'a pas retenu, au moment où il la composait, les incidents pittoresques qui avaient émaillé le parcours à l'époque. Le 9 mars 1832, l'artiste avait noté dans un de ses carnets : « Parti du campement d'Alcassar [...] Arrivés au bord de la rivière. Grands arbres au bord. Descente dangereuse. » Le jour suivant : « Traversé la rivière Emda qui serpente en trois. » Le 5 avril, après avoir quitté Meknès, la mission repassa la même rivière. Le 7, elle dut traverser « la rivière de Wharrah » (oued Ouerrha), mais celle-ci était heureusement peu profonde. Le 11 avril, nouveau passage, celui « d'une rivière très bourbeuse », l'oued Mharhar (notes de l'album conservé à Paris, musée du Louvre,

département des Arts graphiques, RF 1712 *bis*, f°s 10 verso, 11 recto et 11 verso, 28 recto, 29 recto ; M. Sérullaz, t. II, 1984, n° 1756, repr.). Le catalogue de la vente San Donato indique que le tableau avait été commandé en 1858, mais on peut contester, suivant en cela Lee Johnson, le bien-fondé de cette affirmation. D'après une note du *Journal* à la date du 14 avril 1856, certes peu précise – « Il me reste à faire [...] le tableau de M. Demidoff... 3 000 » (p. 577) –, il semble en effet que l'artiste avait dû

recevoir la commande du comte Demidoff au début du mois. Étant donné le nombre d'œuvres en cours cette année-là, le délai mis par Delacroix à terminer celle-ci est compréhensible. Dans son compte rendu de la vente San Donato, paru le 5 février 1870 dans *L'Illustration* (p. 102), Théophile Gautier s'était contenté de ranger *Le Passage du gué* parmi les Delacroix de « qualité exceptionnelle » que comportait la collection.

A. S.

106. *Vue de Tanger prise de la côte*

1858
Huile sur toile ; 0,811 x 0,998 m
Signé et daté en bas à gauche : *Eug. Delacroix / 1858*.
Minneapolis, The Minneapolis Institute of Arts, Bequest of Mrs. Erasmus C. Lindley in memory of her father, Mr. James J. Hill (49.4)

Si l'on se reporte au *Journal* de Delacroix, c'est au cours de l'été 1856 que l'artiste entreprit ce tableau à l'intention du marchand Tedesco, pour qui il réalisa par la suite d'autres œuvres d'inspiration marocaine (cat. 138). Le 8 juillet, étant pour quelques jours à Champrosay, Delacroix notait en effet : « Commencé pour Tedesco le *Paysage de Tanger au bord de la mer* » (p. 588). Le 15 août, il y fit une nouvelle allusion : « J'ai travaillé au *Bord de mer de Tanger*, ne pouvant aller à l'église [Saint-Sulpice] » (p. 590). Il est toutefois impossible de savoir quand Tedesco prit livraison de la toile, faute d'informations supplémentaires. C'est à partir d'un croquis rapidement esquissé au cours d'un de ses séjours à Tanger en 1832 (Paris, musée du Louvre, département des Arts graphiques, RF 10 112 ; M. Sérullaz, t. II, 1984, n° 1632, repr.) que Delacroix ébaucha sa composition, dont on retrouve l'idée d'ensemble sur une feuille d'étude abondamment annotée (Paris, musée du Louvre, département des Arts graphiques, RF 9513 ; M. Sérullaz, t. I, 1984, n° 467, repr.) et comportant aussi une recherche pour *Le Passage du gué* (cat. 105). A-t-il aussi, comme le suggère Robaut, dénaturant quelque peu une remarque du

Journal en date du 12 septembre 1854 (p. 468-469), trouvé sa première idée en observant près de Fécamp des pêcheurs halant leur bateau sur le rivage ? Rien n'est moins sûr, et l'on serait bien en peine de trouver dans cette toile un détail qui fasse penser à la Normandie ! Lors de sa présentation à l'exposition organisée en 1860, boulevard des Italiens, « au profit de la caisse de secours des artistes peintres, sculpteurs, architectes », cette vue de Tanger, intitulée alors *Marine des côtes d'Afrique*, retint l'attention de Théophile Gautier : « Un âpre chemin escalade la roche, et un ciel chaud, lumineux et doux se déploie comme un velarium antique sur toute cette nature forte, sauvage et paisible. Il est singulier que ce turbulent Delacroix sache si bien rendre l'impassible sérénité orientale. » De son côté, Zacharie Astruc n'hésita pas à communiquer à ses lecteurs son enthousiasme : « Plus belle encore – et cette fois admirable de puissance – sourit, rayonne dans la pure enveloppe de sa lumière, la Marine des côtes d'Afrique. Le paysage est délicieux ; la mer étincelle ; le ciel s'emplit de brises fraîches. Et le petit village blanc sur les rochers !... Que cela est simple, grand ! l'âme est transportée devant un tel spectacle. [...] Oh ! cette lumière de la toile est un prodige ! L'art ne peut aller plus loin dans sa création. Ici, l'artiste a concentré toutes ses forces – une vie entière d'observation. Son génie est allé jusqu'aux dernières limites du possible. L'âme éprouve, à cette contemplation, une idéale ivresse. Cette grande mer bleue, sans cesse renouvelée par des plans simples de coloration, roule et s'agite bien. Mes lèvres ont soif de son eau limpide. »

A. S.

107. *Chevaux sortant de la mer*

1860
Huile sur toile ; 0,500 x 0,610 m
Signé et daté en bas à droite : *Eug. Delacroix /
1860.*
Washington, D. C., The Phillips Collection
(0486)

« Je ne crois pas que l'école impressionniste ait exécuté un morceau plus lumineux, mieux pénétré des
fraîcheurs du matin, voilé de vapeurs plus trans-
parentes », faisait observer Philippe Burty après
avoir remarqué cette toile à l'exposition de 1885.
Commencée peut-être le 10 mars 1858, si l'on se

réfère à une note du *Journal* – « La *Vue de Dieppe*
avec *l'Homme qui sort de la mer avec les deux chevaux* »
(p. 711) –, l'œuvre était manifestement en cours
d'élaboration le 5 septembre de la même année :
« J'ai avancé beaucoup quelques tableaux : *Les chevaux sortant de la mer* » (*Journal*, p. 731). Pourtant,
elle ne sera terminée que deux ans plus tard, en
1860, Delacroix étant retenu par le chantier de
Saint-Sulpice : « Ce que j'ai fait dans l'espace de trois
semaines ou un mois et davantage jusqu'à ce
moment 14 juin est incroyable. J'ai fini pour
Estienne les *Chevaux qui se battent dans l'écurie*, les
Chevaux sortant de la mer » (*Journal*, p. 780).

Contrepoint apaisé du combat des deux chevaux
dans une écurie (cat. 108), la composition réunit en
une parfaite synthèse deux thèmes toujours chers au
peintre, la représentation des chevaux fougueux et

l'évocation des bords de littoral. Si, à n'en pas douter, ce sont bien les murailles d'une ville marocaine que l'on aperçoit au loin, la barque visible dans l'angle inférieur droit n'est pas sans rappeler celle que Delacroix a placée dans sa *Marine* la plus célèbre (cat. 53).

A. S.

108. *Chevaux se battant dans une écurie*

1860
Huile sur toile ; 0,645 x 0,810 m
Signé et daté en bas à gauche : *Eug. Delacroix / 1860*

Paris, musée d'Orsay, legs du comte Isaac de Camondo, dépôt du musée du Louvre (RF 1988)

À partir de deux minuscules croquis tracés à la hâte sur l'une des pages du petit carnet dont il ne se séparait guère et des notes griffonnées tout autour, Delacroix a transposé sur la toile un incident auquel il avait assisté le 29 janvier 1832 au cours d'une promenade autour de Tanger, peu après l'arrivée de la mission française (album conservé à Paris, musée du Louvre, département des Arts graphiques, RF 39 050, f°s 10 verso et 11 verso ; M. Sérullaz, t. II, 1984, n° 1756, repr.). Mais au lieu de représenter la scène telle qu'elle s'était déroulée, à l'air libre, le peintre a enfermé sa composition à l'intérieur d'une écurie sombre, où le maigre éclairage dispensé par une fenêtre entrouverte accentue néanmoins la sauvagerie de l'affrontement des deux montures, que contemplent, impuissants, trois Arabes relégués vers la droite.

Le 19 juin 1854, Delacroix incluait le sujet parmi divers projets d'inspiration marocaine : « Petits sujets : *Deux chevaux se battant. – Cheval montré à des Arabes. – Barbier de Mekinez. – Soudards. – Chevalier* » (*Journal*, p. 434) ; mais il semble ne l'avoir commencé que deux ans plus tard à Champrosay : « J'ai ébauché [...] les *Chevaux qui se battent dans l'écurie* (Maroc), et un petit sujet : *Cheval en liberté que son maître s'apprête à seller et qui joue avec un chien* » (*Journal*, 26 mai 1856, p. 581). Le 14 juin 1860, le tableau est terminé (*Journal*, p. 780), illustration superbe de l'admiration que portait le peintre aux chevaux arabes dont il avait eu tout loisir d'étudier le comportement lors de son séjour en Afrique du Nord : « Ils ont sous le ciel natal un caractère particulier de fierté, d'énergie, qu'ils perdent en changeant de climat ; il leur arrive assez souvent de se débarrasser violemment de leur cavalier pour se livrer entre eux des batailles qui durent des heures entières : ils se prennent à belles dents comme des tigres et rien ne peut les séparer ; les souffles rauques et enflammés qui sortent de leurs naseaux écarlates, comme la respiration des locomotives, leurs crins épars ou empâtés de sang, leurs jalousies féroces, leurs rancunes mortelles : tout en eux, attitudes et caractère, s'élève jusqu'à la poésie » (Silvestre, 1855, p. 65-66).

A. S.

VI

L'ASPIRATION RELIGIEUSE

Contrairement à ce que pourrait laisser croire l'image persistante, associée à son nom par l'histoire de l'art, d'un peintre révolutionnaire, refusant les langages plastiques et les thèmes iconographiques proposés par les traditions de son métier, Eugène Delacroix a, dès sa jeunesse, choisi les sujets religieux – dans la hiérarchie des genres picturaux, le thème le plus noble de la peinture d'histoire – comme une de ses sources d'inspiration majeures. Et alors qu'il cherchait justement à bâtir les fondements de sa carrière à partir d'une « régénération » de l'œuvre de quelques maîtres classiques – Raphaël, Titien ou Rubens –, qui avaient quant à eux toujours servi avec passion et efficacité la religion chrétienne, que cela soit au temps du renouveau platonicien de la Renaissance ou durant les splendeurs baroques de la Contre-Réforme, Delacroix les avait d'ailleurs imités, parfois sans retenue, lorsqu'il avait dû exécuter ses premières commandes, qui furent justement des tableaux religieux.

Ainsi, parallèlement à la maturation de ses grandes compositions pour les Salons, dictées directement par l'esprit romantique – *La Barque de Dante* (1822, Paris, musée du Louvre) – ou inspirées par des événements contemporains – *Scènes des massacres de Scio* (1824, Paris, musée du Louvre), *La Liberté guidant le peuple* (1830, Paris, musée du Louvre) –, Eugène Delacroix, appliquant en cela les préceptes de l'enseignement classique dispensé dans l'atelier de son professeur, Pierre Guérin, a peint, sans y voir un quelconque renoncement à ses convictions, un *Aveugle de Jéricho* (vers 1821, coll. part. ; Johnson, t. I, 1981, n° 155, pl. 137) ou une *Sainte Madeleine au pied de la croix* (1829, localisation actuelle inconnue), tableaux que l'histoire de l'art n'a malheureusement pas retenus. Et, l'année même où il exposait au Salon de 1827-1828 sa *Mort de Sardanapale* (Paris, musée du Louvre), qui allait tant ulcérer la critique, le peintre révélait aussi au public son premier chef-d'œuvre de peinture religieuse, passé inaperçu au milieu du tumulte, *Le Christ au jardin des Oliviers* (Paris, église Saint-Paul-Saint-Louis), commandé en 1824 sans doute pour 2 400 francs par le comte de Chabrol, alors préfet de la Seine. Inspirée tout à la fois de l'art dramatique des Italiens – les peintres bolonais surtout – et des Espagnols – on songe à Murillo, Zurbarán et Goya –, cette ambitieuse composition, tragique et contrastée dans ses choix picturaux, a véritablement constitué la première réussite de Delacroix dans un genre qu'il devait nettement développer durant les années suivantes.

En effet le genre religieux allait être un des éléments thématiques les plus déterminants de la véritable campagne de reconquête de l'opinion publique que le peintre organisa à partir de 1830, après l'échec de *La Mort de Sardanapale*. Il voulait ainsi convaincre ses confrères, les critiques et les commanditaires institutionnels que ses coups d'éclat de jeunesse ne devaient pas empêcher de le considérer comme un des plus grands créateurs de son temps, non pas en raison de ses provocations, mais surtout parce qu'il entendait renouer, à sa manière, avec la grande tradition des maîtres de la Renaissance et du XVIIe siècle. Ainsi *Le Christ sur la croix* (Vannes, musée des Beaux-Arts), montré au Salon de 1835, puis le *Saint Sébastien* (Nantua, église municipale), seule participation au Salon de 1836, constituaient-ils deux étonnants exemples de cette orientation nouvelle.

À partir de cette époque, tantôt à la suite d'une commande officielle, lorsqu'on lui demanda de décorer une des chapelles de l'église Saint-Denis-du-Saint-Sacrement à Paris, qu'il orna en 1844 d'une superbe *Pietà* (fig. 1 cat. 124), inspirée autant du Tintoret et de Titien que du Rosso, tantôt à cause d'une inspiration purement intime et personnelle, lorsqu'il souhaita donner en 1842 à la paroisse de Nohant, près de laquelle il séjournait chez son amie George Sand, une jolie *Éducation de la Vierge* (coll. part.; Johnson, t. III, 1986, n° 426), enrichie d'un paysage inspiré du jardin de la romancière, Delacroix aborda régulièrement les grands sujets de l'art chrétien. C'est dans cet esprit, conscient de placer le thème religieux au premier plan de son œuvre, mais tout en cherchant à relativiser son importance en le situant au même niveau que les sciences, la philosophie, la législation et la poésie, qu'il choisit d'orner quatre des pendentifs du plafond de la bibliothèque du palais Bourbon d'une série consacrée à la théologie (voir cat. 95), qui regroupait trois sujets extraits de l'Ancien Testament, *Adam et Ève*, *La Drachme du tribut* et *La Captivité à Babylone*, et un tiré de l'Évangile, *La Décollation de saint Jean-Baptiste* (voir cat. 129). Il est vrai que cette soumission assumée au « grand genre » de la peinture religieuse, qu'il traitait avec une rigueur, une originalité et une passion égales à celles de ses tableaux littéraires inspirés de Shakespeare ou de ses combats d'Arabes peints en souvenir de son voyage au Maroc, ne l'empêchait pas de renouveler, plus ou moins discrètement, certains choix thématiques de la peinture religieuse classique; il proposa, par exemple, quelques sujets de tableaux rappelant des pages discutables de l'histoire de la foi catholique, comme dans la *Prise de Constantinople par les croisés* (cat. 88), qui évoquait le célèbre détournement politique et vénal de la quatrième croisade, ou dans l'*Intérieur d'un couvent de dominicains à Madrid*, exposé au Salon de 1834 (Philadelphie, Philadelphia Museum of Art) et tiré du roman *Melmoth* ou *L'Homme errant* (1892) de Charles Robert Maturin (1782-1824), traduit de l'irlandais en 1821, qui mettait en scène une page noire et cruelle de l'Inquisition.

À ce stade, il apparaît important de rappeler à quel point la relation personnelle de Delacroix avec la foi et la religion catholique avait pu être déterminée par l'histoire de sa famille, qui avait adhéré aux engagements laïques de la Révolution française et était de surcroît issue d'un milieu culturel et intellectuel profondément rationaliste; ces origines avaient entièrement façonné l'esprit du peintre dans l'admiration des philosophes encyclopédistes du XVIIIe siècle et l'avait amené à partager l'athéisme polémique de Denis Diderot, l'anticléricalisme cynique de Voltaire et le panthéisme romantique de Jean-Jacques Rousseau. Profondément marqué également par la démarche logique de Descartes, qui avait tenté au XVIIe siècle la démonstration rationnelle de l'existence de Dieu, Delacroix aurait en fait aimé pouvoir suivre son exemple et parvenir par la seule puissance de son cerveau, de son érudition et de ses sensations intimes à prouver ce que son esprit se refusait à croire spontanément. Ne recopiait-il pas d'ailleurs dans son *Journal*, le 20 mai 1856, une des manifestations de ce doute exprimée par le grand philosophe français au sujet de la mort et de la résurrection : « Pour ce qui est de notre état après notre vie, en laissant à part ce que la foi nous enseigne, je confesse que par la seule raison naturelle, nous pouvons faire beaucoup de conjectures à notre avantage et avoir de belles espérances, mais non point aucune assurance » (p. 580) ? Cette froide analyse de Descartes faisait écho au cri d'inquiétude lancé par le peintre trente plus tôt, dès 1822, un cri qui allait animer durant toute sa vie sa recherche spirituelle intime et inspirer certaines de ses œuvres : « Peut-il ne pas exister ? [...] Si le hasard eût fait l'univers, qu'est-ce que signifieraient *conscience*, *remords* et *dévouement* ? Oh ! Si tu peux croire de toutes les forces de ton être à ce Dieu qui a inventé le devoir, tes irrésolutions seront fixées » (*Journal*, 12 octobre 1822, p. 30).

L'idée de l'existence de Dieu et l'angoisse de la vie après la mort obsédaient Delacroix ; de nombreuses citations, empruntées à divers auteurs et copiées patiemment tout au long des pages de son *Journal*, indiquent également que, durant les dernières années de sa vie, l'agnosticisme de sa jeunesse a été progressivement supplanté par une véritable angoisse métaphysique. Ainsi, après avoir manifesté sa colère devant l'injustice du monde, ses violences et ses haines, qui reflétaient pour lui tellement mal l'image d'un Dieu d'amour – « Pourquoi, si l'homme est son ouvrage de prédilection, l'abandonner à la faim, à l'ordure, au massacre, aux terreurs d'une vie hasardeuse » (23 novembre 1857, p. 698) –, le peintre dissertait longuement, le 31 janvier 1860, sur l'âme et la mort, à partir d'une lecture de *Jacques le fataliste* de Diderot : « *Sur l'âme*. Jacques avait de la peine à se persuader que ce qu'on appelle *l'âme*, cet *être* impalpable, – si on peut appeler un *être* ce qui n'a point de corps, ce qui ne peut tomber sous le sens, ni comme le vent, qui tout invisible qu'il est... – puisse continuer à être ce quelque chose qu'il sent, dont il ne peut douter, quand l'habitation formée d'os, de chair, dans laquelle circule le sang, où fonctionnent les nerfs, a cessé d'être cette usine en mouvement, ce laboratoire de vie qui se soutient au milieu des éléments contraires à travers tant d'accidents et de vicissitudes. [...] Que devient-elle [l'âme] quand, acculée dans ses refuges extrêmes par la paralysie ou l'imbécillité, elle est contrainte enfin par la cession définitive de la vie, et l'exil pour jamais, de se séparer de ces organes qui ne sont plus qu'une argile inerte ? Exilée de ce corps, que quelques-uns appellent sa prison, assiste-t-elle au spectacle de cette décomposition mortelle ? » (p. 759-760).

En dépit de ces moments de doute et de désarroi, Delacroix, en vieillissant, semble pourtant avoir appris à relativiser certains de ses questionnements théologiques et, le 12 octobre 1862, quelques mois avant sa mort, dans la tranquillité de sa villégiature à Augerville, chez son cousin Berryer, il écrivait sereinement : « Dieu est en nous : c'est cette présence intérieure qui nous fait admirer le beau, qui nous réjouit quand nous avons bien fait et nous console de ne pas partager le bonheur du méchant. C'est lui sans doute qui fait l'inspiration dans les hommes de génie et qui les échauffe au spectacle de leurs propres productions. Il y a des hommes de vertu comme des hommes de génie ; les uns et les autres sont inspirés et favorisés de Dieu » (*Journal*, p. 804).

Quoi qu'il en soit, les tourments intimes qu'il avait endurés à cause des hésitations de sa foi personnelle et les contradictions de ses convictions religieuses n'entravèrent à aucun moment son évolution esthétique et ne l'empêchèrent nullement de peindre, sans cesse davantage à partir de 1850, des sujets tirés du Nouveau Testament – l'Ancien Testament l'inspira en effet moins que les scènes de la vie du Christ. Bien au contraire, cette quête spirituelle personnelle apparaît comme une des motivations essentielles du peintre, qui semble avoir parfaitement théorisé les relations entretenues depuis des siècles entre la religion et l'art, appréciant avec justesse les potentialités créatrices que ces relations pouvaient recéler : « J'ai été bien frappé de la messe des Morts, de tout ce qu'il y a dans la religion pour l'imagination, et en même temps combien elle s'adresse au sens intime de l'homme », écrivait-il le 2 novembre 1854 (*Journal*, p. 491), préfigurant une de ses analyses esthétiques les plus personnelles, concernant les possibilités créatrices de la religion : « Le christianisme, au contraire, appelle la vie au-dedans : les aspirations de l'âme, le renoncement des sens, sont difficiles à exprimer par le marbre et la pierre : c'est au contraire le rôle de la peinture de donner presque tout à l'expression » (Delacroix, 15 juillet 1857). Mais malgré cette réflexion, qui militait pour un renouveau de l'art pictural religieux, le peintre, lorsqu'il répondait contradictoirement à la thèse d'un ancien directeur des Beaux-Arts, Frédéric de Mercey, dont il avait lu avec intérêt en 1860 les *Études sur les Beaux-Arts depuis leur origine jusqu'à nos jours* (Paris, 1855), s'interrogeait tout de même sur ce lien entre la religion chrétienne et l'art de son époque : « L'indifférence en matière de religion doit nécessairement amener l'indifférence en matière d'art ; si l'art ne peut être, comme on le prétend, que l'expression de la croyance dominante, le jour où cette croyance est ébranlée, l'art chancelle avec elle ; et plus tard, l'incrédulité venant à triompher, l'artiste et le prêtre succombent du même coup. L'histoire de l'art contredit formellement ces assertions systématiques. On voit, en la parcourant, que si l'art prend naissance et se développe en même temps que les religions, ce n'est guère qu'à leur décadence qu'il atteint à la perfection » (*Journal*, 29 mars 1860, p. 773).

Dans son ouvrage publié en 1931 (voir cat. 119 à 123), le père Raymond Régamey a longuement insisté sur les deux thèmes qui lui paraissaient les plus représentatifs de la peinture religieuse de Delacroix : les manifestations du surnaturel et la sainteté persécutée. Ces deux aspects sont en effet majoritaires dans l'œuvre religieuse du peintre, le second, traité aussi bien dans les scènes de la vie du Christ que dans *La Décollation de saint Jean-Baptiste* (cat. 129) ou le martyre de saint Étienne (cat. 111 et 140), étant d'ailleurs plus important quantitativement que le premier, soit essentiellement les miracles du Christ.

Cependant la démarche esthétique de Delacroix ne serait pas personnelle et créatrice si elle s'était contentée de traiter, même de manière novatrice, des sujets classiques qui avaient inspiré auparavant, par leur force dramatique et spirituelle, tous les grands peintres à toutes les époques. En fait, son originalité vient, une fois encore, de sa manière de « sentir » l'art religieux, d'aborder les scènes célèbres de l'Évangile avec un esprit humaniste et rationaliste, ce qui l'a amené à s'attacher d'abord aux tourments physiques, à la souffrance et aux angoisses du Christ, c'est-à-dire en définitive à sa dimension humaine, avant de s'interroger sur sa dimension divine de manière indirecte, à travers le thème du doute et de l'incrédulité. L'artiste imposait ainsi une hiérarchie personnelle des thèmes de la peinture religieuse en peignant des scènes de la vie du Christ qui traitaient en priorité le thème de la solitude et de la souffrance, que cela soit dans les diverses versions du *Christ au jardins des Oliviers* (Paris, église Saint-Paul-Saint-Louis ; Amsterdam, Rijksmuseum), dans le poignant *Christ à la colonne* du musée des Beaux-Arts de Dijon, dans une sublime *Montée au calvaire* (cat 128) et, bien sûr, dans les nombreuses variations à partir du thème du *Christ en croix* (cat. 119 à 123).

Lorsqu'il représentait le Christ au jardin des Oliviers ou lorsqu'il inscrivait dans le livret du Salon de 1835, comme commentaire de son *Christ en croix* (Vannes, musée des Beaux-Arts), la célèbre phrase de l'Évangile « Mon père, pourquoi m'avez-vous abandonné ? » (Matthieu, XXVII, 46), le peintre abordait déjà le thème du doute et des errements de la foi, qu'il a développé également dans quelques tableaux inspirés d'épisodes de l'Ancien Testament (*Daniel dans la fosse aux lions*, 1849, Montpellier, musée Fabre) ou tirés de la vie des saints (*La Madeleine en prière*, 1845, Winterthur, coll. Oskar Reinhart ; *La Madeleine dans le désert*, 1843-1845, Paris, musée Eugène Delacroix). Mettant également ment en scène dans ses nombreuses Lamentations sur le corps du Christ (cat. 124 à 127) l'angoisse, la tristesse et le désarroi intime qui s'emparent des parents, des disciples et des amis de Jésus devant sa mort, Delacroix renvoyait aussi le spectateur – et lui-même – à ce thème puissant du scepticisme qui accompagne la révélation de la foi. *Les Pèlerins d'Emmaüs* (cat. 112), *Jésus marchant sur les eaux* (1852, Cambridge, Fogg Art Museum), *Saint Thomas* (1846, Cologne, Wallraff-Richarz Museum) ou *Le Christ sur le lac de Génésareth* (cat. 113 à 118) constituent autant de variations esthétiques bâties à partir de cette impression d'abandon liée à l'épreuve de la foi. En choisissant de peindre la confrontation du Christ ressuscité avec le sceptique saint Thomas, en montrant l'incrédulité des pèlerins d'Emmaüs ou le désarroi des apôtres à bord de la barque qui tangue dans la tempête tandis que le Christ dort, Eugène Delacroix mettait évidemment en image les épisodes du Nouveau Testament les plus évocateurs pour un agnostique tel que lui, ces scènes paraissant résumer à elles seules toutes les hésitations et les troubles du chrétien devant les manifestations divines du Christ. Ce thème du doute, qui comblait les esprits rationalistes et positivistes du XIXe siècle, ne pouvait que fasciner – et peut-être même rassurer ! – un homme qui se refusait à considérer la foi chrétienne comme une vérité révélée et pour qui, au contraire, croire en Dieu représentait un effort intellectuel, philosophique et affectif quotidien, une sorte de « pari » spirituel, à la manière de celui de Pascal, un autre de ses auteurs favoris.

Pourtant cet homme, embarrassé par ses propres contradictions spirituelles et désireux de livrer une œuvre religieuse aussi importante que celle de ses illustres ancêtres, a assimilé la quintessence du message évangélique – mis en scène dans des tableaux délicats et affectifs comme *L'Éducation de la Vierge* (coll. part. ; Johnson, t. III, 1986, n° 426) ou *Le Bon Samaritain* (cat. 109) –, celui de l'amour du prochain et de la compassion pour les autres, qui doit l'emporter sur l'orgueil des vanités humaines. C'est, semble-t-il, la simplicité de ce message qui le réconciliait avec l'Église et apaisait ses craintes métaphysiques, l'amenant à écrire, le 2 novembre 1854, une des phrases les plus surprantes, par son humilité et sa simplicité, de son *Journal*, tellement décalée par rapport à ses recherches intellectuelles et esthétiques constantes : « *Beati mites, beati pacifi* : quelle doctrine a jamais fait ainsi de la douceur, de la résignation, de la simple vertu, l'objet unique de l'homme sur la terre. *Beati pauperes spiritu* : le Christ promet le ciel aux pauvres d'esprit, c'est-à-dire aux simples : cette parole est moins faite pour abaisser l'orgueil dans lequel se complaît l'esprit humain quand il se considère, que pour montrer que la simplicité du cœur l'emporte sur les lumières » (p. 491).

Vincent Pomarède

109. *Le Bon Samaritain*

Vers 1849-1851
Huile sur toile ; 0,368 x 0,298 m
Signé en bas à droite : *Eug. Delacroix*
Waterhouse Collection

Dans le livret du Salon de 1850-1851, où il a exposé ce *Bon Samaritain* (n° 780) aux côtés de quatre autres tableaux – *La Résurrection de Lazare*, *Le Giaour poursuivant les ravisseurs de sa maîtresse*, *Le Lever* et *Lady Macbeth* (cat. 82) –, Eugène Delacroix a résumé en une seule phrase l'action de ce tableau, adapté de la célèbre parabole : « Le bon Samaritain, après avoir pansé les blessures du voyageur, le replace sur sa monture pour le conduire à l'hôtellerie. »

Une fois encore, c'est un épisode dérangeant du message évangélique qui a inspiré Delacroix, l'Évangile de saint Luc rapportant avec cette parabole un des enseignements les plus provocateurs du Christ : « Un homme descendait de Jérusalem vers Jéricho, et il tomba au milieu de brigands qui, après l'avoir dépouillé et roué de coups, s'en allèrent en le laissant à demi mort. Un prêtre descendait par hasard sur ce chemin ; il le vit et ne s'arrêta pas. Pareillement, un lévite, survenant en ce lieu, le vit et passa outre. Mais un Samaritain, qui était en voyage, arriva près du voyageur blessé, le vit et fut pris de pitié. S'avançant, il banda ses plaies, y versant de l'huile et du vin ; puis il le chargea sur sa propre monture, l'amena à l'hôtellerie et prit soin de lui » (Luc, X, 29-35). Et le Christ d'ajouter

en s'adressant à l'un de ses interlocuteurs, une fois son récit terminé : « Lequel de ces trois hommes, à ton avis, s'est montré le prochain de l'homme tombé aux mains des brigands ? » Bien qu'il y ait dans cette histoire, d'un côté, deux personnages parmi les plus respectés de Palestine, le prêtre et le lévite, et, de l'autre, un Samaritain, c'est-à-dire un étranger doublé d'un hérétique, c'est ce dernier, nous explique le Christ, qui a en fait accompli l'acte le plus charitable.

L'absence de conformisme de cette parabole, qui propose de juger chaque homme non en fonction d'une position sociale ou d'une fonction religieuse, mais seulement sur ses actes et sa capacité de charité et d'amour, ne pouvait que réjouir Delacroix, qui détestait par-dessus tout les conventions et les hypocrisies sociales et qui pensait sincèrement que, si « Dieu est en nous » – son credo personnel, qui expliquait pour lui l'attraction et les qualités d'un homme pour les arts –, l'homme pouvait alors échapper aux rites coutumiers et aux croyances aveugles, afin de se consacrer à l'essentiel.

Contrairement à Luca Giordano, qui avait peint le bon Samaritain en train de soigner le voyageur blessé (Rouen, musée des Beaux-Arts), ou à Rembrandt, qui avait préféré mettre en scène le Samaritain amenant le blessé à l'auberge (Londres, The Wallace Collection) – exécutant d'ailleurs un tableau plus familier, presque une peinture de genre centrée autour du moment où le Samaritain descend le blessé de son cheval pour le confier à l'hôtelier –, Eugène Delacroix a choisi d'insister sur l'intimité qui s'est installée entre ces deux hommes, brutalement unis par le hasard de cette rencontre. Il tente ainsi de décrire l'attention affectueuse de l'un pour l'autre, à l'instant précis où le blessé est hissé, non sans effort, sur le cheval – ou plutôt le mulet – du Samaritain, qui met toute sa force au service du malheureux qu'il vient de secourir. Delacroix a également placé, à l'arrière-plan du paysage servant de décor à la scène – un paysage d'une grandeur sauvage évoquant les gorges escarpées du Maroc –, la figure d'un moine – le prêtre ou le lévite de l'Évangile –, qui s'éloigne en lisant, parfaitement indifférent à l'action.

D'après le *Journal*, Delacroix aurait ébauché ce *Bon Samaritain* dès 1849 – plus d'un an avant le Salon où il allait le présenter –, durant un séjour à Champrosay effectué entre le 5 et le 26 juin (*Journal*, 17 juin 1849, p. 197). Sans doute est-ce à cette époque qu'il a exécuté le dessin à la mine de plomb conservé au musée du Louvre (fig. 1), qui révèle

Fig. 1
Eugène Delacroix, *Le Bon Samaritain*, vers 1849, mine de plomb, Paris, musée du Louvre, département des Arts graphiques.

tout le soin apporté par Delacroix, délaissant la description du paysage, à l'élaboration des attitudes des deux personnages et à la description des deux corps soudés l'un à l'autre, celui du Samaritain étant tendu par l'effort, tandis que le blessé, sans force, s'abandonne dans ses bras.

Présentée au Salon, l'œuvre remporta un indéniable succès auprès de la critique, plutôt bienveillante d'ailleurs pour les peintures religieuses de Delacroix exécutées à cette période. E. Thierry, dans *L'Assemblée nationale* du 21 mars 1851, résumait les réactions de ses confrères devant cette toile que

l'on comparait alors aux meilleurs tableaux de Tintoret : « Ce qui préoccupe évidemment le peintre, c'est la réalité du geste dans les deux figures, c'est le soin avec lequel le bon Samaritain courbe les genoux, soutient le blessé de toute sa poitrine, le hausse de ses reins pour l'asseoir sur le cheval en lui détachant le bras de son cou ; c'est le double sentiment de confiance et de douleur avec lequel le jeune homme essaie de se prêter à l'intention de l'hercule bienfaisant, et cherche à se reprendre de la main, tant il redoute l'angoisse d'un mouvement nouveau. Il y a là quelque chose d'insaisissable et que le peintre a cependant saisi. [...] Il y a cette vérité de la souffrance et de la compassion, cette vérité dans la pose et dans l'attitude, cette vérité d'émotion communiquée à tout le corps, cette vérité humaine enfin que l'artiste ne peut pas demander au modèle qu'il trouve au dedans de lui-même et qu'il crée en l'y surprenant. »

Tout aussi littéraire, mais plus pénétrante et cultivée, l'analyse de Théophile Gautier parlait tout de même d'une facture un peu « lâchée », tout en commentant, non sans quelque humour, « l'onction évangélique » du tableau. Mais il admirait, comme dans chacune de ses analyses des œuvres de Delacroix, la vigueur et la virtuosité du peintre dans le traitement des couleurs : « Il faut aussi toute l'habileté de coloriste du maître pour jeter un manteau écarlate sur l'épaule du Samaritain, sans rompre en rien l'harmonie sourde et la tristesse étouffée de la scène. » Et c'était surtout à Rembrandt, davantage qu'à Tintoret – dont on peut pourtant discerner l'influence dans les choix chromatiques et la robustesse du traitement des personnages –, que Gautier songeait en commentant cette œuvre : « Quoique absolument différent du tableau de Rembrandt pour la composition, le Bon Samaritain de Delacroix le rappelle par l'énergie et la force du sentiment. »

En fait, l'influence de Rembrandt, inexistante dans l'iconographie, apparaît effectivement perceptible dans la composition, les choix esthétiques et l'univers poétique de ce Bon Samaritain, dont l'attitude des personnages évoque aussi bien les corps enchaînés l'un à l'autre de La Lutte de Jacob avec l'ange (Berlin, Gemäldegalerie) que la tendresse douloureuse du père recevant son fils épuisé dans ses bras de la gravure du Retour du fils prodigue, exécutée en 1636 par le maître hollandais.

Avant même l'inauguration du Salon, Delacroix a été sollicité par deux proches, Paul Foucher, beau-frère de Victor Hugo, et le sculpteur Auguste Préault, afin de vendre les cinq œuvres qu'il comptait exposer cette année-là à l'un de ses plus fervents admirateurs, l'écrivain et critique d'art Auguste Vacquerie (1819-1897), lui aussi un proche de Victor Hugo. Delacroix transmit à Paul Foucher, le 15 janvier 1851, les prix des tableaux qui lui appartenaient encore : « Monsieur, je m'empresse,

suivant votre désir, de vous dire le prix des tableaux que vous voulez bien me désigner. Ces prix sont au-dessous de ceux que je demanderais à un amateur, je verrais avec plaisir qu'ils puissent convenir à votre ami. Pour le Samaritain : 300 f. Pour le Giaour : 400 f. Pour Le Lever : 800 f. » (Correspondance, t. III, p. 53). Au même moment, Vacquerie recevait de Préault une lettre, publiée par Pierre Georgel (dans « Delacroix et Auguste Vacquerie », Bulletin de la Société de l'histoire de l'art français, 1968, p. 166), dans laquelle les prix de tous les tableaux encore à vendre – dont Le Bon Samaritain – lui étaient de nouveau communiqués : « Mon cher Vacquerie, D'après l'avis de notre ami Paul Meurice je suis allé voir Eugène Delacroix, voici le prix que je vous ai demandé. Trois cents francs le bon Samaritain, quatre cent [sic]francs le Giaour, huit cents francs la femme à la toilette [Le Lever], le Lazare ne lui appartient plus, mille francs Lady Macbeth. Allez voir E. Delacroix un matin le plus tôt possible rue notre Dame de Lorette 54 et vous finirez votre affaire il sait combien vous l'aimez. »

En définitive, Auguste Vacquerie, comme le signale Lee Johnson, ne fit l'acquisition à cette époque que de deux toiles, Le Lever et Le Giaour – contrairement à l'affirmation de Gautier, qui signalait dans sa critique du Salon que Le Bon Samaritain lui appartenait déjà. En fait, un excellent ami de Vacquerie, Paul Meurice, fut sans doute le premier acquéreur du tableau, comme le prouve la mention du propriétaire, publiée sur la gravure exécutée d'après ce Bon Samaritain dans un recueil

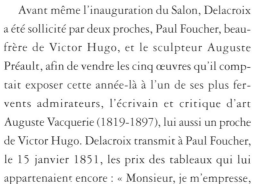

Fig. 2
EUGÈNE DELACROIX, *Le Bon Samaritain*, 1852, huile sur toile, Londres, Victoria and Albert Museum.

lithographique de Jules Laurens (*Les Artistes anciens et modernes*, vol. 7, 1857-1858, n° 161). Vacquerie ne devait acheter cette œuvre que plus tard, sans doute directement auprès de son ami Meurice.

Enfin Delacroix a peint en 1852, pour le marchand Beugniet, une autre version de la parabole du *Bon Samaritain* (fig. 2), version d'ailleurs absolument différente dans son esprit, puisque le Samaritain était cette fois représenté en train de soigner le blessé allongé sur le sol. Les deux versions du thème laissées par Delacroix marquèrent profondément les contemporains, au point qu'Honoré Daumier s'y intéressa quelques années plus tard, vers 1856, retenant quant à lui le voyage des deux hommes vers l'hôtellerie (Glasgow, Art Gallery), et que Vincent Van Gogh, enthousiasmé par l'œuvre de Delacroix et son efficacité religieuse et esthétique, exécuta en mai 1890 une copie – presque une nouvelle version – d'après la gravure inversée de Jules Laurens (Otterlo, Rijsksmuseum Kröller-Müller).

V. P.

110. *Saint Sébastien secouru par les Saintes Femmes*

Vers 1850-1854
Pastel ; 0,182 x 0,265 m
Annoté à la plume au verso sur un fragment
de papier : *Donné par moi à Jenny Le Guillou /*
le 24 mars 1855 / Eug. Delacroix
Collection particulière
Exposé à Paris seulement

Au lendemain de son retour à Paris après plus d'un mois passé à Dieppe (17 août - 26 septembre 1854), Delacroix décida de ranger ses dessins et ses gravures. Le 28 septembre, il notait dans son *Journal* : « En regardant ce matin le petit *Saint Sébastien* sur papier au pastel, comparé à des pastels empâtés et sur papier sombre, j'ai été frappé de l'énorme différence pour la lumière et la légèreté » (p. 478). L'année suivante, selon l'hypothèse émise par Lee

Fig. 1
Eugène Delacroix, *Saint Sébastien secouru par les Saintes Femmes*, 1836, huile sur toile, Nantua (Ain), église Saint-Michel.

III. *Disciples et Saintes Femmes relevant le corps de saint Étienne pour l'ensevelir*

1853
Huile sur toile ; 1,48 x 1,15 m
Signé et daté en bas à gauche : *Eug Delacroix 1853*
Arras, musée des Beaux-Arts (859.1)

Johnson et l'inscription au dos, le peintre aurait offert ce pastel à Jenny Le Guillou, peut-être à l'occasion de son cinquante-quatrième anniversaire. La composition reprend, à une échelle très réduite, celle du tableau exposé au Salon de 1836 et qui se trouve dans l'église de Nantua (fig. 1). Le martyre de saint Sébastien, thème fréquemment traité depuis la Renaissance, inspira à Delacroix près d'une dizaine de toiles, où il a repris plus ou moins directement l'ordonnance du tableau de 1836 : « Le Saint est abandonné après son martyre au pied de l'arbre où les bourreaux l'avaient attaché. Tandis que les soldats s'éloignent, des Saintes Femmes s'apprêtent à lui rendre des devoirs pieux. L'une d'elles retire les flèches dont il est percé » (livret du Salon de 1836, n° 499). Le pastel, quant à lui, découlerait plus particulièrement d'une petite peinture aux tonalités assourdies, conservée dans une collection particulière (Johnson, 1995, p. 135, repr.).

A. S.

L'histoire de saint Étienne est rapportée dans les Actes des Apôtres (VI et VII, 55-60). Accusé d'avoir blasphémé contre Moïse et contre Dieu, Étienne est traduit devant le Sanhédrin, finalement traîné hors de la ville et lapidé (voir aussi cat. 140). En choisissant de ne pas représenter la scène de la lapidation, Delacroix a contribué à enrichir de façon originale l'iconographie déjà abondante de ce martyre. Les circonstances d'exécution du tableau ne sont malheureusement pas connues, même si l'on trouve une allusion dans le *Journal*, à la date du 14 décembre 1847 (p. 167). On sait seulement, toujours par une mention dans le *Journal*, que l'artiste y travaillait au début de l'année 1853 : « Localité de la main appuyée par terre de la femme qui essuie le sang de saint Étienne : ton demi-teinte de *terre de Cassel, blanc* avec *vermillon* et *laque* » (15 janvier 1853, p. 321). La correspondance échangée entre Delacroix et Constant Dutilleux (1807-1865), peintre originaire d'Arras, ami de Delacroix et de Corot, beau-père d'Alfred Robaut, apporte en revanche tous les éclaircissements relatifs à l'acquisition du tableau par la ville d'Arras. Constant Dutilleux avait en effet été chargé par la municipalité de sonder le peintre en vue d'une commande. Le 2 mars 1859, Delacroix lui écrivait : « Si j'ai tardé à vous répondre, c'est que j'avais cru comprendre par votre lettre que j'allais recevoir la visite de M. Daverdoing, relativement au tableau que la ville d'Arras veut bien me demander. Ce tableau que je lui destine, sauf son approbation et la vôtre, aussi bien que celle de ces messieurs, n'est autre que le *Saint Étienne lapidé* que vous avez vu chez moi la dernière fois que vous êtes passé à Paris, et pour lequel vous m'avez paru avoir de l'estime » *(Correspondance*, t. IV, p. 79-80). Au lendemain de la visite de Charles Daverdoing, peintre lui aussi, élève de Gros (1813-1895), Delacroix adressa une nouvelle lettre à Dutilleux : « J'attendais la visite

de Daverdoing pour vous répondre [...]. L'annonce que je vous ai faite de l'intention où j'étais d'offrir le *Saint Étienne* pour le tableau demandé m'a paru bien accueillie par vous : peut-être eussiez-vous préféré un tableau fait exprès pour la destination ; mais, outre que ce tableau pouvait être moins réussi, il était de toute impossibilité que vous l'eussiez assez tôt pour que l'emploi des fonds fût fait dans l'année. Le *Saint Étienne* m'est resté parce qu'il n'est pas un seul amateur qui en voulût à cause de la gravité du sujet et surtout à cause de la dimension, quoique *tout récemment* un simple marchand de

tableaux m'en ait offert trois mille francs » (15 mars 1859 ; *Correspondance*, t. IV, p. 83). Deux jours plus tard, Dutilleux s'efforça de le rassurer en lui communiquant les passages essentiels de la lettre qu'il venait de recevoir de Daverdoing : « Ce tableau je ne l'ai pas choisi mais il me plaît à voir et beaucoup plus que bien des œuvres nouvelles de l'excellent artiste [...]. Les figures ne sont pas grandes mais la disposition du sujet et la couleur magistrale sont celles qui ont rendu célèbre l'artiste se livrant à son inspiration à son démon poëtique. Ainsi [la suite est de Dutilleux] d'après ce que vous venez de lire, nul doute que le St Étienne ne soit tout à fait goûté par M. Daverdoing. [...] quant à moi, cher Maître, [...] le St Étienne est tout à fait digne de vous, c'est un excellent specimen [...] c'est une très bonne acquisition pour le musée de notre ville et la gravité même du sujet qui a pu dérouter certains amateurs est un mérite de plus à sa destination » (Arras, 17 mars 1859, lettre inédite ; archives Piron ; Paris, fondation Custodia). Ainsi, surmontant leur déception de n'avoir pas pu obtenir un tableau réalisé spécialement pour leur ville, mais conscients que la demande avait été formulée de façon hâtive en raison des contraintes budgétaires et finalement sensibles à la beauté de l'œuvre, Dutilleux et Daverdoing se laissèrent convaincre de l'opportunité d'un tel achat puisque le *Saint Étienne* fut expédié le 2 avril. Le 12 mai, Delacroix s'inquiéta cependant auprès de Dutilleux des conditions de paiement : « Je vais partir pour la campagne et voudrais que vous eussiez la bonté de me dire auparavant si le mode de paiement du tableau de *Saint Étienne* par la ville d'Arras reste toujours ce qu'il m'avait été annoncé devoir être par M. Daverdoing : c'est-à-dire 3 000 francs de suite et les 1 000 francs restant dans l'exercice suivant » *(Correspondance*, t. IV, p. 98)*.

Si Delacroix semble avoir eu quelque difficulté à persuader ses interlocuteurs au début de la négociation, c'est peut-être parce que ceux-ci avaient conservé en mémoire les critiques formulées lors de la présentation de l'œuvre au Salon de 1853. Certains commentateurs avaient en effet déploré – une fois de plus – l'agencement compliqué des personnages et reproché au peintre la distorsion excessive du corps du martyr : « Dans le *Saint Étienne* on pourra être fâcheusement impressionné par l'étrangeté des têtes, qu'aucun système de peinture ne peut justifier, et par la dislocation de plusieurs figures, parmi lesquelles celle du proto-martyr est particulièrement maltraitée », avait observé Louis Peisse dans le *Constitutionnel*. De son côté, A. de Calonne avait tranché catégoriquement : « Manque de caractère, aucun des personnages n'a le type juif... défauts très suffisants pour justifier l'éloignement de la portion du public dont ils blessent la sensibilité et les exigences. » D'autres n'avaient vu ou voulu voir qu'une œuvre apparemment inachevée, une composition « entortillée » et « inintelligible », « où la ligne se brise à chaque instant, où les couleurs se heurtent dans l'ombre et d'où la lumière est absente ». Mais dans le même temps, les détracteurs de la toile s'étaient montrés sensibles, comme le vicomte H. Delaborde, à

« l'invention dramatique de la scène » ou, comme Peisse, à l'intensité expressive de l'éclairage distribué par un « ciel nuageux traversé de sinistres lueurs rougeâtres. Quelle vigueur, quelle transparence de tons, quelle puissance de couleur locale dans ces vieilles murailles de la ville, rongées par le temps ! Avec quelle majesté sombre et vénérable elles s'élèvent dans l'air avec leur hautes tours ! Avec quelle admirable entente de la perspective aérienne elle fuient devant l'œil qui veut les suivre dans leur circuit ! ». À revoir le tableau, on ne peut manquer, à la suite de Théophile Gautier, d'être frappé par l'atmosphère dramatique de la scène, qu'accentuent les contrastes des ombres et des lumières : « Eugène Delacroix entend aussi, et c'est un de ses nombreux mérites, la peinture religieuse dans le sens dramatique. Sans rien lui faire perdre de son caractère sacré, il y mêle l'élément humain. Il est pathétique s'il n'est pas byzantin, et nous l'aimons tout autant ainsi. Et d'ailleurs il sait, en ces occasions, par des harmonies sourdes et graves, tempérer ce que sa couleur pourrait avoir de tumultueux et de trop bruyant, pour ainsi dire. Le ciel, les terrains, l'atmosphère prennent des aspects pleins de tristesse et d'austérité, et, par la couleur, le maître arrive aux mêmes effets que d'autres par le dessin. » Peu enclin à s'attarder sur les détails, Delacroix a préféré souligner ce qui lui paraissait essentiel et laissé en pleine lumière les trois figures qui, à elles seules, symbolisent la tragédie qui vient de s'accomplir. Au geste de tendre compassion de la femme qui soutient le corps désarticulé du saint et dont l'expression désolée n'est pas sans rappeler celle de la jeune Grecque entourant son père blessé à l'extrême gauche des *Scènes des massacres de Scio* (Salon de 1824, Paris, musée du Louvre) correspond celui de la femme agenouillée au premier plan à droite, occupée à effacer les traces sanglantes de la lapidation.

« Ce tableau, c'est la douleur même », devait conclure Paul Mantz dans la *Revue de Paris,* tandis que Paul de Saint-Victor n'hésitait pas à surenchérir en ces termes dans *Le Pays* : « Le *Saint Étienne* est une de ces tragédies de mouvement et de couleur dans lesquelles le grand peintre se livre aux excès de la pitié et de la douleur. [...] tout concourt dans ce tableau à un effet poignant de consternation religieuse. »

A. S.

112. *Les Disciples d'Emmaüs*
ou *Les Pèlerins d'Emmaüs*

1853
Huile sur toile marouflée sur bois ;
0,56 x 0,46 m
Signé et daté en bas à gauche : *Eug. Delacroix
/ 1853*
New York, Brooklyn Museum of Art, Gift of
Mrs. Watson B. Dickerman (50.106)

Les circonstances de la vente de cette œuvre, aussitôt achevée, à une amie commune de Delacroix et
de Mme Villot, Mme Herbelin (1840-1904), une
miniaturiste de talent, nous sont connues par de
nombreuses mentions faites dans la correspondance
du peintre et dans son *Journal*. Ainsi, durant le
mois d'avril 1853, les négociations entre l'artiste et
sa cliente restèrent délicatement mondaines, si l'on
en juge par les diverses lettres échangées à cette
occasion. Au début du mois d'avril, le peintre
écrivait à Mme Herbelin : « Je reçois un mot de

Mme Villot qui a la bonté de me transmettre le désir que vous avez bien voulu lui exprimer de posséder mon tableau des *Pèlerins d'Emmaüs* ; j'ai hâte aussi de vous exprimer combien je suis flatté d'un choix qui va placer près de vous, pour être quelquefois regardé avec intérêt, un ouvrage sorti de ma main » *(Correspondance*, t. III, p. 147*)*. Le 12 avril 1853, le peintre confiait à son *Journal* : « Dans la journée, Mme Villot, Mme Barbier et Mme Herbelin sont venues voir mes tableaux. Cette dernière s'est affolée des *Pèlerins d'Emmaüs*, et veut l'avoir au prix que j'avais demandé » (p. 327). Toujours au mois d'avril, Delacroix promettait enfin le tableau à son amie : « J'ai vu hier soir Mme Villot qui m'a parlé de votre désir de m'envoyer le prix de mon tableau. Je l'ai suppliée de vous prier au contraire de n'en rien faire jusqu'à ce que le tableau fut en vos mains. [...] J'ai le regret de ne pouvoir vous l'envoyer puisque je le mets au Salon. Mais là encore il est déjà à vous, car j'ai pris la précaution en envoyant mes tableaux d'indiquer dans une notice qui sera au livret que cet ouvrage vous appartient » (coll. part. ; *Correspondance*, t. V, p. 191-192).

La datation de ces quelques lettres – qui portent seulement la mention du jour de la semaine où elles furent écrites – apparaît cependant imparfaite, d'autant que Delacroix précisa dans son *Journal* (fin de l'agenda de 1852, p. 316) avoir reçu le paiement de Mme Herbelin (3 000 francs) le 10 avril 1853, ce qui semble une date erronée si l'on tient compte des autres mentions existantes. Maurice Sérullaz, qui a tenté de reconstituer en 1963 la succession des rencontres et des échanges de courrier de Delacroix avec Mme Herbelin, a considéré avec raison que cette date du 10 avril, recopiée dans un carnet aujourd'hui disparu, ne pouvait qu'être fausse, en raison d'une défaillance de mémoire de Delacroix, ou à cause d'une erreur du copiste de son manuscrit.

Quoi qu'il en soit, le tableau appartenait à Mme Herbelin dès l'inauguration du Salon, puisque le livret, qui décrivait le sujet représenté – « Ils reconnaissent le Sauveur, qu'ils avaient cru un disciple comme eux, au moment où Jésus-Christ vient de rompre le pain et de le bénir pour le donner » –, signalait, comme Delacroix l'avait promis, qu'elle en était déjà propriétaire. À l'issue du Salon, le peintre écrivait à sa cliente, le 8 novembre 1853 : « Je reçois à l'instant même une lettre de M. Villot qui me donne avis de votre retour à Paris : je m'empresse de vous envoyer le tableau des *Pèlerins d'Emmaüs* que je suis si heureux de voir entre vos mains. Je désire bien vivement que vous retrou-

viez, en le recevant, l'impression qui vous a tant fait désirer de le posséder et qui honore extrêmement le tableau et son auteur » *(Correspondance*, t. III, p. 176*)*. La miniaturiste put ainsi accrocher chez elle un des tableaux de Delacroix les plus controversés du Salon de cette année 1853, une œuvre qui avait été comparée aux meilleurs ouvrages de Rembrandt, Véronèse et Tiepolo, tout en étant détestée par certains critiques.

La plupart des auteurs avaient évidemment commenté le fait que Delacroix, en traitant ce sujet évangélique, suivait avec ambition l'exemple des plus grands maîtres de la peinture, de Fra Angelico à Rubens, en passant par Titien et Véronèse. Chacun avait pu noter l'influence précise de Rembrandt, littéralement obsédé par ce sujet au point d'en peindre plusieurs versions (Paris, musée du Louvre ; Copenhague, Statens Museum vor Kunst ; Paris, musée Jacquemart-André) et de le graver également deux fois, en 1634 et 1654. Ayant copié une des œuvres de Rembrandt – son inventaire après décès, publié par Henriette Bessis (1969, p. 214), signale en effet : « n° 140, 1 tableau représentant *Les pèlerins d'Emmaüs d'après Rembrandt* par le même [Delacroix], 5 F » –, Delacroix a été profondément marqué par les versions du maître hollandais, reprenant leur description volontairement réaliste – ici, les deux disciples sont représentés, attablés, dans l'attitude décontractée de convives après un bon repas –, l'effet de perspective de l'escalier et le principe esthétique d'une scène se déroulant dans un intérieur sombre, d'où émerge seulement la lumineuse et massive silhouette du Christ. Cependant, il a personnalisé avec talent son œuvre, ayant enrichi sa palette et sa composition de ses souvenirs de tableaux vénitiens – particulièrement de Tintoret – et il lui a insufflé une profonde religiosité, produite essentiellement par la vigueur de la figure du Christ, debout et dominant ses disciples.

Une fois encore, Delacroix a retenu un sujet évangélique – évoqué seulement dans l'Évangile de Marc (XVI, 12-13) et développé surtout dans celui de Luc (XXIV, 13-35) – qui décrivait le thème du doute, du désarroi et de l'aveuglement des disciples du Christ après sa Passion, suivi de la révélation brutale et irrationnelle de sa Résurrection : « Or, une fois à table avec eux, il prit le pain, dit la bénédiction, puis il le rompit et il le leur donna. Leurs yeux s'ouvrirent et ils le reconnurent, mais il avait disparu devant eux. »

V. P.

113 à 118. Les *Christ sur le lac de Génésareth*

113. *Le Christ sur le lac de Génésareth*

Vers 1840-1845

Huile sur toile ; 0,457 x 0,546 m

Kansas City (Missouri), The Nelson-Atkins Museum of Art,

Purchase : Nelson Trust through exchange of gifts of the Friends

of Art, Mr. and Mrs. Gerald Parker, and the Durand-Ruel Galleries,

and Bequest of John K. Havemeyer (89-16)

114. *Le Christ sur le lac de Génésareth*

Vers 1840-1845
Huile sur toile ; 0,461 x 0,557 m
Signé en bas à droite, sur la barque : *Eug. Delacroix*
Portland, Portland Art Museum,
Gift of Mrs. William Mead Ladd and her children
in memory of William Mead Ladd (31.4)

Les questions soulevées par les nombreuses répliques peintes par Eugène Delacroix à partir d'un même thème et d'une iconographie souvent identique constituent une des difficultés principales de l'étude de son œuvre après 1850. Le partage entre les pures motivations commerciales, les gestes d'amitié et les recherches picturales semble en effet souvent impossible à établir clairement, ces diverses explications de la gestation d'une œuvre étant fréquemment concomitantes. Par exemple, le thème de *L'Enlèvement de Rébecca*, tableau exposé au Salon de 1846 (New York, The Metropolitan Museum

of Art), fut repris pour le Salon de 1859 (cat. 91), dans le cadre d'une nouvelle lecture esthétique et technique de ce sujet tiré de Walter Scott, tandis que les diverses versions (Paris, musée du Louvre ; coll. part., Johnson, t. III, 1986, n° 344) de la *Médée furieuse* du Salon de 1838 (Lille, musée des Beaux-Arts) relevaient plutôt de motivations commerciales, dictées par un plan de carrière nettement défini. Dans le même esprit, Delacroix exécuta une réplique réduite de *La Mort de Sardanapale* (Philadelphie, Philadelphia Museum of Art) en 1844 afin de garder le souvenir de cette grande composition

115. *Le Christ sur le lac de Génésareth*

Vers 1853

Huile sur toile ; 0,508 x 0,610 m

Signé en bas à gauche : *Eug. Delacroix.*

New York, The Metropolitan Museum of Art,

H. O. Havemeyer Collection, Bequest

of Mrs. H. O. Havemeyer, 1929 (29.100.131)

de jeunesse qu'il s'apprêtait à vendre, une toile tellement controversée qu'il n'osait plus la montrer, mais pour laquelle il conservait un grand attachement ; et au même moment, l'histoire de la fiancée d'Abydos, adaptée de Byron, faisait l'objet d'une réplique peinte dans le cadre d'une commande commerciale, passée par le marchand Weill (cat. 83).

Ainsi, même lorsque l'inspiration personnelle de Delacroix avait dicté l'iconographie, la composition et les choix chromatiques initiaux de ses tableaux, leur processus de création était souvent articulé autour d'une relation étroite entre ses aspi-

rations artistiques – intimes, indépendantes et fréquemment provocatrices – et ses engagements professionnels vis-à-vis du marché de l'art et des collectionneurs de son époque, nécessitant des concessions plus ou moins avouées. Après 1850, il paraissait avoir de fait totalement intégré cette contrainte commerciale dans l'organisation de sa carrière et de ses recherches, utilisant alors la réplique – et même la copie – comme un moyen permettant de résoudre cette dichotomie dans son œuvre entre sa créativité personnelle et les contraintes du marché.

116. *Le Christ sur le lac de Génésareth*

Vers 1853

Huile sur carton ; 0,500 x 0,610 m

Signé en bas à droite : *Eug. Delacroix*

Collection particulière (courtesy galerie Nathan, Zurich)

Exposé à Paris seulement

C'est dans un tel contexte que doit se situer l'analyse de la série des *Christ sur le lac de Génésareth*, parfois appelés *Le Christ dormant pendant la tempête*, qui permit à Delacroix d'illustrer plusieurs fois l'épisode évangélique célèbre, plus connu sous le titre de *La Tempête apaisée*, dont le thème s'avère être en relation étroite avec les préoccupations philosophiques et esthétiques personnelles de Delacroix durant cette période (voir l'introduction à ce chapitre). Mais, dans le même temps, l'historique de ces œuvres démontre qu'une commande, commerciale ou amicale, fut souvent à l'origine de l'exécution des nombreuses répliques peintes pour les marchands Beugniet et Petit (cat. 118 et 115) ou pour des amis, comme le comte Grzymala (cat. 116), rencontré par l'intermédiaire de Frédéric Chopin. Certes la présence dans son atelier, constatée lors de la prisée effectuée après sa mort par les experts Petit et Tedesco, de deux versions du *Christ dormant pendant la tempête* (« n° 176, 1 tableau représentant *Jésus-Christ dormant pendant la tempête* par Delacroix, 10 F » et « n° 242, 1 tableau représentant *le Christ dormant pendant la tempête*, par Delacroix, 5 F », cités par Henriette Bessis (1969, p. 199-222), deux tableaux conservés parmi ses œuvres préférées (cat. 113 et tableau non identifié), prouvent son intérêt personnel pour ce sujet. Mais, à d'autres moments, pressé par le temps, il n'hésita pas à confier à ses collaborateurs le soin de copier l'une ou l'autre de ses toiles afin de la livrer dans les délais

117. *Le Christ sur le lac de Génésareth*

1853

Huile sur toile ; 0,600 x 0,730 m

Signé et daté en bas à droite : *Eug. Delacroix 1853*

Zurich, fondation Collection E. G. Bührle

Exposé à Paris seulement

prévus, ce qui complique leur attribution et explique la gêne provoquée par certaines versions,
comme celles de la Nasjonalgalleriet d'Oslo ou du
Philadelphia Museum of Art (fig. 1).

Quoi qu'il en soit, ces commandes multiples ont
entraîné la nécessité de présenter ici uniquement
les œuvres paraissant intégralement autographes
– soit six tableaux –, délaissant ainsi trois autres versions connues dans des collections publiques : celles
d'Oslo et de Philadelphie, peut-être réalisées en collaboration avec Andrieu ou entièrement par un collaborateur, et la copie de Boston, sans doute exécutée
par Andrieu sous l'œil du maître, citée dans le *Journal*
au 3 juillet 1854 : « Répétition, par Andrieu, du
Christ de Grzimala [*sic*] pour B » (p. 439).

Fig. 1
Attribué à EUGÈNE DELACROIX,
Le Christ sur le lac de Génésareth,
1853-1856, huile sur toile,
Philadelphie, Philadelphia
Museum of Art.

pées durant la seule année 1853, ce qui paraît en contradiction avec les dates déduites de quelques notes du *Journal* de Delacroix, qui signalent certes en 1853 deux Christ dormant dans la tempête, l'un peint pour Grzymala (28 juin 1853, p. 357 ; cat. 116) et l'autre exécuté pour Francis Petit (10 et 13 octobre 1853, p. 364, 367 ; cat. 115), mais qui mentionnent également une autre version sur laquelle le peintre travaillait en 1854 (« Touché quelque peu au *Christ sur la mer* : impression du sublime et de la lumière », 29 mai 1854, p. 430 ; cat. 118) et peut-être une quatrième, citée sous le titre de *La Barque*, qui aurait été peinte pour Morny en 1856 (27 mars 1856, p. 573).

En l'absence d'autres informations concernant les premiers propriétaires de ces œuvres ou de témoignages contemporains, la datation des *Christ sur le lac de Génésareth* apparaît donc délicate, d'autant que le traditionnel point d'ancrage du Salon, qui apporte à la fois des certitudes chronologiques et les réactions de la critique contemporaine, n'existe pas dans ce cas, puisque Delacroix ne montra pas ces œuvres lors des manifestations annuelles.

Par ailleurs, les quelques dessins préparatoires pour cette série, d'une évidente importance esthétique en raison des intéressantes variations de composition qu'ils proposent (fig. 2, 3 et 4), apportent peu de renseignements historiques, à l'exception notable du dessin à la mine de plomb donné par Véronique et Louis-Antoine Prat au musée du Louvre en 1990 (RF 42 660), daté précisément de l'année 1854 et portant une jolie inscription autographe : « 8 août 1854. Le jour où l'envie m'a prise d'aller en Italie. » Une étude très précise du département des Arts graphiques du Louvre (RF 9466), exécutée en 1854 lors d'un séjour à Dieppe, paraît en outre être une étude préparatoire pour la barque de la version de Baltimore (cat. 118).

Pour la datation des œuvres de cette série, suivant en cela Lee Johnson, qui a entièrement remis en cause leur chronologie traditionnelle lors de l'exposition de Toronto et Ottawa de 1962-1963, nous proposerons donc de considérer les tableaux de Kansas City (cat. 113) et de Portland (cat. 114) comme les plus anciens – peut-être même exécutés, comme le suggère Johnson, vers 1840-1845 –, en même temps que *Le Naufrage de Don Juan* (Paris,

En raison de la confusion entraînée par les répliques et les copies, la véritable interrogation pour l'historien d'art demeure la reconstitution de l'ordre chronologique de leur exécution, qui permet de départager – peut-être artificiellement – les œuvres peintes pour le plaisir ou par intérêt esthétique pur et les versions dites « commerciales », réalisées en série. Rappelons qu'Alfred Robaut, dans son catalogue de 1885, les avait toutes regrou-

118. *Le Christ sur le lac de Génésareth*

1854
Huile sur toile ; 0,598 x 0,733 m
Signé et daté en bas à droite : *Eug. Delacroix. 1854*
Baltimore (Maryland), The Walters Art Gallery (37.186)

musée du Louvre) exposé au Salon de 1840. Les versions de New York (cat. 115) et de la collection particulière suisse (cat. 116) pourraient être, quant à elles, les répliques postérieures, réalisées autour de 1853. Les deux tableaux de la fondation Bührle (cat. 117) et de Baltimore (cat. 118) sont enfin parfaitement datés – le premier de 1853 et le second de 1854 –, mais leur composition comporte un net changement par rapport à l'iconographie de la première série.

En effet, les six versions originales connues se répartissent de manière évidente en deux groupes, en fonction de la nature du bateau dans lequel ont embarqué le Christ et les apôtres : un premier ensemble regroupe quatre œuvres (cat. 113 à 116), où Delacroix a peint une simple barque à rames – la version de Boston étant une copie de ces toiles ; un deuxième groupe, constitué de deux tableaux (cat. 117 et 118), est composé de manière plus complexe, à partir d'un bateau dont les voiles sont arrachées par la tempête. Notons, à propos de ce deuxième ensemble, d'une part que les tableaux d'Oslo et de Philadelphie en constituent des copies assez fidèles et d'autre part que la direction du bateau varie – la proue est orientée vers la droite dans la version de Zurich et vers la gauche dans celle de Baltimore.

Ces partis iconographiques, en apparence secondaires dans l'inspiration du tableau, sont en fait des variations plastiques essentielles, transformant radicalement l'univers poétique et le mouvement de la scène, la forme et la disposition de la barque sur la mer entraînant des modifications majeures de la disposition des personnages et de leur relation psychologique aux éléments déchaînés. Ainsi, dans la série des barques à rames, les neuf apôtres représentés sont livrés à eux-mêmes, mis en scène en plein désarroi, chacun décrit dans une attitude différente : deux d'entre eux rament, tandis qu'un troisième s'accroche à la barre de la barque ; un autre est replié au fond du bateau, paralysé par la peur, tandis qu'un autre montre les eaux du lac déchaînées ; quatre apôtres se retournent vers le Christ, l'un s'étant réfugié d'ailleurs sous son ample manteau. Dans la série des bateaux à voiles, par opposition, les apôtres, au nombre de six, sont surtout occupés à retenir les voiles qui s'envolent, à l'exception d'un seul, qui

implore le Christ endormi – car Delacroix a toujours fidèlement suivi l'épisode évangélique, dans lequel le Christ s'est endormi au milieu de la tempête.

Rappelons que tous les Évangiles, à l'exception de celui de Jean, racontent ce miracle du Christ, situé dans les textes au milieu de sa vie publique, durant son enseignement autour du lac de Génésareth, mais généralement rapproché par les historiens du Nouveau Testament du cycle des apparitions du Christ à ses disciples survenant après sa résurrection, au même titre que la pêche miraculeuse et la scène de Jésus marchant sur les eaux. Dans ce récit, les évangélistes ont bien évidemment insisté tous les trois (Matthieu [VIII, 23-27], Marc [IV, 37-40] et Luc [VIII, 22-25]) sur le doute des apôtres et sur leur admiration devant les pouvoirs du Christ, ainsi que le résume parfaitement le texte de saint Luc, qui demeure sans doute le plus imagé : « Or donc, un jour, il monta en bateau, ainsi que ses disciples, et il leur dit : "Passons à l'autre rive du lac." Et ils gagnèrent le large. Tandis qu'ils naviguaient, il s'endormit. Et une bourrasque s'abattit sur le lac ; ils faisaient eau et étaient en danger. S'étant donc avancés, ils le réveillèrent, en disant : "Maître, maître, nous périssons !" Et lui, s'étant réveillé, menaça le vent et le tumulte des flots. Ils s'apaisèrent et le calme se fit. Puis il leur dit : "Où est votre foi ?" Ils furent saisis de crainte et d'étonnement. "Qui est donc celui-là, se disaient-ils les uns aux autres, qu'il commande même aux vents et aux flots, et ils lui obéissent." »

En traitant ce thème évangélique, Delacroix poursuivait avec opiniâtreté sa réflexion picturale – mais aussi humaine, philosophique et religieuse –, à partir des scènes de la Passion et de la Résurrection du Christ (voir l'introduction à ce chapitre). Cet épisode, qui pose la question importante de l'adhésion sans condition à la foi, était un complément parfait aux scènes de l'incrédulité de saint Thomas (Cologne, Wallraf-Richartz Museum) ou des pèlerins d'Emmaüs (cat. 112), qui lui avaient permis de mettre en avant les moments de doute et de peur des premiers disciples, et qui répondaient ainsi à ses propres inquiétudes spirituelles.

En abordant ce thème de la tempête apaisée et, d'une manière plus générale, de la description picturale d'une barque perdue sur un lac agité,

Delacroix pouvait en outre se référer à de nombreux exemples picturaux antérieurs, y compris d'ailleurs inspirés de son œuvre personnelle. Il connaissait bien évidemment, ne serait-ce que par la gravure de reproduction, la version peinte par Rembrandt en 1633, *La Tempête sur la mer de Galilée*, aujourd'hui au Boston Isabelle Stewart Gardner Museum. Ce tableau, beaucoup plus réaliste que les siens, mis en scène de manière plus tourmentée, lui a sûrement inspiré la variante du thème montrant un bateau « avec voiles », qu'il commença en 1853 (cat. 117 et 118). Dès 1850, il avait également apprécié les couleurs de *La Pêche miraculeuse* de Rubens, découvert lors de son voyage à Bruxelles, et nous savons qu'il estimait aussi les teintes profondes imaginées par le peintre d'Anvers dans le triptyque de même titre, livré en 1619 pour l'église de Notre-Dame-de-la-Dyle de Malines (Nancy, musée des Beaux-Arts), tableaux dont il parlera d'ailleurs en 1857 à l'occasion d'un voyage à Nancy, décrivant alors précisément ses préoccupations esthétiques : « Deux tableaux, esquisses probablement de Rubens [...] mais il y a ce je ne sais quoi qui n'est qu'à lui [...]. Je sens devant ces tableaux ce mouvement intérieur, ce frisson que donne la musique puissante [...] ! Près de ces tableaux qui ne sont que des esquisses heurtées, pleines d'une rudesse de touche qui déroute dans Rubens, on ne peut plus rien voir » (*Journal*, 9 août, p. 674). Peut-être a-t-il aussi étudié l'étonnante image du *Christ marchant sur les eaux* peinte par Tintoret, dont le traitement des flots rappelle précisément la technique de Delacroix pour ses tableaux montrant le *Christ endormi dans la tempête*. Et il devait sûrement avoir conservé en mémoire la violence déchaînée de la vision de ce même récit évangélique donnée par Jordaens, une des œuvres anciennes les plus proches des siennes.

Indépendamment de ces sources d'inspiration trouvées dans l'œuvre des maîtres, ce thème de la barque sur l'eau l'obsédait depuis sa jeunesse, comme le montrent la célèbre *Barque de Dante* du musée du Louvre et, surtout, *Le Naufrage de Don Juan* (1841, Paris, musée du Louvre ; réplique à Londres, Victoria and Albert Museum), qui, bien que tiré du *Don Juan* de Lord Byron, semble un antécédent esthétique évident de la série des *Christ sur le lac de Génésareth*.

Quoi qu'il en soit, Delacroix a cherché dans ces œuvres à allier sa passion pour les vues maritimes, qui s'était encore accrue après 1845, grâce à ses fréquents voyages à Dieppe et dans la région normande (voir cat. 45), avec la force dramatique de sujets mettant l'homme en confrontation avec les éléments déchaînés de la nature. Cependant les paysages de ces tableaux religieux, loin de reprendre de simples vues faites en plein air lors d'un séjour normand et transposées ensuite dans une grande composition religieuse, sont parfaitement imaginaires, suivant en cela la conception de Delacroix – et de la plupart de ses contemporains d'ailleurs –, pour qui le paysage le plus beau était celui qui a été produit par l'imagination de l'artiste (voir l'introduction au chapitre « Le sentiment de la nature »). Les ciels gris sombre, bleu foncé et jaune et les montagnes inquiétantes qui servent de décor à ces tableaux religieux illustrent donc son désir de mettre la nature au service de l'évocation de la destinée humaine et participent à l'animation et au drame de la composition picturale.

Les générations suivantes comprirent d'ailleurs parfaitement cette orientation esthétique, comme le souligne l'analyse de Paul Signac, qui a longuement développé dans son célèbre texte *De Delacroix au néo-impressionnisme* la question du « rôle moral de la couleur » chez le peintre, prenant justement pour exemple ce traitement des verts sombres pour rendre les vagues soulevées par la tempête, traitement repris dans la série des « tempêtes apaisées » : « L'effet tragique du *Naufrage de Don Juan* est dû à une dominante vert glauque foncé, assourdie par des noirs lugubres ; la note funèbre d'un blanc, éclatant sinistrement parmi tout ce sombre, complète cette harmonie de désolation. »

Ainsi, ce sujet religieux, reflétant les angoisses métaphysiques personnelles et les recherches techniques constantes de Delacroix, lui a fait « revisiter » un thème significatif de la peinture religieuse ; et le peintre a ouvert ainsi, en soulignant le rôle signifiant – nous dirions aujourd'hui subliminal – de la couleur, une réflexion esthétique nouvelle qui allait passionner les peintres de la fin du XIXᵉ et du XXᵉ siècle.

V. P.

Les *Christ en croix*

119. *Christ en croix* (esquisse)

1845
Huile sur bois ; 0,37 x 0,25 m
Rotterdam, Museum Boijmans
Van Beuningen (2625)

120. *Christ en croix*

1846

Huile sur toile ; 0,80 x 0,642 m

Signé et daté en bas à droite : *Eug. Delacroix 1846.*

Baltimore (Maryland), The Walters Art Gallery (37.62)

Décidé à s'imposer comme peintre de scènes religieuses et à mesurer son talent avec celui des maîtres
de la Renaissance et du XVIIe siècle dans le traitement pictural des principaux thèmes chrétiens,
Eugène Delacroix a pourtant cherché à centrer précisément ses recherches esthétiques sur quelques
thèmes iconographiques essentiels, que le père
Raymond Régamey devait d'ailleurs regrouper en
1931 autour de deux sources spirituelles uniques :

121. *Christ en croix*

Vers 1847-1850
Pastel ; 0,285 x 0,210 m
Signé en bas à gauche : *Eug. Delacroix.*
Collection particulière
Exposé à Philadelphie seulement

la manifestation du surnaturel et la sainteté persécutée (Raymond Régamey, *Eugène Delacroix, l'époque de la chapelle des Saints-Anges {1847-1863}*, Paris, s. d. [1931], p. 171-172). Insistant avec raison sur la fascination du peintre pour « la puissance du sacrifice » du Christ, Raymond Régamey, qui se refusait par conviction personnelle à identifier la religion avec la seule souffrance, a cependant volontairement minoré l'attraction irrépressible de Delacroix pour les scènes poignantes de la Passion et de la Résurrection.

En revanche, du vivant même du peintre, ayant constaté que « lui seul, peut-être, dans notre siècle incrédule, a conçu des tableaux de religion qui n'étaient ni vides ni froids comme des œuvres de concours, ni pédants, mystiques ou néo-chrétiens », Charles Baudelaire a, quant à lui, parfaitement analysé, dans ses commentaires du Salon de 1846, cette attirance de Delacroix pour l'image douloureuse du Christ, expliquant que « la tristesse sérieuse de son talent convient parfaitement à notre religion, religion profondément triste, religion de la douleur universelle, et qui, à cause de sa catholicité même, laisse une pleine liberté à l'individu ».

Cette recherche philosophique personnelle devait inévitablement amener Delacroix à peindre la scène la plus dramatique de l'Évangile, celle de la crucifixion et de la mort du Christ, durant laquelle la question de sa divinité est posée, dans son mystère même, à travers la confrontation directe et violente de l'homme avec Dieu. Le thème du Christ en croix, qui allait s'imposer au cours des dernières années de sa carrière, avait déjà préoccupé Delacroix dans sa jeunesse, puisqu'il avait exposé au Salon de 1835 une grande composition inspirée de Rubens, *Le Christ en croix* (fig. 1), une œuvre ambitieuse déjà caractérisée par un souci de mise en scène et une recherche d'effets dramatiques qui nuisaient peut-être à l'intensité du tableau mais imposaient une ardeur spirituelle et esthétique évidente. Alfred Robaut a signalé aussi un autre *Christ en croix*, tableau de petites dimensions (localisation actuelle inconnue), daté de 1837, qui serait passé à la vente Arosa en 1878 et à la vente Dolfus en 1912 et pourrait constituer la première version, dans l'œuvre de Delacroix, de la représentation du Christ en croix telle qu'il allait la développer après 1845.

Quoi qu'il en soit, c'est dix ans après l'exécution du tableau de Vannes – et six années après un premier voyage en Belgique et en Hollande où il avait pu admirer les grandes compositions religieuses de Pierre Paul Rubens, qu'il connaissait déjà par la gravure – que Delacroix a exposé en novembre 1845, au théâtre de l'Odéon à Paris, une œuvre, très esquissée et d'une grande force expressive (cat. 119), montrant le Christ expirant sur la croix, le côté déjà percé par le coup de lance d'un soldat romain. Cette œuvre, une huile sur bois, qui allait s'avérer être une étude préparatoire au tableau exposé au Salon deux ans plus tard (cat. 120) – reprenant exactement le même cadrage, la même composition et la même intensité dramatique –, a été datée à tort de 1847 par Alfred Robaut, qui la considérait comme une réplique du tableau du Salon. En fait, comme le fit remarquer Lee Johnson, qui a parfaitement disséqué la datation de cette œuvre, il doit s'agir du tableau appartenant alors à Alexandre Dumas père (1802-1870), dont parlait Théophile Thoré dans son commentaire du Salon de 1847 : « Nous avions déjà vu à l'exposition de l'Odéon une esquisse de cette composition, appartenant à M. Alexandre Dumas. L'esquisse était délicieuse ; le tableau [celui du Salon de 1847, cat. 120] a pris une grandeur et un caractère qui ajoute au charme de la couleur et à l'habileté impérieuse de l'exécution. »

À l'occasion de cette exposition au théâtre de l'Odéon, Théophile Gautier avait d'ailleurs remarqué le caractère fortement esquissé de cette œuvre étrange (cat. 119), d'une superbe exécution, caractérisée par « le désordre de la touche et le strapassé du dessin », une œuvre qui « se rapproche des Tiepolo les plus bizarres et les plus extravagants ». Le cadrage apparaissait aussi particulièrement hardi, centré entièrement sur le corps du

Fig. 1
EUGÈNE DELACROIX, *Le Christ en croix*, 1835, huile sur toile, Vannes, La Cohue, musée de Vannes.

Christ crucifié et montrant, à droite, deux cavaliers tournés vers la croix et, en bas à gauche, deux personnages placés au pied de la croix, ces quatre figures étant volontairement tronquées par le découpage imposé par Delacroix à sa composition. Le ciel tourmenté était visiblement inspiré d'études similaires à celles que le peintre allait produire ensuite entre 1849 et 1853 (cat. 121 à 123), rappelant parfaitement la description de l'épisode biblique durant lequel les ténèbres avaient envahi la terre.

Deux ans plus tard, en 1847, Eugène Delacroix exposa donc au Salon une version plus achevée de cette œuvre (cat. 120), bien accueillie par les critiques parisiens, pourtant généralement avares de compliments. Ainsi Théophile Thoré, certes entièrement acquis à la cause de Delacroix, faisait remarquer avec justesse : « Son *Christ* [...] rappelle les plus beaux crucifix de Rubens, ressemblance de poésie et de couleur comme de Giorgione à Titien. Rubens n'aurait jamais existé qu'Eugène Delacroix n'en eut pas moins fait le Christ dans le même sentiment et avec le même aspect. [...] Eugène Delacroix est incomparable dans l'exécution des ciels. L'infini est toujours ouvert devant lui ; c'est pourquoi on l'accuse de n'être pas fini. »

L'enthousiasme général rassura le peintre, qui pouvait constater avec orgueil le 7 mai 1847, à l'issue d'une visite au Salon durant laquelle il avait revu son tableau : « Le *Christ* ne m'a pas trop déplu » (*Journal*, p. 154). Quelques années plus tard, dans un des premiers textes consacrés à l'œuvre de Delacroix, Théophile Silvestre décrivait lui aussi cette toile comme une de plus réussies de son auteur : « Son *Christ* expire lentement, la face voilée par une demi-teinte mystérieuse aux regards insolents

de la populace ; cette agonie, toute violente qu'elle est, n'a rien de grossièrement pantelant. »

À cette époque, Eugène Delacroix défendait avec énergie la nouvelle évolution de ses recherches picturales, comme le prouve une lettre écrite le 9 février 1853 à M. Bonnet, alors propriétaire de ce tableau (*Correspondance*, t. III, p. 139), dans laquelle il révélait son souci de protéger ses créations : « Je prends la liberté de vous adresser M. Silvestre lequel est chargé d'un travail très intéressant sur les artistes modernes. Il serait très désireux d'obtenir la permission de photographier *le Christ* que vous avez de moi pour le joindre aux autres photographies importantes de son ouvrage. Il aura soin de mentionner sur les épreuves que l'ouvrage sort de votre cabinet. Vous me rendriez en outre un service personnel : car si le tableau sort de vos mains, il tomberait peut-être dans celles d'une personne qui me contesterait le droit de reproduction ou qui le rendrait impossible en l'emportant. »

Ce thème du *Christ en croix* était en outre suffisamment essentiel dans son œuvre pour qu'il choisisse, en 1844, d'offrir à son amie de cœur, Joséphine de Forget, un *Christ sur la croix*, de modestes dimensions et d'une sobre exécution (fig. 2), qui reflétait ses préoccupations esthétiques du moment.

Le choix de Delacroix d'illustrer cet épisode emblématique de l'Évangile ne devait d'ailleurs pas demeurer une recherche isolée et le peintre a su renouveler son inspiration iconographique lorsque des circonstances commerciales, rarement absentes de son évolution durant cette période, l'amenèrent à peindre de nouvelles versions de cette image de la crucifixion. Ainsi dans les deux premiers tableaux du *Christ en croix* (cat. 119 et 120), il avait retenu l'instant précis, décrit par trois évangélistes sur quatre (Matthieu, Marc et Luc), de la mort du Christ, provoquant par son intensité l'étonnement et l'admiration des témoins : « À partir de midi, il y eut des ténèbres sur toute la terre, jusqu'à trois heures. [...] Mais Jésus, criant de nouveau d'une voix forte, rendit l'esprit. Et voici que le voile du sanctuaire se déchira en deux du haut en bas ; la terre trembla, les rochers se fendirent. [...] À la vue du tremblement de terre et des événements étonnants qui se déroulaient, le centurion et ceux qui avec lui gardaient Jésus furent saisis d'une grande

122. *Christ en croix*

Vers 1853-1856

Pastel sur papier bleu-gris ; 0,247 x 0,165 m

Signé en bas à gauche : *Eug. Delacroix.*

Ottawa, musée des Beaux-Arts du Canada (15733)

Exposé à Paris seulement

crainte et dirent : "Vraiment, celui-ci était Fils de Dieu."» (Matthieu, XXVII, 45-54).

Dans deux pastels (cat. 121 et 122) qu'il exécuta après 1847, inspirés de l'œuvre du Salon – une figure du Christ est nettement calquée sur celle du tableau du Salon (cat. 121) et une autre, inversée, est plus éloignée de l'iconographie originelle (cat. 122) –, le peintre prolongeait ses recherches

123. *Le Christ en croix*

1853
Huile sur toile ; 0,733 x 0,595 m
Signé et daté en bas à gauche de la croix :
Eug. Delacroix 1853.
Londres, The National Gallery (Inv. 6433)

picturales, en insistant cette fois, de manière plus symbolique, sur la victoire de Jésus sur la mort et sur le péché originel et en concentrant l'action sur la seule figure du Christ.

De même, en répondant en 1853 à la commande de marchands de tableaux – Beugniet, 18 juillet 1853 : « J'ai reçu de M. Beugniet la somme de douze cent francs pour prix d'un tableau représentant un Christ en croix » *(Correspondance*, t. III, p. 164)* ; ou Bocquet, 28 juin 1853 : « J'ai fini, plus promptement que je ne l'aurais cru, le *Christ en croix* pour Bocquet » *(Journal*, p. 357)* –, Delacroix révélait sa capacité de renouvellement. Motivé par un sujet qui le passionnait, il sut à l'occasion de l'exécution de ce tableau redécouvrir dans les Évangiles – cette fois dans celui de Jean – une iconographie différente, fréquemment utilisée par ses prédécesseurs, apportant une construction, une émotion poétique et des développements dramatiques susceptibles de rénover entièrement le thème : « Près de la croix de Jésus se tenaient debout sa mère, la sœur de sa mère, Marie, femme de Clopas et Marie de Magdala. Voyant ainsi sa mère et près d'elle le disciple qu'il aimait, Jésus dit à sa mère : "Femme, voici ton fils." Il dit ensuite au disciple : "Voici ta mère." Et depuis cette heure-là, le disciple la prit chez lui. [...] Jésus dit : "Tout est achevé", et inclinant la tête, il remit l'esprit. » Dans cette œuvre (cat. 123), Delacroix met en scène la Vierge, évanouie dans les bras de Jean et de sa sœur, tandis que Marie-Madeleine prie au pied de la croix ; l'introduction de ces figures, volontairement déplacées sur les côtés extrêmes de l'œuvre et coupées par le choix de cadrage, renforçait le drame religieux, en métamorphosant le rythme plastique et les intentions spirituelles du tableau.

Delacroix acheva en 1856 ce cycle d'œuvres inspirées par la crucifixion avec un *Christ en croix* (fig. 3) qui résumait les diverses recherches effectuées depuis la version de Vannes en 1835.

Au terme de cette étude des diverses versions proposées par Delacroix à partir de l'iconographie du *Christ en croix*, une des images les plus significatives du christianisme et les plus fréquemment traitées par les peintres, il convient de poser la question ultime de l'inspiration de Delacroix pour cette série, ainsi que celle de la réalité des influences picturales qui

Fig. 3
EUGÈNE DELACROIX, *Christ en croix*, 1856, huile sur toile, Brême, Kunsthalle.

Fig. 4
EUGÈNE DELACROIX, *Le Coup de lance*, vers 1850, plume, encre brune et lavis, New York, The Pierpont Morgan Library.

Fig. 5
EUGÈNE DELACROIX, *Le Coup de lance*, vers 1850, pastel, Paris, musée du Louvre, département des Arts graphiques

ont pu enrichir sa créativité. En effet, la grande similitude de formes de certaines de ses compositions (cat. 119 à 121) avec le célèbre *Coup de lance* de Rubens (Anvers, musée royal des Beaux-Arts), provenant de l'église des Récollets d'Anvers, a été fréquemment et justement signalée. Deux copies de cette œuvre par Delacroix (fig. 4 et 5), exécutées de mémoire peut-être après le deuxième voyage en Flandres effectué en 1850, révèlent la profondeur de ses recherches préliminaires et démontrent l'examen attentif par le peintre des formes et des effets dramatiques proposés par Rubens.

Certes la description picturale du thème du *Christ sur la croix*, depuis Mantegna (Paris, musée du Louvre), Tintoret (Venise, Scuola di San Rocco) et Véronèse (Paris, musée du Louvre), était devenue un exercice de style incontournable. Mais on ne peut nier cependant la filiation esthétique directe des œuvres de Delacroix avec celles de l'école nordique et on doit intégrer à l'analyse de ses tableaux religieux son admiration pour les peintures dramatiques et expressives de Jacob Jordaens (Bordeaux, musée des Beaux-Arts, déposé à la cathédrale Saint-André), de Rembrandt *(Christ en croix*, Le Mas d'Agenais, église paroissiale), de Karel Dujardin (Paris, musée du Louvre) ou de Jan Lievens le Vieux *(Le Christ expirant*, Nancy, musée des Beaux-Arts), dont il a pu s'inspirer plus ou moins explicitement. Enfin il convient de mentionner la remarque de Théophile Gautier notant qu'il « y a dans ces chairs livides baignées d'ombres grises quelque chose de la morbidesse et du clair-obscur du *Christ mourant* [de Prud'hon] ». Cette réflexion, associée à la constatation par Lee Johnson de la publication contemporaine par Delacroix, le 1er novembre 1846, d'un important article consacré à cet artiste, a permis de valoriser le rôle de l'influence du *Christ en croix* de Pierre-Paul Prud'hon, exposé au Salon de 1822 (Paris, musée du Louvre).

Mais cette influence, réelle ou supposée, ne saurait cependant diminuer l'hommage évident rendu par Delacroix à la force et à la grandeur des peintures de Rubens et de Rembrandt à partir desquelles il avait composé des variantes étonnantes de vigueur et d'originalité.

V. P.

Fig. 1
EUGÈNE DELACROIX, *Pietà*, 1843-1844, huile et cire sur enduit, Paris, église Saint-Denis-du-Saint-Sacrement.

124. *Lamentation sur le corps du Christ*

1857
Huile sur toile ; 0,375 x 0,455 m
Signé et daté en bas à gauche : *Eug. Delacroix. 1857.*
Karlsruhe, Staatliche Kunsthalle (2661)
Exposé à Paris seulement

Delacroix a repris ici, avec quelques variantes (la plus importante étant l'inversion de la scène), la composition de la peinture ornant la chapelle de la Vierge à l'église Saint-Denis-du-Saint-Sacrement à Paris, peinture qui lui avait été commandée en 1840 et qu'il réalisa dans le courant de l'hiver 1843-1844 (fig. 1). Une note du *Journal*, en date du 27 mars 1856, indique qu'il songeait à travailler à cette œuvre à la campagne (p. 573). Le 26 mai de la même année, l'artiste – arrivé à Champrosay le 17 – notait du reste, sans donner plus de détails : « Avancé [...] la *Pietà* » (p. 581).

A. S.

125 à 127. Les *Christ au tombeau*

Les quatre textes évangéliques s'accordent parfaitement sur la description de la mise au tombeau du Christ, le soir de sa crucifixion, insistant tous sur le rôle central d'un membre du conseil juif, Joseph d'Arimathée (Matthieu, XXVII, 55-60 ; Marc, XV, 42-47 ; Luc, XXIII, 50-54 et Jean, XX, 38-41), qui aurait réclamé le corps à Pilate et organisé son enterrement. Le texte de Luc, le plus précis, rapporte ainsi cet épisode essentiel qui précède la Résurrection : « Alors survint un homme du nom de Joseph, membre du conseil, homme bon et juste : il n'avait donné son accord ni à leur dessein ni à leurs actes. Originaire d'Arimathée, ville juive, il attendait le Règne de Dieu. Cet homme alla trouver Pilate et demanda le corps de Jésus. Il le descendit de la croix, l'enveloppa d'un linceul et le déposa dans une tombe taillée dans le roc où personne encore n'avait été mis. » À ce récit, l'Évangile de Jean ajoute la présence de Nicodème, « qui naguère était allé trouver Jésus au cours de la nuit », et précise que le tombeau était situé dans un jardin, près de l'endroit où Jésus avait été crucifié.

Cet épisode a inspiré au moins trois thèmes iconographiques distincts, correspondant à trois instants précis de l'action décrite par l'Évangile : la Déposition de croix proprement dite, c'est-à-dire la descente de la croix par Joseph et ses amis du corps du Christ, un épisode illustré par les célèbres tableaux de Daniele da Volterra en Italie et de Pierre Paul Rubens en Flandres ; la Déploration sur le corps du Christ par les Saintes Femmes et la mère de Jésus, épisode souvent nommé Lamentation sur le corps du Christ mort – en fait, la traditionnelle *Pietà* –, qui fut utilisée en peinture et en sculpture par les artistes de toutes les écoles depuis le Moyen Âge ; la Mise au tombeau enfin, un sujet permettant les variations les plus subtiles dans la composition comme dans les choix picturaux.

Delacroix, qui représenta la plupart des scènes de la Passion, devait peindre une seule fois celle de la Déposition de la croix pour une commande passée par Lefebvre en 1849 (*Journal*, p. 186 ; Johnson, t. III, 1986, n° L.178), mais il s'était dès 1843 attaqué au thème de la Déploration sur le corps du Christ, en peignant une superbe *Pietà*, commandée pour l'église Saint-Denis-du-Saint-Sacrement à Paris et préparée par de nombreuses esquisses

(fig. 1 cat. 124). Dans l'esprit de cette *Pietà* de 1843-1844, mais travaillant cette fois davantage le décor nocturne de la scène et son univers macabre, Eugène Delacroix décida donc, en janvier 1847, de reprendre le thème de la Déploration sur le corps du Christ dans une œuvre de dimensions ambitieuses, destinée au Salon de 1848 (cat. 125). Abandonnant le cadrage en largeur au profit d'une composition en hauteur, il ne centra plus l'action de son tableau sur la figure tourmentée de la Vierge éplorée – dans l'esprit de la célèbre *Pietà* du Rosso (Paris, musée du Louvre), qui avait inspiré sa première version du thème –, mais il décrivit avec précision le corps du Christ, violemment éclairé, autour duquel sont disposés six personnages. Soutenant la tête de son fils, Marie est représentée avec l'expression pathétique de la *Pietà* de 1843-1844, mais dans une position plus affectueuse et moins théâtrale, tandis que saint Jean est agenouillé aux pieds du cadavre du Christ, torse nu et vêtu d'un manteau rouge, contemplant tristement la couronne d'épines. Agenouillée, une Sainte Femme – Marie-Madeleine sans doute – tient un des pieds du Christ et soulève le linceul, tandis que, debout au-dessus du cadavre, Joseph d'Arimathée et une autre Sainte Femme contemplent avec tristesse la douleur de la mère de Jésus, qu'une troisième femme – sa sœur peut-être, « l'autre Marie » – soutient avec compassion.

Eugène Delacroix a visiblement enrichi sa réflexion personnelle pour l'exécution de cette toile de références explicites provenant de divers peintres de tradition italienne, comme Rosso, une fois encore, mais aussi Titien – peut-être davantage à travers la version de *La Mise au tombeau* du Prado à Madrid plutôt que la célèbre version du Louvre –, Véronèse, les Bassano (*La Mise au tombeau* de l'église Santa Croce Carmini de Vicence ou une autre version conservée au Kunsthistorisches Museum de Vienne) et, de manière plus nouvelle, Nicolas Poussin, dont *La Lamentation sur le Christ mort* (Munich, Alte Pinakothek) pourrait représenter une des origines des groupements de personnages et du traitement pictural du corps du Christ proposés dans cette version personnelle de Delacroix.

Le travail du peintre pour l'exécution de ce tableau fut intense durant toute l'année 1847. Il

125. *La Lamentation sur le Christ mort,*
appelé généralement *Le Christ au tombeau*

1847-1848
Huile sur toile ; 1,626 x 1,321 m
Signé et daté en bas à gauche : *Eug. Delacroix. 1848.*
Boston, Museum of Fine Arts, Gift by Contribution in Memory
of Martin Brimmer (96.21)

126. *La Lamentation sur le Christ mort,*
appelé généralement *Le Christ au tombeau*

1849
Huile sur toile ; 0,56 x 0,473 m
Signé en bas vers le centre à gauche : *Eug. Delacroix*
Phœnix, Phœnix Art Museum, Gift of Mr. Henry R. Luce (64.42)

127. *La Mise au tombeau*

1858-1859

Huile sur toile ; 0,563 x 0,463 m

Signé et daté en bas vers le centre à gauche : *Eug. Delacroix 1859*

Tokyo, The National Museum of Western Art (P. 1975-2)

en a débuté la composition le même jour que celle de *La Montée au calvaire* (cat. 128), conçu pour le décor jamais commandé du transept de l'église Saint-Sulpice. Le 21 janvier 1847, il signalait ainsi dans son *Journal* : « Composé trois sujets : le *Christ portant sa croix* d'après une ancienne sépia ; *Le Christ au jardin des Oliviers*, pour Mme Roché ; *le Christ étendu sur une pierre, pleuré par les saintes femmes* » (p. 118). L'ébauche du tableau fut ensuite longuement travaillée, en fait durant tout le mois de février, comme en témoignent trois mentions du *Journal*. À la date du 1er février (p. 126), nous apprenons que Delacroix a exécuté sa première ébauche au crayon blanc, ayant choisi pour ce tableau une toile de 100. Le 3 février (p. 127), il débutait l'ébauche du ciel et, le 6 février (p. 129), il était fier d'annoncer qu'il avait esquissé l'ensemble des figures du tableau sur la toile définitive, aidé sans doute en cela par plusieurs dessins préparatoires, où il avait étudié les diverses expressions des personnages (fig. 1 et 2). Et le 15 février, au terme d'une courte période de maturation, Delacroix pouvait commenter, non sans quelque orgueil, l'évolution de son travail : « Levé en mauvaise disposition, je me suis mis à reprendre l'ébauche du *Christ au tombeau*. L'attrait que j'y ai trouvé a vaincu le malaise, mais je l'ai payé par une courbature le soir et le lendemain. Mon ébauche est très bien. Elle a perdu de son mystère ; c'est l'inconvénient de l'ébauche méthodique. Avec un bon dessin pour les lignes de la composition et la place des figures, on peut supprimer l'es-

quisse, qui devient presque un double emploi. Elle se fait sur le tableau même, au moyen du vague où on laisse les détails » *(Journal*, p. 132).

À ces considérations concernant sa méthode de travail, Delacroix ajoutait des précisions essentielles sur ses choix chromatiques pour ce tableau : « Le ton local du *Christ* est terre d'ombre naturelle, *jaune de Naples* et *blanc* ; là-dessus, quelques tons de *noir* et *blanc* glissés çà et là, les ombres avec un ton plus chaud. Le ton local des manches de la Vierge : un *gris* légèrement roussâtre. Les clairs avec *jaune de Naples* et *noir*. » Le 2 mars suivant, il livrait quelques compléments d'information concernant les pigments utilisés dans son œuvre : « Le ton des rochers du fond, dans *Le Christ au tombeau*. Clairs : *terre d'ombre* et *blanc* à côté de *jaune de Naples* et *noir*. Ce dernier ton [fr]ôle le ton rose. Autres clairs dorés exprimant de l'herbe : le ton d'*ocre jaune* et *noir*, modifié en sombre ou en clair. Ombres : *terre d'ombre* et *terre verte brûlée*. La *terre verte naturelle* se mêle également à tous les tons ci-dessus » *(Journal*, p. 137).

De mars à août 1847, il attaqua ensuite l'exécution proprement dite de son tableau, travaillant d'abord le décor naturel – les montagnes le 2 mars et les rochers le 3 *(Journal*, p. 138) –, puis la figure de la Madeleine et le torse nu du disciple contemplant, au premier plan du tableau, la couronne d'épines enlevée de la tête du Christ *(Journal*, p. 138). Son travail comporta de fréquents repentirs, puisqu'il signalait avoir repris entièrement la tête de la Madeleine le 10 juillet et celle du Christ le 29 août *(Journal*, p. 160 et 162). Tout en travaillant à cette composition, il faisait remarquer qu'il songeait sans cesse à Véronèse et à Titien, dont la facture et les choix esthétiques ont visiblement inspiré – plus que d'autres peintres – sa créativité personnelle.

Durant cette période, en fait précisément le 28 avril 1847, il avait déjà vendu son tableau, encore inachevé, à un amateur de passage dans son atelier, le comte Théodore de Geloës – dont il notait soigneusement l'adresse, « au château d'Osen, près Rocremonde, Limbourg hollandais » *(Journal*, p. 150), tout en mentionnant les circonstances de l'achat et le montant de cette transaction : « Ensuite, M. de Geloës, qui venait me demander le *Christ* ou *le Bateau*. Entré dans mon atelier, il me demande le

Fig. 1
EUGÈNE DELACROIX, *La Mise au tombeau*, 1847, mine de plomb, Paris, musée du Louvre, département des Arts graphiques.

Christ au tombeau et nous convenons de 2 000 francs, sans la bordure. »

Cette vente n'empêcha nullement Delacroix d'envoyer sa *Mise au tombeau*, en compagnie de cinq autres tableaux, au Salon de 1848, où il allait remporter un indéniable succès. Certes Du Pays se plaignit de trouver « au milieu de cette gamme de tons sourds et étouffés […] comme une note criarde, le vermillon du manteau qui couvre le jeune homme agenouillé devant le corps du Christ », mais Théophile Gautier lui répondit que c'est justement « cette tache écarlate, plaquée au premier plan, [qui] donne une tristesse immense à la localité générale du tableau », neutralisant ainsi toute critique esthétique de l'œuvre. Théophile Thoré pouvait alors constater avec passion : « Il y a dans ce tableau le sentiment de Lesueur avec l'abondance et l'harmonie de Rubens. »

Deux ans plus tard, Delacroix jugeait d'ailleurs cette œuvre avec satisfaction, écrivant, après avoir revu chez son propriétaire cette toile « qui ne [lui avait] pas déplu » (*Journal*, 16 février 1850, p. 223-224) : « Chaque détail s'ajoute aux autres et ne forme qu'un ensemble décousu. C'est le contraire de ce que je remarque dans mon *Christ au tombeau* du comte de Geloës, qui est sous mes yeux. Les détails sont, en général, médiocres, et échappent en quelque sorte à l'examen. En revanche, l'ensemble inspire une émotion qui m'étonne moi-même. Vous restez sans pouvoir vous détacher, et pas un détail ne s'élève pour se faire admirer ou distraire l'attention. C'est la perfection de cet art-là, dont l'objet est de faire un effet simultané » (*Journal*, 11 décembre 1855, p. 560).

Cette composition lui parut suffisamment accomplie pour qu'il acceptât d'en exécuter au moins deux répliques, entièrement fidèles dans la disposition des personnages et seulement différentes par le traitement du paysage. Ainsi, après avoir réalisé en 1849 une première version de cette œuvre (cat. 126), à la facture plus nerveuse et plus esquissée, acquise par Adolphe Moreau (1800-1859) – le grand-père du célèbre collectionneur et donateur Étienne Moreau-Nélaton –, une deuxième réplique de l'œuvre du Salon de 1848 (coll. part. ; Johnson, t. III, 1986, n° 459) fut faite en 1853 à la demande du marchand Thomas, comme le prouve

une mention du *Journal* du 28 juin 1853 : « J'ai fini, plus promptement que je ne l'aurais cru […] la répétition du *Christ au tombeau*, […] pour Thomas » (p. 357). La commande de cette seconde version est d'ailleurs confirmée par une lettre publiée par Lee Johnson : « J'ai reçu de Monsieur Thomas la somme de mille francs pour prix d'un petit tableau représentant le Christ au tombeau. »

Enfin, en 1858-1859, c'est en élaborant une composition entièrement nouvelle à partir de ce thème – illustrant cette fois une véritable mise au tombeau –, que Delacroix peignait un de ses ultimes chefs-d'œuvre, *La Mise au tombeau* (cat. 127), montré au Salon de 1859, conçu par le peintre comme un pendant à *La Montée au calvaire* (cat. 128) exposé la même année.

En insistant en 1931 sur l'intérêt apporté par l'examen des « reproductions accolées » de ces deux « esquisses » peintes – les expositions permettent aujourd'hui d'effectuer de telles comparaisons à partir des œuvres elles-mêmes –, Raymond Régamey (s. d. [1931], p. 176-177) a fort intelligemment opposé la « spirale montante de valeur relativement sombre » de *La Montée au calvaire* du musée de Metz (cat. 128) à « la spirale lumineuse, où le cortège descend, – éclairé à la Rembrandt, plus par le corps sacré que par les torches » de *La Mise au tombeau* (cat. 127). La similitude de dimensions des deux tableaux et l'étrange complémentarité de leur composition, aisément perceptible, témoignent de la manière étonnante dont Delacroix a pu peindre cette ultime *Mise au tombeau* en fonction des principes esthétiques définis dès 1847 dans *La Montée au calvaire* (voir cat. 128).

Mais cette fois, comme le signalait effectivement Régamey, ce n'est plus Rubens qui a constitué une référence esthétique pour Delacroix – à l'exception peut-être de quelques réminiscences ponctuelles (*Le Christ mis au tombeau*, Cambrai, église Saint-Géry) –, mais plutôt Rembrandt et ses étonnantes Mises au tombeau nocturnes, dans lesquelles les figures sont éclairées par la lueur des torches et par le rayonnement mystérieux du corps inanimé du Christ, aussi bien pour ses peintures de chevalet – *La Déploration du Christ* (Londres, National Gallery) et *La Mise au tombeau* (Glasgow, Hunterian Museum et Munich, Alte Pinakothek) –, que pour ses eaux-fortes – *La Grande Descente de croix*, en 1633, et, surtout, en 1654, *La Descente de croix au flambeau*. L'iconographie de cette scène avait de toute manière été longuement mûrie par Delacroix, puisque, dès 1834, il en proposait une première version, inspirée de Titien, dans une aquarelle offerte à son amie Élisabeth Boulanger (fig. 3) ; le peintre avait donc préféré retenir le mystère et la spiritualité dramatique des tableaux de Rembrandt pour sa dernière composition, après avoir longtemps prospecté l'iconographie des peintres italiens de la Renaissance (cat. 125 et 126).

Et tandis que le choix chromatique de ces rouges intenses, savamment répartis dans les vêtements de plusieurs personnages situés à divers endroits de la composition, rendait toujours hommage aux peintres vénitiens, tandis qu'il animait ses œuvres d'une profonde religiosité directement inspirée par le mysticisme baroque de Rembrandt et des peintres du Nord, Delacroix affirmait sa personnalité dans la facture étonnamment libre et expressive de ces tableaux, devant lesquels les contemporains, comme le critique d'art Lescure, commentant le Salon de 1859, pouvaient s'écrier, emportés par sa beauté et son intense spiritualité : « Je suis chrétien ! »

V. P.

128. *La Montée au calvaire*
ou *Le Portement de croix*
ou *Le Christ succombant sous la croix* ou *La Voie douloureuse*

1847-1859
Huile sur panneau de bois ; 0,57 x 0,48 m
Signé et daté en bas à droite : *Eug. Delacroix 1859*
Metz, la Cour d'or, musées de Metz
(Inv. 11.458)

Le 23 janvier 1847, espérant recevoir une commande pour la décoration du transept de l'église Saint-Sulpice à Paris, Eugène Delacroix, enthousiasmé par ce nouveau – quoique encore hypothétique – chantier de peinture monumentale, notait dans son *Journal* divers sujets envisageables pour l'ornementation des murs : « Quatre beaux sujets pour le transept de Saint-Sulpice seraient quant à présent : "1° *Le Portement de croix*. – Le Christ vers le milieu de la composition succombant sous le faix ; sainte Véronique, etc. ; en avant, les larrons montant, etc. ; plus bas, la Vierge, ses amis, etc. ; peuple et soldats" » (p. 119).

Dans le même texte, Delacroix commentait aussi trois autres œuvres possibles, l'ensemble constituant un programme décoratif cohérent, organisé autour du thème de la Rédemption : « la *Mise au sépulcre* », une *Apocalypse* et « l'*Ange renversant l'armée des Assyriens* ». Par ailleurs, il décrivait également avec soin la composition de la « Mise au sépulcre » (cat. 127), une œuvre qui constituera dix ans plus tard un pendant à cette *Montée au calvaire* du Salon de 1859 : « La croix en haut, avec bourreaux, soldats emportant les échelles et instruments. Le corps des larrons resté sur la croix ; anges versant des parfum sur la croix ou pleurant. Au milieu, le Christ porté par les hommes et suivi par les Saintes Femmes ; le groupe descendant vers une caverne où des disciples préparent le tombeau. Hommes levant la pierre ; anges tenant une torche. Le dessous de la montagne, effet de lumière, etc. »

Bien qu'il n'ait reçu aucune confirmation officielle de cette commande pour l'église Saint-Sulpice, le peintre signalait dès cette époque avoir déjà « composé le *Portement de croix* », première étape de cette série décorative. Ainsi mentionnait-il les 21 et 23 janvier, puis le 12 février, avoir travaillé au « *Christ portant sa croix* », inspiré « d'une ancienne

sépia » (*Journal*, p. 118, 119 et 131), sans que nous connaissions d'ailleurs avec précision les étapes de la maturation de cette œuvre qui, en définitive, ne devint jamais une peinture murale. Delacroix a-t-il à cette époque seulement exécuté un simple dessin préparatoire – peut-être un des deux dessins du musée du Louvre (fig. 1 et 2) –, posant les principes d'une composition qu'il n'aurait transposée en peinture à l'huile que quelques années plus tard ? Avait-il travaillé auparavant à l'exécution du présent tableau en dehors de l'élaboration des projets de peintures pour Saint-Sulpice, songeant dans un second temps à l'insérer dans son programme décoratif ? Peut-être a-t-il peint en fait un véritable

Fig. 1
EUGÈNE DELACROIX, *La Montée au calvaire*, 1847-1848, mine de plomb, Paris, musée du Louvre, département des Arts graphiques.

L'ASPIRATION RELIGIEUSE   305

Fig. 2
EUGÈNE DELACROIX, *La Montée
au calvaire*, 1847-1848, plume
et encre brune sur papier
calque, Paris, musée du Louvre,
département des Arts
graphiques.

modello pour une composition décorative future, première étape de son chantier monumental, ce que pourrait confirmer le support – un panneau de bois – retenu pour cette œuvre, par ailleurs d'une facture très enlevée comme peut l'être une étude destinée à être présentée à un commanditaire.

De toute façon, la conception parallèle de cette œuvre avec celle d'une *Mise au tombeau*, dont le thème était également prévu dès l'origine dans le programme monumental de Saint-Sulpice, paraît assurée, comme le prouve un passage du *Journal* du 21 janvier 1847 : « Composé trois sujets : *le Christ portant sa croix* d'après une ancienne sépia ; *le Christ au jardin des Oliviers*, pour Mme Roché ; *le Christ étendu sur une pierre, pleuré par les saintes femmes* » (p. 118). Ainsi la réflexion simultanée de Delacroix à partir de ces deux thèmes de la Passion du Christ, qu'il avait liés entre eux dès cette époque, devait-elle aboutir à l'exécution du grand tableau peint pour le Salon de 1848 (cat. 125), devenu autonome par rapport au projet inachevé de commande décorative. Puis Delacroix choisira de nouveau, dix ans plus tard, d'exécuter une autre *Mise au tombeau* (cat. 127), afin d'accompagner sa *Montée au calvaire* et un *Christ succombant sur la croix* (sans doute Brême, Kunsthalle) au Salon de 1859.

Quoi qu'il en soit, *La Montée au calvaire* ne fut vraisemblablement pas achevée à cette époque, puisque cette commande pour le transept de Saint-Sulpice fut en définitive abandonnée et remplacée – après accord du préfet de la Seine le 22 mars 1847 – par celle de la chapelle des Saints-Anges, qui fut signifiée officiellement à Delacroix seulement le 28 avril 1849 (Archives nationales, F²¹24), ce chantier allant occuper le peintre durant ses dernières années (voir « Repères chronologiques »).

Nous savons qu'Eugène Delacroix a conservé ensuite jusqu'en 1861, tantôt dans son atelier, tantôt dans sa chambre, cette *Montée au calvaire*, dont il s'est inspiré d'ailleurs pour peindre un autre petit tableau ayant aussi pour sujet *Le Christ portant sa croix* (localisation actuelle inconnue, Johnson, t. III, 1986, n° L183 ; ou Japon, coll. part., Johnson, t. III, 1986, n° 59). Il l'étudiait d'ailleurs de temps à autre, comme le prouve une note significative de son *Journal*, rédigée le 15 mars 1858, qui commente les valeurs chromatiques mises en œuvre dans ce tableau : « J'ai sous les yeux dans ma chambre la petite répétition du *Trajan* et *Le Christ montant au calvaire*. Le premier est blond et clair beaucoup plus que l'autre. [...] Dans le *Christ*, les terrains, surtout ceux du fond, se confondent presque avec les parties sombres des personnages. La règle la plus générale est toujours d'avoir des fonds d'une demi-teinte claire, moins que les chairs, bien entendu, mais calculés de manière que les accessoires bruns, [...], tranchent en brun pour enlever les objets du premier plan » (p. 711).

Satisfait de l'esthétique de cette œuvre religieuse, dont il n'avait pu assurer l'adaptation en peinture murale et qu'il n'avait vraisemblablement pas complètement achevée à cette époque, Eugène Delacroix – qui avait peint entre-temps une réplique de ce sujet, léguée en 1864 à Devilly, exposée lors de la rétrospective de 1885 (n° 57) et sans doute détruite en 1944 durant un bombardement – décida en définitive de la présenter au Salon de 1859.

Nombreux furent effectivement les peintres qui ont peint l'instant douloureux de la montée au calvaire, un épisode seulement suggéré par les évangélistes qui, pour trois d'entre eux, signalent que la croix n'a pas été portée par le Christ, mais par un passant réquisitionné au dernier moment par les soldats, Simon de Cyrène (Matthieu, XXVII, 32-34 ; Marc, XV, 21 ; Luc, XXIII, 26-28). L'Évangile de Jean (XIX, 17-18) affirme, lui, que Jésus a porté « lui-même sa croix » jusqu'au lieu de son supplice. De plus, le texte de Luc est le seul à insister sur la « grande multitude du peuple » qui suivit ce cortège funèbre vers le calvaire, décrivant notamment ces femmes « qui se frappaient la poitrine et se lamentaient sur lui », auxquelles Jésus déclara : « Filles de Jérusalem, ne pleurez pas sur moi, mais pleurez pour vous et vos enfants. » En revanche, les évangélistes sont unanimes à signaler le fait que

Jésus a été crucifié en compagnie de deux voleurs qui l'ont accompagné durant la montée au calvaire.

Les épisodes légendaires de ce cheminement douloureux – marqué par les trois chutes successives du Christ, trébuchant sous le poids de la croix –, puis par sa rencontre avec sainte Véronique, qui allait lui essuyer le visage, proviennent, quant à eux, des évangiles apocryphes et plus particulièrement d'un des plus anciens d'entre eux, l'Évangile de Nicodème, écrit vers le Ve siècle après Jésus-Christ.

Quelle que soit la véracité évangélique de ces événements, en définitive susceptibles d'assouvir l'imagination des fidèles, les peintres choisirent dès la Renaissance de mettre en scène cet épisode, insistant sur les souffrances physiques du Christ et s'attachant à développer les possibilités plastiques offertes par la foule citée dans le texte de Luc. En Italie, à Venise, Tintoret (Scuola di San Rocco) et Tiepolo (église Santa Alvise) avaient tous les deux amplement utilisé les possibilités offertes par l'effet de montée vers le calvaire, Tintoret se servant déjà de deux registres nettement distincts, qui allaient partiellement inspirer Delacroix dans sa propre composition. Ce dernier pouvait également se référer au célèbre *Portement de croix* de Raphaël, peint pour l'église Santa Maria dello Spasimo de Palerme (Madrid, Prado), ou bien à celui de Francesco Bassano, déjà conservé au musée du Louvre à cette époque.

Mais, une fois encore, Delacroix allait concevoir sa propre version du thème évangélique à partir de Rubens et de l'un de ses plus beaux chefs-d'œuvre, *La Montée au calvaire*, peint pour le maître-autel de l'église de l'abbaye d'Afflighem à Hekelgem (Bruxelles, musées royaux des Beaux-Arts de Belgique). Le tableau de Rubens avait été unanimement admiré et fréquemment imité depuis sa création, comme le prouve la belle version faite par Erasmus II Quellinus pour l'église des Augustins d'Anvers, et expédiée en 1805 dans l'église Sainte-Catherine d'Honfleur. Delacroix pouvait de toute manière étudier quotidiennement le tableau de Rubens – qu'il avait sans doute vu à Bruxelles en 1839 – d'après la célèbre gravure de Pontius et nous savons qu'il a exécuté « de souvenir » une réplique d'une autre version, attribuée à Rubens et conservée alors au musée des Beaux-Arts de Bordeaux.

Certes les différences de composition entre l'œuvre de Rubens et celle de Delacroix sont nombreuses, ce dernier ayant entièrement recréé l'iconographie initiale du peintre flamand : sainte Véronique est, dans les deux toiles, agenouillée devant le Christ, mais elle essuie son visage chez Rubens, et présente seulement le linge devant lui chez Delacroix ; des apôtres soutiennent la Vierge évanouie, placée au premier plan du tableau de Rubens, alors qu'ils accompagnent, chez Delacroix, sainte Véronique, la Vierge étant peinte dans le fond de l'œuvre, loin de son fils ; les deux larrons suivent le Christ chez Rubens et le précèdent chez Delacroix. Ouvrant largement sa composition vers le lointain, ce dernier a par ailleurs adopté un cadrage moins resserré que celui retenu par Rubens, personnalisant ainsi son tableau, auquel il a insufflé, grâce à une facture enlevée et nerveuse, une apparence plus dynamique et un univers poétique plus torturé.

Peut-être en raison de cette ambition d'un peintre désireux de se mesurer à égalité avec les plus grands artistes du passé ou bien à cause d'une certaine lassitude des critiques face à l'œuvre d'un homme qui paraissait revenir sans cesse aux mêmes obsessions thématiques, l'accueil réservé aux huit œuvres de Delacroix exposées au Salon en cette année 1859 fut particulièrement exécrable. À propos de cette *Montée au calvaire* – le peintre avait souhaité rappeler dans le livret du Salon que « cette composition devait être exécutée dans de grandes proportions à Saint-Sulpice, dans la chapelle des Fonts Baptismaux, dont la destination a été changée » –, la critique ne fut pas toujours favorable, pas plus qu'elle ne devait faire preuve d'indulgence pour les deux autres tableaux religieux sélectionnés par Delacroix, *Le Christ succombant sur la croix* (peut-être Brême, Kunsthalle) et *La Mise au tombeau* (cat. 127). Maxime Du Camp attaqua avec violence le peintre, au sommet de sa gloire et qui venait d'entrer à l'Institut deux années auparavant : « La mort a-t-elle donc aussi frappé M. Eugène Delacroix ? J'entends cette mort anticipée qui paralyse la main, clôt les yeux et ôte à l'esprit la notion du juste et du vrai ? Quelles sont ces peintures de revenant qu'on expose sous son nom ? [...] Satisfait de l'Exposition universelle et des résultats qu'elle a eus pour lui,

M. Delacroix devrait retourner aux travaux littéraires qu'il aime et à la musique pour laquelle il était certainement né. » Heureusement quelques auteurs s'enthousiasmèrent pour la trilogie religieuse envoyée au Salon, comme Émile Perrin et Zacharie Astruc.

Cependant même les compliments que lui adressèrent ses meilleurs défenseurs ne consolèrent pas le peintre, vexé par les attaques particulièrement virulentes de certains critiques, attaques que son âge et sa situation lui rendaient insupportables. Ainsi Alexandre Dumas ne parvint pas à enrayer la colère du maître en affirmant avec passion : « Les toiles de Delacroix exposées cette année sont petites, mais les conceptions ont une telle grandeur que les dimensions du cadre disparaissent. On se dit en les regardant : ce sont des esquisses seulement que j'ai sous les yeux, ces tableaux auront soixante pieds. » Et Charles Baudelaire ne remporta pas plus de succès auprès du peintre en s'écriant : « L'imagination de Delacroix ! Celle-là n'a jamais craint d'escalader les hauteurs difficiles de la religion ; le ciel lui appartient, comme l'enfer, comme la guerre, comme l'Olympe, comme la volupté. Voilà bien le type du peintre-poète ! »

À l'issue de cette exposition, Delacroix décida de ne plus exposer ses œuvres dans le cadre du Salon. Mais il ne renonça pas à montrer ses toiles lors de manifestations qu'il jugeait moins officielles – ou plutôt moins placées sous les feux de la critique – et c'est d'ailleurs à l'occasion d'une de ses participations à une exposition en province, lors de l'Exposition internationale organisée à Metz en 1861, qu'il devait trouver un propriétaire institutionnel pour sa *Montée au calvaire*. Ayant remporté un véritable succès local, cette composition religieuse fut défendue avec ardeur par un ami de Delacroix, le peintre et amateur messin Laurent Charles Maréchal (1801-1887), qui avait décidé de la faire acquérir par le musée municipal de sa ville.

En publiant les minutes des débats du conseil municipal de la ville de Metz durant lequel fut décidé l'achat de cette œuvre de Delacroix, André Bellard en 1950 (*Bulletin des musées de France*, décembre 1950, nº X, p. 261-163) et Maurice Sérullaz en 1963 ont corrigé les affirmations d'Alfred Robaut, qui avait prétendu que « l'amateur à qui il [ce tableau] appar-

tenait en demandait 4 000 francs », ajoutant : « La souscription ne réunit que 2 000 francs. Delacroix ajouta de ses deniers les 2 000 autres. » La copie d'une lettre adressée au peintre par le maire de Metz le 28 novembre 1861, conservée aujourd'hui aux archives municipales de la ville (l'originale, reçue par Delacroix, fut ensuite gardée par son exécuteur testamentaire, Achille Piron), résume parfaitement les circonstances de l'acquisition de cette œuvre, précisant de surcroît la part réelle de la souscription dans le prix final. La réapparition d'une lettre inédite adressée à Delacroix par son ami Maréchal (archives Piron ; vente Eugène Delacroix, Caen, 6 décembre 1997, nº 69) a confirmé les conditions de cette vente : « Mon cher Delacroix, la délibération du conseil municipal a été approuvée par la préfecture. Veuillez bien m'envoyer un pouvoir pour toucher à la ville la somme de 1 440 fr. […] jointe à celle de 1 560 produit [*sic*] par la souscription pour le prix du tableau. La seconde somme est dès à présent à votre disposition et je vais la faire passer par mon banquier sur votre avis. Si l'autre est rentrée pour mon départ (qui est encore retardé de douze à quinze jours) je vous le porterai sinon je vous l'enverrai aussi par mon banquier. »

Le peintre Maréchal, nullement propriétaire de l'œuvre, comme le laissait entendre Robaut, n'a en fait été qu'un simple et amical intermédiaire, qui a incité Delacroix à baisser son prix de 4 000 à 3 000 francs lorsque le résultat de la souscription s'est avéré inférieur au prix fixé par le peintre, comme le prouve une autre lettre inédite (archives Piron, *op. cit.*) : « mon cher Delacroix votre tableau a été acquis hier au prix de 3 000 fr. La décision a été prise à l'unanimité et sans renvoi à la commission des beaux-arts. Votre libéralité a été pour beaucoup dans cet entraînement inusité. Il faut dire qu'elle aurait été inutile si la ville n'était pas dans une position financière exceptionnelle. »

V. P.

129. *La Décollation de saint Jean-Baptiste*

1856-1858
Huile sur toile ; 0,56 x 0,46 m
Signé et daté en bas à gauche : *Eug. Delacroix
/ 1858.*
Berne, musée des Beaux-Arts (1759)

Le sujet reprend celui d'un des quatre pendentifs de
la coupole de la Théologie au plafond de la bibliothèque du palais Bourbon que Delacroix avait terminé en 1847. Emprisonné pour avoir dénoncé
l'union incestueuse d'Hérode Antipas avec la femme
de son frère, Hérodiade, Jean-Baptiste eut la tête
tranchée sur ordre d'Hérodiade, avec la complicité
de sa fille, Salomé. Dans les deux versions, Delacroix
évoque le moment où la jeune fille présente au
bourreau le plateau destiné à recevoir la tête du
supplicié (Matthieu, XIV, 13-11 ; Marc, VI, 17-28 ;
Luc, III, 19-20). N'ayant plus la contrainte de devoir
organiser sa composition à l'intérieur d'un cadre
architectural complexe, l'artiste a pu modifier assez
sensiblement sa mise en scène, insistant par exemple
sur le décor carcéral. Le groupement des personnages

a changé également. La figure féminine a acquis de la souplesse et de la mobilité, le bourreau est vu plus de face. Enfin, on distingue, tout au fond, les têtes de curieux observant la scène qui se déroule sous leurs yeux, rappel conscient ou non des fous entourant le Tasse interné *(Le Tasse dans la maison des fous*, 1824, Zurich, fondation Bührle*)*.

D'après les notes du *Journal* (p. 600), Delacroix commença à travailler sur le saint Jean-Baptiste dans les premiers jours de décembre 1856 et en aurait recommencé l'élaboration après une interruption de plus de quatre mois due à la maladie, alors qu'il se trouvait à Champrosay : « Lundi 18 mai 1857 : Repris enfin la peinture [...]. J'ai débuté par le *Saint Jean et Hérodiate* [*sic*] que je fais pour Robert, de Sèvres [le directeur de la manufacture de Sèvres ?]. Travaillé avec plaisir la matinée. Promenade dans la forêt au milieu du jour, malgré la chaleur, et malgré cette excursion un peu fatigante repris la palette avant le dîner » (p. 663-664).

A. S.

130. *Le Frappement du rocher*

1858 (?)
Plume et encre brune sur traits à la mine de plomb ; 0,297 x 0,445 m
Cambridge, the Syndics of the Fitzwilliam Museum (2031A)
Exposé à Philadelphie seulement

Remarquable par sa facture fébrile et tourbillonnante, ce dessin, qui ne peut être mis en rapport avec un projet de tableau, illustre un thème de l'Ancien Testament *(Nombres*, XX, II*)*. Arrivés au désert de Cîr, les enfants d'Israël s'étaient établis à Cadès, mais comme l'eau manquait, « ils s'ameutèrent contre Moïse et Aaron [...]. Alors Moïse et Aaron vinrent à l'entrée de la Tente de Réunion. Ils tombèrent face contre terre, et la gloire de Yahvé leur apparut. Yahvé parla à Moïse et dit : "Prends le rameau et rassemble la communauté [...]. Puis, sous leurs yeux, [dis] à ce rocher qu'il donne ses eaux. Tu feras jaillir

pour eux de l'eau de ce rocher et tu feras boire la communauté et son bétail" ». Obéissant à Yahvé, Moïse convoqua l'assemblée, « et avec le rameau, frappa le rocher par deux fois ; l'eau jaillit en abondance, la communauté et son bétail purent boire ». Le 25 janvier 1854, Delacroix mentionnait un « *Frappement du rocher*, pour le ministère d'État » (*Journal*, p. 400). Le 23 mai 1858, il notait de nouveau, à la fin d'une longue liste de sujets susceptibles d'être traités : « *Frappement du rocher*. Israélites buvant avidement, chameaux, etc. » (*Journal*, p. 720). Enfin, le 20 septembre de la même année, la scène semblait prendre tournure : « *Frappement du rocher* ; Hommes, femmes, animaux épuisés, chameaux, empressement vers la source » (*Journal*, p. 734). Comme on distingue sur le dessin, dans l'enchevêtrement des figures, la silhouette d'un cheval et la tête d'un chameau, on peut supposer que Delacroix en ébaucha la composition précisément en 1858.

A. S.

131. *Jacob devant le manteau de Joseph*

1860
Plume et encre brune ; 0,134 x 0,199 m
Daté en bas vers la droite : *13 mars 1860.*
Paris, musée du Louvre, département des Arts graphiques (RF 9534)
Exposé à Paris seulement

Ce dessin a été gravé sur zinc pour le journal *L'Art* (numéro du 23 avril 1882), avec trait carré et la date enlevée. Il est également reproduit dans l'ouvrage d'Eugène Véron (1887, p. 93).

Par son sujet, comme par sa composition et sa facture, on peut le rapprocher de la série d'études à la plume inspirées de l'Ancien et du Nouveau Testament que Delacroix exécuta au début de l'année 1862 (cat. 141 à 150).

A. S.

VII

LES ŒUVRES ULTIMES

Après s'être dépensé sans compter pour terminer la chapelle des Saints-Anges à l'église Saint-Sulpice (commencée en 1849, elle fut inaugurée en juillet 1861), Delacroix, qui s'était efforcé par tous les moyens de sensibiliser l'opinion publique à sa grande entreprise mais n'avait pas obtenu le résultat escompté, éprouva quelque difficulté à recommencer à peindre. Une lettre adressée à son collaborateur Pierre Andrieu le 17 octobre 1861 montre cependant que l'artiste ne songeait nullement à abandonner ses pinceaux : « Il me semble, comme à vous, qu'il y a déjà longtemps que notre travail est fini. J'ai oublié les énormes peines qu'il m'a données : je suis comme la fourmi qui est prête à se remettre au travail après la ruine de ses travaux » *(Correspondance*, t. IV, p. 277-278*).* Un mois plus tard, il confiait du reste à son ami Soulier : « Ma santé, grâce au ciel, est aussi bonne que possible. L'activité qu'il m'a fallu entretenir pour achever mon travail de Saint-Sulpice a eu une heureuse action sur mon tempérament, puisque j'en ressens encore l'influence » *(Correspondance*, t. IV, p. 285*).* Ce constat optimiste, établi dans le calme de la retraite de Champrosay, masquait en fait les faiblesses d'un état de santé dont Delacroix était certainement conscient. Au cours de l'hiver 1861-1862, de nouveaux accès de fièvre l'obligèrent à garder la chambre, sans pour autant l'empêcher, sinon de se remettre à peindre, du moins de continuer à dessiner. Lui qui, en février 1862, avouait à Paul de Saint-Victor être désœuvré et de forte méchante humeur *(Correspondance*, t. IV, p. 302-303*)* avait en effet entrepris depuis peu, sans que l'on sache dans quel but précis, une série de dessins de même technique et de même format illustrant différentes scènes de l'Ancien et du Nouveau Testament, qui constituaient en quelque sorte un prolongement graphique aux peintures murales de Saint-Sulpice (cat. 141 à 150). À la fin de cette même année, profitant une fois encore de la tranquillité de Champrosay, l'artiste devait occuper également une partie de ses journées à tracer sur le papier d'ultimes variations sur le corps humain (Paris, musée du Louvre, département des Arts graphiques, RF 9549 ; M. Sérullaz, t. I, 1984, n° 847, repr.). Entre temps, et malgré diverses indispositions qui l'obligèrent à garder la chambre, Delacroix se remit avec constance à la peinture. Il devait en être ainsi jusqu'à sa mort. Une vingtaine de toiles, exécutées ou terminées au cours de l'année 1862, montrent que le peintre a lutté pour surmonter un découragement au demeurant bien compréhensible : « Je suis […] dans ce moment pris d'un malaise désagréable qui ne me laisse même pas assez d'énergie pour nettoyer ma palette et mes pinceaux : je préfère les trouver durs et en mauvais état le lendemain que d'étendre seulement la main pour y toucher » (lettre à Mme de Forget, mercredi [20 août 1862] ; *Correspondance*, t. IV, p. 332). Parmi ces toiles figure notamment une réduction de la *Médée* acquise pour la ville de Lille au Salon de 1838 (Lille, musée des Beaux-Arts), réduction vendue à Émile Pereire par l'intermédiaire de Haro au mois de mars (1862, Paris, musée du Louvre) et dont Delacroix avait noté dans son *Journal* quelques éléments techniques : « Localité du clair de l'enfant de la *Médée* : *vermillon, blanc foncé, indigo, blanc*. Localité de l'ombre : *vermillon blanc, vert de zinc* ; ton frais de clair : *laque, blanc, ocre jaune, blanc* » (*Journal*, 11 mars 1862, p. 802).

Pour répondre à une demande pressante de Constant Dutilleux, Delacroix réalisa par ailleurs une autre version, plus petite, de la *Médée*, destinée à la Société des amis d'art d'Arras (anc. coll. vicomtesse de Noaillles ; Johnson, t. III, 1986, n° 344, pl. 154). Suivirent *Hercule ramenant Alceste des Enfers* (cat. 135), *Ovide chez les Scythes* (Berne, coll. part. ; Johnson, t. III, 1986, n° 345, pl. 143), petite variante du tableau exposé au Salon de 1859 (cat. 95), *Le Sultan du Maroc et sa garde* (Zurich, fondation Bührle), dernier avatar de la peinture de grandes dimensions appartenant au musée des Augustins à Toulouse, présentée au Salon de 1845, *Saint Étienne secouru par ses disciples* (cat. 140), *La Drachme du tribut* (localisation actuelle inconnue ; Johnson, t. III, 1986, n° 341, pl. 155), version tardive mais sensiblement différente d'un des pendentifs de la coupole de la Théologie à la bibliothèque du palais Bourbon, *Chevaux à l'abreuvoir* (vendu à Tedesco le 6 octobre 1862 ; cat. 136).

C'est également dans le courant de l'année 1862 que Delacroix termina *Le Kaïd, chef marocain*, bien avancé en juin 1860 (anc. coll. vicomtesse de Noailles ; Johnson, t. III, 1986, n° 416, pl. 225) et qui reprend dans ses grandes lignes la composition de la toile du Salon de 1838 conservée au musée des Beaux-Arts de Nantes. 1862 vit également l'exécution d'une *Marine*, où l'on apercevait, par-delà l'arche d'un rocher, un navire se heurtant à un récif (Zurich, coll. part. ; Johnson, t. III, 1986, n° 490, pl. 289) et celle de deux études de félins, *Tigre attaquant un serpent enroulé à un arbre* (cat. 133) et *Tigre jouant avec une tortue* (New York, coll. David Rockefeller ; Johnson, t. III, 1986, n° 207, pl. 30).

Au début de l'année 1863, Delacroix put terminer et signer deux toiles imprégnées des souvenirs de son séjour en Afrique du Nord : *Camp arabe, la nuit* et *Combat d'Arabes dans les montagnes* (cat. 138 et 139) furent achetés par Tedesco le 12 avril, pour la somme de 4500 francs. Les rigueurs de l'hiver ne semblent pas avoir eu d'incidence néfaste sur le mal qui minait pourtant l'artiste depuis longtemps. N'accepta-t-il pas en février et en mars quelques invitations à dîner et à des soirées officielles ? Le rapide croquis de félin qu'il offrit le 5 avril, jour de Pâques, à Jenny Le Guillou, au tracé quelque peu incertain (cat. 134), atteste cependant la précarité d'une rémission dont Constant Dutilleux sera l'heureux bénéficiaire. Dans les premiers jours de mai, Delacroix adressa en effet à son fidèle admirateur un « petit » *Tobie et l'Ange*, dont la qualité lui parut si incertaine qu'il s'empressa d'y ajouter une petite toile représentant un *Lion dévorant un caïman* « encore frais dans de certaines parties » (Winterthur, coll. Oskar Reinhart et Hambourg, Kunsthalle ; Johnson, t. III, 1986, nos 474 et 209, pl. 277 et 32) : « Quand j'ai vu avant-hier dans vos mains [...] la petite esquisse de *Tobie*, elle m'a paru misérable, quoique cependant je l'eusse faite avec plaisir » (*Journal*, p. 808). Le 8 mai, Dutilleux fit diligence pour apaiser les craintes du maître tant vénéré : « Permettez-moi de ne pas être de votre avis relativement au Tobie. Cela est d'un style très élevé (j'allais dire biblique si de nos jours l'on ne faisait abus de ces grands mots) et d'une sobriété de couleur et d'effet où ne peuvent atteindre que les talents consommés. C'est bien et c'est beau comme tout ce que vous créez » (archives Piron ; Paris, fondation Custodia).

À la fin du mois de mai, l'aggravation de l'état physique de Delacroix s'accéléra : « Je n'ai pas eu à me louer de ma santé, confiait-il à Andrieu, et je n'ai pour ainsi dire rien fait depuis que je vous ai vu. Le rhume que j'ai depuis près de trois mois est aussi violent, et j'y ai ajouté les inconvénients d'une chute que j'ai faite sur l'angle d'un meuble et qui m'a causé un grand ébranlement. J'ai aussi les yeux en mauvais état pour avoir trop lu, ne pouvant travailler. Je fais mes paquets pour changer d'air, et j'espère que la campagne me remettra en état de travailler avec suite, ce qui chassera l'ennui et la tristesse. » Peu enclin à se lancer dans de « grandes entreprises », le peintre constatait avec philosophie : « Il faut que la passion cède à la raison. Je suis à un âge où il faut s'accoutumer aux privations » (*Correspondance*, t. IV, p. 374). Le 26 mai, il partit pour Champrosay, avec « la prescription d'un repos et d'un silence absolu », ne pouvant « prononcer une parole sans tousser » (lettre à Louis Guillemardet, 3 juin 1863 ; *Correspondance*, t. IV, p. 376). Début août, il lui fallut regagner Paris tant son état avait empiré. Malgré son extrême faiblesse, il dicta son testament le 3 août et, le 6, assura à ses cousins Berryer et Riesener ainsi qu'à Andrieu que le pire était passé : « Je vais bien mieux maintenant, seulement la convalescence sera longue » (*Correspondance*, t. IV, p. 381). Les jours suivants, l'artiste déclina inexorablement. Le 13, à sept heures du matin, il rendit le dernier soupir.

En reprenant une à une les peintures réalisées au cours de l'année 1862-1863, dont certaines demeurèrent à l'état d'ébauches – c'est le cas du *Tobie* offert à Dutilleux, du *Lion attaquant un crocodile* acquis par Haro à la vente posthume de 1864 ou encore du *Botzaris* (cat. 137) –, on pourrait s'étonner de l'hétérogénéité des sujets. Force est de constater, en outre, que la plupart d'entre eux – félins, scènes tirées de la littérature et de l'histoire, sujets religieux et mythologiques, souvenirs d'Afrique du Nord – sont des reprises des thèmes traités antérieurement. Ne pouvant plus soutenir un rythme de travail aussi intense que par le passé, Delacroix a dû se résoudre à ce stratagème. Il n'en faisait du reste pas mystère, comme l'atteste sa réponse à Dutilleux, qui venait de lui commander un autre tableau pour Arras : « Le terme que vous m'avez fixé pour l'achèvement n'est pas assez long pour que je ne préfère pas, puisque c'était votre idée, vous faire quelque chose que j'ai déjà étudiée et qui ne laisse pas de place à des remaniements auxquels je suis exposé en traitant un sujet nouveau : je vous ferai une petite répétition, sauf de légères différences, de la *Médée* » (*Correspondance*, t. IV, p. 305). Quatre toiles cependant échappent à ce parti pris (le *Tobie* déjà cité et cat. 136, 138 et 139). Généralement de format réduit, ne dépassant pas en moyenne 35 x 50 centimètres (sauf en ce qui concerne *Combat d'Arabes dans les montagnes*, *Le Kaïd, chef marocain*, *Botzaris* et *Médée*), ces œuvres ont été conçues dans une même harmonie de couleurs saturées, sublimées par une lumière dorée qui rehausse l'atmosphère lyrique de chacune d'entre elles. Si paradoxal que cela puisse paraître, le seul tableau nocturne de la série (cat. 138) est de la même veine.

Ainsi, il ne faut pas voir dans ces ultimes réinterprétations d'un même sujet le témoignage d'un pouvoir créatif amenuisé. Parvenu au terme de sa vie, Delacroix, qui s'est volontairement replié sur lui-même, a privilégié la recherche picturale ou graphique au détriment de l'interprétation précise du sujet. Ce qui lui importait désormais, c'était de suggérer une atmosphère, un état d'âme, et de laisser libre cours au rêve « en supprimant les détails inutiles ou repoussants ou sots » (*Journal*, 28 avril 1854, p. 417). Loin de scléroser sa faculté d'invention, ce procédé, qui s'appuie sur le souvenir, lui a permis d'enrichir ses compositions d'éléments nouveaux, parmi lesquels le paysage joue un rôle essentiel.

« Le premier mérite d'un tableau est d'être une fête pour l'œil. Ce n'est pas dire qu'il n'y faut pas de la raison : c'est comme les beaux vers, toute la raison du monde ne les empêche pas d'être mauvais, s'ils choquent l'oreille. On dit : *avoir de l'oreille* ; tous les yeux ne sont pas propres à goûter les délicatesses de la peinture. Beaucoup ont l'œil faux ou inerte ; ils voient littéralement les objets, mais l'exquis, non » *(Journal, p. 808-809)*. Écrite le 22 juin 1863, cette réflexion équivaut à un testament : elle résume parfaitement l'idée qui inspira Delacroix jusqu'à la fin. Parvenu au terme de sa vie, le peintre avait sans doute conservé dans sa mémoire cette pensée de son ami Philarète Chasles, notée sur l'une des pages du carnet conservé au musée Condé à Chantilly : « Dans les grands esprits, la maturité et la vieillesse sont le temps de la grande moisson, l'époque des méditations les plus puissantes. C'est le dernier mot de l'expérience. »

Arlette Sérullaz

132. *Lionne prête à s'élancer*

1863
Huile sur toile ; 0,295 x 0,390 m
Signé et daté en bas à droite : *Eug. Delacroix
/ 1863.*
Paris, musée du Louvre (RF 1397)

Quelque temps avant de mourir, Eugène Delacroix
a exprimé dans cette œuvre la quintessence de ses
recherches sur le genre animalier, visant une synthèse
parfaite entre le traitement sévère et dépouillé du
paysage – peint en teintes claires et lumineuses avec
une matière fluide et légère –, véritable morceau
de bravoure pictural exécuté en souvenir des sites
d'Afrique du Nord, et la force tranquille du félin prêt
à bondir, dont il a analysé avec simplicité et efficacité l'attitude physique, faite de force et de souplesse, et la beauté du pelage, sur lequel son pinceau
s'attarde sans se préoccuper de vérités anatomiques.

Plusieurs études annonçaient d'ailleurs ce chef-
d'œuvre ultime : un pastel représentant un tigre
dans la même position (Cleveland, Museum of Art)
et divers croquis de lionnes prêtes à bondir, dessinées d'après nature par Delacroix vers 1830 (Paris,
musée du Louvre, département des Arts graphiques,
RF 10 467 et RF 10 605 ; M. Sérullaz, t. I, 1984,
n°s 1047 et 1055, repr.).

Débarrassée des anecdotes qui justifiaient parfois commercialement l'exécution de certaines de ces
œuvres animalières, cette toile trouve sa finalité
véritable dans sa rapidité d'exécution, dans la légèreté et la clarté des teintes du paysage, ainsi que dans
la vibration des touches animant les reflets du pelage
du félin. Refusant volontairement tout exotisme
gratuit, Delacroix a préféré peindre la beauté intemporelle d'un félin, évoluant naturellement dans un
paysage à la sauvage et éternelle grandeur. Il appliquait ainsi la réflexion notée dans son *Journal*, alors
qu'il accumulait les notes pour son *Dictionnaire des
Beaux-Arts*, écrivant à propos des représentations de
chevaux et d'animaux : « L'Antique est le modèle
en cela comme dans le reste » (*Journal*, 13 janvier
1857, p. 611).

V. P.

133. *Tigre attaquant un serpent enroulé à un arbre*
ou *Tigre et Serpent*

1862
Huile sur toile ; 0,330 x 0,413 m
Signé et daté en bas à gauche : *Eug. Delacroix 1862.*
Washington, D. C., Corcoran Gallery of Art, William A. Clark Collection (26.76)

Exécutée dans une facture extrêmement proche du *Tigre effrayé par un serpent* (cat. 20), cette œuvre montre une variante tardive du thème, traité maintes fois durant les deux décennies précédentes, d'un félin attaquant un reptile ou menacé par lui. Sans parler du tableau de Hambourg et d'un pastel exécuté vers 1848 qui représentait un tigre dans la même position, cité par Lee Johnson, deux autres compositions similaires au moins doivent être évoquées : *Lion à la couleuvre* (vers 1853, Cambridge, King's College) et *Lion maintenant un serpent* (fig. 1

cat. 18). On peut cependant noter une différence notable – et quelque peu artificielle – entre les diverses scènes : le lion, « roi des animaux », domine toujours le reptile, jouant avec lui, alors que le tigre paraît plus méfiant face au serpent. Contrairement au tableau de Hambourg, où la surprise semble l'emporter chez le félin, le tigre est dans cette toile prêt à bondir et Delacroix a cherché à traduire la raideur des muscles et la puissance animale. Le paysage, exécuté de manière moins lumineuse et fluide que dans les autres œuvres peintes après 1860, reprend des éléments fréquemment utilisés : ciel clair, arrière-plan rocheux et sauvage, arbre copié durant les promenades en forêt de Sénart.

Comme pour le *Tigre effrayé par un serpent*, Lee Johnson a attiré l'attention sur la similitude iconographique existant entre le reptile peint par Delacroix dans ce tableau et celui que dessina William Harvey pour une vignette gravée dans *The Tower Menagerie*, montrant un enfant face à un serpent. Cette source a effectivement pu inspirer Delacroix, mais comment ne pas songer, en regardant la position du reptile enroulé autour de l'arbre, à l'iconographie traditionnelle du serpent dans l'histoire

d'Adam et Ève, que Delacroix pourrait avoir repris de manière purement visuelle, sans se préoccuper bien sûr de références bibliques.

V. P.

134. *Félin marchant vers la droite, dans un paysage*

1863
Plume et encre brune ; 0,116 x 0,129 m
Dédicacé en bas à gauche et daté en bas à droite à la plume et à l'encre brune : *à Jenny. / 5 avril / 63 / Pâques*
Paris, musée du Louvre, département des Arts graphiques (RF 31 282)
Exposé à Philadelphie seulement

Exécuté le jour de Pâques 1863, ce dessin, au tracé quelque peu hésitant, est l'un des derniers souvenirs de Delacroix, déjà très malade et qui devait mourir le 13 août. Il a peut-être fait partie d'un album offert par Jenny Le Guillou à Constant Dutilleux et qui comprenait des études de félins, quelques sujets exotiques et une scène religieuse. Plus précisément, il faut l'intégrer au groupe de dessins dédicacés à diverses périodes par le peintre à sa fidèle gouvernante : *Deux Indiens iowais* (1845, « donné à Jenny Le Guillou, Eugène Delacroix » ; Robaut, 1885, n° 951, repr.), *Lion de profil à droite* (« à Jenny Leguillou, 4 déc. 1857 » ; vente Verninac, Paris, hôtel Drouot, 8 décembre 1948, n° 3, repr.), *Tigre léchant du sang* (« 20 févr. 58, Jenny » ; Robaut, 1885, n° 1358) et *Cheval au pas* (fig. 1).

A. S.

Fig. 1
Eugène Delacroix, *Cheval au pas*, 1858, plume et encre brune, collection particulière.

135. *Hercule ramène Alceste des enfers*

1862
Huile sur carton marouflé sur bois ;
0,323 x 0,488 m
Signé et daté en bas à gauche, vers le centre :
Eug. Delacroix 1862.
Washington, D. C., The Phillips Collection
(0485)

Durant les dernières années de sa carrière, Eugène Delacroix fut parfois sollicité par des amateurs afin d'exécuter des copies réduites de ses grandes séries décoratives peintes autour de 1850. Ainsi cette œuvre tardive est-elle la réplique originale, en réduction, d'une des onze toiles illustrant les exploits du héros mythologique Hercule qui décoraient les tympans situés entre les portes et les fenêtres dans le salon de la Paix de l'ancien Hôtel de Ville de Paris, détruit en 1871 par un incendie (voir cat. 65).

Avant de reporter ses compositions décoratives sur des toiles définitives, destinées à être ensuite marouflées sur les murs du salon de la Paix, Eugène Delacroix avait fait, pour concevoir ces œuvres dans le moindre détail, plusieurs études préparatoires et au moins une esquisse à l'huile de la composition d'ensemble. Ces études furent conservées dans son atelier jusqu'à sa mort, puis léguées, avec la majeure partie de ses esquisses pour l'Hôtel de Ville, à son élève et collaborateur Pierre Andrieu, qui avait travaillé avec lui à cette décoration. Ayant ainsi auprès

Fig. 1
Hercule ramène Alceste des enfers,
gravure d'après le dessin de
Pierre Andrieu pour un des
tympans du salon de la Paix
par Eugène Delacroix, dans
M. Vachon, *L'Ancien Hôtel de
Ville de Paris, 1553-1871,*
Paris, A. Quantin, 1882.

HERCULE ET ALCESTE.

de lui de nombreux témoignages de ses recherches pour le salon de la Paix, Delacroix pouvait donc, sans aucune difficulté, s'y référer – sans parler bien sûr des capacités énormes de sa mémoire – au moment où un amateur lui demandait d'exécuter une copie d'un élément de ce décor. Et, effectivement, bien qu'étant une réplique peinte dix ans après le décor initial, cette œuvre possède une fougue et une virtuosité technique évoquant davantage une esquisse qu'une œuvre définitive.

Nous pouvons aisément identifier l'épisode décrit par Delacroix dans cette œuvre, sujet similaire bien sûr à celui du décor du salon de la Paix : Admète, roi de Thessalie, ayant offensé la déesse Artémis, Alceste, sa femme, dut offrir sa vie en échange de celle de son époux et s'empoisonna. Descendue aux enfers, elle fut alors sauvée par Hercule, ami d'Admète, qui affronta Hadès, le dieu des morts, afin de ramener Alceste à la vie. Cette scène mythologique, ayant connu d'ailleurs diverses versions – dont une dans laquelle Hercule n'intervient pas, Alceste étant sauvée par Perséphone –, est généralement citée comme un modèle de l'amour conjugal. Elle permit à Delacroix de se livrer à un triple effet pictural : la description de l'anatomie étrange et musclée d'Hercule ; l'image fantastique d'Hadès ou d'une figure infernale, criant au milieu des flammes des enfers en voyant sa victime lui échapper ; et, bien sûr, l'évocation de la tendresse et de l'émotion d'Admète retrouvant Alceste.

L'iconographie des compositions originales pour le salon de la Paix nous est connue, malgré leur destruction, grâce à des gravures publiées en 1856 et 1882 (fig. 1), à une série de dessins de Pierre Andrieu et aux quelques esquisses de Delacroix encore conservées aujourd'hui (cat. 65) ; nous pouvons ainsi aisément constater les nombreuses modifications survenues entre la première version de l'Hôtel de Ville, exécutée entre 1852 et 1854, et la réplique de 1862 : dans cette dernière, de format rectangulaire alors que la version originale du salon de la Paix était cintrée, Admète, à genoux, embrasse le bras de sa femme inanimée dans les bras d'Hercule, alors qu'il regardait simplement ce dernier avec gratitude dans la version décorative. Delacroix a de surcroît ajouté, au fond de la scène, dans la version de 1862, plusieurs personnages en costumes

de prêtres, groupés autour de l'autel comme pour un sacrifice, et il a également accentué, en l'agrandissant, la figure de la créature infernale, visible à droite de la composition. Le paysage, enfin, est devenu plus accidenté – nous dirions presque plus marocain – et moins classicisant.

Cette ultime réplique représente donc, une fois encore, une véritable « relecture » par Delacroix d'un thème important de la maturité de sa carrière, entreprise un an avant sa mort et dans laquelle nous retrouvons quelques-unes de ses qualités étonnantes de coloriste.

V. P.

136. *Chevaux à l'abreuvoir*

1862
Huile sur toile ; 0,76 x 0,91 m
Signé et daté en bas à gauche : *Eug. Delacroix
1862*
Philadelphie, Philadelphia Museum of Art,
W. P. Wilstach Collection (50-1-2)

La seule information que l'on possède au sujet de ce
tableau est le reçu signé par Delacroix le 6 octobre
1862 et qui entérine un nouvel achat du marchand
Tedesco : « J'ai reçu de Monsieur Tedesco la somme
de *deux mille francs* pour prix d'un tableau rep[r]. un
abreuvoir au Maroc » (Paris, Bibliothèque nationale
de France, département des Manuscrits, nouv. acq.
fr. 24 019).

Contrairement à bien des tableaux inspirés par
des souvenirs précis du Maroc (voir par exemple
cat. 108 et 139), la scène représentée ne semble pas
reprendre l'une des nombreuses notes consignées
dans les carnets utilisés en 1832. On connaît en
revanche, conservé dans une collection particulière,
un croquis au crayon montrant le point de départ

de la composition, dépourvue à l'origine de l'architecture qui s'élève à gauche. Par son atmosphère
pleine de retenue, empreinte d'une certaine mélancolie, par le classicisme des attitudes et la chaude
harmonie des couleurs où dominent les rouges
sombres, les verts et les bruns, cette toile compte
assurément parmi les réalisations les plus raffinées
de Delacroix dans sa dernière année.

A. S.

137. *Botzaris surprend le camp des Turcs au lever du soleil*

Vers 1862
Huile sur toile ; 0,60 x 0,73 m
Toledo, The Toledo Museum of Art (1994.36)

« Il faut faire une grande esquisse de *Botzaris* : *les
Turcs épouvantés et surpris se précipitant les uns sur les
autres* », notait Delacroix dans son *Journal* le 12 avril
1824 (p. 66). Deux ans plus tard, une lettre adressée

à l'architecte Bénard atteste que ce sujet l'intéressait toujours : « Mille pardons, monsieur, de mon impertinente requête. J'ai l'indiscrétion de m'adresser à vous pour vous demander les traits et faits les plus remarquables que vous vous rappelez de vos lectures dans la guerre actuelle des Grecs : bien entendu ceux qui prêtent le plus à la peinture. […] Me rappelant l'intérêt que vous portez à la belle Grèce, je me suis tourné vers vous. […]. *P. S.* Ce seraient des traits plutôt particuliers tels que le dévouement de Botzaris » (février 1826 ; *Correspondance*, t. I, p. 176-177). Pareille démarche n'avait à l'époque rien de surprenant : depuis l'assaut des troupes grecques mené par Marcos Botzaris à Karpenisi contre les forces turques, assaut durant lequel Botzaris avait trouvé la mort en 1823, le chef des insurgés était devenu en effet un héros extrêmement populaire.

Toutefois Delacroix n'a pas donné suite à son projet. Il fallut donc un motif bien précis pour qu'il y retravaillât de nouveau, au déclin de sa vie, alors que la guerre d'Indépendance de la Grèce était sortie des mémoires. Or cette esquisse préfigure dans ses grandes lignes une œuvre plus ambitieuse, commandée par un négociant de Marseille, Théodore Emmanuel Rodoconachi. D'après la lettre adressée par ce dernier à Delacroix, la discussion devait être engagée depuis quelque temps : « J'espère avoir la semaine prochaine les portraits que je vous ai promis. Dès que je les recevrais [*sic*], je vous les ferai avoir. Quant aux croquis des costumes que vous me demandez, j'aurai positivement dans un mois celui des Souliotes, qui diffère de celui de la fustanelle. J'ai écrit hier à Athènes pour avoir des dessins historiques de l'armée de Botzaris. S'il y a

moyen d'en avoir, nous les aurons. » La commande était du reste confirmée par un contrat précis, rédigé par Rodoconachi lui-même, après un échange de lettres entre un de ses agents et Delacroix (Johnson, 1995, p. 161-162) : « Monsieur Eugène Delacroix s'engage vis-à-vis de Monsieur Théodore Rodoconachi à reproduire dans un tableau à l'huile la mort de Marco Botzaris, épisode de l'histoire grecque moderne. Monsieur Théodore É. Rodoconachi de son côté s'engage, lui ou ses héritiers, à la réception dudit tableau à compter à Mons. Eugène Delacroix ou à ses ayant-droit [sic] la somme de huit mille francs en espèces. Fait double ; Marseille le quatorze septembre 1860 » (archives Piron ; Paris, archives des Musées nationaux).

En 1863, le tableau était loin d'être achevé. Le 21 juin, Delacroix écrivait à l'agent de Rodoconachi : « Je n'ai rien fait tout cet hiver et les suites de ma grave indisposition m'interdiront pour longtemps toute espèce de travail. Je ne voudrais pas abuser de l'indulgence de Monsieur Rodoconachi [...]. S'il est effrayé de ce retard, je le prierais instamment de ne point se considérer comme lié par l'engagement qu'il a bien voulu prendre avec moi et cet engagement serait nul de tout point. Dans le cas contraire, veuillez l'assurer du soin que je mettrai dans l'achèvement de ce tableau qui est pour moi un ouvrage de prédilection » (lettre inédite ; Paris, musée Delacroix).

Deux mois plus tard, le peintre décédait. Le tableau fut inclus, ainsi que l'esquisse, dans la vente après décès. Plus tard, sans que l'on en connaisse la raison, il fut malencontreusement découpé en plusieurs fragments (l'un d'entre eux se trouve dans une collection particulière parisienne ; Johnson, t. IV, 1986, n° M6, pl. 318). Brossée à larges coups de pinceau, avec des tons stridents qui rendent l'éclairage nocturne plus oppressant encore, la scène est animée d'un souffle épique qui peut surprendre de la part d'un artiste dont les forces avaient inexorablement diminué. La remarque de Théophile Silvestre concernant la toile non terminée, « Botzaris surprenant le camp des Turcs serait devenu en deux semaines de travail, un tableau magnifique », peut s'appliquer également à l'esquisse.

A. S.

138. *Camp arabe, la nuit*

1863
Huile sur toile ; 0,550 x 0,650 m
Signé et daté en bas vers le centre :
Eug. Delacroix 1863.
Budapest, Szépmüvészeti Múzeum (72.7.B)

Les informations concernant cette toile, l'une des rares scènes nocturnes composées par Delacroix à partir des souvenirs de son voyage au Maroc, sont plutôt réduites. Le 14 juin 1860, Delacroix confiait à son *Journal* (p. 780) son étonnement rétrospectif d'avoir tant travaillé en l'espace de trois semaines à un mois à partir du 14 avril, après une longue convalescence, et énumérait les œuvres terminées à cette date ou en cours d'exécution, parmi lesquelles *Camp arabe, la nuit*. Il doit sans doute s'agir des *Arabes autour du feu* cités le 28 avril de la même année, avec l'indication de prix « 2 500 francs » (*Journal*, p. 781). Et pourtant, il faut attendre le 12 avril 1863 pour trouver mention d'un reçu d'une somme de 4 500 francs pour *Combat d'Arabes dans les montagnes* (cat. 139) et *Camp arabe, la nuit*, vendus à Tedesco (*Correspondance*, t. IV, p. 372). Jusqu'à la fin, l'artiste aura donc exploité sans se lasser la veine « africaine », et les œuvres terminées l'année même de sa mort attestent que son imagination jamais défaillante lui avait permis de renouveler indéfiniment une thématique au demeurant fort riche.

L'évocation des haltes qui jalonnèrent le voyage de la mission française de Tanger à Meknès et retour, entre mars et avril 1832, constitue la trame de la composition, dont l'unité est assurée par l'éclairage contrasté que distribue le foyer incandescent, en partie masqué par la figure hiératique d'un Arabe venu se réchauffer. Les attitudes de ses compagnons accroupis ou étendus à même le sol se répondent d'un bout à l'autre de la composition, dont l'équilibre est assuré aux extrémités par des silhouettes d'Arabes vus de dos. L'éclairage lunaire, filtré par les nuages, renforce enfin l'irréalité de la scène, où l'imaginaire a fini par prendre définitivement le pas sur l'anecdote pittoresque.

A. S.

139. *Combat d'Arabes dans les montagnes*
ou *La Perception de l'impôt arabe*

1863
Huile sur toile ; 0,92 x 0,74 m
Signé et daté en bas au centre : *Eug. Delacroix 1863.*
Washington, D. C., National Gallery of Art, Chester Dale Fund (2329)

En dépit de l'aggravation de son état de santé, Delacroix a continué jusqu'à sa mort à transposer sur la toile des sujets marocains que sa mémoire avait conservés. Il en est ainsi de cette composition savamment équilibrée, vendue à Tedesco en même temps que *Camp arabe, la nuit* (cat. 138). Pour ces deux toiles, l'artiste reçut du marchand la somme de 4 500 francs. L'identification du sujet est imprécise. Si Delacroix l'intitule *Combat d'Arabes dans les mon-*

tagnes, Robaut, suivant en cela Piron mais sans justification particulière, la baptise *La Perception de l'impôt arabe*, sous-entendant ainsi l'évocation d'une escarmouche entre Arabes et collecteurs d'impôts. Même si le peintre avait en mémoire l'explication de l'administrateur (*amin*) de la douane, Sidi Ettayeb Biaz, qu'il avait soigneusement notée dans un de ses carnets – « 12 mars [1832]... Bias nous a dit en traversant avec nous qu'on ne faisait pas de ponts afin d'arrêter plus facilement les voleurs et de percevoir les taxes et arrêter les séditieux » (album conservé à Paris, musée du Louvre, département des Arts graphiques, RF 1712 *bis*, f° 14 recto ; M. Sérullaz, t. II, 1984, n° 1756, repr.) –, rien ne permet d'affirmer que le tableau doive quelque chose à cette remarque.

On est frappé par l'organisation harmonieuse des différents plans, avec cette ligne ondulante qui prend appui au premier plan à gauche pour aller se perdre dans le défilé que dominent des fortifications massives.

A. S.

140. *Saint Étienne emmené par ses disciples*

1862
Huile sur toile ; 0,467 x 0,380 m
Signé et daté en bas vers la droite sur une
marche : *Eug. Delacroix 1862*
Birmingham, The University of Birmingham,
The Trustees of the Barber Institute of Fine
Arts (62.1)

À partir d'un thème déjà traité en 1853 (cat. 111)
et en 1860 (Johnson, t. III, 1986, n° 471, pl. 258),
Delacroix a livré en 1862 une ultime variante, de
format réduit, où la scène est intégrée dans un vaste
paysage désolé qui accentue la solitude dramatique
du martyr inanimé et de ses disciples. S'il a conservé
au premier plan – mais en la déplaçant de la droite
vers l'extrême gauche – la figure féminine occupée
à effacer les traces de sang sur les marches, Delacroix
a sensiblement modifié l'organisation du groupe
central, dont la frontalité rappelle la représentation des funérailles d'un guerrier sur certains bas-
reliefs antiques.

A. S.

141 à 150.   Les dessins religieux de l'hiver 1862

Le 1er janvier 1862, Delacroix écrit à sa vieille amie Mme Cavé pour la remercier de son cadeau de la Saint-Sylvestre : une nouvelle robe de chambre (*Correspondance*, t. IV, p. 298). Est-ce revêtu de celle-ci qu'il passe les semaines suivantes, au cours desquelles il ne note pratiquement rien dans son *Journal* ? Au moins sait-on par une lettre à Paul de Saint-Victor en date du 17 février 1862 que ces jours d'hiver sont tristes et peu féconds : « Je suis malade depuis plus d'un mois, et désœuvré » (*Correspondance*, t. IV, p. 303). Ce désœuvrement n'a pas fait oublier à l'artiste la pratique de sa célèbre « prière quotidienne » : l'étude dessinée. *Nulla dies sine linea*. La dizaine de dessins datés des mois de janvier et février 1862 en témoigne, d'une façon bien particulière.

Il s'agit de feuilles pratiquement de mêmes dimensions, constituées de papiers identiques, très minces, et que l'encre traverse facilement (c'est peut-être pour cette raison qu'aucune ne comporte de verso dessiné). Tous les dessins sont exécutés à la plume et à l'encre brune, une plume très épaisse, probablement un bec de roseau, qui permet à la fois des griffures et de larges étalements. Un seul comporte également des rehauts de lavis brun, assez profondément dilué. Sept des compositions sont tracées dans le sens de la largeur, trois dans celui de la hauteur.

De ces dix dessins, tous à sujets religieux, neuf sont datés de la main de l'artiste, entre le 2 janvier et le 24 février de l'année 1862 : on en décompte trois le 2 janvier (cat. 141 à 143), trois le 18 février (cat. 144 à 146) et trois encore le 24 février (cat. 147 à 149). La série s'arrête là, semble-t-il, du moins pour le moment, mais il n'est pas impossible que réapparaissent d'autres études de même type dans les années à venir. Le dixième dessin, *La Madeleine aux pieds du Christ* (cat. 150), n'a pas été daté par Delacroix, mais il fait à coup sûr partie du même ensemble : un de ses propriétaires, peut-être Étienne Moreau-Nélaton, qui l'a légué au Louvre avec des centaines d'autres feuilles, a écrit au crayon, au bas de la composition : « vers la fin de sa vie / 1862 », ce qui laisse supposer qu'il connaissait d'autres pages de la série pour parvenir à dater celle-ci avec autant de précision. Les dix dessins sont actuellement répartis entre cinq musées : ceux d'Amiens,

Brême, Bucarest et Princeton en possèdent chacun un, le Louvre deux – l'un que nous venons de citer (cat. 150), l'autre, le seul rehaussé de lavis (et un peu plus grand que les autres), le *Reniement de saint Pierre* (cat. 141) provenant du don en 1977 de Max et Rosy Kaganovitch, dont les intérêts de collectionneurs allaient en général plutôt vers des œuvres un peu postérieures. Enfin, quatre des dix croquis se trouvent dans une collection particulière parisienne.

Ce groupe si caractéristique n'est pas aisé à repérer dans la vente posthume de l'artiste en 1864. Il doit probablement faire partie soit du lot n° 375 (Robaut, 1885, n° 1796), comprenant 28 feuilles de divers sujets religieux, qui comptait notamment un *Ecce Homo* (sujet que l'on retrouve ici, cat. 148), soit du lot n° 376 (Robaut, 1885, n° 1795) qui comportait 29 feuilles, dont *Jacob devant le manteau de Joseph* (cat. 131), d'une technique proche de celle de ce groupe, mais daté antérieurement, du 13 mars 1860, et qui présente un traitement beaucoup plus détaillé. En tout état de cause, les dix dessins portent la marque de l'atelier (Lugt 838 a), qui atteste qu'ils ont bien été dispersés en 1864. Un examen minutieux des papiers prouve que chaque feuille présente sur un des longs côtés de légères traces d'arrachement, ce qui rend probable l'hypothèse selon laquelle on se trouverait en présence d'un carnet démembré, mais sans doute par Delacroix lui-même, dont on peut penser qu'il ôtait chacune de ces fragiles feuilles de sa reliure avant de l'utiliser (aucun des dessins ne possède de trace de contact avec d'autres feuilles à peine sèches, ce qui devrait être le cas s'ils étaient demeurés dans le même carnet ; de plus, la façon dont a été soigneusement apposée la marque de la vente posthume sur chaque feuille prouve qu'elles étaient déjà isolées en 1864).

Ce fascinant groupe de dessins séduit avant tout par la qualité de son graphisme, qui conjugue une extraordinaire économie de moyens et un caractère expressionniste d'une très grande efficacité. Malgré les enchevêtrements de traits, la rapidité des oves, l'insistance des hachures, les scènes évoquées par Delacroix demeurent immédiatement identifiables. On a pu croire un temps qu'elles ne concernaient que des épisodes de la vie du Christ et donc du Nouveau Testament, jusqu'à la réapparition du

Tobie et l'Ange daté du 18 février qui, non seulement illustre un passage de l'Ancien Testament, mais se trouve de surcroît en relation évidente avec le tableau de même sujet (fig. 1 cat. 146) qui a dû en découler, du moins dans son idée première, dans un court laps de temps, puisque Delacroix mentionne dans son *Journal* le 25 janvier 1862 : « *Tobie rend la vue à son père* » (p. 801). Un autre des croquis du groupe, *Le Christ et l'Aveugle de Jéricho* (cat. 147), est également en relation avec un tableau éponyme, réapparu en 1986 dans une vente publique (Monaco, Sotheby's, 21 juin 1986, n° 76, repr. coul.) et que Lee Johnson situe très justement en 1862-1863. Quant aux huit autres feuilles, il n'est pas possible pour le moment de les rattacher à des compositions peintes qu'elles auraient ultérieurement inspirées.

On a, bien évidemment, évoqué Rembrandt à propos de cette production graphique tardive, pour des raisons d'abord techniques : l'autorité du maniement de la plume, l'énergie du moindre accent, l'audacieuse virtuosité d'un génie qui ne s'attache plus à dessiner de façon claire ou agréable et recherche d'emblée une lisibilité supérieure. Mais le nom du grand Hollandais vient aussi immédiatement à l'esprit, devant ces évocations rapides d'épisodes religieux célèbres, à cause de leur spiritualité même. Faut-il comparer la foi naïve de Rembrandt — lecteur de la Bible, imprégné du livre saint à tel point qu'il parvint à le transcrire en ombres et lumières — et la probable absence de foi de Delacroix — que l'on sait voltairien, sceptique et au mieux adepte d'un spiritualisme diffus, d'un panthéisme flou qui ne découvre de vagues raisons de croire à une puissance supérieure que dans le spectacle de la nature ou dans la perception du génie humain et de ses possibilités de dépassement (généralement dans le domaine artistique ou musical) ? Une telle démarche ne déboucherait sur rien de probant.

Mais comment expliquer alors (en l'absence, on l'a vu, de toute précision biographique lors de cet hiver) la succession de ces dessins chargés d'une force bien particulière ? Le choix même des sujets, où le Christ apparaît sept fois sur dix (absent seulement dans *Le Reniement de saint Pierre* [cat. 141], *Les Trois Marie au sépulcre* [cat. 143] et *Tobie et l'Ange* [cat. 146]), montre à quel point Delacroix est ému

par cette figure souffrante mais aussi triomphante, comme dans *La Madeleine aux pieds du Christ* (cat. 150) où l'insoutenable éclat du visage divin est exprimé par quelques traits de plume éclatés en orbe. Jamais d'ailleurs les visages ne sont caractérisés, les mains et les pieds autrement qu'évoqués. De même les ombres, les éléments naturels ne sont-ils restitués que par quelques traits parallèles. Quand Delacroix insiste sur un détail, c'est pour rendre immédiatement identifiable la scène qu'il évoque : ainsi le coq en haut à droite du *Reniement de saint Pierre*, la lanterne en bas à droite du *Baiser de Judas* (cat. 144), ou le poisson de *Tobie et l'Ange*. Aussi chaque scène est-elle aisée à reconnaître, à l'exception de celle de la feuille de Bucarest (cat. 149), où l'on peut hésiter entre une guérison d'une démoniaque (Matthieu, VIII, 16, ou Marc, I, 32-34) ou une mort de Saphire dans laquelle le Christ, évidemment, n'apparaît pas. En fait, on ignorera sans doute toujours pourquoi Delacroix, durant l'hiver 1862, selon une périodicité assez obscure mais obsédante (trois dessins datés du même jour, à trois reprises), traça cet ensemble de croquis si particulier, si facile à identifier et qui traduit chez lui un abandon rare à la pure recherche du signe graphique, en même temps que l'accès à une sémiologie supérieure, et cela au profit d'une légende sacrée. À un moment où il occulte volontairement, aussi bien dans son *Journal* que dans sa *Correspondance*, l'approche de l'épuisement et de la mort, qui va surgir l'année suivante, nous voyons en tout cas le vieil artiste se laisser enfin aller à cette simplification souveraine, à cette urgence d'expression qu'un Friedlaender, dans un article célèbre (W. Friedlaender, « Poussin's old age », *Gazette des Beaux-Arts*, CIV, juillet-août 1962, p. 249-264), a repéré comme la marque de la vieillesse chez les grands génies de la peinture — Poussin ou Titien — et que Delacroix n'atteindra jamais au même degré dans son œuvre peint. La liberté d'un grand dessinateur, c'est aussi cette faculté d'aller parfois au-delà des contingences même de son art.

Louis-Antoine Prat

141. *Le Reniement de saint Pierre*

1862
Plume, encre brune et lavis brun ;
0,145 x 0,215 m
Daté en bas à droite à la plume et à l'encre
brune : *2 janvier 62.*
Paris, musée du Louvre, département des Arts
graphiques (RF 36 499)
Exposé à Philadelphie seulement

L'épisode du reniement de Pierre (ou plutôt de ses trois reniements) fait suite à celui de l'arrestation de Jésus et de sa comparution devant le grand prêtre, Caïphe. Pierre, assis dans la cour du palais, est reconnu une première fois par une servante, puis par une autre, enfin par un groupe de gens. Chaque fois, l'apôtre nie avec obstination : « Je ne connais pas cet homme. » Et aussitôt le coq chante. Pierre se souvient alors de la parole que Jésus lui avait dite : « Avant que le coq chante, tu m'auras renié trois fois » (Matthieu, XXVII, 69-75 ; Marc, XIV, 66-72 ; Luc, XXII, 56-62 ; Jean, XVIII, 17, 25-27).

L.-A. P. et A. S.

142

143

144

142. La Pêche miraculeuse

1862
Plume et encre brune ; 0,128 x 0,206 m
Daté en bas à gauche à la plume et à l'encre
brune : *2 janvier 62.*
Brême, Kunsthalle (65/129)
Exposé à Philadelphie seulement

La scène correspond à un texte placé en appendice,
à la fin de l'évangile selon saint Jean (XXI, I-12).
C'est la dernière apparition de Jésus aux disciples,
sur les bords du lac de Tibériade, alors que le poisson
ne mordait pas. Jésus, que les disciples n'avaient pas
reconnu, leur indiqua où jeter leur filet : « Ils le jetè-
rent donc et ils ne parvenaient plus à le relever,
tant il était plein de poissons. Le disciple que Jésus
aimait dit alors à Pierre : "C'est le Seigneur." »

De tous les dessins bibliques exécutés dans les
deux premiers mois de 1862, *La Pêche miraculeuse* est,
avec *Tobie et l'Ange* (cat. 146), l'un des plus remarquables sur le plan de la recherche calligraphique.

L.-A. P. et A. S.

143. Les Trois Marie au sépulcre

1862
Plume et encre brune ; 0,136 x 0,208 m
Daté en bas à droite à la plume et à l'encre
brune : *2 janvier 1862*
Princeton, Princeton University, The Art
Museum, Gift of Frank Jewett Mather, Jr.
(1941-114)
Exposé à Paris seulement

Après l'ensevelissement du Christ, une fois le sabbat
passé, « Marie de Madgala, Marie, mère de Jacques,
et Salomé achetèrent des aromates pour aller oindre
le corps. Et de grand matin, le premier jour de la
semaine, elles vont au tombeau, comme le soleil se
levait. Elles se disaient entre elles : "Qui nous rou-

lera la pierre hors du tombeau ?" Et ayant regardé,
elles virent que la pierre avait été roulée de côté. Or
elle était fort grande. Étant entrées dans le tombeau, elles virent un jeune homme assis à droite,
vêtu d'une robe blanche, et elles furent saisies de stu-
peur. Mais il leur dit : "Ne vous effrayez pas. C'est
Jésus le Nazarénien que vous cherchez, le Crucifié :
il est ressuscité, il n'est pas ici. Voici le lieu où on
l'avait placé" » (Marc, XVI, 1-8).

La date a parfois été lue *12* et non *2* janvier ;
mais Delacroix avait l'habitude de bien séparer ses
chiffres, comme on peut le voir sur les dessins datés
des 18 et 24 février, et nous demeurons persuadés
qu'il a tracé ici un *2* et non un *12*.

L.-A. P. et A. S.

144. Le Baiser de Judas

1862
Plume et encre brune ; 0,130 x 0,204 m
Daté en bas au centre à la plume et à l'encre
brune : *18. f^r. 62*
Amiens, musée de Picardie (3098.645)
Exposé à Philadelphie seulement

Le baiser de Judas, raconté dans les quatre Évangiles,
est le signe convenu avec les soldats du grand prêtre
pour procéder à l'arrestation de Jésus. Dans la chronologie de la Passion, cet épisode précède la scène
du reniement de Pierre (cat. 141) et celle de l'interrogatoire de Jésus par Pilate (cat. 145). Il figure
dans une liste de sujets de tableaux, malheureusement non datée, comprenant également « – Jésus
présenté au peuple par Pilate. – Jésus devant Caïphe.
Le grand prêtre déchirant ses habits. [...] Madeleine essuyant les pieds du Christ » (archives Piron ;
coll. part.).

L.-A. P. et A. S.

145. *Le Christ devant Pilate*

1862

Plume et encre brune ; 0,133 x 0,205 m

Daté à la plume et à l'encre brune en bas à droite : *18 fr. 62*

Paris, collection Prat

Exposé à Paris seulement

Après l'arrestation du Christ, les soldats le menèrent d'abord devant le grand prêtre Caïphe puis au prétoire, chez Pilate. À la suite de l'interrogatoire mené par ce dernier, le Christ fut flagellé et couronné d'épines (Matthieu, XXVII, 2, 11-26 ; Marc, XV, 1-15 ; Luc, XXIII, 1-7, 13-25 ; Jean, XIX, 28-40).

L.-A. P. et A. S.

146. *Tobie et l'Ange*

1862

Plume et encre brune ; 0,205 x 0,133 m

Daté en bas à droite à la plume et à l'encre brune : *18 fʳ. 62.*

Paris, collection Prat

Exposé à Paris seulement

Le sujet est tiré du livre de Tobie (VI, 2-6). Fils de Tobit, le jeune Tobie part à la demande de son père, aveugle, reprendre dix talents d'argent qui lui appartenaient. En route, il rencontre un ange : « L'enfant partit avec l'ange, le chien suivit derrière. [...] quand vint le premier soir, ils campèrent le long du Tigre. L'enfant descendit au fleuve se laver les pieds quand

un gros poisson sauta de l'eau, et faillit lui avaler le pied. Le garçon cria, et l'ange lui dit : "Attrape le poisson, et ne le lâche pas !" Le garçon vint à bout du poisson, et le tira sur la rive. » La composition du dessin est très proche de la petite peinture que Delacroix offrit en mai 1863 à Constant Dutilleux, conservée à Winterthur, dans la collection Oskar Reinhart (fig. 1).

Delacroix connaissait l'interprétation que Titien et Rembrandt avaient donnée de ce thème. En décembre 1847, il avait en effet indiqué dans son *Journal* (p. 168) être en possession d'une aquarelle d'après Titien, *Jeune Tobie conduit par l'ange* ; en juillet 1850 (p. 247), il mentionnait avoir vu à Bruxelles, chez le duc d'Arenberg, le *Tobie guérissant son père* de Rembrandt.

L.-A. P. et A. S.

Fig. 1
Eugène Delacroix, *Tobie et l'Ange,* 1863, huile sur toile, Winterthur, collection Oskar Reinhart.

147. *Le Christ et l'Aveugle de Jéricho*

1862

Plume et encre brune ; 0,133 x 0,205 m

Daté en bas à droite à la plume et à l'encre
brune : *24 f'. 62*

Paris, collection Prat

Exposé à Philadelphie seulement

L'épisode du Christ guérissant un aveugle à la sortie
de Jéricho est raconté dans les évangiles de Matthieu
(XX, 29-34), Luc (XVIII, 35-43) et Marc (X, 46-52) :
si dans l'évangile de Matthieu il est question de
deux aveugles, dans ceux de Luc et Marc d'un seul
mendiant, la fin du récit est identique. Jésus, ayant
entendu l'appel de l'aveugle, lui demande : « "que
veux-tu que je fasse pour toi ?" – "Seigneur,
répondit-il, que je voie !" Jésus lui dit : "Vois ; ta foi
t'a sauvé." Et à l'instant même il recouvra la vue,
et il le suivait en glorifiant Dieu » (Luc, XVIII,
35-43).

Une esquisse peinte, de même sujet, mais plus
complète, est passée en vente à Monaco en 1986
(vente Sotheby's, 21 juin 1986, n° 76). À l'époque,
Lee Johnson avait pu l'identifier avec le n° 111 de
la vente de l'atelier de Delacroix.

L.-A. P. et A. S.

148. *Ecce Homo*

1862
Plume et encre brune ; 0,198 x 0,132 m
Daté en bas à droite à la plume et à l'encre
brune : *24 f. 62.*
Paris, collection Prat
Exposé à Philadelphie seulement

Partagé entre le désir de relâcher Jésus et la crainte
d'une réaction violente des juifs, Pilate propose à la
foule rassemblée devant le prétoire de choisir entre
la libération de Jésus et celle du brigand Barabbas.
« Pour la troisième fois, il leur dit : "Quel mal a donc
fait cet homme ? Je n'ai rien trouvé en lui qui mérite
la mort ; je le relâcherai donc, après l'avoir châtié."
Mais eux insistaient à grands cris, demandant qu'il

fût crucifié, et leurs clameurs gagnaient en violence. Pilate alors prononça qu'il fût fait droit à
leur demande. Il relâcha celui qui avait été mis en
prison pour émeute et pour meurtre, celui qu'ils
réclamaient, et il livra Jésus à leur bon plaisir »
(Luc, XXIII, 13-25 ; Matthieu, XXVII, 15-26 ; Marc,
XV, 6-15 ; Jean, XVIII, 28-40, XIX, 4-16).

De cette scène dramatique, Delacroix a privilégié le moment où Jésus est livré aux juifs, symboliquement représentés au premier plan à gauche
par une silhouette tronquée, tendant les bras. Le
centre d'intérêt de la composition, axée sur une
diagonale qui prend appui sur la tête du personnage
du premier plan à gauche et longe l'escalier, est la
figure de Jésus descendant les marches, maintenu
par deux soldats, avec derrière lui Pilate, qui se
lave les mains.

L.-A. P. et A. S.

149. *Le Christ guérissant une démoniaque (?)* ou *La Mort de Saphire (?)*

1862
Plume et encre brune ; 0,134 x 0,206 m
Daté en bas à droite à la plume et à l'encre brune : *24 fr. 62.*
Bucarest, Muzeul National de Artă al Rômâniei (221/24810)
Exposé à Philadelphie seulement

L'identification de la scène n'est pas certaine. Il pourrait s'agir d'une des nombreuses guérisons de démoniaques racontées dans les évangiles de saint Matthieu, saint Marc ou saint Luc, à moins que Delacroix ne se soit inspiré de l'histoire d'Ananie et de Saphire (Actes des Apôtres, V, 1-12) : « Un homme du nom d'Ananie, d'accord avec sa femme, vendit une propriété, détourna une partie du prix, de connivence avec sa femme, et apporta le reste qu'il déposa aux pieds des Apôtres. Mais Pierre dit : "Ananie, pourquoi le Satan a-t-il rempli ton cœur [...] ? Ce n'est pas à des hommes que tu as menti, mais à Dieu." En entendant ces paroles, Ananie, tombant, expira. [...] sa femme, qui ne savait pas ce qui est arrivé, entra. Pierre lui adressa la parole [...] Elle tomba à l'instant même et expira. »

L.-A. P. et A. S.

150. *La Madeleine aux pieds du Christ*

1862

Plume et encre brune ; 0,207 x 0,135 m

Annoté en bas à gauche à la mine de plomb, d'une main étrangère (Étienne Moreau-Nélaton ?) : *vers la fin de sa vie / 1862*

Paris, musée du Louvre, département des Arts graphiques (RF 9548)

Exposé à Paris seulement

En quelques traits de plume, qui forment comme une trame sur le papier, Delacroix a résumé magistralement la scène racontée avec force détails par saint Luc dans son évangile, celle de la pécheresse pardonnée et aimante (Luc, VII, 36-50). Sans chercher à représenter le pharisien et ses invités assistant, stupéfaits, à l'arrivée d'une femme qui se prosterne aux pieds de Jésus, qu'elle oint de parfum et essuie avec ses cheveux, Delacroix s'est concentré sur ce tête-à-tête singulier, dont il a restitué l'intensité avec une économie de moyens remarquable. La figure du Christ se détache sur la feuille laissée en « réserve », tandis que celle de la Madeleine, soulignée par une superposition de traits plus ou moins rapprochés, demeure dans l'ombre.

L.-A. P. et A. S.

Les Quatre Saisons

Eugène Delacroix a mentionné pour la première fois dans son *Journal* le 9 janvier 1856 ses idées pour les sujets de ces quatre ambitieuses peintures décoratives, citant dans des notes éparses et parfois elliptiques divers épisodes mythologiques dont l'iconographie pourrait être associée au thème des saisons : « Eurydice. Figures conversant sous des ombrages, etc. (Printemps). – Méléagre offrant la hure à Atalante. (Automne). – Junon et Éole. Flotte d'Ulysse. (Hiver). – La terre demande à Jupiter de finir ses maux, etc. Phaéton ; dans le lointain fleuves et nymphes, etc. – Cérès cherchant sa fille. La nymphe Aréthuse lui raconte son enlèvement. Moissonneurs dans le lointain. (Été). – Bacchus trouvant Ariane. (Automne). – Diane au bain. Actéon. Les chiens entrent dans l'eau, etc. – Borée enlevant Orithye. Sa famille éplorée ; fleuve, son père, ou tout autre » (p. 563).

Au milieu de quelques autres propositions et sans que la décision définitive ne fût prise à ce stade en faveur d'un thème plutôt qu'un autre, les diverses scènes mythologiques correspondant aux quatre tableaux futurs étaient déjà envisagées, même si Delacroix, ayant apparemment adopté l'histoire d'Eurydice pour la saison du printemps et la rencontre entre Junon et Éole pour celle de l'hiver, hésitait encore pour l'automne et l'été entre divers épisodes. Le 27 mars de la même année, toujours grâce au *Journal*, nous apprenons que ces réflexions iconographiques n'étaient en fait pas motivées par la seule créativité du peintre, mais qu'elles découlaient d'une commande privée, passée à Delacroix par un certain M. Hartmann : « Emporter à la campagne [...] les *Quatre Saisons*, de M. Hartmann » (p. 573), écrivait ainsi le peintre, nous révélant, le 26 mai suivant, qu'il travaillait plus particulièrement aux esquisses de ces décorations, afin de soumettre ses projets à ce nouveau client avant de passer à l'exécution des œuvres définitives : « J'ai travaillé beaucoup à Champrosay. [...] Avancé les esquisses de M. Hartmann, l'*Ugolin*, la *Pietà*, etc. » (p. 581). Une lettre, rarement citée, conservée au département des Arts graphiques du musée du Louvre (BS b5 L 29), confirme d'ailleurs ces diverses informations et la réalité de cette commande, qui aurait pu être passée à Delacroix par Hartmann avant le 9 janvier 1856, date des premières réflexions du peintre. Le 6 février 1856, Delacroix écrivait à son commanditaire : « Monsieur, je vous serais bien reconnaissant s'il vous était possible d'arrêter les mesures des panneaux de votre salon de concert avec votre architecte. J'aurais été bien aise d'en faire les esquisses dans ce moment où j'ai un peu plus de liberté. Je prévois que je serai forcé d'ici à peu de temps de me donner tout entier à des travaux qui ajourneront contre mon gré le commencement de celui dont vous voulez bien me charger. Les esquisses une fois faites, l'exécution définitives [*sic*] en serait suivie plus facilement. »

Delacroix allait préparer auparavant ces esquisses à l'huile par diverses études au crayon ou à l'encre de l'ensemble ou des détails de chacune des quatre compositions ; Alfred Robaut a d'ailleurs précisé que seize feuilles de la vente posthume du peintre (n° 379, vendues pour 31 francs le lot) étaient des « premières pensées et études sur nature faites en vue des quatre compositions décoratives » (Robaut, 1885, p. 449), dont trois se trouvent aujourd'hui conservées au musée du Louvre (fig. 1 et 2 et RF 9546).

Fig. 1
Eugène Delacroix, *Femme nue, à mi-corps, renversée sur le dos*, 1856-1857, mine de plomb, Paris, musée du Louvre, département des Arts graphiques.

Fig. 2
Eugène Delacroix, *Femme nue, de dos, à mi-corps, levant le bras droit*, 1856-1857, mine de plomb, Paris, musée du Louvre, département des Arts graphiques.

151. *Orphée et Eurydice*
ou *Le Printemps*

1856-1863
Huile sur toile ; 1,980 x 1,657 m
São Paulo, Museu de Arte de São Paulo
Assis Chateaubriand (67/1952)

152. *Diane surprise au bain par Actéon*
ou *L'Été*

1856-1863
Huile sur toile ; 1,980 x 1,657 m
São Paulo, Museu de Arte de São Paulo Assis Chateaubriand
(68/1952)

Malgré ce travail régulier, Delacroix se plaignait amèrement, le 29 juin, de la lenteur de son inspiration : « J'ai été mécontent hier, en arrivant, de ce que j'avais laissé ici {à Champrosay} l'*Herminie*, le *Boisguilbert enlevant Rebecca*, les esquisses pour Hartmann, etc. » (*Journal*, p. 587). Pourtant, le peintre avait paru enchanté, un mois auparavant, de l'expérience entraînée par cette commande et il travaillait alors avec soin à l'élaboration de ces quatre esquisses, notant avec rigueur dans son *Journal* les diverses solutions envisageables pour le choix des pigments à utiliser : « Charmant ton demi-teinte de fond de terrain, roches, etc. Dans le rocher, derrière l'Ariane, le ton de *terre d'ombre naturelle et blanc* avec *laque jaune*. Le ton local chaud pour la chair à côté de *laque* et *vermillon* : *jaune de zinc, vert de zinc, cadmium*, un peu de *terre d'ombre, vermillon*. – Vert dans le même genre : *chrome clair, ocre jaune, vert émeraude*. – Le *chrome clair* fait mieux que tout cela, mais il est dangereux alors, il faut supprimer les *zincs*. – Belle nuance en mêlant avec ce ton le ton de *laque* et *blanc*. – *Bleu de Prusse, ocre de ru, vert neutre* qui entre bien dans la chair. – *Laque jaune, ocre jaune, vermillon*. – *Terre de Sienne naturelle. Cassel*. – Ces tons verdâtres font une excellente localité avec un ton de *rouge Van Dyck* ou *indien* et *blanc* rompu avec un gris mélangé et rompu lui-même. – *Terre d'ombre, blanc cobalt*. Joli gris. – Ce ton, avec *vermillon laque*, donne un ton de demi-teinte charmant pour chair fraîche. – Avec *terre d'Italie vermillon*, localité plus chaude » (8 mai 1856, p. 578-579).

Trois de ces splendides esquisses dans lesquelles Delacroix a expérimenté des méthodes picturales adaptées aux sujets antiquisants qu'il devait peindre pour cette commande, esquisses conservées comme les compositions décoratives elles-mêmes par le peintre jusqu'à sa mort, nous sont encore connues aujourd'hui (Johnson, t. III, 1986, nᵒˢ 244 à 247, pl. 62 à 65 : *Le Printemps, L'Été, L'Hiver*, fig. 3 à 5 ; *L'Automne*, localisation actuelle inconnue, marché de l'art en 1989, Johnson, t. III, 1986, nᵒ 246). Par leurs couleurs originales et leur exécution raffinée, elles témoignent de l'imagination et de la fougue apportée à la préparation des quatre grands tableaux, conçus pourtant à partir d'une iconographie entièrement classique. Il est vrai que, durant cette période, Eugène Delacroix a fait plus intimement la connaissance de M. Hartmann, qui a pris l'habitude de fréquenter son atelier, et qu'il s'est quelque peu attaché à ce curieux client, ce qui l'a décidé à lui livrer quatre œuvres d'une qualité supérieure : « Le soir, M. Hartmann, qui venait me demander ma copie du

Fig. 3
Eugène Delacroix, *Le Printemps*, esquisse, 1856-1859, huile sur toile, Montpellier, musée Fabre.

Fig. 4
Eugène Delacroix, *L'Été*, esquisse, 1856-1859, huile sur toile, Le Caire, musée Mahmoud Khalil.

Fig. 5
Eugène Delacroix, *L'Hiver*, esquisse, 1856-1859, huile sur toile, collection particulière.

portrait d'homme de Raphaël. Nous avons parlé tout le temps de théologie. Il est un fervent protestant » (*Journal*, 29 décembre 1857, p. 704).

Cet étrange commanditaire apparut ainsi, brutalement, durant les dernières années de sa carrière, dans la vie et l'œuvre d'Eugène Delacroix. Les confusions et les hésitations de la plupart des historiens du peintre au sujet de l'identité de cet amateur ont brouillé la compréhension des circonstances de sa rencontre avec les divers membres de la famille Hartmann et, plus particulièrement, avec Jacques Félix Frédéric Hartmann (1822-1880), un des plus intéressants mécènes de son temps, déjà collectionneur passionné de l'œuvre de Théodore Rousseau (1812-1867) – grâce auquel Hartmann entra peut-être en relation avec Delacroix –, avant de devenir, après la mort de Rousseau et de Delacroix, un des plus fidèles protecteurs et acheteurs de Jean-François Millet (1814-1875).

Les premiers biographes d'Eugène Delacroix ont décrit « M. Hartmann », qui a côtoyé le peintre à partir de 1856, comme un « industriel alsacien » (Étienne Moreau-Nélaton, t. II, 1916, p. 195) ou un « homme politique, ancien pair de France » et « banquier à Colmar » (André Joubin, première édition du *Journal*, t. II, Paris, Plon, 1932, p. 435, note 4), attribuant la commande des quatre tableaux à André-Frédéric Hartmann (1772-1861), fils d'André Hartmann (1746-1837), ancien teinturier ayant appris son métier en France, puis en Allemagne, avant de fonder dans la vallée de Munster une importante usine de textiles, qui comptait à sa mort plus de 4 000 ouvriers. Ayant repris l'usine paternelle, André-Frédéric Hartmann avait diversifié ces activités manufacturières, ouvrant plusieurs succursales à Paris (32, rue du Sentier), à Lyon (12, rue Impériale) et à Beaucaire (rue des Couverts). Élu député de Colmar à la Chambre des députés, il entra à la Chambre des pairs en 1845 et devint une des plus importantes personnalités industrielles et politiques d'Alsace. Comme cet homme était décédé en 1861, il apparut alors évident aux premiers historiens de l'œuvre de Delacroix que ce dernier n'avait pas livré ses quatre compositions en raison de la mort de son commanditaire.

Cependant, ainsi que l'a fait remarquer Lee Johnson en 1986 (t. III, p. 63), André-Frédéric Hartmann était alors un homme très âgé – il est mort à l'âge de quatre-vingt-neuf ans –, dont la personnalité ne paraissait pas correspondre à celle du client de Delacroix, qui acheta au peintre en 1858 *Rebecca enlevée par le templier* (cat. 91) et lui

commanda en 1860 une réplique du *Sultan du Maroc et sa garde* (peut-être le tableau conservé à Zurich, fondation Bührle, plutôt que l'œuvre autrefois conservée à Pasadena). Par ailleurs, une facture, conservée par Achille Piron et redécouverte depuis la publication de l'ouvrage de Johnson, témoigne qu'une de ces deux œuvres – vraisemblablement *Le Sultan du Maroc et sa garde* – fut livrée en 1862, c'est-à-dire un an après la mort d'André-Frédéric Hartmann. En outre, un Hartmann fut également acquéreur à la vente posthume du peintre en 1864, deux ans après la mort d'André-Frédéric, achetant, entre autres, *Le Triomphe d'Amphitrite* et *Le Triomphe de Bacchus* (Zurich, fondation Bührle, voir cat. 68). Se refusant à identifier le commanditaire des *Saisons* avec André-Frédéric Hartmann, Lee Johnson a préféré retenir un neveu de ce dernier, Henri Hartmann, un des associés de l'usine familiale, mort à Munster en 1881. Jenny Le Guillou, la gouvernante de Delacroix, ayant elle-même affirmé, au moment de l'inventaire après décès, que « les quatre tableaux ébauchés [...] avaient été commandés par H. Hartmann, de Munster (Haut-Rhin), moyennant douze mille francs payables aussitôt la livraison des dits tableaux et qu'il n'a rien payé sur cette somme » (Bessis, 1969, p. 210, note 2, mais cette mention « H. Hartmann » ne serait-elle pas une mauvaise interprétation de « M. Hartmann » ?), un tel rapprochement avec cet Henri Hartmann pouvait paraître finalement assez probant.

Cependant la généalogie des Hartmann apporte de nombreux éclaircissements quant au rôle joué par chacun dans l'entreprise familiale et oblige à approfondir la réflexion concernant la personnalité du commanditaire des *Quatre Saisons*. Le fondateur de la dynastie, André Hartmann, avait eu trois fils, dont André-Frédéric, déjà cité, et Henri, qui fut député de Colmar et eut sept enfants, parmi lesquels Jacques Félix Frédéric – sur lequel nous reviendrons – et Henri, le seul du nom retenu par Johnson. Henri Hartmann (1820-1881), ingénieur et chimiste, participa lui aussi à la gestion de l'usine familiale, mettant au point un nouveau procédé de blanchiment des textiles qui accrut nettement le rendement quotidien. Henri et Jacques Félix Frédéric avaient épousé deux sœurs, Blanche et Aimée Sanson-Davilliers, et les deux ménages résidaient à la même adresse parisienne (18, rue de Courcelles), ce qui a entretenu certaines confusions au sujet de l'activité de chacun des deux hommes. C'est dans leur habitation parisienne que les frères Hartmann avaient installé un salon de musique, assez réputé dans la capitale, pour lequel Jacques Félix Frédéric Hartmann allait commander – comme le prouve la lettre citée précédemment – *Les Quatre Saisons*. Avocat, maire de Munster, membre du conseil général du Haut-Rhin et député jusqu'à l'annexion de l'Alsace par l'Allemagne, Frédéric Hartmann était des deux frères celui qui avait contracté la passion de la peinture et qui s'efforça, à partir de 1850, de devenir l'ami des peintres, tout en gérant, lui aussi, les entreprises de textile.

Ainsi, les diverses thèses citées précédemment – y compris celle de Johnson, qui a pourtant permis de distinguer le commanditaire des tableaux de Delacroix d'André-Frédéric Hartmann, décédé en 1861 – présentent toutes l'inconvénient d'omettre entièrement le rôle déterminant joué au sein de cette famille par Jacques Félix Frédéric Hartmann (1822-1880), l'exceptionnel mécène et collectionneur mentionné plus haut. Dès 1852, il avait rencontré Théodore Rousseau par le peintre François Louis Français (1814-1897), originaire des Vosges comme Hartmann, et il l'avait invité à venir à Munster. Le peintre ne s'est finalement jamais rendu en Alsace, mais il n'en a pas moins vendu plusieurs toiles à l'industriel. Acquéreur, par exemple, de *La Ferme dans les Landes* et des *Gorges d'Apremont* – deux tableaux exposés au Salon de 1859 –, Frédéric Félix Jacques Hartmann a en définitive demandé à l'artiste de lui livrer une autre œuvre en remplacement des *Gorges d'Apremont*, qui ne lui plaisaient pas, et Rousseau peignit pour lui un autre tableau, *Le Village de Becquigny* (New York, The Frick Collection), laissé inachevé à sa mort. Témoignage de cette chaleureuse relation, la correspondance échangée entre Frédéric Hartmann et Théodore Rousseau, partiellement conservée aujourd'hui au département des Arts graphiques du musée du Louvre (BS b22, 20 lettres autographes signées de Hartmann à Théodore Rousseau, léguées par Étienne Moreau-Nélaton), rappelle les diverses négociations entre les deux hommes et les fréquentes invitations en Alsace chez les Hartmann, que le peintre repoussait indéfiniment. En raison de revers de fortune momentanés – sur lesquels nous reviendrons –, Jacques Félix Frédéric Hartmann, qui voulait aider Théodore Rousseau, toujours à court d'argent, a présenté au peintre, autour de 1860, un autre membre de sa famille – décidément bien nombreuse ! –, son frère cadet, Alfred Hartmann, également collectionneur, qui prit le relais dans le soutien matériel au peintre et lui commanda aussitôt un « tableau des Alpes ».

Même s'il ne faut pas exclure la persistance d'une confusion entre les divers membres de la famille Hartmann – rien n'empêcherait en effet André-Frédéric Hartmann d'avoir débuté une collection, poursuivie ensuite par l'un de ses neveux –, son irrésistible passion pour l'art (R. Schmitt, « Jacques Félix Frédéric Hartmann, grand notable d'Alsace, 1822-1880 », dans *Annuaire de la Société d'histoire du val et de la vallée de Munster*, 1968) paraît désigner Jacques Félix Frédéric Hartmann comme le commanditaire des *Quatre Saisons* de Delacroix, d'autant que ce thème des saisons semble l'avoir littéralement obsédé toute sa vie ; ayant déjà tenté d'obtenir de Théodore Rousseau une série de tableaux peints à partir de ce sujet, il parvint enfin à commander en 1868 une nouvelle série – toujours des quatre saisons – à Jean-François Millet, qui ne termina malheureusement que trois tableaux sur quatre avant sa mort. En effet, *L'Hiver* ne fut pas livré au pauvre Hartmann, qui ne devait jamais parvenir à rassembler quatre saisons peintes par un même peintre ! Comme les affaires étaient redevenues confortables pour les Hartmann, Jean-François Millet, après avoir présenté à son commanditaire des pastels esquissant chaque composition, devait être payé 25 000 francs pour la série, c'est-à-dire plus du double de ce qu'aurait dû recevoir Delacroix quelques années auparavant.

La réapparition récente des archives et des documents hérités à la mort d'Eugène Delacroix par son exécuteur testamentaire et légataire universel, Achille Piron (archives Piron ; Paris, archives des Musées nationaux), a enfin confirmé l'existence de cette relation entre Jacques Félix Frédéric Hartmann et Eugène Delacroix, apportant de manière imprévue, grâce à plusieurs lettres inédites, de nombreuses précisions concernant les diverses étapes de la négociation menées par les deux hommes au sujet de ces quatre tableaux.

Jusqu'à présent nous connaissions, par une lettre de Delacroix à Auguste Lamey, le net refroidissement survenu au début de l'année 1859 dans les relations entre le peintre et son client, sans savoir quelle avait été la cause de cette fâcherie. Le 24 juin 1859, Delacroix écrivait en effet à Lamey : « Je regrette que vous n'ayez pas [...] fait votre visite à Munster ; je doute qu'il nous soit possible d'y aller ensemble. Quelques nuages entre l'un des Hartmann et moi seraient cause de mon abstention de me présenter chez eux » *(Correspondance*, t. IV, p. 109)*.

Grâce aux archives Piron, nous apprenons aujourd'hui que Frédéric Hartmann a annulé, durant le

153. *Bacchus et Ariane*
ou *L'Automne*

1856-1863
Huile sur toile ; 1,980 x 1,657 m
São Paulo, Museu de Arte de São Paulo Assis Chateaubriand
(69/1952)

premier semestre 1859, l'exécution de ses quatre tableaux, en prétextant de graves difficultés financières. Une lettre inédite, pleine de remords, adressée au peintre le 4 décembre 1859, revint sur cette étrange décision et relança les relations d'affaires entre les deux hommes (archives Piron ; Paris, archives des Musées nationaux) : « Monsieur, Je viens faire appel à votre bonté et à votre indulgence. En vous écrivant il y a quelques mois, pour vous décommander les quatre tableaux que je vous avais supplié de me faire il y a quelques années, j'ai trop facilement cédé aux craintes qu'avaient éveillées en moi les tristes circonstances où nous nous trouvions et les pertes d'argent assez fortes que nous avons faites alors. Nous étions tous convaincus ici en Alsace que nous entrions dans une période nouvelle de guerre générale qui nous imposait dès lors à nous autres manufacturiers de nous interdire toute dépense. Mais depuis lors, Monsieur, (et j'espère que cette franchise ne me nuira pas auprès de vous dont l'amitié avait pour moi tant de prix) cette lettre m'a pesé sur la conscience, et même lourdement pesé. Je viens donc vous prier, Monsieur, de la considérer comme non avenue ; en la déchirant vous ferez une bonne œuvre. Soyez assez bon pour me dire que vous l'avez détruite et oubliée et que vous consentez à considérer notre marché comme subsistant. Pour le bien régler, Monsieur, il est bien entendu, si toutefois vous voulez y consentir, car strictement vous êtes dégagé vis-à-vis de moi, il est bien entendu, dis-je, que je m'engage moi et mes héritiers, à vous payer douze mille francs les quatre panneaux représentant les Saisons que vous avez esquissés à mon intention, lesquels douze mille francs devront avoir été payés le jour même de la livraison des dits panneaux. [...] Si comme je l'espère votre réponse est dans ce sens, je vous serai obligé de me donner les dimensions exactes de ces panneaux que, si je ne me trompe, vous comptiez réduire quelque peu. Frédéric Hartmann. Munster 4 décembre 1859. » L'allusion faite dans cette lettre par Hartmann à ses « héritiers », qui pourrait être aussi bien la réflexion d'un homme âgé que celle d'un commerçant juridiquement avisé constitue un des éléments qui oblige, par prudence, à ne pas exclure définitivement le rôle d'André-Frédéric Hartmann dans la commande des *Saisons*.

Quoi qu'il en soit, le peintre a dû effectivement déchirer la première lettre écrite par Frédéric Hartmann, annulant la commande, lettre qui ne nous est pas parvenue avec les autres documents de sa succession recueillis par Piron. Ce retournement de situation semble avoir comblé Delacroix, qui se déclarait, durant cette période, galvanisé et en veine d'inspiration, constatant dans son *Journal*, le 14 avril 1860 : « Ce que j'ai fait dans l'espace de trois semaines ou un mois et davantage jusqu'à ce moment 14 juin [*sic*]... est incroyable. [...] avancé beaucoup les quatre tableaux des Saisons pour Hartmann, etc. » (p. 780). À cette époque, Delacroix a effectivement dû beaucoup travailler sur les tableaux définitifs, qu'il a fait progresser avec application jusqu'en 1857, puis, vraisemblablement, qu'il a abandonnés en 1858, afin de préparer sa participation – la dernière – au Salon de 1859 (cat. 91, 94, 95, 127 et 128). C'est sans doute entre la fin de 1859 et le milieu de 1862 qu'il amena l'exécution des quatre œuvres au stade d'achèvement que nous leur connaissons aujourd'hui.

Cependant l'histoire mouvementée de cette commande n'était nullement terminée : Frédéric Hartmann se révéla être un bien étrange commanditaire, lorsque, dans une lettre du 14 septembre 1860 (lettre inédite à Delacroix ; archives Piron, vente Eugène Delacroix cité *supra*, lot 36), il discuta – ou plutôt ne discuta finalement pas – le prix d'une réplique du *Sultan du Maroc et sa garde*, commandée à Delacroix quelques années plus tôt, et confirma ensuite le prix convenu pour *Les Quatre Saisons* : « Monsieur, Je conçois votre petit mot à votre point de vue mais, en vous plaçant au mien, vous comprendrez que je ne puis consentir à ce que vous me demandez [*sic*]. Il m'a été impossible de dire que je me souvenais qu'il avait été question de 2 500 francs parce que effectivement je ne m'en souviens pas. Dès lors avoir l'air de me rappeler, par politesse, un détail que j'ai positivement oublié ne m'aurait pas paru de bon goût entre gens tels que vous et moi. J'ai donc préféré vous dire franchement que j'avais conservé le souvenir de 2 000 francs comme [...] arrêté entre nous. Je suis tout simplement coupable d'un défaut de mémoire que vous voudrez bien me pardonner. Mais du moment que vous avez affirmé, tout a été dit pour moi et je vous supplie de ne pas conserver le moindre scrupule. Je ne saurais en avoir le moindre gré et il serait trop [...] que vous subissiez les conséquences de mon inadvertance. Je vous dirais d'ailleurs, non pas que la différence soit peu de chose pour moi (j'apprécie parfaitement un billet de 500 fr de plus ou de moins), mais qu'à ce prix je crois avoir fait une très bonne affaire. Je vous dit [*sic*] cela parce que nous parlons argent. Mais j'espère que vous vous en êtes aperçu, votre peinture pour moi a un prix qui ne se paie pas : elle m'enchante ;

je m'identifie assez facilement avec le sentiment qui vous a inspiré et j'aborde à votre suite un monde idéal où je passe de délicieux moments. Je vous aurais déjà envoyé les 500 fr en question ; mais c'est aujourd'hui Dimanche, nos bureaux sont fermés et je me trouve ne pas avoir cette somme sur moi. Je laisse l'ordre de vous le faire tenir. Quittant Paris demain matin à 7 heures je n'aurais [*sic*] plus le plaisir de vous voir. Je vous dirais [*sic*] encore que je circule temps [*sic*] et que je suis si occupé que je suis presque excusable de l'oubli que j'ai commis. Pour éviter pareille chose à l'égard des panneaux que vous voulez bien me faire, je crois sage de relater ici que le prix convenu entre nous est de douze mille francs. Veuillez, monsieur, garder le petit mot par lequel je me reconnais votre débiteur de cinq cents francs à payer encore pour *L'Empereur du Maroc* et de douze mille francs pour les quatre panneaux que vous comptez me livrer. Frédéric Hartmann. » En mettant son adresse professionnelle sur ce courrier – « M. Frédéric Hartmann fils. 32, rue du Sentier, Paris » –, l'industriel collectionneur confirmait également sa place dans la famille Hartmann, son oncle André-Frédéric Hartmann n'étant pas encore décédé.

Ces divers points financiers étant réglés, la délicate question des dimensions des œuvres, liée au caractère décoratif de ces compositions, devait se poser encore une fois. Le 3 janvier 1861, Delacroix notait dans son *Journal* qu'il avait donné les mesures « à M. Fritz Hartmann pour les panneaux des *Saisons* : 1.92 x 1.62 » (p. 797). L'intervention d'un nouveau prénom dans cette affaire est évidemment déroutante ; deux possibilités sont alors envisageables : soit, comme le suggère Johnson, il pourrait s'agir de Fritz Schouch, beau-frère d'Henri Hartmann, qui aurait servi d'intermédiaire pour cette prise de mesure et auquel Delacroix aurait, par erreur, donné le nom d'Hartmann dans ses notes quotidiennes ; soit – et cette thèse a décidément notre préférence –, il s'agirait simplement d'une erreur de transcription ou d'interprétation du manuscrit du *Journal*, un des prénoms de Frédéric Hartmann étant Félix, orthographe facile à confondre avec celle de Fritz ; Delacroix a pu nommer ainsi l'industriel dans ses notes intimes en utilisant un de ses autres prénoms, certains proches ayant parfois l'habitude, comme en témoigne une lettre rédigée par un de ses collaborateurs, d'appeler également Frédéric Hartmann par son troisième prénom, Jacques.

Cependant, « l'affaire des dimensions » prit une tournure de plus en plus complexe, Hartmann demandant à Delacroix le 21 mai 1861 (archives Piron ; Paris, archives des Musées nationaux) s'il était encore possible de modifier définitivement et « sensiblement » les dimensions de ses tableaux : « Munster 21 mai 1861, Je voulais vous demander, monsieur, où en sont mes panneaux que j'attends avec une impatience que vous comprendrez mais qui ne sera jamais importune. Je voulais de plus, dans le cas où un changement serait encore possible, vous prier d'en réduire les dimensions en hauteur et en largeur, autant que vous pourrez, tout en conservant les proportions. Je puis les placer tels quels, mais il me conviendrait infiniment qu'ils fussent sensiblement plus petits, d'une hauteur de 1 m 30 à 1 m 20 et de préférence 1 m 20. Je sais que mes panneaux sont déjà avancés et arrêtés, mais plutôt comme conception que sur la toile, du moins je le crois. C'est pourquoi je me permets de vous proposer ce changement auquel j'ai pensé que vous ne verriez aucune objection, puisqu'il réduirait sensiblement votre travail. Mais il va sans dire, Monsieur, que si cela devait en quoi que ce soit vous occasionner un changement important, il n'y faudrait pas même songer. Cette réduction de dimension me serait extrêmement agréable, mais je m'y tiendrais qu'autant qu'elle pourrait s'effectuer facilement et en diminuant votre travail. Je vous en laisse donc entièrement juge. Il est même inutile, Monsieur, que vous preniez la peine de me répondre : vous ferez ce que vous voudrez et ce que vous pourrez, et ce que vous ferez sera bien fait. J'espère bien pouvoir retourner à Paris sous peu et avoir le plaisir de vous voir. Veuillez agréer, Monsieur, l'assurance de mes meilleurs sentiments. Frédéric Hartmann. » Cette dernière lettre apporte la confirmation définitive du rôle joué par Jacques Félix Frédéric Hartmann dans la commande des *Quatre Saisons* de Delacroix, puisque, à cette date, le 21 mai 1961, André-Frédéric Hartmann, « l'autre Frédéric », est décédé depuis trois semaines.

Quoi qu'il en soit, cette remise en cause des dimensions initialement prévues, bien que le collectionneur ait laissé Delacroix libre de son choix définitif, a peut-être lassé, gêné ou agacé le peintre, qui était alors intégralement mobilisé par l'exécution des peintures de l'église Saint-Sulpice et qui luttait contre sa santé défaillante en vue de cet ultime chantier décoratif, inauguré le 22 juillet et ouvert au public le 21 août de la même année. Le peintre n'était de toute manière pas pressé de livrer ses quatre compositions, puisqu'il envisageait, durant l'hiver 1862, de les présenter au Salon de

154. *Junon implore d'Éole la destruction de la flotte d'Énée*

ou *L'Hiver*

1856-1863

Huile sur toile ; 1,980 x 1,657 m

São Paulo, Museu de Arte de São Paulo Assis Chateaubriand (70/1952)

1863, comme en témoigne une lettre adressée le 13 mai 1863 à Paul Beurdeley : « Je ne puis malheureusement réaliser le désir flatteur que vous m'exprimez de voir mes tableaux des *Saisons*, lesquels étaient presque achevés cet hiver, mais dont j'ai interrompu l'achèvement complet lorsque j'eus l'assurance, deux mois avant le Salon, qu'ils ne pourraient être admis. Ils ne sont plus même à Paris, je les ai adressés à la campagne où je compte les achever. Je pense bien avoir l'année prochaine l'occasion de les montrer quelque part » *(Correspondance*, t. IV, p. 372-373*)*.

C'est d'ailleurs à Champrosay que, un an plus tard, à la suite de la mort du peintre, les quatre tableaux, toujours inachevés, étaient inventoriés durant la prisée effectuée dans le second atelier de Delacroix : « 2) Les 4 toiles ébauchées représentant *Les Quatre saisons*, par M. Delacroix, 2 000 francs » (Bessis, 1969, p. 210), tandis que les quatre esquisses étaient, quant à elles, retrouvées au même moment dans l'atelier parisien : « 187) 4 toiles, *esquisses des Quatre Saisons*, par le même [Delacroix], 150 francs. » Et, après que Jenny Le Guillou eut confirmé que ces compositions n'avaient pas été livrées et donc payées par Frédéric Hartmann, *Les Quatre Saisons* furent intégrées à la vente après décès de 1864.

Il est étrange que leur commanditaire n'ait pas alors tenté de les acheter car ils furent adjugés à Haro pour la somme globale de 4 900 francs, c'est-à-dire infiniment moins que les 12 000 francs envisagés lors de la commande initiale. Pour la somme de 1 525 francs, l'industriel alsacien, qui traversait peut-être alors une phase financière délicate l'empêchant d'enchérir aussi loin que Haro, acheta cependant deux « dessus-de-porte », peintures également inachevées, *Le Triomphe de Bacchus* et *Le Triomphe d'Amphitrite* (Zurich, fondation Bührle, voir *infra* et cat. 68), esthétiquement très proches des *Quatre Saisons*, dont l'acquisition semblait devoir remplacer partiellement les quatre œuvres qui lui échappèrent alors définitivement.

Achetées par Haro, le fournisseur et marchand de tableaux le plus proche de Delacroix, devenu avec le temps un véritable confident, *Les Quatre Saisons* passèrent ensuite dans la prestigieuse collection du journaliste et éditeur Émile de Girardin (1806-1881), fondateur de nombreux journaux et inventeur de la presse populaire. À la mort de ce dernier, après avoir été en la possession à deux reprises du marchand Durand-Ruel, la série devait partir pour les États-Unis où elle fut acquise vers 1924 par un sympathique collectionneur, Albert Gallatin, qui nous a laissé dans une amusante autobiographie (*The Pursuit of Happiness by Albert Gallatin. The Abstract and Brief Chronicles of the Time*, New York, 1950, p. 200-203) quelques témoignages intéressants, certes parfois un peu fantaisistes, concernant les quatre compositions : « Les quatre grandes peintures des Saisons de Delacroix qui sont restées tant d'années accrochées chez moi au 67th Street étaient passées entre les mains de plusieurs marchands après avoir été mises en vente à sa mort, inachevées, dans son atelier et jusqu'à leur achat par Cottier. Aucun collectionneur privé ne les avait jamais possédées. Dans ses vieux jours, j'ai demandé à Durand-Ruel si comme l'affirmait un ouvrage une des toiles avait été repeinte, il m'a répondu qu'il ne l'aurait jamais achetée deux fois s'il l'avait pensé. » Après avoir rappelé, non sans orgueil, que le célèbre James J. Hill lui avait offert pour ces quatre tableaux, durant tout un week-end, le double du prix qu'il les avait payés, Albert Gallatin racontait comment il avait été forcé de vendre les *Saisons* – d'ailleurs remplacées par un tableau de fleurs du même Delacroix (cat. 29) –, après avoir déménagé dans un nouvel appartement dont le plafond était trop bas, se plaignant de n'avoir pas réussi à connaître à cette époque le nom de leur nouveau propriétaire.

En évoquant l'état de l'une des œuvres de la série, Albert Gallatin attirait l'attention sur une autre question délicate entourant l'histoire de ces quatre tableaux : la participation de l'un des collaborateurs de Delacroix à leur exécution, avant la mort de ce dernier, ou bien leur achèvement partiel par une main étrangère, après la vente posthume du peintre. Lors de la vente après décès, quelques-uns de ses amis avaient noté leur état plutôt satisfaisant et, pourtant, Alfred Robaut déclarait en 1885 que « l'opinion publique désigne ces quatre toiles comme ayant été retouchées par une main étrangère », insistant sur la transformation qu'on avait pu leur faire subir en essayant d'atténuer leur aspect inachevé, évidemment peu commercial. Cette intervention aurait pu avoir lieu soit chez Haro, qui était réputé – peut-être à tort – pour avoir fait « achever » des œuvres de Delacroix et aurait alors demandé à Pierre Andrieu d'exécuter des retouches dans le goût du maître, soit au moment de la vente posthume d'Émile de Girardin. Une restauration, sans doute effectuée dans les années 1930, a supprimé ces repeints trop gênants et a rendu à ces ultimes compositions de Delacroix, avant leur entrée au Museu de Arte de São Paulo, la transparence et la vigueur que le peintre leur avait données.

Par ailleurs, il n'est pas impossible que Delacroix ait demandé à son collaborateur favori, Pierre Andrieu, de l'aider quelque peu lors de l'exécution de l'une ou l'autre de ces quatre compositions décoratives – les deux hommes travaillaient alors couramment ensemble à la réalisation des nombreuses commandes de Delacroix ; leur exécution apparaît de toute manière parfaitement autographe et les interventions de l'élève demeurèrent sans doute ponctuelles. Lee Johnson signale que *L'Hiver* comporte peut-être quelques parties exécutées par Pierre Andrieu et on a parfois prétendu que *Le Printemps* avait été aussi retouché par le collaborateur de Delacroix. En fait, la comparaison entre les esquisses de ces compositions décoratives – surtout celle de Montpellier, musée Fabre – et les tableaux de São Paulo renforce la conviction que le maître a transposé lui-même ses intentions dans ces tableaux, sa touche nerveuse et son art du mélange des couleurs ayant alors atteint une inimitable perfection.

Les quatre toiles, justement en raison de leur inachèvement, reflètent parfaitement les intentions créatrices d'Eugène Delacroix, *L'Été* apparaissant comme l'œuvre la plus finie et *L'Hiver* comme la plus ébauchée. Le thème de chacun des tableaux semble préparer le suivant ; les illustrations de la colère des dieux – mise en scène dans le *Printemps* avec l'épisode d'Eurydice, la femme d'Orphée, mordue par un serpent, et dans *L'Été*, avec la transformation par Diane furieuse d'Actéon, le chasseur vaniteux, en un cerf que les chiens de la déesse vont dévorer – précèdent la description de l'amour et de la protection que ces mêmes dieux dispensent parfois aux mortels, dans *L'Automne* avec le mariage de Bacchus et d'Ariane, la fille du roi Minos abandonnée par Thésée dans l'île de Naxos et sauvée par le dieu du vin, et dans *L'Hiver* avec l'intervention de Junon auprès d'Éole pour détruire la flotte d'Énée, inspirée de Virgile.

En fonction de cette iconographie et des solutions plastiques retenues par Eugène Delacroix, la critique d'art a suggéré que *Le Printemps* et *L'Eté*, deux scènes de sous-bois, et *L'Automne* et *L'Hiver*, deux marines mises en scène au milieu d'étranges arcs rocheux rappelant les décors de Mantegna pour le *studiolo* d'Isabelle d'Este, devaient former des paires, conçues pour être accrochées en pendant, l'une à côté, ou en face, de l'autre.

Fait surprenant, les hasards d'une commande ont amené Eugène Delacroix à revenir durant les dernières années de sa carrière à ce thème des quatre saisons, qu'il avait déjà abordé en 1821 dans sa première série décorative, lorsqu'il avait peint pour la salle à manger du comédien François Joseph Talma (1763-1826) quatre « dessus-de-porte » (localisation actuelle inconnue ; Johnson, t. I, 1981, n⁰ˢ 94 à 97) représentant des allégories à l'antique inspirées du rythme des saisons. L'iconographie des « Saisons Hartmann » apparaît cependant infiniment plus complexe que celle des figures isolées des « Saisons Talma » ; elles synthétisent à la fois l'influence de la peinture antique romaine – on a cité des peintures retrouvées à Stabies, qui auraient servi pour *Le Printemps* –, de la peinture de la Renaissance et du maniérisme pour *L'Été* et *L'Automne* et des références faites à Nicolas Poussin – comme pour cette figure féminine tirée de *Paysage avec Orphée et Eurydice* du musée du Louvre, utilisée par Delacroix comme un hommage au maître classique, à l'arrière-plan du *Printemps*. Et même si Rubens n'est pas absent de ces compositions – les nymphes de *L'Été* font penser irrésistiblement aux naïades de la galerie de Marie de Médicis, tellement appréciée et étudiée par le peintre romantique –, c'est cependant plutôt de la peinture italienne, celle du maniérisme et du baroque, que Delacroix a tiré le style de ces grandes compositions, trouvant dans les œuvres tardives de Titien, mais aussi chez Pierre de Cortone et Guerchin, la facture enlevée et l'iconographie savante de ces compositions.

Ces sujets mythologiques, évoquant l'étrange univers poétique et sensuel d'Ovide, et les nombreuses références à l'iconographie baroque et classique surprennent par leur caractère systématique et composent un ultime témoignage de la carrière d'un peintre qui a dépassé le romantisme. Mais le destin – ou peut-être la volonté de l'artiste, qui ne les a pas terminées – a évité à ces quatre compositions décoratives, malgré leur mise en scène volontairement artificielle, de sombrer dans l'académisme, tellement leur facture, leur harmonie chromatique et leur poétique sérénité forment un écho profane, classique et maniériste au testament spirituel et tourmenté constitué par l'exécution, à la même période, des décors de la chapelle des Saints-Anges dans l'église Saint-Sulpice.

V. P.

Notices techniques

Les bibliographies de chacune des œuvres exposées sont sélectives avant la publication du catalogue raisonné de Lee Johnson (1981-1989) : elles n'indiquent que les critiques contemporaines de Delacroix et les ouvrages majeurs sur l'artiste. Après ces dates, elles prennent en compte les publications essentielles sur Delacroix.

Les expositions citées sont uniquement les expositions monographiques sur Delacroix, à l'exception des Salons et des expositions significatives de son vivant. Lorsque plusieurs expositions ont eu lieu la même année dans la même ville, elles sont distinguées par les lettres a, b et c accolées à la date.

Les références sont citées en abrégé dans les rubriques « Bibliographie » et « Expositions » de chaque notice. Elles figurent sous leur forme intégrale dans la bibliographie et la liste des expositions en fin d'ouvrage.

3. *Têtes de lions et de lionnes rugissant*
Vers 1850
Plume et encre noire sur traits de crayon ;
0,210 x 0,267 m
Dijon, musée des Beaux-Arts (DG 105)

HISTORIQUE
Atelier Delacroix, marque en bas à droite (Lugt 838 a) ; vente après décès, Paris, hôtel Drouot, 22-27 février 1864, peut-être n° 484 ou partie du n° 485, 486 ou 487 ; acquis par Pierre Granville en 1953 ; coll. Kathleen et Pierre Granville ; donné au musée des Beaux-Arts de Dijon en 1969.

EXPOSITIONS
1954, Paris, n° 102 ; 1963c, Paris, n° 157 ; 1963-1964, Berne, n° 182 ; 1964, Brême, n° 265.

1. *Félins et chasses*

1. *Lion déchirant le corps d'un Arabe*

Vers 1847-1850
Aquarelle sur traits à la mine de plomb ;
0,220 x 0,270 m
Collection particulière (courtesy galerie Nathan, Zurich)

HISTORIQUE
Atelier Delacroix, marque en bas à droite (Lugt 838 a) ; vente après décès, Paris, hôtel Drouot, 22-27 février 1864, n° 462 (catalogué comme dessin) ; acquis par M. Normand (350 francs) ; coll. Normand ; coll. Donatis en 1885 ; coll. baron Joseph Vitta ; coll. Paul Arthur Chéramy ; vente Chéramy, Paris, galerie Georges Petit, 5-7 mai 1908, n° 303, repr. ; Jacques Dubourg ; coll. Dr. Peter Nathan, Zurich ; coll. part.

BIBLIOGRAPHIE
Robaut, 1885, n° 1054, repr. ; Johnson, t. III, 1986, sous le n° 178.

EXPOSITIONS
1885, Paris, n° 258 ; 1930, Paris, n° 616 ; 1987b, Zurich, n° 67 ; 1987-1988, Francfort, n° I-30, repr. p. 221.

2. *Tigre couché*

Vers 1847-1849
Plume et encre brune ; 0,121 x 0,202 m
Paris, musée du Louvre, département des Arts graphiques (RF 36 803)

HISTORIQUE
Atelier Delacroix, marque en bas à droite (Lugt 838 a) ; vente après décès, Paris, hôtel Drouot, 22-27 février 1864, peut-être n° 481 ou partie du n° 487 ou 495 ; acquis par le docteur René Marjolin ; coll. Mme René Marjolin ; coll. M. et Mme Jean Psichari ; vente Psichari, Paris, galerie Georges Petit, 7 juin 1911, n° 10 ; acquis par Schœller (70 francs) ; coll. Claude Roger-Marx ; coll. Mme Paulette Asselain, née Roger-Marx ; donné au musée du Louvre en 1978, marque du musée en bas à droite (Lugt 1886 a).

BIBLIOGRAPHIE
M. Sérullaz, 1963, n° 409, repr. ; M. Sérullaz, t. I, 1984, n° 1086, repr.

EXPOSITIONS
1925, Paris, n° 82 ; 1930, Paris, n° 625 ; 1952, Londres, n° 79 ; 1956, Venise, n° 73 ; 1963a, Paris, n° 404.

4. *Lionne prête à attaquer, une autre couchée*

Vers 1850
Plume et encre brune ; 0,175 x 0,220 m
Signé en bas à droite à la plume et à l'encre brune : *Eug Delacroix*
Zurich, coll. Dr. Peter Nathan

HISTORIQUE
Vente, Paris, hôtel Drouot, 26 juin 1986, n° 12, repr. ; acquis par la galerie Nathan ; coll. Dr. Peter Nathan, Zurich.

EXPOSITIONS
1987b, Zurich, n° 84 ; 1987-1988, Francfort, n° I-15, repr.

5. *Lion guettant sa proie*
ou *Lion regardant des gazelles*

Vers 1850
Huile sur toile ; 0,245 x 0,335 m

Signé en bas à gauche : *Eug. Delacroix.*
Collection particulière

HISTORIQUE
Selon Johnson, sans doute le *Petit Lion* donné par
Delacroix le 24 février 1850 à son ami Jean-Baptiste
Pierret (*Journal*, p. 225) ; coll. Mme veuve Pierret en
1864 ; Goupil et Cie à partir du 9 décembre 1872 ;
vendu par Goupil et Cie à M. Schwabacher le
18 décembre 1872 ; coll. Schwabacher, Paris ; vente
Schwabacher, Paris, hôtel Drouot, 9 mai 1874, n° 15
(*Lion*) ; adjugé 7 250 francs ; coll. Laurent-Richard,
Paris ; vente Laurent-Richard, Paris, hôtel Drouot,
23 mai 1878, n° 19 ; acquis par Jean Dollfus
(3 260 francs) ; coll. Jean Dollfus, Paris ; vente après
décès, Paris, hôtel Drouot, 2 mars 1912, n° 33,
repr. ; acquis par Bernheim-Jeune (9 700 francs) ;
vendu par Bernheim-Jeune à M. Bourgarel le
8 mai 1912 (archives Bernheim-Jeune, citées par
Johnson) ; coll. Bourgarel ; racheté de nouveau par
Bernheim-Jeune à M. Breckpot le 12 décembre
1913 ; vendu par Bernheim-Jeune à M. Prévost le
18 décembre 1915 à ; coll. Prévost ; vente Prévost,
26 novembre 1920, n° 12, repr. ; acquis par
Bernheim-Jeune (16 500 francs) ; vendu par
Bernheim-Jeune à M. Von Grundhen le 1er mars
1921 ; acheté par David David-Weill à d'Atri le
5 mars 1926 (40 000 francs) ; coll. D. David-Weill ;
coll. Mme veuve D. David-Weill en 1970 ; coll.
part.

BIBLIOGRAPHIE
Robaut, 1885, n° 1249, repr. ; Johnson, t. III, 1986,
n° 182, pl. 14 ; Daguerre de Hureaux, 1993, p. 323.

EXPOSITIONS
Peut-être 1864, Paris, n° 168 *bis* (*Un lion*) ; 1885,
Paris, n° 62 (*Lion regardant des gazelles*) ; 1972, Paris,
n° 13 ; 1987a, Zurich, n° 75, p. 202, 330,
fig. p. 203.

6. *Lion tenant une proie*

1852
Plume et encre noire ; 0,125 x 0,200 m
Daté en bas à droite à la plume et à l'encre
noire : *27 fr. 52.*
Dijon, musée des Beaux-Arts (DG 377)

HISTORIQUE
Coll. Verninac ; vente Verninac, Paris, hôtel Drouot,
8 décembre 1948, n° 6 ; acquis vers cette époque par
Pierre Granville ; coll. Kathleen et Pierre Granville ;
donné au musée des Beaux-Arts de Dijon en 1969.

EXPOSITION
1954, Paris, n° 111.

7. *Lionne guettant une proie*
ou *Le Puma* ou *Lionne près d'un arbre*

Vers 1852-1854
Huile sur bois ; 0,415 x 0,305 m
Signé en bas à droite : *Eug. Delacroix*
Paris, musée d'Orsay, legs Alfred Chauchard
(RF 1815)

HISTORIQUE
D'après le peintre Jean Gigoux, ce tableau fut
donné par Delacroix au paysagiste Constant Troyon
pour le remercier de l'achat du *Christ sur le lac de
Génésareth* (cat. 118) ; coll. Mme Troyon, mère de
l'artiste, en 1864 ; à la mort de Constant Troyon,
donné par Mme Troyon à M. Robert, directeur de la
Manufacture de Sèvres, où Troyon avait débuté sa
carrière ; coll. M. Robert ; coll. du peintre Émile
Van Marcke, ami de Troyon et, comme lui, ancien
peintre de céramique à la Manufacture de Sèvres ;
vente de l'atelier Émile Van Marcke, Paris, galerie
Georges Petit, 11 mai 1891, n° 352 (*Tigre aux
aguets*) ; adjugé 22 000 francs ; Arnold, Tripp et Cie
et Le Roy et Cie à partir du 22 mai 1891 (ces deux
galeries ayant acheté l'œuvre pour respectivement
deux tiers et un tiers de la somme ; archives Arnold
et Tripp, citées par Johnson) et jusqu'au 17 juin
1891 ; coll. Alfred Chauchard, Paris ; légué au musée
du Louvre en 1906 ; entré au musée en 1909 ; mis en
dépôt par le musée du Louvre au musée d'Orsay en
1986.

BIBLIOGRAPHIE
Robaut, 1885, n° 1390, repr. (*Lionne guettant une
proie*) ; M. Sérullaz, 1963, n° 436, fig. p. 330 ;
Johnson, t. III, 1986, n° 188, pl. 17 ; Daguerre de
Hureaux, 1993, p. 325.

EXPOSITIONS
1864, Paris, n° 34 (*Lionne*) ; 1930, Paris, n° 180
(*Le Puma*) ; 1951, Paris, n° 7 ; 1963a, Paris, n° 501 ;
1973, Paris, sans cat. ; 1974, Paris, sans cat. ; 1975,
Paris, sans cat.

8. *Combat d'un lion et d'un tigre*

Vers 1854
Mine de plomb ; 0,313 x 0,242 m
New York, The Metropolitan Museum of Art,
Bequest of Gregoire Tarnopol, 1979, and Gift
of Alexander Tarnopol, 1980 (1980.21.13)

HISTORIQUE
Atelier Delacroix, marque en bas à droite (Lugt
838 a) ; vente après décès, Paris, hôtel Drouot,
22-27 février 1864, peut-être partie du n° 467
(22 feuilles acquises par divers amateurs) ; coll.
Georges Aubry ; coll. Maurice Gobin ; coll. Gregoire
Tarnopol ; coll. Alexander Tarnopol ; donné au
Metropolitan Museum of Art, New York, en 1980.

EXPOSITIONS
1930, Paris, n° 615 ; 1937, Paris, n° 24 ; 1991,
New York, n° 53, repr.

9. *Deux études du combat d'un lion
et d'un tigre*

Vers 1854
Mine de plomb ; 0,218 x 0,309 m
Paris, musée du Louvre, département des Arts
graphiques (RF 9482)

HISTORIQUE
Atelier Delacroix, marque en bas à droite (Lugt
838 a) ; vente après décès, Paris, hôtel Drouot,
22-27 février 1864, sans doute n° 470 ; adjugé
355 francs ; coll. Alfred Robaut, code au verso ;
coll. Étienne Moreau-Nélaton ; légué au musée du
Louvre en 1927, marque du musée en bas à gauche
(Lugt 1886 a).

BIBLIOGRAPHIE
M. Sérullaz, t. I, 1984, n° 1134, repr.

EXPOSITIONS
1930, Paris, n° 614 ; 1951, Paris, n° 17 ; 1963b,
Paris, n° 99 ; 1982, Paris, n° 351.

10. *Arabes guettant un lion*

1854
Huile sur toile ; 0,740 x 0,920 m
Signé et daté en bas à droite: *Eug. Delacroix.
1854.*
Saint-Pétersbourg, musée de l'Ermitage
(inv. 3853)

Commandé par le marchand Weill en 1854 ; coll. Nikolai Kusheleff-Besborodko, Saint-Pétersbourg, vers 1862 ; légué au musée de l'Académie impériale des beaux-arts de Saint-Pétersbourg en 1862 ; entré au musée de l'Ermitage en 1922.

BIBLIOGRAPHIE

Journal, 1996, p. 405, 411, 415, 416 ; Johnson, t. III, 1986, n° 193, pl. 21 ; Daguerre de Hureaux, 1993, p. 199, fig. p. 202, 326.

EXPOSITION

1964, Édimbourg et Londres, n° 200, repr.

11. *Chasse au tigre*

1854
Huile sur toile ; 0,735 x 0,925 m
Signé et daté en bas à droite : *Eug. Delacroix / 1854*
Paris, musée d'Orsay, legs Alfred Chauchard (RF 1814)

HISTORIQUE

Commandé par le marchand Weill en 1854 ; vente Weill, Paris, 19 février 1856, n° 20 ; adjugé 2 100 francs ; coll. Charles Bardon ; vente Bardon, Paris, hôtel Drouot, 22 avril 1861, n° 15 ; adjugé 2 590 francs ; coll. Tabourier, Paris ; coll. Prosper Crabbe, Bruxelles, après 1864 ; vente Crabbe, 12 juin 1890, n° 4 ; acquis par Le Roy et Cie (76 000 francs) ; coll. Alfred Chauchard, Paris ; légué au musée du Louvre en 1906 ; entré au musée en 1909 ; mis en dépôt par le musée du Louvre au musée d'Orsay en 1986.

BIBLIOGRAPHIE

Journal, 1996, p. 430, 436, 446-444 ; Henriet, 15 novembre 1854, p. 115 ; Moreau, 1873, p. 278 ; Robaut, 1885, n° 1081, repr. ; Johnson, t. III, 1986, n° 194, pl. 12 ; Daguerre de Hureaux, 1993, p. 199, fig. p. 202, 326 ; Daguerre de Hureaux et Guégan, 1994, p. 42-43 ; Rautmann, 1997, fig. 292, p. 302.

EXPOSITIONS

1930, Paris, n° 161 ; 1933, Paris, n° 196 ; 1939, Zurich, n° 358, repr. ; 1939, Bâle, n° 253, repr. ; 1945, Paris, n° 10 ; 1946a, Paris, n° 9 ; 1946b, Paris, n° 9 ; 1949, Paris, sans cat. ; 1963, Bordeaux, n° 48, repr. ; 1966, Paris, n° 25, repr. ; 1968, Paris, sans cat. ; 1969, Kyoto et Tokyo, n° H-36, repr. ; 1971, Paris, sans cat. ; 1974, Paris, sans cat. ; 1981, Stockholm, n° 19, repr.

12 à 14. Autour de la *Chasse aux lions* de Bordeaux

12. *Chasse aux lions (esquisse)*

1854
Huile sur toile ; 0,860 x 1,150 m
Paris, musée d'Orsay (RF 1984-33)

HISTORIQUE

Atelier Delacroix, cachet de cire au verso ; vente après décès, Paris, hôtel Drouot, 17-19 février 1864, n° 144 ; acquis par le peintre Léon Riesener, cousin et ami de l'artiste (1 300 francs) ; coll. Léon Riesener, Paris ; vente Riesener, Paris, hôtel Drouot, 11 avril 1879, n° 222 (retiré à 500 francs) ; coll. Mme veuve Léon Riesener jusqu'en 1885 ; coll. Mme Lauwick, sa fille, jusqu'en 1930 ; coll. Mme Georges Itasse, arrière-petite-fille de Léon Riesener, à partir de 1930 ; acquis par le musée d'Orsay en 1984.

BIBLIOGRAPHIE

Journal, 1996, p. 403, 416, 420, 431 ; Moreau, 1873, p. 200, 319, n° 148 ; Robaut, 1885, n° 1230, repr. ; M. Sérullaz, 1963, n° 467, repr. ; Johnson, t. III, 1986, n° 197, pl. 22 ; Daguerre de Hureaux, 1993, p. 199, 201, fig. p. 205 ; Daguerre de Hureaux et Guégan, 1994, p. 42-43, fig. p. 43 ; Rautmann, 1997, p. 298, fig. 288, p. 299, 326 ; Jobert, 1997, p. 265, fig. 220.

EXPOSITIONS

1864, Paris, n° 140 ; 1885, Paris, n° 169 ; 1930, Paris, n° 156, repr. ; 1933, Paris, n° 194, repr. ; 1952, Londres, n° 39 ; 1963a, Paris, n° 466, repr. ; 1969, Paris, sans cat. ; 1971, Paris, sans cat. ; 1981, Stockholm, n° 21, repr.

13. *Chasse aux lions*

1855 (ou 1856 ?)
Huile sur toile ; 0,540 x 0,740 m
Signé et daté en bas à droite : *Eug. Delacroix. 1855* [ou *1856 ?*]
Stockholm, Nationalmuseum (NM 6350)

HISTORIQUE

Peut-être exécuté en 1854 comme étude de la composition d'ensemble du tableau de Bordeaux (cat. 14), puis complété et signé en 1855 ou 1856

pour être vendu au marchand Détrimont (2 000 francs) ; vendu par Détrimont à M. Goldschmidt ou Goldsmith (2 500 francs) ; coll. Adolf Liebermann de Walhendorf ; vente Liebermann de Wahlendorf, Paris, hôtel Drouot, 8 mai 1876, n° 24 (retiré à 19 300 francs) ; Fop Smit, Rotterdam ; Durand-Ruel vers 1895 ; coll. Henri Heugel ; vente Heugel, Paris, galerie Georges Petit, 26 mai 1905, n° 5, repr. ; acquis par M. Bauml (65 000 francs) ; coll. A. F. Klaveness, Oslo, vers 1929 ; coll. Philip et Grace Sandblom, Lund (Suède) ; donné au Nationalmuseum, Stockholm, en 1970.

BIBLIOGRAPHIE

Journal, 1996, p. 416, 420 ; Robaut, 1885, n° 1278, repr. ; Johnson, t. III, 1986, n° 199, pl. 24 ; Daguerre de Hureaux, 1993, p. 201, 206, fig. p. 204, 326 ; Daguerre de Hureaux et Guégan, 1994, p. 42-43 ; Rautmann, 1997, fig. 293, p. 303 ; Jobert, 1997, p. 265, fig. 221.

EXPOSITIONS

1963-1964, Berne, n° 83 ; 1981, Stockholm, n° 23, repr.

14. *Chasse aux lions (fragment)*

1855
Huile sur toile ; 1,73 x 3,60 m
(taille originale : 2,60 x 3,59 m)
Signé et daté en bas à droite de la partie centrale : *Eug. Delacroix 1855.*
Bordeaux, musée des Beaux-Arts (Bx E 469, puis Bx M 6994)

HISTORIQUE

Commandé par l'État le 20 mars 1854 (12 000 francs) ; envoyé par l'État au musée des Beaux-Arts de Bordeaux en novembre 1855 ; partiellement détruit dans l'incendie de la mairie de Bordeaux le 7 décembre 1870.

BIBLIOGRAPHIE

Journal, 1996, p. 403, 416, 420, 440, 447, 492, 500, 501 ; *Correspondance*, t. III, 1937, p. 207, 217, 218, 301 et t. IV, 1938, p. 277 ; Baudelaire, 26 mai et 3 juin 1855 ; Petroz, 5 juin 1855 ; Lecomte, 20 juin 1855 ; Mantz, 10 juin et 10 septembre 1855, p. 171, 172 ; Gautier, 25 juillet 1855 ; About, 1855, p. 179-180 ; Du Camp, 1855, p. 94-115 ; Gebauer, 1855, p. 41 ; Loudun, 1855, p. 117 ; Vignon, 1855, p. 205 ; La Forge, 1856, p. 43 ; Dubosc de Pesquidoux, 1857, p. 130 ; Cantaloube, 1864, p. 39 ; Moreau, 1873, p. 192, 200 ; Vallet, 27 décembre 1883, n° 52 ; Robaut, 1885, n° 1242, repr. ; Tourneux, 1886, p. 94, 98 et 135 ; M. Sérullaz, 1963, n° 466, repr. ; Johnson, t. III, 1986, n° 198, pl. 23 ; Daguerre de Hureaux, 1993, p. 199-206, fig. p. 204, 326 ; Daguerre de Hureaux et Guégan, 1994, p. 42-43 ; Rautmann, 1997, p. 300, fig. 290, p. 301 ; Jobert, 1997, p. 264-265, fig. 219.

1855, Paris, n° 2939 ; 1857, Bordeaux, n° 154 ;
1930, Paris, n° 157, repr. ; 1933, Paris, n° 197a ;
1939, Zurich, n° 363 ; 1939, Bâle, n° 255 ; 1963a,
Paris, n° 465 ; 1981, Stockholm, n° 22, repr.

15. *Lion et Caïman*
ou *Lion maintenant un lézard*
ou *Lion dévorant un alligator*

1855
Huile sur acajou ; 0,32 x 0, 42 m
Signé et daté en bas à droite : *Eug. Delacroix.
/ 1855.*
Paris, musée du Louvre (RF 1395)

HISTORIQUE
Coll. du chanteur Jean-Baptiste Faure ; vente Faure,
Paris, 26, boulevard des Italiens, 7 juin 1873, n° 10,
repr. ; adjugé 20 800 francs ; coll. baron Arthur de
Rothschild en 1885 ; coll. Georges-Thomy Thiéry
vers janvier 1889 ; légué au musée du Louvre en
1902.

BIBLIOGRAPHIE
Robaut, 1885, n° 1281, repr. ; M. Sérullaz, 1963,
n° 474, fig. en fin de volume ; Johnson, t. III, 1986,
n° 200, pl. 26 ; Daguerre de Hureaux, 1993, p. 329.

EXPOSITIONS
1885, Paris, n° 186 (*Lion maintenant un lézard*) ;
1930, Paris, n° 167 ; 1949, Paris, n° 29, repr. ; 1951,
Paris, n° 5 ; 1963a, Paris, n° 474, repr. ; 1967, Paris,
n° 7, repr. ; 1969, Kyoto et Tokyo, n° H-37, repr.

16. *Lion dévorant un lapin*

Vers 1851-1856
Huile sur toile ; 0, 465 x 0,555 m
Signé en bas à droite : *Eug Delacroix.*
Paris, musée du Louvre (RF 1394)

HISTORIQUE
Coll. Alfred Arago (fils du physicien et astronome
François Arago) vers 1864 ; coll. Laurent-Richard ;
vente Laurent-Richard, Paris, hôtel Drouot, 7 avril
1873, peut-être n° 16, repr. ; acquis par M. Gauchez
pour John Wilson (31 050 francs) ; coll. John
Wilson ; vente Wilson, Paris, en son hôtel, 3, avenue
Hoche, 27 avril 1874, n° 95, repr. ; adjugé
32 500 francs ; coll. baron Arthur de Rothschild vers

1885 ; coll. Georges-Thomy Thiéry vers janvier
1889 ; légué au musée du Louvre en 1902.

BIBLIOGRAPHIE
Moreau, 1873, p. 281 ; Robaut, 1885, n° 1299,
repr. ; Ponsonailhe, 1885, p. 176 ; Johnson, t. III,
1986, n° 203, pl. 26 ; Daguerre de Hureaux, 1993,
p. 198, 327, fig. p. 199.

EXPOSITIONS
1864, Paris, n° 147 ; 1885, Paris, n° 185 ; 1930,
Paris, n° 168 ; 1966, Paris, n° 26, repr. ; 1968, Paris,
sans cat. ; 1974, Paris, sans cat. ; 1975, Paris, sans
cat.

17. *Jeune Femme emportée par un tigre*
ou *Indienne mordue par un tigre*

1856
Huile sur toile ; 0,510 x 0,613 m
Signé et daté en bas au centre vers la droite :
Eug. Delacroix. 1856.
Stuttgart, Staatsgalerie (inv. 2695)

HISTORIQUE
Signalé chez Étienne François Haro vers 1864 ;
Georges Petit vers 1884 ; de nouveau signalé chez
Haro en 1887 ; acquis par Bernheim-Jeune le
15 avril 1891 (sans doute 25 000 francs) ; vendu
par Bernheim-Jeune à Kuyper en avril 1891 ; Fop
Smit, Rotterdam ; Durand-Ruel, Paris ; vendu par
Durand-Ruel à Boussod, Valadon et Cie le 9 février
1893 ; revendu par Boussod, Valadon et Cie à
Durand-Ruel le 13 juillet 1897 (archives Boussod
et Valadon, citées par Johnson) ; coll. Charles
T. Yerkes, États-Unis ; vente Yerkes, New York,
5 avril 1910, n° 38, repr. ; acquis par Durand-Ruel
(6 300 $) ; vendu par Durand-Ruel à Bernheim-
Jeune le 6 mai 1910 ; vendu par Bernheim-Jeune
à Mancini le 25 novembre 1912 ; Brame en 1963 ;
Nathan, Zurich, en 1964 ; acquis par la
Staatsgalerie, Stuttgart, en 1964.

BIBLIOGRAPHIE
Robaut, 1885, n° 1200, repr. ; Johnson, t. III, 1986,
n° 201, pl. 25 ; Daguerre de Hureaux, 1993, p. 199,
fig. p. 201, 326 ; Daguerre de Hureaux et Guégan,
1994, p. 67-68, repr.

EXPOSITIONS
1864, Paris, n° 40 (*Jeune femme emportée par un tigre*) ;
1885, Paris, n° 48 (*Indienne mordue par un tigre*) ;
1963-1964, Berne, n° 84 ; 1964, Brême, n° 76 ;
1987a, Zurich, n° 102, p. 246, 334, fig. p. 248.

18. *Lion jouant avec une tortue*

1857
Plume, encre brune et lavis brun sur traits à la
mine de plomb ; 0,192 x 0,242 m
Signé en bas à droite à la plume et à l'encre
brune : *Eug Delacroix*
Localisé et daté en bas à gauche à la plume et à
l'encre brune : *Augerville 17 oct. 57.*
Rotterdam, Museum Boijmans Van Beuningen

HISTORIQUE
Donné par Delacroix au violoncelliste Batta, selon
Robaut (1885, n° 1325).

BIBLIOGRAPHIE
Robaut, 1885, n° 1325, repr.

EXPOSITIONS
1885, Paris, n° 313 ; 1964, Édimbourg et Londres,
n° 182, pl. 98.

19. *Félin assis, de dos, se léchant la patte*

Vers 1855-1863
Plume et encre brune sur papier bleu ;
0,131 x 0,102 m
Paris, musée du Louvre, département des Arts
graphiques (RF 9682)

HISTORIQUE
Atelier Delacroix, marque en bas à droite (Lugt
838 a) ; vente après décès, Paris, hôtel Drouot,
22-27 février 1864, sans doute partie du n° 485
(43 feuilles réparties en onze lots acquis par
MM. Mouteau, Bordier, Arosa, Tesse, Wyatt,
Lecomte, Dieterle, Mène, Piot, Huet, Dumaresq) ou
487 (79 feuilles réparties en dix lots) ; coll. Étienne
Moreau-Nélaton ; légué au musée du Louvre en
1927, marque du musée en bas à gauche (Lugt
1886 a).

BIBLIOGRAPHIE
Robaut, 1885, sans doute partie du n° 1844 ou
1845 ; M. Sérullaz, t. I, 1984, n° 1073, repr.

EXPOSITION
1982, Paris, partie du n° 348.

20. *Tigre effrayé par un serpent*

Vers 1858
Huile sur papier marouflé sur acajou ;
0,324 x 0,403 m
Signé en bas à droite : *Eug. Delacroix*
Hambourg, Kunsthalle (inv. 2400)

HISTORIQUE
Vente, Paris, hôtel Drouot, 3 février 1860 ; acquis
par M. Delacour (440 francs) ; vente, Paris, 8 mai
1861, n° 19 ; adjugé 280 francs ; coll. Paul Van
Cuyck ; vente après décès, Paris, hôtel Drouot,
7 février 1866, n° 8 ; acquis par Brame (2 750 francs) ;
coll. Herman en 1873 (d'après Moreau, qui confond
cette œuvre avec le cat. 134) ; coll. John Wilson vers
1874 ; vente Wilson, Paris, en son hôtel, 3, avenue
Hoche, 14 mars 1881, n° 145 ; acquis par H. Petit
(24 100 francs) ; coll. E. Secrétan ; vente Secrétan,
Paris, hôtel Drouot, 1er juillet 1889, n° 17, repr. ;
acquis par M. Montaignac (37 500 francs) ;
coll. Georges Seney, New York ; vente Seney,
New York, Mendelsshon Hall, 11 février 1891,
n° 235 ; Georges Petit ; vendu par Georges Petit à
Boussod, Valadon et Cie en décembre 1897 ; vendu
par Boussod, Valadon et Cie à Theodor Behrens,
Hambourg, en décembre 1897 ; acquis par la
Kunsthalle, Hambourg, en 1925.

BIBLIOGRAPHIE
Moreau, 1873, p. 279 ; Robaut, 1885, n° 1354,
repr. ; Johnson, t. III, 1986, n° 196, pl. 20 ;
Daguerre de Hureaux, 1993, p. 326.

EXPOSITIONS
1951, Paris, n° 33, repr. ; 1964, Brême, n° 84 ;
1987b, Zurich, n° 100, p. 242, 334, fig. p. 243.

21. *Une chasse aux lions*

1858
Huile sur toile ; 0,917 x 1,175 m
Signé et daté en bas à droite : *Eug. Delacroix
1858.*
Boston, Museum of Fine Arts, S. A. Denio
Collection (95-179)

HISTORIQUE
Vente, Paris, hôtel Drouot, 30 mars 1863, n° 9 ;
acquis par Durand-Ruel (4 700 francs) ; coll.
Adolphe E. Borie, Philadelphie, de 1867 à 1880 ;
coll. Mrs. Borie, Philadelphie, à partir de février

1880 et jusqu'en 1887 ; coll. Erwin Davis,
New York ; vente Davis, New York, 19-20 mars
1889, n° 143 ; adjugé 11 800 $; Durand-Ruel, New
York, de 1889 à 1895 ; acquis par le Museum of Fine
Arts, Boston, grâce au fonds S. A. Denio en 1895
(21 000 $).

BIBLIOGRAPHIE
Journal, 1996, p. 717 ; Moreau, 1873, p. 280
(confondu avec le cat. 23) ; Robaut, 1885, n° 1349,
repr. ; M. Sérullaz, 1963, n° 492, repr. ; Johnson,
t. III, 1986, n° 204, pl. 28 ; Daguerre de Hureaux,
1993, p. 327 ; Daguerre de Hureaux et Guégan,
1994, p. 42-43 ; Jobert, 1997, fig. 223.

EXPOSITIONS
1930, Paris, n° 176 A ; 1962-1963, Toronto et
Ottawa, n° 22 ; 1963a, Paris, n° 488 ; 1964,
Édimbourg et Londres, n° 67 ; 1981, Stockholm,
n° 28 ; 1987a, Zurich, n° 113, p. 266, 336, fig.
p. 267.

22. *Trois études de lionnes*

1859
Plume et encre noire ; 0,175 x 0,222 m
Signé en bas à gauche à la plume et à l'encre
noire : *ED*
Dijon, musée des Beaux-Arts (DG 526)

HISTORIQUE
Coll. Hippolyte Lebas ; vente Lebas, Paris, hôtel
Drouot, 2 décembre 1867, n° 152 ; adjugé
80 francs ; coll. Rapilly en 1871 ; acquis par Pierre
Granville en 1961 ; coll. Kathleen et Pierre
Granville ; donné au musée des Beaux-Arts de Dijon
en 1969.

BIBLIOGRAPHIE
Robaut, 1885, n° 1392, repr.

EXPOSITION
1963, Bordeaux, n° 132, pl. 74.

23. *Chasse aux lions*

1861
Huile sur toile ; 0,763 x 0,982 m
Signé et daté en bas à gauche : *Eug. Delacroix
/ 1861.*

Chicago, The Art Institute, Potter Palmer
Collection (1922.404)

HISTORIQUE
Peut-être vendu vers 1860 par Delacroix à Vaisse
pour 2 500 francs (Johnson) ; coll. comte d'Aquila ;
vente comte d'Aquila, Paris, hôtel, Drouot,
21-22 février 1868, n° 7 ; adjugé 14 505 francs ;
coll. Jean-Baptiste Faure vers 1885 ; coll. R. Austin
Robertson, New York ; vente Austin Robertson,
New York, 7 avril 1892, n° 147, repr. ; acquis
par Potter Palmer, Chicago (13 000 $) ; coll.
Mrs. Berthe Honoré Palmer vers 1918 ; donné
à l'Art Institute, Chicago, en 1922.

BIBLIOGRAPHIE
Journal, 1996, p. 781 ; Moreau, 1873, p. 280
(confondu avec le cat. 21) ; Robaut, 1873, p. 280 ;
Ponsonailhe, 1885, p. 174 ; Vachon, 1885, repr. ;
Robaut, 1885, n° 1350, repr. ; Tourneux, 1886,
p. 144 ; M. Sérullaz, 1963, n° 524, repr. ; Johnson,
t. III, 1986, n° 205, pl. 29 ; Daguerre de Hureaux,
1993, p. 206, fig. p. 203, 329 ; Daguerre de
Hureaux et Guégan, 1994, p. 42-43 ; Jobert, 1997,
fig. 222.

EXPOSITIONS
1885, Paris, n° 76 ; 1930, Chicago, n° 43, repr. ;
1930, Paris, n° 191, repr. ; 1956, Venise, n° 42 ;
1963a, Paris, n° 521 ; 1964, Édimbourg et Londres,
n° 75, repr. ; 1981, Stockholm, n° 29, repr.

II. *LE SENTIMENT DE LA NATURE*

24. *Études de fleurs*

Vers 1845-1850
Aquarelle sur traits à la mine de plomb ;
0,310 x 0, 209 m
Paris, musée Eugène Delacroix (M.D.1980.1)

HISTORIQUE
Atelier Delacroix, marque en bas à droite (Lugt
838 a) ; vente après décès, Paris, hôtel Drouot,
22-27 février 1864 ; Prouté, cat. *Domenico*, 1980,
n° 80, repr. ; coll. Mme Hélène Adhémar ; donné
sous réserve d'usufruit au musée Delacroix en 1980 ;
entré au musée en 1982.

BIBLIOGRAPHIE
A. Sérullaz, mai-septembre 1996, n° 279, p. 7,
fig. 11.

25. Bouquet de fleurs

1848 (?)
Aquarelle sur traits de crayon noir ;
0,205 x 0,264 m
Montpellier, musée Fabre (876.3.101)

HISTORIQUE
Atelier Delacroix, marque en bas à gauche (Lugt
838 a) ; vente après décès, Paris, hôtel Drouot,
22-27 février 1864, partie du n° 625 ; acquis par
Constant Dutilleux (200 francs) ; coll. Constant
Dutilleux ; vente Dutilleux, Paris, hôtel Drouot,
26 mars 1874, n° 19 ; acquis par Théophile Silvestre
pour Alfred Bruyas (400 francs) ; coll. Alfred
Bruyas ; légué au musée Fabre, Montpellier, en
1876.

BIBLIOGRAPHIE
Robaut, 1885, n° 776, repr. ; M. Sérullaz, 1963,
n° 327, repr.

EXPOSITION
1963a, Paris, n° 330.

26. Étude de fleurs : roses d'Inde, soucis et géraniums

1848
Mine de plomb ; 0,255 x 0,380 m
Daté en bas à droite à la mine de plomb :
13 oct. [barré] nov 1848
Annoté de haut en bas à la mine de plomb :
rose d'inde / rose d'inde / rose d'inde / souci souci
Paris, collection Prat

HISTORIQUE
Atelier Delacroix, marque en bas à droite (Lugt
838 a) ; vente après décès, Paris, hôtel Drouot,
22-27 février 1864, sans doute partie du n° 625 ;
coll. Prat, Paris, marque en bas à droite (non
répertoriée par Lugt).

BIBLIOGRAPHIE
Johnson, 1995, sous le n° 10, fig. 15.

27. Étude de fleurs

Vers 1848-1849
Pastel ; 0,240 x 0,309 m
Collection particulière (avec le concours de la
galerie Schmit, Paris)

HISTORIQUE
Probablement vente atelier Delacroix, Paris, hôtel
Drouot, 22-27 février 1864, partie du n° 621 ;
acquis par Alfred Stevens ; coll. Alfred Stevens,
Bruxelles ; coll. Pierre Stevens, son fils (*cf.* annotations
à la plume, au verso, de la main de Pierre Stevens) ;
coll. David David-Weill ; coll. part.

BIBLIOGRAPHIE
Robaut, 1885, partie du n° 1830 ; Johnson, 1995,
n° 46, repr.

EXPOSITION
1936, Bruxelles, n° 102.

28. Feuillages et Liserons en arceaux

Vers 1848-1849
Pastel sur papier gris ; 0,306 x 0,457 m
New York, The Metropolitan Museum of Art,
Bequest of Miss Adelaide Milton de Groot
(67.187.4)

HISTORIQUE
Atelier Delacroix ; vente après décès, Paris, hôtel
Drouot, 22-27 février 1864, n° 616 ; acquis par
Casavy (210 francs) ; coll. Charles Paravey ; vente
Paravey, 13 avril 1878 ; Wildenstein, New York, en
1952 ; coll. Miss Adelaide Milton de Groot ; légué
au Metropolitan Museum of Art, New York, en
1967.

BIBLIOGRAPHIE
Robaut, 1885, partie du n° 1073, repr. ; Johnson,
t. III, 1986, sous le n° 502, repr. fig. 57 ; Johnson,
1995, n° 10, repr. ; Rautmann, 1997, p. 290,
fig. 278.

EXPOSITIONS
1952, Londres, n° 67 ; 1991, New York, n° 17, repr.

29 et 30. Tableaux de fleurs et de fruits au Salon de 1849

29. Corbeille de fleurs renversée dans un parc

Vers 1848-1849
Huile sur toile ; 1,073 x 1,422 m
New York, The Metropolitan Museum of Art,
Bequest of Miss Adelaide Milton de Groot
(1876-1967), 1967 (67.187.60)

HISTORIQUE
Atelier Delacroix ; vente après décès, Paris, hôtel
Drouot, 17-19 février 1864, n° 88 ; acquis par
M. Sourigues (7 250 francs) ; coll. Sourigues ; vente
Sourigues, Paris, galerie Georges Petit, 28 février
1881, n° 14 ; acquis par Durand-Ruel (10 300 francs) ;
coll. vice-amiral Bosse en 1885 ; coll. Albert Gallatin,
New York, en 1936 ; Wildenstein, New York, de 1944
à 1956 ; coll. Miss Adelaide Milton de Groot, New
York, à partir de 1956 ; légué au Metropolitan Museum
of Art, New York, en 1967.

BIBLIOGRAPHIE
Cailleux, 28 et 29 juin 1849 ; Peisse, 8 juillet 1849 ;
Champfleury, 15 juillet 1849, p. 167 ; Desnoyers,
27 juillet 1849 ; Gautier, 1er août 1849 ; anonyme,
4 août 1849 ; Haussard, 7 août 1849 ; Thierry,
29 août 1849 ; Du Camp, 1855, p. 9, 112 ;
Cantaloube, 1864, p. 39 ; Moreau, 1873, p. 184,
192, 314 ; Robaut, 1885, n° 1072, repr. ; Johnson,
t. III, 1986, n° 502 ; Daguerre de Hureaux, 1993,
p. 303, 322 ; Johnson, 1995, p. 48, repr. (pour le
pastel) ; Rautmann, 1997, p. 290, fig. 280 ; Jobert,
1997, fig. 215.

EXPOSITIONS
1849, Paris, n° 504 (*Fleurs*) ; 1854, Bordeaux, n° 157
(*Fleurs*) ; 1855, Paris, n° 2941 (*Fleurs*, deux tableaux
sous un même numéro) ; 1864, Paris, n° 308 ; 1885,
Paris, n° 239 *bis* ; 1944, New York, n° 28, repr. ;
1952, Londres, n° 31, repr. ; 1964, Édimbourg et
Londres, n° 50, repr.

30. Corbeille contenant des fruits posée dans un jardin

Vers 1848-1849
Huile sur toile ; 1,084 x 1,433 m
Philadelphie, Philadelphia Museum of Art,
John G. Johnson Collection (2308)

HISTORIQUE

Atelier Delacroix, cachet de cire au verso ; vente après décès, Paris, hôtel Drouot, 17-19 février 1864, n° 90 (*Corbeille posée dans un jardin, contenant des raisins, des pêches, etc.*) ; acquis par Achille Piron (7 000 francs) ; coll. Achille Piron ; vente après décès, Paris, Febvre, 21 avril 1865, n° 2 ; adjugé 3 000 francs ; Durand-Ruel en 1873 ; coll. Fanien de 1873 à 1878 ; Georges Petit en 1884 ; Durand-Ruel, qui l'a sans doute vendu directement au collectionneur américain John G. Johnson, comme le prouve une lettre de Durand-Ruel à ce dernier en novembre 1888 ; coll. John G. Johnson, Philadelphie, peut-être dès 1889, mais certainement en 1892 (il est alors catalogué dans la liste de la collection Johnson sous le n° 82) ; légué au Philadephia Museum of Art en 1917.

BIBLIOGRAPHIE

Journal, 1996, p. 178 ; Cailleux, 28 et 29 juin 1849 ; Peisse, 8 juillet 1849 ; Champfleury, 15 juillet 1849, p. 167 ; Desnoyers, 27 juillet 1849 ; Gautier, 1er août 1849 ; anonyme, 4 août 1849 ; Haussard, 7 août 1849 ; Du Pays, 11 août 1849 ; Thierry, 29 août 1849 ; Du Camp, 1855, p. 9, 112 ; Cantaloube, 1864, p. 39 ; Moreau, 1873, p. 184, 192, 314 ; Robaut, 1885, n° 1041, repr. ; Johnson, t. III, 1986, n° 502 ; Daguerre de Hureaux, 1993, p. 303, 322.

EXPOSITIONS

1849, Paris, n° 505 (*Fleurs et fruits*) ; 1854, Bordeaux, n° 158 (*Fruits*) ; 1855, Paris, n° 2942 (*Fleurs et fruits*) ; 1885, Paris, n° 234 ; 1944, New York, n° 25.

31. *Vase de fleurs sur une console*

1849-1850
Huile sur toile ; 1,35 x 1,02 m
Montauban, musée Ingres (M.N.R. 162 ; D. 51.3.2)

HISTORIQUE

Atelier Delacroix jusqu'à sa mort ; légué par lui à Eugène François Charles Legrand, avoué, après avoir été peut-être retiré de la vente après décès du peintre (Paris, hôtel Drouot, 17-19 février 1864) par Achille Piron pour être donné à Legrand (G. Lacambre, cat. exp. *Les Oubliés du Caire*, Paris, musée d'Orsay, RMN, 1994-1995, n° 15) ; coll. Eugène François Charles Legrand, Paris ; coll. Mme veuve Legrand en 1885 ; vente, Paris, hôtel Drouot, 24 juin 1942, n° 28, repr. ; acheté à Martin Fabiani, Paris, par le Kaiser Wilhelm Museum de Krefeld (2 200 000 francs ; inv. n° 295 ; archives du ministère des Affaires étrangères, C 430 P 84) ; attribué au musée du Louvre par l'Office des biens privés en 1950 ; déposé au musée Ingres, Montauban, le 10 avril 1952.

BIBLIOGRAPHIE

Journal, 1996, p. 184, 185, 277 ; *Correspondance*, t. II, 1936, p. 372-373 et 375 ; Du Camp, 1855, p. 112 ; Burty, 1878, p. IX ; Robaut, 1885, n° 1069, repr. ; Johnson, t. III, 1986, n° 503, pl. 300 ; Daguerre de Hureaux, 1993, p. 322 ; Rautmann, 1997, p. 196, fig. 182, p. 197 ; Jobert, 1997, fig. 213.

EXPOSITIONS

1855, Paris, n° 2941 (*Fleurs*, deux tableaux ont été groupés sous le même numéro) ; 1864, Paris, n° 145 ; 1885, Paris, n° 127 ; 1973, Paris, sans cat. ; 1987a, Zurich, p. 192, 193, 329, repr.

32. *Bouquet de fleurs dans un vase* ou *Deux vases de fleurs*

Vers 1848-1849
Huile sur carton ; 0,45 x 0,59 m
Brême, Kunsthalle (796-1959/15)

HISTORIQUE

Atelier Delacroix ; légué par lui à son ami le baron Charles Rivet ; coll. baron Charles Rivet de 1864 à 1872 ; coll. comtesse de Lenclos, sans doute héritière du baron Rivet, en 1952 ; Jacques Dubourg en 1951 ou 1952 ; Wildenstein en juillet 1952 ; Marianne Feilchenfeldt, Zurich ; acquis par la Kunsthalle, Brême, en 1959.

BIBLIOGRAPHIE

Burty, 1878, p. V (testament du 3 août 1863) ; Robaut, 1885, n° 1012, repr. (*Deux vases de fleurs*) ; M. Sérullaz, 1963, n° 403, repr. ; Johnson, t. III, 1986, n° 499, pl. 296 ; Daguerre de Hureaux, 1993, p. 322 ; Rautmann, 1997, p. 290, fig. 279.

EXPOSITIONS

1864, Paris, n° 107 ; 1885, Paris, hors cat. ; 1952, Londres, n° 32 ; 1963a, Paris, n° 403 ; 1963-1964, Berne, n° 64 ; 1964, Brême, n° 60, repr.

33. *Bouquet de fleurs*

1849
Aquarelle, gouache et rehauts de pastel sur croquis au crayon noir sur papier gris ; 0,650 x 0,654 m (sur deux feuilles de grandeurs inégales)
Paris, musée du Louvre, département des Arts graphiques (RF 31 719)

HISTORIQUE

Atelier Delacroix ; vente après décès, Paris, hôtel Drouot, 22-27 février 1864 ; acquis par Achille Piron (2 000 francs) ; coll. Achille Piron ; vente après décès, Paris, Febvre, 21 avril 1865 ; acquis par Victor Chocquet (300 francs) ; coll. Victor Chocquet ; vente Mme Chocquet, Paris, 1er-4 juillet 1899, n° 111 ; acquis par Ambroise Vollard ; Ambroise Vollard ; coll. Paul Cézanne, sans doute à la suite d'un échange consenti par le peintre avec Ambroise Vollard ; coll. César Mange de Haucke ; légué au musée du Louvre en 1965 ; déposé au musée Delacroix en 1970.

BIBLIOGRAPHIE

Burty, 1878, p. VIII (testament du 3 août 1863) ; Robaut, 1885, n° 1042, repr. ; M. Sérullaz, t. I, 1984, n° 1233, repr.

EXPOSITIONS

1964, Édimbourg et Londres, n° 165 ; 1982, Paris, n° 298.

34. *Parterre de fleurs, avec hortensias, scylles et anémones*

1849 (?)
Aquarelle sur traits à la mine de plomb ; 0,187 x 0,296 m
Annoté en bas au centre à la mine de plomb : *feuille d'hortensia jaune / les autres sur le devant plus foncé*
Paris, musée du Louvre, département des Arts graphiques (RF 4508)

HISTORIQUE

Atelier Delacroix, marque en bas à droite (Lugt 838 a) ; vente après décès, Paris, hôtel Drouot, 22-27 février 1864, partie du n° 625 (77 feuilles) ; coll. Victor Chocquet ; vente Mme Chocquet, Paris, 1er-4 juillet 1899, n° 119 ; coll. Edgar Degas ; vente, Paris, 26-27 mars 1918, n° 116 ; acquis par le musée du Louvre, marque du musée en bas à gauche (Lugt 1886 a).

BIBLIOGRAPHIE

M. Sérullaz, t. I, 1984, n° 1232, repr.

EXPOSITIONS

1930, Paris, n° 717 ; 1932, Paris, n° 50 ; 1934, Paris, n° 35 ; 1937, Paris, n° 2 ; 1956, Venise, n° 58 ; 1963b, Paris, n° 82, pl. XVI ; 1963-1964, Berne, n° 216, fig. 26 ; 1964, Brême, n° 283, fig. 120 ; 1969, Kyoto et Tokyo, n° A-10, repr. ; 1982, Paris, n° 296.

35. *Marguerites blanches et Zinnias*

1849 ou 1855 (?)
Aquarelle et gouache sur traits au crayon noir
sur papier gris ; 0,250 x 0,200 m
Paris, musée du Louvre, département des Arts
graphiques (RF 3440)

HISTORIQUE
Atelier Delacroix, marque en bas à droite (Lugt 838 a) ;
vente après décès, Paris, hôtel Drouot, 22-27 février
1864, sans doute partie du n° 625 ; acquis par la Société
des amis du Louvre et donné au musée en 1907,
marque du musée en bas à gauche (Lugt 1886 a).

BIBLIOGRAPHIE
Robaut, 1885, sans doute partie du n° 1825 ;
M. Sérullaz, t. I, 1984, n° 1231, repr.

EXPOSITIONS
1934, Paris, hors cat. ; 1936, Bruxelles, n° 149 ;
1939, Zurich, n° 265 ; 1939, Bâle, n° 191 ; 1963b,
Paris, n° 83.

36. *Études de fleurs avec une branche
de fuchsias*

1855
Mine de plomb et aquarelle ; 0,150 x 0,196 m
Annoté en haut à droite à la mine de plomb :
boutons
Au verso autres études de fleurs et de feuillage
à la mine de plomb et à l'aquarelle
Paris, musée du Louvre, département des Arts
graphiques (RF 9803)

HISTORIQUE
Atelier Delacroix, marque en bas au centre (Lugt
838 a) ; vente après décès, Paris, hôtel Drouot,
22-27 février 1864, partie du n° 625 (77 feuilles) ;
coll. Étienne Moreau-Nélaton ; légué au musée du
Louvre en 1927, marque du musée en bas à droite
(Lugt 1886 a).

BIBLIOGRAPHIE
M. Sérullaz, t. I, 1984, n° 1236, repr.

EXPOSITIONS
1952, Paris, n° 32 ; 1963b, Paris, n° 67.

37. *Coin de jardin*

Vers 1855
Pastel ; 0,300 x 0,420 m
Angleterre, collection particulière

HISTORIQUE
Légué par Delacroix en 1863 à Ferdinand Leroy,
directeur de la Caisse des travaux de Paris, le pastel
porte cependant en bas à droite le cachet de l'atelier
Delacroix (Lugt 838 a) ; comme l'a suggéré Lee
Johnson, il est probable que F. Leroy fit son choix
à la mort du peintre parmi les pastels qui avaient
d'ores et déjà été estampillés en vue de la vente ;
coll. part., Angleterre.

BIBLIOGRAPHIE
Johnson, 1995, n° 50, repr.

EXPOSITION
1964, Édimbourg et Londres, n° 176.

38. *Sous-bois, environs de Sénart*

Vers 1850
Huile sur toile ; 0,322 x 0,460 m
Collection particulière (courtesy galerie
Nathan, Zurich)

HISTORIQUE
Atelier Delacroix, cachet de cire au verso ; vente
après décès, Paris, hôtel Drouot, 17-19 février
1864, sans doute partie du n° 219 (regroupant
Quinze études diverses de paysages) ; acquis par
M. Aubry (180 francs) ; coll. Aubry, Paris ; Vuillier
en mai 1898 ; vendu par Vuillier directement à
Louis de Launay (témoignage de la descendance de
Louis de Launay rapporté par Johnson) ; coll. Louis
de Launay à partir de 1898 ; coll. des descendants
de Louis de Launay en 1986 ; coll. part.

BIBLIOGRAPHIE
Johnson, t. III, 1986, n° 482a, pl. 280 ; Daguerre de
Hureaux, 1993, p. 323.

39. *Coin de forêt avec un chêne*

Vers 1853
Aquarelle sur traits à la mine de plomb ;
0,315 x 0,225 m
New York, The Pierpont Morgan Library
Collection, Thaw Collection

HISTORIQUE
Atelier Delacroix, marque en bas à gauche (Lugt
838 a) ; vente après décès, Paris, hôtel Drouot,
22-27 février 1864 ; coll. Alfred Beurdeley (marque
de la collection et de la vente Beurdeley en bas à
gauche, Lugt 421) ; 9e vente Alfred Beurdeley, Paris,
galerie Georges Petit, 1er-2 décembre 1920, n° 121 ;
coll. Boutet ; coll. Roulier ; Brame et Lorenceau en
1990 ; coll. Mr. et Mrs. Eugene Victor Thaw,
New York ; The Pierpont Morgan Library, Thaw
Collection, New York.

EXPOSITION
1991, New York, n° 68, repr.

40. *Paysage d'automne, Champrosay*

1853-1856
Huile sur toile ; 0,275 x 0,405 m
Collection particulière

HISTORIQUE
Atelier Delacroix, cachet de cire au verso ; vente
après décès, Paris, 17-19 février 1864, peut-être
n° 217, 218 (d'après M. Sérullaz) ou 219 (d'après
Johnson, pour qui cette étude faisait partie du lot
intitulé *Quinze études diverses de paysages*) ; d'après
Robaut, peut-être acheté par le peintre Frédéric
Bazille à la vente après décès ; coll. Frédéric Bazille,
Montpellier et Paris ; coll. Pierre Leenhardt, gendre
de Bazille, en avril 1897 ; vente Leenhardt, Paris,
4 mai 1922, n° 20, repr. (8 225 francs ; *Vue prise aux
environs de Champrosay. Paysage d'automne, le soir*) ;
vente, Paris, hôtel Drouot, 6 mai 1925, n° 93 ;
adjugé 10 200 francs ; coll. Georges Aubry en 1930 ;
vente Aubry, Paris, hôtel Drouot, 11 mars 1933,
n° 81, repr. ; coll. David David-Weill, Paris ; coll.
Mme veuve David David-Weill en 1963 ; coll. part.

BIBLIOGRAPHIE
Journal, 1996, p. 368-369, 573 ; Robaut, 1885,

nº 1801, 1802 ou 1803, repr. ; M. Sérullaz, 1963,
nº 445, repr. ; Johnson, t. III, 1986, nº 483, pl. 283.

EXPOSITIONS
1930, Paris, nº 213 ; 1954, Paris, nº 72 ; 1963a,
Paris, nº 479.

41. *Vue panoramique sur la vallée de
la Tourmente*

1855
Aquarelle ; 0,210 x 0,263 m
Paris, musée du Louvre, département des Arts
graphiques (RF 9448)

HISTORIQUE
Atelier Delacroix, marque en bas à gauche (Lugt
838 a) ; vente après décès, Paris, hôtel Drouot,
22-27 février 1864 ; coll. Étienne Moreau-Nélaton ;
légué au musée du Louvre en 1927, marque du
musée en bas à droite (Lugt 1886 a).

BIBLIOGRAPHIE
Sérullaz, t. I, 1984, nº 1141, repr.

EXPOSITIONS
1930, Paris, nº 695 ; 1935, Paris, nº 12 ; 1948,
Paris, nº 29 ; 1969, Paris, sans cat.

42. *Paysage des environs d'Ante*

1856
Huile sur toile ; 0,275 x 0,595 m
Collection particulière (avec le concours
de la galerie Schmit, Paris)

HISTORIQUE
Atelier Delacroix, cachet de cire au verso ; vente
après décès, Paris, hôtel Drouot, 17-19 février
1864, nº 219 (d'après Johnson) ou 221 (d'après
M. Sérullaz) ; vente, Paris, hôtel Drouot, 24 février
1936, nº 69, repr. ; coll. David David-Weill, Paris ;
coll. Mme veuve David David-Weill en 1963 ; coll.
part.

BIBLIOGRAPHIE
Journal, 1996, p. 593, 594 ; Robaut, 1885, nº 1803
ou nº 1805 ; M. Sérullaz, 1963, nº 484, repr. ;
Johnson, t. III, 1986, nº 485, pl. 285

EXPOSITION
1963a, Paris, nº 480.

43. *Arbres dans un parc*

1856 (?)
Pastel sur papier gris ; 0,260 x 0,365 m
Ancienne collection David David-Weill,
collection particulière

HISTORIQUE
Atelier Delacroix, cachet de cire rouge au verso ;
vente après décès, Paris, hôtel Drouot, 22-27 février
1864, peut-être partie du nº 606 (8 pastels acquis
par MM. Petit, Fontaine, Zambaco, Meurice) ; coll.
David David-Weill ; coll. part.

BIBLIOGRAPHIE
Robaut, 1885, partie du nº 1815 ? ; Johnson, 1995,
p. 177, nº XXV (localisation actuelle inconnue).

EXPOSITION
1930, Paris, nº 684a.

44. *Sous-bois à Champrosay*
ou *Le Jardin de George Sand à Nohant*

1858
Mine de plomb ; 0, 261 x 0, 403 m
Daté en bas à droite à la mine de plomb :
14 mai Samedi 58
Amsterdam, Rijksmuseum (RP-T-1956-38)

HISTORIQUE
Atelier Delacroix, marque en bas à droite (Lugt
838 a) ; vente après décès, Paris, 22-27 février 1864,
sans doute partie du nº 603 (46 feuilles réparties
en plusieurs lots acquis par MM. Wyat, Bayvet,
C. Dutilleux, Boissier, Robaut, Meunier) ou 604
(36 feuilles réparties en plusieurs lots acquis par
MM. Bornot, Cadart, Stevens, Rivet, Lambert,
Robaut) ; Wertheimer ; acquis par le Rijksmuseum,
Amsterdam, en 1956.

45. *Paysage aux environs de Cany*

1849
Aquarelle sur traits à la mine de plomb ;
0,118 x 0,188 m
Daté et localisé en bas à droite à la mine de
plomb : *10 oct. / Cany*
Annoté de haut en bas à la mine de plomb :
ciel à travers les arbres / croissant d'érable [?] /
ocr[e] *oc*[re] / *bl*[anc] / *v*[ert] / *v*[ert]
Au verso, croquis de gréements à la mine de
plomb
Paris, musée du Louvre, département des Arts
graphiques (RF 9790)

HISTORIQUE
Coll. Alfred Robaut, code et annotations au verso,
sur la feuille de doublage ; coll. Étienne Moreau-
Nélaton ; légué au musée du Louvre en 1927, marque
du musée en bas à droite (Lugt 1886 a).

BIBLIOGRAPHIE
M. Sérullaz, t. I, 1984, nº 1163, repr.

EXPOSITIONS
1930, Paris, nº 658 ; 1935, Paris, nº 17 ; 1963b,
Paris, nº 80 ; 1982, Paris, nº 317 ; 1993-1994, Paris,
nº 87, repr. p. 54.

46. *Paysage aux Petites-Dalles*

1849
Aquarelle sur traits à la mine de plomb ;
0,118 x 0,343 m
Localisé et daté en bas à gauche à la mine de
plomb : *petites dalles 14 8.*
Annoté de gauche à droite à la mine de plomb :
*vert / vert jaune herbes / id brun / mont à travers les
arbres*
Au verso, paysage à la mine de plomb et taches
d'aquarelle ; daté en bas vers la droite à la mine
de plomb : *14. 8*
Paris, musée du Louvre, département des Arts
graphiques (RF 9426)

HISTORIQUE
Coll. Alfred Robaut, code au verso ; coll. Étienne
Moreau-Nélaton ; légué au musée du Louvre en 1927,
marque du musée en bas à droite (Lugt 1886 a).

BIBLIOGRAPHIE
M. Sérullaz, t. I, 1984, nº 1161, repr.

EXPOSITIONS
1930, Paris, nº 659 ; 1963b, Paris, nº 81 ; 1982,
Paris, nº 314 ; 1993-1994, Paris, nº 88, repr. p. 54.

47. *Falaises en Normandie*

1849 (?)
Aquarelle sur traits à la mine de plomb ;
0,174 x 0,229 m
Annoté en haut à droite à la mine de plomb de
la main d'Alfred Robaut : *J*
Paris, musée du Louvre, département des Arts
graphiques (RF 35 828)

HISTORIQUE
Atelier Delacroix, marque en bas à gauche (Lugt
838 a) ; vente après décès, Paris, hôtel Drouot,
22-27 février 1864, sans doute partie du n° 595
(21 feuilles réparties en dix lots acquis par
MM. Piron, Cadart, Robaut, Tesse, Bornot,
Legrand) ; sans doute coll. Alfred Robaut ;
coll. Henri Rouart ; vente Rouart, Paris,
16-18 décembre 1912, n° 83 ; coll. Claude
Roger-Marx ; donné au musée du Louvre en 1974,
marque du musée en bas à droite (Lugt 1886 a).

BIBLIOGRAPHIE
Robaut, 1885, sans doute partie du n° 1807 ;
M. Sérullaz, 1963, n° 406, repr. ; M. Sérullaz, t. I,
1984, n° 1160, repr.

EXPOSITIONS
1930, Paris, n° 693 ; 1937, Paris, n° 80 ; 1939,
Zurich, n° 202 ; 1952, Londres, n° 61 ; 1963a, Paris,
n° 215 ; 1982, Paris, n° 315 ; 1993-1994, Paris,
n° 77, repr. p. 77.

48. *Falaises d'Étretat*

1849 (?)
Aquarelle sur traits à la mine de plomb ;
0,150 x 0,199 m
Montpellier, musée Fabre (876.3.102)

HISTORIQUE
Atelier Delacroix, marque en bas à droite (Lugt
838 a) ; vente après décès, Paris, hôtel Drouot,
22-27 février 1864, partie du n° 595 (21 feuilles
réparties en dix lots acquis par MM. Piron, Cadart,
Robaut, Tesse, Bornot, Legrand) ; acquis par Alfred
Robaut (310 francs) ; coll. Alfred Robaut ; coll.
Constant Dutilleux ; vente Dutilleux, Paris, 26 mars
1874, n° 18, repr. ; acquis par Théophile Silvestre
pour Alfred Bruyas (500 francs) ; coll. Alfred Bruyas ;
légué au musée Fabre, Montpellier, en 1876.

BIBLIOGRAPHIE
Robaut, 1885, n° 1031, repr. ; M. Sérullaz, 1963,
n° 405, repr.

EXPOSITIONS
1963a, Paris, n° 396 ; 1993-1994, Paris, n° 69, repr.

49. *Falaises d'Étretat*

1849 (?)
Aquarelle et rehauts de gouache ;
0,145 x 0,238 m
Rotterdam, Museum Boijmans Van Beuningen
(F 11 163)

HISTORIQUE
Atelier Delacroix, marque en bas à gauche (Lugt
838 a) ; vente après décès, Paris, hôtel Drouot,
22-27 février 1864, sans doute partie du n° 595
(21 feuilles réparties en dix lots acquis par
MM. Piron, Cadart, Robaut, Tesse, Bornot,
Legrand) ; coll. Pierre Geismar, marque en bas
à droite (Lugt 2078 b) ; coll. F. Kœnigs ; coll.
D. G. van Beuningen ; donné à la fondation
Museum Boymans, Rotterdam, en 1940.

BIBLIOGRAPHIE
Robaut, 1885, sans doute partie du n° 1807 ;
M. Sérullaz, 1963, n° 407, repr.

EXPOSITION
1963a, Paris, n° 216.

50. *Bateaux échoués au bord d'un fleuve*

1852
Aquarelle sur traits à la mine de plomb ;
0,118 x 0,196 m
Daté en bas à droite à la mine de plomb :
6 7 ᵇ lundi
Annoté au centre à la mine de plomb : *galet /
sable / talus / sable / lac* ; en bas : *jaune g. de Suède*
New York, The Pierpont Morgan Library,
Bequest of John S. Thacher (1985.35)

HISTORIQUE
Coll. John S. Thacher ; légué à la Pierpont Morgan
Library, New York, en 1985.

EXPOSITION
1991, New York, n° 70, repr.

51. *Vue du quai Duquesne à Dieppe*

1854
Mine de plomb ; 0,175 x 0,342 m
Localisé et daté en bas à droite à la mine de
plomb : *du quai Duquesne 2 7ᵇʳᵉ. 54.*
Paris, musée du Louvre, département des Arts
graphiques (RF 3710)

HISTORIQUE
Atelier Delacroix, marque en bas à gauche, apposée
deux fois (Lugt 838 a) ; vente après décès, Paris,
hôtel Drouot, 22-27 février 1864, partie du n° 600
(Robaut annoté, mais le cat. de la vente fait état de
20 aquarelles que Robaut indique comme ayant été
réparties en onze lots acquis par MM. Richy,
Stevens, Dehau, Robaut, Ladame, Boissier,
Andrieu...) ; coll. Alfred Robaut ; vente Robaut,
Paris, 18 décembre 1907, n° 67 ; acquis par le musée
du Louvre (360 francs), marque du musée en bas à
droite (Lugt 1886 a).

BIBLIOGRAPHIE
Robaut, 1885, n° 1268, repr. ; M. Sérullaz, t. I,
1984, n° 1174, repr.

EXPOSITIONS
1930, Paris, n° 660, repr. ; 1937, Paris, n° 13 ; 1963,
Bordeaux, n° 127 ; 1964, Édimbourg et Londres,
n° 179 ; 1969, Kyoto et Tokyo, n° D-31, repr. ; 1982,
Paris, n° 318 ; 1993-1994, Paris, n° 56, repr.

52. *Vue du port de Dieppe*

1854
Aquarelle et gouache sur traits à la mine de
plomb ; 0,237 x 0,313 m
Daté et annoté en bas à droite au pinceau :
7 7ᵇʳ. jeudi / Chanteurs.
New York, The Pierpont Morgan Library,
Bequest of John S. Thacher (1985.44)

HISTORIQUE
Atelier Delacroix, marque en bas à droite (Lugt
838 a) ; vente après décès, Paris, hôtel Drouot,
22-27 février 1864, sans doute partie du n° 600
(20 aquarelles réparties en onze lots acquis par
MM. Richy, Stevens, Dehau, Robaut, Ladame,
Boissier, Andrieu...) ; coll. M. Y... ; vente, Paris,
palais Galliera, 29 juin 1962, n° 5, repr. (*Les
Chartreux à Marseille*) ; coll. John S. Thacher ; légué
à la Pierpont Morgan Library, New York, en 1985.

EXPOSITION
1991, New York, n° 71, repr.

53. *La Mer à Dieppe*

1852
Huile sur bois ; 0,35 x 0,51 m
Paris, musée du Louvre (RF 1979-46)

HISTORIQUE
Atelier Delacroix, cachet de cire rouge au verso ;
vente après décès, Paris, hôtel Drouot, 17-19 février
1864, n° 98 ; acquis par le comte Duchâtel
(3 650 francs) ; coll. Duchâtel ; coll. Alfred
Beurdeley ; 1re vente Beurdeley, Paris, 6-7 mai 1920,
n° 35, repr. ; coll. Marcel Beurdeley, son fils ; légué
au musée du Louvre en 1979.

BIBLIOGRAPHIE
Journal, 1996, p. 308 ; Robaut, 1885, n° 1245,
repr. ; M. Sérullaz, 1963, n° 453, repr. ; Johnson,
t. III, 1986, n° 489, pl. 288.

EXPOSITIONS
1864, Paris, n° 49 ; 1885, Paris, n° 70 ; 1930,
Paris, n° 162 B ; 1963a, Paris, n° 457 ; 1970, Paris,
sans n° ; 1993-1994, Paris, n° 55, repr. p. 40.

54. *La Mer à Dieppe*

1854 (?)
Aquarelle et rehauts de gouache ;
0,230 x 0,305 m
Collection particulière (courtesy galerie
Nathan, Zurich)

HISTORIQUE
Atelier Delacroix, marque en bas à droite (Lugt
838 a) ; vente après décès, Paris, hôtel Drouot,
22-27 février 1864, sans doute partie du n° 600
(20 aquarelles réparties en onze lots acquis par
MM. Richy, Stevens, Dehau, Robaut, Ladame,
Boissier, Andrieu…) ; coll. Louis A. Shaw, Boston ;
coll. Eugene V. Thaw, New York ; coll. Dr. Peter
Nathan, Zurich ; coll. part.

BIBLIOGRAPHIE
Robaut, 1885, sans doute partie du n° 1775 ;
M. Sérullaz, 1963, n° 454, repr.

EXPOSITIONS
1963a, Paris, n° 448 ; 1963-1964, Berne, n° 203 ;
1964, Brême, n° 307 ; 1986, Tübingen et Bruxelles,
n° 138, repr. ; 1987-1988, Francfort, n° J-6, repr.

55. *Soleil couchant sur la mer*

1854 (?)
Aquarelle sur traits à la mine de plomb ;
0,228 x 0,354 m
Annoté en bas à droite à la mine de plomb :
sur la pointe des vagues verticalement sous le soleil,
paillettes / lumineuses dans un espace très circonscrit
Vienne, Graphische Sammlung Albertina
(24 099)

HISTORIQUE
Atelier Delacroix, marque en bas à droite (Lugt
838 a) ; vente après décès, Paris, hôtel Drouot,
22-27 février 1864, sans doute partie du n° 600
(20 aquarelles réparties en onze lots acquis par
MM. Richy, Stevens, Dehau, Robaut, Ladame,
Boissier, Andrieu…) ; entré dans les collections
de l'Albertina, Vienne, en 1924.

BIBLIOGRAPHIE
Stuffmann, cat. exp. 1987-1988, Francfort, sous le
n° J-6 et fig. J-5 a.

EXPOSITION
1964, Brême, n° 306, fig. 133.

56. *Coucher de soleil sur la mer*

1854 (?)
Aquarelle ; 0,255 x 0,345 m
Collection particulière (avec le concours de la
galerie Schmit, Paris)

HISTORIQUE
Atelier Delacroix, marque en bas à droite (Lugt
838 a) ; vente après décès, Paris, hôtel Drouot,
22-27 février 1864, partie du n° 600 (20 aquarelles
réparties en onze lots acquis par MM. Richy, Stevens,
Dehau, Robaut, Ladame, Boissier, Andrieu…) ; coll.
Léon Riesener, cachet en bas à droite (Lugt 2139) ;
vente Riesener, Paris, hôtel Drouot, 10-11 avril
1879, sans doute partie du n° 244 ; coll. E. Joseph
Rignault, cachet en bas à gauche (Lugt 2218) ; coll.
Georges Aubry ; coll. David David-Weill ; coll.
Mme David David-Weill ; coll. part.

BIBLIOGRAPHIE
Robaut, 1885, partie du n° 1775 ; M. Sérullaz, 1963,
n° 455, repr. ; M. Sérullaz, 1980, p. 12, fig. 3.

EXPOSITIONS
1930, Paris, n° 708 ; 1963a, Paris, n° 449 ; 1987b,
Zurich, n° 79, repr. ; 1987-1988, Francfort, n° 55,
repr. ; 1993-1994, Paris, n° 66, ill. p. 44.

57. *Marine*

1854 (?)
Aquarelle ; 0,280 x 0,456 m
Annoté le long du bord droit à la mine de
plomb : *presque toujours brume grisatre violete*
[sic] / à l'horizon entre le ton de la mer / et le bleu
du ciel / par le beau temps / les montagnes /
violatres / le ton de la mer / paraissant d'un vert /
charmant mais / melé de vert [ces deux derniers
mots barrés] d'arc en ciel / où le vert domine
Collection particulière

HISTORIQUE
Atelier Delacroix, marque en bas à droite (Lugt
838 a) ; vente après décès, Paris, hôtel Drouot,
22-27 février 1864, sans doute partie du n° 600
(20 aquarelles réparties en onze lots acquis par
MM. Richy, Stevens, Dehau, Robaut, Ladame,
Boissier, Andrieu…) ; coll. part.

BIBLIOGRAPHIE
Robaut, 1885, sans doute partie du n° 1775.

EXPOSITION
1991, New York, n° 69, repr.

58 à **62.** Études de ciel

58. *Étude de ciel au soleil couchant*

Vers 1849
Pastel ; 0,190 x 0,240 m
Francfort, Städelsches Kunstmuseum (16728)

HISTORIQUE
Atelier Delacroix ; vente après décès, Paris, hôtel
Drouot, 22-27 février 1864, n° non identifié ; coll.
Alfred Robaut, Paris ; coll. Raymond Koechlin,
Paris ; coll. Mme Heim-Gairac en 1988 ; acquis par
le Städelsches Kunstmuseum, Francfort.

BIBLIOGRAPHIE
Robaut, 1885, n° 1085 ; Johnson, 1995, n° 41, repr.

EXPOSITIONS
1885, Paris, n° 373 ; 1987-1988, Francfort, n° J-4.

59. *Étude de ciel au soleil couchant*

Vers 1849
Pastel sur papier gris ; 0,190 x 0,240 m
Paris, musée du Louvre, département des Arts
graphiques (RF 3706)

HISTORIQUE
Atelier Delacroix ; vente après décès, Paris, hôtel
Drouot, 22-27 février 1864, sans doute partie du lot
n° 610, 611 ou 613 ; coll. Alfred Robaut, Paris ; vente
Robaut, Paris, Durand-Ruel, 18 décembre 1907,
n° 68 ; acquis par le musée du Louvre pour le cabinet
des Dessins, marque du musée en bas à droite (Lugt
1886 a).

BIBLIOGRAPHIE
Robaut, 1885, n° 1085, repr. ; M. Sérullaz, t. I,
1984, n° 1215, repr. ; Johnson, 1995, n° 42, repr. ;
Rautmann, 1997, fig. 317.

EXPOSITIONS
1885, Paris, n° 373 ; 1930, Paris, n° 702 ; 1963b,
Paris, n° 86, pl. XVII.

60. *Vaste Plaine sous un ciel au soleil
couchant*

Vers 1849
Pastel ; 0,190 x 0,240 m
Paris, musée du Louvre, département des Arts
graphiques (RF 3770)

HISTORIQUE
Atelier Delacroix ; vente après décès, Paris, hôtel
Drouot, 22-27 février 1864, peut-être partie du
n° 664 ; peut-être coll. Alfred Robaut, Paris ; peut-
être coll. Paul Arthur Chéramy, Paris ; coll. Étienne
Moreau-Nélaton, Paris ; légué au musée du Louvre
en 1927, marque du musée en bas à droite (Lugt
1886 a).

BIBLIOGRAPHIE
M. Sérullaz, t. I, 1984, n° 1217, repr. ; Johnson,
1995, n° 43, repr.

EXPOSITIONS
1930, Paris, n° 700 ; 1935, Paris, n° 15 ; 1966,
Paris, n° 29 ; 1982, Paris, n° 329.

61. *Éude de ciel au crépuscule*

Vers 1849
Pastel sur papier gris ; 0,190 x 0,240 m
Paris, musée du Louvre, département des Arts
graphiques (RF 23 315)

HISTORIQUE
Atelier Delacroix, marque en bas à gauche ; vente
après décès, Paris, 22-27 février 1864, sans doute
partie du lot n° 610, 612 ou 613 ; coll. Alfred
Robaut, Paris ; vente Robaut, Paris, Durand-Ruel,
18 décembre 1907, n° 71 ; coll. Raymond Koechlin,
Paris ; légué au musée du Louvre en 1933, marque
du musée en bas à droite (Lugt 1886 a).

BIBLIOGRAPHIE
Robaut, 1885, n° 1084, repr. ; M. Sérullaz, t. I,
1984, n° 1216, repr. ; Johnson, 1995, n° 40, repr.

EXPOSITIONS
1885, Paris, n° 372 ; 1930, Paris, n° 704, repr. ;
1963b, Paris, n° 87 ; 1966, Paris, n° 16 ; 1969,
Paris, sans cat. ; 1974, Paris, sans cat. ; 1982, Paris,
sans n°.

62. *Coucher de soleil*

Vers 1850
Pastel ; 0,208 x 0,260 m
Collection particulière

HISTORIQUE
Peut-être atelier Delacroix ; d'après Johnson, vente
après décès, Paris, 22-27 février 1864 (sans doute
une des dix-sept *Études de ciel* regroupées sous le
n° 608) ; coll. Alfred Robaut, Paris ; coll. baron
Vitta, Paris ; Hazlitt, Gooden et Fox, Londres, en
1988 ; acquis par l'actuel propriétaire (d'après
Johnson) ; coll. part.

BIBLIOGRAPHIE
Johnson, 1995, n° 44, repr.

EXPOSITIONS
1930, Paris, n° 706, repr. ; 1991, New York, n° 16,
repr.

III. *ALLÉGORIES ET MYTHOLOGIES*

63. *Le Triomphe du génie*

1849-1851
Plume et encre brune sur traits à la mine de
plomb ; 0,263 x 0,351 m
Annoté au crayon en bas au centre : *serpent*,
et en bas à droite : *plus grand le monstre*
New York, The Metropolitan Museum of Art,
Rogers Fund, 1961 (Inv. 61.160.1)

HISTORIQUE
Atelier Delacroix, marque en bas à droite (Lugt
838) ; vente après décès, Paris, hôtel Drouot,
22-27 février 1864, partie du n° 378 ; coll. Alfred
Sensier, Paris ; vente Sensier, Paris, hôtel Drouot,
12 décembre 1877, n° 355 ; coll. Philippe Burty,
Paris ; vente Burty, Paris, hôtel Drouot, 4-5 mars
1891, n° 71 ; Walter Feilchenfeldt, Amsterdam, puis
Zurich ; acquis en Suisse par le Metropolitan
Museum of Art, New York, sur le Rogers Fund en
1961.

BIBLIOGRAPHIE
Journal, 1996, p. 37, 212, 281 et 416 ; Robaut,
1864, pl. 42 ; Robaut, 1885, n° 728, repr. ;
M. Sérullaz, 1963, n° 294, repr.

EXPOSITIONS
1885, Paris, hors cat. ; 1956, Venise, n° 70 ; 1963a,
Paris, n° 297, repr.

64. *Apollon vainqueur du serpent Python*
(esquisse)

1850
Huile sur toile ; 1,375 x 1,020 m
Bruxelles, musées royaux des Beaux-Arts de
Belgique (Inv 1727)
N'a pas été prêté

HISTORIQUE
Atelier Delacroix ; vente après décès, Paris, hôtel
Drouot, 17-19 février 1864, n° 28 ; retiré de la vente

par Achille Piron, exécuteur testamentaire et légataire universel de Delacroix ; coll. Achille Piron, Paris ; vente après décès, Paris, Febvre, 21 avril 1865 ; acquis par Arthur Stevens pour les musées royaux des Beaux-Arts de Belgique (6 100 francs).

BIBLIOGRAPHIE
Correspondance, t. III, 1937, p. 37-38 ; Moreau, 1873, p. 258 ; Robaut, 1885, nº 1110, repr. ; M. Sérullaz, 1963, nº 419, repr. ; Johnson, t. III, 1986, nº 578, pl. 53 ; Johnson, janvier 1988, p. 35-36 ; Daguerre de Hureaux, 1993, p. 274, 275, 323, 324, repr. p. 275 ; Rautmann, 1997, p. 262, fig. 247 ; Jobert, 1997, p. 216, fig. 177.

EXPOSITIONS
1861-1862, Paris ; 1930, Paris, nº 132 ; 1956, Venise, nº 31 ; 1963a, Paris, nº 419, repr.

65. *La Paix vient consoler les hommes et ramène l'abondance* ou *La Terre éplorée levant les yeux au ciel pour obtenir la fin de ses malheurs* Plafond central du salon de la Paix à l'Hôtel de Ville de Paris (esquisse)

1852
Huile sur toile ; diam. 0,77 m
Paris, Ville de Paris, musée du Petit Palais (Inv. P.I.550)

HISTORIQUE
Atelier Delacroix ; vente après décès, Paris, hôtel Drouot, 17-19 février 1864, nº 31 (*La Paix vient consoler les hommes*) ; acquis par Sir Frederik Leighton (1 260 francs) ; coll. Frederik Leighton ; coll. Paul Arthur Chéramy, Paris ; vente Chéramy, Paris, galerie Georges Petit, 5-7 mai 1908, nº 168 ; coll. Gonse, Paris ; coll. Georges Aubry, Paris ; vente Aubry, 11 mars 1933, nº 85, repr. ; acquis par le musée Carnavalet.

BIBLIOGRAPHIE
Journal, 1996, p. 286, 287 ; Moreau, 1873, p. 310 ; Robaut, 1885, nº 1240, repr. ; M. Sérullaz, 1963, nº 459 ; Johnson, t. III, 1986, nº 579, pl. 54 ; Daguerre de Hureaux, 1993, p. 277-283, 324, 364, repr. p. 280 ; Rautmann, 1997, p. 276, fig. 251 ; Jobert, 1997, p. 220, fig. 183.

EXPOSITIONS
1928, Paris, nº 21 ; 1930, Paris, nº 133, repr. ; 1939, Zurich, nº 346 ; 1952, Londres, nº 34 ; 1963c, Paris nº 1, puis 1963a, Paris, nº 459 ; 1987a, Zurich, nº 81, p. 204-205, repr.

66 et **67.** *Persée et Andromède*

66. *Persée et Andromède*

1849-1853
Huile sur carton marouflé sur un panneau de bois ; 0,432 x 0,336 m
Baltimore, The Baltimore Museum of Art, The Cone Collection, formed by Dr Claribel Cone and Miss Etta Cone, of Baltimore, Maryland (BMA 1950.207)

HISTORIQUE
Atelier Delacroix, cachet de cire au verso ; vente après décès, Paris, hôtel Drouot, 17-19 février 1864, nº 64 (*Andromède délivrée par Persée*) ; acquis par Jadin (850 francs) ; coll. Jadin, Paris ; vente, Paris, galerie Féral, 29 mars 1893, nº 15 ; adjugé 1 120 francs ; Leo et Gertrude Stein, Paris, en 1904 ; coll. Cone, Baltimore, sans doute avant 1929 ; légué par Miss Etta Cone au Baltimore Museum of Art en 1949.

BIBLIOGRAPHIE
Silvestre, 1855, p. 82 ; anonyme, 15 juin 1862 ; Robaut, 1885, nº 1001, repr. ; Johnson, t. III, 1986, nº 306, pl. 130 ; Daguerre de Hureaux, 1993, p. 164, 324, 325, 333 ; Jobert, 1997, p. 284.

EXPOSITION
1864, Paris, nº 1.

67. *Persée et Andromède*

1853
Huile sur papier marouflé sur toile ; 0,438 x 0,322 m
Signé en bas à gauche : *Eug. Delacroix.*
Stuttgart, Staatsgalerie (Inv. nº 2636)

HISTORIQUE
Vendu par Delacroix à M. Henri Didier le 10 mars 1853 (600 francs) ; vente Didier, Paris, hôtel Drouot, 12 décembre 1854, nº 22 ; acquis par Adolphe Moreau père (485 francs) ; coll. Adolphe Moreau père jusqu'à sa mort en 1859 ; coll. Adolphe

Moreau fils jusqu'en 1866 ; vendu par Adolphe Moreau fils à Durand et Brame le 10 décembre 1866 (3 000 francs ; acquisition et vente mentionnées dans l'inventaire de la collection Moreau, archives privées) ; Durand et Brame, Paris ; coll. Marmontel, Paris ; vente Marmontel, Paris, hôtel Drouot, 11 mai 1868, nº 11 ; adjugé 3 000 francs ; Georges Petit en 1885 ; coll. Duché en décembre 1887 ; vente, 10 juin 1958, Paris, galerie Charpentier, nº 246 ; Tooth's, Londres, en 1963 ; acquis par la Staatsgalerie, Stuttgart, en 1963.

BIBLIOGRAPHIE
Silvestre, 1855, p. 82 ; Moreau, 1873, p. 255 ; Johnson, t. III, 1986, nº 314, pl. 131 ; Jobert, 1997, p. 284.

EXPOSITIONS
1861-1862, Paris ; 1885, Paris, nº 235 ; 1964, Brême, nº 51 ; 1964, Édimbourg et Londres, nº 59, repr. ; 1987a, Zurich, p. 216.

68. *Triton portant sur ses épaules un génie ailé*

Vers 1860
Plume et encre brune ; 0,170 x 0,220 m
Annoté au crayon d'une main étrangère (peut-être Alfred Robaut ?) : *1863 / 1421*
Paris, musée du Louvre, département des Arts graphiques (RF 9552)

HISTORIQUE
Propriété de Jenny Le Guillou, gouvernante d'Eugène Delacroix ; donné par elle au peintre Constant Dutilleux après la mort de Delacroix ; coll. Constant Dutilleux, Paris, jusqu'à la mort de ce dernier en 1865 ; peut-être ensuite coll. Alfred Robaut, son gendre, Paris ; coll. Étienne Moreau-Nélaton, Paris ; légué au musée du Louvre en 1927.

BIBLIOGRAPHIE
Robaut, 1885, nº 1421, repr. ; M. Sérullaz, 1984, nº 885, repr.

69. *Homme nu, à l'affût*

Vers 1850 (?)
Plume et encre brune ; 0,158 x 0,203 m
Annotations en haut à la mine de plomb, de la main d'Alfred Robaut, pratiquement effacées,

et croquis à droite d'une composition, dans un encadrement

Au verso de l'ancien montage se trouvait une annotation d'une autre main, à la plume et à l'encre noire : *Arabe à l'affût / provenant de la vente d'Eugène Delacroix n° 453 du catalogue / ce dessin a appartenu à Monsieur Robaut / et a été publié par lui dans le catalogue / raisonné et illustré de l'œuvre du Maître / sous le n° 1229*

Paris, musée du Louvre, département des Arts graphiques (RF 9462)

HISTORIQUE

Atelier Delacroix, marque en bas à droite (Lugt 838 a) ; vente après décès, Paris, hôtel Drouot, 22-27 février 1864, partie du n° 453 ; coll. Alfred Robaut, annotations au recto et code au verso ; donné par Alfred Robaut à M. Julien, à la suite d'un échange, en mars 1886 (Robaut annoté) ; coll. Julien ; coll. Étienne Moreau-Nélaton ; légué au musée du Louvre en 1927, marque du musée en bas à droite (Lugt 1886 a).

BIBLIOGRAPHIE

Robaut, 1885, n° 1229, repr. ; M. Sérullaz, t. I, 1984, n° 881, repr.

EXPOSITIONS

1930, Paris, n° 484 ; 1963b, Paris, n° 89.

70. *Trois études d'une femme nue, étendue, et croquis d'une tête*

1850-1855
Plume, encre brune et mine de plomb (tête) ; 0,265 x 0,423 m
Paris, musée du Louvre, département des Arts graphiques (RF 4617)

HISTORIQUE

Atelier Delacroix, marque en bas à gauche (Lugt 838 a) ; vente après décès, Paris, hôtel Drouot, 22-27 février 1864, sans doute partie du n° 653 (74 feuilles réparties en cinq lots acquis par MM. Gigoux, Wyatt, Diéterle, de Laage) ; coll. Roger Galichon ; légué au musée du Louvre en 1918, marque du musée en bas à droite (Lugt 1886 a).

BIBLIOGRAPHIE

Robaut, 1885, sans doute partie du n° 1905 ; M. Sérullaz, t. I, 1984, n° 905, repr.

EXPOSITIONS

1930, Paris, n° 578 ; 1934, Paris, n° 42 ; 1936, Bruxelles, n° 123 ; 1963, Bordeaux, n° 162 ; 1969, Kyoto et Tokyo, n° D-18, repr. ; 1982, Paris, n° 292.

71. *Femmes nues se baignant*

1854
Plume et encre brune sur traits de crayon ; 0,252 x 0,392 m
Annoté en bas à droite à la mine de plomb : *les nus empresses d'oublier les maux de la vie d'autre avec regret*
Cambridge, The Syndics of the Fitzwilliam Museum (n° 2031B)

HISTORIQUE

Atelier Delacroix, marque en bas à gauche (Lugt 838 a) ; vente après décès, Paris, hôtel Drouot, 22-27 février 1864, sans doute partie du n° 626 ou 661 ; coll. des peintres Charles Ricketts et Charles Shannon (Lugt 506 a) ; prêté au Fitzwilliam Museum, Cambridge, de 1933 à 1937 ; légué en 1937.

72. *Homme à demi-nu, de dos, et Lion couché*

1856
Plume, encre brune et lavis brun ; 0,233 x 0,358 m
Daté à droite à la plume et à l'encre brune : *5 nov. 56.*
Annoté au verso en bas à droite à la mine de plomb, d'une autre main : *voir tableau 37ᶜ* [?] */ chez M. Brun* [une ligne effacée] */* [un mot illisible] *1898 = 6. 400 / 0ᵐ 31 x 0,50*
Paris, musée du Louvre, département des Arts graphiques (RF 9483)

HISTORIQUE

Coll. Étienne Moreau-Nélaton ; légué au musée du Louvre en 1927, marque du musée en bas à droite (Lugt 1886 a).

BIBLIOGRAPHIE

M. Sérullaz, t. I, 1984, n° 829, repr.

73. *Lion couché et Homme à demi-nu, de dos*

Vers 1857 (?)
Plume et encre brune ; 0,213 x 0,307 m
Rotterdam, Museum Boijmans Van Beuningen (F II 83)

HISTORIQUE

Atelier Delacroix, marque en bas à gauche (Lugt 838 a) ; vente après décès, Paris, hôtel Drouot, 22-27 février 1864 ; coll. Paul Huet.

BIBLIOGRAPHIE

Robaut, 1885, n° 724, repr.

EXPOSITION

1964, Édimbourg et Londres, n° 181, pl. 99.

74. *Homme barbu à mi-corps, de dos, tourné vers la gauche, et Croupe de cheval*

1857
Plume et encre brune ; 0,209 x 0,271 m
Daté en bas à droite à la plume et à l'encre brune : *3. 7ᵇʳᵉ 57.*
Annoté au-dessous : *revᵗ.* [revenant] *de Pl.ʳᵉˢ.* [Plombières]
Paris, musée du Louvre, département des Arts graphiques (RF 9511)

HISTORIQUE

Atelier Delacroix, marque en bas vers la droite (Lugt 838 a) ; vente après décès, Paris, hôtel Drouot, 22-27 février 1864 ; coll. Alfred Robaut, code et annotations au verso ; coll. Étienne Moreau-Nélaton ; légué au musée du Louvre en 1927, marque du musée en bas à droite (Lugt 1886 a).

BIBLIOGRAPHIE

Robaut, 1885, n° 1320, repr. ; M. Sérullaz, t. I, 1984, n° 830, repr.

75. *Vieux Berger et Jeune Homme nu conversant dans un paysage*

Vers 1858-1862
Plume et encre brune ; 0,201 x 0,306 m
Annoté en bas à la mine de plomb de la main d'Alfred Robaut : *M.V.* [Villot] *doit en avoir la peinture à la détrempe, et, au verso :* Villot n'en avait-il pas une peinture à la détrempe ? *(à la mine de plomb) : reproduit dans l'ART 1882 (à la plume et à l'encre brune)*
Paris, musée du Louvre, département des Arts graphiques (RF 9527)

HISTORIQUE
Coll. Alfred Robaut ; coll. Étienne Moreau-Nélaton ; légué au musée du Louvre en 1927, marque du musée en bas à gauche (Lugt 1886 a).

BIBLIOGRAPHIE
Robaut, 1885, n° 1385, repr. ; M. Sérullaz, t. I, 1984, n° 566, repr.

EXPOSITION
1930, Paris, n° 525.

76. *Trois personnages demi-nus dont une femme tenant une fleur*

1859
Plume et encre brune ; 0,230 x 0,291 m
Localisé et daté en bas au centre à la plume et à l'encre brune : *Str^g. 27 aout / 59.*
Paris, musée du Louvre, département des Arts graphiques (RF 9526)

HISTORIQUE
Atelier Delacroix, marque en bas vers la droite (Lugt 838 a) ; vente après décès, Paris, hôtel Drouot, 22-27 février 1864, partie du n° 628 (16 feuilles) ; coll. Alfred Robaut, code au verso ; coll. Étienne Moreau-Nélaton ; légué au musée du Louvre en 1927, marque du musée en bas à droite (Lugt 1886 a).

BIBLIOGRAPHIE
Robaut, 1885, n° 1401, repr. ; M. Sérullaz, t. I, 1984, n° 838, repr.

77. *Trois études de femmes nues à leur toilette*

1859
Plume et encre brune ; 0,220 x 0,350 m
Daté et localisé en bas à droite à la plume et à l'encre brune : *27 aout St ras^b 59.*
Collection Eric G. Carlson

HISTORIQUE
Atelier Delacroix, marque en bas vers la droite (Lugt 838 a) ; vente après décès, Paris, hôtel Drouot, 22-27 février 1864, peut-être partie du n° 648 (63 feuilles réparties en neuf lots acquis par MM. Lejeune, Mamola, Dejean, Robaut, Sensier, Burty, de Laage) ; coll. Félix Bracquemond ; coll. Ed. Sagot ; coll. part., Ohio ; coll. Eric G. Carlson.

BIBLIOGRAPHIE
Robaut, 1885, n° 1400, repr. ; Badt, 1946, fig. 11 (ne reproduit que la figure de gauche).

78. *Deux études d'un homme nu sur une pierre*

1860
Plume et encre brune ; 0,235 x 0,357 m
Daté au centre à la plume et à l'encre brune : *6 f^r. 1860.*
Besançon, musée des Beaux-Arts et d'Archéologie (D 2401)

HISTORIQUE
Atelier Delacroix, marque en bas au centre (Lugt 838 a) ; vente après décès, Paris, hôtel Drouot, 22-27 février 1864, peut-être partie du n° 653 (74 feuilles réparties en cinq lots acquis par MM. Gigoux, Wyatt, Diéterle, de Laage) ; coll. Jean Gigoux, marque en bas à gauche (Lugt 1164) ; légué au musée de Besançon en 1894, marque du musée en bas à gauche (Lugt 238 a).

BIBLIOGRAPHIE
Robaut, 1885, peut-être partie du n° 1905.

EXPOSITION
1964, Édimbourg et Londres, n° 185.

79. *Feuille d'études avec homme à demi-nu et félin avançant vers la droite*

1860
Plume et encre brune ; 0,314 x 0,213 m
Daté et localisé en bas à droite à la plume et à l'encre brune : *9 aout Champrosay / 60.*
Paris, musée du Louvre, département des Arts graphiques (RF 9733)

HISTORIQUE
Coll. Étienne Moreau-Nélaton ; légué au musée du Louvre en 1927, marque du musée en haut à droite (Lugt 1886 a).

BIBLIOGRAPHIE
M. Sérullaz, t. I, 1984, n° 840, repr.

IV. *L'INSPIRATION LITTÉRAIRE*

80 et **81.** Les *Mort de Lara*

80. *La Mort de Lara*

1847-1848
Huile sur toile ; 0,51 x 0,65 m
Signé et daté en bas à gauche :
Eug. Delacroix / 1857.
Collection particulière

HISTORIQUE
Coll. Mme Benjamin Delessert en 1864 ; coll. Mme Gabriel Delessert en 1873 (Moreau, 1873, p. 13) ; vente [Mme G. Delessert], Paris, hôtel Drouot, 16 juin 1894, n° 2 ; retiré de la vente à 12 100 francs (Robaut annoté, n° 1006 *bis*) ; coll. E. Simon en mai 1895 ; vente, Paris, 11 mars 1909, n° 26, repr. ; acquis par Oppenheimer (13 500 francs) ; coll. Otto Gerstenberg, Berlin, en 1921 ; coll. Walter Scharf, Obersdorf, Allgau (Allemagne) ; coll. part.

BIBLIOGRAPHIE
Thoré, 17 mars 1848 (réimpr. dans Thoré, *Les Salons de T. Thoré*, Paris, J. Renard, 1870, p. 563) ;

Haussard, 23 mars 1848 ; Saint-Victor, 26 mars
1848, p. 666 ; Clément de Ris, 2 avril 1848, p. 59 ;
Du Pays, 8 avril 1848 ; Montlaur, 8 avril 1848 ; Jan,
11 avril 1848 ; Mercey, 15 avril 1848, p. 291-292 ;
Gautier, 26 avril 1848 ; Silvestre, 1855, p. 84 ;
Piron, 1865, p. 109 ; Moreau, 1873, p. 183 ;
Robaut, 1885, n° 1006, repr. ; M. Sérullaz, 1963,
n° 387, repr. ; Johnson, t. III, 1986, n° 290, pl. 107 ;
Daguerre de Hureaux, 1993, p. 150, 322.

EXPOSITIONS
1848, Paris, n° 1159 ; 1864, Paris, n° 4 ; 1885, Paris,
n° 54 ; 1963a, Paris, n° 390 ; 1964, Brême, n° 80, repr.

81. *La Mort de Lara*

1858
Huile sur toile ; 0,615 x 0,500 m
Signé et daté en bas à gauche : *Eug. Delacroix.
/ 1858.*
Collection particulière (courtesy galerie
Nathan, Zurich)

HISTORIQUE
Coll. Baron ; vente Baron, Paris, 23 mars 1861,
n° 17 ; adjugé 2 300 francs ; coll. Soultzener en
1873 ; demeuré dans la famille Soultzener jusqu'en
1885 environ ; Bernheim-Jeune fils ; vendu par
Bernheim-Jeune à Neil Demelette le 10 décembre
1909 (archives Bernheim-Jeune, citées par
Johnson) ; coll. Neil Demelette jusqu'en 1908
environ ; coll. Martin ; Wildenstein, New York, en
1952 ; acquis en France par Emil Bührle en 1953 ;
coll. Emil Bührle, Zurich ; acquis de la fondation
Bührle par le Dr Peter Nathan, Zurich ; coll. part.

BIBLIOGRAPHIE
Moreau, 1873, p. 249 ; Robaut, 1885, n° 1355,
repr. ; M. Sérullaz, 1963, n° 493, repr. ; Johnson,
t. III, 1986, n° 328, pl. 146 ; Daguerre de Hureaux,
1993, p. 150, 148 repr., 327 ; Jobert, 1997, p. 276-
278, fig. 233.

EXPOSITIONS
1885, Paris, n° 206 ; 1930, Paris, n° 177, repr.
Album, p. 91 ; 1952, Londres, n° 44 ; 1963a, Paris,
n° 490 ; 1987a, Zurich, p. 260, 261, repr., p. 336,
n° 110.

82. *Lady Macbeth somnambule*

1849-1850
Huile sur toile ; 0,408 x 0,325 m
Signé en bas à droite : *Eug. Delacroix.*
Fredericton (New Brunswick), Galerie d'art
Beaverbrook, Gift of Mr. and Mrs. John Flemer

HISTORIQUE
Donné par Delacroix à Théophile Gautier (selon
Moreau, 1873, p. 186) ; coll. Théophile Gautier ;
vente Gautier, Paris, hôtel Drouot, 14 janvier
1873, n° 24 ; acquis par Brame (7 000 francs) ; coll.
L. Tabourier en 1878 ; vente Tabourier, 20 juin
1898, n° 17, repr. ; acquis par Durand-Ruel
(15 000 francs) ; vendu par Durand-Ruel à [Charles]
Hosmer, Montréal, le 11 janvier 1899 (archives
Durand-Ruel, citées par Johnson) ; coll. Elwood
B. Hosmer, son fils ; coll. Mrs. Howard W. Pillow,
sa fille, Montréal, de 1962-1964 jusque vers 1971 ;
prêté depuis cette date à la National Gallery of
Canada de Montréal, puis à la Galerie d'art
Beaverbrook, Fredericton (New Brunswick), à partir
de 1983.

BIBLIOGRAPHIE
Journal, 1996, p. 197 ; Banville, 10 janvier 1851 ;
Montaiglon, 15 janvier 1851, p. 3 ; Peisse,
15 janvier 1851 ; Pillet, 15 janvier 1851 ; Desplaces,
20 janvier 1851 ; Galimard, 23 janvier 1851 ;
Petroz, 28 janvier 1851 ; Courtois, 21 et 28 janvier
1851 ; Clément de Ris, 1er février 1851, p. 4 ;
Mantz, 5 février 1851 ; Dauger, 9 février 1851 ;
Arnoux, 22 février 1851 ; Du Pays, 27 février 1851,
p. 119 ; Geoffroy, 1er mars 1851 ; Rochery, 2 mars
1851 ; Sabatier-Unger, 2 mars 1851 ; Gautier,
8 mars 1851 ; Calonne, 18 mars 1851 ; Thierry,
21 mars 1851 ; Fizelière, 21-22 avril 1851 ; Mirbel,
1851, p. 24 ; Vignon, 1851, p. 99 ; Silvestre, 1855,
p. 84 ; Gautier, 22 mars 1857, p. 227 ; Saint-Victor,
22 septembre, 1863 ; Piron, 1865, p. 110 ; Moreau,
1873, p. 186, 253 ; Robaut, 1885, n° 117, repr. ;
Johnson, t. III, 1986, n° 299, pl. 115 ; Daguerre de
Hureaux, 1993, p. 223 ; Jobert, 1997, p. 260.

EXPOSITIONS
1850-1851, Paris, n° 779 ; 1864, Paris, n° 15 ; 1885,
Paris, n° 217 ; 1962-1963, Toronto et Ottawa,
n° 15, repr. ; 1964, Édimbourg et Londres, n° 51.

83 à 85. Les *Fiancée d'Abydos*

83. *La Fiancée d'Abydos*

Vers 1849-1851
Huile sur bois ; 0,56 x 0,45 m
Signé en bas à droite : *Eug. Delacroix*
Lyon, musée des Beaux-Arts (B-1039)

HISTORIQUE
Coll. T. ; vente T., Paris, hôtel Drouot, 24 décembre
1858, n° 9 ; adjugé 1 350 francs ; coll. Th. Leroy ;
vente Leroy, Paris, 13 mai 1882 ; acquis par Édouard
Frère (15 500 francs) ; coll. Édouard Frère ; vente
après décès, Paris, hôtel Drouot, 29 novembre 1889,
n° 214 ; acquis par le marchand Montaignac
(15 050 francs ; Robaut annoté, n° 1182 *bis*) ; coll.
Georges I. Seney, New York ; vente Seney, New
York, 31 janvier 1891, n° 256 ; coll. Louis Mante en
juin 1892 ; coll. Joseph Gillot ; donné au musée des
Beaux-Arts de Lyon en 1913.

BIBLIOGRAPHIE
Silvestre, 1855, p. 81-83. ; Moreau, 1873, p. 247 ;
Robaut, 1885, n° 1182, repr. ; M. Sérullaz, 1963,
n° 416, repr. ; Johnson, t. III, 1986, n° 300, pl. 123 ;
Daguerre de Hureaux, 1993, p. 150 ; Guégan, 1994,
p. 118, repr. p. 119.

EXPOSITIONS
1885, Paris, n° 81 ; 1952, Londres, n° 26 ; 1963a,
Paris, n° 402 ; 1963-1964, Berne, n° 69 ; 1964,
Brême, n° 62 ; 1987a, Zurich, p. 194, 195, repr.,
330, n° 71.

84. *La Fiancée d'Abydos*

Vers 1852-1853 (?)
Huile sur toile ; 0,353 x 0,270 m
Signé en bas à gauche : *Eug Delacroix*
Paris, musée du Louvre (RF 1398)

HISTORIQUE
Sans doute vendu par Delacroix au marchand Weill
au printemps 1853 (Johnson, 1972, p. 580) ; coll.

Louis Barré (?) ; vente après décès [M. B.], Paris, hôtel des Commissaires-priseurs, 4 février 1858, n° 10 ; adjugé 1 270 francs ; coll. George Sand ; vente [Sand], Paris, hôtel Drouot, 23 avril 1864, n° 15 ; coll. John J. Wilson ; vente [Wilson], Paris, hôtel Drouot, 27 avril 1874, n° 97 ; acquis par Théodore Mélot (32 050 francs) ; coll. Théodore Mélot sans doute jusqu'en 1885 ; acquis par Arnold, Tripp et Cie associés à Le Roy et Cie le 25 février 1891 ; vendu par Arnold, Tripp et Cie et Le Roy et Cie à un amateur non identifié le 9 avril 1891 (archives Arnold et Tripp, citées par Johnson) ; coll. Antony Roux (J. Guiffrey, *La Collection Thomy-Thiéry au musée du Louvre*, Paris, Librairie de l'art ancien et moderne, 1903, p. 21) ; coll. Georges-Thomy Thiéry ; légué au musée du Louvre en 1902.

BIBLIOGRAPHIE

Silvestre, 1855, p. 81-83 ; Robaut, 1885, n° 772, repr. ; Véron, 1887, p. 66, repr. p. 71 ; Johnson, t. III, 1986, n° 311, pl. 124 ; A. Sérullaz, 1988, fig. 5 ; Daguerre de Hureaux, 1993, p. 150, repr. p. 149 ; Daguerre de Hureaux et Guégan, 1994, p. 74-75, repr. p. 75 ; Guégan, 1994, p. 120, repr. p. 121 ; Rautmann, 1997, p. 292, fig. 281.

EXPOSITIONS

1930, Paris, n° 107 ; 1946a, Paris, n° 7 ; 1948, Paris, n° 67 ; 1963, Bordeaux, n° 28, repr. ; 1969, Kyoto et Tokyo, n° H-19, repr. ; 1988, Paris, sans n°.

85. *La Fiancée d'Abydos*

1857
Huile sur toile ; 0,470 x 0,380 m
Signé et daté en bas à gauche : *Eug. Delacroix. / 1857.*
Fort Worth, Kimbell Art Museum

HISTORIQUE

Donné par Delacroix à son propriétaire, M. Hurel, en mars 1858 ; coll. Hurel jusqu'en 1889 environ ; E. Le Roy et Cie, Paris ; vendu par Le Roy et Cie à Knoedler ; vendu par Knoedler à Mme Soucaret en juin 1913 (archives Knoedler, New York, citées par Johnson) ; coll. Mme Soucaret ; coll. Mme Dhainaut ; vente Mme Dhainaut, Paris, galerie Georges Petit, 19 mai 1924, n° 6, repr. ; acquis par Marchal Diehl (70 500 francs) ; coll. part., Suisse ; acquis par le Kimbell Art Museum, Fort Worth, en 1985.

BIBLIOGRAPHIE

Silvestre, 1855, p. 81-83 ; Robaut annoté, 1885, n° 648 *bis* ; Johnson, t. III, 1986, n° 325, pl. 125 ; Johnson, 1991, p. 151 ; Daguerre de Hureaux, 1993, p. 150, repr. ; Jobert, 1997, p. 278, fig. 234.

EXPOSITION

1987a, Zurich, p. 252, repr. p. 253, p. 335, n° 105.

86. *Desdémone maudite par son père*

1852
Huile sur toile ; 0,59 x 0,49 m
Signé et daté en bas à droite : *Eug. Delacroix / 1852*
Reims, musée des Beaux-Arts

HISTORIQUE

Acquis par Arnold, Tripp et Cie associés à deux autres marchands le 30 mars 1892 (25 000 francs) ; vendus par eux à Henry Vasnier le 9 juin de la même année (62 000 francs ; archives Arnold et Tripp, citées par Johnson) ; coll. Henry Vasnier, Reims ; légué au musée Saint-Denis, Reims, en 1907.

BIBLIOGRAPHIE

Silvestre, 1855, p. 81 ; Robaut annoté, 1885, n° 697 *bis* ; M. Sérullaz, 1963, n° 431, repr. ; Johnson, t. III, 1986, n° 309, pl. 117 ; Daguerre de Hureaux, 1993, p. 158, repr. p. 157 ; Jobert, 1997, p. 284, fig. 246.

EXPOSITIONS

1930, Paris, n° 149, repr. *Album*, p. 85 ; 1939, Zurich, n° 351, repr. ; 1963a, Paris, n° 428 ; 1964, Édimbourg et Londres, n° 55 ; 1969, Kyoto et Tokyo, n° H-32, repr.

87. *Marphise et la Femme impertinente* ou *Marphise et la Demoiselle* ou *La Femme capricieuse*

1850-1852
Huile sur toile ; 0,820 x 1,010 m
Signé et daté en bas à gauche : *Eug. Delacroix / 1852*
Baltimore (Maryland), The Walters Art Gallery (37.10)

HISTORIQUE

Vendu par Delacroix au collectionneur J. P. Bonnet (1 500 francs) ; coll. J. P. Bonnet, Paris ; vente Bonnet, Paris, hôtel des ventes mobilières, 19 février 1853, n° 9 ; acquis par Buloz (1 100 francs) ; coll. Buloz, Paris ; vente Buloz, Paris, hôtel Drouot, 20 mai 1881 ; peut-être acquis par Étienne François Haro (25 100 francs ; d'après Johnson) ; peut-être acheté par Balay à Haro (Robaut) ; coll. Balay en 1885 ; acquis à égalité par Arnold, Tripp et Cie,

Paris, et Knoedler, New York, le 23 octobre 1901 (30 007,70 francs, d'après les archives Arnold et Tripp, citées par Johnson) ; Knoedler, New York, jusqu'en 1904 ; coll. Henry Walters, Baltimore, à partir de 1904 ; légué à la ville de Baltimore en 1931.

BIBLIOGRAPHIE

Journal, 1996, p. 223, 278 ; Moreau, 1873, p. 115, 247 ; Robaut, 1885, n° 1198, repr. ; M. Sérullaz, 1963, n° 429, repr. ; Johnson, t. III, 1986, n° 303, pl. 127 ; Daguerre de Hureaux, 1993, p. 163, 164 et 324, repr. p. 163 ; Jobert, 1997, p. 287, fig. 247.

EXPOSITIONS

1885, Paris, n° 107 (*Marphise et Doralice*) ; 1930, Paris, n° 148 ; 1962-1963, Toronto et Ottawa, n° 16, repr. ; 1963a, Paris, n° 426 ; 1987a, Zurich, n° 84, p. 210-211, repr.

88. *Prise de Constantinople par les croisés (12 avril 1204)* ou *Entrée des croisés à Constantinople*

1852
Huile sur toile ; 0,815 x 1,050 m
Signé et daté en bas à gauche : *Eug. Delacroix 1852.*
Paris, musée du Louvre, donation Moreau-Nélaton (RF 1659)

HISTORIQUE

Sans doute vendu par Delacroix au collectionneur J. P. Bonnet ; coll. J. P. Bonnet, Paris ; vente Bonnet, Paris, hôtel des ventes mobilières, 19 février 1853, n° 11 (mentionné par erreur comme une « première pensée du tableau de Versailles ») ; acquis par Adolphe Moreau père (3 350 francs – et non 3 199 francs, comme il est généralement écrit, voir *Inventaire de la collection Moreau*, archives privées) ; coll. Adolphe Moreau père jusqu'à sa mort en 1859 ; coll. Adolphe Moreau fils à partir de 1859 et jusqu'à sa mort en 1881 ; coll. Mme veuve Adolphe Moreau, née Nélaton, son épouse, de 1881 jusqu'à sa mort en 1897 ; coll. Étienne Moreau-Nélaton de 1897 à 1907 ; donné à l'État français pour le musée du Louvre le 26 juillet 1906 (estimé lors de la donation à 100 000 francs) ; exposé au musée des Arts décoratifs de 1907 à 1934 ; transféré, avec l'ensemble de la donation d'Étienne Moreau-Nélaton, au musée du Louvre en 1934.

BIBLIOGRAPHIE

Journal, 1996, p. 510 ; *Correspondance*, t. III, 1937, p. 139 ; Silvestre, 1855, p. 82 ; Feydeau, 2 mai 1858 ; Gautier, 6 février 1860 ; Gautier, 15 février 1860, p. 202 ; Astruc, 1860, p. 38 ; Moreau, 1873, p. 122, 254-255 ; Robaut, 1885, n° 1189, repr. ; M. Sérullaz, 1963, n° 433, repr. ; Johnson, t. III, 1986, n° 302, pl. 94 ; Daguerre de Hureaux, 1993, p. 85-86, 104, 106, 107, 108, 111, 112, 114, 302, 318 et 324 ; Rautmann, 1997, p. 92 ; Jobert, 1997, fig. 203.

EXPOSITIONS

1860, Paris, nº 165 ; 1885, Paris, nº 149 ; 1930, Paris, nº 146 ; 1963a, Paris, nº 430 ; 1973, Paris, sans cat.

89. *Weislingen capturé par les gens de Goetz*

1853
Huile sur toile ; 0,733 x 0,593 m
Signé et daté en bas à gauche : *Eug. Delacroix / 1853*
Saint Louis, The Saint Louis Art Museum, Emelie Weindal Bequest Fund (75:1954)

HISTORIQUE
Vendu par Delacroix au marchand Beugniet en décembre 1853 (1 200 francs) ; coll. Charles Bardon en 1860 ; vente B. [Bardon], Paris, hôtel Drouot, 22 avril 1861, nº 14 ; adjugé 3 600 francs ; coll. Meyer, Vienne (?) ; vente *Galerie d'un amateur de Vienne* [Meyer], Paris, hôtel Drouot, 27 avril 1866, nº 20 ; adjugé 8 850 francs ; coll. Edwards ; vente Edwards, Paris, hôtel Drouot, 7 mars 1870, nº 11, repr. ; probablement retiré de la vente ou adjugé à un parent (lors de l'exposition du tableau à Londres en 1871, il est indiqué comme appartenant à M. C. Edwards ; voir Johnson) ; coll. C. Edwards en 1871 ; coll. Adolphe E. Borie, Philadelphie, jusqu'en 1880 ; coll. Mrs. Adolphe E. Borie jusqu'en 1887 ; coll. Georges C. Thomas, Philadelphie ; coll. T. S. Blakeslee, Philadelphie (?) ; vendu par Blakeslee à Durand-Ruel, New York, le 30 novembre 1909 (archives Durand-Ruel, citées par Johnson) ; Durand-Ruel, Paris, en février 1910 ; vendu par Durand-Ruel à Bernheim-Jeune le 6 mai 1910 ; Bernheim-Jeune ; vendu par Bernheim-Jeune à Miethke le 7 février 1911 (archives Bernheim-Jeune, citées par Johnson) ; coll. docteur Hermann Eissler, Vienne, en 1922 ; Tanner, Zurich ; coll. part., Zurich ; cédé à Marianne Feilchenfeldt ; vendu par Marianne Feilchenfeldt au City Art Museum, Saint Louis, en octobre 1954.

BIBLIOGRAPHIE
Journal, 1996, p. 360, 361, 368, 873 ; *Correspondance*, t. III, 1937, p. 182 ; Silvestre, 1855, p. 81 ; Gautier, 6 février 1860 ; Gautier, 15 février 1860, p. 202 (réimpr. dans Théophile Gautier, *Tableaux à la plume*, Paris, G. Charpentier, 1880) ; Astruc, 1860, p. 38-39 ; Silvestre, 1864, p. 58 ; Moreau, 1873, p. 249 ; Robaut, 1885, nº 1169, repr. ; M. Sérullaz, 1963, nº 440, repr. ; Johnson, t. III, 1986, nº 315, pl. 134 ; Daguerre de Hureaux, 1993, p. 128, repr. p. 129 ; Jobert, 1997, p. 273, fig. 228.

EXPOSITIONS
1860, Paris, nº 70 ; 1930, Paris, nº 143 ; 1962-1963, Toronto et Ottawa, nº 19, repr. ; 1963a, Paris, nº 439 ; 1964, Édimbourg et Londres, nº 58.

90. *Épisode de la guerre en Grèce*

1856
Huile sur toile ; 0,657 x 0,816 m
Signé et daté en bas à gauche : *Eug. Delacroix / 1856.*
Athènes, Pinacothèque nationale, musée Alexandre Soutzos (5618)

HISTORIQUE
Peint pour le marchand Thomas au début de l'année 1856 ; coll. Wertheimberg ; vente cabinet de M. [Wertheimberg], Paris, hôtel Drouot, 7-8 décembre 1871, nº 2 ; acquis par Cornu pour le baron Gustave de Rothschild (21 000 francs) ; coll. baron Gustave de Rothschild ; coll. Gérard de Chavagnac ; vendu à Durand-Ruel le 9 février 1925 ; vendu par Durand-Ruel à Spielmann Bros, Londres, le 21 mars 1925 ; coll. Ernest Masurel en 1926 ; vente, Paris, hôtel Drouot, 21 juin 1978, nº 64, repr. ; acquis par le gouvernement grec, avec le soutien de MM. Niarchos et Goulandris.

BIBLIOGRAPHIE
Robaut, 1885, nº 1296, repr. ; Johnson, t. III, 1986, nº 323, pl. 138 ; Johnson, 1991, p. 62 ; Jobert, 1997, p. 298, fig. 264.

EXPOSITIONS
1930, Paris, nº 171 ; 1996-1997, Bordeaux, Paris et Athènes, nº 32, repr. (éd. française).

91. *Rébecca enlevée par le templier, pendant le sac du château de Frondebœuf* ou *L'Enlèvement de Rébecca*

1858
Huile sur toile ; 1,050 x 0,815 m
Signé et daté en bas au centre sur une pierre : *Eug. Delacroix 1858.*
Paris, musée du Louvre (RF 1392)

HISTORIQUE
Sans doute le tableau signalé dans l'inventaire après décès de l'artiste (nº 440 : « 1 tableau représentant l'enlèvement de Rébecca. Il est ici reconnu que ce tableau n'appartient pas à la succession et qu'il a été

remis à M. Delacroix pour en faire [mot manquant, copie ou réplique ?] », Bessis, 1969, p. 199-222) » ; malgré le témoignage de Piron, il semble acquis aujourd'hui, justement en raison des documents retrouvés dans ses archives, que ce tableau avait été vendu par Delacroix à Jacques Félix Frédéric Hartmann en 1858 ; coll. Oppermann, Paris, en 1865 (d'après Piron) ; coll. Hartmann, Mulhouse ; vente Hartmann, Paris, hôtel Drouot, 11 mai 1876, nº 10 ; adjugé 20 000 francs ; coll. F. Kramer en 1878 ; Arnold, Tripp et Cie à partir du 21 avril 1882, acheté à un collectionneur inconnu (45 000 francs), le prix étant partagé avec Bague et Cie (archives Arnold et Tripp, citées par Johnson) ; vendu à É. Secrétan le 21 avril 1882 (60 000 francs) ; coll. É. Secrétan, Paris ; coll. comte de Jaucourt, Paris ; coll. Georges-Thomy Thiéry, Paris, dès janvier 1889 ; légué au musée du Louvre en 1902.

BIBLIOGRAPHIE
Journal, 1996, p. 581, 587, 731 ; Rousseau, 18 avril 1858, p. 266 ; Dumas, 22 avril 1859, p. 10 ; Saint-Victor, 22 avril 1859 ; Tardieu, 22 avril 1859 ; Richard, 24 avril 1859 ; Belloy, 1er mai 1859 ; Mantz, 1er mai 1859, p. 137 ; Houssaye, 7 mai 1859 ; Rousseau, 10 mai 1859 ; Lavergne, 20 mai 1859 ; Du Pays, 21 mai 1859, p. 339 ; Gautier, 21 mai 1859 ; Fournel, 25 mai 1859, p. 157 ; Perrier, 31 mai 1859, p. 295 ; Perrin, 5 juin 1859 ; Lescure, 14 juin 1859 ; Montaiglon, août 1859, p. 442 ; Astruc, 1859, p. 225-275 ; Aubert, 1859, p. 148 ; Du Camp, 1859, p. 32 ; Dumesnil, 1859, p. 82 ; Fouquier, 1859, p. 7 ; Stevens, 1859, p. 34 ; Moreau, 1873, p. 195 ; Robaut, 1885, nº 1383, repr. ; Tourneux, 1886, p. 98-103 ; M. Sérullaz, 1963, nº 501, repr. ; Johnson, t. III, 1986, nº 326, pl. 103 ; Daguerre de Hureaux, 1993, p. 136, 137, 292, 303, 320 et 327, repr. ; Rautmann, 1997, p. 220, fig. 204 ; Jobert, 1997, p. 274, fig. 231.

EXPOSITIONS
1859, Paris, nº 824 ; 1928, Paris ; 1930, Paris, nº 175, repr. ; 1939, Zurich, nº 366 ; 1939, Bâle, nº 257 ; 1946a, Paris, nº 10 ; 1946b, Paris, nº 10 ; 1948, Paris, nº 49 ; 1952, Paris, nº 18 ; 1963a, Paris, nº 499, repr. ; 1963-1964, Berne, nº 89 ; 1964, Brême, nº 83, repr. ; 1964, Édimbourg et Londres, nº 68 ; 1969, Kyoto et Tokyo, nº H-39, repr. ; 1973, Paris, sans cat. ; 1974, Paris, sans cat. ; 1987a, Zurich, nº 111, p. 262, repr.

92. *La Mort de Desdémone*

1858
Huile sur toile ; 0,65 x 0,65 m
Collection particulière (courtesy galerie Nathan, Zurich)

HISTORIQUE
Atelier Delacroix, cachet de cire au verso ; vente après décès, Paris, hôtel Drouot, 17-19 février 1864,

n° 125 ; acquis par Jules Dieterle (390 francs) ;
coll. Jules Dieterle ; vente après décès, Paris, hôtel
Drouot, 24 février 1890, n° 9 ; sans doute racheté
par le fils de Jules Dieterle ; coll. Dieterle (?) ; vendu
par Dieterle à la fille de Marcel Guérin en 1919 ;
coll. Watelin ; vente Watelin, Paris, 17 novembre
1919, n° 6 ; adjugé 6 500 francs ; vente, Paris, hôtel
Drouot, 27 octobre 1975, n° 100, repr. ; coll. Peter
Nathan, Zurich ; coll. part.

BIBLIOGRAPHIE
Robaut, 1885, n° 1769 ; Johnson, t. III, 1986,
n° 327, pl. 144.

EXPOSITION
1987a, Zurich, p. 258, 259, 335, n° 109, repr.
p. 259.

93. *Hamlet et Horatio au cimetière*

1859
Huile sur toile ; 0,295 x 0,360 m
Signé et daté en bas à droite : *Eug. Delacroix
/ 1859.*
Paris, musée du Louvre (RF 1399)

HISTORIQUE
Coll. Cachardy ; vente Cachardy, Paris, hôtel Drouot,
8 décembre 1862, n° 11 ; adjugé 1 600 francs ; coll.
baronne Nathaniel de Rothschild entre 1873 et
1885 ; coll. Georges-Thomy Thiéry ; légué au musée
du Louvre en 1902.

BIBLIOGRAPHIE
Cadol, 30 avril 1859, p. 174-175 ; Mantz, 1er mai
1859 ; Houssaye, 7 mai 1859, p. 295 ; Rousseau,
10 mai 1859 ; Du Pays, 21 mai 1859, p. 339 ;
Gautier, 21 mai 1859 ; Lescure, 3 mai et 14 juin
1859 ; Astruc, Paris, 1859, p. 268-270 ; Auvray,
1859, p. 19 ; Dumas, 22 avril 1859 (imprimé la
même année dans Dumas, 1859, p. 10) ; Dumesnil,
1859, p. 82-83 ; Fouquier, 1859, p. 7 ; Stevens,
1859, p. 33 ; Moreau, 1873, p. 195, 250 ; Robaut,
1885, n° 1388, repr. ; M. Sérullaz, 1963, n° 503,
repr. ; Johnson, t. III, 1986, n° 332, pl. 119 ;
Daguerre de Hureaux, 1993, p. 154, repr. ; Jobert,
1997, p. 279, fig. 235.

EXPOSITIONS
1859, Paris, n° 825 ; 1885, Paris, n° 188 ; 1930,
Paris, n° 182 ; 1948, Paris, n° 39 ; 1963a, Paris,
n° 500.

94. *Herminie et les Bergers*

1859
Huile sur toile ; 0,820 x 1,045 m
Signé et daté en bas à droite : *Eug. Delacroix
1859.*
Stockholm, Nationalmuseum (NM 2246)

HISTORIQUE
Vendu par Delacroix au marchand Tedesco le
29 mars 1859 (2 000 francs) ; Durand-Ruel,
Londres, en 1871 ; coll. Salomon Goldschmidt en
1873 ; vente après décès, Paris, galerie Georges
Petit, 17 mai 1888, n° 28, repr. ; acquis par Porto-
Riche (25 400 francs) ; coll. Porto-Riche ; coll.
S. D. Warren, New York ; vente Warren, New York,
8 janvier 1903, n° 116 ; acquis par Montaignac
(7 200 $) ; coll. Montaignac ; vendu par Montaignac
à Boussod, Valadon et Cie le 7 février 1903 ; vendu
par Boussod, Valadon et Cie au baron Denys Cochin
le 15 mai 1903 (archives Boussod et Valadon, citées
par Johnson) ; vendu par le baron Denys Cochin de
nouveau à Boussod, Valadon et Cie le 15 janvier
1907 ; vendu par Boussod, Valadon et Cie à
Bernheim-Jeune le 23 janvier 1907 ; vendu par
Bernheim Jeune à Louis Sarlin le 11 juillet 1907
(archives Bernheim-Jeune, citées par Johnson) ; coll.
Louis Sarlin, Paris ; vente Sarlin, Paris, 2 mars 1918,
n° 29 ; H. Heilbuth, Copenhague ; donné au
Nationalmuseum, Stockholm, par les Amis du
musée en 1920.

BIBLIOGRAPHIE
Journal, 1996, p. 390, 577, 587 et 588 ;
Correspondance, t. IV, 1938, p. 81, 90 ; Dumas,
22 avril 1859, p. 10-11 ; Saint-Victor, 22 avril
1859 ; Tardieu, 22 avril 1859 ; Mantz, 1er mai 1859,
p. 136 ; Houssaye, 7 mai 1859 ; Rousseau, 10 mai
1859 ; Du Pays, 21 mai 1859 ; Gautier, 21 mai
1859 ; Fournel, 25 mai 1859, p. 157 ; Perrier,
31 mai 1859, p. 296 ; Lescure, 14 juin 1859 ;
Astruc, 1859, p. 264 ; Aubert, 1859, p. 148 ;
Du Camp, 1859, p. 32 ; Dumesnil, 1859, p. 83 ;
Fouquier, 1859 ; Lépinois, 1859 ; Stevens, 1859,
p. 34 ; Moreau, 1873, p. 194 ; Robaut, 1885, n° 384,
repr. ; M. Sérullaz, 1963, n° 500, repr. ; Johnson,
t. III, 1986, n° 331, pl. 150 ; Johnson, décembre
1992, p. 379-384 ; Daguerre de Hureaux, 1993,
p. 165, 166, 304 et 328, repr. p. 166 ; Jobert, 1997,
p. 287, fig. 248.

EXPOSITIONS
1859, Paris, n° 823 ; 1930, Paris, n° 184, repr. ;
1963a, Paris, n° 497 ; 1987a, Zurich, n° 115, p. 272-
275, repr.

95. *Ovide chez les Scythes* ou *Ovide en exil*

1859
Huile sur toile ; 0,876 x 1,302 m
Signé et daté en bas à droite : *Eug. Delacroix.
1859.*
Londres, The National Gallery (NG 6262)

HISTORIQUE
Commandé en mars 1856 par le banquier et homme
politique Benoît Fould, frère du ministre des
Finances de Napoléon III, Achille Fould
(6 000 francs) ; Benoît Fould étant mort en juillet
1858, avant d'avoir reçu livraison du tableau, sa
veuve a confirmé la commande (d'après une lettre
inédite des archives Piron ; Paris, archives des
Musées nationaux) ; coll. Mme veuve Benoît Fould,
Paris ; coll. Mme de Sourdeval, nièce de Benoît
Fould, en 1892 ; coll. Mme Charles Demachy, fille
de Mme de Sourdeval ; coll. baronne Ernest Sellière,
fille de Mme Charles Demachy ; vendu par les
héritiers de Mme la baronne Ernest Sellière à César
de Hauke ; vendu à la National Gallery, Londres, en
1956.

BIBLIOGRAPHIE
Journal, 1996, p. 190, 390, 571, 573, 577, 581, 598
et 839 ; *Correspondance*, t. III, 1937, p. 320 et t. IV,
1938, p. 75 ; Dumas, 22 avril 1859, p. 10 ; Saint-
Victor, 22 avril 1859 ; Tardieu, 22 avril 1859 ;
Belloy, 1er mai 1859 ; Mantz, 1er mai 1859, p. 137 ;
Houssaye, 7 mai 1859 ; Rousseau, 10 mai 1859 ; Du
Pays, 21 mai 1859 ; Gautier, 21 mai 1859 ; Fournel,
25 mai 1859 ; Perrier, 31 mai 1859, p. 296 ;
Baudelaire, 10 et 20 juin, 1er et 20 juillet 1859,
p. 240-242 ; Lescure, 14 juin 1859 ; Montaiglon,
août 1859 ; Du Camp, 1859, p. 33 ; Gautier, 1859 ;
Dumesnil, 1859, p. 82 ; Fouquier, 1859, p. 7 ;
Jourdan, 1859, p. 34 ; Lépinois, 1859, p. 196 ;
Stevens, 1859, p. 32 ; Astruc, 1860, p. 259-261,
265 et 274 ; Moreau, 1873, p. 194 ; Robaut, 1885,
n° 1376, repr. ; M. Sérullaz, 1963, n° 479, repr. ;
Johnson, t. III, 1986, n° 334, pl. 142 ; Daguerre de
Hureaux, 1993, p. 165, 167, 304, 326, 328 et 329,
repr. p. 167 ; Daguerre de Hureaux et Guégan,
1994, p. 105 ; Rautmann, 1997, p. 230, fig. 212 ;
Jobert, 1997, p. 268, fig. 224.

EXPOSITIONS
1859, Paris, n° 822 ; 1861-1862, Paris ; 1930, Paris,
n° 183 ; 1964, Édimbourg et Londres, n° 69, repr. ;
1987a, Zurich, n° 114, p. 268-269, repr.

96. *Amadis de Gaule délivre la demoiselle prisonnière du seigneur de Galpan* ou *Amadis de Gaule délivre la princesse Grindaloia, prisonnière du château d'Arcalaüs à Valderin*

1860
Huile sur toile ; 0,546 x 0,654 m
Signé et daté en bas à gauche : *Eug. Delacroix 1860*
Richmond, Virginia Museum of Fine Arts, The Adolph D. et Wilkins C. Williams Fund (57.1)

HISTORIQUE
Vendu par Delacroix à Claudius Gérantet, Saint-Étienne, par l'intermédiaire du marchand Cachardy (2 000 francs) ; coll. Claudius Gérantet ; acquis à Saint-Étienne par le marchand Gustave Tempelaere en novembre 1898 (Robaut annoté) ; vendu par Gustave Tempelaere à Arnold, Tripp et Cie le 11 novembre 1898 (36 000 francs, d'après Robaut et les archives Arnold et Tripp, citées par Johnson) ; vendu par Arnold, Tripp et Cie à Knoedler, New York, le 19 juillet 1899 (100 000 francs, d'après Robaut, et 58 000 francs, d'après les archives Arnold et Tripp, citées par Johnson) ; vendu par Knoedler, New York, à H. S. Henry, Philadelphie, en août 1899 ; vente Henry, New York, 25 janvier 1907, n° 15, repr. (*La Délivrance de la princesse Olga*) ; acquis par I. Montaignac (11 100 $) ; coll. Montaignac ; coll. Charles Viguier, Paris, en 1910 ; coll. Blot, Paris ; coll. docteur H. Graber, Zurich, en 1939 ; Raeber Gallery, Bâle ; acquis d'un collectionneur de Bâle par Knoedler, New York, 25 février 1954 ; vendu par Knoedler, New York, au Virginia Museum of Fine Arts, Richmond, en 1957.

BIBLIOGRAPHIE
Journal, 1996, p. 720 ; M. Sérullaz, 1963, n° 508, repr. ; Johnson, t. III, 1986, n° 336, pl. 151 ; Daguerre de Hureaux, 1993, p. 328.

EXPOSITIONS
1939, Zurich, n° 371 ; 1962-1963, Toronto et Ottawa, n° 24, repr. ; 1963a, Paris, n° 505 ; 1969, Kyoto et Tokyo, n° H-41, repr. ; 1987a, Zurich, n° 118, p. 278-279, repr.

97. *Démosthène harangue les flots de la mer*

1859
Huile sur papier marouflé sur bois ;

0,490 x 0,595 m
Signé et daté en bas à gauche sous le rocher : *Eug. Delacroix. 1859.*
Dublin, The National Gallery of Ireland (Inv. 964)

HISTORIQUE
Francis Petit en 1860 ; coll. chevalier A. de Knieff, Paris (d'après le catalogue de la vente Carlin) ; coll. Carlin, Paris ; vente Carlin, Paris, hôtel Drouot, 29 avril 1872, n° 7, repr. ; acquis par M. Bryce (27 400 francs) ; coll. Bryce, Paris ; vente Bryce, Paris, 16 mars 1877, n° 13 ; acquis par M. Rigaud (19 400 francs) ; coll. Henri Rigaud, Paris ; vente Rigaud, Paris, hôtel Drouot, 3 avril 1933, n° 4, repr. (mise en vente à 35 000 francs) ; Georges Bernheim et Cie, Paris ; vendu par Georges Bernheim et Cie à la National Gallery of Ireland, Dublin, en 1934.

BIBLIOGRAPHIE
Gautier, 6 février 1860 ; Gautier, 15 février 1860, p. 202 ; Astruc, 1860 ; Moreau, 1873, p. 259 ; Robaut, 1885, n° 1373, repr. ; Ponsonailhe, 1885, p. 182 ; Johnson, t. III, 1986, n° 330, pl. 148.

EXPOSITIONS
1860, Paris, n° 167 ; 1885, Paris, n° 170.

98. *Ugolin et ses fils*

1856-1860
Huile sur toile ; 0,50 x 0,61 m
Signé et daté en bas à droite : *Eug Delacroix 1860.*
Copenhague, Ordrupgaard

HISTORIQUE
Peint sans doute par Delacroix pour le marchand Estienne en juin 1860 ; Brame en janvier 1887 (mise en vente à 30 000 francs) ; coll. Charles Levesque en 1892 ; coll. Baillehache en 1916 ; coll. Wilhelm Hansen, Ordrupgaard, Copenhague, en 1918 et jusqu'en 1936 ; coll. Mme veuve Hansen jusqu'en 1951 ; entré dans les collections de l'Ordrupgaard Museum, fondé par Wilhelm Hansen en 1918, en 1952.

BIBLIOGRAPHIE
Cantaloube, 1864, p. 217 ; Robaut, 1885, n° 1063, repr. ; Johnson, t. III, 1986, n° 337, pl. 158 ; Daguerre de Hureaux, 1993, p. 158, 160, 161 et 328, repr. p. 160 ; Rautmann, 1997, p. 230, fig. 211.

EXPOSITIONS
1930, Paris, n° 187, repr. ; 1964, Édimbourg et Londres, n° 72, repr.

V. *LA LEÇON MAROCAINE*

99. *Le Signal* ou *Chef marocain faisant un signal* ou *Chef marocain appelant ses compagnons*

1851
Huile sur toile ; 0,559 x 0,460 m
Signé et daté en bas à gauche : *Eug Delacroix / 1851*
Norfolk (Virginie), The Chrysler Museum of Art, Gift of Walter P. Chrysler, Jr. (83.588)

HISTORIQUE
Coll. baron Michel de Trétaigne en 1860 ; vente Trétaigne, Paris, hôtel Drouot, 19 février 1872, n° 20, repr. ; adjugé 14 100 francs ; coll. Sarlat en 1885 ; Knoedler, New York, en 1889 ; vendu par Knoedler à Cottier and Co, New York, le 1er mai 1894 ; coll. Alexander M. Byers, Pittsburgh, entre 1930 et 1944 (?) ; coll. John Frederick Byers, Pittsburgh, entre 1948 et 1962 ; coll. Mrs. Frederick Byers, Westbury, Long Island, en 1964 ; Eugene V. Thaw, New York, en 1976 ; coll. Walter P. Chrysler, Jr. ; donné au Chrysler Museum of Art, Norfolk, en 1983.

BIBLIOGRAPHIE
Journal, 1996, p. 197 ; Silvestre, 1855, p. 81 ; Astruc, 1860, p. 37 ; Moreau, 1873, p. 271 ; Robaut, 1885, n° 1187, repr. ; Johnson, t. III, 1986, n° 386, pl. 194 ; Arama, 1987, p. 212, n° 33, repr. ; Arama, t. VI, 1992, repr. p. 10.

EXPOSITIONS
1860, Paris, n° 172 ; 1864, Paris, n° 94 ; 1885, Paris, n° 202 ; 1944, New York, n° 33, repr.

100. *Vue de Tanger avec deux Arabes assis*

1852
Huile sur toile ; 0,472 x 0,564 m
Signé en bas à gauche : *Eug. Delacroix*
Minneapolis, The Minneapolis Institute of Arts, Gift of Georgiana Slade Reny (93.67)

HISTORIQUE

Vendu par Delacroix le 1er février 1853 au marchand Weill ; Durand-Ruel ; coll. Adolphe E. Borie, Philadelphie ; coll. Mrs. Adolphe Borie, Philadelphie, de 1880 à 1887 (?) ; coll. James J. Hill, Saint Paul, Minnesota ; coll. Mrs. James J. Hill ; coll. Mrs. Georgiana Slade Reny, sa petite-fille, Saint Paul ; donné au Minneapolis Institute of Arts en 1993.

BIBLIOGRAPHIE

Journal, 1996, p. 317 ; Silvestre, 1855, p. 82 ; Moreau, 1873, p. 155, note 1 ; Johnson, t. III, 1986, n° 390, pl. 198 ; Arama, 1987, n° 44, repr. (à l'envers) ; Arama, 1994-1995, repr. p. 77.

101. *La Leçon d'équitation*

1854
Huile sur toile ; 0,64 x 0,81 m
Signé et daté en bas à gauche : *Eug. Delacroix 1854.*
Chicago (Illinois), collection particulière

HISTORIQUE

Coll. Bouruet en 1864 ; coll. Mme de Cassin, plus tard marquise Landolfo-Carcano, en 1884 ; vente Landolfo-Carcano, Paris, galerie Georges Petit, 30-31 mai 1912, n° 25, repr. ; acquis par Tauber (140 100 francs) ; Tauber jusqu'en 1930 environ ; Stephen Clark, New York, en 1934 ; acquis par Knoedler, New York, en 1937 ; revendu par Knoedler à Paul Rosenberg la même année ; coll. David David-Weill ; coll. Mme veuve David David-Weill jusqu'en 1970 ; coll. part., Chicago, depuis 1973.

BIBLIOGRAPHIE

Journal, 1996, p. 436 ; *Correspondance*, t. III, 1937, p. 228, note 3, p. 230, note 2 ; Baudelaire, 3 juin 1855 (réimpr. Baudelaire, *Œuvres complètes*, t. V, Paris, Michel Lévy frères, 1968, p. 240 ; *cf.* C. Pichois, *Baudelaire, Œuvres complètes*, t. III, Paris, Gallimard, 1976, p. 594) ; Petroz, 5 juin 1855 ; Mantz, 10 juin - 10 septembre 1855, p. 172 ; Gautier, 25 juillet 1855 (réimpr., 1856, p. 182) ; Du Camp, 1855, p. 112 ; Piron, 1865, p. 110 (daté par erreur de 1858) ; Moreau, 1873, p. 192 ; Robaut, 1885, p. 497, n° 1237, repr. ; Tourneux, 1886, p. 94-98 ; M. Sérullaz, 1963, n° 464, repr. ; Johnson, t. III, 1986, n° 395, pl. 205 ; Jobert, 1997, p. 171, fig. 141.

EXPOSITIONS

1855, Paris, n° 2938 ; 1864, Paris, n° 135 ; 1930, Paris, n° 162 ; 1963a, Paris, n° 464 ; 1987a, Zurich, n° 98, p. 238, repr. p. 239.

102. *Les Baigneuses*
ou *Femmes turques au bain*

1854
Huile sur toile ; 0,927 x 0,787 m
Signé et daté en bas à gauche : *Eug. Delacroix / 1854*
Hartford, Wadsworth Atheneum, CT. The Ella Gallup Sumner and Mary Catlin Sumner Collection Fund (1952.300)

HISTORIQUE

Peut-être commandé à Delacroix par le préfet de la Seine, J. J. Berger ; coll. Goupil en 1864 (?) ; vente, Paris, 4 mars 1868 ; adjugé 5 000 francs (selon Moreau, 1873, p. 274) ; coll. comte de Lambertye ; vente Lambertye, Paris, hôtel Drouot, 17 décembre 1868, n° 19 ; adjugé 7 800 francs ; coll. John Saulnier, Bordeaux, en 1873 ; vente Saulnier, Paris, hôtel Drouot, 5 juin 1886, n° 39 (sous le titre *Femmes d'Alger au bain*) ; acquis par M. Jagoux (15 500 francs ; Robaut annoté, n° 1240 *bis*) ; coll. Jagoux ; coll. Ferdinand Blumenthal en 1910 ; coll. comte Cecil Pecci-Blunt en 1928 ; coll. M. et Mme R. L. en 1948 ; Paul Rosenberg, New York ; acquis par le Wadsworth Atheneum, Hartford, en 1952.

BIBLIOGRAPHIE

Journal, 1996, p. 410, 413, 418-419, 451 ; *Correspondance*, t. III, 1937, p. 310 ; Moreau, 1873, p. 274 ; Robaut, 1885, n° 1240, repr. ; M. Sérullaz, 1963, n° 457, repr. ; Johnson, t. III, 1986, n° 169, pl. 6 ; Daguerre de Hureaux, 1993, p. 191, 197, repr. p. 196 ; Daguerre de Hureaux et Guégan, 1994, p. 72-74, repr. p. 73.

EXPOSITIONS

1864, Paris, n° 303 (2e éd. supplément) ; 1885, Paris, n° 197 (*Baigneuses dans un parc. – Orient*) ; 1963a, Paris, n° 451 ; 1987a, Zurich, p. 236, repr. p. 237, 334, n° 97.

103. *Arabes en voyage*

1855
Huile sur toile ; 0,540 x 0,650 m
Signé et daté en bas à gauche : *Eug. Delacroix. 1855*
Providence, Rhode Island School of Design, Museum of Art (35.786)

HISTORIQUE

Peut-être coll. comte Anatole Demidoff, prince de San Donato ; coll. baron Michel de Trétaigne en 1864 ; vente baron de Trétaigne, Paris, hôtel Drouot, 19 février 1872, n° 18, repr. ; adjugé 300 000 francs ; coll. baronne Nathaniel de Rothschild en 1873 ; coll. Henri de Rothschild en 1928 ; Georges Bernheim en 1933 ; vendu par Bernheim à Knoedler, New York, en juillet 1935 ; Martin Birnbaum en novembre 1935 ; acquis par la Rhode Island School of Design, Providence, en 1935.

BIBLIOGRAPHIE

Journal, 1996, p. 568 ; Moreau, 1873, p. 102, 275 ; Robaut, 1885, n° 1277, repr. ; M. Sérullaz, 1963, n° 426, repr. ; Johnson, t. III, 1986, n° 399, pl. 208 ; Arama, 1987, n° 53, repr. ; Daguerre de Hureaux, 1993, p. 191, repr. p. 194 ; Daguerre de Hureaux et Guégan, 1994, p. 30-31, repr.

EXPOSITIONS

1864, Paris, n° 94 (*Arabes dans la montagne*) ; 1885, Paris, n° 187 ; 1928, Paris, n° 30 ; 1930, Paris, n° 166, repr. *Album,* p. 90 ; 1933, Paris, n° 198 ; 1944, New York, n° 37 ; 1962-1963, Toronto et Ottawa, n° 20, repr. ; 1963a, Paris, n° 476.

104. *Les Convulsionnaires de Tanger*

1857
Huile sur toile ; 0,47 x 0,56 m
Signé en bas vers la gauche sur une marche : *Eug. Delacroix. 1857.*
Toronto, Art Gallery of Ontario (62.5)

HISTORIQUE

Peut-être vendu par Delacroix au marchand de tableaux Weill ; vente [il s'agit d'œuvres venant de Weill], Paris, 2 janvier 1858, n° 11 ; acquis par David Michau (2 900 francs) ; coll. David Michau ; vente après décès M. D. M. [Michau], Paris, rue Chaveau-Lagarde, 11 octobre 1877, n° 16 ; acquis par Brame (10 000 francs) ; coll. baron de Beurnonville ; vente Beurnonville, Paris, hôtel Drouot, 29 avril 1880, n° 13, repr. ; acquis par Perreau (12 000 francs) ; coll. Perreau ; acquis par Boussod, Valadon et Cie le 24 octobre 1881 ; vendu par Boussod, Valadon et Cie à Brame le 24 octobre 1882 (archives Goupil-Boussod, citées par Johnson) ; coll. Jules Warnier, Reims, en 1885 ; coll. Van den Eynde, Bruxelles, en 1889 ; vente Mme G. Van den Eynde, Paris, hôtel Drouot, 18-19 mai 1897, n° 7, repr. ; adjugé 36 200 francs ; coll. Dieulafoy ; acquis par Wildenstein vers 1920 ; vendu par Wildenstein à Emil Staub, Männedorf, en 1926 ; coll. Mme veuve Emil Staub-Terlinden, Männedorf, entre 1930 et 1945 (?) ; Wildenstein, Paris et New York, de 1945 à 1962 ; acquis par l'Art Gallery, Toronto, en 1962.

BIBLIOGRAPHIE

Journal, 1996, p. 573 ; Gautier, 20 janvier 1858, p. IV ; Moreau, 1873, p. 177, note 2 ; Robaut, 1885,

n° 1316, repr. ; M. Sérullaz, 1963, n° 490, repr. ;
Johnson, t. III, 1986, n° 403, pl. 177 ; Arama, 1987,
p. 175, note 97, repr. p. 112-113 et cô 52, repr. ;
Arama, t. VI, 1992, repr. p. 65 ; Arama, 1994-1995,
repr. p. 75 ; Rautmann, 1997, p. 167-168, fig. 158
et 160 ; Jobert, 1997, fig. 123.

EXPOSITIONS
1885, Paris, n° 231 ; 1928, Paris, n° 34 ; 1930, Paris,
n° 173, repr. *Album*, p. 94 ; 1939, Zurich, n° 365 ;
1944, New York, n° 39 ; 1952, Londres, n° 34 ;
1962-1963, Toronto et Ottawa, n° 21 ; 1963a,
Paris, n° 486 ; 1964, Édimbourg et Londres, n° 65 ;
1987a, Zurich, p. 252, repr. p. 253, 335, n° 106.

105. *Le Passage du gué*

1858
Huile sur toile ; 0,60 x 0,73 m
Signé et daté en bas à gauche : *Eug. Delacroix
/ 1858*
Paris, musée d'Orsay, legs du comte Isaac de
Camondo, dépôt du musée du Louvre
(RF 1987)

HISTORIQUE
Commandé à Delacroix, sans doute en 1856, par le
comte Anatole Demidoff, prince de San Donato,
pour la somme de 3 000 francs ; vente San Donato,
Paris, 26, boulevard des Italiens, 21 février 1870,
n° 27 ; acquis par Petit (14 800 francs) ; coll.
Edouard Kums, Anvers ; vente Kums, Anvers,
17 mai 1898, n° 5, repr. ; acquis par Durand-Ruel,
agissant sans doute pour le compte d'Isaac de
Camondo (84 000 francs) ; coll. Isaac de Camondo ;
légué au musée du Louvre en 1908 ; entré au musée
en 1914 ; transféré au musée d'Orsay en 1987.

BIBLIOGRAPHIE
Journal, 1996, p. 577 ; Piron, 1865, p. 110 ; Robaut,
1885, n° 1347, repr. ; Johnson, t. III, 1986, n° 406,
pl. 215 ; Arama, 1987, n° 50, repr. ; Daguerre de
Hureaux, 1993, p. 191, repr. p. 194 ; Daguerre de
Hureaux et Guégan, 1994, repr., p. 106-107.

EXPOSITIONS
1930, Paris, n° 176 ; 1933, Paris, n° 200 ; 1951,
Paris, n° 6 ; 1963, Bordeaux, n° 54, repr. ; 1967,
Paris, n° 8 ; 1994-1995, Paris, n° 99, repr. p. 225.

106. *Vue de Tanger prise de la côte*

1858
Huile sur toile ; 0,811 x 0,998 m
Signé et daté en bas à gauche : *Eug. Delacroix
/ 1858.*
Minneapolis, The Minneapolis Institute of
Arts, Bequest of Mrs. Erasmus C. Lindley in
memory of her father, Mr. James J. Hill (49.4)

HISTORIQUE
Peint pour le marchand Tedesco ; coll. Salomon
Goldschmidt en 1860 ; vente après décès, Paris,
17 mai 1888, n° 31, repr. ; acquis par Fanien
(50 000 francs) ; coll. Fanien ; vendu par Fanien à
Boussod, Valadon et Cie le 2 mars 1892 ; vendu par
Boussod, Valadon et Cie à James J. Hill, Saint Paul,
Minnesota, le 27 mai 1892 (archives Goupil-
Boussod, citées par Johnson) ; coll. James J. Hill ;
coll. Mrs. James J. Hill ; coll. Mrs. E. C. Lindley, sa
fille, New York ; donné au Minneapolis Institute of
Arts en 1949.

BIBLIOGRAPHIE
Journal, 1996, p. 588, 590 ; Gautier, 5 mai 1860 ;
Astruc, 1860, p. 44, 46 ; Piron, 1865, p. 11 ;
Robaut, 1885, n° 1348, repr. ; Johnson, t. III, 1986,
n° 408, pl. 218 ; Arama, 1987, n° 56, repr. ;
Daguerre de Hureaux et Guégan, 1994, repr. p. 86-
87 ; Jobert, 1997, p. 171-172, fig. 142.

EXPOSITIONS
1860, Paris, n° 348 (supplément) ; 1962-1963,
Toronto et Ottawa, n° 23, repr. ; 1964, Édimbourg
et Londres, n° 66, repr. (exp. à Londres seulement) ;
1994-1995, Paris, n° 101, repr.

107. *Chevaux sortant de la mer*

1860
Huile sur toile ; 0,500 x 0,610 m
Signé et daté en bas à droite : *Eug. Delacroix
/ 1860.*
Washington, D. C., The Phillips Collection
(0486)

HISTORIQUE
Commandé sans doute en 1858 par le marchand de
tableaux Estienne ; coll. marquis du Lau ; vente
marquis du Lau, Paris, hôtel Drouot, 5 mai 1869,
n° 7 ; acquis par M. Edwards (16 000 francs) ; coll.
Edwards ; vente Edwards, Paris, hôtel Drouot, 7 mars
1870, n° 9 ; acquis par Fanien (14 500 francs) ; coll.
Fanien ; coll. Faure ; vente Faure, Paris, 26, boulevard
des Italiens, 7 juin 1873, n° 8, repr. ; acquis par
Laurent-Richard (26 500 francs) ; coll. Laurent-
Richard ; vente Laurent-Richard, Paris, hôtel
Drouot, 23 mai 1878, n° 14, repr. ; acquis par Alfred
Mame, Tours (16 100 francs) ; coll. Alfred Mame ;
vente Mame, Paris, galerie Georges Petit, 26 avril
1904, n° 74, repr. ; acquis par Haro (30 200 francs) ;
coll. Mme Esnault-Pelterie en 1906 ; vendu par Mme
Esnault-Pelterie à Bernheim-Jeune le 15 novembre
1912 ; vendu par Bernheim-Jeune à Troplowitz le

23 octobre 1915 (archives Bernheim-Jeune, citées
par Johnson) ; coll. baron Denys Cochin ; vente
Cochin, Paris, galerie Georges Petit, 26 mars 1919,
n° 13, repr. ; adjugé 42 500 francs ; coll. Emil Staub,
Männedorf (Suisse), en 1921 ; coll. Mme veuve Emil
Staub-Terlinden, Männedorf, entre 1936 et 1945 ;
acquis par la Phillips Collection, Washington, en
1945.

BIBLIOGRAPHIE
Journal, 1996, p. 711 (?), 731, 780, 781 ; Burty,
1878 (testament du 3 août 1863) ; Burty, 21 mars
1885 ; Robaut, 1885, n° 1410, repr. ; M. Sérullaz,
1963, n° 505, repr. ; Johnson, t. III, 1986, n° 414,
pl. 219 ; Arama, 1987, n° 55, repr. ; Arama, t. VI,
1992, repr. p. 33 ; Daguerre de Hureaux, 1993,
p. 206, repr. p. 209.

EXPOSITIONS
1885, Paris, n° 136 ; 1928, Paris, n° 38 ; 1930, Paris,
n° 189 ; 1939, Zurich, n° 370 ; 1944, New York,
n° 42, repr. p. 49 ; 1963a, Paris, n° 502.

108. *Chevaux se battant dans une écurie*

1860
Huile sur toile ; 0,645 x 0,810 m
Signé et daté en bas à gauche : *Eug. Delacroix
/ 1860*
Paris, musée d'Orsay, legs du comte Isaac de
Camondo, dépôt du musée du Louvre
(RF 1988)

HISTORIQUE
Commandé à Delacroix par le marchand de tableaux
Estienne ; coll. Allou et Erler ; vente Allou et Erler,
Paris, hôtel Drouot, 12 février 1872, n° 13 ; acquis
par Durand-Ruel (17 000 francs) ; coll. John
Saulnier, Bordeaux, en 1873 ; coll. Charles Hayem
en 1885 ; coll. Isaac de Camondo ; légué au musée du
Louvre en 1908 ; entré au musée en 1914.

BIBLIOGRAPHIE
Journal, 1996, p. 581, 656, 704, 780 ; Moreau,
1873, p. 275 ; Robaut, 1885, n° 1409, repr. ;
M. Sérullaz, 1963, n° 506, repr. ; Johnson, t. III,
1986, n° 413, pl. 223 ; Arama, 1987, n° 57, repr. ;
Daguerre de Hureaux, 1993, repr. p. 206 ; Daguerre
de Hureaux et Guégan, 1994, p. 46, repr. ;
Rautmann, 1997, fig. 249 ; Jobert, 1997, p. 171,
fig. 135.

EXPOSITIONS
1885, Paris, n° 96 ; 1930, Paris, n° 190 ; 1933, Paris,
n° 201 ; 1945, Paris, n° 11 ; 1946a, Paris, n° 11 ;
1946b, Paris, n° 11 ; 1956, Venise, n° 39 ; 1963a,
Paris, n° 503 ; 1964, Édimbourg et Londres, n° 73 ;
1969, Kyoto et Tokyo, n° 40, repr. ; 1973, Paris, sans
cat. ; 1994-1995, Paris, n° 102, repr.

VI. *L'ASPIRATION RELIGIEUSE*

109. Le Bon Samaritain

Vers 1849-1851
Huile sur toile ; 0,368 x 0,298 m
Signé en bas à droite : *Eug. Delacroix.*
Waterhouse Collection

HISTORIQUE
Vendu sans doute directement par Delacroix à
Paul Meurice, un ami d'Auguste Vacquerie et
de Victor Hugo, au début de l'année 1851
(300 francs), ; coll. Paul Meurice, Paris, au moins
jusqu'en 1858 ; sans doute cédé avant 1878 par Paul
Meurice à Auguste Vacquerie, qui avait acheté deux
autres tableaux à l'issue du Salon de 1850-1851 ;
coll. Auguste Vacquerie, Paris, au moins jusqu'en
1895 et sans doute jusqu'à sa mort en 1897 ; coll.
Mme Albert Esnault-Pelterie avant 1900 et jusqu'en
1938 (cachet de cette collection au verso, sur le
châssis) ; coll. Mme Germaine Popelin, sa fille ;
coll. Mme Jacques Meunié, née Popelin, petite-fille
de Mme Albert Esnault-Pelterie ; vente, Londres,
Sotheby's, 20 mars 1992, n° 34 ; Waterhouse
Collection.

BIBLIOGRAPHIE
Journal, 1996, p. 197 ; *Correspondance*, t. III, 1937,
p. 53 ; Montaiglon, 15 janvier 1851 ; Peisse,
15 janvier 1851 ; Desplaces, 20 janvier 1851 ;
Courtois, 21 janvier 1851 ; Galimard, 23 janvier
1851 ; Clément de Ris, 1er février 1851, p. 4 ;
Mantz, 5 février 1851 ; Arnoux, 22 février 1851 ;
Du Pays, 27 février 1851 ; Rochery, 2 mars 1851 ;
Sabatier-Ungher, 2 mars 1851 ; Gautier, 8 mars
1851 ; Calonne, 18 mars 1851 ; Thierry, 21 mars
1851 ; Vignon, 1851, p. 99 ; Moreau, 1873, p. 186 ;
Robaut, 1885, n° 1168 ; M. Sérullaz, 1963, n° 414,
repr. ; Johnson, t. III, 1986, n° 437, pl. 246 ;
Rautmann, 1997, p. 327, fig. 318.

EXPOSITIONS
1850-1851, Paris, n° 780 ; 1864, Paris, n° 29 ;
1885, Paris, n° 224 ; 1930, Paris, n° 138 ; 1963a,
Paris, n° 409, repr.

110. Saint Sébastien secouru par les Saintes Femmes

Vers 1850-1854
Pastel ; 0,182 x 0,265 m
Annoté à la plume au verso sur un fragment de
papier : *Donné par moi à Jenny Le Guillou / le
24 mars 1855 / Eug. Delacroix*
Collection particulière

HISTORIQUE
Donné par Delacroix à Jenny Le Guillou le 24 mars
1855 ; coll. baron Joseph Vitta ; coll. Georges
Heilbrun ; coll. Pierre Bérès ; vente Bérès, Londres,
Sotheby's, 30 novembre 1993, n° 7, repr. ; coll. part.

BIBLIOGRAPHIE
Journal, 1996, p. 478 ; Johnson, 1995, n° 37, repr.

EXPOSITION
1930, Paris, n° 375 A.

111. Disciples et Saintes Femmes relevant le corps de saint Étienne pour l'ensevelir

1853
Huile sur toile ; 1,48 x 1,15 m
Signé et daté en bas à gauche : *Eug Delacroix
1853*
Arras, musée des Beaux-Arts (859.1)

HISTORIQUE
Acquis en avril 1859 par la ville d'Arras
(4 000 francs), par l'intermédiaire de Constant
Dutilleux et à la suite d'une visite effectuée par le
peintre Charles Daverdoing à l'atelier de Delacroix
le 14 mars 1859 ; paiement effectué en deux temps :
3 000 francs immédiatement et 1 000 francs sur
l'exercice suivant.

BIBLIOGRAPHIE
Journal, 1996, p. 167, 321 ; *Correspondance*, t. III,
1937, p. 218 et t. IV, 1938, p. 79-80, 83-84, 87,
98 ; Mérimée, 16-17 mai 1853 ; Peisse, 31 mai
1853 ; Calonne, juin-juillet 1853, p. 147 ;
Delécluze, 3 juin 1853 ; Tillot, 4 juin 1853 ; Du
Pays, 11 juin 1853, p. 380 ; Delaborde, 15 juin
1853, p. 1137, 1138 (réimp. Henri Delaborde,
Mélanges sur l'art contemporain, Paris, J. Renouard,

1866, p. 72-74) ; Saint-Victor, 23 juin 1853 ;
Gautier, 25 juin 1853 ; Mantz, 1er juillet 1853,
p. 81, 82 ; Viel-Castel, 2 juillet 1853, p. 630 ;
Clément de Ris, 15 juillet 1853, p. 179 ; Henriet,
4 août 1853, p. 4 (réimpr. Frédéric Henriet, *Coup
d'œil sur le Salon de 1853*, Paris, 1853, p. 13-14) ;
Arnoux, 3 et 5 septembre 1853 ; Boyeldieu
d'Auvigny, 1853, p. 57, 58 ; Madelène, 1853,
p. 29-31 ; Vignon, 1853, p. 78, 80 ; Silvestre, 1855,
p. 84 ; Silvestre, 1864, p. 38 ; Moreau, 1873, p. 186,
201 ; Robaut, 1885, n° 1211, repr. ; M. Sérullaz,
1963, n° 437, repr. ; Johnson t. III, 1986, n° 449,
pl. 257 ; Daguerre de Hureaux, 1993, p. 230, repr.
p. 229 ; Jobert, 1997, p. 293, fig. 253.

EXPOSITIONS
1853, Paris, n° 350 (*Après le martyre de Saint Étienne,
des disciples et des saintes femmes viennent pieusement
relever son corps pour l'ensevelir*) ; 1885, Paris, n° 5 ;
1928, Paris, n° 26 ; 1930, Paris, n° 151, repr. *Album*,
p. 80 ; 1937, Paris, n° 321 ; 1939, Zurich, n° 354 ;
1939, Bâle, n° 247 ; 1952, Londres, n° 40 ; 1963a,
Paris, n° 434 ; 1973, Paris, sans cat.

112. Les Disciples d'Emmaüs ou Les Pèlerins d'Emmaüs

1853
Huile sur toile marouflée sur bois ;
0,56 x 0,46 m
Signé et daté en bas à gauche : *Eug. Delacroix.
/ 1853*
New York, Brooklyn Museum of Art, Gift of
Mrs. Watson B. Dickerman (50.106)

HISTORIQUE
Vendu par Delacroix à Mme Herbelin, miniaturiste,
en avril 1853, avant le Salon (3 000 francs) ; livré à
Mme Herbelin en novembre de la même année,
après le Salon ; coll. Fanien en 1873 ; coll. Monjean ;
coll. Charles Levesque en 1885 ; coll. Watson
B. Dickerman, New York, en 1916 ; donné par
Mrs. Watson B. Dickerman au Brooklyn Museum,
New York, en 1950.

BIBLIOGRAPHIE
Journal, 1996, p. 316 ; *Correspondance*, t. III, 1937,
p. 147, 176, 218 et t. V, 1938, p. 191, 192 ; Peisse,
31 mai 1853 ; Delécluze, 3 juin 1853 ; Tillot, 4 juin
1853 ; Du Pays, 11 juin 1853, p. 381 ; Delaborde,
15 juin 1853, p. 1137 ; Saint-Victor, 23 juin 1853 ;
Gautier, 25 juin 1853 ; Calonne, juin-juillet 1853,
p. 147 ; Mantz, 1er juillet 1853, p. 80 ; Viel-Castel,
2 juillet 1853, p. 630 ; Clément de Ris, 15 juillet
1853 ; Henriet, 4 août 1853 ; Arnoux, 3 et
5 septembre 1853 ; Madelène, 1853, p. 30 ; Gautier,
6 février 1860 ; Gautier, 15 février 1860, p. 200 ;
Moreau, 1873, p. 187 ; Robaut, 1885, n° 1192, repr. ;
M. Sérullaz, 1963, n° 439, repr. ; Johnson, t. III,

1986, nº 458, pl. 266 ; Daguerre de Hureaux, 1993,
p. 228, 229, 304, 325, repr. p. 228 ; Jobert, 1997,
p. 294, fig. 251.

EXPOSITIONS
1853, Paris, nº 351 ; 1864, Paris, nº 32 ; 1885,
Paris, nº 129 ; 1944, New York, nº 34 ; 1962-1963,
Toronto et Ottawa, nº 17, repr. ; 1963a, Paris,
nº 436, repr.

113 à 118. Les *Christ sur le lac de Génésareth*

113. *Le Christ sur le lac de Génésareth*

Vers 1840-1845
Huile sur toile ; 0,457 x 0,546 m
Kansas City (Missouri), The Nelson-Atkins
Museum of Art, Purchase : Nelson Trust
through exchange of gifts of the Friends of Art,
Mr. and Mrs. Gerald Parker, and the Durand-
Ruel Galleries, and bequest of John
K. Havemeyer (89-16)

HISTORIQUE
Atelier Delacroix ; vente après décès, Paris, hôtel
Drouot, 17-19 février 1864, nº 131 (*Esquisses, Jésus
endormi dans la barque pendant la tempête*) ; acquis par
M. Filhston (1 570 francs) ; coll. Filhston ; coll.
Mme Soultzener de 1873 à fin 1885 ; coll. M. Veneau ;
vendu par Veneau à Durand-Ruel, Paris, le 16 juin
1909 ; vendu par Durand-Ruel à Bernheim ;
Bernheim-Jeune à partir du 30 septembre 1909 ;
vendu par Bernheim-Jeune à Georg Reinhart,
Winterthur, le 29 septembre 1913 (archives
Bernheim-Jeune, citées par Johnson) ; coll. Georg
Reinhart, Winterthur ; coll. Mme Hafter-Reinhart,
sa fille, Zurich, jusqu'en 1962 ; vente, Londres,
Sotheby's, 22 novembre 1983, nº 9, repr. ; acquis par
Wheelock Whitney (104 500 £) ; coll. Wheelock
Whitney, New York, de 1983 à 1985 ; Richard
L. Feigen et Cie, en 1989 ; Nelson Atkins Museum,
Kansas City, en 1990.

BIBLIOGRAPHIE
Moreau, 1873, p. 262 ; Robaut, 1885, nº 1217,
repr. ; Johnson, t. III, 1986, nº 451, pl. 262 ;
Daguerre de Hureaux, 1993, p. 210-211, 232, 233,
319, 325, 326, 335, repr. p. 233 ; Rautmann, 1997,
p. 292, fig. 282.

EXPOSITIONS
1885, Paris (*Barque du Christ*) ; 1939, Bâle, nº 248 ;
1963-1964, Berne, nº 77.

114. *Le Christ sur le lac de Génésareth*

Vers 1840-1845
Huile sur toile ; 0,461 x 0,557 m
Signé en bas à droite, sur la barque :
Eug. Delacroix.
Portland, Portland Art Museum, Gift of
Mrs. William Mead Ladd and her children,
in memory of William Mead Ladd (31.4)

HISTORIQUE
Coll. Mlle Micheline Dziekanska (inscription à
l'encre sur le châssis) ; coll. Van Praet, Bruxelles,
en 1873 et sans doute jusqu'en 1888 ; coll. Paul
Devaux, son neveu, jusque vers 1892 ; acquis par
Henri Garnier avec l'ensemble de l'ancienne
collection Van Praet en janvier 1893 ; vente
judiciaire à la suite de la faillite d'Henri Garnier,
Paris, galerie Georges Petit, 3 décembre 1894,
nº 43, repr. ; acquis par Durand-Ruel en indivision
avec Boussod, Valadon et Cie (9 700 francs) ;
Durand-Ruel abandonne sa part à Boussod, Valadon
et Cie le 30 mai 1895 (archives Durand-Ruel, citées
par Johnson) ; Boussod, Valadon et Cie, Paris ; vendu
par Boussod, Valadon et Cie à Cottier and Co,
New York, le 1er juillet 1895 (archives Goupil-
Boussod, citées par Johnson) ; Cottier and Co,
New York ; coll. Ingles, Portland ; coll. William
Mead Ladd, Portland, à partir de 1913 et jusqu'en
janvier 1931 ; prêté au Portland Art Museum de
1913 à 1930 ; confié au docteur Louis Ladd,
New York, entre 1930 et 1931 ; donné par
Mrs. William Mead Ladd au Portland Art
Museum en février 1931.

BIBLIOGRAPHIE
Moreau, 1873, p. 262 (Moreau signale une signature à
gauche) ; Robaut, 1885, nº 1219, repr. ; M. Sérullaz,
1963, nº 448, repr. ; Johnson, t. III, 1986, nº 452,
pl. 262 ; Daguerre de Hureaux, 1993, p. 210-212,
232, 233, 319, 325, 328, repr. p. 233 ; Rautmann,
1997, p. 292, fig. 283 ; Jobert, 1997, p. 294, fig. 260.

EXPOSITIONS
1944, New York, nº 36 ; 1962-1963, Toronto et
Ottawa, nº 18, repr. ; 1963a, Paris, nº 442 ; 1987a,
Zurich, nº 93, repr.

115. *Le Christ sur le lac de Génésareth*

Vers 1853
Huile sur toile ; 0,508 x 0,610 m

Signé en bas à gauche : *Eug. Delacroix.*
New York, The Metropolitan Museum of Art,
H. O. Havemeyer Collection, Bequest of
Mrs. H. O. Havemeyer, 1929 (29.100.131)

HISTORIQUE
Sans doute peint pour le marchand François Petit en
1853 ; coll. Bouruet-Aubertot en 1860 (Johnson) ;
vente M. R.-L. L., nº 11 ; coll. John Saulnier,
Bordeaux, en 1885 ; vente Saulnier, Paris, hôtel
Drouot, 5 juin 1886, nº 35, repr. ; retiré de la vente
à 14 000 francs ; vente Saulnier, Paris, Sedelmeyer
Gallery, 25 mars 1892, nº 8, repr. ; adjugé
26 000 francs ; Durand-Ruel, Paris ; coll.
H. O. Havemeyer, New York, en 1892 ; légué au
Metropolitan Museum of Art, New York, en 1929.

BIBLIOGRAPHIE
Journal, 1996, p. 364, 367 ; Silvestre, 1855, p. 81 ;
Gautier, 6 février 1860, p. 202 ; Madelène, 1864,
p. 17 ; Moreau, 1873, p. 262 ; Robaut, 1885,
nº 1215, repr. ; Johnson, t. III, 1986, nº 454,
pl. 263 ; Daguerre de Hureaux, 1993, p. 210-212,
232, 233, 319, 325, 326, 333 ; Rautmann, 1997,
p. 292, fig. 284 et détail, fig. 256.

EXPOSITIONS
1860, Paris, peut-être le nº 349 ; 1864, Paris, peut-
être le nº 125 ; 1885, Paris, nº 201 ; 1987a, Zurich,
nº 95, repr.

116. *Le Christ sur le lac de Génésareth*

Vers 1853
Huile sur carton ; 0,50 x 0,61 m
Signé en bas à droite : *Eug. Delacroix*
Collection particulière (courtesy galerie
Nathan, Zurich)

HISTORIQUE
Peut-être peint au printemps 1853 pour le comte
Grzymala, un ami de Frédéric Chopin ; coll.
Grzymala, Paris ; coll. Bouruet-Aubertot en 1860
(Johnson) ; coll. Verdier, Paris ; coll. Joseph Crabbe,
Bruxelles, en 1873 ; Durand-Ruel, Paris ; coll.
Frémyn (notaire de la famille d'Orléans), Paris ;
vente Frémyn, Paris, galerie Durand-Ruel, 8 avril
1875, nº 21 ; adjugé 17 500 francs ; peut-être coll.
Perreau (Johnson) ; Boussod, Valadon et Cie, Paris,
le 24 octobre 1881 ; vendu par Boussod, Valadon et
Cie à M. Hollender, Bruxelles, le 10 décembre 1881
(archives Goupil-Boussod, citées par Johnson) ; coll.
Paul Gallimard fils en 1885 et jusqu'à fin 1908 ;
coll. Paul Cassirer, Amsterdam, en 1932 ; coll. baron
H. Thyssen-Bornemisza, Lugano, en 1937 ; acquis
par Fritz Nathan, Zurich, en décembre 1937 ; coll.
Fritz Nathan, Zurich, jusqu'en 1972 ; coll. part.

BIBLIOGRAPHIE
Journal, 1996, p. 357 ; Silvestre, 1855, p. 81 ;
Moreau, 1873, p. 262 ; Robaut, 1885, nº 1215 *bis*,
repr. ; M. Sérullaz, 1963, nº 449, repr. ; Johnson,

t. III, 1986, n° 453, pl. 263 ; Daguerre de Hureaux, 1993, p. 210-212, 232, 233, 319, 325, 326, 333 ; Rautmann, 1997, p. 292, fig. 285.

EXPOSITIONS
1860, Paris, peut-être le n° 349 (Johnson) ; 1864, Paris, peut-être le n° 125 ; 1885, Paris, n° 82 ; 1950, Paris, sans cat. ; 1956, Venise, n° 33 ; 1963a, Paris, n° 443 ; 1963-1964, Berne, n° 78 ; 1964, Brême, n° 70, repr. ; 1964, Édimbourg et Londres, n° 61 ; 1987a, Zurich, n° 94, repr.

117. *Le Christ sur le lac de Génésareth*

1853
Huile sur toile ; 0,600 x 0,730 m
Signé et daté en bas à droite : *Eug. Delacroix / 1853.*
Zurich, fondation Collection E. G. Bührle

HISTORIQUE
Coll. Baptistin Guilhermoz en 1860 ; coll. Davin ; vente Davin, Paris, hôtel Drouot, 29 mars 1862, n° 8 ; acquis par Émile Pereire (4 700 francs) ; coll. Émile Pereire, Paris, jusqu'à fin 1864 ; coll. Charles Edwards ; vente Edwards, Paris, hôtel Drouot, 7 mars 1870, n° 6, repr. ; retiré de la vente à 28 000 francs ; coll. Carlin, Paris ; vente Carlin, Paris, 29 avril 1872, n° 6 ; acquis par M. Vaysse, Marseille (27 500 francs) ; coll. Vaysse, Marseille ; vendu par Vaysse à Goupil et Cie, Paris, en mai 1873 ; vendu par Goupil et Cie à Schwabacher le 3 juin 1873 (archives Goupil-Boussod, citées par Johnson) ; coll. Schwabacher ; racheté par Goupil et Cie à Schwabacher en mai 1878 ; vendu par Goupil et Cie au baron Edmond de Beurnonville en juin 1878 (20 000 francs ; archives Goupil et Cie, citées par Johnson) ; vente baron de Beurnonville, Paris, hôtel Drouot, 29 avril 1880, n° 12, repr. ; adjugé 20 000 francs ; coll. Henri Hecht en 1885 ; coll. Joseph Gillot, Lyon, en 1892 ; acquis chez un marchand suisse par Emile Bührle en 1950 ; coll. Emile Bührle, Zurich, jusqu'en 1956 ; fondation Collection E. G. Bührle, Zurich.

BIBLIOGRAPHIE
Correspondance, t. IV, 1937, p. 250 ; Silvestre, 1855, p. 81 ; Astruc, 1860 ; Gautier, 6 février 1860, p. 202 ; Thoré, 1864, p. 197 ; Madelène, 1864, p. 17 ; Moreau, 1873, p. 262 ; Robaut, 1885, n° 1220, repr. ; Johnson, t. III, 1986, n° 455, pl. 264 ; Daguerre de Hureaux, 1993, p. 210-212, 232, 233, 319, 326, 335.

EXPOSITIONS
1864, Paris, n° 77 ; 1885, Paris, n° 110 (*La Barque*).

118. *Le Christ sur le lac de Génésareth*

1854
Huile sur toile ; 0,598 x 0,733 m
Signé et daté en bas à droite : *Eug. Delacroix / 1854*
Baltimore (Maryland), The Walters Art Gallery (37.186)

HISTORIQUE
Vendu par Eugène Delacroix au marchand Beugniet (1 200 francs, d'après Jean Gigoux) ; Beugniet, Paris (cachet Beugniet au verso) ; peut-être acquis par le peintre Constant Troyon directement chez Beugniet en 1854 (1 600 francs, d'après Jean Gigoux) ; coll. Constant Troyon, Paris ; coll. Mme Troyon, mère de l'artiste, Paris ; peut-être donné par Mme Troyon mère à M. Frémyn, notaire, chargé de la succession de Constant Troyon ; coll. Frémyn, Paris ; vente Liebig et Frémyn, Paris, galerie Durand-Ruel, 8 avril 1875, n° 21 ; coll. Tabourier, Paris ; coll. Viot en 1885 ; vente Viot, Paris, hôtel Drouot, 25 mai 1886, n° 2, repr. ; acquis par M. Levesque (49 000 francs) ; coll. Levesque, Paris ; coll. Walters, Baltimore, en 1887 ; Walters Art Gallery, Baltimore.

BIBLIOGRAPHIE
Journal, 1996, p. 598 ; Cantaloube, 1864, p. 41 ; Moreau, 1873, p. 262 (la date mentionnée par Moreau sur le tableau est 1853) ; Robaut, 1885, n° 1214, repr. (*id.* avec Robaut) ; Johnson, t. III, 1986, n° 456, pl. 265 ; Daguerre de Hureaux, 1993, p. 210-212, 232, 233, 319, 325, 326, 335, repr. p. 212.

EXPOSITIONS
1864, Paris, n° 33 ; 1885, Paris, n° 229 ; 1956, Venise, n° 34, repr. ; 1963a, Paris, n° 444, repr. ; 1964, Édimbourg et Londres, n° 63, repr. ; 1987a, Zurich, n° 96, repr.

119 à **123.** Les *Christ en croix*

119. *Christ en croix (esquisse)*

1845
Huile sur bois ; 0,37 x 0,25 m

Rotterdam, Museum Boijmans Van Beuningen (2625)

HISTORIQUE
Coll. Alexandre Dumas père, Paris, en 1845 ; peut-être vendu directement par Alexandre Dumas à Paul Meurice (certains historiens pensent que l'œuvre fut vendue directement par Eugène Delacroix à Paul Meurice, mais la présence de cette œuvre est attestée par Théophile Thoré dans la collection d'Alexandre Dumas en 1845) ; coll. Paul Meurice, Paris, en 1885 ; vente après décès, Paris, hôtel Drouot, 25 mai 1906, n° 80 ; sans doute retiré de la vente ou vendu à un membre de la famille de Paul Meurice ; coll. Mme Albert Clemenceau-Meurice, descendante de Paul Meurice, Paris, en 1927 ; coll. du marchand, collectionneur et historien d'art Vitale Bloch vers 1960 ; acquis par le musée Boymans Van Beuningen, Rotterdam, avec l'aide du Vereeniging Rembrandt en 1961.

BIBLIOGRAPHIE
Gautier, 17 novembre 1845 ; Mantz, 23 novembre 1845, p. 62 ; Thoré, 14 avril 1847 ; Silvestre, 1855, p. 82 ; Robaut, 1885, n° 995, repr. ; Johnson, t. III, 1986, n° 432, pl. 240 ; Daguerre de Hureaux, 1993, p. 223, 225, 317, 319, 320, 325, 326, 327, 332, 339, repr. p. 223 ; Rautmann, 1997, p. 276, fig. 267.

EXPOSITIONS
1845b, Paris, sans n° ; 1885, Paris, n° 146 ; 1930, Paris, n° 119 A ; 1963, Bordeaux, n° 38 ; 1963-1964, Berne, n° 56, pl. 21 ; 1964, Brême, n° 52, repr. ; 1969, Kyoto et Tokyo, n° H-25, repr. ; 1973, Paris, sans cat. ; 1986, Nice, n° 6, repr. ; 1987a, Zurich, n° 60, repr.

120. *Christ en croix*

1846
Huile sur toile ; 0,80 x 0,642 m
Signé et daté en bas à droite : *Eug. Delacroix 1846.*
Baltimore (Maryland), The Walters Art Gallery (37.62)

HISTORIQUE
Vendu par Delacroix, avec *Une odalisque,* à Van Isaker le 16 mars 1847 pour 1 500 francs (Moreau-Nélaton, Escholier et M. Sérullaz) ou bien vendu par Delacroix au chanteur Paul Baroilhet, avant le Salon de 1847 (Johnson) ; coll. Van Isaker, Anvers, ou coll. Paul Baroilhet, Paris ; coll. Van Cuyck ; coll. J. P. Bonnet, Paris ; vente Bonnet, Paris, hôtel des ventes mobilières, 19 février 1853, n° 10 ; acquis par M. de Bréville (4 100 francs) ; coll. Bréville ; coll. Solar ; coll. Osiris ; coll. Gavet ; coll. Fanien en 1873 ; vendu par Fanien à Georges Petit (76 000 francs) ;

coll. Defoer en 1883 ; vente Defoer, Paris, galerie Georges Petit, 22 mai 1886, nº 10, repr. ; acquis par Montaignac pour Henry Walters, Baltimore (29 500 francs) ; coll. Henry Walters, Baltimore, en 1887 ; légué à la ville de Baltimore en 1931 ; Baltimore, Walters Art Gallery.

BIBLIOGRAPHIE
Journal, 1996, p. 154 ; *Correspondance*, t. III, 1937, p. 139 ; Karr, mars 1847, p. 78 ; Thoré, 17 mars et 14 avril 1847 ; Mirbel, 30 mars 1847 ; Gautier, 1er avril 1847 ; Clément de Ris, 4 et 18 avril 1847, p. 75, 107 ; Haussard, 8 avril 1847 ; Molay Bacon, 11 avril 1847 ; Vaines, 15 avril 1847, p. 251 ; Menciaux, 25 avril 1847 ; Trianon, 25 avril 1847, p. 220 ; anonyme, 1er mai 1847, p. 137 ; Delaunay, sans date [1847] ; Mantz, 1847, p. 12-18 ; Petroz, 5 juin 1855 ; Perrier, 10 juin 1855, p. 72 ; Mantz, 10 juin et 10 septembre 1855, p. 177 ; About, 1855, p. 178-179 ; Gebauer, 1855, p. 41 ; Silvestre, 1855, p. 24 ; Moreau, 1873, p. 152, 182, 197 et 260 ; Robaut, 1885, nº 986, repr. ; Tourneux, 1886, p. 83-85 et 94-98 ; M. Sérullaz, 1963, nº 360, repr. ; Johnson, t. III, 1986, nº 433, pl. 241 ; Daguerre de Hureaux, 1993, p. 223, 225, 317, 319, 320, 325, 326, 327, 332, 339, repr. p. 225 ; Jobert, 1997, p. 292, fig. 249.

EXPOSITIONS
1847, Paris, nº 459 ; 1855, Paris, nº 2909 ; 1885, Paris, nº 52 ; 1963a, Paris, nº 363 ; 1987a, Zurich, nº 60, repr.

121. *Christ en croix*

Vers 1847-1850
Pastel ; 0,285 x 0,210 m
Signé en bas à gauche : *Eug. Delacroix.*
Collection particulière

HISTORIQUE
Peut-être offert par Delacroix au marchand Étienne François Haro ou à son épouse ; coll. Étienne François Haro, Paris ; Paul Rosenberg, New York, en 1961 ; coll. part.

BIBLIOGRAPHIE
Peut-être *Journal*, 1996, p. 119 ; Robaut, 1885, nº 997, repr. ; Johnson, 1995, nº 35, repr.

EXPOSITION
1987-1988, Francfort, nº 43, repr.

122. *Christ en croix*

Vers 1853-1856
Pastel sur papier bleu-gris ; 0,247 x 0,165 m
Signé en bas à gauche : *Eug. Delacroix.*
Ottawa, musée des Beaux-Arts du Canada (15733)

HISTORIQUE
Peut-être coll. Mme Louise Rang-Babut, La Rochelle, vers 1885 ; coll. Mallet, Paris ; coll. Mme Philippe Vernes, Paris, en 1930 (reçu par héritage de la coll. Mallet) ; vente Mme Vernes, Paris, palais Galliera, 9 décembre 1967, nº A ; Marianne Feilchenfeldt, Zurich ; acquis par le musée des Beaux-Arts du Canada, Ottawa, en 1968.

BIBLIOGRAPHIE
Johnson, 1995, nº 36, repr.

EXPOSITIONS
1930, Paris, nº 752 ; 1963, Bordeaux, nº 159 ; 1991, New York, nº 15.

123. *Le Christ en croix*

1853
Huile sur toile ; 0,733 x 0,595 m
Signé et daté en bas à gauche de la croix :
Eug. Delacroix 1853.
Londres, The National Gallery (Inv. 6433)

HISTORIQUE
Peint pour un marchand en 1853, peut-être Beugniet ou Bocquet ; coll. Davin, Paris, en 1860 ; vente Davin, Paris, hôtel Drouot, 14 mars 1863, nº 8 ; adjugé 4 000 francs ; coll. Charles Noël, Paris ; vente Noël, Paris, hôtel Drouot, 23 février 1891, nº 12, repr. ; acquis par Henri Heugel (18 250 francs) ; coll. Henri Heugel, Paris ; vente Heugel, Paris, galerie Georges Petit, 26 mai 1905, nº 6, repr. ; acquis par Bernheim-Jeune (15 000 francs ; archives Bernheim-Jeune, citées par Johnson) ; Bernheim-Jeune, Paris ; coll. baron Denys Cochin, Paris, en 1910 ; vente Cochin, Paris, hôtel Drouot, 26 mars 1919, nº 11, repr. ; adjugé 51 000 francs ; coll. Jules

Strauss en 1928 ; vente Strauss, Paris, galerie Georges Petit, 15 décembre 1932, nº 39, repr. ; vente, Paris, palais Galliera, 29 novembre 1974, nº 9 ; Alfred Daber, Paris, en 1975 ; acquis par à la National Gallery, Londres, en 1976.

BIBLIOGRAPHIE
Journal, 1996, p. 357 ; *Correspondance*, t. III, 1937, p. 164 ; Henriet, 15 novembre 1854 ; Silvestre, 1855, p. 82 ; Moreau, 1873, p. 263 ; Robaut, 1885, nºs 1223 et 1038, repr. ; Johnson, t. III, 1986, nº 460, pl. 267 ; Daguerre de Hureaux, 1993, p. 223, 225, 317, 319, 320, 325, 326, 327, 332, 339.

EXPOSITIONS
1860, Paris, nº 160 ; 1928, Paris, nº 27 ; 1930, Paris, nº 154.

124. *Lamentation sur le corps du Christ*

1857
Huile sur toile ; 0,375 x 0,455 m
Signé et daté en bas à gauche : *Eug. Delacroix. 1857.*
Karlsruhe, Staatliche Kunsthalle (2661)

HISTORIQUE
Peut-être vendu par Delacroix à Bouruet-Aubertot ; Bouruet-Aubertot en 1864 ; vente Bouruet-Aubertot, Paris, hôtel Drouot, 22 février 1869, nº 7 ; retiré de la vente et cédé à un collectionneur, peut-être Gavet ; vendu par Gavet à Laurent-Richard, (16 000 francs environ) ; coll. Laurent-Richard ; vente Laurent-Richard, Paris, hôtel Drouot, 23 mai 1878, nº 15, repr. ; coll. Albert de Saint-Albin ; coll. John Balli, Londres ; vente, Paris, hôtel Drouot, 22 mai 1913, nº 11, repr. ; acquis par Laroche Gand (26 700 francs) ; coll. Laroche Gand ; Le Roy et Cie, Paris ; Mme Walter Feilchenfeldt, Zurich ; acquis par la Staatliche Kunsthalle, Karlsruhe, en 1978.

BIBLIOGRAPHIE
Journal, 1996, p. 573, 581 ; Moreau, 1873, p. 263 ; Robaut, 1885, nº 769, repr. ; Johnson, t. III, 1986, nº 466, pl. 272.

EXPOSITION
1864, Paris, nº 130.

125 à 127. Les *Christ au tombeau*

125. *La Lamentation sur le Christ mort,*
appelé généralement *Le Christ au tombeau*

1847-1848
Huile sur toile ; 1,626 x 1,321 m
Signé et daté en bas à gauche : *Eug. Delacroix.
/ 1848.*
Boston, Museum of Fine Arts, Gift by
Contribution in Memory of Martin Brimmer
(96.21)

HISTORIQUE
Vendu par Delacroix au comte Théodore de Geloës
le 28 avril 1847 (2 000 francs) ; coll. comte de
Geloës, Paris, jusqu'en 1870 ; coll. du chanteur
Faure, Paris ; vente Faure, Paris, galerie Durand-
Ruel, 7 juin 1873, n° 7, repr. ; acquis par Durand-
Ruel (60 000 francs) ; peut-être Brame, Paris ;
coll. baron E. de Beurnonville ; vente baron de
Beurnonville, Paris, hôtel Drouot, 29 avril 1880,
n° 11, repr. ; acquis par Brame (34 000 francs) ; coll.
M. Tavernier, Paris ; vente, Paris, galerie Georges
Petit, 11 juin 1894, n° 5, repr. ; acquis par Durand-
Ruel (88 000 francs) ; Durand-Ruel, New York ;
acquis pour le Museum of Fine Arts, Boston, en
mémoire de Martin Brimmer en 1896.

BIBLIOGRAPHIE
Journal, 1996, p. 118, 126, 127, 129, 132, 137,
138, 150, 160, 162 ; *Correspondance*, t. II, 1937,
p. 25, 302 ; Mercey, 1er mars 1848, p. 292 ; Thoré,
17 mars 1848 ; Haussard, 23 mars 1848 ; Clément
de Ris, 26 mars 1848, p. 59 ; Saint-Victor, 26 mars
1848 ; Du Pays, 8 avril 1848, p. 89 ; Montlaur,
8 avril 1848 ; Gautier, 26 avril 1848 ; Perrier,
10 juin 1855, p. 72 ; Gebauer, 1855, p. 41 ;
Silvestre, 1855, p. 81 ; Forge, 1856, p. 47 ; Robaut,
1873, p. 183, 188 ; Robaut, 1885, n° 1034, repr. ;
M. Sérullaz, 1963, n° 383, repr. ; Johnson, t. III,
1986, n° 434, pl. 242 ; Daguerre de Hureaux, 1993,
p. 221, 223, 224, 235, 236, 304, 316, 322, 323,
328, repr. p. 221 ; Rautmann, 1997, fig. 300.

EXPOSITIONS
1848, Paris, n° 1157 ; 1855, Paris, n° 2910 ; 1930,
Paris, n° 121 ; 1944, New York, n° 24 ; 1963a, Paris,
n° 385 ; 1964, Édimbourg et Londres, n° 45, repr. ;
1969, Kyoto et Tokyo, n° H-26, repr.

126. *La Lamentation sur le Christ mort,*
appelé généralement *Le Christ au tombeau*

1849
Huile sur toile ; 0,560 x 0,473 m
Signé en bas vers le centre à gauche :
Eug. Delacroix
Phœnix, Phoenix Art Museum, Gift of
Mr. Henry R. Luce (64.42)

HISTORIQUE
Acquis par Adolphe Moreau père auprès du
marchand Weill le 31 décembre 1849 (205 francs) ;
coll. Adolphe Moreau père, Paris, jusqu'à sa mort en
1859 ; coll. Adolphe Moreau fils, Paris, jusqu'en
mars 1870 ; vendu par Adolphe Moreau fils en mars
1870 à Brame et Durand-Ruel (15 000 francs) ; coll.
Laurent-Richard ; vente Laurent-Richard, Paris,
hôtel Drouot, 7 avril 1873, n° 13, repr. ; acquis par
Durand-Ruel (29 000 francs) ; coll. du notaire
Frémyn en 1878 ; coll. Albert Spencer, New York ;
vente Spencer, New York, Chikezing Hall, 28 février
1888, n° 33 ; adjugé 10 600 $; coll. Alfred Corning
Clarck, New York, en 1889 ; coll. Stephen
C. Clarck ; Knoedler, New York, en 1935 ; vendu par
Knoedler à R. W. Edmiston en 1936 ; coll.
R. W. Edmiston ; coll. William H. Taylor, West
Chester ; Knoedler, New York ; vendu par Knoedler à
Mrs. Henry Luce en 1950 ; donné par Mr. Henry
R. Luce à l'Art Museum, Phœnix, en 1964.

BIBLIOGRAPHIE
Feydeau, 2 mai 1858, p. 294 ; Moreau, 1873,
p. 265 ; Robaut, 1885, n° 1037, repr. ; Johnson,
t. III, 1986, n° 435, pl. 243 ; Daguerre de Hureaux,
1993, p. 221, 223, 224, 235, 236, 304, 316, 322,
323, 328.

127. *La Mise au tombeau*

1858-1859
Huile sur toile ; 0,563 x 0,463 m
Signé et daté en bas vers le centre à gauche :
Eug. Delacroix / 1859.
Tokyo, The National Museum of Western Art
(P. 1975-2)

HISTORIQUE
Coll. Mme Alfred Magne en 1885 ; coll.
Mme Constantin ; vendu par Mme Constantin à
Bernheim-Jeune le 13 février 1905 ; vendu par
Bernheim-Jeune à Mante le même jour (archives
Bernheim-Jeune, citées par Johnson) ; coll.
M. A. Bergaud en 1910 ; coll. Antonio Santamarina,
Buenos Aires, en 1939 ; vente Santamarina, Londres,
Sotheby's, 2 avril 1974, n° 4 ; acquis par Peter
Nathan (65 000 £) ; Peter Nathan, Zurich ; acquis
par le National Museum of Western Art, Tokyo, en
1975.

BIBLIOGRAPHIE
Dumas, 22 avril 1859, p. 10, 13 ; Saint-Victor,
22 avril 1859 ; Tardieu, 22 avril 1859 ; Belloy,
1er mai 1859, p. 3 ; Mantz, 1er mai 1859, p. 138 ;
Lescure, 3 mai 1859 ; Houssaye, 7 mai 1859,
p. 295 ; Rousseau, 10 mai 1859 ; Du Pays, 21 mai
1859, p. 339 ; Gautier, 21 mai 1859 ; Fournel,
25 mai 1859 ; Perrier, 31 mai 1859, p. 294 et *sq.* ;
Perrin, 15 juin 1859, p. 409-410 ; Baudelaire,
10 et 20 juin et 1er et 20 juillet 1859, p. 332 ;
Montaiglon, août 1859, p. 442 et *sq.* ; Astruc, 1859,
p. 261-274 ; Aubert, 1859, p. 146, 148 et *sq.* ; Du
Camp, 1859, p. 32 ; Dumesnil, 1859, p. 81 et *sq.* ;
Fouquier, 1859, p. 71 ; Jourdan, 1859 ; Lépinois,
1859, p. 197 ; Stevens, 1859, p. 31 et *sq.* ; Moreau,
1873, p. 193 ; Robaut, 1885, n° 1380, repr. ;
Johnson, t. III, 1986, n° 470, pl. 275 ; Daguerre de
Hureaux, 1993, p. 221, 223, 224, 235, 236, 304,
316, 322, 323, 328, repr. p. 235 ; Rautmann, 1997,
p. 312, fig. 301 ; Jobert, 1997, p. 295, fig. 257.

EXPOSITIONS
1859, Paris, n° 820 ; 1963, Bordeaux, n° 55 ; 1987a,
Zurich, n° 116.

128. *La Montée au calvaire*
ou *Le Portement de croix*
ou *Le Christ succombant sous la croix*
ou *La Voie douloureuse*

1847-1859
Huile sur panneau de bois ; 0,57 x 0,48 m
Signé et daté en bas à droite : *Eug. Delacroix /
1859*
Metz, la Cour d'or, musées de Metz
(Inv. 11.458)

HISTORIQUE
Acquis par la ville de Metz auprès de Delacroix, sur
la proposition du peintre et collectionneur messin
Laurent-Charles Maréchal, pour la somme de
3 000 francs (dont 1 560 francs donnés par des
artistes et des notables de Moselle et 1 440 francs
pris sur le budget municipal de la ville de Metz) en
1861.

BIBLIOGRAPHIE
Journal, 1996, p. 118, 119, 131, 656, 711 ;
Correspondance, t. IV, 1937, p. 251, note 1 ; Dumas,
22 avril 1859, p. 10 ; Saint-Victor, 22 avril 1859 ;
Tardieu, 22 avril 1859 ; Richard, 24 avril 1859 ;
Dubosc de Pesquidoux, 27 avril 1859 ; Cadol,
30 avril 1859, p. 275 ; Belloy, 1er mai 1859, p. 3 ;
Mantz, 1er mai 1859, p. 135-139 ; Lescure, 3 mai
1859 ; Houssaye, 7 mai 1859, p. 295 ; Rousseau,
10 mai 1859 ; Delaborde, 15 mai 1859 ; Lavergne,
20 mai 1859 ; Du Pays, 21 mai 1859, p. 339 ;
Gautier, 21 mai 1859 ; Fournel, 25 mai 1859,
p. 157-159 ; Perrier, 31 mai 1859, p. 292-296 ;
Perrin, 31 mai 1859, p. 409-410 ; Chesneau, mai
1859, p. 164-166 ; Baudelaire, 10 et 20 juin et 1er et
20 juillet 1859, p. 333 ; Montaiglon, août 1859,
p. 442 ; anonyme, 1859, p. 15 ; Astruc, 1859, p. 264
et *sq.* ; Aubert, 1859, p. 146, 148 et *sq.* ; Auvray,
1859, p. 19-21 ; Du Camp, 1859, p. 32-34 ;
Dumesnil, 1859, p. 78-83 ; Duplessis, 1859,
p. 176 ; Fouquier, 1859, p. 71 ; Jourdan, 1859,
p. 33-35 ; Lépinois, 1859, p. 196 ; Stevens, 1859,
p. 26-34 ; Moreau, 1873, p. 193 ; Robaut, 1885,
n° 1377, repr. ; Tourneux, 1886, p. 98-103 ;
M. Sérullaz, 1963, n° 496, repr. ; Johnson, t. III,
1986, n° 469, pl. 274 ; Daguerre de Hureaux, 1993,
p. 234, 236, 304, 328, 334, repr. p. 234 ; Jobert,
1997, p. 294, fig. 259.

EXPOSITIONS
1859, Paris, n° 819 (*La montée au calvaire ; le Christ
succombant sous la croix*) ; 1864, Paris, n° 159 ; 1928,
Paris, n° 35 ; 1930, Paris, n° 186, repr. ; 1939,
Zurich, n° 369, pl. XXI ; 1939, Bâle, n° 259 ; 1952,
Londres, n° 46 ; 1956, Venise, n° 38 ; 1963a, Paris,
n° 493 ; 1963-1964, Berne, n° 90 ; 1964, Brême,
n° 85 ; 1964, Édimbourg et Londres, n° 70 ; 1973,
Paris, sans cat. ; 1986, Nice, n° 19, repr.

129. *La Décollation de saint Jean-Baptiste*

1856-1858
Huile sur toile ; 0,56 x 0,46 m
Signé et daté en bas à gauche : *Eug. Delacroix
/ 1858.*
Berne, musée des Beaux-Arts (1759)

HISTORIQUE
Peint pour M. Robert, de Sèvres ; coll. Robert ;
coll. Lambert de Sainte-Croix en 1885 ; coll.
Montaignac ; vendu par Montaignac à Boussod,
Valadon et Cie le 26 août 1903 ; acquis par
M. Camention le 31 octobre 1907 ; coll. Camention ;
coll. Salavin ; coll. Leonardo Benatov ; acquis à Paris
par le musée des Beaux-Arts de Berne en janvier
1953 (80 000 francs suisses).

BIBLIOGRAPHIE
Journal, 1996, p. 600, 663-664 ; Robaut, 1885,

n° 858, repr. ; M. Sérullaz, 1963, n° 495, repr. ;
Johnson, t. III, 1986, n° 468, pl. 273 ; Daguerre de
Hureaux et Guégan, 1994, p. 32, 116, repr. p. 117.

EXPOSITIONS
1885, Paris, n° 124 ; 1951, Paris, n° 2 ; 1952,
Londres, n° 28 ; 1963a, Paris, n° 492 ; 1963-1964,
Berne, n° 86 ; 1964, Brême, n° 82.

130. *Le Frappement du rocher*

1858 (?)
Plume et encre brune sur traits à la mine de
plomb ; 0,297 x 0,445 m
Cambridge, the Syndics of the Fitzwilliam
Museum (2031A)

HISTORIQUE
Atelier Delacroix, marque en bas à droite
(Lugt 838 a) ; vente après décès, Paris, hôtel Drouot,
22-27 février 1864, peut-être partie du n° 375
(28 feuilles réparties en cinq lots acquis par
MM. Gerspach, Robaut, Étienne, Leman) ou 376
(29 feuilles réparties en plusieurs lots acquis par
MM. de Cornemin, Marjolin, Robaut, Cadart) ;
coll. Charles Ricketts et Charles Shannon ; prêté au
Fitzwilliam Museum, Cambridge, de 1933 à 1937 ;
légué en 1937.

BIBLIOGRAPHIE
Robaut, 1885, sans doute partie du n° 1795 ou
1796.

EXPOSITION
1964, Édimbourg et Londres, n° 184, pl. 101.

131. *Jacob devant le manteau de Joseph*

1860
Plume et encre brune ; 0,134 x 0,199 m
Daté en bas vers la droite : *13 mars 1860*
Paris, musée du Louvre, département des Arts
graphiques (RF 9534)

HISTORIQUE
Atelier Delacroix, marque en bas à droite
(Lugt 838 a) ; vente après décès, Paris, hôtel Drouot,
22-27 février 1864, sans doute partie du n° 376
(29 feuilles réparties en plusieurs lots acquis par
MM. de Cormenin, Marjolin, Robaut, Cadart) ; coll.
Alfred Robaut, code et annotations au verso ; coll.

Étienne Moreau-Nélaton ; légué au musée du Louvre
en 1927, marque du musée en bas à droite
(Lugt 1886 a).

BIBLIOGRAPHIE
Robaut, 1885, n° 1415, repr. ; M. Sérullaz, t. I,
1984, n° 484, repr.

EXPOSITIONS
1930, Paris, n° 529 ; 1982, Paris, n° 66.

VII. *LES ŒUVRES ULTIMES*

132. *Lionne prête à s'élancer*

1863
Huile sur toile ; 0,295 x 0,390 m
Signé et daté en bas à droite : *Eug. Delacroix
/ 1863.*
Paris, musée du Louvre (RF 1397)

HISTORIQUE
Coll. Carlin ; vente Carlin, Paris, hôtel Drouot,
29 avril 1872, n° 11 ; acquis par Isaac de Camondo
(9 000 francs) ; coll. comte Isaac de Camondo ; coll.
Georges-Thomy Thiéry ; légué au musée du Louvre
en 1902.

BIBLIOGRAPHIE
Moreau, 1873, p. 281 (*Panthère*) ; Robaut, 1885,
n° 1456, repr. ; Johnson, t. III, 1986, n° 209, pl. 31 ;
Daguerre de Hureaux, 1993, p. 329.

EXPOSITIONS
1930, Paris, n° 199 ; 1949, Paris, n° 30 ; 1963c,
Paris, sans n° ; 1970, Paris, sans cat. ; 1974, Paris,
sans cat. ; 1975, Paris, sans cat.

133. *Tigre attaquant un serpent enroulé
à un arbre* ou *Tigre et Serpent*

1862
Huile sur toile ; 0,330 x 0,413 m
Signé et daté en bas à gauche : *Eug. Delacroix
1862.*
Washington, D. C., Corcoran Gallery of Art,
William A. Clark Collection (26.76)

HISTORIQUE

Coll. du marquis de Lambertye ; vente marquis de
Lambertye, Paris, hôtel Drouot, 4 février 1865,
n° 12 ; adjugé 1 820 francs ; coll. Paul Van Cuyck ;
vente après décès, Paris, hôtel Drouot, 7 février
1866, n° 7 ; adjugé 2 705 francs ; coll. comte
d'Aquila ; vente comte d'Aquila, Paris, hôtel
Drouot, 21 février 1868, n° 8 ; adjugé 8 020 francs ;
coll. Constant Hermant, dit Hermann, violoniste ;
vente Hermann, Paris, hôtel Drouot, 10 février
1879, n° 8, repr. ; adjugé 7 000 francs ; coll.
Th. Leroy ; vente Leroy, Paris, hôtel Drouot,
13 mai 1882, n° 16 ; adjugé 13 500 francs ;
coll. Mary J. Morgan, New York ; vente Morgan,
New York, Chikezing Hall, 3 mars 1886, n° 188 ;
acquis par Knoedler (4 450 $) ; vendu par Knoedler
à James J. Hill, Saint Paul, en avril 1886 ; vendu
par James J. Hill à Durand-Ruel en mai 1889 ; coll.
Henry M. Johnston, New York, vers 1889 ; vente
Johnston, New York, 28 février 1893, n° 68 ; adjugé
6 500 $; Knoedler, New York ; vendu par Knoedler
à H. S. Henry, Philadephie, en 1899 ; vente Henry,
New York, 25 janvier 1907, n° 13 ; acquis par
William A. Clark, Washington ; donné à la Corcoran
Gallery of Art, Washington, en 1926.

BIBLIOGRAPHIE

Moreau, 1873, p. 280 (faussement daté 1860) ;
Robaut, 1885, n° 1445, repr. ; Johnson, t. III, 1986,
n° 206, pl. 30 ; Daguerre de Hureaux, 1993, p. 329.

EXPOSITION

1987a, Zurich, p. 294, fig. p. 295.

134. *Félin marchant vers la droite, dans
un paysage*

1863
Plume et encre brune ; 0,116 x 0,129 m
Dédicacé en bas à gauche et daté en bas à
droite à la plume et à l'encre brune : *à Jenny.
| 5 avril | 63 | Pâques*
Paris, musée du Louvre, département des Arts
graphiques (RF 31 282)

HISTORIQUE

Coll. Mme Julien Pillaut, née Augusta Marceline
Bodin ; donné au musée du Louvre en 1960, marque
du musée en bas à droite (Lugt 1886 a).

BIBLIOGRAPHIE

M. Sérullaz, t. I, 1984, n° 1074, repr.

135. *Hercule ramène Alceste des enfers*

1862
Huile sur carton marouflé sur bois ;
0,323 x 0,488 m
Signé et daté en bas à gauche, vers le centre :
Eug. Delacroix 1862.
Washington, D. C., The Phillips Collection
(0485)

HISTORIQUE

Coll. Alluard, Limoges ; vente après décès, Paris,
24 mai 1888, n° 10 ; acquis par Arnold, Tripp et Cie
(8 000 francs) ; Arnold, Tripp et Cie, Paris ; vendu
par Arnold, Tripp et Cie à J. Mancini le 25 octobre
1898 (10 000 francs) ; Gallice, Paris, jusqu'au 9 mai
1900 ; Bernheim ; Bernheim-Jeune, Paris, mis en
vente en septembre 1899 (30 000 francs) ; acquis par
Ernest Cronier, Paris, le 11 janvier 1902 ; coll.
Ernest Cronier, Paris ; vente Cronier, Paris,
4 décembre 1905, n° 56 ; acquis par Paul Arthur
Chéramy (17 400 francs) ; coll. Paul Arthur
Chéramy, Paris ; vente Chéramy, Paris, Petit-Haro,
5 mai 1908, n° 151 ; acquis par Schoeller
(32 500 francs) ; de nouveau signalé dans la coll.
Paul Arthur Chéramy, Paris, entre 1908 et 1913 ;
deuxième vente Chéramy, 15 avril 1913, n° 16 ;
acquis définitivement par Dikran Khan Kelekian ;
vente Dikran Khan Kelekian, New York, 30 janvier
1922, n° 111 ; coll. Duncan Phillips, Washington ;
The Phillips Collection, Washington.

BIBLIOGRAPHIE

Johnson, t. III, 1986, n° 342, pl. 159.

136. *Chevaux à l'abreuvoir*

1862
Huile sur toile ; 0,76 x 0,91 m
Signé et daté en bas à gauche : *Eug. Delacroix
1862*
Philadelphie, Philadelphia Museum of Art,
W. P. Wilstach Collection (50-1-2)

HISTORIQUE

Vendu par Delacroix au marchand Tedesco le
6 octobre 1862 (2 000 francs) ; vente, Paris, 23 avril
1866, n° 14 ; acquis par Khalil Bey (5 300 francs) ;
vente Khalil Bey, Paris, hôtel Drouot, 16-18 janvier
1868, n° 21 ; acquis par Constant Say (15 000 francs) ;
coll. comtesse de Tredern, née Say, en 1885 ; vendu
par la comtesse de Tredern à Bernheim-Jeune le

21 mars 1910 ; vendu par Bernheim-Jeune par
l'intermédiaire de Boussod, Valadon et Cie à
Georges Petit en mai 1911 (archives Bernheim-
Jeune et Goupil-Boussod, citées par Johnson) ;
coll. Baillehache en 1916 ; coll. prince de Wagram,
Allemagne, en 1931 ; coll. Chester Beatty, Londres,
en 1939 ; Paul Rosenberg, New York, en 1950 ;
acquis par le Philadelphia Museum of Art pour la
W. P. Wilstach Collection en 1950.

BIBLIOGRAPHIE

Journal, 1996, p. 780 ; Robaut, 1885, n° 1442, repr. ;
Johnson, t. III, 1986, n° 415, pl. 224 ; Arama, 1987,
p. 215, n° 63, repr. ; Daguerre de Hureaux et
Guégan, 1994, repr. p. 20

EXPOSITIONS

1930, Paris, n° 197 A ; 1994-1995, Paris, n° 103,
repr.

137. *Botzaris surprend le camp
des Turcs au lever du soleil*

Vers 1862
Huile sur toile ; 0,60 x 0,73 m
Toledo, The Toledo Museum of Art (1994.36)

HISTORIQUE

Atelier Delacroix, cachet de cire rouge au verso ;
vente après décès, Paris, hôtel Drouot, 17-19 février
1864, n° 100 ; acquis par Mme Godard, née de
Thomas (1 000 francs) ; coll. Mme Godard ; coll.
Godard-Decrais ; coll. Jacques Dupont ; vente, Paris,
hôtel Drouot, 29 mars 1994, n° 78, repr. ; Richard
L. Feigen, Londres ; acquis par le Toledo Museum of
Art en 1994.

BIBLIOGRAPHIE

Robaut, 1885, n° 1408 ; M. Sérullaz, 1963, n° 529,
repr. ; Johnson, t. III, 1986, n° 346, pl. 160.

EXPOSITIONS

1930, Paris, n° 181, repr. *Album*, p. 92 ; 1963a,
Paris, n° 525 ; 1996-1997, Bordeaux, Paris et
Athènes, n° 33, repr. (éd. française).

138. *Camp arabe, la nuit*

1863
Huile sur toile ; 0,550 x 0,650 m
Signé et daté en bas vers le centre :

Eug. Delacroix 1863.
Budapest, Szépmüvészeti Múzeum (72.7.B)

HISTORIQUE
Commandé à Delacroix par le marchand de tableaux
Tedesco ; payé 2 500 francs ; Doll et Richards,
Boston ; acquis auprès de Doll et Richards par
Knoedler, New York, en janvier 1914 ; vendu par
Knoedler au baron Francis de Hatvany, Budapest,
en septembre 1914 ; acquis par le Szépmüvészeti
Múzeum, Budapest, en 1972.

BIBLIOGRAPHIE
Journal, 1996, p. 780, 781 ; *Correspondance*, t. IV,
1938, p. 372 ; Johnson, t. III, 1986, n° 418, pl. 226 ;
Arama, 1987, p. 215, n° 62, repr. ; Arama, 1994-
1995, repr. p. 89.

139. *Combat d'Arabes dans les montagnes*
ou *La Perception de l'impôt arabe*

1863
Huile sur toile ; 0,92 x 0,74 m
Signé et daté en bas au centre : *Eug. Delacroix
1863.*
Washington, D. C., National Gallery of Art,
Chester Dale Fund (2329)

HISTORIQUE
Vendu par Delacroix au marchand Tedesco le
12 avril 1863 (2 000 francs) ; coll. Édouard André
entre 1878 et 1890 environ (Robaut annoté) ; coll.
A. Smit ; vendu par Schmit à Durand-Ruel, Paris, le
4 février 1893 ; revendu par Durand-Ruel, Paris, à
Durand-Ruel, New York, le 12 décembre 1895
(archives Durand-Ruel, citées par Johnson) ; vendu
par Durand-Ruel, New York, à M. C. D. Borden le
6 mars 1895 ; vente Borden, New York, 13 février
1913, n° 77 ; acquis par Holst (16 000 $) ; coll.
James J. Hill, Saint Paul, Minnesota ; coll. Mrs.
James J. Hill ; coll. Louis W. Hill, Saint Paul, entre
1930 et 1948 ; coll. Jerome Hill, son fils, en 1961 ;
acquis par la National Gallery of Art, Washington,
avec le Chester Dale Fund en 1966.

BIBLIOGRAPHIE
Correspondance, t. IV, 1938, p. 372 ; Piron, 1865,
p. 111 ; M. Sérullaz, 1963, n° 532, repr. ; Johnson,
t. III, 1986, n° 419, pl. 227 ; Arama, 1987, p. 215,
n° 61, repr. ; Arama, t. VI, 1992, repr. p. 112 ;
Daguerre de Hureaux, 1993, p. 191, repr. p. 195 ;
Daguerre de Hureaux et Guégan, 1994, p. 47, repr.
p. 15 ; Jobert, 1997, p. 168, fig. 133.

EXPOSITIONS
1885, Paris, n° 239 B (*Addenda*) ; 1930, Paris,
n° 199 A ; 1962-1963, Toronto et Ottawa, n° 25, repr. ;
1963a, Paris, n° 527 ; 1991, New York, n° 14, repr.

140. *Saint Étienne emmené par ses disciples*

1862
Huile sur toile ; 0,467 x 0,380 m
Signé et daté en bas vers la droite sur une
marche : *Eug. Delacroix 1862*
Birmingham, The University of Birmingham,
The Trustees of the Barber Institute of Fine
Arts (62.1)

HISTORIQUE
Peut-être coll. Paul Tesse en 1864 ; acquis par
Étienne Moreau-Nélaton dans une vente à Paris,
hôtel Drouot, avant juin 1880 (2 625 francs) ;
échangé par Moreau-Nélaton en juin 1880 avec
Warocquier, Bruxelles, mais repris par le
collectionneur français en 1886 (archives Moreau-
Nélaton, citées par Johnson) ; coll. Solvay ;
Wildenstein en 1956 ; acquis par le Barber Institute
of Fine Arts, Birmingham, en février 1962.

BIBLIOGRAPHIE
Robaut, 1885, n° 1212, repr. ; M. Sérullaz, 1963,
sous le n° 437 ; Johnson, t. III, 1986, n° 472,
pl. 259 ; Jobert, 1997, p. 293, fig. 252.

EXPOSITIONS
Peut-être 1864, Paris, n° 68 (*à M. Tesse*) ; 1963,
Bordeaux, n° 57, repr. ; 1987a, Zurich, p. 292, 293
repr., 337, n° 125.

141 à 150. **Les dessins religieux
de l'hiver 1862**

141. *Le Reniement de saint Pierre*

1862
Plume, encre brune et lavis brun ;
0,145 x 0,215 m
Daté en bas à droite à la plume et à l'encre
brune : *2 janvier 62.*
Paris, musée du Louvre, département des Arts
graphiques (RF 36 499)

HISTORIQUE
Atelier Delacroix, marque en bas au centre (Lugt
838 a) ; vente après décès, Paris, hôtel Drouot,
22-27 février 1864, sans doute partie du n° 375

(28 feuilles réparties en cinq lots acquis par
MM. Gerspach, Robaut, Étienne, Leman) ou 376
(29 feuilles réparties en plusieurs lots acquis par
MM. de Cornemin, Marjolin, Robaut, Cadart) ;
coll. Max et Rosy Kaganovitch ; donné au musée du
Louvre en 1977, marque du musée en bas à gauche
(Lugt 1886 a).

BIBLIOGRAPHIE
Robaut, 1885, sans doute partie du n° 1795 ou
1796 ; Prat, 1979, p. 101 et note 4 ; M. Sérullaz, t. I,
1984, n° 494, repr. ; Prat, 1992, p. 29, fig. 4.

EXPOSITIONS
1963-1964, Berne, n° 339 ; 1964, Brême, n° 313
(*Jugement de Salomon*) ; 1964, Édimbourg et Londres,
n° 186 ; 1982, Paris, n° 68 ; 1986, Nice, n° 29, repr.

142. *La Pêche miraculeuse*

1862
Plume et encre brune ; 0,128 x 0,206 m
Daté en bas à gauche à la plume et à l'encre
brune : *2 janvier 62.*
Brême, Kunsthalle (65/129)

HISTORIQUE
Atelier Delacroix, marque en bas à droite (Lugt
838 a) ; vente après décès, Paris, hôtel Drouot,
22-27 février 1864, sans doute partie du n° 375
(28 feuilles réparties en cinq lots acquis par
MM. Gerspach, Robaut, Étienne, Leman) ou 376
(29 feuilles réparties en plusieurs lots acquis par
MM. de Cornemin, Marjolin, Robaut, Cadart) ;
acquis par la Kunsthalle, Brême, en 1965, marque
du musée en bas à droite (L. 292).

BIBLIOGRAPHIE
Robaut, 1885, sans doute partie du n° 1795 ou
1796 ; Prat, 1979, p. 101 et note 5 ; Prat, 1992,
p. 29, fig. 3.

143. *Les Trois Marie au sépulcre*

1862
Plume et encre brune ; 0,136 x 0,208 m
Daté en bas à droite à la plume et à l'encre
brune : *2 janvier 1862*
Princeton, Princeton University, The Art
Museum, Gift of Frank Jewett Mather, Jr.
(1941-114)

HISTORIQUE
Atelier Delacroix, marque en bas au centre (Lugt
838 a) ; vente après décès, Paris, hôtel Drouot,
22-27 février 1864, sans doute partie du n° 375
(28 feuilles réparties en cinq lots acquis par
MM. Gerspach, Robaut, Étienne, Leman) ou 376
(29 feuilles réparties en plusieurs lots acquis par
MM. de Cornemin, Marjolin, Robaut, Cadart) ; coll.
Frank Jewett Mather, Jr. ; donné à l'University Art
Museum, Princeton, en 1941.

BIBLIOGRAPHIE
Robaut, 1885, sans doute partie du n° 1795 ou
1796 ; Prat, 1979, p. 101 et note 6 ; Prat, 1992,
p. 29, 30, fig. 5.

EXPOSITION
1962-1963, Toronto et Ottawa, n° 37, repr.

144. *Le Baiser de Judas*

1862
Plume et encre brune ; 0,130 x 0,204 m
Daté en bas au centre à la plume et à l'encre
brune : *18. f^r. 62*
Amiens, musée de Picardie (3098.645)

HISTORIQUE
Atelier Delacroix, marque en bas à gauche (Lugt
838 a) ; vente après décès, Paris, hôtel Drouot,
22-27 février 1864, sans doute partie du n° 375
(28 feuilles réparties en cinq lots acquis par
MM. Gerspach, Robaut, Étienne, Leman) ou 376
(29 feuilles réparties en plusieurs lots acquis par
MM. de Cornemin, Marjolin, Robaut, Cadart) ; coll.
chanoine Dumont ; légué au musée de Picardie,
Amiens, en 1929.

BIBLIOGRAPHIE
Robaut, 1885, sans doute partie du n° 1795 ou
1796 ; Prat, 1979, p. 100, fig. 1, 101, 104, n° 1 ;
Prat, 1992, p. 30, fig. 7.

EXPOSITION
1986, Nice, n° 31, repr.

145. *Le Christ devant Pilate*

1862
Plume et encre brune ; 0,133 x 0,205 m
Daté à la plume et à l'encre brune en bas à
droite : *18 fr. 62*
Paris, collection Prat

HISTORIQUE
Atelier Delacroix, marque en bas à gauche (Lugt
838 a) ; vente après décès, Paris, hôtel Drouot,
22-27 février 1864, sans doute partie du n° 375
(28 feuilles réparties en cinq lots acquis par
MM. Gerspach, Robaut, Étienne, Leman) ou 376
(29 feuilles réparties en plusieurs lots acquis par
MM. de Cornemin, Marjolin, Robaut, Cadart) ;
Vuillier ; acquis par Louis de Launay le 3 mai 1899 ;
coll. Louis de Launay ; Bruno de Bayser, Paris, 1981
(cat. 1981, Paris, n° 16, repr.) ; coll. Prat, Paris,
marque en bas à droite (non citée par Lugt).

BIBLIOGRAPHIE
Robaut, 1885, sans doute partie du n° 1795 ou
1796 ; M. Sérullaz, t. II, 1984, *Addenda*, p. 424,
sous le n° 496 ; Prat, 1992, p. 30, 31, fig. 8.

EXPOSITION
1986, Nice, n° 30, repr.

146. *Tobie et l'Ange*

1862
Plume et encre brune ; 0,205 x 0,133 m
Daté en bas à droite à la plume et à l'encre
brune : *18 f^r. 62.*
Paris, collection Prat

HISTORIQUE
Atelier Delacroix, marque en bas gauche (Lugt
838 a) ; vente après décès, Paris, hôtel Drouot,
22-27 février 1864, sans doute partie du n° 375
(28 feuilles réparties en cinq lots acquis par
MM. Gerspach, Robaut, Étienne, Leman) ou 376
(29 feuilles réparties en plusieurs lots acquis par
MM. de Cornemin, Marjolin, Robaut, Cadart) ; coll.
Mme veuve Caïus Trollé ; vente, Paris, hôtel Drouot,
30 avril 1913, partie du n° 53 ; acquis par Louis de
Launay ; coll. Louis de Launay ; Bruno de Bayser,
Paris, 1991 ; coll. Prat, Paris, marque en bas à
gauche (non citée par Lugt).

BIBLIOGRAPHIE
Robaut, 1885, sans doute partie du n° 1795 ou
1796 ; Prat, 1992, p. 30-31, fig. 6.

147. *Le Christ et l'Aveugle de Jéricho*

1862
Plume et encre brune ; 0,133 x 0,205 m
Daté en bas à droite à la plume et à l'encre
brune : *24 f^r. 62*
Paris, collection Prat

HISTORIQUE
Atelier Delacroix, marque en bas à droite (Lugt
838 a) ; vente après décès, Paris, hôtel Drouot,
22-27 février 1864, sans doute partie du n° 375
(28 feuilles réparties en cinq lots acquis par
MM. Gerspach, Robaut, Étienne, Leman) ou 376
(29 feuilles réparties en plusieurs lots acquis par
MM. de Cornemin, Marjolin, Robaut, Cadart) ; coll.
Louis de Launay (peut-être inventorié comme *Tobie
guérissant son père*) ; Bruno de Bayser, Paris, 1991 ;
coll. Prat, Paris, marque en bas à droite (non citée
par Lugt).

BIBLIOGRAPHIE
Robaut, 1885, sans doute partie du n° 1795 ou
1796, repr. ; Prat, 1992, p. 30, 31, fig. 9.

148. *Ecce Homo*

1862
Plume et encre brune ; 0,198 x 0,132 m
Daté en bas à droite à la plume et à l'encre
brune : *24 f^r. 62.*
Paris, collection Prat

HISTORIQUE
Atelier Delacroix, marque en bas à gauche (Lugt
838 a) ; vente après décès, Paris, hôtel Drouot,
22-27 février 1864, sans doute partie du n° 375
(28 feuilles réparties en cinq lots acquis par
MM. Gerspach, Robaut, Étienne, Leman) ou 376
(29 feuilles réparties en plusieurs lots acquis par
MM. de Cornemin, Marjolin, Robaut, Cadart) ;
galerie de Staël, Paris, en 1992 ; coll. Prat, Paris,
marque en bas à gauche (non citée par Lugt).

BIBLIOGRAPHIE
Robaut, 1885, sans doute partie du n° 1795 ou
1796 ; Prat, 1992, p. 30, 32, fig. 10.

149. *Le Christ guérissant une démoniaque (?)*
ou *La Mort de Saphire (?)*

1862
Plume et encre brune ; 0,134 x 0,206 m
Daté en bas à droite à la plume et à l'encre
brune : *24 f*ʳ*. 62.*
Bucarest, Muzeul National de Artà Al
României (inv. 221 24 810)

HISTORIQUE
Atelier Delacroix, marque en bas au centre (Lugt
838 a) ; vente après décès, Paris, hôtel Drouot,
22-27 février 1864, sans doute partie du n° 375
(28 feuilles réparties en cinq lots acquis par
MM. Gerspach, Robaut, Étienne, Leman) ou 376
(29 feuilles réparties en plusieurs lots acquis par
MM. de Cornemin, Marjolin, Robaut, Cadart) ; Paul
Prouté, Paris, vers 1931 ; acquis pour (et par) le
musée Toma Stelian, Bucarest, en 1931 ; transféré
avec l'ensemble des collections au musée national
d'Art de Roumanie en 1950.

BIBLIOGRAPHIE
Robaut, 1885, sans doute partie du n° 1795 ou
1796.

150. *La Madeleine aux pieds du Christ*

1862
Plume et encre brune ; 0,207 x 0,135 m
Annoté en bas à gauche à la mine de plomb,
d'une main étrangère (Étienne Moreau-
Nélaton ?) : *vers la fin de sa vie / 1862*
Paris, musée du Louvre, département des Arts
graphiques (RF 9548)

HISTORIQUE
Atelier Delacroix, marque en bas à droite (Lugt
838 a) ; vente après décès, Paris, hôtel Drouot,
22-27 février 1864, sans doute partie du n° 375
(28 feuilles réparties en cinq lots acquis par
MM. Gerspach, Robaut, Étienne, Leman) ou 376
(29 feuilles réparties en plusieurs lots acquis par
MM. de Cornemin, Marjolin, Robaut, Cadart) ;
coll. Étienne Moreau-Nélaton ; légué au musée du
Louvre en 1927, marque du musée en bas à droite
(Lugt 1886 a).

BIBLIOGRAPHIE
Robaut, 1885, sans doute partie du n° 1795 ou
1796 ; M. Sérullaz, t. I, 1984, n° 494, repr. ; Prat,
1992, p. 29.

EXPOSITIONS
1930, Paris, n° 531 ; 1963b, Paris, n° 105, repr.,
pl. XXIII ; 1982, Paris, n° 67.

151 à **154.** *Les Quatre Saisons*

151. *Orphée et Eurydice* ou *Le Printemps*

1856-1863
Huile sur toile ; 1,980 x 1,657 m
São Paulo, Museu de Arte de São Paulo Assis
Chateaubriand (67/1952)

152. *Diane surprise au bain par Actéon*
ou *L'Été*

1856-1863
Huile sur toile ; 1,980 x 1,657 m
São Paulo, Museu de Arte de São Paulo Assis
Chateaubriand (68/1952)

153. *Bacchus et Ariane* ou *L'Automne*

1856-1863
Huile sur toile ; 1,980 x 1,657 m

São Paulo, Museu de Arte de São Paulo Assis
Chateaubriand (69/1952)

154. *Junon implore d'Éole la destruction*
de la flotte d'Énée ou *L'Hiver*

1856-1863
Huile sur toile ; 1,980 x 1,657 m
São Paulo, Museu de Arte de São Paulo Assis
Chateaubriand (70/1952)

HISTORIQUE
Commandés en janvier 1856 par Jacques Félix
Frédéric Hartmann, industriel à Munster, et jamais
achevés, ni livrés par le peintre ; atelier Delacroix,
cachet de cire au verso ; vente après décès, Paris,
hôtel Drouot, 17-19 février 1864, nᵒˢ 101 à 104
(Tableaux inachevés, *Panneaux décoratifs figurant les
Quatre Saisons* : *Eurydice, cueillant des fleurs dans une
prairie, est piquée par un serpent* ; *Diane surprise au bain
par Actéon* ; *Bacchus revenant des Indes rencontre Ariane
abandonnée* ; *Junon implore d'Éole qu'il détruise la flotte
d'Énée*) ; acquis par Étienne François Haro (1 500,
1 550, 850 et 1 000 francs) ; Durand-Ruel, Paris,
en 1873 ; coll. Émile de Girardin, Paris, peut-être
à partir de 1875 ; vente après décès, 24 mai 1883,
Paris, hôtel Drouot, nᵒˢ 12 à 15 ; les quatre œuvres
sont adjugées ensemble pour 30 000 francs ; peut-
être Durand-Ruel, Paris ; Cottier and Co,
New York ; coll. James S. Inglis, New York ; vente
Inglis, New York, American Art Galleries, 9 mars
1910, nᵒˢ 119 à 122 (*Automne* et *Printemps* inversés) ;
coll. Albert Gallatin, New York, en 1924 ;
Wildenstein, New York, jusqu'en 1952 ; acquis par
le Museu de Arte, São Paulo, en 1952.

BIBLIOGRAPHIE
Moreau, 1873, p. 316 ; Robaut, 1885, nᵒˢ 1434,
1428, 1430 et 1432, repr. ; Johnson, t. III, 1986,
p. 62-67 et nᵒ 248, pl. 66, nᵒ 249, pl. 67, nᵒ 250,
pl. 68 et nᵒ 251, pl. 69 ; Camesasca, « Les Saisons
Hartmann », cat. exp. *Trésors du musée de São Paulo :
de Raphaël à Corot*, Martigny, fondation Gianadda,
1988, p. 184-195.

EXPOSITIONS
1864, Paris, nᵒˢ 50 à 53 ; 1944, New York, nᵒˢ 43 à
46 ; 1952, Londres, nᵒˢ 47 à 50 ; 1987a, Zurich,
nᵒˢ 120 à 123, repr.

LA TECHNIQUE D'EUGÈNE DELACROIX : UNE APPROCHE HISTORIQUE

David Liot

Avec une régularité et une précision qui forcent l'admiration, Eugène Delacroix copiait soigneusement dans les agendas de son *Journal* de longues listes de pigments utilisés pour ses peintures, qui révèlent la complexité des combinaisons chromatiques du peintre. Fréquemment destinées aux collaborateurs de ses immenses compositions décoratives, elles constituent également autant d'aide-mémoire destinés à conserver une découverte technique personnelle, une recette apprise d'un contemporain ou un procédé à essayer.

En dépit de leur précision, ces diverses notes, aussi passionnantes soient-elles, ne sauraient cependant constituer pour l'historien d'art une preuve que le peintre a bien mis en œuvre dans ses tableaux ces divers procédés. En effet, le décalage habituel entre la théorie et la pratique aurait pu entraîner d'autres choix techniques et, du fait que nous ne connaissions pas les circonstances de ses confidences professionnelles, il convenait d'envisager que ces pages du *Journal* de Delacroix ne fussent que des propositions de travail abandonnées, voire de simples spéculations intellectuelles sans correspondant matériel. La récente découverte de cahiers de comptes professionnels, conservés dans les archives d'Achille Piron (Paris, archives des Musées nationaux), a heureusement permis de constater qu'il n'en est rien. Deux carnets – l'un correspondant aux dépenses de fournitures pour l'église Saint-Sulpice, commencé le 25 juin 1854, et l'autre récapitulant au quotidien les commandes de pigments passées au marchand Haro durant les années 1858 et 1859 – apportent ainsi de nombreuses preuves à l'appui des annotations du *Journal*, montrant par exemple que le peintre commandait à Haro la plupart des pigments cités dans ses écrits intimes. Ces documents précieux permettent en définitive de reconstituer sa palette.

Des premières études scientifiques détaillées et des analyses de laboratoire sont venues compléter ces sources et ont enrichi notre connaissance de la technique de Delacroix, en particulier de sa touche et de son sens de la couleur. Des recherches systématiques restent à mener, qui permettront, nous l'espérons, de remettre en cause certaines de nos idées reçues sur l'esthétique du peintre et sur l'art de son époque.

Vincent Pomarède

LA TOUCHE

Dès octobre 1853, Delacroix envisageait d'écrire un dictionnaire des Beaux-Arts à vocation pédagogique, constitué d'articles courts sur la technique de la peinture. Dans le cadre de ce projet, inachevé à sa mort, le peintre en a ébauché un certain nombre, en particulier sur la « Touche », l'« Exécution », l'« Empâtement », le « Contour » et le « Réalisme ».

Delacroix, qui se référait à Rubens – à « la prodigieuse saillie de ses figures » –, insistait avec force sur l'importance du relief – illusionniste ou réel – et sur la vocation signifiante de la matière picturale. Ce thème revient régulièrement dans son *Journal* et dans sa correspondance, et reste un sujet permanent d'échanges avec ses assistants. Il apparaît surtout comme un moyen privilégié de rejeter les peintres académiques et leur facture lisse. Opposé à David et Ingres – ces « froids » tenants du contour et de l'aplat –, Delacroix valorisait la touche, porteuse de sens – cette nécessaire « indication de la pensée[1] ». Louis de Planet, l'un de ses assistants, rapportant les « défauts de la journée » que lui signalait son maître lors de ses visites, notamment pendant sa contribution à la réalisation des pendentifs pour la bibliothèque de la Chambre des députés (palais Bourbon) à partir de 1841, souligna cette obsession du relief qui conduisait parfois Delacroix à privilégier l'empâtement. « Toujours beaucoup empâter, ne pas faire attention aux contours », lui conseillait-il ainsi à propos du pendentif d'*Ovide chez les Scythes*, le 3 janvier 1844[2].

Cependant, malgré sa fascination pour Géricault et « sa pâte de couleurs », Delacroix contrôlait en permanence ses « ardeurs plastiques ». « Rendre la matière rebelle pour la vaincre avec patience » écrivait-il, jeune alors, dans son *Journal* (20 juillet 1824, p. 91). Ce contrôle de soi, cette retenue caractérisent, parfois de manière caricaturale, ce jeune artiste formé par le néo-classique Guérin. Deux facettes de la personnalité du maître apparaissent : la première, celle d'une matière libre et spontanée, annonciatrice du fauvisme ; la seconde, celle d'une matière domestiquée et marquée par le classicisme. Cette ambivalence – Baudelaire parle de double caractère –, où la modération ne peut exister sans débordements, engendre une alchimie plastique unique et inimitable.

La prodigieuse saillie

« Je remarque aussi que sa principale qualité, s'il est possible qu'il en faille préférer quelqu'une, c'est la prodigieuse saillie de ses figures, c'est-à-dire leur prodigieuse vie » (*Journal*, 21 octobre 1860, p. 790*)*. La passion de Delacroix pour Rubens n'est pas à démontrer, mais cette saillie est le caractère de l'œuvre du maître le plus apprécié – à l'opposé des aplats de la peinture académique. Delacroix ajoutait ensuite dans son *Journal*, à propos des *Chasse* de Rubens : « C'est à réaliser le problème de la saillie et de l'épaisseur qu'arrivent seulement les plus grands peintres » (21 octobre 1860, p. 790). Cette fascination pour la saillie rubénienne semble s'amplifier durant les dernières années de sa vie : dans son *Journal*, on le voit relativiser le 6 mars 1847 les excès rubéniens – ces « exagérations » et « formes boursouflées » – qu'il considérait surtout comme source d'inspiration, puis, le 9 octobre 1849 à Valmont en Normandie, s'interroger avec un certain recul sur « l'extrême facilité, la hardiesse de touche », avant d'évoquer avec foi, dix ans plus tard, cette « prodigieuse saillie ». Ce mélange de distance et de fascination exprime clairement sa double approche. Ces fluctuations de jugement font écho aux variations plastiques qui caractérisent ses œuvres et mettent en évidence l'instabilité des opinions de Delacroix.

Plus que la couleur, ce sont les contrastes de surface des œuvres de Rubens qui séduisaient le peintre. Il les associait à la vie. Ce « ferment de vie », selon René Huyghe[3], parcourt l'œuvre de Delacroix. Déjà Baudelaire, après la mort du maître, notait : « Nous admirons en lui, la violence, la soudaineté dans le geste, la turbulence de la composition, la magie de la couleur[4]. »

Delacroix, en parlant de saillie, semblait parfois raisonner en sculpteur. Il recherchait le combat avec une « matière difficile à travailler comme du marbre » (*Journal*, 20 juillet 1824, p. 91). Ces rapprochements peinture-sculpture apparurent dès ses années de jeunesse et semblent s'être affirmés grâce à ses amitiés avec les sculpteurs Barye, Préault ou Daumier. Son rejet du contour le conduisait à rechercher ce « dessin par les milieux » pratiqué par ses amis. Appelé aussi dessin par les oves, ce « système antique des œufs » était appliqué par Delacroix à la peinture. Il modelait par masses, construisait et charpentait les figures par des ovales successifs permettant le passage progressif de la lumière à l'ombre : « De la lumière à l'ombre extrême s'étageait toute une construction d'oves de formes différentes plus ou moins ombrées qui formaient l'architecture de toute la figure et prononçaient la saillie[5]. » Cette valorisation de la sculpture – celle qui comporte la touche – était une manière de se démarquer « des partisans exclusifs de la forme et du contour », ces revendicateurs de l'aplat académique. « Les sculpteurs vous sont supérieurs », leur lançait-il péremptoirement dans son *Journal*, ajoutant quelques lignes plus loin : « Avec vos ciels couleur d'ardoise, avec vos chairs mates et sans effet, vous ne pouvez produire la saillie » (27 mars 1853, p. 324). Delacroix empâtait parfois sa grisaille afin d'accrocher ses glacis. Il n'hésitait pas, selon Louis de Planet, à exagérer le relief de certaines parties qui, à la lumière, ressortaient mieux. Son collaborateur – qui eut à effectuer sous sa direction une copie de *La Noce juive* – parlait ainsi « d'espèces de tas de couleurs » faisant saillir les parties lumineuses. « Ce sera même là une précaution pour l'avenir, car, si les glacis viennent à disparaître par suite d'accidents quelconques, ces masses bien dessinées et bien empâtées resteront toujours. La peinture ressemblera alors à ces vieux bas-reliefs antiques, usés, où toutes les finesses ont été enlevées par le temps, où il ne reste plus que les grandes masses et les grands plans, et qui, tout mutilés qu'ils soient, conservent encore des marques de beautés ineffaçables[6]. »

L'étude de certaines œuvres de Delacroix pendant leur restauration a confirmé l'importance des contrastes par l'emploi simultané de frottis et d'empâtements. Ainsi par exemple, après observation du *Prisonnier de Chillon,* le restaurateur a signalé que, dans les fonds, « la matière picturale, très mince dans les bruns, s'est amaigrie et laisse apparaître par endroits la préparation[7] ». Cette remarque permet de supposer, dans ce cas, l'utilisation de frottis pour les ombres et celle d'empâtements pour les lumières. Louis de Planet a raconté que, n'ayant pas assez empâté la grisaille du pendentif de *La Mort de Pline l'Ancien* (Paris, palais Bourbon, bibliothèque), Delacroix intervint à sa place en épaississant de manière significative les clairs[8].

Ces frottis, qui parallèlement laissent apparaître la préparation, renforcent l'impression de profondeur.

« Rendre la pensée dans la peinture »

Dans son essai de dictionnaire des Beaux-Arts, Delacroix attacha une grande importance à la rubrique « Exécution ». Deux conceptions apparaissent qui, là encore, mettent en évidence une démarche ambivalente : un intérêt fort pour l'épiderme de l'œuvre, porteur de sens, et la peur que celui-ci n'apparaisse que comme l'unique but. L'exécution devait rester, avant tout, un moyen – la couche picturale (la peau) n'étant qu'un pont entre le sentiment et le spectateur.

Loin de revendiquer la peinture pure, Delacroix souhaitait mettre en lumière l'Idée, qui restait la raison essentielle de sa création. Il recopia ainsi un article de Scudo paru en 1857 dans la *Revue des Deux Mondes* qui illustre ce propos : « Dans les arts, les idées et la forme se pénètrent d'une manière presque aussi intime que l'âme et le corps. »

L'aspect de la matière doit selon lui être le fruit d'un contrôle savant et non celui d'une spontanéité hasardeuse. Les traces des outils ne sont intellectuellement pas souhaitées. Plus tard, Signac mettra en cause la virtuosité technique et affirmera alors, à la lecture du *Journal* de Delacroix : « La main aura bien peu d'importance ; seuls le cerveau et l'œil du peintre auront un rôle à jouer[9]. »

« Cette infernale commodité de la brosse »

Pourtant les outils employés sont fréquemment décrits dans le *Journal*, la correspondance, les écrits des assistants. « Affamé de palettes et de pinceaux » (lettre à Villot, 5 août 1845 ; *Correspondance*, t. II, p. 229), Delacroix brillait par sa méticulosité : propreté des outils, préparation des palettes... Les pinceaux – prolongement de la main de l'artiste – étaient d'abord des armes de lutte avec la matière dans un combat bref, sensuel, qui ne devait laisser aucune trace. Le premier jet, libre et fougueux, semblait devoir être dompté. Cette quête de liberté, si romantique, tant étudiée, n'empêchait pas le besoin d'ordre et de rigueur d'un artiste qui reste pour René Piot[10] le « dernier des classiques ». Ainsi, dans ses années de maturité, Delacroix n'hésitait pas à remettre en cause la « facilité de pinceau, la touche coquette des Bonington et autres » (*Journal*, 22 novembre 1853, p. 384), tant recherchées dans sa jeunesse. « Quand j'ai fait un morceau empâté et qu'il y a des touches de la brosse trop marquées en épaisseur, passer légèrement une brosse douce et longue pour lier et aplanir un peu ces aspérités trop rudes qui gênent ensuite M. Delacroix quand il veut reprendre la peinture », écrivait Louis de Planet à propos de sa collaboration aux pendentifs de la Chambre des députés, le 3 janvier 1844[11].

En 1853, Delacroix admirait le *Saint Just* de Rubens et sa facture lisse, sans plans heurtés, résultant de l'emploi du pinceau plutôt que celui de la brosse. Il opposait alors le premier à la seconde, qui laisse des aspérités, des traces et « des sillons impossibles à dissimuler ». Déjà en 1824 – année des *Scènes des massacres de Scio*, tableau phare du romantisme – le jeune et fougueux artiste expliquait : « La grande affaire, c'est d'éviter cette infernale commodité de la brosse » (*Journal*, 20 juillet 1824, p. 90-91).

« Rendre la matière rebelle pour la vaincre avec patience » (*Journal*, 20 juillet 1824, p. 91)

Ce besoin d'ordre, perceptible tout au long de sa carrière, met en évidence son souci de donner à voir la « pensée », celle-ci ne devant pas être troublée par une facture et une exécution trop visibles, trop libres. Delacroix affirmait que l'artiste doit savoir s'effacer en ne privilégiant pas son métier et que le spectateur doit pouvoir rêver : « Le peintre pense moins à exprimer son sujet qu'à faire briller son habileté, son adresse ; de là, la belle exécution, la touche savante, le morceau supérieurement rendu... Eh ! malheureux ! pendant que j'admire ton adresse, mon cœur se glace et mon imagination reploie ses ailes.

« Les vrais grands maîtres ne procèdent pas ainsi. Non, sans doute, ils ne sont pas dépourvus du charme de l'exécution, tout au contraire, mais ce n'est pas cette exécution stérile, matérielle, qui ne peut inspirer d'autre estime que celle qu'on a pour un tour de force » (*Journal*, 21 juin 1844, p. 868-869).

Les artistes du XVIIIe siècle n'avaient assurément pas sa faveur. Delacroix s'interrogeait à ce sujet, à Valmont, en comparant les peintures accrochées sur les murs du salon de son cousin Bornot. « En un mot, je me suis souvent pris à me demander pourquoi l'extrême facilité, la hardiesse de touche, ne me choquent pas dans Rubens, et qu'elles ne sont que de la pratique haïssable chez les Vanloo[12] » (*Journal*, 9 octobre 1849, p. 208). Il critiquait cette « malheureuse facilité », ces « marques d'un cachet de faiblesse ». Il hiérarchisait ainsi la touche : la bonne et la mauvaise, la mauvaise étant celle qui devient le but unique. La qualité plastique de l'œuvre doit rester un moyen au service de la « pensée », du sentiment.

Delacroix s'étonnera de la saillie et de la vigueur des *Baigneuses* de Courbet (Montpellier, musée Fabre), qu'il qualifiera de vulgaires et desquelles il écrira : « C'est la vulgarité et l'inutilité de la pensée qui sont abominables... » (*Journal*, 15 avril 1853, p. 327-328).

Touches et couleur

Delacroix n'associait pas directement la touche à la couleur dans son dictionnaire. La définition qu'il donnait de la touche insiste sur le relief, la mise en valeur des différents plans d'une composition : « La touche employée comme il convient sert à prononcer plus convenablement les différents plans des objets. Fortement accusée, elle les fait venir en avant : le contraire les recule[13]. » Là aussi, la mise en relation du métier du peintre avec celui du sculpteur paraît essentielle. Par une matière épaisse, l'artiste modèle et masse. Ce premier jet spontané est parfois associé[14], parfois dissocié de la couleur.

L'ébauche était un moment fort pour Delacroix – spontané, libre et rapide – et portait cette si vitale « indication de la pensée ». Elle semble parfois retravaillée par la pose laborieuse de différentes couches, « système de hachures et de continuelles retouches » selon Charles Blanc, qui considérait cette démarche comme techniquement critiquable : « Cette technique est évidemment contradictoire. La rapidité d'exécution est incompatible avec l'interminable finition en plusieurs couches longuement travaillées[15]. »

Cette couche initiale, en pleine pâte, charpente la composition et forme « le lit de la peinture » que Delacroix observa dans certaines œuvres inachevées de Titien[16]. Ce n'était pas toujours ce « lit de la peinture » qui était décrit par les admirateurs de Delacroix, artistes ou critiques qui se sont surtout centrés sur les aspects novateurs de sa couleur composée de touches, celles qui « habillent » et irradient la matière – appliquées selon le procédé de « flochetage ». Ainsi Frédéric Villot, conservateur au Louvre, expliquait qu'« assimilant le pinceau à une navette, [il] cherch[ait] à former un tissu dont les fils multicolores se croisent et s'interrompent à tout instant ». Cette décomposition des couleurs en touches juxtaposées est une technique qui lui a été inspirée par les peintres anglais – Bonington, Constable – lors de son voyage en Angleterre en 1825 – technique approfondie grâce à son voyage au Maroc en 1832 par la prise de conscience du rôle de la lumière et des ombres colorées, et par l'emploi de couleurs complémentaires. La vibration des couleurs suscitée par la juxtaposition de petites touches – considérée comme la source de l'impressionnisme par Signac – est souvent évoquée, sans mention du relief et de la saillie.

À l'inverse, les détracteurs de Delacroix, discrets sur la couleur, méprisèrent la facture irrégulière et insistèrent sur l'absence de lisse et d'aplat, qualifiant ses œuvres de « tartouillades » – au Salon de 1822 à propos de *La Barque de Dante* – ou de « barbouillage informe[17] ».

« Vu d'assez loin pour que la touche n'en soit pas apparente, ce tableau produit un effet remarquable. Vu de près, la touche en est si hachée, si incohérente[18] », lit-on dans les *Annales du musée et de l'École moderne des beaux-arts* en 1828. Cette critique révèle surtout le malaise suscité par la touche et par l'écriture personnelle de l'artiste – le meilleur morceau de *La Barque de Dante* étant, selon Delacroix, la tête de « l'homme qui est en face, au fond, et qui cherche à grimper sur la barque, ayant passé son bras par-dessus le bord » –, peint avec « une rapidité et un entrain extrêmes » (*Journal*, 24 décembre 1853, p. 394) sous l'emprise d'un chant de Dante lu par son ami Pierre-Marie Piétri. Le fait que cette œuvre ait été qualifiée de « tartouillade[19] », qui renvoie à la matière pure, est très révélateur de la perception qu'avait le public de la technique du peintre, considéré au début de sa carrière comme incompétent et provocateur par certains critiques.

« Je suis l'homme aux repentirs »

Le thème de l'inachevé avait une grande importance pour Delacroix, qui n'a jamais rédigé son article prévu sur le « Fini » dans son dictionnaire. « En regardant par contre de très près l'ouvrage le plus fini, on découvrira encore des traces de touches et d'accents[20]. » Pour lui, la place de la touche dans le tableau terminé, cette marque personnelle du peintre, était essentielle et innovante. Elle rendait compte du processus de création et mettait en évidence ce goût romantique de l'ébauche et de la ruine qui doit agir sur l'âme. Cette revendication de la touche dans l'ouvrage fini montrait son désir d'y trouver des prolongements ultérieurs, chaque tableau n'étant que le point de départ d'une onde parfois jalonnée de répliques, une « variation picturale[21] ». Il mettait à nu son goût de l'infini par le rejet du contour qui cloisonne et enferme. « Mettre la dernière main est d'une grande difficulté. Le danger consiste à arriver au point où on ne peut plus se repentir utilement et je suis l'homme aux repentirs » (lettre à Dutilleux, avril 1859 ; *Correspondance*, t. IV, p. 91).

LE VERNIS

En février 1845, Delacroix écrivait à l'érudit Eudore Soulié : « Cher Monsieur, je vous envoie une cargaison de tableaux. J'ose solliciter que vous me fassiez mettre autant que possible à l'abri de la pluie. Mes tableaux sont vernis au blanc d'œuf et la moindre goutte d'eau ferait des taches affreuses. » Il notait, le 7 février 1849, dans son *Journal* : « J'éprouve sur le tableau des *Femmes d'Alger* combien il est agréable et même nécessaire de peindre sur le vernis » (p. 175). Le 24 février 1852 il signalait : « Pérignon m'a parlé de la *manière de vernir provisoirement un tableau* : c'est avec de la gélatine, comme celle que vendent les charcutiers, qu'on fait dissoudre dans un peu d'eau chaude et qu'on passe avec une éponge sur le tableau. Pour l'enlever, on prend de même de l'eau tiède » (*Journal*, p. 293). La même année, le 4 octobre, il mentionnait à propos de son fournisseur : « Haro se sert, pour mater les tableaux, de cire dissoute dans l'essence rectifiée, avec légère addition de lavande (essence) ; pour ôter ce matage, il emploie de l'essence mêlée à de l'eau. Il faut battre beaucoup pour que le mélange se fasse. Ce matage, frotté avec de la laine, donne un vernis qui n'a pas les inconvénients des autres » (*Journal*, p. 310).

Maintes descriptions de recettes, comme celles-ci, pour l'élaboration de solutions techniques originales soulignent l'importance que Delacroix conférait à l'utilisaton du vernis. Elle concerne, selon lui, toutes les strates de la couche picturale – dessous, dessus, entre ou dans les couches de la matière. Elle impose, lors des opérations de restauration, la plus grande prudence. Ainsi, il ajoutait le 7 février 1849 : « Il faudrait seulement trouver un moyen de rendre le vernis de dessous inattaquable dans les opérations subséquentes de dévernissage, ou vernir d'abord sur l'ébauche avec un vernis qui ne puisse s'en aller, comme celui de Desrosiers ou de Sœhnée, je crois, ou vernir avec du... en premier lieu, ou bien faire de même pour finir » (*Journal*, p. 175).

Transparences

En 1825, Delacroix effectua un voyage en Angleterre qui lui permit d'approfondir non seulement sa connaissance des couleurs, mais aussi celle de la technique anglaise. C'est probablement à la suite de sa rencontre avec Bonington qu'il découvrit le vernis au copal[22]. Une note du dossier de restauration de *L'Assassinat de l'évêque de Liège* rapporte l'avis de Jean Gabriel Goulinat, chef de l'atelier de restauration des Musées nationaux, lors d'une commission en octobre 1962 : « On ne peut alléger ce vernis car une partie du jaunissement du tableau est dû à ce qu'il est peint avec du vernis copäl. D'autre part, il est aussi verni avec du vernis copal – ce qui a donné un magnifique émail à cette peinture. On ne pouvait en touchant à ce vernis qu'atténuer cette extraordinaire transparence[23]. » Les raisons de ce double emploi, dans la matière et en surface, semblent à la fois esthétiques – goût de la transparence – et conservatoires – par cette gangue protectrice et dure que constitue le vernis.

Publié en 1830, le traité de Mérimée sur la peinture à l'huile s'attardait sur les différents vernis que l'on peut mélanger aux couleurs. L'emploi du vernis au copal dans la couleur est décrit longuement parce qu'il « donne aux couleurs beaucoup de transparence et d'éclat[24] ». D'origines diverses (Amérique du Sud, Afrique, Indes...), les copals sont des résines, insolubles dans beaucoup de solvants. Ils forment des films durs et brillants. Leur rôle protecteur semble avoir souvent été mentionné par le peintre. « Il faudrait tout vernir au copal[25] », aurait-il affirmé avec foi, persuadé que ses œuvres dont le vernis avait été mélangé aux couleurs se conserveraient bien. Delacroix enduisait entièrement sa palette de copal avant de l'utiliser.

Les propriétés de ce vernis tant cité par le peintre sont certainement, selon Théophile Silvestre, cette capacité à cristalliser la matière picturale, à « fixer tout de suite les accents de sa touche » et surtout à la rendre « inattaquable aux restaurateurs et aux ravageurs de tableaux[26] ». On peut légitimement s'interroger sur cet intérêt ambigu pour la transparence et les « glaces colorées » caractéristiques de la technique académique – celle de son rival Ingres. Les articles « Glacis », « Transparence », « Vernis » prévus dans son projet de dictionnaire n'ont pas été rédigés – certainement par manque de temps, peut-être aussi par gêne. C'est paradoxalement et indirectement à la rubrique « Empâtement » que le vernis et les glacis sont évoqués. « L'artiste qui redoute l'effet des vernis qui est toujours de rendre le tableau lisse » conseille de « calculer le contraste de l'empâtement et du glacis[27] ». Il n'y a donc pas de rejet des glacis mais, à un niveau esthétique, une exploitation nouvelle sans rapport avec la facture néo-classique.

Delacroix appliquait ainsi, dans L'*Assassinat de l'évêque de Liège*, une touche fluide et des glacis, mais sur une matière contrastée et saillante[28]. Il ne semblait pas apprécier le brillant et le clinquant d'un vernis qui appauvrissait la matière. Il reprochait aux peintres Gros et Gérard le manque d'épaisseur de leurs peintures réalisées en 1824 pour la coupole du Panthéon. Il se moquait littéralement des pendentifs de ce dernier, de leurs « couleurs affreuses », et expliquait que « le luisant de la peinture achève de choquer et donne une maigreur insupportable à tout cela » (*Journal*, 19 janvier 1847, p. 117). Une peinture sans relief ni contrastes n'est théoriquement pas acceptable. Sans la touche, le « sentiment » n'a pas sa place.

Une gangue inattaquable

Mérimée affirmait dans son traité, *De la peinture à l'huile* : « On devra conclure que l'on assurerait davantage la conservation d'un tableau, en le vernissant d'abord légèrement avec de [*sic*] beau vernis au copal, et appliquant ensuite sur ce premier vernis, lorsqu'il serait parfaitement sec, une couche de vernis au mastic. Celui-ci sera jaune au bout de quelques années ; mais comme il s'enlève facilement, on pourra le renouveler quand il aura perdu sa transparence. Le vernis au copal, étant extrêmement dur, ne sera pas attaqué lorsqu'on enlèvera celui qui le recouvre : ainsi il préservera la peinture, et on risquera moins d'enlever les glacis en enlevant le vernis au mastic[29]. »

Villot notait en 1862 la bonne conservation de L'*Assassinat de l'évêque de Liège*[30] à son retour de l'Exposition universelle de Londres. Il constatait que le tableau, presque invisible, avait pu être « lavé grâce à quatre seaux d'eau pour le débarrasser de la croûte épaisse de poussière et de suie » sans risques pour l'œuvre et n'avait pas eu à être reverni. Selon Jean Gabriel Goulinat, chef de l'atelier de restauration du Louvre[31], ce bon état de la couche picturale provient de l'emploi du vernis au copal comme sicccatif et en couche protectrice.

De même Étienne Moreau-Nélaton rapportait que la *Nature morte au homard*, présentée au Salon de 1827, était entrée au Louvre en 1906 parfaitement conservée grâce au mélange du vernis au copal dans la couleur, procédé visant à obtenir plus d'éclat et à éviter les altérations[32]. Cet optimisme, excessif, ne doit évidemment pas faire oublier le mauvais vieillissement d'un certain nombre des œuvres du peintre, réalisées parfois de manière expérimentale.

« Il serait souhaitable qu'on ne vernît jamais »

Delacroix suivait avec attention les opérations de restauration sur ses propres œuvres mais aussi sur les tableaux de musées. Il souhaitait assister aux interventions et parfois opérer lui-même – notamment en retouchant ses tableaux dégradés, comme *La Barque de Dante*, sur lequel il constata une évolution inquiétante des gerçures. « J'attacherais une très grande importance à ce que mon tableau pût être retouché par moi, et en parlant de retouches, je n'ai en vue que la réparation des gerçures malheureusement trop nombreuses qui seront restées après le rentoilage » (lettre à Nieuwerkerke, 15 février 1860 ; *Correspondance*, t. IV, p. 151).

Sur ces questions, un véritable dialogue s'était instauré entre le peintre et la célèbre maison Haro, « Au génie des arts », située depuis 1826 dans le quartier Saint-Germain et spécialisée dans la vente de produits et dans la restauration ; Delacroix sollicita ses services pour un grand nombre de ses œuvres, notamment pour le *Sardanapale* lors de sa vente à un amateur, M. Wilson, en 1846 (dévernissage, roulage, transport...)[33].

Il semble que Delacroix se méfiait du dévernissage, qu'il considérait comme dangereux pour l'œuvre, particulièrement durant les dernières années de sa vie. À propos d'un des *Christ sur le lac de Génésareth* (cat. 115), il s'en inquiéta : « S'il faut le dévernir pour le retoucher, à mes yeux, c'est un tableau déshonoré. On regarde un dévernissage comme une chose légère : c'est le plus grand des inconvénients ; je préfère bien un trou à un tableau » (lettre à Francis Petit, 25 mai 1861 ; *Correspondance*, t. IV, p. 249). Réservé sur les restaurations de tableaux majeurs comme *Les Noces de Cana* de Véronèse (*Journal*, 27 juin 1854, p. 436), effectuées sous la houlette de Villot, il s'interrogeait aussi sur le bien-fondé du dévernissage des *Scènes des massacres de Scio*, dont les ombres n'avaient plus de transparence – « comme ils ont fait avec le Véronèse » –, et reprochait ensuite à son marchand et restaurateur Haro de lui avoir gâté les portraits de ses frères par Riesener.

Après avoir exploré les ressources du vernis au copal à la suite de son séjour en Angleterre, Delacroix, en fin de carrière, se posait des questions non plus sur le dévernissage mais sur le vernissage. Troublé, il découvrit avec intérêt, en 1858, les Rubens dévernis à l'initiative de Villot (lettre à Dutilleux, 8 mai 1858 ; *Correspondance*, t. IV, p. 41). « Il serait à souhaiter qu'on ne vernît jamais », s'exclama-t-il en découvrant la fraîcheur des tons rubéniens, notamment ceux des clairs. Le jaunissement général dû au vernis avait gommé les contrastes entre les ombres froides et les lumières et désaccordé l'ensemble de la composition.

Cette modification des tons froids due aux couches de vernis pose un problème d'ordre esthétique caractéristique des œuvres de Delacroix. Ainsi, pour le nettoyage de l'esquisse du *Sardanapale*[34], les membres de la commission de restauration qui s'est réunie en 1959 ont remis en cause l'allègement modéré du vernis effectué en 1956. Ils ont choisi un allègement plus poussé afin de retrouver les tons froids originaux.

« Tous ces tableaux périront prochainement... »

« Delacroix adorait essayer tous ces produits nouveaux qui lui étaient proposés par les marchands de couleurs et qui souvent ont nui gravement à sa peinture[35]. » Cette remarque significative de Louis de Planet résume clairement la volonté du maître de faire progresser la technique de la peinture – volonté mise en évidence dans le projet inabouti de dictionnaire des Beaux-Arts, traitant essentiellement de la technique et peu de l'histoire de l'art.

Ouvert à toute expérience nouvelle, il n'allait pas cesser paradoxalement de se plaindre d'une perte de qualité des matériaux à son époque, constatée d'ailleurs souvent par les restaurateurs actuels et due « au progrès de la *friponnerie* en tous genres, qui falsifie les matières qui entrent dans la composition des couleurs, des huiles, des vernis, grâce à l'industrie » (*Journal*, 29 juillet 1854, p. 445-446). On constate une insatisfaction permanente de Delacroix vis-à-vis des nouveaux produits mis en vente, qui n'apportaient pas d'amélioration au temps de séchage de la matière picturale. Sa revendication d'une exécution rapide et spontanée – qui impose des reprises successives, la superposition de couches de couleurs et la nécessité d'un temps de séchage court – se heurtait à la dégradation irréversible de la couche picturale caractérisée par l'apparition de gerçures, notamment dans les ombres[36]. Une étude complète sur ce problème serait du plus haut intérêt pour les restaurateurs et historiens. Soucieux du temps de séchage, Delacroix conseillait, dans une lettre à Paul Huet, en 1864 : « Demandez à Haro du siccatif que j'emploie ; en y mettant plus ou moins d'huile, on fait sécher à volonté, on peut même faire sécher à l'instant et glacer tout de suite après, tandis que l'autre demande au moins 24 heures » (*Correspondance*, t. IV, p. 95*)*. Néanmoins, quelques années auparavant, lucide, il notait dans son *Journal* le décalage chez les peintres modernes entre les moyens existants et leurs recherches plastiques : « Chez nos modernes, la profondeur de l'intention et la sincérité éclatent jusque dans leurs fautes. Malheureusement, les procédés matériels ne sont pas à la hauteur de ceux des devanciers. Tous ces tableaux périront prochainement » (*Journal*, 13 septembre 1857, p. 678*)*.

Tous les tableaux cités dans ce texte sont, sauf mention contraire, conservés au musée du Louvre à Paris.

1. *Dictionnaire des Beaux-Arts d'Eugène Delacroix*, Paris, Hermann, 1996, p. 202.

2. Planet, 1929, p. 93.

3. Huyghe, 1963, p. 257.

4. Charles Baudelaire, *Œuvres complètes,* t. II, texte établi, présenté et annoté par Claude Pichois, Paris, Gallimard, 1976, p. 754.

5. Piot, 1931, p. 49.

6. Planet, 1929, p. 25.

7. P. Paulet, rapport de restauration, 26 mars 1960, dossier n° 1322 ; archives du Service de restauration des musées de France.

8. Planet, 1929, p. 28. Voir à ce sujet le catalogue de l'exposition *E. Delacroix à l'Assemblée nationale*, Paris, RMN, 1995, notamment les textes sur « La restauration des peintures murales » par Nathalie Volle et l'« Étude du laboratoire pour une approche de la technique et de l'artiste » par Sylvie Colinart, Lola Faillant-Dumas et Élisabeth Martin.

9. Paul Signac, *D'Eugène Delacroix au néo-impressionnisme*, Paris, Hermann, 1987.

10. Piot, 1931.

11. Planet, 1929, p. 94.

12. Dans ce terme général « les Vanloo », Delacroix englobe toute la peinture du XVIIIe siècle.

13. *Dictionnaire, op. cit.*, p 203.

14. Baudelaire insiste sur la difficulté de modeler d'emblée avec la couleur, maîtrisée parfaitement par Delacroix dans *Les Dernières Paroles de Marc Aurèle,* Salon de 1845 (Lyon, musée des Beaux-Arts).

15. Charles Blanc, *Les Artistes de mon temps*, Paris, Firmin-Didot, 1876.

16. *Dictionnaire, op. cit.*, article sur l'« Ébauche ».

17. *Journal des artistes et des amateurs*, 1829.

18. C. P. Landon cité par Signac, *op. cit.*, p. 61.

19. Delécluze, 18 mai 1822.

20. *Dictionnaire, op. cit.*, p. 303.

21. René Jullian, « Delacroix et la musique du tableau », *Gazette des Beaux-Arts*, mars 1976.

22. Huyghe, 1990, p. 93.

23. *L'Assassinat de l'évêque de Liège*, notes, dossier n°1542 ; archives du Service de restauration des musées de France.

24. J. F. L. Mérimée, *De la peinture à l'huile*, Paris, Mme Huzard, 1830.

25. Alfred Bruyas, *La Galerie Bruyas, musée de Montpellier*, Paris, G. Sloye, 1876.

26. *Ibid.*

27. *Dictionnaire, op. cit.*, p. 85.

28. Michèle Toupet, « L'Assassinat de l'évêque de Liège », *Revue du Louvre et des musées de France*, n° 2, 1963.

29. Mérimée, *op. cit.*, p. 101.

30. Frédéric Villot, *Catalogue de vente des tableaux, aquarelles etc. provenant du cabinet de M. F. V.*, Paris, 11 février 1865.

31. Voir à ce sujet le dossier de restauration 1542 de *L'Assassinat de l'évêque de Liège,* archives du Service de restauration des musées de France, et l'article de M. Toupet, *op. cit.*

32. Moreau-Nélaton, t. I, 1916.

33. André Joubin et François Étienne Haro, « Entre Ingres et Delacroix », *L'Amour de l'art*, mars 1836.

34. Le tableau fut allégé modérément par P. Michel en 1956, puis repris en 1959 suite à la commission du 20 mars 1959, dossier 264 ; archives du Service de restauration des musées de France.

35. Planet, 1929, p. 85.

36. Ségolène Bergeon, *Science et patience ou la restauration des peintures,* Paris, RMN, 1990, p. 196. On a longtemps pensé que les gerçures dans les ombres étaient dues à l'emploi de bitume dans un certain nombre d'œuvres de Scheffer, de Géricault ou de Delacroix. Des analyses récentes qui ont été effectuées en 1985 (rapport J. Petit et H. Valot, CNRS) ne révèlent pas de bitume mais l'utilisation d'un liant à l'huile sursiccativée en présence d'un excès de plomb.

BIBLIOGRAPHIE

About Edmond, *Voyage à travers l'exposition des Beaux-Arts (peinture et sculpture)*, Paris, Hachette, 1855.

Anonyme, « Salon de 1847 », *L'Illustration*, 1er mai 1847.

Anonyme, « Revue des Beaux-Arts. Exposition des Tuileries », *Le Pays*, 4 août 1849.

Anonyme, *Notice sur les principaux tableaux de l'Exposition de 1859. Peintres français*, Paris, 1859.

Anonyme, *Le Courrier artistique*, II, no 1, 15 juin 1862.

Anonyme, « Chronique », *L'Artiste*, 1er avril 1863.

Arama M., *Le Maroc de Delacroix*, Paris, les éditions du Jaguar, 1987.

Arama M., *Delacroix. Le voyage au Maroc. Regards croisés*, t. IV, Paris, les éditions du Sagittaire, 1992.

Arama M., « Le voyage », *Delacroix. Le voyage au Maroc*, cat. exp., Paris, Institut du Monde arabe, 1994-1995.

Arnoux J., « Salon de 1850-1851 », *La Patrie*, 22 février 1851.

Arnoux J., « Salon de 1853 », *La Patrie*, 3 et 5 septembre 1853.

Astruc Zacharie, *Les 14 Stations du Salon de 1859*, Paris, Poulet-Malassis et de Broix, 1859.

Astruc Zacharie, *Le Salon intime. Exposition au boulevard des Italiens*, Paris, Poulet-Malassis et de Broix, 1860.

Aubert M., *Souvenirs du Salon de 1859*, Paris, J. Tardieu, 1859.

Auvray L., *Exposition des Beaux-Arts. Salon de 1859*, Paris, Librairie d'Alphonse Taride, 1859.

Badt Kurt, *Eugène Delacroix, Drawings*, Oxford, Bruno Cassirer, 1946.

Banville T. de, « Le Salon de 1851 », *Le Pouvoir*, 10 janvier 1851.

Baudelaire Charles, « Exposition universelle », *Le Pays*, 26 mai et 3 juin 1855 (rééd. *Baudelaire. Œuvres complètes*, t. II, texte établi, présenté et annoté par Claude Pichois, Paris, Gallimard, 1976).

Baudelaire Charles, « Salon de 1859 », *Revue française*, 10 et 20 juin, 1er et 20 juillet 1859 (*id.*).

Baudelaire Charles, « L'œuvre et la vie d'Eugène Delacroix. 1863 », *L'Opinion nationale*, 2 septembre, 14 et 22 novembre 1863 (*id.*).

Belloy A. de, « Salon de 1859 », *L'Artiste*, VII, nouvelle série, 1er mai 1859.

Bessis Henriette, « L'inventaire après décès de Delacroix », *Bulletin de la Société de l'histoire de l'art français. Année 1869*, Paris, 1969.

Boyeldieu d'Auvigny L., *Guide aux Menus-Plaisirs. Salon de 1853*, Paris, J. Dagneau, 1853.

Burty Philippe, *Lettres d'Eugène Delacroix (1815 à 1863) recueillies et publiées par M. Philippe Burty*, Paris, A. Quantin, 1878.

Burty Philippe, « Eugène Delacroix à l'École des beaux-arts », *L'Illustration*, 21 mars 1885.

Cadol E., « Revue du Salon », *L'Univers illustré*, 30 avril 1859.

Cailleux L., « Salon de 1849 », *Le Temps*, 28 et 29 juin 1849.

Calonne A. de, « Exposition de 1850-1851 », *L'Opinion publique*, 18 mars 1851.

Calonne A. de, « Salon de 1853 », *Revue contemporaine*, t. VIII, 2e année, juin-juillet 1853.

Cantaloube A., *Eugène Delacroix, l'homme et l'artiste, ses amis et ses critiques*, Paris, Dentu, 1864.

Champfleury, Jules Husson-Fleury dit, « Salon de 1849 », *La Silhouette*, 15 juillet 1849.

Chesneau Ernest, « Libre étude sur l'art contemporain. Salon de 1859 », *Revue des races*, XIV, 35e livraison, mai 1859.

Clément de Ris L., « Salon de 1847 », *L'Artiste*, 4e série, t. IX, 4 et 18 avril 1847.

Clément de Ris L., « Salon de 1848 », *L'Artiste*, 26 mars 1848.

Clément de Ris L., « Salon de 1848. Eugène Delacroix, Duveau, Diaz, Gérôme, Lehmann, Fernand Boissard », *L'Artiste*, 5e série, t. VI, 1re livraison, 2 avril 1848.

Clément de Ris L., « Le Salon », *L'Artiste*, 5e série, t. VI, 1re livraison, 1er février 1851.

Clément de Ris L., « Salon de 1853 V. Peintres de genre », *L'Artiste*, 5e série, 15 juillet 1853.

Clément de Ris L., « Artistes contemporains. Eugène Delacroix », *Revue française*, 3e année, t. VIII, 1857.

Clément de Ris L., *Les Musées de province*, Paris, 1859.

Correspondance : voir Joubin.

Courtois, « Salon de 1850. – Sculpture. – Peinture », *Le Corsaire*, 21 janvier 1851.

Courtois, « Salon de 1850. Peinture », *Le Corsaire*, 28 janvier 1851.

Daguerre de Hureaux Alain, *Delacroix*, Paris, Hazan, 1993.

Daguerre de Hureaux Alain et Guégan Stéphane, *L'ABCdaire de Delacroix en Orient*, Paris, Flammarion, 1994.

Dauger A., « Salon de 1851 (troisième article) », *Le Pays*, 9 février 1851.

Decamps A., « Salon de 1838 », *Le National*, 18 mars 1838.

Delaborde vicomte Henri, « Salon de 1853 », *Revue des Deux Mondes*, 15 juin 1853.

Delaborde vicomte Henri, « L'art français », *Revue des Deux Mondes*, 15 mai 1859.

Delaborde vicomte Henri, *Éloge d'Eugène Delacroix, lu dans la séance publique annuelle du 28 octobre 1876*, Paris, Firmin-Didot, 1876.

Delacroix Eugène, « Description détaillée de la bibliothèque du Palais Bourbon », *Le Constitutionnel*, 31 janvier 1848.

Delacroix Eugène, « Questions sur le Beau », *Revue des Deux Mondes*, 15 juillet 1854.

Delacroix Eugène, « Des variations du Beau », *Revue des Deux Mondes*, 15 juillet 1857.

Delacroix Eugène, *Œuvres littéraires. Études esthétiques*, 2 vol., Paris, Crès et Cie, 1923.

Delacroix Eugène, *Journal. 1822-1863*, Paris, Plon, 1996.

Delaunay A., *Catalogue complet du Salon de 1847*, Paris, Au bureau du Journal des artistes, s. d. [1847].

Delécluze E. J., « Salon de 1822 », *Moniteur universel*, 18 mai 1822.

Delécluze E. J., « Exposition de 1853 », *Le Journal des débats*, 3 juin 1853.

Desnoyers L., « Salon de 1849 », *Le Siècle*, 27 juillet 1849.

Desplaces Auguste, « Lettres sur le Salon », *L'Union*, 20 janvier 1851.

Dubosc de Pesquidoux L. de, *Voyage artistique en France*, Paris, Michel Lévy frères, 1857.

Dubosc de Pesquidoux L. de, « Salon de 1859 (deuxième article) », *L'Union*, 27 avril 1859.

Du Camp Maxime, *Les Beaux-Arts à l'Exposition universelle de 1855. Peinture. Sculpture*, Paris, Librairie nouvelle, 1855.

Du Camp Maxime, *Le Salon de 1859*, Paris, Librairie nouvelle, 1859.

Dumas Alexandre, « Salon de 1859, à Paris », *L'Indépendance belge*, 22 avril 1859.

Dumas Alexandre, *L'Art et les Artistes contemporains au Salon de 1859*, Paris, Librairie nouvelle, 1859.

Dumesnil Henri, *Le Salon de 1859*, Paris, J. Renouard, 1859.

Du Pays A. J., « Salon de 1848 », *L'Illustration*, 8 avril 1848.

Du Pays A. J., « Salon de 1849 », *L'Illustration*, 11 août 1849.

Du Pays A. J., « Salon de 1850 », *L'Illustration*, 27 février 1851.

Du Pays A. J., « Salon de 1853 », *L'Illustration*, 11 juin 1853.

Du Pays A. J., « Salon de 1859 », *L'Illustration*, 21 mai 1859.

Duplessis Georges, « Salon de 1859 », *Revue des beaux-arts,* X, 1859.

Feydeau Ernest, « Voyage à travers les collections particulières de Paris. Collection de M. Adolphe Moreau », *L'Artiste*, 7ᵉ série, III, 18ᵉ livraison, 2 mai 1858.

Fizelière A. de la, « Revue du Salon », *Le Siècle*, 21-22 avril 1851.

Florisoone Michel, *Delacroix,* Paris, Braun, s. d. [1938].

Florisoone Michel, « Comment Delacroix a-t-il connu les *Caprices* de Goya », *Bulletin de la Société de l'histoire de l'art farnçais*, s. d.

Forge A. de la, *La Peinture contemporaine en France*, Paris, Amyot, 1856.

Fouquier H., *Études artistiques. Lettres sur le Salon de 1859*, Marseille, Arnaud, 1859.

Fournel V., « Le Salon de 1859 », *Le Correspondant*, 25 mai 1859.

Galimard A., « Salon de 1850-1851 », *Le Daguerréotype théâtral*, 23 janvier 1851.

Gautier Théophile, « Salon de 1841 », *Revue de Paris*, avril 1841.

Gautier Théophile, « Le Salon de 1845 », *La Presse*, 18 mars 1845.

Gautier Théophile, « Salon de 1845 », *La Presse*, 17 novembre 1845.

Gautier Théophile, « Salon de 1847 », *La Presse*, 1ᵉʳ avril 1847 (réimpr. dans *Salon de 1847*, Paris, J. Hetzel, Warnod et Cie, Paris, 1847).

Gautier Théophile, « Salon de 1848 », *La Presse*, 26 avril 1848.

Gautier Théophile, « Salon de 1849 », *La Presse*, 1ᵉʳ août 1849.

Gautier Théophile, « Salon de 1850-1851 : 7ᵉ article. M. Eugène Delacroix, Robert Fleury, Louis Boulanger », *La Presse*, 8 mars 1851.

Gautier Théophile, « Salon de 1853 (deuxième article) », *La Presse*, 25 juin 1853.

Gautier Théophile, « Le salon de la Paix », *Moniteur universel*, 25 mars 1854.

Gautier Théophile, « Exposition universelle de 1855. Peinture. Sculpture. XVII. M. Eugène Delacroix », *Moniteur universel*, 25 juillet 1855.

Gautier Théophile, *Les Beaux-Arts en Europe – 1855,* 1ʳᵉ série, ch. XIV, Paris, Michel Lévy, 1855.

Gautier Théophile, « Les primes de l'artiste », *L'Artiste*, 6ᵉ série, t. III, 15ᵉ livraison, 22 mars 1857.

Gautier Théophile, « Préface », catalogue de vente [Weill], Paris, 20 janvier 1858.

Gautier Théophile, « Exposition de 1859, chapitre v », *Moniteur universel*, 21 mai 1859.

Gautier Théophile, « Histoire de l'art dramatique en France depuis 25 ans », *Histoire*, IV, Paris, Hetzel, 1859.

Gautier Théophile, « Tableaux de l'école moderne. Exposition au profit de la caisse de secours des artistes peintres, sculpteurs, architectes », *Moniteur universel*, 6 février 1860.

Gautier Théophile, « Exposition de tableaux modernes tirés de collections d'amateurs », *Gazette des Beaux-Arts,* quatrième livraison, 1ᵉʳ article, 15 février 1860.

Gautier Théophile, « Exposition de tableaux modernes. Toiles nouvelles. – Bonington, E. Delacroix, Ricard, Riesener, Gudin, Zichy, etc. », *Moniteur universel*, 5 mai 1860.

Gebauer E., *Les Beaux-Arts à l'Exposition universelle*, Paris, Librairie napoléonienne, 1855.

Geoffroy L. de, « Le Salon de 1850 », *Revue des Deux Mondes*, 1ᵉʳ mars 1851.

Guégan Stéphane, *Delacroix et les Orientales*, Paris, Flammarion, 1994.

Guiffrey J. et Marcel P., *Inventaire général des dessins du musée du Louvre et du musée de Versailles, École française*, t. IV : *Corot – Delacroix*, Paris, 1909.

Haussard P., « Salon de 1847 », *Le National,* 8 avril 1847.

Haussard P., « Salon de 1848 », *Le National*, 23 mars 1848.

Haussard P., « Salon de 1849 », *Le National*, 7 août 1849.

Henriet Frédéric, « Salon de 1853 », *Nouveau Journal des théâtres*, 4 août 1853.

Henriet Frédéric, « Le Musée des rues, I, le marchand de tableaux », *L'Artiste*, 15 novembre 1854.

Houssaye Arsène, « Salon de 1859 », *Le Monde illustré*, 7 mai 1859.

Huyghe René, *L'Universalité de Delacroix*, Paris, Hachette, 1963.

Huyghe René, *Delacroix ou le combat solitaire*, Paris, Laffont, 1990.

Jan L., « Salon de 1848 », *Le Siècle*, 11 avril 1848.

Jobert Barthélemy, *Delacroix*, Paris, Gallimard, 1997.

Johnson Lee, « Delacroix and *The Bride of Abydos* », *The Burlington Magazine*, CXIV, nᵒ 834, septembre 1972.

Johnson Lee, *The Paintings of Eugène Delacroix : A Critical Catalogue*, 6 vol., Oxford, Clarendon Press, 1981-1989 (*1816-1831*, t. I et II, 1981 ; *1832-1863*, t. III et IV, 1986 ; *The Public Decorations and Their Sketches*, t. V et VI, 1989).

Johnson Lee, « A new oil sketch for *Apollo slays Python* », *The Burlington Magazine*, janvier 1988.

Johnson Lee, *Eugène Delacroix. Further Correspondence 1817-1863*, Oxford, Clarendon Press, 1991.

Johnson Lee, « Ermina and the wounded Tancred, a new Tasso subject by Delacroix », *Apollo*, décembre 1992.

Johnson Lee, *Delacroix. Pastels*, Londres, John Murray, 1995.

Joubin André, *Delacroix. Correspondance, 1804-1837*, t. I, 1936 ; *1838-1849*, t. II, 1937 ; *1850-1857*, t. III, 1937 ; *1858-1863*, t. IV, 1938 ; *Supplément et tables*, t. V, 1938, Paris,

Jourdan L., *Les Peintres français. Salon de 1859*, Paris, Librairie nouvelle, 1859.

Karr A., *Les Guêpes illustrées. Les Guêpes au salon*, Paris, J. Hetzel, Warnod et Cie, mars 1847.

La Forge A. de, *La Peinture contemporaine en France*, Paris, Amyot, 1856.

Lagrange Léon, « Eugène Delacroix », *Le Correspondant*, t. XXV, nouvelle série, mars 1864.

Lavergne C., « Exposition de 1859. 2ᵉ article. Vue générale du Salon. – Les critiques. – L'art chrétien et spiritualiste. – L'art naturaliste et mercantile », *L'Univers*, 20 mai 1859.

Lecomte J., « Exposition universelle de 1855, Beaux-Arts, II, M. Ingres. M. Delacroix », *L'Indépendance belge*, 20 juin 1855.

Lepinois E. B. de, *L'Art dans la rue et l'Art au Salon*, Paris, Dentu, 1859.

Lescure M. de, « Le Salon de 1859 », *Gazette de France*, 3 mai et 14 juin 1859.

Loudun E., *Exposition universelle des Beaux-Arts. Salon de 1855*, Paris, Ledoyen, 1855.

Madelène Henry de la, *Le Salon de 1853*, Paris, Librairie nouvelle, 1853.

Madelène Henry de la, *Eugène Delacroix à l'exposition du boulevard des Italiens,* Paris, Lainé et Harvard, 1864.

Mantz Paul, « Exposition de l'Odéon », *L'Artiste*, 4ᵉ série, V, 4ᵉ livraison, 23 novembre 1845.

Mantz Paul, *Salon de 1847*, Paris, F. Sartorius, 1847.

Mantz Paul, « Le Salon. III. MM. Eugène Delacroix et Descamps », *L'Événement*, 5 février 1851.

Mantz Paul, « Le Salon de 1853 », *Revue de Paris*, 1ᵉʳ juillet 1853.

Mantz Paul, « Exposition universelle. Le Salon de 1855 », *Revue française*, 10 juin - 10 septembre 1855.

Mantz Paul, « Salon », *Gazette des Beaux-Arts*, II, 9ᵉ livraison, 1ᵉʳ mai 1859.

Mantz Paul, « Préface », *Catalogue de l'exposition Eugène Delacroix au profit de la souscription destinée à élever à Paris un monument à sa mémoire*, Paris, École nationale des beaux-arts, 1885.

Marotte Léon et Martine Charles, *Eugène Delacroix. Soixante-dix aquarelles, dessins, croquis reproduits par Léon Marotte et publiés avec un catalogue raisonné par Charles Martine*, coll. « Dessins de maîtres français », t. VII, Paris, Helleu et Sergent, 1928.

Menciaux A. de, « Salon de 1847 », *Le Siècle*, 25 avril 1847.

Mercey F. de, « Le Salon de 1848 », *Revue des Deux Mondes*, 1ᵉʳ mars 1848.

Mercey F. de (sous le pseudonyme de F. de Lagenevay), « Le Salon de 1848 », *Revue des Deux Mondes*, XXX, 23ᵉ livraison, 15 avril 1848.

Mérimée Prosper, « Salon de 1853 », *Moniteur universel*, 16-17 mai 1853.

Mirbel E. de, « Salon Review », *Le Commerce*, 30 mars 1847.

Mirbel E. de, « Salon de 1850-1851 », *La Révolution littéraire*, I, nᵒ 1, 1851.

Molay Bacon E. du, « Salon de 1847 », *La Patrie*, 11 avril 1847.

Montaiglon Anatole de, « Salon de 1851. M. Eugène Delacroix », *Le Théâtre. Journal de la littérature et des arts*, 15 janvier 1851.

Montaiglon Anatole de, « La peinture au Salon de 1859 », *Revue universelle des arts*, IX, nᵒ 5, août 1859.

Montlaur E. de, « Salon de 1841 », *Revue du progrès*, 23 avril 1841.

Montlaur E. de, « Salon de 1848 », *Le Salut public*, 8 avril 1848.

Moreau Adolphe, *E. Delacroix et son œuvre*, Paris, Librairie des bibliophiles, 1873.

Moreau-Nélaton Étienne, *Delacroix raconté par lui-même*, 2 vol., Paris, Henri Laurens, 1916.

Peisse Louis, « Salon de 1849 », *Le Constitutionnel*, 8 juillet 1849.

Peisse Louis, « Salon de 1850 », *Le Constitutionnel*, 15 janvier 1851.

Peisse Louis, « Salon de 1853 ; III. Peinture d'histoire », *Le Constitutionnel*, 31 mai 1853.

Perrier Charles, « L'Exposition universelle des beaux-arts », *L'Artiste*, XV, 5ᵉ série, 10 juin 1855.

Perrier Charles, « Le Salon de 1859 », *Revue contemporaine*, IX, 2ᵉ série, 31 mai 1859.

Perrin E., « Le Salon de 1859 ; III. Eugène Delacroix », *Revue européenne*, 31 mai 1859.

Petroz P., « Salon de 1850 », *Le Vote universel*, 28 janvier 1851.

Petroz P., « Exposition universelle des Beaux-Arts, III, Eugène Delacroix », *La Presse*, 5 juin 1855.

Pillet F., « Salon de 1850-1851 », *Moniteur universel*, 15 janvier 1851.

Piot René, *Les Palettes de Delacroix*, Paris, Librairie de France, 1931.

Piron Achille, *Eugène Delacroix. Sa vie et ses œuvres*, Paris, Imprimerie de Jules Claye, 1865.

Planet Louis de, *Souvenirs de travaux de peinture avec M. Eugène Delacroix*, Paris, Armand Colin, 1929, p. 93.

Ponsonailhe C., « L'exposition de l'œuvre d'Eugène Delacroix », *L'Artiste*, 1885.

Prat Louis-Antoine, « Un ensemble de dessins de Delacroix au musée de Picardie à Amiens », *Revue du Louvre et des musées de France*, 2, 1979.

Prat Louis-Antoine, « Drawings by Delacroix : Two errors, Three discoveries », *Drawing*, vol. XIV, nᵒ 2, juillet-août 1992.

Rautmann Peter, *Delacroix*, Paris, Citadelles et Mazenod, 1997.

Régamey Raymond père, *Eugène Delacroix – L'époque de la chapelle des Saints-Anges (1847-1863)*, Paris, La Renaissance du livre, s. d. [1931].

Richard L., « Salon de 1859. Peinture. II. Eugène Delacroix. – Bénédict Masson. – Troyon. – Isabey. – Hébert. – Yvon. – Muller. – Madame Browne », *Le Courrier du dimanche*, 24 avril 1859.

Robaut Alfred, *Eugène Delacroix, fac-similés de dessins et croquis originaux*, Paris, 1864.

Robaut Alfred, « Trois cartons pour vitraux par Eugène Delacroix », *L'Art*, XVII, nᵒ 231, (1ᵉʳ juin) 1879.

Robaut Alfred, *L'Œuvre complet de Eugène Delacroix. Peintures Dessins Gravures Lithographies. Catalogué et reproduit par Alfred Robaut, commenté par Ernest Chesneau. Ouvrage publié avec la collaboration de Fernand Calmettes*, Paris, Charavay Frères, 1885 (exemplaire annoté par Robaut à la Bibliothèque nationale de France).

Rochery Paul, « Le Salon de 1851 », *La Politique nouvelle*, t. I, nᵒ 1, 2 mars 1851.

Rousseau Jean, « Petite chronique des arts », *L'Artiste*, 18 avril 1858.

Rousseau Jean, « Salon de 1859 », *Le Figaro*, 10 mai 1859.

Rudrauf L., « De la bête à l'ange (les étapes de la lutte vitale dans la pensée et l'art d'Eugène Delacroix) », *Acta Historiae Artium Academia Scientarium Hungaricae*, IX, 1963.

Sabatier-Ungher F., « Salon de 1851. 9ᵉ article. Peinture passionnelle – Peinture d'histoire. MM. Courbet. – Delacroix. (suite). [...] », *La Démocratie pacifique*, 2 mars 1851.

Saint-Victor Paul de, « Exposition de 1848 », *La Semaine*, 26 mars 1848.

Saint-Victor Paul de, « Exposition de 1853 (Premier article) », *Le Pays, journal de l'Empire*, 23 juin 1853.

Saint-Victor Paul de, « Salon de 1859 », *La Presse*, 22 avril 1859.

Saint-Victor Paul de, « Bibliothèque de la Chambre des députés », *La Presse*, 22 septembre 1863.

Sérullaz Arlette, « Delacroix et Byron », *Le Petit Journal des grandes expositions*, Paris, RMN, 1988.

Sérullaz Arlette, « Musée Eugène Delacroix : dix années d'acquisitions (1985-1995) », *Le Petit Journal des grandes expositions*, mai-septembre 1996.

Sérullaz Maurice, *Eugène Delacroix. Album de croquis*, t. I, fac-similé du carnet, t. II, texte, Paris, Quatre Chemins-Éditart, 1961.

Sérullaz Maurice, *Mémorial de l'exposition Eugène Delacroix organisée au musée du Louvre à l'occasion du centenaire de la mort de l'artiste*, Paris, RMN, 1963.

Sérullaz Maurice, *Les Peintures murales de Delacroix*, Paris, Les éditions du Temps, 1963.

Sérullaz Maurice, *Inventaire général des dessins. École française. Dessins d'Eugène Delacroix*, 2 vol., Paris, RMN, 1984.

Sérullaz Maurice, *Delacroix*, Paris, Fayard, 1989.

Silvestre Théophile, *Histoire des artistes vivants. Études d'après nature*, Paris, Blanchard, 1855.

Silvestre Théophile, *Eugène Delacroix. Documents nouveaux*, Paris, Michel Lévy frères, 1864.

Stevens Mathilde, *Impressions d'une femme au Salon de 1859*, Paris, Librairie nouvelle, 1859.

Stuffmann M., « Delacroix Landschafts-darstellungen », *Eugène Delacroix. Themen und Variationen. Arbeiten auf Papier*, cat. exp. 1987-1988, Francfort-sur-le-Main.

Tardieu A., « Salon de 1859 », *Le Constitutionnel*, 22 avril 1859.

Thierry E., « Salon de 1849 », *L'Assemblée nationale*, 29 août 1849.

Thierry E., « Exposition de 1851 », *L'Assemblée nationale*, 21 mars 1851.

Thoré Théophile, « Salon de 1847 », *Le Constitutionnel*, 17 mars 1847.

Thoré Théophile, « Salon de 1847 », *Le Constitutionnel*, 14 avril 1847.

Thoré Théophile, « Salon de 1848 », *Le Constitutionnel*, 17 mars 1848.

Thoré Théophile (sous le pseudonyme de William Bürger), « La galerie de MM. Péreire », *Gazette des Beaux-Arts*, 1864.

Tillot C., « Exposition de 1853. Revue du Salon. Deuxième article », *Le Siècle*, 4 juin 1853.

Tourneux Maurice, *Eugène Delacroix devant ses contemporains, ses écrits, ses biographes, ses critiques*, Paris, Jules Rouam, 1886.

Trianon H., « Salon de 1847 », *Le Correspondant*, XIX, 8ᵉ livraison, 25 avril 1847.

Vachon Marius, *Maîtres modernes. Eugène Delacroix à l'École des Beaux-Arts. Mars-avril 1885*, Paris, L. Baschet, 1885.

Vaines M. de, « Salon de 1847 », *Revue nouvelle*, 15 avril 1847.

Vallet E., « La *Chasse aux lions* d'Eugène Delacroix », *Courrier de l'art*, III, 27 décembre 1883.

Véron Eugène, *Les Artistes célèbres. Eugène Delacroix*, Paris, Librairie de l'Art, 1887.

Viel-Castel comte Horace de, « Salon de 1853 », *L'Athenaeum français, Journal universel de la littérature, de la science et des beaux-arts*, 2 juillet 1853.

Vignon Claude, *Salon de 1850-1851*, Paris, Garnier frères, 1851.

Vignon Claude, *Salon de 1853*, Paris, Dentu, 1853.

Vignon Claude, *Exposition universelle de 1855. Beaux-Arts*, Paris, Librairie A. Fontaine, 1855.

LISTE DES EXPOSITIONS

1845a, Paris, Salon.

1845b, Paris, théâtre de l'Odéon.

1847, Paris, Salon, Musée royal, à partir du 16 mars.

1848, Paris, Salon, musée national du Louvre, à partir du 15 mars.

1849, Paris, Salon, palais des Tuileries, à partir du 15 juin.

1850-1851, Paris, Salon, Palais national, à partir du 30 décembre.

1853, Paris, Salon, Menus-Plaisirs, à partir du 15 mai.

1854, Bordeaux, exposition de la Société des amis des arts de Bordeaux, à partir du 12 novembre.

1855, Paris, Exposition universelle, *Ouvrages de peinture des artistes vivants, étrangers et français,* palais des Beaux-Arts, à partir du 15 mai.

1857, Paris, Salon, palais des Champs-Élysées, à partir du 15 juin.

1857, Bordeaux, exposition de la Société des amis des arts de Bordeaux, à partir du 8 mars 1857.

1859, Paris, Salon, palais des Champs-Élysées, à partir du 15 avril.

1860, Paris, *Tableaux de l'École moderne tirés des collections d'amateurs et exposés au profit de la Caisse de secours des artistes*, galerie Martinet, 26, boulevard des Italiens.

1861-1862, Paris, *Exposition de peinture*, galerie Martinet, 26, boulevard des Italiens, à partir du 15 juin.

1864, Paris, *Œuvres d'Eugène Delacroix*, Société nationale des beaux-arts, boulevard des Italiens, à partir du 13 août.

1885, Paris, *Exposition Eugène Delacroix au profit de la souscription destinée à élever dans Paris un monument à sa mémoire*, École nationale des beaux-arts, 6 mars - 15 avril.

1925, Paris, *Aquarelles et dessins d'Eugène Delacroix*, galerie Dru.

1928, Paris, *Delacroix*, galerie Rosenberg, 16 janvier - 18 février.

1930, Chicago, *Loan Exhibition of Paintings, Water Colours, Drawings and Prints by Eugène Delacroix,* Art Institute, 20 mars - 20 avril.

1930, Paris, *Centenaire du romantisme. Exposition Eugène Delacroix*, musée du Louvre, juin-juillet.

1932, Paris, *Eugène Delacroix et ses amis*, atelier Delacroix, juin-juillet.

1933, Paris, *Delacroix au Maroc*, musée de l'Orangerie.

1934, Paris, *Exposition de peintures et de dessins d'Eugène Delacroix*, atelier Delacroix.

1935, Paris, *Paysages de Delacroix et lithographies provenant des donations Étienne Moreau-Nélaton au musée du Louvre et à la Bibliothèque nationale*, atelier Delacroix.

1936, Bruxelles, *Ingres-Delacroix*, palais des Beaux-Arts.

1937, Paris, *Tableaux, aquarelles, dessins, gravures, lithographies {de Delacroix} provenant du musée du Louvre, donations Étienne Moreau-Nelaton, baron J. Vitta ou prêtés par divers amateurs*, atelier Delacroix.

1939, Zurich, *Eugène Delacroix*, Kunsthalle, 28 janvier - 5 avril.

1939, Bâle, *Eugène Delacroix*, Kunsthalle, 22 avril - 29 mai.

1944, New York, *Delacroix*, Wildenstein, 18 octobre - 18 novembre.

1945, Paris, *Chefs-d'œuvre de Delacroix (1798-1863)*, atelier Delacroix, 31 juillet - 1ᵉʳ octobre.

1946a, Paris, *Chefs-d'œuvre de Delacroix (1798-1863)*, atelier Delacroix, mai-novembre.

1946b, Paris, *Delacroix et son temps (Gros-Géricault-Courbet)*, atelier Delacroix, novembre.

1948, Paris, *Delacroix et l'Angleterre*, atelier Delacroix.

1949, Paris, *Delacroix et le paysage romantique*, atelier Delacroix, à partir de mai (sans cat.).

1951, Paris, *Delacroix et l'orientalisme de son temps*, atelier Delacroix, à partir du 11 mai.

1952, Paris, *Delacroix et les maîtres de la couleur*, atelier Delacroix, à partir du 17 mai.

1952, Londres, *Eugène Delacroix (1798-1863)*, Wildenstein.

1954, Paris, *Gros, Géricault, Delacroix*, galerie Bernheim, à partir du 9 janvier.

1956, Venise, *XXVIII Biennale di Venezia, Delacroix alla Biennale*, juin-septembre.

1962-1963, Toronto et Ottawa, *Delacroix*, The Art Gallery of Toronto, 1er décembre 1962 - 7 janvier 1963, et The National Gallery of Canada, 12 janvier - 9 février 1963.

1963, Bordeaux, *Delacroix, ses maîtres, ses amis, ses élèves*, galerie des Beaux-Arts, 17 mai - 30 septembre.

1963a, Paris, *Delacroix, Exposition du centenaire*, musée du Louvre, mai-septembre.

1963b, Paris, *Delacroix. Dessins*, musée du Louvre, cabinet des Dessins.

1963c, Paris, *Delacroix, citoyen de Paris*, musée Delacroix, mars-septembre.

1963-1964, Berne, *Eugène Delacroix*, Kunstmuseum, 16 novembre 1963 - 19 janvier 1964.

1964, Brême, *Eugène Delacroix*, Kunsthalle, 23 février - 26 avril.

1964, Édimbourg et Londres, *Delacroix. An Exhibition of Paintings, Drawings and Lithographs*, Royal Scottish Academy, 15 août - 15 septembre, et Royal Academy of Arts, 1er octobre - 8 novembre.

1966, Paris, *Delacroix et les paysagistes romantiques*, musée Delacroix, 19 mai - 19 juillet.

1967, Paris, *Eugène Delacroix, son atelier et la critique d'art*, musée Delacroix, juin-août.

1968, Paris, *Delacroix, René Piot (1866-1934) et la couleur*, musée Delacroix, 22 mars - 15 août (sans cat.).

1969, Paris, *Delacroix et son temps (costumes et souvenirs)*, musée Delacroix, avril-septembre (sans cat.).

1969, Kyoto et Tokyo, *Exposition Delacroix*, Musée municipal, 10 mai - 8 juin, et Musée national, 14 juin - 3 août.

1970, Paris, *Delacroix et l'Impressionnisme*, musée Delacroix, avril-septembre (sans cat.).

1971, Paris, *Delacroix et le Fauvisme*, 26 mai - septembre, musée Delacroix (sans cat.).

1972, Paris, *Delacroix et le Fantastique (de Goya à Redon)*, musée Delacroix, 10 mai - novembre (sans cat.).

1973, Paris, *Delacroix et la peinture libérée*, musée Delacroix, mai-septembre (sans cat.).

1974, Paris, *Delacroix et Paul Huet, précurseurs de l'impressionnisme*, musée Delacroix, 26 juin - 10 décembre (sans cat.).

1975, Paris, *Delacroix et les peintres de la nature*, musée Delacroix, 24 juin - 25 décembre (sans cat.).

1981, Stockholm, *Delacroix'lejonjakter*, Nationalmuseum, 1er octobre - 6 décembre.

1982, Paris, *Revoir Delacroix*, musée du Louvre, cabinet des Dessins.

1986, Nice, *Delacroix : Peintures et dessins d'inspiration religieuse*, musée national du Message biblique Marc Chagall, 5 juillet - 6 octobre.

1986, Tübingen et Bruxelles, *Ingres et Delacroix, dessins et aquarelles*, Kunsthalle, 12 septembre - 26 octobre, et palais des Beaux-Arts, 7 novembre - 21 décembre.

1987a, Zurich, *Eugène Delacroix*, Kunsthaus, 5 juin - 23 août.

1987b, Zurich, *Eugène Delacroix Zeichnungen, Aquarelle Graphik*, Kunsthaus, 5 juin - 23 août.

1987-1988, Francfort-sur-le-Main, *Eugène Delacroix, Themen und Variationenarbeiten auf papier*, Städtische Galerie im Städelschen Kunstinstitut, 24 septembre 1987 - 10 janvier 1988.

1988, Paris, *Delacroix et Byron. Chassériau et Shakespeare*, musée Delacroix, 10 mai - 14 août.

1991, New York, *Eugène Delacroix (1798-1863). Paintings, Drawings and Prints from North American Collections*, The Metropolitan Museum of Art, 10 avril - 16 juin.

1993-1994, Paris, *Delacroix et la Normandie*, musée Delacroix, 22 octobre 1993 - 24 janvier 1994.

1994-1995, Paris, *Delacroix. Le voyage au Maroc*, Institut du Monde arabe, 27 septembre 1994 - 15 janvier 1995.

1996-1997, Bordeaux, Paris et Athènes, *La Grèce en révolte. Delacroix et les peintres français*, musée des Beaux-Arts, 14 juin - 8 septembre 1996, musée Delacroix, 8 octobre 1996 - 13 janvier 1997, et Pinacothèque nationale, musée Alexandre Soutzos, 12 février - 25 août 1997.

INDEX

Index des œuvres exposées

Crédits photographiques

Publication du département de l'édition dirigé
par Anne de Margerie
Coordination éditoriale : Céline Julhiet-Charvet,
assistée de Gilles Romillat
Relecture des textes : Françoise Dios
Fabrication : Jacques Venelli
Conception graphique : Cécile Neuville

Cet ouvrage a été achevé d'imprimer en mars 1998
sur les presses de l'imprimerie Kapp Lahure Jombart,
Évreux.
La photogravure a été réalisée par GEGM, Paris.
Le façonnage a été effectué par Diguet-Deny,
Breteuil-sur-Iton.

Dépôt légal : avril 1998
EC 10 3636
ISBN : 2-7118-3636-3